España
Ayer y hoy

Pedro M. Muñoz
Winthrop University

Marcelino C. Marcos
Lakeland Community College

PEARSON
Prentice
Hall

Upper Saddle River, New Jersey 07458

Library of Congress Cataloging-in-Publication Data

Muñoz, Pedro.
España: ayer y hoy / Pedro M. Muñoz, Marcelino C. Marcos.
   p. cm.
Includes bibliographical references and index.
ISBN 0-13-097103-0
1. Spain—Civilization. I. Marcos, Marcelino. II. Title.
DP48.M92 2004
946—dc22
2004005211

Sr. Acquisitions Editor: Bob Hemmer
Editorial Assistant: Pete Ramsey
Sr. Director of Market Development: Kristine Suárez
Production Supervision: Claudia Dukeshire
Composition/Full-Service Project Management: Katie Ostler and Sue Katkus, PreMediaONE
Asst. Director of Production: Mary Rottino
Assistant Editor: Meriel Martínez Moctezuma
Prepress and Manufacturing Buyer: Brian Mackey
Interior Design: PreMediaONE
Line Art Coordinators: Guy Ruggiero/Maria Piper
Director, Image Resource Center: Melinda Reo
Interior Image Specialist: Beth Boyd Brenzel
Manager, Rights and Permissions IRC: Zina Arabia
Executive Marketing Manager: Eileen Bernadette Moran
Marketing Assistant: William J. Bliss
Publisher: Phil Miller

For permission to use copyrighted material, grateful acknowledgment is made to the copyright holders on page viii, which is considered an extension of this copyright page.

This book was set in 10/12 Times Roman by PreMediaONE, a Black Dot Group Company

© 2005 by Pearson Education, Inc.
Upper Saddle River, NJ 07458

Printed in the United States of America
10 9 8 7 6 5 4 3 2

ISBN: 0-13-097103-0

Pearson Education LTD., London
Pearson Education Australia PTY, Limited, Sydney
Pearson Education Singapore, Pte. Ltd.
Pearson Education North Asia Ltd., Hong Kong
Pearson Education Canada, Ltd., Toronto
Pearson Educación de México, S.A. de C.V.
Pearson Education—Japan, Tokyo
Pearson Education Malaysia, Pte. Ltd.
Pearson Education Upper Saddle River, New Jersey

Contenido

Prefacio

España, Ayer y hoy is a comprehensive study of both the history of Spain and its current social, political, and cultural circumstances. The combination of historical explanation and contemporary analysis gives instructors the freedom to emphasize those aspects of Spanish culture that they consider most relevant, that best match their students' needs and expectations, and that make the content more attractive to the students.

The first part of the book presents the history of Spain, incorporating the most current interpretations of historical processes, emphasizing the political, ideological, and cultural trends and movements that have played a role in the shaping of today's Spain. Special attention is paid to the mixture of cultural influences and to the circumstances that have made the Spanish cultural universe so unique: the presence of different peoples in the Iberian Peninsula since ancient times, the Mediterranean influences brought by commerce or conquest, the Romanization, the imprint of the Visigoths, the Arabs, and the Jews, the frontier nature of its Middle Ages, the rise and fall of Imperial Spain, the tension between the forces of tradition and progress, and, finally, the achievements and challenges of the present. Our view of the history of Spain has incorporated trends and interpretations that spring from the most contemporary and cutting-edge historiography.

The second half of the book presents an extensive and interdisciplinary coverage of different aspects of contemporary Spanish society. Areas that have been neglected in the past—such as demography, habitat, languages, regions, foreign policy, labor, minorities, immigration, mass media, popular culture, and the structure of the legal and political systems—are analyzed together with the more traditional topics of art, literature, and film. This sociological and anthropological analysis has always stimulated a great deal of interest among our students, who find these topics attractive and relevant.

España, Ayer y hoy has been written with both the student and the instructor in mind. The variety of topics, approaches, and activities as well as the broad definition of the concepts of *culture* and *civilization* result in a text that is flexible enough to suit different teaching techniques and philosophies and thereby allows the instructor the freedom to choose what content should be emphasized. Every effort has been made to make the book relevant to the student while simultaneously maintaining high standards of academic rigor, avoiding trivializations, simplifications, and stereotypes. To bring Spanish culture closer to the students, to encourage their participation in class, and to facilitate debate, the preliminary exercises of each chapter encourage the comparison and contrast of Spanish and North American cultures and provide a context for a better understanding of the historical and sociological processes.

The text has also been written with the students in mind and adapted to their needs, but without unnecessary simplifications or artificial syntax. The style, the vocabulary, and the syntax are those of authentic Spanish language and therefore similar to what the student can find in books and articles on different aspects of the social sciences or the humanities. The ultimate goal is to expose the students to the language used in those disciplines, as well as in newspapers and magazines, thus facilitating their access to original texts and primary resources in Spanish.

The book is divided into 15 chapters, each structured in the same way. All chapters start with the section *Temas de introducción*, a series of warm-up exercises that encourage the students to brainstorm and debate about the contents of the lesson in relation to some aspect of American culture. These exercises become particularly important in the second part of the textbook, easily facilitating the comparison and contrast of current situations in Spain and the United States.

The *Temas de introducción* section is followed by the contents of the chapter, which constitute the main part of the text. As a complement to the main text, the boxed *¿Sabías que...?* sections offer additional information, or explore in more detail specific aspects of the chapter. Finally, to facilitate the reading process, a generous *Glosario* is included at the end of the book.

Student Supplements

Study Guide

The Study Guide is a supplement to the main text and contains a series of questions divided into two sections. First is the *Comprensión y repaso*, a very comprehensive list of questions that correspond closely to each chapter's sections and contents, which can be used in different ways, depending on personal preferences or classroom circumstances. These questions can be seen as an organizational guideline of the main text, or they can be used as a study guide before or after each reading, as a guide to class debate, or as a self-evaluation after completing the study of a particular section or chapter.

The second section, *Para comentar*, includes a series of questions for individual or group activities that can be used to facilitate the debate in class or to prepare oral or written reports.

Companion Website™

The *España, Ayer y hoy* **Companion Website™** <www.prenhall.com/espanaayeryhoy> contains materials *De la Red* that offer a window to an enormous world of resources where the student can find additional visual and written information that will contribute to bringing alive the topics presented in each chapter. In today's fast changing Internet it is almost impossible to ensure that some Web sites will remain unchanged or will not disappear. For that reason, we have tried to include only the sites that we consider more solid and reliable. Our experience in class has already shown us how interesting and motivating the use of the World Wide Web can be.

Acknowledgments

We thankfully acknowledge the feedback and support of the following people:

Samuel Amell, *The Ohio State University*; Lissa A. Bowman, *Charlotte-Mecklenburg Schools*; John Covolo, *Lakeland Community College*; Debra V. Dahlin, Love Natalie Ermentrout, *Winthrop University*; Silvana Hrepic, *University School of Cleveland*; Emilia Muñoz-Bowman, Ignacio María Muñoz, *Cajamadrid*; Nacho Sáez Isusi, *Colegio San Agustin, Barakaldo*; Thomas Shealy, *Winthrop University*; Chris Van Aller, *Winthrop University*; Dionisio Viscarry, *The Ohio State University*; Bruce Williams, *William Paterson University*; Guy Wood, *Oregon State University*.

We also want to express our gratitude to the people at Prentice Hall, especially to the publisher, Phil Miller, and to the Senior acquisitions editor, Bob Hemmer. They both believed in this project from the very beginning.

Pedro M. Muñoz

Marcelino C. Marcos

Créditos

10: © AGE Fotostock America, Inc.; 16, 24 (top, bottom), © Pedro Muñoz/Marcelino Marcos; 30: © AP/Wide World Photos; 36 (top, bottom), 37, 38, 39, 47: © Pedro Muñoz/Marcelino Marcos; 54: © Art Resource, N.Y.; 64, 65, 66: © Pedro Muñoz/Marcelino Marcos; 68, 71: © Corbis/Bettmann; 74, 77, 79: © Pedro Muñoz/Marcelino Marcos; 83: © Art Resource, N.Y.; 84: © AP/Wide World Photos; 94: © Corbis/Bettmann; 100, 101 (top, bottom), 104, Pedro Muñoz/Marcelino Marcos; 105: © Corbis/Bettmann; 118: © German Meneses Photography; 120: © Corbis/Bettmann; 121: © Picture Desk, Inc./Kobal Collection; 129: © Pedro Muñoz/Marcelino Marcos; 145: © AP/Wide World Photos; 150, 151, 153: © Pedro Muñoz/Marcelino Marcos; 154: © AGE Fotostock America, Inc.; 157: © Corbis/Bettmann; 161: © AP/Wide World Photos; 167 (top, bottom), 168, 169: © Pedro Muñoz/Marcelino Marcos; 183: © AP/Wide World Photos; 189: © Pedro Muñoz/ Marcelino Marcos; 196: © German Meneses Photography; 201, 202, 210: © Pedro Muñoz/Marcelino Marcos; 213: © Corbis/Bettmann; 219, 225, 231: © Pedro Muñoz/Marcelino Marcos; 238: © AGE Fotostock America, Inc.; 245, 253, 256, 261, 276 (top, bottom), 280, 281, 282, 283, 285 (top, bottom), 287, 289, 291, 293, 298, 310: © Pedro Muñoz/Marcelino Marcos; 323: © Corbis/Sygma; 329: © Pedro Muñoz/ Marcelino Marcos; 333: © Corbis/Sygma; 342 (top, bottom), 344, 345, 346, 350, 358: © Pedro Muñoz/Marcelino Marcos; Cover: (left) © Dorling Kindersley Media Library; Cover: (right) © Photo Researchers, Inc.

Introducción: El medio físico

A principios del siglo XXI España es un país democrático, desarrollado y plenamente integrado en la Unión Europea y en la comunidad internacional. La Constitución de 1978 estableció la separación de los poderes ejecutivo, legislativo y judicial y definió el Estado español como una monarquía parlamentaria, donde el gobierno y las dos cámaras del parlamento se eligen por sufragio universal. Desde el punto de vista administrativo, el territorio nacional está dividido en Comunidades Autónomas en las que se integran provincias de similares tradiciones lingüísticas, culturales o históricas, al frente de las cuales se sitúa un gobierno regional elegido democráticamente. Este sistema garantiza, además del autogobierno de las diferentes comunidades, el respeto de las distintas tradiciones e identidades culturales y de las varias lenguas que conviven dentro del Estado español.

España es hoy una sociedad urbana en la cual la mayor parte de los ciudadanos pertenece a una clase media activa y cosmopolita. Más de tres cuartas partes de la población vive en las ciudades, y toda ella goza de bienes y servicios comparables a los del resto del mundo desarrollado, así como también de un buen nivel de bienestar social. Cuenta, además, con una esperanza de vida que es la segunda más alta de Europa y tiene una vida cultural vibrante, tolerante y diversa. Su población es sumamente educada, como lo muestra el hecho de que el número de estudiantes matriculados en sus más de sesenta universidades supera al de trabajadores del sector primario —las actividades relacionadas con la agricultura, la ganadería, la minería y la pesca. Su dinámica economía de mercado ha convertido al país en la novena potencia industrial del planeta, y su importante sector de servicios —finanzas, banca, seguros, ocio, etc.— emplea hoy a más de la mitad de la población activa. La mujer española está incorporada en la sociedad, en la política y en el mundo laboral. Desde el punto de vista de la política internacional, España es hoy miembro de la Unión Europea, de la Organización del Tratado del Atlántico Norte (OTAN) y de muchos otros organismos internacionales. Mantiene también estrechas relaciones económicas, diplomáticas, de amistad y cooperación con todos los países del mundo y de manera especial con Europa, los Estados Unidos (EE.UU.), Latinoamérica y los países árabes.

Las características sociales, culturales, lingüísticas, políticas y económicas de la España actual son el resultado de muchos siglos de historia, de convivencia y de luchas y tensiones tanto exteriores como interiores. Este libro se propone presentar la España actual a través del estudio de lo que el país es hoy, y también del análisis de sus raíces históricas, de las diferentes concepciones del estado y de la identidad nacional que han existido y aún existen, de sus relaciones y conflictos exteriores e interiores, de su cultura y de sus artes. Antes de empezar es preciso conocer, aunque sea de manera sumaria, el escenario geográfico en el que se ha desarrollado y se sigue desarrollando la historia que van a relatar los siguientes capítulos.

① Situación

España está situada al sureste de Europa y tiene una extensión de 505.990 km². La mayor parte de esta superficie —el 97,55%— se encuentra en la Península Ibérica, área geográfica que este país comparte con Portugal. El resto se lo reparten las Islas Baleares —situadas en el Mediterráneo— las Islas Canarias —que se encuentran en el Océano Atlántico a unos cien kilómetros de las costas africanas— y las dos ciudades de Ceuta y Melilla —que están en el norte de África y limitan con Marruecos— que ocupan, respectivamente, el 0,99%, el 1,45% y el 0,1% del territorio nacional.

El espacio geográfico español alberga una gran diversidad de paisajes, de climas y de vegetación que es el resultado de la peculiar situación que ocupan el territorio peninsular —entre el Océano Atlántico y el Mar Mediterráneo y entre Europa y África— sus islas y sus ciudades africanas. Esta situación ha convertido España en una encrucijada de caminos, influencias y culturas, y en uno de los principales puntos geopolíticos del mundo occidental. Como se verá en los siguientes capítulos, desde los tiempos prehistóricos hasta la actualidad la Península Ibérica ha mantenido abundantes y continuos contactos con Europa, África, el Mediterráneo y las Américas. A pesar de la barrera natural de los Pirineos —que separan España y Portugal del resto del continente— el contacto de la península con Europa ha sido continuo. A través de estas montañas entraron las invasiones celtas y germanas, los gitanos y numerosísimas influencias culturales y artísticas. La acción política, económica y cultural de la península se ha extendido también hacia el resto del continente, tanto en el pasado —las primitivas rutas del comercio, el imperio español— como en nuestros días, época en la que la Unión Europea constituye el círculo de relaciones internacionales más estrecho del Estado español. Del continente africano llegaron algunos de los primitivos pobladores de la península y —en el siglo VIII de nuestra era— los musulmanes, cuya civilización dejó huellas importantes en la cultura española. En los últimos años, la inmigración masiva de ciudadanos africanos hacia España y Europa ha vuelto a dar a la península el papel de puente entre dos continentes, con todas las ventajas y desventajas que ello conlleva. Los españoles también cruzaron a África, donde buscaron territorios, posesiones y colonias. Por el Mar Mediterráneo llegaron en la antigüedad las colonizaciones e invasiones fenicia, griega, cartaginesa y romana y las migraciones judías, que contribuyeron a integrar la península, desde muy temprano en la historia, en el mundo cultural mediterráneo. Por este mar también se expandieron algunos de los primeros reinos cristianos peninsulares —especialmente la Corona de Aragón, que llegó a tener posesiones en lo que hoy se conoce como Italia, Sicilia y Grecia— y en él trató el imperio español de imponer su hegemonía sobre los turcos. El Mediterráneo sigue siendo en la actualidad un área estratégica prioritaria para el gobierno español, que mantiene relaciones de colaboración muy estrechas con todos los países situados en su costa. Por el Atlántico, por último, se produjeron el primer contacto de España y el resto de Europa con las Américas y el intercambio económico y cultural entre dos partes del mundo que hasta entonces se desconocían entre sí.

2 El relieve

El territorio español es el segundo más montañoso de Europa —después del de Suiza— con una altitud media de 660 metros sobre el nivel del mar. Esta elevada altitud se debe tanto a las numerosas montañas y cordilleras que existen en la península como a la gran altura de las mesetas de su interior, que están situadas entre los 600 y los 780 metros. La forma rectilínea de sus costas, la anchura de este a oeste —unos mil cien kilómetros— y la disposición de las montañas limitan la penetración del mar hacia el interior y la influencia climática de éste, lo cual crea varias zonas climáticas bien diferenciadas.

El centro de la península está ocupado por una gran meseta dividida en dos por un conjunto de sierras interconectadas que se conoce con el nombre de Sistema Central. La meseta norte está formada por llanuras muy altas —de 800 a 850 metros— y rodeadas de montañas que pertenecen a la cuenca fluvial del río Duero. La meseta sur tiene una altitud media más baja —de 500 a 700 metros— y se divide en dos cuencas fluviales separadas por los montes de Toledo: la del Tajo —al norte de ellos— y la del Guadiana —al sur. Ambas mesetas están bordeadas por montañas cercanas a la costa —el Macizo Galaico-Leonés, la Cordillera Cantábrica— o interiores —como el Sistema Ibérico y Sierra Morena. Están bordeadas también por dos depresiones: una al nordeste —la Depresión del Ebro, rodeada por los Pirineos al norte, el Sistema Ibérico al sur y la cordillera Costero-Catalana al este— y otra al sur —la Depresión del Guadalquivir, delimitada por Sierra Morena al norte y las Cordilleras Béticas al sur. Ambas depresiones son terrenos prácticamente planos que en el pasado remoto estuvieron ocupados por el mar y luego formaron lagos que con el tiempo se secaron y se convirtieron en tierra firme. Muy cerca de las cordilleras exteriores se sitúan las costas. Las montañas que rodean la meseta norte no son regulares, sino que tienen características diferentes dependiendo de su origen geológico. El Macizo Galaico-Leonés, situado al noroeste, está formado por montañas redondeadas de poca altura; la Cordillera Cantábrica es más alta —especialmente en los Picos de Europa— y el Sistema Ibérico está separado en dos áreas: una alta al noroeste —con picos de más de 2.000 metros— y otra de alturas más moderadas. La Sierra Morena, por su parte, más que una cadena de montañas es un escalón que separa la meseta sur del valle del Guadalquivir.

En cuanto a las cordilleras exteriores, los Pirineos son la zona montañosa más abrupta de la península, y contienen también los picos más altos. Sus prolongaciones —los Montes Vascos y la Cordillera Costero-Catalana— son más bajas y de relieve más suave. Las Cordilleras Béticas son también de gran altura y están compuestas por dos cadenas montañosas, una que bordea la costa y otra más interior. Entre estas dos cadenas se sitúan varias depresiones de pequeño tamaño.

En la península se distinguen dos tipos diferentes de costas que corresponden al Atlántico y al Mediterráneo, las dos principales masas de agua que la rodean. Todas ellas —con la excepción de las situadas en Galicia— presentan un perfil bastante rectilíneo, aunque su posición geográfica confiere a cada una de ellas características propias. Las costas atlánticas están divididas en tres áreas: la gallega, la cantábrica y la andaluza. El litoral gallego es, como se dijo, el más accidentado de todos. Ello se debe a la existencia de multitud de *rías*, o antiguas cuencas fluviales por las que el mar consiguió penetrar tierra adentro creando vías de agua de hasta 35 kilómetros de longitud. La costa cantábrica es muy rectilínea, y tiene muchos acantilados y pocas playas; en ella hay también algunas rías de menor tamaño que las gallegas. La zona atlántica andaluza se caracteriza por la abundancia de arena y la presencia de dunas —acumulaciones de arena de pequeño tamaño causadas por el viento que luego quedan fijadas por la vegetación— marismas —llanuras de fango que se forman con los sedimentos de los ríos o del mar— y flechas litorales —acumulaciones de arena transportada por las corrientes marinas que forman una franja de tierra que penetra en el océano. Dentro de las costas mediterráneas existen también tres zonas: la catalana, la del Golfo de Valencia y la situada al sur de las Cordilleras Béticas. Las costas catalanas presentan muchas variaciones, ya que en ellas se pueden encontrar tanto deltas —zonas anchas de desembocadura de los ríos— como costas acantiladas y playas de diferentes tamaños. El litoral valenciano —del delta del Ebro al cabo de la Nao— se caracteriza por sus amplias playas, sus numerosos deltas y sus tómbolos, o franjas de arena que unen la costa con una roca o pequeña isla próxima a ella. Las costas del sector bético se extienden desde el cabo de la Nao hasta Gibraltar y presentan una sucesión de acantilados —formados por las montañas que corren paralelas al mar— playas largas, albuferas —lagunas saladas separadas del mar por una pequeña franja de tierra— y zonas de dunas.

El Archipiélago Balear está compuesto de las islas de Mallorca, Menorca, Ibiza, Formentera y Cabrera. Mallorca, Ibiza y Formentera están rodeadas de playas largas de abundante arena y en su interior tienen pequeñas montañas de menos de 500 metros de altitud. El litoral de Menorca está dividido entre la zona sur, caracterizada por un abundante número de calas pequeñas, y la norte, cuya costa es casi inaccesible debido a la altura de los acantilados.

Al Archipiélago Canario pertenecen las islas de Gran Canaria, Lanzarote, Fuerteventura, Tenerife, La Palma, La Gomera y El Hierro. Están agrupadas en dos provincias: Las Palmas —formada por las tres primeras— y Santa Cruz de Tenerife —a la que pertenecen las cuatro restantes. Estas islas son todas ellas de origen volcánico, y sus costas presentan grandes acantilados —a veces hasta 500 metros de altura— junto a playas que, dependiendo de su posición geográfica, pueden ser de cantos o de arena, siendo estas últimas más comunes en las áreas orientales.

3 El clima y el paisaje

Gracias a la influencia del Atlántico y el Mediterráneo y de las numerosas cadenas montañosas, España cuenta con una gran variedad de clima y paisaje, determinada por la presencia de cuatro tipos de climas básicos —el oceánico, el mediterráneo, el de montaña y el de las Islas Canarias— y de varias zonas de transición entre ellos.

El clima oceánico es típico de Galicia y de las áreas del norte de España cercanas al Cantábrico. Se caracteriza por una amplitud térmica (la diferencia entre las temperaturas máximas y mínimas) muy pequeña y por lluvias abundantes, regulares —su media supera los 150 días al año— y suaves distribuidas a lo largo de todas las estaciones. Las temperaturas son moderadas, aunque con diferencias entre las zonas costeras —donde la temperatura media máxima se sitúa entre los 6° C y los 10° C en invierno y no suele sobrepasar los 22° C en verano— y las zonas del interior, donde los inviernos son un poco más fríos —la media baja de los 6° C— debido a la menor influencia del mar. El paisaje de esta zona se caracteriza por la presencia de bosques de árboles de hojas caducifolias —hayas y robles, principalmente— y matorrales, prados abundantes y verdes y tierra de color pardo.

El clima mediterráneo es el que caracteriza la mayor parte del territorio español, por el que se extienden sus distintas variedades. Sus rasgos principales son los veranos secos y la escasez e irregularidad de la lluvia —una media de menos de 800 milímetros al año— que cae principalmente en el otoño y en la primavera, a veces en forma de tormentas fuertes. Estas características se manifiestan con diferente intensidad en cada región, dependiendo de la situación geográfica de ésta. En las zonas de clima mediterráneo marítimo —la costa sur del Atlántico, el litoral mediterráneo y las Baleares— las precipitaciones son muy escasas —entre 300 mm y 800 mm al año— especialmente en las zonas cercanas al mar Mediterráneo. La influencia de este mar modera las temperaturas, tanto en el invierno —nunca bajan de los 10° C de media— como en el verano, que sin embargo es más caluroso que el de las zonas de clima oceánico. El sureste de España y una zona situada en el medio del curso del Ebro se caracterizan por su clima mediterráneo seco o subdesértico. Las cadenas montañosas que rodean ambas áreas impiden que penetren en ellas las borrascas y la influencia del mar, por lo que la lluvia es muy escasa (menos de 300 mm anuales, aunque en algunos lugares del sur no se llegue a los 150 mm). Las temperaturas medias anuales del Valle del Ebro son frías, ya que se sitúan por debajo de los 17° C, y en invierno pueden bajar hasta los −3° C. En las zonas costeras del sureste la media anual ronda los 18° C y en invierno no baja de los 10° C. En el interior —partes de La Mancha— las temperaturas son similares a las de la zona subdesértica del Valle del Ebro. Por estar aislado de la influencia del mar, el resto del interior de la península presenta un clima mediterráneo continentalizado, con precipitaciones moderadas y amplitudes térmicas importantes que varían entre la meseta norte y la meseta sur. La primera tiene veranos frescos e inviernos fríos con temperaturas medias que se sitúan por debajo de los 22° C y entre los 6° C y los −3° C, respectivamente. En la meseta sur y las áreas cercanas al Valle del Ebro los veranos son más calurosos, y en Extremadura y el interior de Andalucía los veranos son muy calurosos y las temperaturas medias del invierno no bajan generalmente de los 8° C.

El paisaje de la España mediterránea está poblado de abundantes árboles de hoja perenne como las encinas —muy resistentes a las sequías y adaptadas a todo tipo de suelo— los alcornoques —que necesitan algo más de humedad— y los pinos —bien adaptados a las condiciones extremas determinadas por variaciones térmicas pronunciadas— y de matorrales de diferentes tamaños. Los suelos pueden ser arcillosos —de color rojizo— pardos o grises —típicos de las zonas subdesérticas.

El clima de montaña es el que afecta a las tierras situadas por encima de los 1.000 metros de altura sobre el nivel del mar. Estas zonas se caracterizan por la abundancia de precipitaciones en forma de agua o nieve —más de mil milímetros al año— temperaturas medias anuales bajas —inferiores a los 10° C— inviernos fríos —medias a veces por debajo de los 0° C— y veranos frescos. En las zonas de la España húmeda —Pirineos, Cantábrico y Galicia— situadas por encima de los 1.200 metros las bajas temperaturas hacen que la nieve permanezca en el suelo hasta nueve meses al año. Las montañas del interior presentan características climáticas de la España húmeda en medio de zonas secas o de clima mediterráneo. En las del sur de la península, por el contrario, el cambio climático sólo se percibe a partir de alturas considerables. Dependiendo de la altura, sus paisajes pueden estar caracterizados por coníferas, por prados o por rocas desnudas.

Las Islas Canarias, por último, tienen unas temperaturas suaves —ningún mes baja de los 17° C de media— tanto en invierno como en verano, una amplitud térmica de menos de 8° C y unas precipitaciones muy escasas —entre 150 mm y 300 mm al año— y más frecuentes en los terrenos más altos y en el invierno.

❹ El agua

La cantidad y distribución del agua están determinadas por factores geográficos y climáticos, además de por el paisaje —en particular la cantidad y el tipo de vegetación— y la acción del ser humano. Los recursos hidrográficos de España son los ríos, los lagos, los humedales y las corrientes acuíferas subterráneas.

Los ríos de la España peninsular —las Islas Baleares y las Islas Canarias no cuentan con ríos propiamente dichos, sino con arroyos, o corrientes de agua de poco caudal— presentan varias características que dependen del mar en el que desembocan. Los que vierten sus aguas al Cantábrico (Narcea, Nervión, Nalón) son caudalosos y de régimen regular, debido a que las lluvias son constantes en esta región, pero son cortos, ya que nacen en unas montañas que están muy próximas al mar. El desnivel que existe entre su nacimiento y su desembocadura hace que el agua descienda con gran fuerza, lo que causa una erosión importante del terreno y los convierte en ideales para la producción de energía eléctrica. Los de la vertiente atlántica (Duero, Tajo, Guadiana, Guadalquivir), por el contrario, son muy largos, puesto que cruzan la península de este a oeste desplazándose lentamente por las llanuras hacia el mar. Tienen además un régimen irregular porque su caudal varía de manera importante entre las épocas lluviosas y las secas. Los de la vertiente mediterránea (Ebro, Turia, Júcar, Segura) son también cortos —de nuevo, porque nacen en las montañas cercanas a la costa— a excepción del Ebro, que desplaza sus aguas desde la vertiente sur del Cantábrico. También son ríos de régimen muy irregular que causan gran erosión en el terreno, y a veces sus grandes crecidas provocan inundaciones. En sus recorridos existen numerosos pantanos que sirven para controlar las crecidas y para garantizar el abastecimiento de agua para la agricultura, la industria y para los pueblos y ciudades durante los meses más secos. En esta vertiente son frecuentes también los torrentes, unas cuencas fluviales secas que sólo llevan agua cuando se producen tormentas fuertes y que en ocasiones pueden provocar inundaciones y daños importantes a las personas o a la agricultura.

España no es una tierra que se caracterice por la abundancia de lagos, ya que la mayor parte de los más de dos mil con los que cuenta son estacionales o de dimensiones muy reducidas, y su importancia para las reservas de agua es casi insignificante. Existen, sin embargo, algunos humedales —extensiones cubiertas por agua poco profunda que se forman a veces en los deltas de los ríos o en zonas próximas al mar— como las Tablas de Daimiel, las albuferas de Valencia y el delta del Ebro que tienen un enorme interés biológico por representar un hábitat intermedio entre el mar y la tierra firme y un paso obligado en las rutas seguidas por las aves en sus migraciones anuales.

Las aguas subterráneas acumuladas en las más de 400 corrientes acuíferas que existen por toda la península constituyen una reserva de agua muy importante, ya que de ellas depende para su abastecimiento un tercio de la población española; en Baleares y Canarias la mayoría de los recursos hidrográficos procede de ellas.

Aunque considerado en su totalidad el balance entre el agua consumida y el agua disponible es positivo, la variedad climatológica de España hace que coexistan zonas caracterizadas por la abundancia —la zona cantábrica y las vertientes del Duero, el Tajo y el Ebro— por el equilibrio —las cuencas del Guadiana y el Júcar y la zona del Pirineo catalán— o por la escasez de agua —las áreas restantes. La disminución de las precipitaciones en algunas zonas peninsulares y el aumento de la demanda —España es el tercer país del mundo en consumo de agua, con una media de 1174 m^3 por persona y año, frente a los 726 m^3 de media europea— han contribuido a reducir este balance. La distribución natural de los recursos hidrográficos, además, no se corresponde con las áreas de mayor o menor demanda, ya que las explotaciones industriales y agrícolas, las áreas recreativas, turísticas y de servicios y las mayores concentraciones de población se localizan muchas veces en regiones en las que el agua no es muy abundante.

Para mejorar la recogida, el almacenamiento y la distribución del agua existe un conjunto de normas encaminadas a mejorar la eficacia de los sistemas de riego y de canalización urbana y a la construcción y el mantenimiento de presas. Actualmente España cuenta con unas 1.200 de esas presas, muchas de ellas cerca de centrales hidroeléctricas. Cuenta también con unos 38 canales para trasvasar agua de las cuencas que tienen excedentes a las que son deficitarias. El Plan Hidrológico Nacional que está actualmente en vigor incluye planes para la construcción de canales entre el Ebro y algunas zonas de Cataluña, la Comunidad Valenciana, Murcia y Almería.

5 El medio ambiente

El medio ambiente español está hoy amenazado por los mismos peligros que acechan a los demás países del planeta —contaminación, lluvia ácida, disminución de la capa de ozono, efecto invernadero, acumulación de basuras— y por otros que le son específicos, como los incendios forestales y la desertificación.

Como en la mayor parte del mundo, la explotación agrícola y ganadera del suelo han sido la causa fundamental de la pérdida de superficies de bosque, que desde hace miles de años se han ido destruyendo progresivamente para crear pastos y campos de cultivo. Los incendios forestales, muy abundantes en los meses secos del verano, han contribuido a este proceso de deforestación. La agricultura, la ganadería y los incendios —provocados en el 96% de los casos— han producido una aceleración en el proceso de erosión del suelo que ha alcanzado en los últimos años unas proporciones alarmantes. Según cálculos oficiales, España pierde unos cinco milímetros de capa superficial —la más fértil— al año o, lo que es lo mismo, medio metro por siglo. Ello ha ocasionado un proceso de desertificación que ya ha afectado a casi un millón de hectáreas, y que puede extenderse en las próximas décadas a otros siete millones, especialmente en el Levante, la cuenca del Guadalquivir, Extremadura y las dos Castillas. Dada la relación existente entre deforestación, disminución de las precipitaciones y desertificación, es urgente que se lleven a cabo programas agresivos de reforestación y de prevención de incendios, así como controles más estrictos sobre la utilización del suelo por parte de agricultores y ganaderos.

La toma de conciencia de la importancia del medio ambiente y de los problemas derivados de su deterioro y la presión de muchos grupos ecologistas han llevado a los gobiernos a adoptar normas de planificación y protección medioambiental destinadas a evitar daños mayores o a frenar el impacto de la desertificación y los incendios. Estas normas tienen antecedentes que se remontan a 1916, año en el que se promulgó la primera Ley de Parques Naturales, que protegía ciertos parajes de la explotación comercial, y a la que se modificó en 1975 —Ley de Espacios Protegidos— y en 1989 —Ley de Conservación de Espacios Naturales y de la Flora y la Fauna. En esta última ley se incluyeron por primera vez criterios como el biológico —la presencia de especies vegetales o animales en peligro de extinción— o el geológico —espacios donde existen fenómenos geológicos especiales. Pero la intervención del Estado no tuvo un carácter sistemático hasta la creación en 1971 del Instituto para la Conservación de la Naturaleza (ICONA). En años sucesivos, la importancia creciente del problema llevó a la formación de departamentos especiales dentro de otros ministerios y, en 1996, a la constitución de uno propio, el Ministerio de Medio Ambiente, que sigue hoy las directrices de la Unión Europea.

¡Atención! Ve a **De la Red** de este capítulo en *www.prenhall.com/espanaayeryhoy*. Allí encontrarás sitios de información muy interesante y de fácil acceso.

De Iberia a Hispania

1

Temas de introducción

En este capítulo se estudian los pueblos primitivos de la Península Ibérica, las diferentes colonizaciones y, sobre todo, el papel fundamental de Roma en la formación de la cultura española. Como preparación, podemos reflexionar sobre los antecedentes de la identidad cultural de los Estados Unidos (EE.UU.); ello nos permitirá comprender mejor el pasado y conectarlo con el presente.

1. ¿Qué elementos culturales de las Islas Británicas han tenido mayor impacto en la formación de EE.UU.? ¿Qué otros factores no británicos anteriores a la colonización inglesa se han preservado o se han incorporado después de ella?

2. Como veremos en las siguientes páginas, muchos grupos humanos llegaron a la Península Ibérica atraídos por su riqueza, empujados por la presión de otros pueblos o motivados por una mentalidad imperialista. Piensa ahora en las razones por las que hombres y mujeres de diferentes etnias —incluidos los europeos, amerindios, africanos, latinoamericanos, asiáticos, etc.— se han establecido en EE.UU. a lo largo de la historia. Menciona las causas específicas que les han traído a estas tierras.

3. La peculiar situación geográfica de la Península Ibérica la convirtió pronto en una tierra deseada por muchos pueblos en la antigüedad mediterránea. ¿Crees que la posición geográfica de EE.UU. ha hecho también de este país una tierra receptora de migraciones? Piensa en ejemplos del pasado y del presente.

❶ Introducción: La geografía como destino

La historia antigua de la Península Ibérica y de sus gentes está marcada, más que la de ninguna otra época, por la peculiar posición geográfica de su territorio. Desde las primeras huellas de la presencia del hombre en tierras peninsulares hasta la invasión romana, pasando por las migraciones iberas y celtas, la cultura de Tartesos y las colonias de griegos, fenicios y cartagineses, esta tierra fue, durante toda la antigüedad, el escenario de un cruce constante de gentes, culturas, civilizaciones e intereses comerciales y militares. Iberia, Celtiberia e Hispania son algunos de los nombres de este espacio que, alrededor del siglo V a.C. dejó de ser un territorio lejano y misterioso, un peligroso "Far West" habitado por gentes primitivas, para convertirse en una "California" de riquezas (oro, plata, vino, olivos, trigo) codiciada por los imperios del momento. Para el siglo II (d.C.), y como consecuencia de la ocupación romana, Hispania ya tenía una cierta uniformidad administrativa y política, una red de caminos, un idioma multinacional (el latín) y una de las regiones (la Bética, al sur) más prósperas de todo el Mediterráneo.

La historia antigua de la Península Ibérica no se puede estudiar utilizando la concepción moderna de *estado* o *nación*. Griegos, fenicios y cartagineses no invadieron a un pueblo ya español o españolizado, con una conciencia de identidad y de unidad nacionales y sobre quien imponer un modelo de nación. La colonización de Roma, sin embargo, sí produjo un alto grado de unidad política en la península, que acabó siendo una de las provincias más romanizadas del imperio. A pesar de ello, tampoco se puede considerar que la Hispania romana tuviera un sustrato de identidad española. La idea de "España" como entidad política y proyecto nacional no aparece hasta finales de la Edad Media, y es incorrecto utilizarla antes de esa época. El concepto de *españoles* es tan inaplicable a los primeros pobladores de la península como el de *U.S. citizens* lo sería para los peregrinos del Mayflower o los guerreros de Sitting Bull. Estos pueblos son, pues, *iberos, celtas, hispanorromanos* o —más adelante en la historia— *godos o árabes*. Pero, de la misma manera que vemos las raíces de algo auténticamente americano en los peregrinos de Nueva Inglaterra o en los indígenas norteamericanos, en los iberos, celtas, fenicios e hispanorromanos se pueden rastrear algunas de las raíces históricas y culturales que acabarán, más adelante en la historia, siendo parte de lo español.

❷ Los iberos

Los iberos eran uno de los pueblos más avanzados de todos lo que habitaron la Península Ibérica en la antigüedad. Las investigaciones de los arqueólogos han permitido determinar que estos pueblos ya estaban establecidos en amplias zonas del sur, del este, del interior y de las áreas montañosas de la Península Ibérica en la edad del bronce (1.700–800 a.C.), pero no han logrado averiguar su origen. Los estudiosos están divididos entre los que piensan que los iberos procedían del norte de África y los que buscan su origen en las montañas del Cáucaso.

Los primeros testimonios escritos que tenemos de los iberos proceden de historiadores griegos y romanos, que los describen como guerreros feroces y muy hábiles en los territorios montañosos, que iban a las batallas cantando y moviendo los brazos rítmicamente, armados con una jabalina corta y un cuchillo y vestidos —al menos los soldados de alto rango— con una túnica de color azul con botones en el cuello. Eran famosos, además, por su rapidez, por su facilidad para correr, ocultarse y atacar por sorpresa y por su dominio de la guerra de guerrillas. Esta manera de combatir causó muchos problemas a las legiones romanas, que necesitaron casi dos siglos para controlar la península.

Dado su espíritu independiente y la naturaleza montañosa del territorio, nunca formaron grandes confederaciones ni estructuras políticas estables, lo que facilitó la ocupación de sus dominios por pueblos mejor organizados que ellos. Sus casas eran pequeñas y tenían forma cuadrada o rectangular y eran de piedra en el norte y de adobe

Dama de Elche (arte Ibérico)

LA PENÍNSULA IBÉRICA EN LA PREHISTORIA

Los arqueólogos piensan que los primeros homínidos fueron originarios de África, y desde allí se extendieron lentamente por Asia y Europa, donde llegaron siguiendo las migraciones de las manadas de animales de las que dependía su subsistencia. Los restos arqueológicos encontrados en lugares tan distantes como Granada, Murcia y sobre todo Atapuerca (Burgos) revelan que estos homínidos ya habitaban la Península Ibérica hace algo más de un millón y medio de años. En Atapuerca se han desenterrado los esqueletos de 33 individuos de diferentes edades y los restos más completos del llamado *Homo Heidelbergensis*, antepasado del hombre de *Neanderthal*, y del que hasta ahora sólo se conservaba una mandíbula. Pero sin duda el descubrimiento más importante de este yacimiento es el del *Homo Antecessor*, un homínido anterior al Heidelbergensis y al Neanderthal que habitaba en el área hace unos 800.000 años y que representa una línea de evolución distinta de la que dio origen a nuestra especie. El hombre de Neanderthal también habitó la península, especialmente las cuevas de las zonas montañosas. En ellas se han encontrado, además, restos abundantes de herramientas, armas, vestidos, ornamentos y pinturas que datan del periodo paleolítico (hasta el año 10.000 a.C.), y que nos hablan de grupos humanos que ya tenían inquietudes artísticas, sistemas de creencias y ritos religiosos y sociales. Las cuevas de Altamira, situadas cerca de la ciudad de Santander, son los ejemplos más conocidos del arte de este periodo. En sus paredes existen numerosas representaciones de bisontes y otros animales pintados en rojo y negro.

A partir del año 10.000 a.C. —periodo que en historia se conoce con el nombre de neolítico— comienzan a aparecer comunidades humanas más sedentarias y evolucionadas socialmente. De ellas se conservan, además de pinturas, unas enormes construcciones de piedra llamadas *megalitos* que tenían funciones rituales. Los restos más importantes de estos grupos se han encontrado en la zona del Levante y en algunas áreas del interior próximas al Mediterráneo. Hace unos dos o tres mil años —ya en la edad de los metales— comenzaron a aparecer en la Península Ibérica formas más complejas de organización social. De esta época se han encontrado restos de torres que pertenecían a ciudades amuralladas.

en el sur y en el Mediterráneo. Normalmente tenían una sola planta y algunos subterráneos para almacenar las provisiones. La estructura urbana más característica era el *oppidum*, grupo de casas con una plaza central establecido alrededor de un pequeño fuerte amurallado en la cima de una colina o montaña desde la que podían controlar los valles agrícolas y defenderse de las incursiones militares de sus enemigos.

Su sociedad estaba organizada en castas y en pequeños núcleos familiares monógamos que valoraban la fidelidad matrimonial y la castidad de los jóvenes. Algunas ciudades, como Sagunto, tenían la estructura política de ciudades-estado independientes y estaban gobernadas por dos asambleas, una consultiva compuesta por los notables y otra popular que tomaba las decisiones. El poder se garantizaba a través de la *devotio,* un pacto de lealtad que se extendía hasta la muerte del jefe, beneficiario del apoyo y protección de un grupo de varones que estaban dispuestos a dar la vida por él y que en ocasiones se suicidaban inmediatamente después de su muerte. Estas costumbres nos recuerdan la intensa lealtad grupal de otros pueblos mediterráneos, como los de las sociedades secretas de la Mafia y la Camorra del sur de Italia y Sicilia. La *devotio*, sin embargo, no tenía fines criminales sino sociopolíticos.

Los iberos no comenzaron a utilizar monedas propias hasta casi el siglo III a.C., aunque pronto las abandonaron para usar las del Imperio Romano. Producían aceite de oliva y vino, cultivos que probablemente aprendieron de los comerciantes griegos. Los trabajadores del campo recibían un salario, pero cuando la economía no iba bien, muchos de éstos se hacían bandidos. Se dedicaban también a la explotación de las minas, donde utilizaban esclavos como mano de obra, y eran expertos criadores de ovejas. Gustaban de decorar su abundante cerámica con figuras humanas y diseños geométricos.

Practicaban una religión naturalista en la que se pueden detectar influencias griegas y fenicias. Como muchos otros pueblos mediterráneos, adoraban el toro y las palomas y ofrecían pan, aceite y miel a los dioses de la fertilidad en bosques y colinas que consideraban sagrados. La incineración era la práctica funeraria más extendida, y celebraban grandes fiestas y bailes en los entierros de los personajes importantes.

Sabemos muy poco de su lengua; por los restos de inscripciones funerarias se cree que tenían un alfabeto formado por cinco vocales y seis consonantes. Unas pocas palabras iberas —como *manteca*, *perro*, *barro* y *gordo*— resistieron la llegada del latín y han pasado al español moderno. Se han encontrado también inscripciones ibéricas con palabras similares al actual euskera, por lo que se ha especulado que los vascos eran parte de los antiguos iberos. No podemos afirmar esto con seguridad, aunque se sabe que ninguno de estos dos pueblos pertenecía a la familia lingüística indoeuropea.

③ Los celtas

Los celtas formaban parte de la gran familia de pueblos indoeuropeos originarios del actual Irán que se fueron extendiendo lentamente por el Cáucaso, Europa Oriental, las Islas Británicas y Francia hasta la Península Ibérica. Sus primeros asentamientos en la península se localizaron en los valles pirenaicos de Cataluña y Aragón, y desde allí se fueron estableciendo progresiva y lentamente por la actual Castilla y por el noroeste (Asturias, León, Galicia y norte de Portugal). En el valle del Ebro y en la actual provincia de Soria fundaron pequeños poblados de diseño rectangular con plaza central y murallas, mientras que en el noroeste construyeron casas circulares —llamadas *castros*— similares a las encontradas en el norte de Francia y las Islas Británicas. Pronto entraron en contacto con los iberos, con los que se mezclaron y se asimilaron rápidamente, formando un núcleo llamado *celtíbero*. Sus contactos con los vascos, sin embargo, fueron escasos. La firme resistencia de los celtíberos a la romanización hizo que durante mucho tiempo los historiadores nacionalistas los consideraran como la esencia y la base del pueblo español.

Los celtas eran un pueblo menos desarrollado culturalmente que los iberos. Aunque no conocían bien las técnicas de la cerámica, sabían utilizar el hierro para construir armas y utensilios, y eran excelentes cazadores. Sus costumbres eran similares a las de los otros pueblos célticos del norte de Europa. Sabemos que se organizaban en tribus donde el poder político era compartido por los jefes militares y los sacerdotes quienes, además de sus tareas religiosas, se ocupaban de impartir justicia. Organizaban grandes ceremonias funerarias en las que incineraban a sus muertos y ofrecían sacrificios a la luna, a los ancestros y a divinidades femeninas que protegían la maternidad humana y animal. La mujer tenía un papel importante en las decisiones de la tribu. Bebían una especie de cerveza y desconocían el vino.

❹ Fenicios y griegos

Durante más de siete siglos (entre los años 1.100 y 400 a.C.) los fenicios y los griegos controlaron el comercio de artículos de lujo (joyas, ropas y especias) y de otros bienes de consumo (pescado conservado en sal, cobre y estaño) en todo el Mediterráneo. La expansión de estos pueblos los llevó inevitablemente a la Península Ibérica, en cuya costa mediterránea fueron estableciendo —entre los años 750 y 200 a.C.— una serie de ciudades comerciales. El contacto entre iberos, griegos y fenicios produjo una inevitable mezcla de culturas que afectó el estilo de vida, la sociedad y las costumbres de colonizadores y aborígenes. Así, a partir del siglo VI, y especialmente en la costa mediterránea, era difícil distinguir qué elementos eran específicamente autóctonos y cuáles eran importados. Al mismo tiempo, las alianzas matrimoniales entre nativos y colonizadores formaron, poco a poco, una casta superior mestiza de iberogriegos e iberofenicios que se beneficiaba de la explotación de las minas de cobre y estaño y de la comercialización del pescado conservado en sal.

Los fenicios —un pueblo semita, étnicamente similar a los judíos y originario de la actual Líbano— eran excelentes marineros y hábiles comerciantes. Su dominio de las técnicas de navegación —de las cuales aprendieron griegos y romanos— y su espíritu mercantil los llevaron a organizar una red comercial que tenía su centro en el Mediterráneo. Esta red se extendía desde las ciudades bíblicas de Tiro y Sidón hasta el África negra y las Islas Británicas, donde vendían objetos de cristal, telas, colorantes textiles y artículos de lujo de Mesopotamia. Cuando sus ciudades principales fueron invadidas por los asirios, se trasladaron a Cartago, una colonia que habían fundado en el norte de África. En el año 1.000 a.C. ya estaban establecidos en la Península Ibérica, donde tenían colonias en lugares como Gadir (Cádiz, una ciudad portuaria junto al estrecho de Gibraltar), Malaka (la actual Málaga), Abdera (Agra, Almería) y Sexi (Almuñécar, Granada), además de la isla de Ibiza.

Las ciudades fenicias eran entidades independientes entre sí, aunque solidarias en caso de crisis. Estaban gobernadas por dos reyes elegidos por sufragio que contaban con la ayuda financiera de la poderosa casta comerciante —la clase social no estaba determinada por la familia sino por el nivel económico— y de una asamblea popular y un senado. Aunque las excavaciones arqueológicas son muy incompletas, sabemos que a los fenicios les gustaba construir sus ciudades cerca de la costa, en un recinto amurallado generalmente rodeado de un foso, con un edificio para el culto religioso en el centro y un cementerio fuera de las murallas. Los fenicios crearon el alfabeto más elaborado de la antigüedad, en el cual se basó el de los griegos.

Los griegos controlaron el comercio en el norte del Mediterráneo peninsular desde el siglo VIII al VI a.C. Una serie de crisis políticas y sociales por las que pasaron las islas griegas forzaron a muchos a emigrar de las metrópolis de Atenas y Corinto a las colonias de Iberia. Ello fue beneficioso para los principales asentamientos griegos en la península —como Ampurias (cerca de Barcelona) y algunas ciudades situadas cerca de la actual Alicante— que crecieron en población y en importancia económica.

Los griegos mostraron una mayor dedicación a las explotaciones agrícolas que los fenicios. Además del comercio, se dedicaron al cultivo del aceite —en Cataluña y Valencia

¿SABÍAS QUE...?

TARTESOS

Desde la edad de bronce existió una cultura importante situada entre el río Guadalquivir y la actual frontera con Portugal que fue, sin duda, la más desarrollada y rica de las autóctonas de la Península Ibérica y que tuvo su esplendor entre los siglos X y VI a.C.

A pesar de la importancia de los tartesios, sabemos todavía poco de ellos, y su historia ha estado tradicionalmente unida a la leyenda. Los primeros testimonios sobre su existencia son antiquísimos. Ya en el Antiguo Testamento se habla del comercio entre los israelitas y los pueblos occidentales de *Tarschish*, versión hebrea de la palabra Tartessos. Varios cronistas y geógrafos griegos se refirieron a su rica civilización, a su abundante literatura, a sus leyes escritas en verso y a sus riquezas en oro y plata. Durante toda la antigüedad se extendieron las leyendas sobre su padre-fundador Geryon, un hombre sabio y rico que tenía tres cabezas y que llegó a vivir cientos de años. Esta leyenda de origen indoeuropeo aparece mezclada con otras de procedencia mediterránea oriental, como la que atribuye la fundación a Gárgoris y su nieto Habidis (o Habis), creadores de sus ciudades y padres de la agricultura. Se cree que la leyenda de Habidis está basada en la existencia histórica de un rey que se llamaba así.

Aunque el origen étnico de los tartesios era probablemente ibérico, su alfabeto, que aún hoy permanece sin descifrar, no lo era. De la información conservada en sus inscripciones y cerámicas se puede deducir que adoraban a las estrellas, así como a los toros y a los pájaros. Su monarquía tuvo un largo período de estabilidad política, lo que les ayudó a dominar a las tribus de todo el sur de la Península Ibérica. Su prosperidad se debió a la explotación de las minas de plata, estaño y bronce, así como al desarrollo de una agricultura muy sofisticada para la época, que utilizaba canales para el riego de frutas y verduras. También exportaban sal y vendían pescado seco a fenicios y griegos, pueblos que terminaron por influir intensamente en sus costumbres.

No sabemos muy bien por qué una cultura tan desarrollada desapareció de una manera tan radical y rápida. La historiografía tradicional siempre sospechó que los tartesios no pudieron competir con los fenicios. Hoy se cree que fue precisamente la decadencia fenicia lo que terminó con su extensa red comercial y acabó causando su ruina.

plantaron olivos que todavía existen hoy— de cereales y a la producción de vino. Tampoco se limitaron a comerciar con los iberos de la costa, sino que extendieron su actividad al interior peninsular, donde vendían los productos agrícolas que explotaban en sus asentamientos del levante.

La presencia de comerciantes y colonos griegos en la Península Ibérica, sin embargo, fue muy limitada, y la helenización cultural y política de sus habitantes fue menor de la que se produjo en el resto del Mediterráneo oriental y Egipto. A pesar de ello, su influencia se dejó sentir en las costumbres de las élites autóctonas, especialmente en su forma de vestir y de comer y en el culto religioso, ya que muchos ibéricos se convirtieron al paganismo helénico.

La imaginación mitológica de los griegos creó terribles leyendas de monstruos, peces horribles y otros peligros de navegar más allá del estrecho de Gibraltar. Estas leyendas, que tenían el objetivo de disuadir a otros pueblos mediterráneos de explorar las costas atlánticas, sobrevivieron en diferentes versiones hasta los tiempos de Colón.

¿SABÍAS QUE...?

EL TINTE MORADO DE LOS FENICIOS

De todos los productos de lujo con que comerciaron los fenicios por el Mediterráneo, el más valioso era el tinte de color morado utilizado para teñir telas de alta calidad. La ciudad fenicia de Tiro, el más industrioso de sus tres grandes centros urbanos, era el centro productor de este tinte tan apreciado en el mundo antiguo.

El tinte morado era extraído de un molusco grande de concha espectacular. Unas pocas gotas de esta sustancia eran suficientes para colorear una gran superficie de tela. El proceso de extracción era muy difícil, y los fenicios lo mantuvieron en secreto, lo que les dio el monopolio de su explotación y su comercio. Este tinte era tan caro que durante siglos sólo los muy ricos podían permitirse comprarlo. La vieja expresión inglesa *born in the purple* tiene aquí su origen.

5 Cartago contra Roma

Los cartagineses eran descendientes de los fenicios que se habían instalado en la ciudad norteafricana de Cartago, desde donde continuaron su expansión comercial por todo el Mediterráneo. El centro cartaginés en la Península Ibérica se situó en Cartago Nova (Nueva Cartago, hoy Cartagena). Cuando las ambiciones comerciales de este pueblo se transformaron en deseos imperialistas chocaron con los intereses de Roma, la otra potencia económica y militar de la época. Un tratado firmado entre ambos pueblos en el año 509 a.C. delimitó las áreas de influencia y las rutas comerciales de cada uno de ellos en un Mediterráneo que hasta entonces había sido un mar abierto para todos. A pesar de este tratado, pronto empezó a ser evidente que no había sitio para dos imperios en un espacio tan pequeño, y la guerra resultó inevitable. Después de una primera victoria romana, un nuevo tratado (firmado en el año 266 a.C.) aseguró a Roma el control de las islas de Córcega y Cerdeña y de los territorios situados al norte del río Ebro (aproximadamente la actual Cataluña) y dejó el resto de la península bajo la influencia cartaginesa. Para contrarrestar las pérdidas de la guerra, los cartagineses emprendieron una campaña de expansión por zonas de la península que les pudieran proporcionar materias primas, mano de obra para explotarlas y soldados para sus ejércitos. Gracias a una combinación de

Pueblos de la Península Ibérica entre los siglos VII y II a.C.

guerra, diplomacia y alianzas con algunas tribus autóctonas, en poco tiempo lograron extender su influencia hasta cerca del río Ebro. El asedio y la conquista de Sagunto —cuidad aliada de Roma— por el general cartaginés Aníbal provocó una segunda guerra entre romanos y cartagineses. Éstos decidieron combatir a los romanos en un doble frente y, mientras Aníbal cruzaba los Pirineos y los Alpes para atacar por el norte de la actual Italia, su hermano Asdrúbal les hacía la guerra en la Península Ibérica. Las tropas de Aníbal consiguieron llegar hasta las puertas de Roma, pero las victorias romanas en Hispania le impidieron obtener los refuerzos necesarios para completar la conquista de esta ciudad. Los romanos aprovecharon esta ocasión para penetrar por el sur de Hispania y, con el apoyo de algunos líderes ibéricos, dividir al ejército cartaginés, controlar la península y convertirla en una provincia del imperio.

❻ De la ocupación de Hispania a la crisis del imperio

Acueducto romano de Segovia

Después de derrotar a los cartagineses, los romanos se asentaron primero en la costa mediterránea y en el sur de la Península Ibérica, es decir, en las mismas zonas que habían sido antes fenicias, griegas y cartaginesas, y que además eran las más ricas y desarrolladas. Pero, a diferencia de los otros colonizadores, no se conformaron con estos territorios, sino que extendieron su dominio y su influencia por casi toda la península. El control político y administrativo de ésta fue, sin embargo, lento y dificultoso. Durante gran parte de los siglos II y I a.C., las tribus celtíberas del centro y el oeste y los cántabros y astures del norte resistieron la penetración de los soldados de Roma. A pesar de que la oposición local nunca tuvo ni una organización eficiente ni una estrategia a largo plazo, las continuas rebeliones y la guerra de guerrillas, en la que las tribus locales eran expertas, acabaron convirtiendo a un amplísimo territorio del norte y de las montañas de la actual Castilla en frontera peligrosa para las legiones invasoras, que tuvieron allí miles de bajas. Líderes autóctonos como Viriato y resistencias tenaces como la de Numancia —ciudad situada cerca de la actual Soria cuyos habitantes, asediados durante años, prefirieron la muerte a la esclavitud, y se suicidaron en masa— llegaron a ser una verdadera obsesión para la metrópoli. El final de la resistencia de Numancia (133 a.C.) significó un gran alivio para el imperio, que ganó con su victoria el control definitivo de las zonas cerealistas del Duero y de los accesos al sur de las Galias (hoy Francia), además de muchos miles de esclavos para el trabajo en las minas. El avance hacia el norte y el noroeste, sin embargo, fue más lento, en parte por las diferentes crisis políticas que atravesó el imperio y en parte también porque, al estar dominadas ya las zonas más rentables económicamente, este territorio no tenía un interés prioritario para Roma.

A partir de este momento, los conflictos más importantes en suelo ibérico fueron los causados por los propios romanos que, en varias guerras civiles, usaron Hispania como escenario en el que dirimir sus ambiciones particulares. La pacificación total del imperio no se logró hasta que el emperador Augusto derrotó a sus rivales romanos en el año 29 a.C. Comenzó entonces la *Pax Augusta*, uno de los periodos más largos de paz en el Mediterráneo antiguo. La estabilidad que produjo el fin de las guerras civiles permitió a los romanos concentrarse en extender su orden administrativo, económico y político por el imperio, y en especial por la península. Este es el momento más importante de la romanización de Hispania, proceso del cual se ocupará la siguiente sección.

El dominio romano de la península continuó hasta el siglo III d.C., época en la que se produjeron una serie de crisis políticas, económicas, religiosas y demográficas que crearon un periodo de inestabilidad y acabaron marcando el principio del fin del poder romano. Las constantes luchas por el poder que caracterizaron la vida política de casi todo ese siglo no se resolvieron hasta la proclamación de Diocleciano como líder absoluto (de 284 a 305). Las persecuciones religiosas contra el cristianismo (del siglo I al III) y las disputas teológicas entre cristianos (del siglo IV al V) contribuyeron a la desmoralización y a la desunión de los ciudadanos romanos y acabaron provocando, a finales del siglo IV, la división del imperio en dos grandes bloques: el oriental (Constantinopla), mucho más cristianizado, y el occidental (Roma). Es curioso que, aunque la cristianización de Hispania y la Galia fue mucho más tardía que la de las provincias orientales, siglos después algunas de éstas (Palestina, Siria, Turquía) acabarán convirtiéndose al Islam, mientras que las primeras serán los pilares del cristianismo.

La debilidad del imperio coincidió con un fuerte aumento de la población de las tribus bárbaras que habitaban en sus límites —los germanos y eslavos al norte, los bereberes al sur (norte de África), los persas al este— y que aprovecharon las circunstancias para lanzarse a una campaña de expansión territorial. Las ciudades más ricas de Hispania (Itálica, Sagunto, Cádiz, Tarragona), que en los últimos años habían perdido importancia económica en el conjunto del imperio por la competencia de los productos provenientes de los territorios orientales (Siria, Turquía y Grecia), sufrieron los ataques y el pillaje de grupos de celtas y germanos. Estos pueblos entraban a Hispania por el sur de Francia y llegaban a ellas siguiendo el trazado de las vías romanas, hasta entonces símbolo de la unidad del imperio. Los constantes enfrentamientos bélicos obligaron a las ciudades a aumentar los impuestos para poder pagar las enormes sumas de dinero necesarias para la construcción de fortificaciones y el mantenimiento de un ejército que, ocupado en combates constantes a lo largo de las fronteras del imperio, cada vez resultaba más caro y menos eficaz. La vida política, social y económica de las ciudades se vio afectada muy negativamente por este clima de inestabilidad. Poco a poco se fueron abandonando el comercio y la moneda para volver a una economía de subsistencia, basada en la agricultura y el intercambio de productos. Para escapar del declive económico y de la inseguridad urbana, los ricos comerciantes de las ciudades comenzaron a trasladarse a las zonas rurales, donde establecieron latifundios —grandes extensiones agrícolas en cuyo cultivo se empleaba a un gran número de personas— y crearon una nueva clase dirigente: la de los grandes propietarios de tierras. Muchos trabajadores urbanos perdieron sus ocupaciones y organizaron rebeliones contra los terratenientes o se convirtieron en bandidos. La mayor parte de los antiguos *libertos* —esclavos que habían ganado la libertad gracias al trabajo o a otros méritos— y los colonos libres se trasladaron al campo, donde pasaron a ser siervos de los señores rurales, cuyos pequeños ejércitos privados les ofrecían protección contra invasores, bandidos y rebeldes a cambio de trabajar en la tierra en condiciones durísimas. La disminución del papel social, económico y político de las ciudades y la fragmentación del poder imperial abrieron la puerta a las invasiones germánicas de las que se ocupará el capítulo siguiente.

❼ La romanización

La dominación romana significó mucho más que una conquista militar. Las legiones y funcionarios romanos esparcieron por todos los dominios del imperio los usos y costumbres de los invasores, su organización socioeconómica y administrativa, sus instituciones políticas, su cultura y su lengua. Los pueblos invadidos fueron *romanizándose* lentamente, es decir, dejaron de ser colonias y se convirtieron en provincias de un imperio en el que, a pesar de las marcadas diferencias locales, existía un grado significativo de unidad política, cultural y administrativa. La romanización transformó tan profundamente la vida de los pueblos conquistados que algunos de sus principios fundamentales sobrevivieron la caída del imperio y se convirtieron, siglos más adelante, en pilares fundamentales de la civilización occidental y de la cultura europea. Los romanos extendieron el cristianismo por Europa, establecieron los fundamentos de una sociedad basada en el patriarcado y en los derechos de ciudadanía, transmitieron el sentido griego de la belleza —que fue el patrón estético básico del mundo occidental durante siglos— y crearon un sistema de leyes en el cual todavía hoy se inspiran los códigos civiles de algunos países.

En la Península Ibérica, la romanización transformó Iberia —un territorio poblado por gentes cuya conciencia de comunidad no iba más allá de la de pertenecer a una tribu— en Hispania —una más de las provincias de un imperio gobernado por leyes e instituciones comunes. Esta transformación, como la conquista militar que la hizo posible, fue muy lenta y afectó de manera desigual a diferentes zonas de la península. Después de los tres o cuatro siglos de presencia romana todavía existían diferencias significativas entre las zonas de Hispania más romanizadas —normalmente las primeras en ser ocupadas y las más ricas e interesantes económicamente para el imperio— y aquellas en las que prevalecían los modos de vida tradicionales —que eran, además, las más pobres. A pesar de ello, la romanización de Hispania fue mucho más completa que la de otras provincias del imperio occidental.

El proceso de romanización comenzó siendo una respuesta a la necesidad de establecer un control efectivo de los dominios recién conquistados. A medida que las legiones romanas iban controlando un territorio, el imperio iba

Provincias, ciudades y vías romanas en Hispania

¿SABÍAS QUE...?

SÉNECA Y EL ESTOICISMO

El filósofo más conocido de la historia de Roma fue Lucio Anneo Séneca, un hispano nacido en Córdoba cuatro años antes de Cristo en el seno de una familia aristocrática de caballeros hispanorromanos. Fue educado en Roma, donde estudió filosofía y retórica. Tras pasar seis años en Egipto con otros parientes hispánicos regresó a Roma, donde llegó a ser senador y escribió obras dramáticas de contenido estoico que tuvieron un gran éxito. Fue víctima de la envidia de la mujer del emperador Claudio y pasó ocho años de destierro en Córcega, donde vivió en condiciones muy difíciles hasta que la nueva emperatriz, Agripina, lo llamó a Roma y lo nombró tutor de Nerón. En esta época escribió sus más famosos libros filosóficos, *De Brevitate Vitae* (Sobre la brevedad de la vida) y *De tranquillitate animi* (Sobre la tranquilidad del espíritu).

Después de la proclamación de Nerón como emperador, Séneca se convirtió en el hombre más influyente de Roma y promovió leyes humanitarias para proteger a los esclavos y para mejorar la administración del estado. Unos años después cayó en desgracia y abandonó la política. Estando ya retirado, fue acusado de complicidad en una conspiración y el emperador le obligó a suicidarse.

Séneca se dio muerte, según sus contemporáneos, con gran tranquilidad.

La filosofía estoica no fue creada por Séneca, pero él fue el gran impulsor de este movimiento intelectual que constituyó una de las bases de todo el pensamiento y la literatura occidentales. La idea de "sufrir con dignidad" y la importancia de la tranquilidad espiritual y psicológica para enfrentarnos a las dificultades de la vida se asocian, en la historia intelectual de Europa, con la figura de este autor hispanorromano. La tradición literaria española, sobre todo la de los siglos XVI y XVII, estuvo muy influida por el estoicismo senequista. Las ideas de Séneca fueron sin duda conservadas y transmitidas con celo especial gracias a las semejanzas que guardaban con algunas de las ideas del cristianismo, como por ejemplo la de la providencia:

> Todo lo que la naturaleza humana tiene de bueno está libre de fuerzas negativas: no le puede ser dado ni quitado. Este cielo, mayor o más bello que el producido por la naturaleza, esta alma [...] estará con nosotros para siempre. Vayamos, pues felices a donde quiera que nos lleve la fortuna; el brillo de los cielos está a igual distancia de cualquier sitio, todas las estrellas están a la misma distancia de todos los hombres (*Ad Matrem Helviam de consolatione, VIII*).

introduciendo sus propias formas de organización, aunque respetando las costumbres locales cuando no existía una total incompatibilidad entre ambas. Con el fin de facilitar la administración, el imperio dividió la península en provincias cuyo número y extensión se determinaba según las necesidades del gobierno, del ejército y de la recaudación de impuestos, y no según criterios étnicos o geográficos. Por ello la estructura provincial de Hispania cambió a medida que se conquistaban nuevas tierras y que las circunstancias políticas del imperio así lo aconsejaban. Al principio se dividió el territorio ibérico controlado por los romanos en dos provincias: la Hispania Citerior, con capital en Cartagena, y la Hispania Ulterior, con centro en Córdoba. En la época de Augusto se añadieron las provincias Bética, Lusitania (entre el Duero y el Guadiana) y Citerior Tarraconense (muy heterogénea, que se extendía hasta el Cantábrico). Más tarde, la expansión hacia el noroeste añadió a las anteriores la provincia de Gallecia-Asturica. Durante el bajo imperio, Hispania llegó a contar con seis provincias: Tarraconense, Gallecia, Lusitania, Cartaginense, Bética y la africana Nueva Hispania Ulterior —que relacionaba por primera vez en la historia la Península Ibérica con el norte de África— a las que se añadiría después la Baleárica. Dentro de cada provincia existían subdivisiones organizadas en torno a *civitates* (ciudades) —núcleos de población prerromanos muy romanizados o de nueva construcción— o *populi* (pueblos) —conjunto de aldeas y tierras más característico de las zonas en las que la romanización era menor y que mantenían algunas veces la organización prerromana.

Los romanos sabían que la administración eficaz del imperio requería una sofisticada red de infraestructuras, y por ello pusieron gran empeño en la construcción y mantenimiento de un sistema de *vías* que garantizara la comunicación entre todas las provincias. Esta red de caminos fue fundamental, no sólo para el comercio y la política, sino también para la transmisión de los valores y costumbres romanas a las provincias y, con ello, para la romanización.

Dada la importancia de la vida y la economía urbanas para la estabilidad y el progreso del imperio, los romanos impulsaron la creación de ciudades en los territorios recién conquistados y en las regiones donde no existía una economía mercantil. Estos nuevos centros urbanos cumplían la doble misión de facilitar el desarrollo económico y proteger las zonas agrarias de los ataques de las tribus no romanizadas. Las ciudades fueron también importantes centros de romanización. Su infraestructura incluía no sólo puentes, acueductos, calles y plazas, sino también templos, teatros y estadios desde donde se difundían el modo de vida y los valores romanos.

La romanización no fue únicamente un proceso impulsado por las instituciones políticas de la metrópoli; muchas veces fueron los propios invadidos los que buscaron modos de integrarse en el mundo romano. Los mercaderes y personas de negocios de Iberia se dieron cuenta muy pronto de que para conservar su posición socioeconómica tenían que participar en el comercio, la economía y la vida pública de los vencedores, y ello exigía la aceptación de la moneda y de los usos mercantiles romanos, además de su lengua y sus costumbres. Los romanos, por su parte, sabían que era necesario contar con el apoyo de las élites locales y por ello incentivaron su integración otorgando la ciudadanía romana a los jefes y comerciantes de las tribus celtíberas. Otras veces, la integración fue el resultado de la mera convivencia de dos pueblos. Este fue el caso de los matrimonios entre romanos y celtíberos, que crearon un grupo de *hispanorromanos* cuyas élites llegaron a tener una gran influencia en Roma y de las que salieron políticos —los emperadores Trajano, Adriano y Nerva, por ejemplo— generales e intelectuales —el filósofo Séneca, el escritor Marcial, el poeta Lucano— de extraordinario prestigio.

Muchos individuos accedieron a la nacionalidad romana y a la propiedad de tierras a cambio de años de servicio en las legiones romanas. Dado que el servicio militar se cumplía en cualquier lugar del imperio y en unidades militares compuestas por individuos procedentes de diferentes provincias, los nuevos soldados debían aprender latín y convivir con compañeros con los que no compartían el ser ibero o galo, sino sólo el ser romano, y que defendían el imperio, y no una región determinada. Las tierras concedidas a estos veteranos ya romanizados estaban situadas frecuentemente en zonas recién conquistadas, con lo que el imperio lograba el triple objetivo de dar salida a su excedente de población, abrir nuevos mercados y explotaciones agrícolas y mineras y transmitir los sistemas de valores romanos a las nuevas colonias. Las campañas romanas contra las guerrillas autóctonas habían creado, además, unos contingentes de esclavos que se utilizaron como mano de obra barata en la agricultura o en la ganadería. Con el tiempo, muchos de ellos acabaron ganando la libertad y convirtiéndose en *libertos*, una clase social media-baja que internalizó rápidamente los valores del imperio, extendiendo así el proceso romanizador.

¿SABÍAS QUE...?

EL ARRIANISMO

El obispo Arrio, nacido en el norte de África en un ambiente cultural griego, fue el inspirador de una doctrina conocida como *arrianismo* que acabó causando la mayor conmoción religiosa del cristianismo antiguo. Arrio negaba la divinidad de Jesucristo basándose en el énfasis que el Nuevo Testamento pone en llamarlo "hijo de Dios", igualándolo así con los hombres y la naturaleza humana. Según el arrianismo, Jesús no nació divino, sino que se convirtió en ser un ser espiritual con el tiempo y el estudio.

La rapidez con la que el arrianismo se extendió por Constantinopla y el Oriente llevó a la Iglesia a convocar su primer gran concilio en el año 325 (el *Concilio de Nicea*), en el que esta doctrina fue calificada como *herejía*.

El arrianismo se extendió también entre los pueblos germánicos que estaban en contacto con el Imperio Romano y llegó a Hispania con los visigodos (414), quienes lo impusieron como religión oficial cuando ya estaba desapareciendo en el Imperio Oriental y en Italia. Las disputas entre visigodos arrianos y católicos fueron constantes, y agravaron la crisis de la Hispania posromana. El final del arrianismo español llegó cuando la monarquía goda se convirtió al catolicismo y lo impuso como religión oficial en todo el reino.

¡Atención! Ve a **De la Red** de este capítulo en *www.prenhall.com/espanaayeryhoy*. Allí encontrarás sitios de información muy interesante y de fácil acceso.

La Edad Media

Temas de introducción

1. Como veremos en este capítulo, durante la Edad Media la religión fue uno de los factores centrales en la formación de la identidad peninsular. ¿Cuál ha sido la importancia de la religión en la formación de la identidad nacional de los EE.UU.?

2. Durante la Edad Media los musulmanes llegaron a ocupar la mayor parte de la Península Ibérica. Los reinos cristianos vieron el Islam como una amenaza a su identidad cultural incluso después del fin de la ocupación musulmana. ¿Crees que existen factores en la sociedad donde tú vives que pueden amenazar su identidad en un futuro próximo?

3. ¿Qué te sugiere la expresión *peste negra*?

❶ El período visigodo

Como se mencionó en el capítulo anterior, hacia el siglo V de nuestra era Roma estaba pasando por una grave crisis que resultó en un gran vacío de poder en todo el occidente del imperio. Los diferentes pueblos bárbaros que habitaban en sus fronteras, animados por la debilidad de Roma y acuciados por las necesidades de una población cada vez más numerosa, se lanzaron a una campaña de expansión territorial que las legiones fueron incapaces de detener. Las frecuentes incursiones bárbaras crearon una sensación de inseguridad entre los ciudadanos y un ambiente de caos social, económico y político. Los pactos de no agresión y de cooperación que Roma firmó con diferentes tribus bárbaras prolongaron la agonía del imperio, pero no pudieron evitar su desintegración.

Las primeras incursiones bárbaras en Hispania tuvieron lugar alrededor del año 409, cuando grupos de suevos, vándalos y alanos penetraron por los Pirineos y se movieron libremente por casi todo el territorio, aunque sin crear asentamientos fijos. Los dos últimos grupos dejaron escasa huella de su paso por la península, a excepción de su contribución al agravamiento del caos. Los suevos, sin embargo, acabaron estableciéndose en lo que hoy es Galicia y el norte de Portugal tras firmar un pacto con Roma que les daba el control de la zona a cambio de asegurar la paz en el resto de la península. Los romanos firmaron también un acuerdo con los visigodos que permitía a éstos permanecer en el sur de las Galias (hoy Francia) a cambio de proteger la frontera pirenaica de las incursiones de otros pueblos germanos. Las relaciones entre estos pueblos fueron estables durante muchos años, y en muchas ocasiones llegaron a luchar juntos contra enemigos comunes. La política de pactos, por otra parte, permitió al imperio mantener el control de la mayor parte de Hispania y aislarla de las invasiones bárbaras durante casi otros cien años.

Esta situación de equilibrio de poderes comenzó a cambiar en el año 476, cuando la caída del último emperador acabó con la autoridad central de Roma y los pueblos bárbaros comenzaron a enfrentarse unos a otros por el control del antiguo imperio. Tras perder una guerra

La Península Ibérica a finales del siglo VI d.C.

contra los francos a comienzos del siglo VI, los visigodos —que ya habían incorporado unos años antes la provincia Tarraconense a sus dominios— se vieron obligados a abandonar sus tierras del sur de Francia y a trasladarse en masa a Hispania, dando comienzo así a la ocupación goda, que duró hasta la llegada de los musulmanes en el año 711.

El control que los visigodos ejercieron sobre la península nunca fue tan sistemático, tan fuerte ni tan extenso como el romano. Ello se debió, en parte, a que se encontraron un territorio en crisis, donde el vacío de poder que caracterizaba la vida de las ciudades —cada vez más pobres y menos pobladas— y del campo —dominado por los grandes propietarios

que hacían y deshacían a su antojo— hacía casi imposible el establecimiento de una administración eficaz. El carácter electivo de su monarquía, por otro lado, provocó continuas luchas dinásticas que impidieron la creación de estructuras de poder fuertes y estables. Por último, la inferioridad numérica de los invasores —los visigodos eran unos 200.000 más unos 100.000 suevos, frente a una población hispanorromana autóctona de entre seis y siete millones— dificultó la extensión del poder a todas las capas de la población. Las políticas de acercamiento a las élites autóctonas —matrimonios y concesiones de privilegios— sólo compensaron parcialmente la diferencia numérica entre ambos pueblos. Hispanorromanos y godos nunca llegaron a integrarse por completo, en parte porque las diferencias religiosas —los primeros eran católicos y los segundos arrianos— y otros elementos discriminatorios —como la aplicación de códigos legales diferentes para cada grupo— se mantuvieron hasta muy tarde.

La monarquía goda no tuvo como prioridad el control efectivo de la península hasta que la invasión de la Bética por los ejércitos bizantinos (522) puso de manifiesto el peligro que suponían las posibles agresiones exteriores. A partir de entonces, la unificación peninsular se convirtió en un objetivo irrenunciable al que dedicaron sus esfuerzos los diferentes reyes godos. Después de fijar la capital en Toledo, el rey Leovigildo lanzó una campaña contra los suevos que se completó con la derrota de éstos y la anexión de sus territorios. En el norte también se emprendieron campañas contra astures, cántabros y vascones, pueblos que no fueron sometidos por completo y continuaron siendo una fuente de inestabilidad. En el sur se redujeron los dominios bizantinos, aunque su presencia continuaría hasta la caída de Cartagena (621). La ejecución de Hermenegildo, un hijo del rey que había intentado crear una monarquía independiente en la Bética, prueba que la determinación goda de crear un solo reino para toda la península era más que una intención.

La unión del territorio fue acompañada por otras dos medidas destinadas a disminuir la división social entre los habitantes del reino. La unificación religiosa que se produjo tras la conversión del rey Recaredo al catolicismo (589) acabó con los recelos que separaban a

Ermita visigótica de Quintanilla de las Viñas (Burgos)

la minoría dirigente arriana de la mayoría católica y mejoró las relaciones entre la sociedad y la monarquía goda, que se aseguraba de esta manera la adhesión y la fidelidad de muchos hispanorromanos. La Iglesia católica, convertida ahora en Iglesia oficial del reino, se dedicó a apoyar activamente al gobierno, a realzar la figura del rey y a defender el origen divino del poder real, lo que convirtió a la monarquía en una institución de carácter casi sagrado. Este último fue el fruto más importante de la labor legitimadora de la Iglesia, puesto que perduró en toda Europa durante muchos siglos. La unificación de los códigos del derecho no se produjo hasta el año 654, cuando el rey Recesvinto promulgó el *Fuero Juzgo*, un conjunto de leyes aplicable a todos los habitantes del reino y basado en la tradición jurídica romana. Este código, que se siguió utilizado durante siglos en los reinos cristianos de la Edad Media, constituyó unos de los legados culturales más importantes de los visigodos.

La monarquía visigoda basó la administración de su territorio en las antiguas provincias romanas, aunque cambió el número y la extensión de éstas de acuerdo con las necesidades del momento. Su gobierno contaba, además de con el rey, con el *Oficio Palatino*, el *Aula Regia* y los *Concilios Generales*. El primero era una especie de corte real compuesta por funcionarios de diferentes niveles que se ocupaban de áreas como la justicia, la hacienda y la política exterior. El Aula Regia era una asamblea de notables que aconsejaba al monarca, y los Concilios Generales tenían carácter religioso y político y se encargaban de aprobar o reprobar las acciones del rey. A pesar de todo este aparato, y como ya se ha dicho, el control visigodo nunca fue tan estable ni eficaz como el romano. La violencia política consustancial al carácter electivo de su monarquía dio lugar a periodos de inestabilidad que dificultaron el establecimiento de un gobierno sólido. La falta de una autoridad real fuerte, por su parte, hizo que los monarcas dependieran de los señores locales para mantener el control de algunas áreas. La

Ermita visigótica de Quintanilla de la Viñas (detalle)

concesión de privilegios y poderes especiales a éstos privatizó el poder y provocó una fragmentación de la autoridad difícilmente compatible con un gobierno centralizado fuerte.

El legado cultural que los visigodos dejaron en la península no fue muy profundo. Mantuvieron la toponimia, las provincias y las leyes romanas, lo que da una idea del grado de romanización de la península. La vida cultural, muy influida por la tradición romana, encontró refugio en los monasterios; en el resto de la sociedad el analfabetismo era la norma, incluso entre los nobles. La España visigoda produjo muy pocos intelectuales. El más destacado de ellos, Isidoro de Sevilla, fue defensor de la herencia cultural romana y católica en un mundo arriano, y consideró la invasión goda como la circunstancia que permitiría la creación de un reino único e independiente en la península. Las ideas de Isidoro de Sevilla acabaron convirtiéndose en pilares de la cultura europea, y su concepción de España como país unitario fue la inspiración de gran parte de la historiografía medieval. Del arte propiamente germánico nos han quedado algunas iglesias de arquitectura tosca y estilo paleocristiano y numerosos objetos personales y de orfebrería, como grandes coronas que se colgaban de los techos, broches, cinturones y otros artículos de adorno personal.

La vida comercial quedó relegada a unos pocos núcleos controlados por los judíos en el interior y por los bizantinos en el Mediterráneo. En el resto del país se practicaba una economía de subsistencia en la que la tierra constituía la fuente más importante de riqueza, por lo que la vida económica de la época se construyó alrededor de ella. La industria se redujo casi a la transformación de los productos agrícolas y ganaderos —cereales, vino, aceite, lana— y al trabajo de los metales para la fabricación de armas, coronas y otros utensilios.

En el plano político, los godos fueron los primeros en concentrar sus intereses exclusivamente en la península, sin depender de metrópolis extranjeras, y sin duda contribuyeron a formar un ideal de unidad peninsular que se transmitió a los reinos cristianos de la Edad Media. A partir de la invasión islámica, lo "godo" en su versión católica —en algunas ocasiones junto con lo cántabro, lo asturiano o lo vasco— fue visto por algunos como la esencia de lo español, en oposición a la contaminación extranjerizante de lo islámico o lo hebreo. Tener sangre goda sería, hasta el siglo XVIII, una prueba de nobleza y de "cristianismo viejo".

El dominio visigodo acabó cuando uno de los pretendientes al trono pidió ayuda militar a los musulmanes del norte de África para resolver una disputa dinástica. Tras derrotar al rey Rodrigo, los supuestos aliados se convirtieron en invasores y se hicieron con el control de la península, ante la incapacidad goda para defenderla y la indiferencia de una población que no mostró voluntad alguna para resistir a los musulmanes.

❷ La invasión del Islam

Mientras Europa Occidental sufría pobreza y desorganización política, en el Oriente Medio se producía la expansión del Imperio Islámico, cuyos dominios se extendían ya en el año 711 desde Persia (Irán) hasta el estrecho de Gibraltar. Fue precisamente en ese año cuando los musulmanes entraron en la Península Ibérica como aliados, como ya hemos mencionado, de un líder godo. Contando con un ejército de sólo unos 10.000 soldados lograron

La Península Ibérica en el año 900

conquistar rápidamente ciudades como Barcelona, Pamplona y León, y controlar en unos pocos años casi toda la península. Su avance continuó hasta el año 732, cuando fueron detenidos por los francos cerca de los Pirineos. Mientras tanto, algunos visigodos se refugiaron en las montañas del norte junto a sus viejos enemigos astures, cántabros y vascos y organizaron (739) el primer reino cristiano de resistencia al Islam. Las zonas más ricas y pobladas del sur y el levante quedaron ocupadas por los musulmanes; el valle del Duero y las montañas del Sistema Ibérico se convirtieron en un desierto demográfico, un territorio de frontera demasiado peligroso para el desarrollo de ninguna clase de economía o vida estables.

El rápido colapso de la monarquía goda tuvo sus raíces, sin duda, en la debilidad del sistema de gobierno, en la falta de autoridad real de éste en las zonas controladas por los señores territoriales y en la apatía de una población que no veía diferencia alguna entre servir a visigodos o musulmanes. Pero también se debió al talento político de estos últimos, que prefirieron el pacto ventajoso con los señores locales a la guerra abierta. Gracias a su actitud negociadora se aseguraron la fidelidad de la aristocracia y de los propietarios de tierras godos o hispanorromanos a cambio del respecto a sus privilegios y a sus derechos de propiedad. La práctica musulmana de ceder a los campesinos locales parte de las tierras abandonadas por la Iglesia o los aristócratas godos a cambio de un impuesto les aseguró el apoyo de muchos sectores del pueblo. Por último, los musulmanes practicaron una política de tolerancia religiosa hacia los practicantes de las otras dos religiones monoteístas (cristiana y judía), a quienes se permitió continuar con sus creencias a cambio también del pago de un tributo. Con los años, la influencia cultural de la nueva sociedad y la presión fiscal de los impuestos religiosos llevaron a muchos a abrazar la fe de Mahoma, con lo que se inició en la península un proceso de islamización. Los *muladíes* —nombre que se daba a los cristianos convertidos al Islam— constituyeron muy pronto la mayoría demográfica de un territorio llamado Al-Andalus. En él convivían con judíos, *mozárabes* —cristianos que vivían en áreas de religión islámica— y musulmanes de distintas procedencias y etnias. Después de las primeras conquistas, los invasores se repartieron la península en áreas de influencia que correspondían a las diferentes etnias musulmanas. La minoría árabe, la más poderosa, se reservó la ocupación de Andalucía, el valle del Ebro y muchas zonas fértiles, mientras que la mayoría bereber se tuvo que conformar con partes del levante y con zonas de la meseta y el norte que eran menos interesantes económicamente. El injusto reparto de la tierra y la dificultad que suponía armonizar los intereses de los distintos grupos dieron origen a numerosas tensiones y confrontaciones. A pesar de ellas, el Islam español consiguió crear un gobierno relativamente estable sobre la base de una población multiétnica.

¿SABÍAS QUE...?

GERMANISMOS Y ARABISMOS EN ESPAÑOL

En el español actual existen numerosas palabras de origen germánico. Algunas de ellas llegaron al español a través del latín, lengua a la que ya se habían incorporado gracias a los contactos que romanos y germanos mantuvieron antes de la época de las invasiones. En algunas ocasiones estas palabras correspondían a productos o actividades no existentes en el mundo romano para las que era necesario inventar nuevos nombres. Este es el caso de *jabón*, un producto que los romanos importaban del norte y para el que crearon la palabra *sapone*, derivada del germánico *saipo*.

El constante contacto entre romanos y bárbaros que se produjo durante la época de las invasiones introdujo muchas palabras germánicas en el latín que acabarían pasando al español, como *werra* (guerra, que sustituyó en el uso popular a la palabra latina *bellum*), *helm* (yelmo); *dard* (dardo); *spaura* (espuela), *falda* (falda), *sal* (sala). De origen germánico son también *ambasciata* (embajada); *triggwa* (tregua); *orgli* (orgullo) y *ban* (bando, prohibición), de la que se deriva *bandido* (el que no respeta la prohibición); *wardja* (guardia); *spaiha* (espía) y *raupa* (ropa). Los visigodos nos dejaron también nombres propios, como *Adolfo* (*adal*, noble, + *wulf*, lobo), *Alfonso* (*all*, todo, + *funs*, preparado), *Álvaro* (*all*, todo, + *varo*, prevenido), *Elvira* (de *Gelovira*, *gails*, alegre, + *wers*, fiel),

Fernando (*frithu*, paz, + *nanth*, osado), *Gonzalo* (*gunthis*, lucha), *Rodrigo* (*hroth*, gloria, + *ric*, poderoso), el sufijo -*engo* (abadengo, realengo, abolengo) y la extensión de los patronímicos en -*iz* y -*ez* (Martínez, González, etc.).

Los casi ocho siglos de presencia musulmana en España convirtieron el árabe en un elemento importante en la formación del vocabulario del español, lengua a la que contribuyó con más de 4.000 palabras. De entre ellas destacan las procedentes del vocabulario de la guerra (sus ejércitos iban mandados por *adalides* y *alféreces* y marchaban al ritmo del *tambor*, sus centinelas se llamaban *atalayas*; las ciudades estaban defendidas por *alcazabas* y la retaguardia del ejército se conocía como *zaga*), de la agricultura (*acequia*, *alberca*, *noria*, *alcachofa*, *alubia*, *alfalfa*, *zanahoria*, *azafrán*, *azúcar*, *algodón*, *aceituna*), del comercio (*aduana*, *arancel*, *almacén*), de la organización social (*arrabal*, *alguacil*, *alcalde*, *aldea*), de la construcción (*albañil*, *tabique*, *alcoba*, *alcantarilla*, *azulejo*), de los objetos de uso cotidiano (*alfombra*, *alfiler*) y de las ciencias (*algoritmo*, *álgebra*, *alquimia*, *alcohol*, *azufre*, *jarabe*, *alcanfor*), así como numerosos nombres de ciudades y pueblos, como *Alcalá* (de *al-qalat*, el castillo), *Medina* (de *madinat*, ciudad), *Algeciras* (de *al-gazira*, la isla), y otros muchos.

❸ La edad de oro de Al-Andalus (siglos IX–X)

A finales del siglo IX, las revueltas de algunos grupos sociales y la aparición de la peste crearon un ambiente de crisis e inestabilidad que llegó a amenazar la unidad de Al-Andalus. Esta inestabilidad continuó hasta la llegada al poder de Abderramán I, un miembro de la dinastía Omeya que había escapado de Bagdad por problemas políticos y tras instalarse en la península estuvo en el poder entre los años 756 y 788. Pronto convirtió Al-Andalus en un emirato independiente y centró su actuación política en la creación de un gobierno fuerte que acabara con las tensiones sociales y uniera todos los territorios peninsulares ocupados por los musulmanes. Para ello, suprimió la autonomía de las zonas que todavía estaban bajo el control de aliados no musulmanes y reprimió las revueltas causadas por las tensiones étnicas. Con el fin de asegurar la autoridad del *emir*, estableció el principio dinástico de transmisión del poder y creó un sofisticado sistema de administración central. Su gobierno preparó las bases del desarrollo económico, comercial y cultural que el país vivió en la época de sus sucesores.

La labor unificadora de Abderramán I fue continuada por Al-Hakam I (796–822), quien orientó su política a la consolidación del poder central en los terrenos militar —represión de las revueltas— y administrativo —unificación y reforzamiento del sistema de recaudación de impuestos. Su sucesor Abderramán II (822–852) reforzó el poder de la monarquía al convertirla en institución de carácter absoluto y declarar su infalibilidad tanto en cuestiones políticas como religiosas. En esta época, Al-Andalus ya contaba con un funcionariado bien organizado que incluía un cuerpo de policía, un sistema de justicia y una red de gobernadores locales. La figura del monarca como autócrata absoluto se consolidó con Abderramán III; durante su periodo de gobierno (912–961) Al-Andalus alcanzó la plenitud de su desarrollo político, económico y cultural gracias al buen estado de las finanzas y a la estabilidad.

La España musulmana era, en esta época, la nación más desarrollada de Europa. En ella había surgido una nueva clase urbana de comerciantes, profesionales, funcionarios, pequeños industriales y artistas que se había convertido en motor de prosperidad económica, tolerancia religiosa y sofisticación cultural. El nacimiento de la vida urbana no fue, sin embargo, algo espontáneo, sino una consecuencia de actuaciones concretas del gobierno. Conscientes de la importancia de las ciudades para el control político y el desarrollo económico, los musulmanes iniciaron, a mediados del siglo VIII, una campaña de reurbanización de la península que no tuvo igual en Europa hasta muchos siglos después. Pronto surgieron centros urbanos como Córdoba —que llegó a tener veintiún barrios, siete puertas y 100.000 habitantes— Sevilla y Toledo —que a mediados del siglo VIII contaban con una población de aproximadamente 40.000 personas— y Granada Almería, Málaga, Zaragoza y Valencia —donde vivían entre 15.000 y 20.000 habitantes. En su periodo de esplendor, Córdoba contó con miles de pequeños comercios y talleres, numerosas mezquitas donde se celebraban ritos religiosos y se impartía educación a los jóvenes, varias universidades y una magnífica biblioteca de 400.000 volúmenes —más de los que tuvo cualquier biblioteca medieval— y que fue quemada por los cristianos. Las buenas relaciones comerciales de Al-Andalus con el resto del mundo islámico y con los cristianos de Bizancio, además, convirtieron las ciudades de la España musulmana en punto de tránsito obligado de la mayoría de los artículos de lujo —cristales, joyas, sedas, especias, muebles— con los que se comerciaba en Europa Occidental.

En un ambiente de tolerancia religiosa y curiosidad intelectual se tradujeron obras de los filósofos griegos —gracias a las cuales Occidente pudo recuperar gran parte de la ciencia y del pensamiento clásicos— se publicaron tratados de botánica, de astronomía y de física sin paralelo en la cultura occidental de la época y se promocionaron las artes, la música y la poesía. Los matemáticos musulmanes trajeron de la India el sistema numeral y establecieron las bases de las matemáticas del Renacimiento europeo, especialmente del álgebra (palabra árabe) y del cálculo mercantil. El médico y filósofo cordobés Averroes (1126–1198) escribió —aunque ya en la época de decadencia política de Al-Andalus— la

¿SABÍAS QUE...?

AVERROES Y LAS MUJERES

"Nuestro estado social no deja ver lo que de sí pueden dar las mujeres. Parecen destinadas exclusivamente a dar a luz y amamantar a los hijos, y ese estado de servidumbre ha destruido en ellas la facultad de las grandes cosas. He aquí por qué no se ve entre nosotros mujer alguna dotada de vir- *tudes morales: su vida trascurre como la de las plantas, al cuidado de sus propios maridos. De aquí proviene la miseria que devora nuestras ciudades porque el número de mujeres es doble que el de los hombres y no pueden procurarse lo necesario para vivir por medio del trabajo".*

primera enciclopedia médica de Europa y sus famosos *Comentarios* sobre Aristóteles. A él también se debe el trabajo *Destructio Destructionis,* donde intentó armonizar fe religiosa y mentalidad científica. Esta obra le causó muchos problemas con la ortodoxia coránica en una época en la que la tolerancia religiosa estaba siendo puesta en cuestión por gobernantes más conservadores.

Los musulmanes también hicieron grandes contribuciones a la agricultura y a la ganadería. Ellos introdujeron en la península los sistemas de riego empleados en Oriente, así como los cultivos del arroz y del algodón (palabra de origen árabe) y desarrollaron ricas industrias textiles en el valle del Guadalquivir. Del norte de África trajeron trigo y nuevas razas de oveja que constituyeron la base de la futura riqueza ganadera de Castilla. Sus caballos tenían fama de ser los mejores de Occidente. A Al-Andalus también llegaron las caravanas de esclavos blancos —desde Praga— y negros —desde Sudán.

A pesar de los esfuerzos centralizadores del gobierno, del bienestar económico y del progreso cultural, los conflictos étnicos y los enfrentamientos sociales fueron muy comunes en Al-Andalus. Los califas comenzaron a depender cada vez más del apoyo de mercenarios eslavos y bereberes para detener los impulsos segregacionistas de algunos grupos musulmanes peninsulares y para defender sus intereses y su autoridad frente a las ambiciones crecientes de la aristocracia. Pronto estos mercenarios adquirieron conciencia de su importancia social y militar y del papel esencial que desempeñaban en el mantenimiento del orden y de la autoridad califal, y comenzaron a exigir mayor participación en el poder. Los califas tuvieron que abrir a estos soldados las puertas del gobierno y concederles el control del ejército, instituciones de las que desplazaron a la élite hispanoárabe. La aristocracia, que siempre vio con recelo el excesivo poder de los mercenarios, aprovechó la muerte del califa Almanzor para sublevarse contra ellos con el apoyo de algunos reyes cristianos. En el siglo XI se abrió un periodo de inestabilidad y guerras que culminó con la sustitución del califato por los llamados *reinos de taifas,* territorios independientes dirigidos por líderes musulmanes, árabes o eslavos. Los constantes enfrentamientos entre estos reinos de taifas acabaron debilitando el poder musulmán y favoreciendo la expansión de los reinos cristianos.

¿SABÍAS QUE...?

EL ARTE ISLÁMICO

Los árabes dejaron en la península numerosas muestras de su talento artístico, especialmente en la arquitectura. El arte islámico peninsular no fue homogéneo, y durante los ochocientos años de presencia musulmana aparecieron diversos estilos artísticos que se correspondieron con las diferentes oleadas de pueblos invasores.

Desde el siglo VIII al X dominó el arte califal o cordobés, estilo que corresponde a la edad de oro de Al-Andalus. Su arquitectura se caracterizó por la utilización de elementos que ya estaban presentes en los edificios romanos y visigodos. Hasta el siglo X no comenzó a desarrollar formas peculiares, especialmente en los capiteles de las columnas y en la modificación del arco de herradura, tomado de los visigodos y transformado poco a poco al extender su altura y estrechar la parte que entra en contacto con las columnas. A mediados del siglo X se empezaron a utilizar el arco lobulado y el de herradura apuntada. Generalmente estos arcos aparecen enmarcados en una moldura decorada con motivos vegetales y con figuras geométricas simples (su religión les prohibía el uso la representación de la figura humana). Los edificios más representativos de este periodo son la mezquita de Córdoba con sus once naves y dos pisos, las ruinas de la ciudad palacio de Medina-Azahara y la mezquita del Cristo de la Luz (Toledo).

En el siglo XI, y tras la caída del califato de Córdoba, surgió el arte de los reinos de taifas. Este nuevo estilo artístico continuó utilizando los elementos técnicos del arte cordobés, a los que incorporó el ladrillo, el empleo exclusivo del arco de herradura en los lugares sagrados y la barroquización de la decoración, para la que se usó el estuco policromado. Sus construcciones más representativas son la Aljafería de Zaragoza

—un castillo rectangular con torres circulares— y las Alcazabas de Málaga y de Almería.

Después de la conquista de Toledo por los cristianos (1085), llegaron a la península los almorávides y los almohades, trayendo consigo un estilo arquitectónico que se usó desde finales del siglo XI hasta mediados del XIII. Este estilo se caracteriza por su solidez constructiva y la gran altura de sus estructuras —especialmente de las fortalezas— en las que predominan las formas cúbicas y los arcos de herradura apuntada.

Por último, durante los siglos XIV y XV se desarrolló en el último reino musulmán el arte granadino, en el cual se utilizaron materiales de construcción toscos ocultos bajo paneles decorativos que se superponían a los muros y cubiertas de madera que recubrían los techos. Los edificios emblemáticos del arte granadino son la Alhambra y el Generalife, ambos en Granada.

La Alhambra de Granada

➍ Los reinos hispano-cristianos del norte

Ya se mencionó que algunos nobles godos se habían refugiado de la invasión musulmana en las zonas montañosas del norte de la península, donde convivieron con astures, cántabros y vascones. El desinterés que los árabes mostraron por conquistar estos territorios permitió la formación de pequeños núcleos cristianos que eran independientes de Córdoba o que mantenían con ella una relación de dependencia teórica reducida al pago de un tributo. Durante mucho tiempo estos núcleos no representaron amenaza alguna para el dominio musulmán, pero poco a poco la confluencia de una serie de circunstancias demográficas, religiosas y políticas los fue transformando en auténticos centros de resistencia, e incluso en poderosos enemigos. El fuerte crecimiento demográfico que se produjo en las tierras cristianas pronto creó la necesidad de mejorar su organización política y social, y obligó a sus dirigentes a lanzarse a la conquista de nuevas tierras donde colocar los excedentes de población. El fervor religioso creado por el mito del descubrimiento en Galicia de la tumba del apóstol Santiago fue una justificación ideológica que permitió transformar los motivos económicos de la política expansionista en espíritu de cruzada. Como ya se ha mencionado, las luchas internas de la España árabe facilitaron también el expansionismo de los reinos cristianos.

En la zona cristiana de la península se formaron cuatro núcleos importantes: uno en las montañas del norte y el noroeste (formado por Asturias, Galicia y Cantabria) y tres en el este (Navarra, Aragón y Cataluña). Todos se vieron afectados por condicionantes sociales, económicos y geopolíticos específicos que determinaron diferencias importantes en la emergencia y desarrollo de cada uno de ellos como reinos y limitaron o favorecieron su expansión y su independencia política.

La expansión territorial del núcleo cristiano formado en la zona de Asturias, Galicia y Cantabria se vio facilitada tras la salida de los bereberes de estas tierras (740). Muy pronto este reino estableció su capital en Oviedo y continuó su expansión hacia la meseta y León, y después por las tierras de Burgos, Álava y La Rioja, hasta que, a finales del siglo XI, la frontera cristiano-musulmana quedó fijada en el río Duero. A medida que se controlaban nuevos territorios, el centro de gravedad político del reino pasó a León, mientras que en Asturias y Galicia surgía una tendencia segregacionista. Del reino de León acabaría separándose más tarde el condado de Castilla (Cantabria, País Vasco, La Rioja, Burgos), que después se convirtió en reino independiente y acabó adquiriendo una posición hegemónica en la península.

En el este de la península la expansión cristiana fue más lenta y problemática, ya que al mayor dominio que los musulmanes ejercieron en esta zona había que añadirle la presencia importante del Imperio Franco-carolingio, que controlaba directa o indirectamente algunos territorios o tenía importantes intereses en otros. Los núcleos cristianos de esta zona tuvieron que mantener un delicado equilibrio entre alianza e independencia con este imperio, de cuyo apoyo militar dependieron al principio.

El reino de Navarra nació bajo la sombra del Imperio Franco-carolingio, que ayudó a la conquista de Pamplona. Este reducido núcleo cristiano tardó muchos años en establecer una frontera estable en el río Ebro. A comienzos del siglo X comenzó su expansión hacia el sur y Aragón —que se había independizado de los francos en el año 810. Durante el

La Península Ibérica a mediados del siglo XIII

reinado de Sancho III, llegó a hacerse con el control de Castilla y León y a obtener el vasallaje del conde de Barcelona, lo que hizo posible por primera vez la unión de los reinos cristianos peninsulares. A este rey se debe también un importante impulso a las peregrinaciones europeas a Santiago.

La actual región catalana era parte de la llamada *marca Hispánica*, un área fronteriza del Imperio Franco situada a los dos lados de los Pirineos. Hasta el siglo X fue una zona fragmentada en pequeños condados de entre los que destacaba el condado de Barcelona. La crisis del Imperio Carolingio —que no podía defender estos condados de los ataques musulmanes— y el apoyo de la población —que veía en los condes a sus dirigentes naturales, por encima del rey— proporcionaron a los condes catalanes una excusa para proclamar su independencia, formando así el embrión de la futura Cataluña.

En un complicado proceso de guerras y alianzas, uniones y separaciones, los primeros reinos cristianos se fueron consolidando en tres. Los Pirineos hicieron imposible la expansión de Navarra hacia el norte, y las conquistas de los otros reinos cristianos cerraron sus fronteras por el sur; por ello Navarra pasó a ser controlada por Castilla. A comienzos del siglo XII se unieron los reinos de Cataluña y Aragón, adoptando el nombre de este último. El nuevo reino de Aragón continuó su expansión por Valencia y Baleares, tierras por las que avanzó con él la lengua catalana. Castilla acabó anexionándose también el reino de León —que ya incluía Galicia y Asturias— controlando así todo el noroeste. La conquista de La Mancha y la rica Andalucía hicieron de Castilla el reino más poblado y extenso de la Edad Media peninsular. El condado de Portugal, que se había separado de León, se convirtió en reino en 1140 y comenzó su propia expansión hacia el sur. La debilidad de los reinos de taifas benefició principalmente a Castilla, Portugal y Aragón, que recibían ahora grandes cantidades de dinero de los territorios musulmanes a cambio de paz y protección.

5 La Reconquista: Repoblación y economía de guerra

La expansión militar cristiana coincidió con la implantación en Europa del feudalismo cuya mentalidad determinó, unida a los condicionamientos de la repoblación de los nuevos dominios, la clase de sociedad que se fue formando en los territorios tomados al Islam. Este sistema político organizó la sociedad en tres estamentos que se definían de acuerdo con su función social, política y económica: la nobleza, que se encargaba del gobierno y la defensa; el clero, que se ocupaba de la religión y la cultura y el pueblo, de quien dependían el trabajo y la producción de riqueza. Dentro de la nobleza, existía una distinción entre la

Corona y los nobles. Los reyes contaban con su propio patrimonio de tierras, así como con el oro y la plata procedentes del cobro de diferentes impuestos, y eran los encargados de compensar a la Iglesia y a los nobles con tierras y bienes después de una conquista. Los reyes siempre mantuvieron una relación conflictiva con la nobleza, con la que competían por el poder económico y político, y de cuyos soldados y dinero dependían muchas veces para sostener sus campañas militares. Por eso los reyes de Castilla, Aragón o Navarra tuvieron dificultades para establecer un Estado centralizado fuerte. La Iglesia, a quien todos —nobles, Corona y pueblo— debían pagar los *diezmos* —un impuesto eclesiástico— puso su poder espiritual al servicio de la reconquista justificando su necesidad, legitimando sus fines y asegurando la salvación a los soldados caídos en las batallas, y no dudó en utilizar su posición de privilegio para asegurarse el control de las mejores tierras reconquistadas. En ocasiones, los obispos y abades recibían, además, compensaciones económicas por su contribución a los gastos militares de la guerra. Los nobles y el clero tenían sus propios tribunales que imponían a su clase social castigos menos severos que la justicia ordinaria. Los vasallos —campesinos, artesanos y comerciantes— quedaban sometidos siempre al *señorío* o control feudal de un monasterio o basílica (señorío de *abadengo*), del rey (de *realengo*) o del señor feudal (*solariego*). También existía una clase de clero bajo —curas rurales que muchas veces compartían las malas condiciones de vida de los campesinos— y de nobleza baja —los *hidalgos*, cuyo mayor beneficio eran sus pequeñas propiedades y sus ventajas fiscales. En las nuevas villas y ciudades controladas por el rey se fueron formando pequeñas minorías de súbditos semi-libres —comerciantes, burócratas y artesanos, muchos de ellos judíos— que pudieron escapar parcialmente a la explotación de la sociedad feudal y que serían el embrión de una incipiente burguesía que surgiría años después.

Lejos de ser un fenómeno espontáneo, la repoblación de la península fue un esfuerzo político planeado y dirigido por la Corona, con la ayuda y la colaboración de la Iglesia y la nobleza, los otros dos grupos que compartirían con el monarca el poder político en España hasta el siglo XIX. Una vez conquistado un determinado territorio, era preciso ocuparse de su control y de establecer en él una economía y una sociedad viables. En una época en la que las fronteras y los dominios no estaban claramente establecidos y eran frecuentes los ataques y el pillaje, las tierras más interesantes para la agricultura y la ganadería eran no sólo las más despobladas, sino también las más difíciles de defender. Para compensar a la población por los riesgos que conllevaba instalarse en estas zonas, en los primeros años de la reconquista los reyes otorgaron a los colonos privilegios y beneficios —como la concesión de libertad o la cesión de la propiedad de la tierra— y construyeron fortificaciones que aseguraran la defensa. La promesa de libertad atrajo a los nuevos territorios a gentes, no sólo del norte de España, sino también de toda la cristiandad europea —franceses, alemanes, ingleses— que llegaban escapando de la superpoblación, la pobreza y la servidumbre.

Los reyes recurrieron también a la concesión de grandes propiedades a los nobles. Éstos las dedicaron a la ganadería (la Mancha y Andalucía) o a la agricultura (Levante y sur de Aragón), y mantuvieron en ellas a muchos trabajadores islámicos (los mudéjares) que ahora debían vivir en tierras cristianas. Por razones demográficas y estratégicas, la ganadería fue la actividad productiva más favorecida durante el periodo de la reconquista. La cría de ganado requería menos mano de obra que la agricultura, por lo que se adaptaba mejor a las necesidades de unos reinos que estaban atravesando por un periodo de escasez demográfica. La movilidad de los animales, por otro lado, los hacía más fáciles de proteger que los cultivos, ya que, en caso de ataque, se podían trasladar rápidamente a un lugar seguro. La producción de lana se convirtió, con el tiempo, en un elemento central de la economía de Castilla, y las asociaciones de ganaderos (la *Mesta* castellana, la *Casa de Ganaderos* de Aragón) obtuvieron privilegios fiscales y territoriales muy importantes que dañaron muchas veces los intereses de la agricultura y la industria.

Al mismo tiempo que se repoblaban los campos, se procedió también a la creación de nuevos núcleos urbanos o a la consolidación de los ya existentes. Con el fin de atraer pobladores a las ciudades, el rey otorgó privilegios legales y fiscales especiales —llamados *fueros*— y cierta autonomía de gobierno a estos centros urbanos. A partir del siglo XI comenzaron a surgir en las ciudades —y de manera especial en las situadas en el camino de Santiago— nuevos barrios de artesanos, mercaderes, zapateros, sastres y herreros en donde se desarrollaron un comercio y una industria incipientes centrados en la demanda local. A finales del siglo XII se produjo ya un importante crecimiento de la actividad mercantil. La lana de Castilla y los metales de Vizcaya entraron al circuito comercial del norte de Europa, Sevilla estableció relaciones comerciales con Génova y con el norte de África y en Cataluña empezaron a aparecer industrias textiles y de joyería, así como de fabricación de papel y de jabones.

La sociedad española surgió de la reconquista impregnada de un sentido aristocrático de privilegio, de conquista militar y de botín y riqueza fácil y de un espíritu religioso y aventurero que sin duda facilitaron la expansión del Imperio Español en América, pero que tuvieron consecuencias negativas para el desarrollo económico e industrial del país. La mentalidad de privilegio señorial y los prejuicios de la Iglesia católica contra la economía financiera impidieron el desarrollo de una agricultura y una industria más potentes, limitaron el crecimiento del comercio y acabaron provocando el enfrentamiento entre los partidarios de una economía basada en el privilegio —la nobleza y el alto clero— y la población de las ciudades. Más adelante, la propia Corona promocionó el desarrollo de la vida urbana y la economía mercantil, así como la reducción de los privilegios de la aristocracia.

6 La cultura en la sociedad hispano-cristiana

Toda la producción cultural medieval de Europa —literatura, arquitectura, universidades, artes— estuvo vinculada a las ideas cristianas y al poder de la Iglesia Católica. Durante los siglos más difíciles de la Edad Media (del siglo VII al XI), los monasterios fueron islas de modesta cultura en una Europa donde incluso algunos reyes tenían dificultades para leer y escribir. En el siglo XI, cuando comenzó la tímida recuperación de Occidente, la arquitectura, la escultura, la pintura y la literatura estaban casi exclusivamente dedicadas a lo religioso y así continuaron hasta entrado el siglo XVII, aunque a partir del siglo XIV ya comenzó a observarse un imparable proceso de secularización.

La fundación en el siglo XIII de las primeras universidades europeas en Coimbra (Portugal), Oxford (Inglaterra), Palencia (Castilla) y Salamanca (Castilla) supuso el fin de la vinculación de los estudios superiores a catedrales y monasterios. Estos nuevos centros, donde se estudiaban latín, leyes, teología, medicina, astronomía, filosofía y matemáticas, fueron fundamentales para la recuperación de las artes liberales clásicas y, aunque su aper-

¿SABÍAS QUE...?

CAMPESINOS Y SEÑORES EN LA EDAD MEDIA

Durante toda la Edad Media española y europea la vida económica giraba alrededor de la tierra, puesto que ésta constituía la principal —cuando no la única— fuente de producción y de riqueza. La relación con la tierra separó de manera bien definida a los propietarios —nobleza y clero— de los campesinos que la trabajaban. La aparición a finales de la Edad Media (siglo XIV) de una nueva clase urbana de burgueses libres (comerciantes, artesanos y profesionales) amparada por el crecimiento de las ciudades no cambió la realidad social de las zonas rurales, en las cuales la mentalidad feudal pervivió durante muchos siglos.

El feudalismo —en España más comúnmente identificado como sistema de *Señorío*— estaba basado en el dominio de los propietarios de la tierra sobre sus trabajadores. La sociedad rural era una sociedad fragmentada, con una enorme inseguridad causada por el crimen y el bandolerismo, lo que motivaba la existencia de un "contrato" feudal que daba a los campesinos protección y seguridad. Pero esta protección se ofrecía a un alto precio: a cambio de las rentas del trabajo y de la libertad personal. El poder del señor sobre sus siervos le convertía, además, en la única ley del territorio, y por ello tenía el poder de resolver conflictos, castigar crímenes y supervisar matrimonios y herencias. Algunos señores —especialmente el clero— llegaron incluso a tener el poder de impedir la entrada en sus tierras de los

enviados del rey. Cada señorío constituía, entonces, una especie de mini estado absoluto, a veces casi opaco a la autoridad central de la Corona. El control feudal sobre los siervos era tan profundo que en algunas ocasiones resulta difícil diferenciarlo del régimen de esclavitud, aunque existían importantes diferencias entre ambos sistemas. Los campesinos, en la mayoría de los casos, eran propietarios de sus instrumentos de trabajo, así como de una pequeña proporción de las tierras en las que trabajaban, y tenían derecho al libre uso de algunos prados y bosques de propiedad comunal.

El feudalismo no fue siempre una realidad estática, y presentó variaciones determinadas por la zona geográfica y las circunstancias históricas del momento. En algunos lugares los señores prohibieron a sus siervos el trabajo autónomo, mientras que en otros les permitieron el cultivo de tierras propias a cambio del pago de fuertes impuestos. Durante los años de repoblación después de la reconquista y los periodos de incidencia de la peste los campesinos disfrutaron de una mayor libertad y un mejor trato, porque la escasez demográfica aumentó el valor de su trabajo. Estas circunstancias sólo lograron detener el proceso feudalizador momentáneamente, ya que el dominio total de los señores se restauraba a medida que la colonización se consolidaba o los efectos de las epidemias desaparecían.

tura dependiera todavía del permiso papal, dieron a la cultura una cierta independencia intelectual respecto a la religión. El interés de las universidades por el estudio del derecho romano les hizo contar con el apoyo de la Corona, que veía en la implantación de éste un aliado poderoso en su lucha para imponer límites a los privilegios y al poder de los nobles.

También en el siglo XIII, el rey castellano Alfonso X el Sabio fundó la Escuela de Traductores de Toledo, encargada de la traducción y el estudio de las obras de la antigüedad clásica greco-romana y del Oriente que los musulmanes habían conservado. Al mismo tiempo las diferentes lenguas romances peninsulares, utilizadas por el pueblo ya desde los siglos VIII y IX, se fueron convirtiendo paulatinamente en vehículos para la literatura. Las primeras manifestaciones líricas de los reinos de España se escribieron en la lengua galaico-portuguesa. A comienzos del siglo XIII se escribió en castellano el *Poema del Cid*, una obra

Castillo de Ampudia (Palencia)

épica de tono antifeudal que comparte un carácter propagandístico y nacionalista con otras obras épicas europeas de este período, como *La Chanson de Roland*. A finales del mismo siglo, el filósofo y poeta Ramón Llull publicó en catalán el *Llibre de Contemplació* (1272).

El teatro tuvo una especial importancia durante esta época porque era, a la vez, la forma artística más accesible para el pueblo y la que mejor cumplía el propósito educativo que en el mundo medieval tenían las artes. Las obras teatrales trataban de la vida y pasión de Cristo, de las virtudes y los pecados y de otros temas de inspiración cristiana. Durante el siglo XIII comenzaron a representarse piezas cortas de carácter no religioso que, como en Francia e Inglaterra, marcaron el comienzo de una rica tradición literaria que culminará en los siglos XVI y XVII con autores como Lope de Vega, Calderón, Moliere y Shakespeare.

Arquitectura medieval: El románico y el gótico

El primer estilo arquitectónico de la Europa medieval es el *Románico*, que aparece en el primer tercio del siglo XI y en el que se mezclan las tradiciones romanas y las influencias orientales llegadas a Occidente a través de los bizantinos o los musulmanes de la península. De acuerdo con algunas fuentes medievales, su nacimiento estuvo relacionado con la reacción del mundo cristiano al pánico provocado por la creencia de que el mundo terminaría en el año 1000. Según dichas fuentes, el hecho de que no hubiera llegado el fin del mundo en tal año creó en la sociedad medieval un espíritu de gratitud que se materializó en la construcción de iglesias y monasterios. Leyendas aparte, la aparición del arte románico

Iglesia románica de Santo Domingo (Soria)

se debió a la confluencia de los mismos factores políticos, económicos y religiosos que intervinieron en la formación de la sociedad medieval en España y en el resto de Europa. La estabilidad política conseguida tras la pacificación de ciertos territorios permitió el desarrollo de la agricultura, de la vida urbana y de un incipiente comercio que sentaron las bases económicas y sociales de una nueva sociedad capaz de desviar parte de sus recursos a la construcción de iglesias y monasterios. En el plano religioso, el desarrollo del románico fue paralelo al auge de las rutas medievales de peregrinación a los tres destinos sagrados del cristianismo: los santos lugares de Israel y Palestina, el monte Saint Michel en la Bretaña francesa y Santiago de Compostela en el noroeste de España. Este *arte de caminos* y las rutas que demarcaba acabarían desempeñando un papel fundamental en la unificación de la cultura europea.

El estilo románico se empleó en la construcción de numerosas edificaciones civiles —puentes, hospitales y centros de hospedaje para peregrinos— y religiosas —iglesias, monasterios, catedrales— así como en la creación de pinturas y esculturas utilizadas como ornamentación en paredes, capiteles, puertas y objetos para el culto. La arquitectura románica es sólida y austera y utiliza la piedra como material de construcción. La parte superior de sus edificios está formada por una bóveda muy pesada sostenida por unos muros gruesos —generalmente compuestos de dos paredes de piedra con un hueco entre ellas relleno de tierra— reforzados por contrafuertes. Para aumentar la resistencia del edificio, se construían ventanas muy pequeñas que muchas veces no eran suficientes para iluminar completamente el interior. La planta de las iglesias normalmente tenía forma de cruz latina terminada en una cabecera circular en torno a la cual se situaban varias capillas. Este diseño se empleó, no sólo por su obvio simbolismo religioso, sino también porque proporcionaba una solución técnica al problema de la distribución del enorme peso de los edificios. Algunas veces existía también un piso elevado, construido con el fin de albergar a los peregrinos. Las columnas, empleadas principalmente como soporte de atrios y exteriores, eran de fuste liso, aunque tenían capiteles adornados con monstruos y motivos vegetales o bíblicos. Para las portadas se utilizaba el arco de medio punto, lo que daba una sensación de sencilla elegancia. La escultura se incorporaba a los edificios con un fin más didáctico que ornamental. El tamaño relativamente pequeño de sus iglesias, su solidez y austeridad y la oscuridad de los interiores reflejaban muy bien la filosofía ascética del cristianismo de la época.

El *gótico* surgió en Francia a mediados del siglo XII como resultado de varios acontecimientos sociales, religiosos y económicos y entró en España a través del camino de Santiago. En la raíz del desarrollo del gótico se sitúa la crisis religiosa de principios del siglo XII, que acabó con la creación de la orden del Cister. Los monjes de esta orden construyeron monasterios-granja a las afueras de las ciudades, pero el edificio urbano más emblemático del periodo gótico es la catedral. También se construyeron en este estilo numerosos edificios de uso civil como palacios, castillos y *lonjas* comerciales, con lo que se continuó el proceso histórico de separación de la cultura y las artes de la religión. El desarrollo del nuevo estilo fue impulsado por la mayor prosperidad económica generada por la recuperación del comercio, el crecimiento de las ciudades y la aparición de los grandes capitales, sin cuyo apoyo no se hubieran podido financiar los altos costes de construcción. Las catedrales góticas fueron, también, centros de producción económica y de cambio social. Cada una de ellas contaba con su propia escuela y sus talleres de arquitectos, escultores, canteros y carpinteros. Estos trabajadores se agruparon en *gremios*, una especie de sindicatos que los defendían frente a los intereses del capital y que acabaron convirtiéndolos en asalariados.

Catedral de León

Catedral de Burgos

La gran novedad de la arquitectura gótica fue el uso de la bóveda en *ojiva* y el arco apuntado. Este diseño permitió dar mayor resistencia y altura a los edificios, ya que su peso estaba ahora sostenido por pilares, bóvedas y arcos, con lo que desapareció la necesidad de construir muros muy gruesos. Los contrafuertes exteriores del edificio eran más estilizados que los del románico y tenían a la vez funciones decorativas y técnicas. A los pies o en los brazos laterales del edificio se colocaban las *portadas*, donde se esculpían escenas bíblicas y motivos vegetales. La ligereza de los muros y la altura de las edificaciones crearon grandes espacios interiores iluminados por enormes ventanas decoradas con cristaleras o vidrieras de colores que producen un juego de luces de gran belleza. El interior se decoró con altares de madera policromada y pinturas que muestran un uso más interesante del color y la perspectiva que las del periodo románico. Las catedrales góticas más importantes de España situadas en el camino de Santiago son las de León y Burgos —que están entre las mejores de Europa— y, fuera de él, las de Sevilla, Mallorca y Toledo.

8 La España judía: *Sefarad*

España es, y ha sido siempre, un país muy presente en la conciencia histórica del judaísmo. Todavía hoy existen grupos de judíos hispánicos —conocidos con el nombre de *sefarditas*— en Israel, Turquía, Grecia y otros países, y algunos aún conservan el *ladino*, la lengua castellana que hablaban sus ancestros en el siglo XV. A pesar de la importante presencia hebrea en la península durante la antigüedad, su contribución étnica y cultural a la formación de España fue casi ignorada hasta mediados del siglo XX, cuando el historiador español Américo Castro publicó unos estudios que demostraron el enorme impacto de lo judío y lo musulmán en la formación de la cultura española. La historia de los judíos en España, como en el resto de Europa, es una constante sucesión de períodos de tolerancia y prosperidad seguidos de épocas de persecución y tragedia.

Los orígenes de la presencia judía en la Península Ibérica se pierden en la leyenda. Según algunas tradiciones medievales, este pueblo comenzó a extenderse por el Mediterráneo ya en tiempos bíblicos, estableciendo colonias en ciudades como Tartessos. Se sabe que siguieron a los fenicios en su expansión comercial, y hay testimonios escritos de migraciones desde alrededor del año 200 antes de nuestra era. En algunos textos hebreos del siglo I ya aparece la palabra *Sefarad*, el nombre que dieron a la península.

Existen también abundantes referencias a la presencia judía en la Hispania romana, donde esta etnia ya contaba con importantes colonias en el siglo III. El judaísmo mantuvo el estatuto de religión legal —por lo que su práctica pública estaba aceptada en el imperio— y sus seguidores disfrutaron de periodos de cierta autonomía cultural y social, llegando en algunos momentos incluso a estar exentos del culto al emperador. En otras ocasiones, sin embargo, la comunidad judía fue vista con desconfianza por las autoridades, acusada de antipatriotismo y

¿SABÍAS QUE...?

EL CAMINO DE SANTIAGO

Según una antigua leyenda originada a comienzos de la Edad Media, uno de los doce apóstoles de Cristo, Santiago, fue a la Península Ibérica a predicar la doctrina cristiana. Entró por Andalucía y a través de Portugal llegó a Galicia, donde fundó una comunidad cristiana. Regresó a Palestina, donde murió, y sus discípulos llevaron su cadáver a Galicia para enterrarlo. Curiosamente, nadie supo nada de este suceso hasta que en el siglo IX un ángel reveló a un hombre santo que el cuerpo de Santiago se encontraba en una colina, sin especificar el lugar exacto del enterramiento. Pronto las gentes del lugar comenzaron a rastrear la colina, pero al llegar la noche todavía no habían encontrado indicio alguno de la tumba. De pronto, una estrella se paró y con luz extraordinaria señaló el sitio exacto donde estaba la tumba del apóstol. El señor feudal del lugar ordenó construir allí una iglesia que varios siglos después se transformó en la magnífica catedral de Santiago de Compostela.

La leyenda de Santiago apareció en un momento en el que los reinos cristianos necesitaban desesperadamente símbolos de unidad y de autoafirmación e instrumentos de legitimación de la lucha contra el enemigo musulmán. Durante muchos años, los musulmanes entraban en las batallas pronunciando el nombre de Mahoma, a lo que los cristianos respondían con el de Santiago; de este uso guerrero de su nombre le vino el apodo de "matamoros".

Catedral de Santiago de Compostela

continúa en la página siguiente

perseguida por negarse a rendir culto al emperador. Con la conversión de Roma al cristianismo se produjo un cambio de actitud de las autoridades que, aunque mantuvieron la legalidad del judaísmo, comenzaron a elaborar leyes que pretendían aislar las comunidades judías de las cristianas y que acabaron restringiendo su vida. Durante el bajo imperio, el progresivo declive de las ciudades y del comercio y el retorno a una economía de subsistencia centrada en la agricultura afectaron negativamente a las comunidades judías de mercaderes y profesionales. No obstante, estos mismos factores contribuyeron a aumentar su importancia e influencia en los centros urbanos que sobrevivieron al desorden social del bajo imperio.

La llegada de los visigodos no produjo, en un primer momento, cambios en la situación de los judíos hispanos, que siguieron beneficiándose de una política de relativa tolerancia. La

Desde finales del siglo X, Santiago de Compostela adquirió en toda la Europa cristiana fama de tierra sagrada, y se convirtió en uno de los destinos de las peregrinaciones de los creyentes. Durante los siglos XI, XII y XIII, miles de peregrinos procedentes de toda Europa se acercaron a Santiago atraídos por las indulgencias que el papa concedía a los que visitaban el santo lugar. Las rutas que traían a estos peregrinos atravesaban Francia y los Pirineos, entraban en España por Aragón y Navarra y continuaban por el norte de la península, hasta llegar a Galicia. El camino de Santiago pronto se convirtió en una de las vías de comunicación más importantes de la Europa cristiana y en uno de los símbolos de su unidad cultural. Junto a él surgieron ciudades, pueblos, iglesias, monasterios y hospitales, y por él se difundieron importantes corrientes de arte y pensamiento.

Con la *peste negra* del siglo XIV el camino perdió importancia, y el número de peregrinos disminuyó significativamente. Durante muchos siglos la tradición de "hacer el camino" casi se perdió, recuperándose muy tarde, a comienzos del siglo XX. Hoy en día son numerosas las personas que, por razones religiosas, culturales o turísticas, recorren cada año el camino sirviéndose de diferentes medios de transporte. Como en la Edad Media, los peregrinos cuentan con albergues de acogida mantenidos por las diferentes ciudades que les ofrecen hospitalidad al final de su jornada.

Rutas del camino de Santiago durante la Edad Media

minoría goda arriana los consideró como valiosos mediadores o aliados de los que se podía servir para dominar a la mayoría hispanorromana católica. Los judíos controlaban, además, gran parte del comercio y del tráfico de productos importados en el interior de la península, y por ello tenían especial importancia para la economía. La conversión de los godos al catolicismo hizo del judaísmo la única minoría religiosa del país y trajo consigo un cambio de actitud. Pronto se comenzaron a promulgar leyes que prohibían el matrimonio entre individuos de diferentes religiones, hacían ilegal la conversión a la religión hebrea y limitaban el acceso de sus practicantes a ciertos puestos públicos. A partir del año 613, y bajo la amenaza de severos castigos y confiscación de propiedades, muchos se convirtieron públicamente al catolicismo, aunque en privado continuaron practicando su religión, iniciando así una práctica a la que se recurriría siempre en tiempos de adversidad. En el año 694, y como consecuencia de un intento de revuelta, sus bienes fueron confiscados y todos los niños menores de siete años fueron obligados a educarse en el cristianismo. Aunque esta actitud discriminatoria no fue exclusiva de los godos, sus leyes tuvieron especial importancia porque constituyeron el modelo sobre el que se acabarían regulando las relaciones entre judaísmo y cristianismo en otras partes de Europa.

Cuando se produjo la invasión musulmana, los judíos de Sefarad no dudaron en colaborar con el Islam, al que percibían como más tolerante con sus creencias. Gracias al respeto islámico por las religiones monoteístas, los judíos habían podido seguir a los ejércitos árabes en su expansión y establecerse por todos los rincones del nuevo imperio. Hasta el año 1100 existió una política de tolerancia casi total: se les permitía practicar su religión en público, conservar sus instituciones religiosas y sus prácticas sociales, aspirar a la mayoría de las profesiones y puestos de trabajo, moverse libremente por los territorios musulmanes e instalarse en cualquiera de ellos, excepto en la Península de Arabia. La población judía de Sefarad creció con la llegada de nuevos inmigrantes y con el retorno de algunos que habían salido del país huyendo de la presión goda. Los judíos participaron activamente en la creación y el disfrute de riqueza y cultura durante la época de plenitud del islamismo hispánico y llegaron a tener altos puestos en la corte. También se convirtieron en auténticos intermediarios comerciales y culturales entre los mundos cristiano y musulmán, al no afectarles las restricciones que impedían la relación directa entre estos dos grupos.

Hacia el año 1100, y como consecuencia de la toma del poder por sectores musulmanes más conservadores, comenzó a aplicarse con más severidad el código islámico en todos los ámbitos de la sociedad. Muchos judíos, descontentos con las restricciones aplicadas por el nuevo gobierno, comenzaron a emigrar hacia los reinos cristianos de la península, que necesitaban pobladores para colonizar los territorios recién tomados en la reconquista y capital para hacer frente a los gastos de la guerra. Los judíos gozaron en esta época de un trato favorable y recibieron de las distintas Coronas cristianas incentivos especiales —exención de impuestos y de pago de aduanas, autonomía de las juderías— para instalarse en sus dominios. Poco a poco fueron concentrando sus actividades en el desempeño de ciertas profesiones (médicos, abogados, escribanos, banqueros) y en el comercio. A medida que su importancia en la vida económica y política iba creciendo, muchos sectores de la población y de la Iglesia comenzaron a presionar para que se abolieran los privilegios de los que gozaban. En momentos de crisis económica, los monarcas permitieron que los fanáticos religiosos acusaran a los judíos de los más terribles crímenes, desviando así la atención del pueblo hacia la minoría hebrea. Durante los siglos XIII y XIV, y como consecuencia de la situación de crisis por la que estaba pasando Europa, comenzó a aparecer un sentimiento popular de antisemitismo. A pesar de ello, los judíos continuaron bajo la protección real hasta que en el año 1391 estallaron una serie de revueltas populares —instigadas en parte por el celo dogmático de la Iglesia— que acabaron con la destrucción de muchas juderías, la conversión forzada de sus habitantes y la pérdida de privilegios. Este episodio se convirtió en un triste precedente de la política represiva que se aplicó a finales del siglo XV y creó la figura del *converso* —judío convertido al catolicismo— que tanta importancia tendrá en la historia de la España de los siguientes siglos.

⑨ La crisis del siglo XIV

El siglo XIV ha pasado a la historia como el siglo de la peste negra o bubónica, una terrible epidemia que se extendió desde el oriente mediterráneo a toda Europa (1350–1447) y que tuvo efectos catastróficos sobre la población. En la Península Ibérica, la aparición de la peste coincidió con un periodo de crisis políticas y religiosas de muy graves consecuencias que afectaron a todos los reinos peninsulares. De estos problemas salió muy fortalecido el reino de Castilla, cuya superioridad demográfica y militar le convirtió en el más poderoso de los reinos cristianos.

En España se produjeron tres brotes de peste. El primero de ellos, que fue también el de más virulencia, comenzó en la costa mediterránea en el año 1348 y duró unos cuatro años;

el último, más benigno que los anteriores, ocurrió en el año 1381. La falta de censos de población fiables hace imposible saber con exactitud el número de muertes causadas por la peste negra, pero los historiadores estiman que en algunos lugares —como la ciudad italiana de Florencia— esta enfermedad causó la muerte a la mitad de la población. La incidencia de la epidemia en la península fue mayor en Cataluña, Aragón y Navarra que en Castilla, que no llegó a perder tanta población como los otros reinos. Ello se debió, en parte, a que el brote de 1381 casi no afectó a este reino.

Tan perjudicial como la pérdida de población fue la situación de pánico social, que se extendió por todos los rincones y trajo consigo el desorden administrativo y la crisis económica. Los reyes se vieron obligados a perdonar el pago de impuestos y sus cortes se quedaron casi sin oficiales y burócratas. Muchos monasterios y campos de cultivo quedaron abandonados, con lo que disminuyó significativamente la producción de alimentos y desapareció el medio de subsistencia de muchas familias. La explotación del ganado ovino también se vio afectada, aunque se mantuvo mejor que la agricultura, por necesitar de menos mano de obra. El caos político y económico y el declive de la agricultura produjeron un aumento de los precios, con lo que muchos de los bienes de consumo quedaron entonces fuera del alcance de la mayoría de la población. El crimen, el bandidaje, el fanatismo, la histeria colectiva y los ataques contra la minoría judía —a la que algunos hacían responsable de todos los problemas— fueron algunas de las consecuencias de esta crisis.

A este panorama hay que sumar la intensificación de las viejas disputas entre la Corona y la nobleza, que en este siglo alcanzaron el nivel de guerra general en Castilla, Cataluña y Portugal. La crisis política más grave se produjo en Castilla, y su causa fue, en apariencia, la lucha por el trono que mantuvieron Pedro I y Enrique II tras la muerte de su padre, el rey Alfonso XI. Tras esta aparente cuestión dinástica se ocultaba en realidad la lucha por el poder de dos clases sociales. Pedro I era hijo legítimo del rey —lo que le convertía legalmente en sucesor al trono— y contaba con el apoyo de los comerciantes, los profesionales y la nueva clase burguesa que había surgido en las ciudades. La nobleza y el clero de las catedrales más ricas, que pensaban que las buenas relaciones de Pedro I con la burguesía eran una amenaza a sus privilegios, decidieron eliminar la ley que prohibía el acceso de los bastardos al trono, y apoyaron a Enrique. Este conflicto coincidió en el tiempo con un enfrentamiento entre Francia e Inglaterra (la Guerra de los Cien años), países que decidieron intervenir en la guerra civil castellana. En 1369, Enrique II derrotó a sus enemigos con ayuda de los franceses, asesinó a su hermano Pedro y se proclamó nuevo rey de Castilla. Con él ascendió al poder una nueva dinastía real —la de los Trastámara— que duraría hasta la época de los Reyes Católicos. Mientras tanto, en Portugal se vivía una situación muy parecida, también resuelta con la victoria del candidato de la aristocracia, un conocido anticastellanista. Varios años después la crisis se reprodujo en Aragón y se resolvió en 1452 con la ascensión al trono de otro Trastámara: Fernando el Católico.

El mundo religioso tampoco quedó a salvo de las crisis durante el siglo XIV. Al ya mencionado abandono de conventos e iglesias a causa de la peste hubo que sumar los problemas por los que atravesó la Iglesia y que acabaron provocando el llamado *Cisma de Occidente*: la escisión del mundo católico occidental en dos bloques. La crisis del papado comenzó en 1309, cuando la guerra civil que se estaba desarrollando en Roma obligó al papa a abandonar esta ciudad e instalarse en la localidad francesa de Avignon. Setenta años después, cuando el papa decidió volver a trasladar la sede de la Iglesia a Roma, algunos sectores del clero mostraron su desacuerdo con esa decisión nombrando a otro papa y manteniendo la sede de Avignon. El papado quedó así dividido en dos hasta que el Concilio de Pisa (1403) resolvió las disputas y restableció la unidad. A pesar de todo, el sucesor del papa de Avignon —el español Benedicto XIII conocido con el sobrenombre de papa Luna— no aceptó la solución del Concilio de Pisa y estableció su sede en Peñíscola —un pueblo del reino de Valencia— desafiando la excomunión de la que fue objeto por parte de nuevo pontífice de Roma. Esta crisis religiosa se trasladó a la política, y en los años que duró la división los diferentes reinos peninsulares ofrecieron su apoyo a uno u otro papa, según convenía a sus intereses.

La situación de la vida religiosa en la península era desastrosa. El concubinato y el analfabetismo eran normales entre el clero rural. El clero urbano, agrupado en torno a las catedrales, acumuló unas riquezas y un poder material importantísimos y llegó a convertir algunos cargos en puestos hereditarios. En *El Libro del Buen Amor* —una de las obras maestras de la literatura española medieval— se muestra con humor la crisis espiritual de la época.

Las diferentes crisis que se produjeron en el siglo XIV y la resistencia de la nobleza y el alto clero no fueron suficientes para parar la marcha de la historia. Los cambios sociales y económicos que se estaban produciendo en los reinos peninsulares posibilitaron la creación de los primeros modelos de administración moderna en Europa e hicieron inevitable el nacimiento del Estado. Los Trastámara, comprendiendo que la estabilidad de la Corona y la administración eficaz de los reinos coincidían con los intereses de los campesinos de *realengo* y de los burgueses —el comercio y la industria se estaban convirtiendo en unas fuentes cada vez más seguras de ingresos fiscales— acabaron buscando la alianza de éstos y abandonando a los sectores de la nobleza que les habían ayudado a alcanzar el poder. Al mismo tiempo aparecieron instituciones de gobierno que reforzaron el poder de la monarquía, tales como los *Consejos de Estado*, una especie de secretarías de Estado en cuyo frente los reyes situaron a los primeros "políticos" nombrados por su experiencia e inteligencia, y no necesariamente por su origen aristocrático. Los monarcas comenzaron a formar sus propios ejércitos estables y a nombrar gobernadores —llamados *corregidores* en Castilla y *virreyes* en Aragón— que representaron su autoridad en los diferentes lugares del reino. Con todas estas medidas facilitaron el control de la Corona sobre la administración y la recaudación de impuestos, dieron los primeros pasos para garantizar el respeto a las leyes y la justicia y redujeron modestamente los privilegios de la nobleza y el alto clero. Estos dos estamentos acabarían reaccionando a este trasvase de poder a la Corona con la obsesión purista de la *limpieza de sangre*, auténtico desastre social e histórico que durante los siguientes tres siglos destruyó, no sólo las vidas de los judíos conversos, los "herejes" y los protestantes, sino también una buena parte de la vida económica e intelectual de todos los españoles.

⑩ La ascensión de Castilla

A comienzos del siglo XV se produjo en Castilla una expansión demográfica. Toledo y Sevilla, libres ya de las guerras contra el Islam, contaban con una rica economía agrícola, y las ciudades del norte (Burgos, Medina, Segovia, Valladolid, Bilbao) comenzaban a mostrar una gran vitalidad económica gracias a su poderosa ganadería y al desarrollo del comercio

¿SABÍAS QUE...?

LOS MILAGROS DEL *PAPA LUNA*

La vida de Benedicto XIII está llena de leyendas e historias fantásticas sin duda inventadas por sus seguidores para justificar la santidad de este papa excomulgado por Roma. Entre las leyendas figuran varios milagros como la expulsión de millones de arañas que amenazaban un pueblo de Valencia o el viaje que hizo a Roma desde su castillo de Peñíscola volando sobre las aguas del Mediterráneo. Después de muerto, Benedicto continuó sus andanzas, apareciéndose en forma de fantasma, y a veces en actitud diabólica, a gentes diversas.

de la lana y del hierro. Desde los puertos del mar Cantábrico se establecieron intercambios mercantiles muy activos con Flandes e Inglaterra. Aragón, mientras tanto, vivía una época de conflictos militares y comerciales en sus colonias mediterráneas (Sicilia, Córcega y Cerdeña), en las que mantenía una constante competencia con Francia y con el papa. Ello dejó las manos libres a Castilla para continuar su expansión hacia el sur, y así los castellanos conquistaron las Islas Canarias y el noroeste de África en el año 1402. El progresivo desplazamiento del centro de gravedad europeo del Mediterráneo al Atlántico, que se convirtió poco después en el mar de los tiempos modernos, traspasó el protagonismo político a los países atlánticos y favoreció de manera especial a Portugal y a Castilla.

¡Atención! Ve a **De la Red** de este capítulo en *www.prenhall.com/espanaayeryhoy*. Allí encontrarás sitios de información muy interesante y de fácil acceso.

La unidad de los reinos cristianos y la creación del imperio

3

Temas de introducción

1. La primera parte de este capítulo habla de la unificación de los reinos cristianos peninsulares, de los obstáculos que la dificultaron y de las circunstancias que la hicieron posible. ¿Qué factores geográficos, históricos o culturales han contribuido a mantener a los EE.UU. como un país unido?

2. En las páginas que siguen se estudia también la formación del Imperio Español. ¿Cómo definirías el concepto de *imperio*? ¿Sabes algo del Imperio Español? ¿Te parece que los EE.UU. de hoy tienen alguna característica imperialista?

3. Al final del siglo XV los españoles llegaron al continente americano y comenzaron a conquistar sus tierras y a colonizarlas. ¿Crees que Cristóbal Colón y sus carabelas castellanas *descubrieron* o *encontraron* América?

4. La diferencia entre *conquista* y *colonización* tiene que ver con el orden cronológico: primero se conquista y luego se coloniza. Respecto a la historia norteamericana, ¿puedes mencionar ejemplos específicos de conquista y de colonización?

5. ¿Qué te sugiere el término *Inquisición española*?

① Edad Media y Edad Moderna

Tradicionalmente se ha considerado el reinado de los Reyes Católicos como el período que marca la transición entre la Edad Media y la Edad Moderna en la historia española. Su centro simbólico se ha situado en 1492, año en el que se produjeron tres acontecimientos importantísimos para el futuro del país: la conquista de Granada, el último reino islámico de la península, el decreto de conversión forzosa o expulsión de la minoría judía y la llegada de las carabelas castellanas de Colón a las costas del Caribe. En la historia de Occidente, la conquista de América y la rebelión de Martín Lutero (Reforma protestante) han sido citadas como los dos hechos que simbolizan el comienzo de la nueva era. La transición entre los mundos medieval y moderno fue, en realidad, un proceso muy complejo que se produjo por la interacción de factores como la aparición del Renacimiento, la creación del Estado moderno, la afirmación de la monarquía como institución centralizadora del poder político, la superación de la fragmentación feudal del territorio y la aparición de las clases burguesas urbanas. Las dos principales contribuciones de España a este cambio fueron la creación de un modelo de Estado luego adoptado por el resto de Europa y la colonización de América.

❷ La unión de Castilla y Aragón: Los Reyes Católicos y el nacimiento del Estado moderno (1479–1517)

El matrimonio de Isabel de Castilla y Fernando de Aragón —los Reyes Católicos— unió bajo una sola Corona los dos reinos más poderosos de la península y sentó las bases que permitieron, años más tarde, la formación de la nación española. Castilla y Aragón pronto comenzaron a crear instituciones comunes y a compartir las responsabilidades financieras, militares y diplomáticas. A pesar de ello, los sucesivos gobernantes tardaron mucho en transformar la unidad dinástica en unidad nacional, y durante largo tiempo mantuvieron instituciones y monedas propias y aparatos fiscales, administrativos y judiciales separados. Aunque los antiguos reinos y sus instituciones comenzaron a perder poder y atribuciones a partir del siglo XVI, algunos de sus privilegios sobrevivieron por muchos años a los Reyes Católicos. Así, las Cortes de Aragón, Valencia y Cataluña, los gobiernos autónomos (*Generalitat*) de estas dos últimas y los fueros especiales de algunas provincias continuaron existiendo hasta 1715; las Cortes y fueros de Navarra estuvieron vigentes hasta 1841 y los privilegios de Vizcaya y Guipúzcoa hasta 1876. Fernando e Isabel, por su parte, se conformaron con añadir a su nombre la lista de territorios que estaban bajo su Corona, sin llegar nunca a adoptar el título de reyes de España. La realidad peninsular entre 1479 y 1517 no permitía, pues, hablar una nación española única y unitaria, sino solamente de un conjunto de territorios heterogéneos bajo una misma Corona.

Dos reinos, dos modelos políticos

El alcance político del nuevo reino y el difícil equilibrio entre centralización y localismo no se pueden comprender sin considerar que Castilla y Aragón llegaron al reinado de los Reyes Católicos condicionados por realidades y estructuras sociopolíticas peculiares que difícilmente podían ser compatibles a corto plazo. Cuando Fernando asumió la Corona, la monarquía de Aragón se encontraba en una situación de debilidad respecto a una oligarquía que, después de varios enfrentamientos con los reyes, había logrado consolidar —y, en algunos casos, incluso reforzar— sus privilegios tradicionales. La nobleza y la Iglesia mantuvieron la existencia y el control de tres parlamentos (o *Cortes*) regionales diferentes con los que el rey debía compartir la tarea legislativa. Dado que las Cortes eran responsables de la recaudación y administración de los impuestos, la Corona dependía también de ellas para el establecimiento y la financiación de un gobierno central en el que la oligarquía no estaba interesada. La monarquía tampoco pudo imponer la aplicación del derecho real a todos sus territorios, y en muchos de ellos se siguieron manteniendo las leyes tradicionales o los fueros locales. La debilidad de la Corona y la multiplicidad de sistemas legales impidieron también una actuación decidida para solucionar algunos problemas que afectaban al pueblo —como el bandidaje, la delincuencia y los abusos de los señores— por lo que este pueblo tardó en desarrollar una conciencia monárquica en la que los reyes pudieran apoyarse para compensar el poder de la nobleza y de la Iglesia. El poder de las élites, la multiplicidad de sistemas legales y de instituciones, la indiferencia popular y la falta de un aparato de estado eficaz constituyeron obstáculos importantes para una administración ya de por sí frágil y caótica, y perpetuaron una situación de fragmentación feudal.

Torre de los Trastámara, hoy parte del Alcázar (Segovia)

La Castilla de la época no estaba libre de algunos de los problemas que acabamos de mencionar, pero presentaba una realidad bien distinta de la de Aragón. Cuando se produjo la unión de ambos reinos, Castilla ya era una potencia económica y política en Occidente y, a pesar de la tendencia feudalizadora de finales del siglo XIV, contaba con una monarquía más fortalecida y un sistema administrativo más sólido que Aragón. La consolidación del poder político y económico de Castilla y de su Corona fue posible gracias a la interacción de factores militares, políticos, sociales, económicos e institucionales. La expansión militar de este reino hacia el sur le había llevado a controlar las Islas Canarias y partes del norte de África, y lo había convertido en el más extenso y poblado de la península. Gracias a las acciones de la flota vasca, Castilla también controlaba el Cantábrico hasta el canal de la Mancha, una importante zona estratégica en un periodo en el que el centro de gravedad político empezaba a desplazarse del Mediterráneo al Atlántico. La hegemonía militar se vio reforzada por una pujante economía, que conoció una época de crecimiento impulsado principalmente por los beneficios obtenidos de la exportación de la lana. La nueva economía, a su vez, aumentó la importancia de las ciudades y reforzó su poder político, económico y social. La cesión de parte del gobierno municipal a individuos pertenecientes a las familias burguesas más prestigiosas creó un patriciado urbano fiel a la Corona que pronto se convirtió en un contrapeso importante al poder de la nobleza y del alto clero y que contribuyó al fortalecimiento de la monarquía.

Institucionalmente, la consolidación de la autoridad de la Corona dio un paso de gigante en 1340, año en el que se sustituyeron muchas leyes y fueros locales por un derecho común de tradición romanista y de decidido carácter pro monárquico inspirado en las ideas jurídicas que Alfonso X el Sabio había expuesto en sus *Partidas*. Según estas ideas, los reyes eran vicarios de Dios en la tierra, lo que ponía su autoridad por encima de la de cualquier otro grupo social y la extendía a todo el reino, a todo el territorio y a todos los súbditos, incluso a los señores. Todos y todo, pues, debían someterse a ella. La monarquía, además, poseía el derecho natural de legislar —por ser la única institución política cuyo poder era superior al de las leyes— y tenía la obligación de gobernar en beneficio de la comunidad. Durante el siglo XV estas ideas fueron aceptadas por las Cortes, que reconocieron y proclamaron formalmente el poder absoluto del monarca.

La autonomía y el poder de la Corona no habrían sido posibles si ésta no hubiera contado con recursos económicos suficientes para financiar su labor de gobierno. Por ello, los monarcas castellanos prestaron una atención especial a la organización de la Hacienda real, diseñando un sistema de recaudación de impuestos que permitía a los reyes recoger los diferentes tributos (aduanas, monopolios de minas y salinas, transporte, tasas cobradas a judíos y mudéjares, compraventas, etc.) directamente y financiar el gobierno y la administración sin interferencias de las Cortes o la nobleza. Este sistema no sólo aumentó extraordinariamente los ingresos de la Corona sino que también contribuyó a reforzar su autoridad y a aumentar su independencia económica de otras instituciones y estamentos. También hizo posible la creación y el mantenimiento de un ejército nacional permanente, con lo cual el rey ya no dependía de la contratación de mercenarios o del apoyo de las huestes de la nobleza para defender el reino o hacer valer su autoridad.

Así pues, en los años previos a la unificación de Castilla y Aragón estas monarquías se encontraban en situaciones políticas, sociales y económicas diferentes. Aunque la vertebración interna de ambas distaba mucho de ser completa y su desarrollo institucional avanzaba por caminos diferentes, el matrimonio de Isabel y Fernando creó una voluntad de unión que se manifestó en actuaciones políticas comunes que se discutirán en las siguientes páginas.

Unión dinástica y voluntad de unificación

La unión dinástica de Castilla y Aragón no fue algo inevitable que el destino tenía reservado a los reinos hispánicos, sino que fue posible gracias a la confluencia de una sucesión de circunstancias que, como se verá brevemente, bien podrían haber tenido otro desenlace. Tampoco hizo brotar milagrosamente un sentido de *españolidad* en ninguno de los dos reinos, ni creó una conciencia popular de nación o de destino común. El matrimonio de Isabel y Fernando fue fruto de una larga tradición de políticas medievales —a veces mal definidas y poco consistentes— de consolidación de monarquías y reinos, así como también de la suerte y la mera coincidencia. La misma boda (1469) fue planeada precipitadamente, y pudo celebrarse gracias a la falsificación que un obispo hizo del permiso papal que autorizaba el casamiento a pesar de la consanguinidad de los contrayentes. Además, el acceso de Isabel a la Corona de Castilla estuvo plagado de accidentes. El trono nunca hubiera pasado a la futura reina Católica de no haber desheredado el padre de ésta (Enrique IV) a su hija Juana la Beltraneja en favor de su hermano Alfonso, y de no haber muerto este último. Tras la muerte de Enrique IV, Isabel sólo se aseguró el trono después de derrotar —con el apoyo de Fernando, entonces príncipe heredero de Aragón— en una guerra civil a su hermana Juana la Beltraneja y al prometido de ésta, el rey Alfonso V de Portugal. Con Isabel en el trono de Castilla, sólo hubo que esperar la muerte de Juan II, padre de Fernando y rey de Aragón, para que ambas Coronas pudieran unirse.

La unificación dinástica de Castilla y Aragón mostró su fragilidad tras la muerte de Isabel (1504), cuando Juana la Loca —la tercera hija de los Reyes Católicos— y su esposo el archiduque Felipe el Hermoso —hijo de Maximiliano de Austria y miembro de la casa real de los Habsburgo— entraron en Castilla (1506) y pusieron fin a la regencia de Fernando. De nuevo, fueron circunstancias fortuitas —la muerte de Felipe el Hermoso (ahora Felipe I) y la declaración de la incapacidad mental de su esposa Juana para reinar— las que permitieron a Fernando recuperar el control del trono de Castilla y restablecer la unidad de los dos reinos. Más tarde, el fallecimiento del único hijo de Fernando y de su segunda esposa (Germana de Foix) convirtió a Juana en única heredera de todos sus reinos que pasaron, por su incapacidad, al príncipe Carlos —el futuro Carlos I— nieto de los Reyes Católicos. Durante un breve tiempo ambos reinos fueron gobernados por regencias separadas, y sólo la llegada de Carlos I al trono logró alejar el riesgo de una nueva separación.

A pesar de la fragilidad de la unión dinástica y del mantenimiento de sistemas administrativos y de gobierno separados en los dos reinos, los Reyes Católicos mostraron desde el principio una verdadera voluntad de unión —algo novedoso en la política de los reinos hispánicos— que fue más allá de palabras y meras intenciones. Esta voluntad se manifestó, en primer lugar, en una serie de actuaciones ya plenamente renacentistas y modernas destinadas a crear unos organismos de gobierno centrales y comunes a todo el reino. Fueron los primeros pasos en el camino a la formación de un Estado —entidad inexistente en la Edad Media— que estaría regido por un único gobierno, compartiría un mismo ejército, universalizaría las competencias de la Inquisición, crearía lazos entre las Coronas españolas y europeas y diseñaría una política exterior común. La autoridad del nuevo Estado residía en una monarquía centralizada —aunque tolerante en cierta medida con los localismos— que consolidaba progresivamente su control sobre una oligarquía a la que no pretendía eliminar sino convertir en aliada, y que encarnaba la defensa de la *razón de Estado*, del bien público y del interés general por encima de cualquier particularismo estamental.

La creación del Estado moderno

Castilla y Aragón se dedicaron, a veces en paralelo, a crear nuevos organismos de gobierno o a profesionalizar y mejorar los heredados del medievo. Los instrumentos fundamentales de administración en ambos reinos fueron los *Consejos*, que tenían competencias en todas las materias referentes al gobierno y en los que la nobleza y el alto clero poco a poco fueron cediendo espacio a un cuerpo de juristas y profesionales especializados. Entre estos Consejos y el rey se situaban los secretarios reales, técnicos y hombres de confianza que aconsejaban al monarca y coordinaban las labores de gobierno. En Aragón, la administración territorial estaba en manos de los *Virreyes*, cargos de nueva fundación ocupados por funcionarios estables y dotados de poderes casi absolutos que se ocupaban de administrar, en nombre del rey, distritos territoriales que normalmente coincidían con los antiguos reinos. El nombramiento como virreyes de personas no pertenecientes a la nobleza local garantizó el control de la Corona sobre ésta. En Castilla se potenciaron las figuras del *Corregidor* —una especie de gobernador— y del *alcalde*, que sirvieron a la Corona para contrarrestar el poder de la oligarquía en el gobierno municipal y que constituyeron uno de los instrumentos más inteligentes de afirmación del poder público. En un esfuerzo por limitar el poder y la influencia de la Iglesia y la alta nobleza, los Reyes Católicos favorecieron muchas veces a los llamados *segundones* —hijos de nobles que, por no ser primogénitos, no heredaban los señoríos de sus padres— que llegaron a ocupar puestos importantes en el ejército y en los órganos de gobierno controlados por los reyes y que eran fieles a éstos.

La administración de justicia se reforzó mediante la creación de las *Audiencias Reales* —los tribunales supremos de cada reino— la profesionalización de los funcionarios y la paulatina absorción de los sistemas de justicia locales. La Inquisición —de la que se habla en otro lugar— fue el único organismo que logró extender su jurisdicción por todos los reinos. En cuanto a la hacienda pública, la profesionalización de los funcionarios y la distribución de los impuestos por municipios no fueron suficientes para acabar con las desigualdades regionales. El desinterés de la Corona por extender las reformas fiscales a Galicia y el fracaso de éstas en Aragón aumentaron la presión fiscal sobre Castilla, cuyos habitantes siguieron aportando la mayoría de los ingresos del reino.

La creación de un ejército regular y de milicias estables contribuyó también a consolidar el poder del Estado. En 1476 se creó en Castilla la Santa Hermandad, un cuerpo armado cuya misión era la defensa del orden público y la protección de las zonas rurales contra el bandolerismo y los abusos señoriales. En 1493 se crearon las Guardias de Castilla, las primeras tropas profesionales al servicio de una monarquía que, a partir de ahora, tendría el monopolio de la guerra. Al mismo tiempo, se inició una política de extensión de guarniciones a las fronteras y de formación de milicias en los diferentes concejos.

El nuevo Estado asumió también conjuntamente las políticas exteriores de los dos reinos que lo componían. La Guerra de Granada, la toma de territorios en el norte de África, el primer viaje de Colón, la consolidación de la presencia española en el Mediterráneo y la política de contención de franceses y turcos fueron proyectos comunes de la nueva Corona, aunque se generaran por intereses particulares de Aragón —que ya antes de la unión había comenzado su expansión mediterránea— o de Castilla —cuya área de influencia y de acción se había desplazado al Atlántico y al norte de África. El mantenimiento de una política exterior común y la resolución de algunas crisis internas requerían la transferencia generosa e incondicional de recursos humanos y económicos de una a otra Corona. La participación castellana en la defensa de áreas de influencia tradicionalmente aragonesas como Perpiñán, Sicilia o Nápoles —empresas que no recibieron un apoyo entusiasta dentro del propio Aragón— hablan del compromiso de ambas Coronas —especialmente de la castellana— en el desarrollo y fortalecimiento de un reino común.

La actuación conjunta de los nuevos monarcas determinó también una política común de matrimonios tanto dentro como fuera de España. Las bodas entre la nobleza española consiguieron unir los intereses económicos y políticos de diferentes familias nobles a los de la Corona, y disminuyeron el peligro que suponían los particularismos de algunos sectores de la nobleza. Con el doble objetivo de reforzar el papel exterior de España y de aislar a Francia, Isabel y Fernando casaron a sus hijos con los herederos de las Coronas de Austria, Portugal e Inglaterra. Dos de estos matrimonios fueron especialmente relevantes, puesto que sus consecuencias acabarían afectando profundamente la historia del país en los próximos siglos. El primero de ellos fue el que unió a Juana —heredera al trono de España— con Felipe el Hermoso y que, por las circunstancias que ya se han mencionado, convertiría luego a Carlos —el hijo de ambos— en rey de España y Alemania, abriendo así la puerta a la hegemonía española en Europa y a la formación del imperio. Los matrimonios de Catalina —también hija de los Reyes Católicos— con Arturo —heredero al trono de Inglaterra— y, posteriormente, con Enrique VIII, acabaron siendo un desastre de proporciones históricas y convirtieron a Inglaterra en enemiga de España.

El incipiente aparato de estado puesto en marcha por los Reyes Católicos tuvo logros y deficiencias importantes. Entre los primeros destacaron la pacificación general de los reinos, la extensión de la justicia a muchas zonas y la disminución del bandolerismo y el pillaje. El clima de estabilidad creado por estas mejoras favoreció el crecimiento demográfico, la economía y el desarrollo del comercio y de la vida urbana, lo que atrajo a muchos artesanos, comerciantes y profesionales nacionales y extranjeros a las grandes ciudades de la época. Las deficiencias tienen que ver con la irregular extensión territorial de las reformas, con el diferente impacto político y social que éstas tuvieron en los distintos reinos y con los recelos regionales ante la progresiva centralización del poder. Hubo reformas, como las de la hacienda, la defensa y el orden público, que sólo se implantaron en Castilla, por lo que su labor modernizadora nunca llegó a muchas áreas. La concentración de los órganos de gobierno en torno a Castilla y la consiguiente castellanización de la monarquía crearon en algunas zonas un sentimiento de lejanía respecto al gobernante, cuando no la desconfianza de los que veían la centralización como una amenaza a sus privilegios. La razón de esta centralización, sin embargo, tenía más que ver con razones puramente pragmáticas que con un supuesto imperialismo castellano. No se debe olvidar, a este respecto, que la aristocracia de Castilla recelaba tanto como la de los otros reinos de algunas de estas reformas, que se percibían como imposiciones de la Corona. El desplazamiento de Aragón a un segundo plano y la consiguiente centralidad de Castilla deben atribuirse a factores históricos y económicos que convirtieron a este reino —por contar con un aparato de gobierno más desarrollado y unas finanzas más estables— en el modelo a seguir en la creación del nuevo Estado. Quizá en esta luz se deban entender hechos como la decisión de Fernando de integrar Navarra en el reino de Castilla, y no en el de Aragón, del que él era titular.

¿SABÍAS QUE...?

NICOLÁS MAQUIAVELO Y FERNANDO EL CATÓLICO

Nicolás Maquiavelo (1469–1546) es considerado el padre de la teoría política moderna. Este florentino fue el primero que, en su famoso libro *El Príncipe*, analizó el poder desde un punto de vista rigurosamente realista y en sintonía con el espíritu secularizador del Renacimiento. Maquiavelo consideró el poder como un aspecto esencial del ser humano, aunque no al alcance de la mayoría. Por ello, si un rey quiere aumentar y mantener la fuerza y el prestigio de su reino debe saber que el gobierno necesita de una inteligencia clara tanto como de una mano firme. En sus digresiones sobre el gobierno de las naciones, Maquiavelo fue mucho más allá de describir los deberes de un buen cristiano o de hablar de la importancia de contar con un ejército poderoso. Tuvo en cuenta, por primera vez en Europa, la importancia no sólo de lo que *es*, sino también de lo que *parece ser*, lo que lo llevó defender la necesidad de la propaganda política.

Para Maquiavelo, el mejor ejemplo de gobernante inteligente que supo adaptarse a las circunstancias históricas de su época fue el rey Fernando el Católico, quien, de acuerdo con este autor, supo combinar los intereses de su reino con los de la religión, sentando las bases del nuevo y poderoso Estado español. Esto es lo que dice Maquiavelo en el capítulo XXI de *El Príncipe*:

Nada contribuye tanto a la estimación como las grandes empresas y la demostración de poder. Tenemos en nuestros días a Fernando de Aragón, rey de España, a quien casi podemos llamar un nuevo príncipe, pues de un reino débil este rey ha construido, con fama y gloria, el primer reino de la Cristiandad. Si observamos sus acciones veremos que son todas ellas o grandes o extraordinarias. Al comienzo de su reinado sitió Granada, empresa que fue la base de su nuevo Estado. Al principio lo hizo con placer y sin temor de ser molestado. Mantuvo a los nobles del reino ocupados en esta empresa, de manera que no tuvieron ocasión de planear cambios. De esta manera obtuvo poder y fama sobre ellos sin que estos nobles se dieran cuenta de sus verdaderas intenciones. Con el dinero de la Iglesia y del pueblo supo mantener a sus ejércitos, y con esta guerra, preparar las bases de su futuro poder. Además de esto, para emprender tareas más grandes, y siempre bajo pretexto de la religión, ha sabido utilizar una piadosa crueldad, expulsando a los moros y apoderándose de sus riquezas. Bajo el mismo pretexto atacó África, Italia y Francia. (Traducción de los autores)

❸ La incorporación de Granada y Navarra

El poder político y militar de la nueva entidad castellano-aragonesa hacía injustificable la existencia en la península de reinos extraños al proyecto de unidad nacional y religiosa. Por ello, la incorporación de Granada y Navarra a la Corona resultaba inevitable.

Para los Reyes Católicos, la empresa de la reconquista era algo familiar, pues en su espíritu se había movido la política de sus antepasados. Eran conscientes, además, de que la conquista de Granada podría reportarles grandes beneficios tanto en el interior —unir a aragoneses y castellanos en una empresa común, concentrar las energías de la nobleza en un enemigo externo, legitimar la monarquía mediante la lucha contra el infiel— como en el exterior —expulsar a los musulmanes de España para así impedir la utilización de Granada como trampolín de expansión del Imperio Turco y convertirse en árbitros del Mediterráneo. La guerra, que se prolongó unos diez años en los que alternaron periodos de enfrentamientos y de negociaciones, terminó en 1492 con la rendición de Boabdil y la entrega de la ciudad de Granada a los cristianos. Con este reino, los Reyes Católicos incorporaban a sus dominios una región próspera y con una alta densidad de población pero habitada por gentes de religión no cristiana. Los sucesivos intentos de la Corona por forzar la conversión de los musulmanes granadinos acabaron creando lo que se conoce como *cuestión morisca*, que se discutirá en la siguiente sección.

La anexión de Navarra no se produjo hasta después de la muerte de Isabel. El apoyo que este reino —gobernado en aquel tiempo por una dinastía emparentada con Fernando— prestó a Francia en una de las disputas franco-aragonesas fue la excusa que el rey de Aragón utilizó para conseguir del papa la excomunión de los reyes de Navarra y para justificar su ataque contra ellos. Tras un breve periodo de guerras y negociaciones, Navarra acabó siendo incorporada a la Corona de Castilla en 1515, aunque se le permitió conservar su condición de reino, sus instituciones y sus leyes. Los fueros de Navarra fueron respetados por Fernando y los reyes posteriores de la dinastía de Habsburgo e incluso fueron restituidos por el general Franco ya en pleno siglo XX.

❹ La unidad religiosa: La Inquisición y la expulsión de las minorías

Para los Reyes Católicos, la unificación religiosa era tan importante como la unidad política para construir un Estado moderno, y por ello su reinado tuvo un carácter marcadamente confesional. Isabel y Fernando no sólo utilizaron la religión para justificar actos militares como la conquista de Granada, la expansión en África o la colonización de América sino que diseñaron una política cuyo fin último era la homogeneización religiosa. Su identificación de España con catolicismo comenzó un largo matrimonio entre el Estado y la religión que tan negativas consecuencias tendría después para el desarrollo del país. Esta política pro cristiana, sin embargo, fue vista con buenos ojos por el papa Alejandro VI quien, como premio a su celo religioso, les concedió (1496) el título de Reyes Católicos con el que se los conoce.

La batalla por la unificación religiosa del reino se libró en tres frentes: la regeneración de la vida religiosa, la conversión o expulsión de las minorías judía y musulmana y la persecución y represión de los enemigos de la fe. Un reino católico necesitaba apoyarse en una iglesia fuerte y consecuente con sus ideas. Por ello, y con objeto de incorporar a la Iglesia a su proyecto político, los Reyes Católicos impulsaron una serie de reformas eclesiásticas que fueron desde la intervención directa en los nombramientos del alto clero hasta el fortalecimiento de la disciplina y el castigo de conductas consideradas escandalosas.

Para garantizar la ortodoxia cristiana se creó el tribunal de la Inquisición (1484). En sus comienzos, este tribunal se ocupó principalmente de la vigilancia de algunos grupos de judíos conversos —de quienes se sospechaba que mantenían en secreto la práctica del judaísmo— y más adelante extendió sus investigaciones a otros heterodoxos, como moriscos, protestantes y erasmistas. A pesar de ser una institución eclesiástica, el control que la Corona ejerció sobre ella —los inquisidores generales eran nombrados por los reyes y no por Roma— y la extensión de su jurisdicción a todo el territorio —por encima de fueros y leyes especiales— la convirtió pronto en un instrumento del Estado para el control social y político. Sus juicios (*autos de fe*) basados en denuncias secretas y sus castigos públicos y ejemplares crearon un ambiente de falta de libertad, intimidación y miedo que condicionó de manera muy seria todos los aspectos de la vida diaria de la población y limitó la vida intelectual y la libre expresión de la creatividad en las artes y en las letras. Con el tiempo, la Inquisición adquirió una enorme notoriedad internacional, sobre todo gracias a las campañas propagandísticas de los enemigos políticos de España, que consiguieron presentarla como la institución más represiva de la historia de Europa.

La euforia unionista y cristiana que surgió tras la conquista de Granada volvió los ojos de la Corona sobre la minoría judía. Este grupo, que ya era víctima de leyes represivas (vivía segregado en las juderías, sus miembros debían identificarse como tales llevando señales distintivas en la ropa, etc.), se convirtió ahora en el principal enemigo de la fe y, por ello, en el siguiente obstáculo a superar en el camino de la unificación del reino. Unos pocos meses después de la toma de Granada se decretó la expulsión de todo judío que se negara a convertirse al cristianismo. Aunque es difícil saber cuántos decidieron bautizarse y cuántos optaron por el exilio, los historiadores calculan que aproximadamente un tercio de los judíos decidió abandonar España. Muchos de los desterrados se establecieron en Portugal —de donde fueron expulsados años más tarde— en el norte de África, en el Mediterráneo oriental y en Italia. En algunos de estos lugares las comunidades judías sefarditas mantienen aún hoy la cultura y la lengua de sus antepasados españoles.

Aunque el impacto demográfico de este destierro en el conjunto del reino no fue importante —afectó a unas 100.000 personas— sí tuvo consecuencias muy negativas para las regiones que contaban con mayor población judía —que perdieron de repente una proporción significativa de sus comerciantes, profesionales y banqueros— y para la economía urbana de muchas ciudades españolas. Tuvieron que pasar casi dos siglos para que los judíos conversos y sus descendientes —los *cristianos nuevos*— estuvieran libres de discriminación y se pudieran diluir en la población general de España.

Los *mudéjares* (musulmanes españoles) y *moriscos* (sus descendientes) no tuvieron mejor suerte. Su situación en los reinos hispánicos era diferente a la de los judíos en proporción demográfica y en consideración social. Se calcula que en Castilla vivían unos 25.000 y en Aragón la población pudo llegar a los 90.000, la mayoría de los cuales —unos 70.000— residía en el antiguo reino de Valencia. Los mudéjares que habitaban estas tierras —y también los del reino de Granada— se habían incorporado a los reinos cristianos mediante leyes especiales que les garantizaban el mantenimiento de la propiedad de sus bienes y el permiso para practicar su religión y para vivir de acuerdo con su cultura. La conquista de Granada cuadruplicó el número de musulmanes que habitaban en los reinos hispánicos y abrió un debate sobre la conveniencia de mantener una política de tolerancia que no coincidía con los deseos de uniformidad religiosa de los monarcas. Pronto comenzaron las presiones para lograr su conversión voluntaria y, poco después, las campañas de cristianización forzosa, contra las que los moriscos se sublevaron varias veces. La Corona reaccionó anulando —a comienzos del siglo XVI— el estatuto de mudejaría del reino de Castilla y los musulmanes castellanos se vieron obligados a elegir entre la conversión o el destierro. Estas medidas, sin embargo, no bastaron para solucionar la llamada *cuestión morisca*. Los que se quedaron en la península pasaron a formar parte, junto con los judíos conversos, del grupo de *cristianos nuevos*, el segmento de la población más vigilado por la Inquisición por estar siempre bajo sospecha de practicar sus antiguas religiones en privado. Las olas de represión provocaron revueltas esporádicas que los reyes Carlos V y Felipe II reprimieron duramente. Durante el reinado de Felipe III —principios del siglo XVII— se acabó decretando su expulsión definitiva de España, esta vez con la excusa de que algunos de ellos eran colaboradores del Imperio Turco.

 ## Carlos I (1517–1556): El Imperio Español

A la muerte de Fernando el Católico, y tras un breve período de regencia del cardenal Cisneros, se inauguró en España una nueva dinastía en la persona de Carlos de Habsburgo, nieto de los Reyes Católicos y de Maximiliano de Austria, el titular del Imperio Germánico. Bajo la Corona de Carlos I de España —y V de Alemania— se unió una enorme cantidad de territorios por herencia y por conquista que convertirían a este monarca en la cabeza del primer imperio verdaderamente mundial de la historia. De sus abuelos españoles (Isabel y

Fernando) heredó todos los territorios castellanos y aragoneses, incluidas las posesiones de África, América y el Mediterráneo (Sicilia, Nápoles y Cerdeña); de su padre Felipe el Hermoso, recibió la Borgoña, Milán y los Países Bajos (Holanda y Bélgica) y de su abuelo Maximiliano los estados alemanes, Austria, el Tirol y otras tierras, así como los derechos a la Corona imperial.

Criado en los Países Bajos, el nuevo rey era apenas un adolescente cuando llegó a España. No hablaba castellano y estaba rodeado por tutores y consejeros flamencos que no tenían los intereses españoles como prioridad de su labor de gobierno. Tanto el pueblo como la aristocracia recibieron al nuevo rey y a su corte de nobles extranjeros con un gran recelo, y pronto las Cortes de Castilla le exigieron que aprendiera castellano y que mantuviera a los extranjeros apartados de los altos cargos del gobierno. El recelo se convirtió en desconfianza

Carlos I de España y V del Imperio (Tiziano Vecelli)

¿SABÍAS QUE...?

LA SANTA INQUISICIÓN

Los excesos y la crueldad de la Inquisición española se han hecho tan famosos en el mundo occidental que existen referencias a ellos en numerosas manifestaciones culturales, desde la literatura —en las obras de autores tan heterogéneos como Dostoievski o Poe— hasta en el cine americano de los años cuarenta, e incluso en el humor británico de Monty Python. La notoriedad de esta institución se debe, en parte, a la campaña propagandística que los países protestantes —especialmente Holanda e Inglaterra— lanzaron contra España durante los años del imperio. Esta *Leyenda negra* contra el catolicismo español refleja la realidad incuestionable de una opresión brutal, pero omite señalar, al mismo tiempo, que hubo otras inquisiciones tan brutales como la española en Holanda, en Inglaterra, en Francia y en Rusia. Lo que hoy nos parece un horror incomprensible fue en su época el resultado de una concepción simplista de la religión y de la identificación entre la Iglesia y el Estado. No es casualidad que todavía hoy se puedan encontrar comportamientos inquisitoriales en los lugares del mundo donde estas dos instituciones constituyen un único poder.

Los orígenes de la Inquisición española se remontan a la Inquisición provisional organizada por el papado contra ciertas herejías que habían surgido en el sur de Francia a comienzos del siglo XIII. Estos movimientos, que predicaban un purismo religioso y una vida ascética, cuestionaban el feudalismo medieval y ponían en peligro la legitimidad de la Iglesia y la Corona, y fueron duramente reprimidos por ambas. A partir de entonces se fueron estableciendo prácticas inquisitoriales por toda Europa, generalmente administradas por los dominicos o franciscanos. El impulso religioso unificador de los Reyes Católicos y la necesidad de regular las prácticas inquisitoriales de investigación y condena resultaron en la creación de la Inquisición española —también conocida con el nombre de *Santo Oficio*— en 1478.

De todas las inquisiciones europeas, la española fue la más centralizada y la más controlada por la monarquía. El rey elegía a su máximo representante, el *Inquisidor General* que, a su vez, nombraba un consejo ejecutivo de cinco miembros (*Alto Consejo*), generalmente formado por sacerdotes dominicos. Este consejo tenía un enorme poder y sus decisiones eran inapelables, excepto por el rey; sus decretos eran, además, ratificados por el papa. En los juicios intervenían muchos consultores y expertos nombrados para casos específicos. La Inquisición disponía de una red de tribunales locales (unos 20) extendidos por toda España y por las posesiones españolas de Italia y las Américas. Siguiendo una costumbre muy extendida en la época, los acusados no podían saber el nombre de los acusadores, lo que dio lugar a muchos abusos y convirtió muchos procesos en actos de venganza personal. El acusado tenía un *período de gracia* de treinta días para probar su inocencia o para aceptar sus pecados o herejías pidiendo perdón a la Iglesia. Si no se arrepentía era pasado a las autoridades civiles para el castigo final, que normalmente era la muerte en la hoguera. Los arrepentidos —la mayoría de los acusados— eran castigados con penas menores: latigazos públicos, peregrinaciones a lugares santos, destierros, etc. La ceremonia en la que se decretaba la condena o castigo se llamaba *Auto de fe.*

No se sabe exactamente el número de ejecuciones que se llevaron a cabo durante el período más severo de esta institución; los cálculos más conservadores hablan de entre 2.000 y 3.000 —la mayoría judíos conversos— sólo durante el reinado de los Reyes Católicos. Durante los siguientes reinados, especialmente en tiempos de Felipe II, la Inquisición se concentró en la persecución de protestantes, pero no por ello se olvidó de otros disidentes como los judíos y los sospechosos de brujería, paganismo o blasfemia.

Oficialmente, la Inquisición española no fue abolida hasta 1834, aunque desde 1714, y tras la llegada de la nueva dinastía de los *Borbón*, iba a perder importancia y poder social.

y resentimiento cuando, a la muerte de su abuelo Maximiliano y recién coronado rey de Castilla y Aragón, Carlos I decidió trasladarse a Aquisgrán para defender sus intereses como candidato a emperador germánico —cargo que ganaría tras una elección plagada de sobornos e irregularidades— dejando el gobierno en manos de sus consejeros flamencos. El descontento de sus súbditos españoles pronto se transformó en rebelión; el nuevo rey tuvo que enfrentarse en los próximos años a tres revueltas populares cuyo desenlace traería importantes consecuencias para el futuro político y social de España.

La situación interna de la península

Las tres rebeliones que estallaron en la península alrededor de 1520 tuvieron en común su carácter de respuesta popular ante la imposición de un nuevo tipo de monarquía absolutista que pretendía consolidar y ampliar los privilegios de la aristocracia y el alto clero en detrimento de los derechos de la burguesía y el patriciado urbanos, del bajo clero, del pueblo y de los campesinos.

En las ciudades de Castilla, los sectores urbanos no veían con buenos ojos la concepción patrimonial del reino (según la cual los bienes del Estado eran propiedad o *patrimonio* personal del rey) impuesta por Carlos I y sus consejeros. Tampoco aprobaban el uso de los recursos económicos públicos para el logro de afanes imperiales ajenos a los intereses de Castilla. Muchos campesinos, descontentos por la transferencia de tierras de realengo a los señores locales y por el aumento de poder de la aristocracia terrateniente, se unieron a la llamada *Rebelión de los Comuneros*, que pronto contó con el apoyo de los sectores de población ya mencionados —campesinos y burguesía urbana antiaristocrática— más la minoría conversa y las órdenes mendicantes. El principal objetivo de su agenda política era la reforma del reino mediante la conversión de las Cortes en un órgano representativo de los diferentes sectores sociales, con mayores atribuciones y con el poder exclusivo para legislar. El carácter social de esta rebelión acabó asustando a la aristocracia que, tras un primer momento de desinterés, se unió al rey y al alto clero —al que no gustaban los proyectos rebeldes de distribución de tierras— contra los comuneros. La falta de organización, los desacuerdos internos del bando comunero y el abandono del movimiento por parte de algunas ciudades fueron las causas que hicieron fracasar la rebelión, que acabó con la victoria del rey y con la ejecución de los cabecillas rebeldes. La derrota de los comuneros significó el triunfo definitivo del absolutismo monárquico y la alianza permanente de la Corona con la aristocracia y el alto clero para controlar el poder. A partir de entonces, las ciudades vieron disminuir su poder político, los campesinos volvieron al orden señorial y el pueblo en general perdió capacidad de representación en los órganos de gobierno del reino.

Coincidiendo con este conflicto, los gremios de profesionales de las ciudades, los campesinos cristianos y algunos miembros del bajo clero se levantaron también contra el rey en el reino de Valencia. Las causas de esta *Rebelión de las Germanías* fueron el descontento con la aristocracia y con la intervención de la Corona en asuntos internos del reino valenciano y los problemas económicos como la disminución de los beneficios del comercio y la escasez de trigo. Los objetivos de estos rebeldes eran más sociales que políticos y sus demandas incluían, además de mayor participación en los órganos de gobierno, la abolición de ciertos impuestos y el bautismo de los campesinos mudéjares para acabar así con la mano de obra barata. De nuevo, la falta de organización y de experiencia militar de los sublevados, sus disidencias internas, el fracaso de los comuneros castellanos y las derrotas militares hicieron que esta rebelión terminara con el triunfo del rey y de sus aliados —la nobleza, el alto clero, los profesionales y los campesinos mudéjares— y con una severa represión. En Mallorca, el levantamiento de las clases populares rurales y urbanas contra la aristocracia terrateniente fracasó por razones similares a las expuestas anteriormente.

Después de este periodo de crisis, Carlos I se instaló definitivamente en España y se casó con una princesa portuguesa, como había sido el deseo de las Cortes de Castilla. A partir de entonces se abriría un periodo de paz y prosperidad económica en los reinos peninsulares durante el que las guerras tuvieron lugar fuera de España y la disidencia interna fue rápidamente silenciada. La población, por su parte, se fue adhiriendo poco a poco al proyecto político y social de la monarquía.

El crecimiento demográfico y la expansión económica de los años posteriores a las rebeliones contribuyeron en gran medida a suavizar las secuelas sociales y políticas de éstas. A pesar de la incidencia negativa de algunos brotes esporádicos de peste (que acabaron con unas 600.000 vidas en el siglo XVI) y de la emigración a América (a donde partieron unas 200.000 personas), todos los reinos experimentaron crecimientos demográficos importantes, y la población de la España peninsular más la de las Islas Baleares y Canarias se situó en alrededor de ocho millones de habitantes. En la península, esta población estaba distribuida de manera irregular entre zonas de alta densidad —los territorios al norte del río Tajo, el valle del Guadalquivir, Valencia y Mallorca— y áreas casi despobladas —algunas partes del reino de Aragón. La mayor parte de los habitantes de los reinos españoles vivía en el campo, y Castilla la Vieja contaba con mayor desarrollo urbano que otras regiones, aunque también hubo ciudades importantes en otros lugares de la península. A pesar de estar habitadas por una minoría de la población, las ciudades se convirtieron progresivamente en protagonistas de la vida económica y política del reino, al concentrarse en ellas las instituciones y órganos del gobierno y de la cultura y los instrumentos del poder económico. Las ciudades no sólo comenzaron a consolidarse como centros comerciales e industriales, sino que también monopolizaron la recepción, distribución y comercialización de los productos agroganaderos. A lo largo del siglo XVI, muchas ciudades adquirieron fama por su asociación con una actividad económica determinada. Este fue el caso, por ejemplo, de Segovia (conocida por su industria), Burgos (centro de contratación de la lana), Salamanca (ciudad universitaria por excelencia), Medina del Campo (finanzas), Toledo (capital oficiosa) y Sevilla (puerta del mercado de Indias).

La agricultura continuó empleando y alimentando a la mayor parte de la población. A pesar de su importancia, no se produjeron innovaciones tecnológicas significativas en este sector, por lo que el aumento de la producción de alimentos debe atribuirse exclusivamente a la utilización de mayores superficies de tierra para el cultivo. Junto a la agricultura, la ganadería trashumante y la obtención y comercialización de la lana y de la seda —actividades estas últimas que se concentraron casi exclusivamente en Castilla— completaban un sector primario que constituía el núcleo central de la actividad económica.

Las industrias del hierro y de la construcción naval se beneficiaron de un crecimiento de la demanda creado por las guerras y por el aumento del tráfico naval entre Europa y América. Los centros más importantes de estas dos industrias se situaron en el País Vasco y Cataluña. En cuanto a la minería, la explotación de nuevos minerales y la extracción de la plata americana se unieron a los yacimientos tradicionales. El comercio interior experimentó una cierta mejoría, aunque las barreras geográficas y aduaneras siguieron constituyendo obstáculos importantes para su desarrollo. El comercio exterior siguió utilizando las rutas ya conocidas en la época anterior, a las que se añadieron las atlánticas que conectaban la península con América. El nuevo comercio atlántico convirtió a Sevilla en el centro de las salidas y llegadas de la flota y del control de las exportaciones (productos agrícolas y manufacturados) e importaciones (plata y alimentos).

La política exterior

La política exterior de Carlos I estuvo determinada por su doble condición de rey de España y de emperador del Sacro Imperio Romano Germánico. Durante los primeros años de su reinado comenzaron a perfilarse los que serían durante las próximas décadas los enemigos exteriores de España: Francia, el Islam turco y los reinos protestantes. Los enfrentamientos con Francia se produjeron tanto por la amenaza constante que ésta suponía a los intereses del reino de Aragón en Italia como por la pugna que mantenían las dinastías Habsburgo y Valois por el control de las Coronas europeas, y acabaron provocando seis guerras. Los ataques franceses contra los intereses españoles en Italia fueron controlados por los Tercios españoles, que durante siglo y medio sólo conocieron las victorias. Aunque estas victorias confirmaron la hegemonía española en Europa, y en el Mediterráneo, la contención de Francia —país que llegó a aliarse con enemigos de España e intentó invadir los Países Bajos— obligó a Carlos I a un enorme gasto en hombres y dinero.

Durante la década de 1520 el protestantismo luterano comenzó a extenderse por los estados alemanes, parte del imperio teóricamente gobernado por Carlos I. La condición de emperador del Sacro Imperio Romano Germánico que éste ostentaba lo comprometía a la defensa del catolicismo en sus dominios, y por ello pronto procuró limitar el poder de los protestantes. Durante varios años el emperador eludió la guerra, pero ésta resultó inevitable tras la formación de una coalición protestante en 1529 (*Dieta de Spires*). Para entonces el papa, temeroso de la expansión luterana, cambió su política de hostilidad hacia Carlos I y lo coronó simbólicamente como emperador. Éste fue el comienzo de un largo conflicto político-religioso que se haría mucho más intenso en los años siguientes.

La política expansionista del Imperio Otomano que se produjo en esta época afectó a Carlos I, de nuevo, porque representaba una amenaza tanto para los intereses de España —los turcos atacaron posesiones aragonesas en el Mediterráneo y puntos del norte de África— como para los del Imperio Germano —también invadieron territorios pertenecientes a este imperio. Las fuerzas cristianas no consiguieron contener el avance otomano, con lo que perdieron influencia en algunas zonas de Europa y el Mediterráneo y dejaron abierto un serio conflicto a Felipe II, el sucesor de Carlos I.

Tradicionalmente se ha defendido que la causa última de muchos de los conflictos de la época residió en el deseo de Carlos I de crear y mantener un imperio universal unido y de defender la unidad religiosa de Europa a cualquier coste. Más aún, algunos autores igualaron este deseo unificador a una voluntad política estrictamente española de establecer un orden internacional basado en el catolicismo. La historiografía contemporánea ha probado, sin embargo, que la política exterior de este periodo no siguió un proyecto planificado, coherente y unitario sino que fue surgiendo como reacción a circunstancias concretas y que tuvo más relación con el puro pragmatismo y con el deseo de conservar y extender la supremacía de los Habsburgo que con supuestas obsesiones imperiales españolistas. Sólo así se pueden entender las contradicciones que hechos como la falta de apoyo de Roma o los tratados con Inglaterra planteaban a una política supuestamente pro católica. Las relaciones de Carlos I con el papado fueron siempre difíciles, ya que Roma —que incluso llegó a sufrir la invasión y el saqueo de las tropas imperiales— veía con desconfianza el poder del emperador en la Península Italiana. Carlos I sólo contó con la amistad del papa durante los últimos años de su reinado, cuando las circunstancias de la política europea y el peligro protestante hicieron que sus intereses coincidieran. La política de amistad con Inglaterra —un país herético como los principados alemanes— demuestra sobradamente que las motivaciones de la política exterior de Carlos I respondían tanto a motivos prácticos como religiosos. Del mismo modo, el determinante del enfrentamiento con los estados alemanes fue un conflicto sobre los límites entre la soberanía de éstos y la del emperador, que ya existía antes de la aparición del protestantismo y que éste utilizó en su propio interés. Carlos I siempre contempló a los príncipes alemanes sublevados más como rebeldes a su autoridad que como herejes y acabó negociando con ellos una paz que supuso el fracaso del proyecto de un imperio unido bajo el cristianismo. La religión, entonces, pudo ser un mero mecanismo de propaganda o de justificación de actuaciones militares debidas más a factores políticos, económicos y dinásticos que a cuestiones de moralidad religiosa.

¿SABÍAS QUE...?

LOS TERCIOS ESPAÑOLES

El ejército Imperial Español, que también se conoció con el nombre de *Tercios*, tuvo su origen en las campañas de los Reyes Católicos contra el reino musulmán de Granada. Los primeros triunfos militares de los Tercios fuera de la península se produjeron en las guerras contra Francia que se libraron en la Península Italiana a finales del siglo XV. Allí, su primer comandante general —Gonzalo Fernández de Córdoba, el Gran Capitán— se hizo famoso por practicar una estrategia bélica basada en la división del ejército en tres cuerpos especializados —de ahí el nombre de Tercios— con misiones específicas en el campo de batalla: artillería, infantería y caballería. Inspirándose en los modelos militares romano e hispánico y abandonando la organización medieval típica, Fernández de Córdoba dio prioridad a la infantería, empleó la caballería sólo como apoyo logístico y utilizó masivamente, y con gran éxito, las nuevas armas de fuego, los *arcabuces*.

En el siglo XVI la figura más destacada de los Tercios fue el Duque de Alba, que contribuyó en gran medida a la profesionalización de las tropas, estableciendo períodos largos de adiestramiento de los nuevos soldados en los que se enfatizaba tanto su técnica militar como su preparación física. Durante el periodo del Duque de Alba la pertenencia al ejército gozó de un enorme prestigio entre la nobleza, cuyos *segundones* se disputaban el honor de participar en él como oficiales. La aceptación de éstos entre las élites militares no fue, sin embargo, automática como en épocas anteriores; ahora su integración en los Tercios sólo se producía tras la superación de duros periodos de entrenamiento y la demostración de sus dotes militares.

Carlos I, el último rey que participó personalmente en las guerras, fue también considerado por los soldados como un gran general. Su presencia en las batallas, el sentido religioso de *Cruzada* heredado de la Edad Media y la supuesta misión sagrada de defensa de la cristiandad que supo extender entre sus soldados sirvieron como elementos de unidad y de moral a unos Tercios siempre ocupados en campañas militares por todo el imperio.

❻ La conquista de América

Varios años antes de la conquista de Granada, Cristóbal Colón —un marinero probablemente de origen genovés— había conseguido que unos amigos de la nobleza expusieran a Isabel la Católica su proyecto de alcanzar las Indias navegando hacia el oeste. Esta propuesta fue vista con buenos ojos por la reina, ya que el descubrimiento de una nueva ruta a Asia permitiría a los navegantes españoles explorar el Atlántico sin violar un acuerdo que se había suscrito con Portugal y que reservaba a este país el monopolio de las rutas atlánticas conocidas hasta la fecha. Los Reyes Católicos autorizaron la expedición en abril de 1492 ofreciendo a Colón, además de apoyo financiero, los títulos de *almirante de la mar* y virrey de las nuevas tierras y los derechos económicos sobre una décima parte de éstas. El mes de agosto del mismo año, Colón partió con tres carabelas —y pertrechado con brújulas y astrolabios, los últimos adelantos técnicos de la navegación— rumbo a un oeste desconocido y, de acuerdo con la leyenda, plagado de peligros. El avistamiento de tierra firme (octubre de 1492) hizo creer a Colón que se encontraba cerca de la India o China; poco sospechaba que la isla caribeña en la que puso pie era parte de otro continente y que su viaje iba a abrir la puerta a la conquista y la colonización de un nuevo mundo.

Las noticias del éxito de la expedición de Colón provocaron inmediatamente un conflicto diplomático entre Castilla y Portugal —ya que esta última nación, como se acaba de decir, tenía los derechos sobre las rutas atlánticas a las Indias— resuelto tras la firma del *Tratado de Tordesillas* (1494) entre el papa, Portugal y Castilla. En el mencionado tratado, el papa dividió los territorios de las nuevas conquistas en dos zonas y decidió cuál de los dos países reclamantes iba a ejercer el dominio sobre cada una de ellas. La relación de Fernando de Aragón con el papa Alejandro VI —un miembro de la nobleza aragonesa— resultó en términos muy favorables para Castilla, a la que se asignó jurisdicción sobre la mayor parte del continente americano; Portugal, mientras tanto, tuvo que conformarse con Brasil y el reconocimiento de su derecho a la exploración de tierras asiáticas.

Pronto comenzaron las exploraciones de las nuevas tierras, que fueron lideradas por el propio Colón —quien completó cuatro viajes y logró llegar al continente americano en el último de ellos— y por otros navegantes. Los españoles comenzaron a establecerse en las costas del Caribe ya a principios del siglo XVI. Desde allí se extendieron al continente, llegando a cruzar el estrecho de Panamá (Núñez de Balboa) en 1513 y conquistando Méjico (Hernán Cortés) —que pasó a constituir el Virreinato de Nueva España— en 1521. En 1518, el portugués Fernando de Magallanes y el español Juan Sebastián Elcano dieron la vuelta al mundo. Unos años más tarde, Francisco Pizarro conquistó el Imperio de los Incas del Perú (1531–1535). En el año 1590, el Imperio Español de América se extendía desde el río Colorado y el norte de California hasta el extremo sur de Sudamérica.

La conquista y el control de un territorio tan extenso requerirían la presencia de un gran número de colonos de la metrópoli, la mayor parte de los cuales procedió, durante los siglos XVI y XVII, de las áreas más pobres y superpobladas de Andalucía y Extremadura. Casi todos eran agricultores sin tierra o *segundones* de las familias de la baja nobleza deseosos de mejorar su condición social y económica. Aunque al principio esta salida de hombres jóvenes hacia el continente americano no afectó muy negativamente a la península, con el tiempo terminó por tener consecuencias desastrosas para la demografía y la economía. A principios del siglo XVII la población española comenzó a distanciarse en número de la de otros países de Europa.

Además de colonos, las nuevas tierras necesitaban también una organización política y territorial. Las nuevas posesiones de la Corona quedaron divididas en *virreinatos*, a cuyo cargo se situaba un *virrey*. Los virreinatos, a su vez, se subdividieron en *audiencias* administradas por un *gobernador* en las que se fundaron ciudades siguiendo el modelo castellano. La Iglesia, deseosa de extender su labor evangelizadora, envió pronto misioneros para fundar parroquias y obispados y extender la fe entre los indígenas.

La explotación de los recursos económicos de los nuevos dominios americanos se organizó en forma de *encomiendas*, denominadas así porque dividían el territorio en zonas en las que la tierra y sus habitantes eran *encomendados* a los españoles. Aunque las *Leyes de Indias* aprobadas por los Reyes Católicos eran relativamente progresistas para su época y prohibían la esclavitud, ésta existió en la práctica, sobre todo en las minas de plata donde el trabajo era intensivo y se necesitaba mucha mano de obra. Son conocidas las críticas del dominico español Bartolomé de Las Casas —de las que se habla en otro lugar— contra estos abusos y los debates legales sobre los derechos de indígenas y europeos en las tierras americanas.

El comercio entre las colonias y la metrópoli fue declarado monopolio de la Corona, la cual creó en Sevilla una institución (la *Casa de Contratación*) encargada de controlar el tráfico de mercancías y personas y las transacciones comerciales entre la península y América. Pronto comenzaron a llegar a Europa el oro y la plata americanos, además de diferentes tipos de especias y alimentos tales como el cacao, la patata y el tomate. De España se enviaban hierro, caballos, gallinas, cerdos, cereales y algunos frutales mediterráneos. La demanda de productos agrícolas para abastecer los nuevos territorios estimuló durante medio siglo la economía de Castilla, especialmente el cultivo de cereales. Cuando los españoles de América pudieron autoabastecerse de estos productos los precios de la agricultura española descendieron, causando la ruina de muchos pueblos castellanos.

7 Reforma y Contrarreforma

A principios del siglo XVI surgió en algunas zonas de la actual Alemania el movimiento protestante, una corriente cristiana de disidencia con Roma basada en las ideas del sacerdote alemán Martín Lutero (1483–1546), del suizo Ulrico Zwinglio y del francés Juan Calvino. Los protestantes reaccionaron contra los abusos de poder, la corrupción interna y el ansia de riqueza de la jerarquía romana. Defendían una religiosidad más personal y menos eclesiástica, basada en la simplificación de los cultos —practicados en templos menos ostentosos— y en la interpretación personal de las Sagradas Escrituras. La expansión de la imprenta y de la educación, según ellos, posibilitaba el acceso directo de los cristianos a la lectura de la Biblia, con lo que ya no necesitaban de la Iglesia para su interpretación y, de esta manera, los sermones de los sacerdotes podían ser sustituidos por la lectura directa de las Escrituras. El protestantismo aprovechó el desorden internacional provocado por los enfrentamientos entre España (Carlos I) y Francia (Francisco I) para extender su influencia sin encontrar grandes obstáculos. Aunque, tras haber sido declarado hereje por el papa, Lutero vivió durante un tiempo en la clandestinidad, sus ideas triunfaron en las ciudades y campos de Alemania donde burgueses, príncipes y campesinos coincidían con él en su odio contra los negocios de la Iglesia —venta de indulgencias— y contra el emperador Carlos I. Uniendo reforma religiosa con sentimiento nacionalista, los protestantes no querían ya depender de Roma ni de un emperador lejano, sino que deseaban la independencia y el establecimiento de una Iglesia controlada desde Alemania.

¿SABÍAS QUE...?

¿DESCUBRIMIENTO O ENCUENTRO?

Desde los primeros documentos del siglo XV, el término *descubrimiento* fue el más utilizado para referirse a la llegada de los españoles al continente americano. Hace algunos años, investigadores de ambos lados del Atlántico comenzaron a cuestionar su uso, basándose principalmente en el hecho de que no existió descubrimiento alguno, ya que el mundo que los españoles encontraron sólo era nuevo para los europeos, no para los indígenas. Hoy en día, el término *descubrimiento* ha sido sustituido por otros más neutrales y menos etnocéntricos, como *encuentro, conquista* o *colonización*.

La polémica sobre el papel de los españoles en América no se ha reducido únicamente a discusiones terminológicas. Las relaciones entre los conquistadores y las poblaciones indígenas han provocado debates apasionados desde los tiempos de Colón. Ya desde los primeros años de la conquista existieron numerosas denuncias de los abusos —castigos excesivos, explotación laboral e incluso asesinatos indiscriminados— cometidos contra los indígenas. La más conocida de estas denuncias fue la *Brevísima relación de la destrucción de las Indias*, escrita por el monje español Fray Bartolomé de Las Casas —obispo de la región mejicana de Chiapas— en 1552. Estas denuncias llegaron pronto a los oídos de los monarcas españoles, quienes establecieron leyes para regular el trato a las poblaciones indígenas. La reina Isabel de Castilla promulgó —mucho antes de que Las Casas escribiera su libro— las llamadas *Reales Cédulas*, en las que en el estilo paternalista de época se instaba a los conquistadores a evitar abusos. Años después, y en parte como consecuencia del informe de Las Casas, el emperador Carlos I redactó las *Nuevas Leyes de Indias*, un compendio de jurisprudencia muy progresista para su época basado en las teorías del padre Francisco de Vitoria, hoy considerado el fundador del derecho internacional. Estas leyes reconocían con detalle los derechos públicos y privados de los indígenas y establecían las relaciones entre éstos y los españoles y entre las colonias y la Corona. Pero América estaba muy lejos de la Corte humanista de Carlos y sus bien intencionados juristas. La debilidad de las instituciones del Estado para hacer cumplir las leyes, la naturaleza del sistema de concesión de tierras y explotaciones mineras, el aislamiento de algunas comunidades y la propia naturaleza humana hicieron que los abusos contra los indígenas continuaran. Las durísimas condiciones de trabajo y los abusos y arbitrariedades de los conquistadores costaron la vida a muchos miles de nativos.

Los defensores del papel de España en América no niegan la existencia sistemática de abusos pero defienden que la filosofía oficial de la Corona respecto a los conquistados —definición de sus derechos, proclamación teórica de igualdad, etc.— fue más respetuosa que la exhibida por otros imperios europeos. Los historiadores de hoy —tanto europeos como americanos— están siendo cada vez más sensibles al papel de los indígenas mismos, no sólo en la construcción de su continente a través del tiempo, sino también en la presentación textual de su propia historia.

¿**SABÍAS QUE....?**

LA CASA DE CONTRATACIÓN

Para regular y organizar el comercio de bienes y personas entre la península y América, los Reyes Católicos fundaron la Casa de Contratación, que se estableció en Sevilla en 1503. Dado que esta institución obtuvo el monopolio de todos los asuntos relacionados con las Indias, su jurisdicción alcanzaba aspectos comerciales, jurídicos, fiscales, técnicos y geográficos, y su poder llegó a ser enorme. En el plano comercial, sus responsabilidades incluían la organización y supervisión de los envíos y las llegadas de todo tipo de productos y el cobro de los tributos correspondientes. Entre éstos figuraba el llamado *impuesto de la avería*, necesario para mantener una flota militar que protegiera los navíos comerciales del ataque de los piratas ingleses y franceses. Los poderes jurídicos de esta institución se extendieron al campo criminal, al civil y al comercial, aunque a partir de 1534 la Casa perdió parte de las dos primeras atribuciones, que fueron absorbidas por el *Consejo de Indias*. Para resolver los problemas técnicos que pudieran surgir, la Casa de Contratación contaba con un cuerpo de ingenieros, carpinteros, herreros y especialistas en la reparación de instrumentos náuticos. En 1523 fundó una escuela de Náutica y Cosmografía, la más avanzada de su época en cartografía y en técnicas de marinería.

La Casa de Contratación ejercía también un control riguroso sobre el tráfico humano a las colonias. Hasta la muerte de Isabel, sólo los castellanos estaban autorizados a emigrar; después, Fernando el Católico extendió el permiso a todos los españoles, con excepción de los judíos. A pesar de que los contingentes de colonizadores eran cuidadosamente supervisados, con el paso del tiempo muchos consiguieron evadir este control.

Los inspectores de la Casa se ocupaban también de todo lo relacionado con la organización de las expediciones: elaborar listas de colonos y marinos, comprobar la capacidad técnica de estos últimos, medir la cantidad de víveres y agua asignados a cada barco, etc. Debían asegurarse, además, de que cada buque tuviera un capitán, un maestro de equipaje, un piloto, un contramaestre, varios guardias y vigilantes de la comida, del agua y de los mapas de navegación (que eran guardados con especial cuidado), carpinteros y un barbero que también hacía las funciones de cirujano. La flota estaba al mando de un comandante que debía tener título de nobleza.

La *Contrarreforma* católica fue la respuesta intelectual, política y militar a la *Reforma* protestante y actuó contra ella simultáneamente en el frente ideológico —defendiendo la religión católica— y en el político —mediante intervenciones militares. España se convirtió en esta época de profunda crisis religiosa en el líder teórico y geopolítico de los intereses del catolicismo europeo. Por ello, Carlos I y su hijo Felipe II dedicaron una importante parte de sus recursos humanos y económicos —incluida la plata de las colonias— a financiar las ideas y las empresas militares de la contrarreforma.

En el campo teológico, el sacerdote español Ignacio de Loyola fundó la *Compañía de Jesús* (los Jesuitas), orden religiosa especializada en teología, con el propósito de fijar y promover las doctrinas básicas del catolicismo: los siete sacramentos, la autoridad del papa, la importancia de la Virgen María y el celibato de los clérigos. Teólogos españoles pertenecientes a esta orden organizaron un gran concilio —el *Concilio de Trento*— que se reunió entre 1545 y 1563 para afirmar la ortodoxia, incrementar la disciplina interna de la Iglesia y condenar a los protestantes. Por primera vez en mucho tiempo, el papa se puso al

Iglesia de San Pablo, Valladolid (fachada plateresca)

lado de los intereses de los Habsburgo españoles, ofreciéndoles apoyo diplomático y legitimando su intervención militar contra los herejes.

Las consecuencias del enfrentamiento entre catolicismo y protestantismo se extendieron a los campos de la cultura, el arte, la economía y la sociedad. La preocupación protestante por evitar la idolatría y el culto excesivo a los santos y vírgenes convirtió las iglesias del norte de Europa en lugares sumamente sobrios y austeros, mientras que el mundo católico del sur de Europa y de Austria fomentaba el extremo contrario, es decir, la riqueza decorativa, el dinamismo y el color característicos del estilo Barroco. El control ideológico de la Iglesia católica sobre la interpretación de las Escrituras y la sociedad se hizo más férreo, mientras que en la Europa protestante las imprentas inundaban los mercados con ejemplares de la Biblia, cuya lectura se convirtió en el medio esencial de acceso a cualquier experiencia religiosa.

Algunos autores modernos, como el sociólogo Max Weber, han estudiado otras interesantes consecuencias de la mentalidad protestante. Este autor alemán, por ejemplo, ha relacionado la ética protestante del trabajo y su visión positiva del comercio, la acumulación de riqueza y la inversión bancaria —actividades a veces vistas por el catolicismo como moralmente reprobables— con el fenomenal desarrollo económico que experimentó el norte de Europa durante los siglos XVII y XVIII. De la misma manera, esta ética se ha relacionado con el auge posterior de Inglaterra y de los Estados Unidos y el retraso en el que quedarían los países católicos del sur de Europa.

8 La creación literaria y artística

Los reinados de los Reyes Católicos y de Carlos l coincidieron con el momento de máximo esplendor del Renacimiento europeo. Este movimiento intelectual y artístico —que valoró los estilos e ideas del clasicismo greco-latino— adquirió en España un carácter más religioso que laico, quedando limitado por el fuerte catolicismo oficial y popular. No hubo en España un culto a la belleza del cuerpo humano —como en Italia u Holanda— pero sí una explosión de creatividad en las artes plásticas, sobre todo en lo relacionado con la expresión de la religiosidad católica. Esta creatividad contrastaba con las limitaciones intelectuales que la Inquisición impuso al pensamiento, la teología y el ensayo.

La difusión del saber siguió en manos de las universidades y de la Iglesia, aunque la producción, compra, venta y conservación de libros no estaba ya exclusivamente en manos de estas dos instituciones. Los numerosos talleres de imprenta que comenzaron a funcionar en muchas ciudades españolas pusieron en manos de un número creciente de lectores una importante cantidad de obras de todo tipo a precios cada vez más asequibles.

Dos grandes hitos de la vida intelectual de la época fueron la fundación de la Universidad de Alcalá y la publicación de la primera gramática del castellano. La Universidad de Alcalá se

Arquitectura plateresca: Catedral de Salamanca

integró pronto en la corriente de renovación teológica y humanista que se vivía en otras regiones europeas y atrajo la atención de muchos intelectuales nacionales y extranjeros. Allí se publicó la llamada *Biblia Políglota*, una edición de la Biblia que incluía por primera vez las traducciones al griego, al latín y al hebreo en un mismo libro y que fue considerada durante varios siglos como una de las versiones lingüísticamente más avanzadas y rigurosas de las Sagradas Escrituras.

En 1492 Antonio de Nebrija publicó su *Arte de la lengua castellana*, una de las primeras gramáticas de una lengua romance que vieron la luz en Europa. Su publicación fue una consecuencia directa del proceso de legitimación de las lenguas locales como vehículos de cultura y comunicación que se estaba viviendo en la época. Coincidió, además, con un periodo de expansión del castellano por los otros reinos peninsulares y con su consolidación como lengua de prestigio en el resto de Europa. Por ello dicha gramática se convirtió en el libro de referencia para muchos individuos que por motivos políticos, culturales, económicos o de conquista querían —o se veían forzados— a aprender dicha lengua. La importancia del *Arte de la lengua* no se limitó al ámbito cultural. Con Nebrija comenzó a extenderse la consideración de "la lengua como compañera del imperio" o, en otras palabras, de la unidad lingüística como condición necesaria —junto a la uniformidad política y religiosa— para completar la unificación de España. Esta filosofía coincidía plenamente con la agenda política de los Reyes Católicos, cuyo proyecto de España descansaba sobre un solo reino que adoraba a un solo Dios y hablaba una sola lengua.

En literatura, la transición entre la Edad Media y el Renacimiento está marcada por *La Celestina* (1499), obra escrita por el judío converso Fernando de Rojas en la que se presentan temas trágicamente humanos —como el de los obstáculos sociales al amor— con una intensidad y un realismo hasta entonces desconocidos y en un tono secular, es decir, sin juzgar a los personajes desde un punto de vista moral cristiano. La ex prostituta Celestina, uno de los protagonistas, representa un tipo de personaje popular lleno de sabiduría y pesimismo sobre la condición humana. También tuvieron gran éxito la novela sentimental *Cárcel de Amor* (1492), de Diego de San Pedro, y la novela de caballerías *Amadís de Gaula* (1508), así como las traducciones de muchos otros libros europeos de este género, cuyas historias fantásticas sin duda inspiraron a muchos españoles a buscar su propia aventura en la conquista de América.

Durante los siglos XV y XVI los *romances* —largas series de versos que contaban historias y leyendas de amor y de guerra y que se recitaban en público— mantuvieron su temática popular y medieval, y refinaron al mismo tiempo algunos de sus aspectos formales. En la segunda mitad del siglo XV se escribieron las *Coplas por la muerte de su padre*, en las que su autor Jorge Manrique une un elegante estilo con una filosofía cristiana y un estoicismo muy castellanos.

El poeta más destacado de la primera mitad del siglo XVI fue Garcilaso de la Vega, que durante su corta vida (1501–1536) produjo algunas de las poesías de amor más interesantes

La Casa de las Conchas (Salamanca), ejemplo del gótico florido

de la lengua castellana e introdujo en la península la sensibilidad poética del Renacimiento italiano, así como el uso de nuevos temas y formas métricas. Sus *Églogas* se consideran ejemplo de elegancia, naturalidad e intensidad amorosa.

Las artes plásticas —arquitectura, pintura y escultura— experimentaron un importante avance durante los reinados de los Reyes Católicos y de Carlos I de Habsburgo. Los artistas plásticos gozaron de la protección de la Corona, y la nobleza comenzó a ofrecer su mezenazgo a artistas españoles y extranjeros. Desde esta época hasta finales del siglo XVII los aristócratas españoles compitieron por coleccionar cuadros y promover la construcción de iglesias y palacios. Gracias a estos patronos llegaron a España muchos arquitectos, pintores y escultores con ideas estéticas traidas de Flandes, Italia y Alemania. Sus influencias no eliminaron las tradiciones peninsulares propias sino que se mezclaron con ellas produciendo fascinantes resultados. La arquitectura, por ejemplo, no se limitó a imitar las formas clasicistas del Renacimiento italiano, sino que continuó la tradición del arte gótico español enriqueciéndolo con motivos ornamentales nuevos y relajando su sobriedad original. Siguiendo este nuevo estilo —que se conoció con el nombre de *gótico florido*— se construyeron el cimborio de la Catedral de Burgos y la Casa de las Conchas de Salamanca. Más característicamente hispano fue el llamado estilo *plateresco*, que recogió la tradición decorativa de los artesanos que trabajaban la plata y la aplicó a la construcción de palacios e iglesias en los que se incluyeron fachadas de gran belleza como las de la Universidad de Salamanca y la iglesia de San Pablo de Valladolid. Estos dos estilos arquitectónicos prepararon, además, el camino a la exuberancia que caracterizaría la arquitectura del Barroco español. El eclecticismo entre formas propias e influencias exteriores se manifestó también en el estilo *mudéjar*, que reflejaba la riqueza y complejidad de la cultura española mezclando la planta gótica con elementos decorativos italianos y con arcos y líneas árabes.

En escultura se alcanzó un nivel de realismo y sofisticación muy alejado de la simplicidad medieval. En este género las mejores obras corresponden a artistas extranjeros, sobre todo flamencos e italianos, aunque la escultura más representativa de la época —el *Doncel de Sigüenza*— es de autor desconocido. Los trabajos más elaborados e interesantes se produjeron en el interior de las iglesias, en los *retablos* y altares de las catedrales más ricas.

La pintura estuvo fuertemente influida en sus aspectos formales por el estilo y las técnicas de los artistas italianos y holandeses, especialmente por los componentes de la llamada escuela flamenca; los temas, sin embargo, revelaban una religiosidad característicamente española. El más importante de los pintores españoles fue Pedro Berruguete, en cuyas pinturas se combinan escenarios y fondos de influencia flamenca con un tratamiento original de la luz, que a veces se convierte en auténtica protagonista de sus obras.

¡Atención! Ve a **De la Red** de este capítulo en *www.prenhall.com/espanaayeryhoy*. Allí encontrarás sitios de información muy interesante y de fácil acceso.

Esplendor y decadencia del Imperio Español: El Siglo de Oro

4

Temas de introducción

1. En este capítulo veremos que uno de los intereses de la Corona española durante el siglo XVII fue la expansión y defensa del cristianismo católico en el mundo. ¿Sabes de algún gobierno que intente hoy extender sus valores ideológicos, culturales o religiosos más allá de sus fronteras?

2. Las guerras de religión fueron una constante en la historia española y europea durante el periodo estudiado en este capítulo y enfrentaron a católicos contra protestantes y a cristianos contra musulmanes. ¿Crees que este tipo de guerra puede ocurrir en el siglo XXI? ¿Por qué o por qué no?

3. Los pioneros del Mayflower rechazaron los valores y la ideología de la nobleza europea. ¿Cuáles crees que fueron esos valores? ¿Por qué crees que los rechazaron?

4. Durante los siglos XVI y XVII la cultura y las artes en España vivieron un momento de esplendor llamado Siglo de Oro. ¿Crees que la cultura norteamericana ha pasado o está pasando por otro *siglo de oro?*

5. ¿Qué te sugiere el término *Barroco* (en inglés, *Baroque*)? ¿Lo has visto alguna vez utilizado en la lengua inglesa?

1 Felipe II: La hegemonía española (1556–1598)

Tras la abdicación de Carlos I en 1556 accedió al trono su hijo Felipe II, un rey ya nacido en la península que heredó de su padre la Corona de España, los reinos italianos de Nápoles, Sicilia y Cerdeña, las colonias de América, varias ciudades del norte de África, los Países Bajos, la Borgoña y Milán. Aunque la responsabilidad del gobierno del Imperio Germánico quedó en manos de Fernando —el hermano de Carlos I— las posesiones de Felipe II continuaron aumentando en extensión, fundamentalmente por la expansión de las colonias americanas y porque su matrimonio con la heredera de Portugal (1580) añadió al imperio las enormes posesiones de la Corona portuguesa en Asia, África y el Brasil.

El reinado de Felipe II tuvo dos objetivos claros: el control de la mayor cantidad posible de territorios unificados bajo la religión católica y el mantenimiento del prestigio internacional de España. A esas empresas dedicó sus políticas económica, militar, diplomática y matrimonial, que estuvieron guiadas por una mezcla —a veces no muy coherente— de ideas religiosas y de necesidades políticas y militares. Como su padre, Felipe II no mantuvo buenas relaciones con Roma. Sucesivos papas instigaron guerras para expulsar a los españoles de Nápoles, criticaron la política de coexistencia con el Imperio Turco tras la batalla de Lepanto, apoyaron al rival de España en la pugna por el trono de Portugal, condenaron las intervenciones del rey español en

Felipe II (Antonio Mor)

las guerras de religión francesas y exigieron la inmediata invasión de la Inglaterra protestante. Las tensiones fueron tan graves que Felipe II, el defensor militar del catolicismo en Europa, estuvo a punto de ser excomulgado.

El enorme poder y las ambiciones territoriales de Felipe II pronto le valieron el recelo y el resentimiento de muchos y poderosos enemigos, cuya oposición determinó las líneas de actuación de su política exterior. Algunos de los frentes que habían sido especialmente conflictivos durante el reinado de Carlos I dejaron de ser problemáticos. Tal fue el caso de los estados alemanes —que se desvincularon de la Corona española al quedar el Imperio Germánico en manos de Fernando I de Habsburgo— y de Italia, donde un tratado firmado en 1559 confirmó la soberanía española sobre Sicilia, Cerdeña, Nápoles y Milán. Otros frentes, como la lucha contra los turcos en el Mediterráneo y los conflictos con Francia, continuaron abiertos, y otros más, como la rebelión de Flandes y la enemistad de Inglaterra, se añadieron a la lista de asuntos por resolver.

Los historiadores distinguen dos etapas en la política exterior de Felipe II. La primera de ellas (entre los años 1556 y 1579) se caracterizó por ser un periodo de relativa paz con Francia —a pesar de lo cual en 1559 las tropas españolas llegaron a entrar en París— y de neutralidad con Inglaterra —Felipe II se casó con María Tudor y fue rey consorte de este país entre 1554 y 1558. Ello le permitió concentrar su atención en la creciente amenaza otomana en el Mediterráneo. En este último frente, las flotas española, veneciana y maltesa obtuvieron una victoria importante sobre los turcos en la batalla de Lepanto (1571). Esta batalla alejó el peligro otomano de la Europa cristiana durante unos cincuenta años, pero no logró resolver el problema de manera definitiva, por lo que el Mediterráneo pasó a ser el escenario de una peligrosa coexistencia armada de cristianos y turcos.

La segunda etapa (1579–1598) se caracterizó por la expansión imperialista española y el desplazamiento del interés estratégico y militar del Mediterráneo al Atlántico. En la península, se produjo la incorporación de Portugal que requirió, además del matrimonio del rey con la princesa heredera, el envío de un poderoso ejército para defender los derechos de Felipe II al trono. En el exterior, la subida al trono de Inglaterra de Isabel I —tras la muerte de la católica María I Tudor, esposa de Felipe II— marcó el comienzo de una época caracterizada por el deterioro progresivo de la amistad que había unido a España con aquel país. El fuerte avance del protestantismo impulsado por Isabel I, su apoyo a los rebeldes holandeses, los continuos ataques de los piratas ingleses contra el tráfico naval con América, la ejecución de la reina católica de Escocia María Estuardo y la creciente rivalidad comercial y militar de España e Inglaterra en el Atlántico provocaron la confrontación entre ambos países. A un periodo de tensiones crecientes siguió (a partir de 1584) otro de guerra abierta. En 1588 el rey español envió una poderosa *Armada* contra Inglaterra —130 barcos y 22.000 hombres— que acabó sufriendo una espectacular derrota que significó el final de las ambiciones imperiales españolas en el Atlántico Norte. Felipe II no fue capaz de dar una solución definitiva a la rivalidad entre ambos países, que continuaría siendo un problema para la diplomacia española durante los próximos doscientos años. La Corona

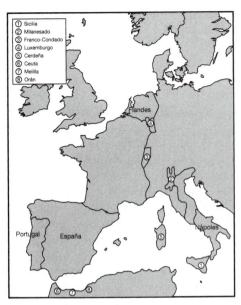

① Sicilia
② Milanesado
③ Franco-Condado
④ Luxemburgo
⑤ Cerdeña
⑥ Ceuta
⑦ Melilla
⑧ Orán

El imperio de Felipe II en Europa

española tuvo que enfrentarse también a las constantes rebeliones de los Países Bajos, cuyos habitantes no querían aceptar el mandato de un rey extranjero y católico. Las campañas de Flandes tuvieron un alto costo humano y económico. Al final del reinado, y tras varios periodos de levantamientos, represiones y treguas, este conflicto continuaba también abierto. Mientras tanto, la expansión española por América seguía progresando desde la Florida a la Tierra del Fuego.

A pesar de los problemas con el papado, Francia, Inglaterra y el Imperio Turco, Felipe II consiguió una gran parte de sus objetivos internacionales. Entre las muchas e importantes consecuencias históricas de su política imperial destacaron: la contención en Europa central del avance del protestantismo, la reestructuración de la Iglesia católica, el impulso a la Contrarreforma, el freno al Islam turco en el mediterráneo, la extensión del cristianismo y de la lengua castellana por las Américas y puntos de África y Asia y la expansión por Europa de las modas artísticas y las costumbres de la cultura española.

En el interior de España, se vivió un largo periodo de paz sólo interrumpido por la rebelión de los moriscos en las Alpujarras y por la crisis constitucional aragonesa, que requirieron la intervención de los ejércitos del rey. Aparte de algunas conspiraciones palaciegas —como el encarcelamiento y muerte de Carlos, el hijo primogénito de Felipe II— los problemas de orden público más importantes de la época fueron los constantes ataques de los corsarios musulmanes a las costas, la pervivencia del bandolerismo en algunas zonas y varios episodios de violencia nobiliaria en Cataluña y de agitación social en Aragón.

Durante la segunda mitad del reinado de Felipe II apareció en España un clima social de sospecha que veía potenciales amenazas contra el imperio y la fe en algunos grupos sociales del interior de la península y en la penetración de ciertas ideas consideradas como antiespañolas (protestantismo, erasmismo, iluminismo). Para frenar estas amenazas, el gobierno tomó una serie de medidas encaminadas a aislar España de la influencia de dichas ideas —como la prohibición a los españoles de asistir a universidades extranjeras— y reforzó el poder de la *Inquisición*, que comenzó a ejercer las funciones de una verdadera policía política y a ocuparse de la depuración de disidentes. La posible conexión de la minoría morisca del interior de la península con el Imperio Turco la convirtió en sospechosa de traición. Por ello se prohibió el uso de la lengua árabe, lo que provocó la ya mencionada rebelión de las Alpujarras (1568–1571), que fue duramente reprimida. La cuestión morisca terminó cuarenta años después —y ya bajo el reinado de Felipe III— con la orden de expulsión definitiva de esta minoría.

El control y la administración de un imperio tan extenso como el de Felipe II hizo necesaria la creación de una poderosa burocracia y el reforzamiento de una institución —la monarquía— con autoridad sobre todos los estados que formaban el imperio. Durante la época de los Austrias se perfeccionaron y extendieron los instrumentos del absolutismo monárquico heredados de los Reyes Católicos. El control del poder se centralizó cada vez más en la monarquía, que extendió las competencias de los Consejos, los secretarios, los virreyes y los corregidores y limitó el poder de las Cortes locales, convirtiéndose poco a poco en el centro donde se tomaban decisiones que afectaban a todos los antiguos reinos. Al mismo tiempo, se crearon nuevos organismos para adaptar el gobierno a las necesidades de la época, como las *Secretarías de Estado*, las *Cancillerías* y las *Audiencias*. Los Consejos se dividieron en territoriales y temáticos. Los primeros —los Consejos de Aragón, Indias, Italia, Portugal, Flandes, Castilla— como su nombre indica, se ocupaban de la administración de un territorio y se celebraban (con la excepción del de Navarra) no en sus territorios sino en la Corte central. Los segundos —Consejos de Inquisición, Órdenes, Cruzada, Guerra, Estado y Hacienda— tomaban decisiones relacionadas con aspectos particulares del gobierno. La multiplicidad de órganos administrativos y políticos potenció la figura de los secretarios, hombres de confianza del rey especializados en asuntos particulares que agilizaban la toma de decisiones y aconsejaban al monarca.

A pesar de que el emperador hizo todo lo posible por extender el poder de la monarquía y las leyes y costumbres castellanas a todos los territorios del imperio, algunas zonas (como el reino de Aragón, por ejemplo) mantuvieron —aunque algo disminuidos— sus Cortes, derechos y privilegios autonómicos. Las principales víctimas del proceso centralizador fueron, sorprendentemente, las *Cortes de Castilla*, que perdieron poder frente al nuevo gobierno de Madrid. A pesar de ello, la importancia demográfica, económica y cultural de Castilla siguió siendo muy grande, como también lo fue su contribución económica al tesoro nacional. Los enormes impuestos pagados por la agricultura y la ganadería castellanas sostuvieron una parte importante del imperio y del ejército y contribuyeron, sin duda, a la posterior ruina de esta región.

❷ La economía imperial y la plata de América

El siglo XVI fue una época de expansión económica general en casi toda Europa. En España, el crecimiento económico y demográfico que caracterizó el periodo de los Reyes Católicos continuó durante casi todo este siglo. A las fuentes tradicionales de riqueza —la agricultura y la lana de Castilla— se unieron otras nuevas posibilitadas por la coyuntura política de la época: la llegada de la plata de Méjico y Perú y la creciente demanda de productos españoles en las colonias. España tuvo, durante varias décadas, la posibilidad de extender la prosperidad a todas las clases sociales y de convertirse en la primera gran potencia capitalista mundial. Sin embargo no ocurrió así, y la Corona española pasó por épocas de verdadera crisis económica que obligaron al rey a pedir dinero a la Iglesia o a banqueros extranjeros y a obtener ingresos extraordinarios vendiendo tierras de uso común a ciudadanos privados —perjudicando a los campesinos más pobres para quienes esas tierras constituían la principal fuente de subsistencia. Felipe II tuvo que declarar la bancarrota en tres ocasiones, siendo la más grave la segunda (1575), que terminó con la prosperidad de las ciudades del norte de España —Santander, Burgos, Bilbao— y de su rico comercio con los Países Bajos. Aunque la economía española resistió —gracias a las buenas cosechas y a la plata americana— hasta mediados del siglo XVI, a finales del reinado de Felipe II comenzaron a aparecer los primeros síntomas de lo que acabaría convirtiéndose en una profunda depresión económica.

MONASTERIO/PALACIO DE SAN LORENZO DE EL ESCORIAL

El monumento histórico más impresionante de todos los encargados por los monarcas españoles es el *Monasterio/Palacio de San Lorenzo*, situado en la pequeña ciudad castellana de El Escorial y construido entre 1563 y 1584 para celebrar la victoria sobre los franceses en la *Batalla de San Quintín*. Su diseño fue responsabilidad de Juan Bautista de Toledo, arquitecto que murió antes de la finalización de la obra, por lo que ésta fue terminada por Juan de Herrera.

El hecho de que El Escorial fuera al mismo tiempo palacio real de Felipe II y monasterio religioso dice mucho del temperamento y las prioridades ideológicas del emperador y de la España de su época. Los 50 kilómetros que lo separan de Madrid y su ubicación entre montañas han contribuido a crear un halo de misterio en torno a la figura del hombre más poderoso del siglo XVI. Tradicionalmente, este gran conjunto monumental ha sido mencionado como ejemplo del contraste entre la sensualidad estética de la monarquía francesa —y su Palacio de Versalles— y la austeridad y sobriedad de la española. A pesar de esta sobriedad, *San Lorenzo de El Escorial* no careció de lujo y sofisticación; en su construcción y en su decoración encontramos el mejor arte, la mejor arquitectura y la mejor pintura de la época. El diseño exterior e interior —muros sólidos y desnudos, líneas rectas, largos pasillos y cuartos austeros— contrastan con la exuberante belleza de sus cuadros, esculturas y espectaculares panteones. La disposición de los edificios, su seca elegancia y el ambiente frío y claro de la sierra que lo rodea causan un efecto de silencio místico, de soledad y de seriedad que impactan intensamente en el visitante.

Este conjunto monumental tiene forma rectangular y consta de tres edificios y seis partes diferenciadas: el monasterio, el palacio del rey, la basílica, la sala de las batallas, el panteón de la dinastía y la biblioteca. Para dar una idea de sus dimensiones basta mencionar que cuenta con 86 escaleras, 87 fuentes, 2.675 ventanas, 1.200 puertas y 1.600 pinturas. Entre los artistas representados hoy en el edificio se encuentran los escultores italianos del Barroco Cellini y Bernini y los pintores españoles El Greco y Velázquez.

Monasterio/Palacio de El Escorial

La visita al dormitorio de Felipe II, desde donde seguía los oficios religiosos a través de una ventana que comunicaba con la iglesia, impresiona al visitante moderno por la sencillez de la decoración y la sobria elegancia de la estética castellana del momento. Desde un cuarto relativamente pequeño y decorado muy modestamente, Felipe II controlaba los destinos del mayor imperio conocido hasta su época.

Los historiadores de la economía han estudiado con detalle las variadas razones por las que el poder político, militar y cultural del Imperio Español no llegó a hacer del país una potencia económica estable, y han ofrecido las siguientes explicaciones de su declive económico.

Falta de visión capitalista debido a prejuicios culturales y religiosos

La obsesión por la pureza religiosa y la tendencia aristocratizante de la sociedad tuvieron efectos muy negativos para la economía. La Iglesia española mantuvo durante toda la época una actitud hostil contra los préstamos con interés que ya no existía en ningún otro país europeo. El tradicional desprecio —cuando no condena abierta— de la Iglesia católica por las actividades financieras y el comercio hizo que estas profesiones se relacionaran con gentes sin *limpieza de sangre* y creó una mentalidad anticapitalista en el pueblo. La Corona, sin embargo, nunca tuvo escrúpulos morales para utilizar los servicios de banqueros a los que pagaba intereses altísimos. La máxima aspiración de las clases medias, por otra parte, no fue nunca la inversión de dinero ni la participación en los negocios sino la aristocratización mediante la adquisición de tierras, caballos y arte que les permitieran vivir de las rentas del trabajo ajeno, y por ello descuidaron las inversiones productivas. Ocupado con la explotación de los territorios de ultramar, el gobierno español dejó en manos de otros europeos la producción y exportación a América de productos manufacturados, perdiendo así una oportunidad histórica para desarrollar una industria y un comercio estables.

El ambiente social de aristocracia y privilegio permitió la continuación de la práctica que liberaba a la Iglesia —la institución más rica del país— y a la nobleza del pago de impuestos. La obsesión por la unidad religiosa, por otra parte, justificó un constante acoso a los moriscos —excelentes agricultores sin cuya ayuda no era posible mantener algunos cultivos y sistemas de riego— que, como ya se ha mencionado, acabó con su expulsión algunos años después. El destierro de las minorías judía y morisca tuvo, a largo plazo, consecuencias muy negativas para la economía española.

La actitud cultural contra los préstamos, la banca y las finanzas, el espíritu aristocrático de la sociedad y el integrismo religioso dificultaron, entonces, la aparición de un capitalismo local e incrementaron la dependencia exterior de la economía.

Excesiva presión fiscal sobre Castilla en beneficio del resto de los reinos

La localización de la capital en Castilla —sucesivamente en Valladolid, Toledo y Madrid— perjudicó a esta región, que pasó de ser la más rica de España a convertirse en una de las más pobres. La presión fiscal del imperio recayó principalmente en este reino, cuyos impuestos contribuían más que los de ningún otro a los ingresos públicos. Los reinos de Aragón, Cataluña, Sicilia y Nápoles gozaron de privilegios locales que no sólo protegían su autonomía política sino que también les garantizaban beneficios y protecciones fiscales importantes. El aumento de los gastos obligó a Felipe II a incrementar constantemente los impuestos sobre los castellanos. Las Cortes de Castilla, por otro lado, nunca negaron al emperador el acceso a los recursos económicos necesarios para financiar los grandes gastos militares, y este reino acabó, por ello, pagando un precio muy alto por su influencia cultural, política y lingüística.

Falta de un banco central que organizara los gastos y los ingresos del Estado

La burocracia imperial y la política militarista de la Corona necesitaban de una organización centralizada que pusiera orden en la enorme cantidad de gastos y de ingresos del reino. La ausencia de tal institución obligó a los reyes españoles a recurrir a los banqueros portugueses, italianos y alemanes, de quienes obtenían préstamos con intereses muy altos.

¿SABÍAS QUE...?

LA RUINA DE CASTILLA

*Miré los muros de la patria mía
si un tiempo claros, hoy desvanecidos
de la carrera de la edad cansados*
                        Francisco de Quevedo

La epidemia de peste de 1599 marcó con siniestra precisión el cambio de fortuna de las regiones del centro de España que se produjo entre los siglos XVI y XVII. Aunque dicha epidemia afectó a toda la península, sus efectos potenciaron la acción de otros muchos factores que hicieron que Castilla la Vieja, Castilla la Nueva y el antiguo reino de León entraran en una decadencia económica y demográfica irreversibles. Aunque hubo algunos periodos de relativa mejora, la prosperidad de la Castilla del siglo XV nunca se repetiría.

Las circunstancias que contribuyeron a la ruina castellana fueron muchas. Durante la segunda década del siglo XVII se hizo evidente que las fábricas textiles de Valladolid y Segovia ya no podían competir con las del norte de Europa, que ofrecían productos mucho más baratos. Los comerciantes de las costas del norte y el sur de España, cansados

de pagar tantos aranceles e impuestos sobre el comercio interior, decidieron incrementar sus negocios con Inglaterra y con Europa, al tiempo que concentraban su atención en las colonias americanas. Por otra parte, el viejo y poderoso grupo de influencia de *la Mesta* volvió a conseguir (en 1633), importantes privilegios traducidos en nuevas prohibiciones a los agricultores castellanos. Cansados de trabajar los mismos campos, cada día menos productivos, y de pagar enormes impuestos para financiar la política imperial, los campesinos castellanos marchaban a Sevilla a esperar su turno para emigrar a América o pasaban a engrosar las órdenes religiosas, cuando no a dedicarse al bandolerismo o a la delincuencia.

La crisis fue de tales dimensiones que en cincuenta años —entre 1600 y 1650— Castilla perdió entre el 15% y el 20% de su población. Tras el castigo de la segunda gran peste del siglo (1648–1653) la periferia peninsular inició una recuperación económica y demográfica; Castilla, en cambio, quedó definitivamente convertida en una región económica y socialmente marginada.

El oro y la plata de América —que llegaron a financiar una quinta parte de todos los gastos públicos— estaban ya gastados cuando llegaban a la *Casa de Contratación* de Sevilla, pasando casi directamente a manos de los banqueros extranjeros.

La mayoría de los grandes gastos del Estado, por otro lado, eran improductivos —sueldos de los *Tercios* en Europa, burocracia administrativa y construcción de nuevos palacios— con lo que no contribuyeron a la generación de riqueza.

Excesiva importancia de *La Mesta* de Castilla

La Mesta era una organización de ganaderos que se ocupaba de la explotación de la ganadería trashumante —es decir, de grandes rebaños de ovejas que se trasladaban por toda la península en busca de los mejores pastos— y que alcanzó un auge y un poder extraordinarios durante los primeros años del reinado de Carlos I. La facilidad con la que el ganado podía ser controlado en las aduanas interiores convirtió a la Mesta en una de las fuentes de impuestos más seguras y fiables para la Corona que, con el propósito de garantizar estos ingresos, concedió a esta organización privilegios especiales. La Mesta dispuso así de derechos exclusivos sobre las *cañadas* —los caminos por los que se trasladaban los rebaños de región a región— y sobre las tierras que se usaban para el pasto. Aunque el efecto de la ganadería trashumante en la economía fue positivo a corto plazo —aumentó los ingresos del Estado y los beneficios de la venta de la lana en Europa— a largo plazo su incidencia fue muy negativa, porque la reserva de tierras para pastos y cañadas limitó la superficie cultivable y redujo la producción agrícola. También creó un círculo vicioso de exportación de materias primas baratas —la lana— e importación de productos manufacturados más caros —paños y telas de Flandes— que perjudicó seriamente la industria nacional.

❸ La crisis del imperio: Los Austrias menores

La creatividad artística y el esplendor cultural del siglo XVII coexistieron en España con una profunda crisis interior y exterior. La crisis interior se manifestó en los crecientes problemas económicos y demográficos; la exterior provocó el final de la hegemonía militar y política española en Europa. Ambas crisis fueron consecuencias tanto de la mala planificación económica de los Austrias como del fracaso de una política exterior que ya era incapaz de sostener el principal objetivo del imperio: ser la policía internacional del catolicismo.

Los reyes del siglo XVII —Felipe III, Felipe IV y Carlos II— se conocen con el sobrenombre de *Austrias menores*, en contraste con sus predecesores —los mayores— Carlos I y Felipe II. El reinado de Felipe III (1598–1621) —el primero de estos Austrias menores— comenzó con un ambiente de optimismo, gracias a la paz firmada con Inglaterra y con Francia y a un período de relativa tranquilidad en las colonias holandesas e italianas. En el interior de la península, sin embargo, la mala política económica del gobierno y los efectos negativos de la expulsión de la minoría morisca en la agricultura de algunas zonas —Valencia llegó a perder la tercera parte de su población activa— propiciaron un deterioro importante de la economía. Con Felipe III comenzó también la práctica —que acabó convirtiéndose en habitual— de dejar el gobierno de la nación en manos de los *validos* —o favoritos del rey— mientras los monarcas se dedicaban a la caza, al coleccionismo de arte y las grandes ceremonias. Esta práctica contribuyó de manera importante a la desmoralización de la vida política nacional.

La plaza mayor de Madrid

Con Felipe IV (1621–1665) la decadencia se intensificó. Su reinado comenzó con una serie de derrotas militares y de fracasos políticos en Europa. En la década de 1630 España se encontraba, otra vez, enfrentada a Holanda, Inglaterra y Francia. El rey, o mejor dicho, su *valido* el Conde-Duque de Olivares, decidió participar en la *Guerra de los Treinta Años*, en la que la Francia católica del Cardenal Richelieu tomó partido contra España y apoyó a los países protestantes. La espectacular derrota de los Tercios españoles en la batalla de Rocroi (1643) marcó el comienzo del ya

LA CORTE Y LA BUROCRACIA IMPERIALES

Durante el reinado de Carlos I la Corona española nunca tuvo una sede fija, y la Corte se desplazaba con el rey a cualquier ciudad en la que éste decidiera instalarse. La expansión territorial del imperio creó nuevas necesidades administrativas y burocráticas incompatibles con esta práctica. Por ello, en el año 1561 Felipe II decidió instalar la Corte en Madrid de manera permanente y convertir a esta ciudad —entonces pequeña y casi desconocida, pero situada en el centro geográfico de la península— en capital y centro administrativo del imperio. Pronto comenzaron a llegar a Madrid gentes de todos los rincones y procedencias sociales —funcionarios, clérigos, militares, sirvientes, comerciantes, mendigos, pícaros, etc.— y en unos pocos años su población se cuadruplicó.

Felipe II estuvo al frente de un gobierno muy centralizado y burocratizado. Cada día llegaban a la Corte numerosos documentos procedentes de todos los rincones del imperio que, después de ser leídos, analizados y evaluados por funcionarios y secretarios, pasaban a manos del rey y sus consejeros y luego eran cuidadosamente conservados en los Archivos reales. Estos documentos contenían información sobre acontecimientos políticos y militares, descripciones detalladas de las distintas posesiones y de los súbditos que las habitaban, datos sobre la economía, la demografía, la expansión de las ciudades o los precios de los alimentos, y auditorías sobre las actuaciones de los empleados públicos. La minuciosidad de este sistema de administración permitió a la Corona gobernar sus inmensas posesiones de manera consistente y eficaz, y fue una de las razones por las que el imperio sobrevivió durante casi trescientos años.

En el centro de todo este aparato burocrático se situaba el rey, la fuente suprema de la autoridad en quien recaían —al menos teóricamente— la toma de decisiones y la resolución de las quejas de aquellos ciudadanos que se sintieran perjudicados por la actuación de la administración. Felipe II —un monarca particularmente meticuloso que concebía su labor de gobierno como un servicio a Dios— pasaba numerosas horas en su despacho leyendo, firmando y escribiendo documentos que en ocasiones pasaban en número de los 400.

La burocracia imperial tuvo consecuencias positivas para la Corona y para España. La primera de ellas, ya mencionada, fue el mantenimiento de la unidad del imperio durante un periodo de tiempo más que considerable. La segunda fue el impulso que recibió la educación. La constante expansión de la administración aumentó la demanda de empleados cualificados. Desde finales del siglo XV los estudios universitarios —principalmente de derecho— se convirtieron en un requisito prácticamente imprescindible para acceder a la mayoría de trabajos públicos, lo que resultó en el aumento del número de universidades —que sólo en el siglo XVI pasó de 11 a 33— y de escuelas preuniversitarias, que comenzaron a funcionar en todas las ciudades importantes. Algunos estudiosos estiman que la Castilla de finales del siglo XVI llegó a tener una tasa de alfabetización masculina cercana al 60%.

El aparato imperial tuvo también consecuencias negativas, como la lentitud en la toma de decisiones, la corrupción y la inercia de algunos funcionarios y —quizá la más importante porque ha sobrevivido casi hasta nuestros días— el excesivo poder de éstos en una sociedad que ponía gran importancia en documentos oficiales, certificaciones y registros.

imparable declive del poderío militar español. En 1648 el rey se vio obligado a reconocer la independencia de Holanda y diez años después, en la *Paz de los Pirineos*, España perdió para siempre su soberanía sobre las provincias catalanas del Rosellón y la Cerdaña, que pasaron a ser territorio francés. Paulatinamente Francia, una de las naciones históricamente enemigas de España, se iba convirtiendo en la nueva potencia hegemónica en Europa.

La situación política en el interior de la península no era mucho mejor. Para aliviar los problemas de Castilla, exhausta por las continuas subidas de impuestos, el Conde-Duque decidió extender las obligaciones fiscales y militares a todos los territorios peninsulares sin respetar los privilegios de los que éstos se habían beneficiado hasta entonces. Como reacción a esta medida, entre 1635 y 1652 se produjeron varias sublevaciones separatistas de las cuales las de Portugal, Sicilia, Nápoles, Andalucía y Cataluña fueron las más graves.

Los independentistas portugueses comenzaron su sublevación contra la Corona en 1640; pronto se aliaron con Francia e Inglaterra —que vieron en esta rebelión una excelente oportunidad para debilitar el poder de España— y, tras varios enfrentamientos en diversos frentes, acabaron derrotando a los ejércitos de Felipe IV en la Batalla de Montijo (1664). Tras esta derrota, los países europeos se apresuraron a reconocer a Portugal como país independiente; España, sin embargo, no lo hizo hasta 1668, ya bajo el reinado de Carlos II. Coincidiendo con la sublevación portuguesa se produjo otra en Barcelona, donde los campesinos, molestos por la actuación de las tropas castellanas en la frontera y por la crisis económica, asesinaron al virrey (también en 1640) y a algunos miembros de la nobleza. Felipe IV, que ya no disponía del poder material ni militar para combatir en ambos frentes simultáneamente, decidió concentrar sus fuerzas en Cataluña. En una primera fase, los rebeldes vencieron al ejército real y se sometieron voluntariamente a la protección del rey de Francia, país que los había ayudado en la rebelión. Pero pronto la mayoría de los catalanes quedó insatisfecha del centralismo francés, que era menos tolerante con los privilegios locales que la Corona de España. Felipe IV aprovechó este descontento para recuperar el control militar del antiguo reino de Cataluña, que esta vez ofreció una menor resistencia tras la promesa real de respetar todos los fueros y autonomías locales.

Tras la muerte de Felipe IV, Carlos II —que sólo tenía cuatro años de edad y que comenzó pronto a dar señales de retraso mental y debilidad física resultado de la endogamia de la dinastía Habsburgo— pasó a ser el nuevo rey de España (1665). La minoría de edad de Carlos II convirtió en regenta a su madre —y segunda mujer de Felipe IV— Mariana de Austria, una extranjera poco familiarizada con los asuntos españoles que no contaba con experiencia política alguna. Mariana dejó el reino en manos de su confesor, el jesuita alemán Everardo Nithard, al que nacionalizó español —para permitirle el acceso a los puestos de gobierno— y nombró inquisidor general. La presencia de un extranjero al frente de la política española pronto generó descontento entre el pueblo —al que no le gustaba tener como valido a alguien no nacido en España— y entre los nobles —que consideraban que el padre Nithard estaba usurpando un poder que les correspondía. En esta época, el país estaba sumido en una profunda crisis y en un estado de agotamiento económico, político y financiero de los que habría podido salir si hubiera contado con un largo periodo de paz y un grupo de dirigentes capaces. Sin embargo, nada de eso ocurrió. El rey Luis XIV de Francia aprovechó la debilidad española para invadir Flandes, y España, que ni quería ni podía hacer el esfuerzo militar necesario para defenderla, se vio presionada por las otras potencias europeas a formar una coalición para evitar el control francés de aquellas ricas tierras.

Al alcanzar Carlos II la mayoría de edad —que el testamento de su padre había fijado en los catorce años— comenzó su reinado personal. Aunque el nuevo rey era consciente de la gravedad de la situación, su corta edad y su estado de salud física y mental le hicieron víctima fácil de la influencia de quienes lo rodeaban. La debilidad del rey empujó a su madre

¿SABÍAS QUE...?

EL CONDE-DUQUE DE OLIVARES

Gaspar de Guzmán —más conocido con el sobrenombre de *Conde-Duque de Olivares*— llegó a ser el hombre más poderoso de España durante sus años como valido del rey Felipe IV. La figura del valido —que existía en todas las Cortes europeas de la época— surgió como respuesta lógica a la progresiva complicación y extensión de la administración del Estado, que ya no podía descansar sólo en manos de una persona. Pero también fue utilizado por algunos reyes para eludir las tareas propias del gobierno y dedicarse a las cacerías, o a sus amantes. Sus funciones eran similares a las que hoy desempeña un primer ministro, pero su elección no respondía a un proceso regulado y aceptado por las élites de la Corte, sino que se producía únicamente por su proximidad personal al rey.

Don Gaspar de Guzmán, el Conde-Duque de Olivares, no necesitaba el favor real ni el puesto de valido para hacerse rico —su familia poseía una de las mayores fortunas del reino— sino que lo obtuvo por su ambición personal y por la relación casi paternal que mantenía con un rey veinte años más joven que él. Su carácter seco y su enorme influencia sobre el monarca pronto le ganaron poderosos enemigos, el más peligroso de los cuales fue la propia reina, que estaba celosa de la proximidad de Olivares con su marido. Don Gaspar era un hombre terco y honrado. Encarceló a varios nobles corruptos que habían prosperado durante el reinado de Felipe III y, consciente de la situación desastrosa de la economía y de la pérdida de prestigio en Europa, intentó buscar soluciones a las crisis interiores y exteriores por las que estaba pasando el imperio. El doble plan del Conde-Duque consistía en centralizar España igualando la situación legal y fiscal de todos los reinos y en recuperar la hegemonía en Europa. Sus planes, sin embargo, salieron mal. En España, sus esfuerzos centralizadores —como ya sabemos— acabaron provocando rebeliones que resultaron en la escisión de Portugal; en Europa, la participación española en la *Guerra de los Treinta Años* no hizo sino acelerar la decadencia, puesto que debilitó a unos ejércitos y a una diplomacia que ya no pudieron evitar el surgimiento de Francia como potencia europea. Al final, don Gaspar acabó perdiendo el favor del rey y fue desterrado a la pequeña ciudad castellana de Toro (1643), donde murió abandonado por todos excepto por su mujer. Su caída fue causada, más que por sus fracasos políticos, por la envidia de una nobleza siempre celosa de su poder y por la enemistad abierta de la reina.

El Conde-Duque contribuyó, para suerte de los españoles, al gran patrimonio artístico del país. Fue un gran protector y comprador de arte, y gracias a él Diego Velázquez se convirtió en pintor oficial de la Corte.

La Plaza de la Villa, en el Madrid de los Austrias

a retomar las riendas del gobierno, que ahora fueron confiadas a un nuevo valido.

Cuando, después de dos matrimonios, se hizo evidente que Carlos II era incapaz de tener hijos, en las Cortes europeas comenzaron los preparativos para la lucha por el control del futuro gobierno de España y de sus todavía enormes posesiones —además de la península, grandes partes de Italia y Bélgica, así como los extensos territorios americanos y las Islas Filipinas. Tras muchas intrigas palaciegas y planes de sucesión fallidos, Carlos II decidió, poco antes de su muerte, ofrecer la Corona española a su sobrino-nieto francés Felipe de Anjou —nieto también del poderoso rey francés Luis XIV— con la condición de que el nuevo monarca no uniera a Francia ninguna de las posesiones españolas. El nombramiento de un heredero francés, que respondía a un plan para evitar la guerra y el desmembramiento del imperio, provocó un gran malestar en las Cortes de Austria, Inglaterra y Portugal. Aunque Carlos II iba a dejar como legado un país debilitado que ya había perdido definitivamente su poder en Europa a favor de la nueva potencia (Francia), la gran extensión de sus posesiones y el posible giro francófilo de la política española constituían dos grandes peligros para los intereses de los enemigos de Francia. Los intentos de Inglaterra, Holanda y Austria por imponer herederos alternativos a Felipe de Anjou acabaron provocando el comienzo de una nueva guerra en Europa —la *Guerra de Sucesión* (1702–1713)— cuyo objetivo fundamental era el control de la Corona española. La casa de los Habsburgo propuso al Archiduque Carlos, pero Inglaterra y Holanda optaron por un tercer candidato, Joseph Ferdinand de Baviera. La muerte de este último dejó dos únicos pretendientes al trono: Felipe —apoyado por los castellanos, que, cansados de los abusos fiscales de los Austrias querían un gobierno centralista— y Carlos —respaldado por Francia, Austria, Inglaterra, Portugal y, en España, por los defensores de los fueros que querían continuar con el federalismo de la dinastía Habsburgo.

Las consecuencias de esta guerra fueron múltiples y muy profundas. Aunque ganó el candidato francés *(Tratado de Utrecht),* Inglaterra obtuvo muchos beneficios, entre éstos la posesión de algunas colonias españolas y francesas en las Américas, el mantenimiento de Gibraltar y Menorca, grandes ventajas comerciales en el Atlántico y el Mediterráneo y la extensión de su poder colonial en el mundo. España perdió sus colonias en Italia en favor de otros países europeos y Francia se consolidó como la potencia hegemónica de Europa.

❹ La sociedad de los siglos XVI–XVII

La sociedad española de esta época ha sido muy bien estudiada por los historiadores, en parte gracias al cuidado que pusieron los Habsburgo en la recolección y catalogación en los *Archivos Reales* —como el de Simancas y el de la *Casa de Contratación* de Sevilla— de todo tipo de documentos administrativos. Pero, además, la riquísima producción literaria del *Siglo de Oro* nos ha proporcionado una enorme cantidad de información sobre la vida diaria de los españoles, sus actitudes, su mentalidad y sus gustos.

Las estructuras básicas de la sociedad española no experimentaron grandes cambios entre el principio del siglo XVI y el final del siglo XVII. En general, se puede afirmar que durante esta época se mantuvo la estratificación social medieval —nobleza, clero y pueblo— aunque con la incorporación de algunas novedades. Entre los cambios más importantes destacaron la mayor libertad de los campesinos —que ya no estaban, por ley, tan sujetos a la tierra o al señor local— y la pérdida relativa de poder de la nobleza que, aunque conservó sus privilegios, se vio muchas veces apartada del ámbito de las decisiones políticas.

Aunque la nobleza como estamento no tuviera el poder del que había gozado en épocas pasadas, sí transfirió al conjunto de la sociedad una mentalidad aristocratizante cuyas negativas consecuencias se comentaron anteriormente en este capítulo. Durante los sucesivos

Escudo nobiliario en una casa rural

gobiernos de los Austrias, por otra parte, se produjo un aumento considerable de los *hidalgos*, miembros de la baja nobleza quienes —como su arquetipo don Quijote— se negaban a dedicarse al trabajo manual o a las actividades comerciales. Los hidalgos no pagaban impuestos y normalmente vivían de sus pequeñas rentas agrícolas; muchos de ellos eran incluso pobres, pero preferían no trabajar para poder así presumir de su rango aristocrático. Los más aventureros de entre ellos se alistaban en los Tercios o marchaban a las Américas, y los más afortunados conseguían algún trabajo en la burocracia imperial. Esta auténtica enfermedad social de desprecio por el trabajo continuaría hasta finales del siglo XVIII, convirtiéndose en uno de los factores que obstaculizaron la modernización del país.

La alta nobleza también aumentó en número, especialmente durante el siglo XVII. En esta época los reyes, presionados por las deudas, decidieron poner a la venta títulos nobiliarios con el fin de incrementar los ingresos del Estado. Esta práctica proporcionaba, a corto plazo, enormes sumas de dinero a las arcas públicas, pero a la larga acabó colocando a un importante porcentaje de la población en una situación en la que ni pagaba impuestos ni contribuía a la economía nacional. Los nobles más ricos e influyentes formaban el grupo selecto de los llamados *Grandes de España*, unas 25 familias que gastaban fortunas en fiestas, banquetes y —por suerte para el patrimonio nacional— en magníficas obras de arte. Por lo general, la alta nobleza vivía cerca de la Corte real, y algunos de sus miembros desempeñaban altos trabajos administrativos —cancilleres, secretarios, embajadores— que no necesitaban para su subsistencia, pues poseían enormes cantidades de tierras y ganado. Los segundos hijos e hijas de los nobles (los *segundones*) entraban a formar parte del ejército, de la Iglesia o emigraban a las Américas, privando sistemáticamente al país de cualquier tipo de inversión productiva.

La Iglesia seguía constituyendo una clase social diferenciada y, aunque existía un gran contraste de nivel de vida entre el alto —obispos, abades, canónigos— y el bajo clero —curas rurales, monjes y monjas sin patrimonio— todos los miembros de este estamento tenían garantizada la subsistencia. El aumento casi alarmante de este sector social —se calcula que el número de curas y monjas se duplicó entre 1500 y 1560, y que a finales del siglo XVI una sexta parte del patrimonio nacional estaba en manos de la Iglesia— llegó a preocupar a la Corona, que se reservó el control de la jerarquía eclesiástica atribuyéndose competencias como el derecho a nombrar obispos. El nivel intelectual de los miembros del clero era, como su origen social, muy diverso, ya que junto a algunos que prácticamente no tenían formación intelectual alguna —generalmente provenientes de las capas sociales más bajas— coexistieron otros de indudable nivel intelectual. Entre estos últimos, muchos destacaron en el terreno literario (Fray Luis de León, Luis de Góngora, Tirso de Molina, Baltasar Gracián y Calderón de la Barca), en el religioso (pensadores en la vanguardia de la lucha contrarreformista como San Ignacio de Loyola, Melchor Cano, Tomás de Vitoria y Francisco Suárez) o en ambos (San Juan de la Cruz, Santa Teresa de Ávila y Fray Luis de Granada).

La escasa burguesía urbana que apareció durante el siglo XV y principios del XVI pasó por tiempos muy difíciles debido al impacto de los altos impuestos y a su incapacidad para competir con los precios más bajos de las manufacturas del norte de Europa. En las grandes ciudades, como nos muestra la literatura del período, abundaban los pícaros, los siervos sin amo y los delincuentes dispuestos a cualquier cosa —excepto a trabajar— para sobrevivir. En una sociedad obsesionada con la herencia y el origen social en la que incluso los trabajos manuales de cierto nivel —sastre, herrero, peletero, carpintero, etc.— eran hereditarios, no había muchas posibilidades de utilizar el talento personal para ascender socialmente.

Durante todo el XVII se produjo también un aumento de las clases marginadas; con cada año de malas cosechas muchos campesinos empobrecidos emigraban a la ciudad para acabar dedicándose al crimen y a la mendicidad. El contraste entre el poder del imperio español en el mundo y la situación de pobreza en las ciudades y los campos era preocupante.

Desde los puntos de vista demográfico y económico, el periodo de los Austrias se puede dividir en dos partes claramente diferenciadas, que corresponden a cada uno de los siglos en los que esta dinastía ocupó el trono de España. El siglo XVI se caracterizó por la continuación de la expansión demográfica que había comenzado a finales de la centuria anterior. Económicamente fue también un buen siglo, ya que en esta época las deudas del Estado eran pagadas o eliminadas con las bancarrotas, la plata de América aseguraba cierta tranquilidad financiera y la pequeña burguesía industrial y comercial de Castilla y del norte mantenía un buen nivel de negocios con Europa. Hubo, además, buenas cosechas que coincidieron con un aumento de la demanda americana de productos agrícolas. Aunque no mostraron plenamente sus efectos negativos durante este siglo, las desastrosas políticas económicas de Carlos V y Felipe II prepararon las bases para las crisis del siglo siguiente.

El siglo XVII fue ya un periodo de abierta y profunda crisis económica. Esta crisis, como ya se ha mencionado, fue debida a la desastrosa política económica de los sucesivos gobiernos, al crecimiento de las *manos muertas* —el clero, la nobleza baja y otros sectores sociales que no generaban riqueza y vivían de las rentas extraídas al pueblo— y a la implantación de una serie de valores sociales y religiosos que eran incompatibles con el progreso. Uno de estos valores fue la obsesión con la *limpieza de sangre*. De acuerdo con este uso social, todo ciudadano que aspirara a ocupar cargos públicos en la administración, a obtener títulos nobiliarios o a un obispado tenía la obligación de probar que no llevaba en sus venas sangre de moros o judíos. Aunque una parte de los intelectuales y del clero criticaron esta costumbre, su práctica se extendió por todas las clases sociales. Probar el origen de *cristiano viejo* de los antepasados se convirtió, de hecho, en una marca de nobleza con todas las ventajas sociales que ello representaba. Lo que comenzó siendo una preocupación religiosa en favor de la unidad nacional terminó convirtiéndose en una práctica socialmente excluyente y en un obstáculo al desarrollo de la nación.

A comienzos del siglo XVII se produjo también una situación de estancamiento demográfico, cuyas causas principales fueron las guerras de Europa y la emigración a América. La población se estabilizó en torno a los diez millones de personas, pero descendió durante la segunda mitad del siglo.

5 Cultura y religión

El *Siglo de Oro* fue época de grandes preocupaciones teológicas, generadas por la aparición del nuevo racionalismo humanista y por la amenaza protestante al monopolio de la Iglesia de Roma. Por ello, la vida religiosa y los conflictos entre ortodoxia y heterodoxia impregnaron casi toda la cultura española de este periodo. A diferencia de lo que ocurrió en algunos países europeos, la división religiosa no se manifestó en la Península Ibérica en una guerra abierta, sino en una sucesión de conflictos teológicos y filosóficos que siempre tuvieron lugar bajo la atenta mirada y la autoridad censora de la omnipresente Inquisición.

La manifestación social más visible de estos debates teóricos fue el énfasis que la Iglesia puso en los símbolos externos de devoción, uno de los aspectos del catolicismo más criticados por la teología reformista. Este énfasis se tradujo en la explosión de una religiosidad popular —aunque estimulada siempre desde el poder político y eclesiástico— centrada en peregrinaciones, procesiones, penitencias, representaciones teatrales de obras religiosas y devociones a los santos y a la Virgen María. Con todos estos actos se fomentaba una exuberancia que coincidía con un gusto característicamente mediterráneo y español por lo teatral y lo espectacular. Relacionada con esta explosión de religiosidad popular estuvo la aparición —a mediados del siglo XVI— del *misticismo* ortodoxo, un movimiento que, a pesar de estar bien conectado con el espíritu de la contrarreforma, hubo de ser defendido por sus principales representantes (Santa Teresa de Avila y San Juan de la Cruz) ante la Inquisición.

La educación superior —todavía supeditada a la ortodoxia del catolicismo— recibió un importante impulso durante el siglo XVI, que se tradujo en la fundación de varias universidades. Desgraciadamente, la obsesión por evitar la contaminación protestante hizo que durante el siglo siguiente la cultura española fuera cerrando las puertas a las influencias exteriores, llegando incluso a prohibirse los estudios en el extranjero. Coincidiendo con la crisis política de mediados del siglo XVII, las mejores universidades españolas entraron en clara decadencia. La cultura española comenzó a desconectarse de las novedades intelectuales y científicas del continente, entrando en una dinámica de aislamiento de la que tardaría siglos en salir. Para los defensores de este aislamiento, la agenda política de la contrarreforma y la obligación de evangelizar América necesitaban el esfuerzo total del clero español, que no podía permitirse el lujo de distraerse en la discusión de las últimas —y, a su juicio, peligrosas— novedades teológicas. Dentro del país, pues, la Inquisición mantenía las cosas en orden; desde el año 1530 hasta finales del siglo XVII muchos obispos y teólogos tuvieron que pasar frente a los tribunales de esta institución para demostrar que no habían caído en la herejía luterana. Fuera de España, los teólogos españoles se constituían en la élite intelectual del movimiento contrarreformista. Algunos de ellos, como el padre dominico Francisco de Vitoria y el jesuita Francisco Suárez formularon las bases del derecho internacional reconociendo la existencia objetiva de una *comunidad internacional* de naciones, defendiendo los derechos de los indígenas de América a conservar sus propiedades y adelantando conceptos políticos muy modernos, como el de la *soberanía popular*.

A pesar del celo de la Inquisición, dentro de España proliferaron formas de religiosidad que tenían mucho en común con el protestantismo. A mediados del siglo XVI aparecieron en Valladolid y Sevilla dos núcleos protestantes que fueron rápidamente reprimidos por la Inquisición. Algunos de los cabecillas de estos grupos fueron desterrados; entre ellos hubo varios famosos intelectuales, profesores de universidad y científicos como Miguel Servet, el descubridor de la circulación de la sangre que después murió ejecutado en Ginebra por la Inquisición calvinista. Además del protestantismo, la ortodoxia tuvo que enfrentarse con otros dos retos que, aunque tenían puntos en común con el reformismo protestante, representaban más bien formas de catolicismo alternativo: el movimiento intelectual y humanista del *erasmismo* y el pietista de los *alumbrados.*

El movimiento erasmista recibió el nombre de su fundador Erasmo de Rotterdam, un brillante ensayista católico que en su libro satírico *Elogio de la locura* criticó con humor la figura del papa y los excesos de poder y las supersticiones de la Iglesia romana. Su libro tenía por objeto contribuir a la reforma del catolicismo y defender una religiosidad genuina y libre como la de los primeros cristianos, desconectada del excesivo control que el clero y el Vaticano ejercían sobre las conciencias de los creyentes. Esta búsqueda de autenticidad y simplificación espiritual le ganó una enorme cantidad de admiradores y seguidores en España, entre los que se encontraban el propio Carlos I y los hermanos Juan y Alfonso de Valdés, miembros de un círculo erasmista que surgió en torno a la Universidad de Alcalá. Juan Valdés tuvo que exiliarse en Italia tras la publicación de su libro *Diálogo de la doctrina cristiana* (1529) para evitar problemas con la Inquisición. Su hermano Alfonso, secretario del emperador Carlos I, publicó en 1527 su *Diálogo de las cosas ocurridas en Roma*, donde defendía el *Saco de Roma* —el saqueo de esta ciudad por parte de los Tercios— explicando cómo esta invasión fue el castigo divino contra la hipocresía de la jerarquía vaticana. Tras la desarticulación del círculo erasmista de la Universidad de Alcalá —nacida para la difusión del humanismo— la vida intelectual del país quedó controlada por el pensamiento neoescolástico dominante en la Universidad de Salamanca, que pasó a ser la institución académica más importante de España.

Los llamados *alumbrados* representaron una forma de religiosidad popular que se caracterizaba por la experiencia directa de la *iluminación* divina, la cual generaba, según sus practicantes, estados de éxtasis y de posesión por el Espíritu Santo. Las manifestaciones místicas de estos *alumbrados* fueron también objeto de sospechas y persecuciones.

6 El arte en el Siglo de Oro: Renacimiento tardío y Barroco

Con el término *Siglo de Oro* los estudiosos se refieren al periodo literario y artístico comprendido aproximadamente entre los años 1520 y 1690, es decir, desde la primera expansión del imperio hasta su crisis y decadencia. Esta época dorada del arte español incluye dos estilos relacionados entre sí: el Renacimiento tardío del siglo XVI —ver el capítulo 3— y el Barroco, más característico del siglo XVII.

Tradicionalmente se ha considerado el Barroco como una reacción decadente contra la elegancia y simplicidad del estilo renacentista, pero en España esto no fue así. El arte del Renacimiento, como ya se dijo, nunca alcanzó en la Península Ibérica el nivel de desarrollo y el carácter secular y clasicista que tuvo en Italia. El Renacimiento español fue breve y tardío, y reflejó más los valores religiosos locales que los seculares y humanistas de Florencia o de

Venecia. Por ello, el Barroco consistió más en una estilización y complicación de las formas artísticas y literarias renacentistas que en una reacción frontal contra ellas. Su sofisticación y exuberancia reflejaron también una mentalidad profundamente católica, es decir, una concepción contrarreformista del arte donde se enfatizaba lo decorativo y la representación de Cristos, vírgenes y santos en contraste con la estética sobria y discreta del protestantismo. El arte Barroco, entonces, tuvo un carácter específicamente católico en todas las áreas de Europa dominadas por esta forma de cristianismo; lo característico de su variante española fue que surgió más como evolución del Renacimiento que como reacción a él.

El Barroco ha sido visto también como un estilo artístico que constituye un espejo de la crisis social de la época. La decadencia del siglo XVII contribuyó a crear entre los escritores un sentido de pesimismo (Quevedo) y de escapismo a la "torre de marfil" de la poesía (Góngora), y entre los pintores y escultores un gusto decadente favorecido por los suntuosos gastos y las demostraciones de grandeza de la nobleza y la Corona. Las élites creadoras, sin embargo, no despreciaban el arte popular, sino que lo aceptaban y lo elevaban. Tanto en el teatro y la poesía como en la pintura, los temas y gustos del pueblo eran transformados en formas artísticas refinadas, contribuyendo a crear un ambiente nacionalista y tradicionalista. Así pues, de las formas elegantes y todavía clásicas del Renacimiento del siglo XVI —Herrera en arquitectura o las primeras obras de El Greco en pintura— se pasó al exceso decorativo y a la acentuación de lo complicado y lo exuberante propios del Barroco, pero sin perder nunca el sentido religioso y popular.

La pintura de la primera parte de este periodo (siglo XVI) estuvo fuertemente influida por las escuelas italianas. Entre sus representantes más importantes destacan Juan de Juanes y Sánchez Coello, cuyos retratos anticiparon la perfección formal de Diego Velázquez, sin duda el mejor pintor del Siglo de Oro. Entre los pintores de técnica más expresionista y colores más vivos destacan Luis Morales y especialmente Dominico Teotocópulos *El Greco* quien, a pesar de su origen griego y su formación italiana, pasó a la historia como una figura emblemática del arte hispánico. Desde su estudio de Toledo este pintor desa-

rrolló unos temas —hidalgos, nobles y santos— y una sensibilidad expresionista que conectaron con el gusto popular. Sus pinturas están elaboradas con un estilo muy personal que utilizaba colores fuertes, grandes contrastes, un extraño y novedoso uso de la luz y una exageración de la perspectiva que alargaba las formas y figuras y que anunciaba algunas de las tendencias de la pintura moderna. Entre sus obras más conocidas destacan *El entierro del conde de Orgaz*, *El Caballero de la mano en el pecho*, *El Expolio* y *Pentecostés*.

El Caballero de la mano en el pecho (El Greco)

La pintura española del Barroco (siglo XVII) se caracterizó por el marcado realismo de su estilo, por su uso del color y la perspectiva y por sus temas. No fue una pintura sobria —en el sentido clásico de esta palabra— pues incluía aspectos técnicos —luces, sombras, plegados de paños, colores fuertes— altamente sofisticados, pero producía una impresión de realidad que ha fascinado tanto a los críticos como al simple espectador. Los bodegones de Juan

Sánchez Cotán (quizás el mejor pintor europeo de *naturalezas muertas*) y las representaciones religiosas de Francisco de Zurbarán, por ejemplo, comparten una profunda sensación de presencia y autenticidad. Este último transmite con fuerza la vida ascética y el silencio de los monasterios en pinturas que representan figuras sobrias, elegantes y llenas de intensidad sobre fondos oscuros que se corresponden perfectamente con el ascetismo del mundo representado. Las obras de Francisco Ribalta, otro pintor de la religiosidad católica, enfatizan el movimiento y la tensión mediante la representación de figuras llenas de patetismo —como en su famoso *Martirio de San Sebastián*— que nos recuerdan al maestro italiano Caravaggio. Bartolomé Esteban Murillo y Alonso Cano encarnaron otro tipo de realismo más luminoso y amable que se correspondía con una religiosidad de expresión amorosa plasmada en representaciones de vírgenes, santos, niños, animales y plantas. Murillo, pintor de la Virgen María, presentó en su *Inmaculada* una novedad técnica destacable para la época: la figura de María suspendida en el aire sin ningún fondo.

Pero el mejor pintor del Siglo de Oro fue, sin duda, el sevillano Diego Velázquez (1599–1660), que es considerado uno de los genios de la pintura mundial. Velázquez fue un renovador de las técnicas pictóricas que dio preferencia al toque de color sobre el dibujo, a la luz y las sombras sobre las líneas. Si miramos de cerca sus cuadros comprobamos que el profundo realismo de las imágenes está conseguido con múltiples manchas de color, que la definición de las formas no sigue un trazo exacto sino una infinidad de pequeñas pinceladas. Esta técnica sería utilizada, mucho después, por el arte impresionista francés, por lo que se puede decir que Velázquez se adelantó en dos siglos al arte moderno. Este pintor poseía también un gran talento para los retratos, lo que le convirtió en el pintor de la Corte del rey Felipe IV. El estilo de los retratos de Velázquez es tan democrático como sobrio: los criados, los bufones, los enanos, los personajes de clases sociales bajas, los defectos físicos y hasta los perros están representados sin efectos de exageración o expresionismo, atendiendo siempre a lo más profundamente humano, y poseen la misma dignidad aristocrática que los nobles, los reyes y las princesas. Otro rasgo magistral de la pintura de Velázquez es su dominio de la luz. En su famoso cuadro *Las Meninas*, las luces y las sombras contribuyen a crear un sentido extraordinario del ambiente gracias a la utilización de una perspectiva que agrupa las figuras —incluida la del propio pintor— en tres niveles de distancia respecto al espectador, al que miran con profunda atención. En ésta y en otras obras —*Las Hilanderas*, *Las Lanzas* o *La rendición de Breda*, *La Venus del Espejo*, *El aguador de Sevilla*, *Los borrachos* y los retratos de *Felipe IV*, *El Conde-Duque de Olivares* y *Cristo*— este pintor demostró ser un auténtico clásico, un creador que trascendió las barreras del tiempo, la cultura y las circunstancias para "tocar" directamente la sensibilidad del espectador moderno.

La contribución española más importante a la escultura barroca fue la representación de figuras en *madera policromada*. Casi toda la obra escultórica del periodo estuvo dedicada a temas religiosos que, desde una sensibilidad popular, tenían como objetivo crear sentimientos de piedad

Juan de Pareja (Velázquez)

y devoción. Las figuras de madera pintada se produjeron sobre todo en Valladolid y de Andalucía y tuvieron la finalidad práctica de servir como *pasos* y *estaciones* —conjuntos escultóricos que representan escenas de la pasión, muerte y resurrección de Cristo— en las procesiones de la Semana Santa. Los escultores más importantes de la escuela andaluza fueron Alonso Cano y Martínez Montañés, y en la de Valladolid destacó Gregorio Fernández.

El Siglo de Oro comenzó en la arquitectura del siglo XVI con un acento típicamente renacentista y clasicista, es decir, equilibrado y sobrio. Las mejores construcciones de este primer período son de carácter civil: el *Alcázar de Toledo*, la fachada y patio de la *Universidad de Alcalá*, la *Lonja* de Zaragoza y el *Palacio de Carlos V* en Granada. Pero el edificio más importante de la arquitectura del siglo XVI fue, sin duda, el *Monasterio de San Lorenzo de El Escorial*, construido durante el reinado de Felipe II y del que se habló en otro lugar.

El traslado de la Corte a Madrid en 1606 conllevó la necesidad de construir en esta ciudad numerosos edificios públicos y religiosos, lo que la convirtió uno de los centros nacionales de la arquitectura barroca. En este estilo se construyeron la antigua *Cárcel de la Corte* —hoy Ministerio de Asuntos Exteriores— la *Plaza Mayor,* el *Palacio del Buen Retiro* y el *Panteón de los Reyes* de El Escorial. La *Catedral* de Granada, la *Iglesia del Pilar* de Zaragoza y el *Colegio de Jesuitas* de Salamanca son los edificios más emblemáticos del Barroco construidos fuera de Madrid. El Barroco arquitectónico español se cierra con el estilo *churrigueresco* —llamado así en referencia a los Churriguera, una familia de retablistas y arquitectos— propio de algunos edificios erigidos a finales del siglo XVII y principios del XVIII como la *Fachada del Patio Goyeneche* —hoy *Academia de Bellas Artes de San Fernando*— la *Fachada del antiguo Hospicio* —hoy Museo Municipal— y la del *Cuartel del Conde-Duque*, todas ellas en Madrid, y también el *Colegio de Calatrava* en Salamanca y las fachadas de la Catedral y la Universidad en Valladolid.

❼ La literatura del Siglo de Oro

La explosión de creatividad y talento que se produjo en España durante el Siglo de Oro español es difícil de resumir en unos pocos párrafos. Para dar una idea de la importancia de la literatura de este periodo es suficiente señalar que sus autores contribuyeron a dar vida a muchos de los mitos que todavía forman parte de la cultura y la psique universal del siglo XXI: el *pícaro*, Don Juan, Don Quijote y Sancho Panza han trascendido su carácter de personajes literarios para convertirse en *arquetipos* —el "quijotismo", el "donjuanismo" y lo "sanchopancesco"— representativos de aspectos muy profundos de la naturaleza humana.

La literatura del Siglo de Oro se puede dividir, como las otras artes, en dos etapas diferentes: la del Renacimiento tardío del siglo XVI y la barroca del XVII. Durante el siglo XVI se produjo la literatura mística más importante de la historia cultural europea. Santa Teresa de Ávila y San Juan de la Cruz escribieron sus ensayos y poemas a mediados de este siglo, cuando todavía la sociedad y la economía españolas mostraban signos de fortaleza. Teresa de Jesús dedicó sus mejores obras (*Camino de perfección, Las moradas*) a la explicación de sus experiencias místicas. En ellas, la autora analiza con una riquísima colección de metáforas —muchas de origen popular— sus experiencias religiosas en el camino hacia la unión con la divinidad. San Juan de la Cruz, por su parte, reflejó en su poesía una estética característicamente renacentista, de una elegancia y un colorismo muy refinados. Su poema *Noche oscura del alma* sigue conmoviendo hoy a lectores religiosos y ateos por su impresionante combinación de belleza lírica y emoción religiosa.

Durante el siglo XVII la estética y los motivos literarios pusieron en contacto los valores de la nobleza con los del pueblo. El gusto por lo exagerado y lo colorista y la exaltación de la gloria imperial y de los valores nacionales eran importantes puntos de unión entre las clases aristocráticas y los campesinos, que encontraban en manifestaciones literarias como el teatro barroco un motivo de orgullo para sentirse españoles y católicos.

Desde un punto de vista ideológico y temático, podemos hablar de dos Barrocos: uno que aquí llamamos conservador, y otro crítico. Este sentido crítico se manifestó, más que en la protesta estrictamente política, en una actitud irónica y sarcástica frente a la decadencia española. El Barroco conservador, profundamente católico y monárquico, puso el énfasis en temas nacionales como el honor, la fidelidad y la lealtad al rey, y se manifestó principalmente en el teatro de Félix Lope de Vega, Tirso de Molina y Pedro Calderón de la Barca. Lope de Vega escribió el *Arte nuevo de hacer comedias*, tratado en el que expone una nueva forma de hacer teatro que revolucionó la técnica, simplificó la representación escénica y tuvo gran impacto en toda Europa. Gracias al carácter populista de sus obras y a la profunda humanidad de sus personajes, su teatro alcanzó un gran éxito en la época. De entre sus muchísimas obras destacan *Fuenteovejuna* y *El Comendador de Ocaña*. Tirso de Molina creó en su *Burlador de Sevilla* nada menos que el mito de *Don Juan* y presentó en sus obras una de las visiones más elaboradas y sensibles de la mujer.

El teatro de Pedro Calderón de la Barca posee una seriedad y un nivel filosófico que lo distinguen de los demás autores barrocos. Sus temas más habituales fueron los relacionados con el honor y con la fe católica. La visión calderoniana del honor no fue inventada por éste, pero la tensión dramática creada por su defensa no tiene rival en la literatura europea. El honor es aquí entendido como dignidad y valor personal, pero también —y sobre todo— como el resultado de la fidelidad sexual de la mujer, un tema muy hispánico pero con importantes antecedentes latinos e islámicos y también muy presente en las obras de otros dramaturgos de la época. De esta temática es su popular *El médico de su honra*, así como muchas otras obras en las que el marido afrentado ha de terminar recurriendo a la espada. Más interesante es *La vida es sueño*, donde se presenta el tema cristiano de la brevedad de la vida con gran elegancia escénica y literaria. Las espectaculares puestas en escena de sus *Autos sacramentales* —obras teatrales de carácter simbólico y religioso en las que los personajes representan alegóricamente virtudes, defectos o conceptos abstractos— fueron pagadas por la Corona.

La poesía de Luis de Góngora es una de las más sofisticadas de la literatura europea y sus metáforas complicadas y elegantes fueron muy admiradas e imitadas. Entre sus mejores poemas destacan las *Soledades* y la *Fábula de Polifemo y Galatea*, máximas representaciones del *cultismo* barroco. Francisco de Quevedo, por su parte, puede ser considerado —junto con Cervantes, Gracián y los autores picarescos— como un autor claramente crítico de su tiempo y de las circunstancias de su España. Además de ser un brillante poeta del amor y la decadencia española, Quevedo escribió una magnífica novela picaresca —*La vida del Buscón*— que constituye una descripción cruel y divertida de la crisis social de un país poderoso en su realidad imperial pero lleno de pobres, mendigos y *pícaros* en sus ciudades.

Un autor interesante "redescubierto" por los filósofos alemanes de finales del siglo XIX —especialmente por Schopenhauer— fue el ensayista barroco Baltasar Gracián, cuya colección de proverbios (las *Máximas*) continúan hoy siendo traducidas a muchos idiomas.

De entre todas las obras del Siglo de Oro hay dos que, además de haberse convertido en clásicos universales, han proporcionado a los historiadores de la cultura y la sociedad españolas una información de valor incalculable sobre la vida cotidiana de la época: El *Lazarillo de Tormes* y *Don Quijote de la Mancha*. El *Lazarillo* fue la novela que inauguró el género picaresco, una aportación genuinamente española a la literatura universal que aún hoy conserva su modernidad. Este libro de autor anónimo presenta, en la figura del pícaro, un modelo de personaje pobre, marginal y en cierta medida víctima de las circunstancias, incapaz de conseguir o mantener un trabajo productivo, que se ve forzado a recurrir al pequeño crimen para sobrevivir. A lo largo de la novela el protagonista (Lázaro) nos va presentando con técnica autobiográfica y estilo realista un auténtico retablo de las miserias sociales y la hipocresía del poder en la España del Barroco y de la vida de los sectores más pobres y desesperados —incluidos los hidalgos— en un país que se esfuerza por mantener las apariencias de dignidad y respetabilidad.

Don Quijote de la Mancha, la primera gran novela moderna, está considerada como una de las obras maestras de la literatura universal. Pero *Don Quijote* proporciona también al lector interesado en la historia de España un cuadro de realidad social, política y cultural de la época. El realismo de su autor (Miguel de Cervantes), la variedad de las aventuras del hidalgo y el perspectivismo con el que se cuentan las diferentes historias nos muestran una España real, una visión profundamente honesta de la vida diaria, de los valores y actitudes de las clases populares, de la nobleza o los clérigos. En el Quijote —que fue escrito en dos partes, la primera a finales del siglo XVI y la segunda a comienzos del XVII— podemos percibir ya la transición entre la mentalidad del Renacimiento tardío y la del Barroco, reflejada en el cambio de actitud del propio autor que en la primera parte se expresa con una comicidad despreocupada pero en la segunda adopta un tono más crítico y triste.

¡Atención! Ve a **De la Red** de este capítulo en *www.prenhall.com/espanaayeryhoy*. Allí encontrarás sitios de información muy interesante y de fácil acceso.

El siglo XVIII: La formación de las *dos Españas*

Temas de introducción

1. ¿Qué acontecimientos de importancia histórica sucedieron en los EE.UU. durante el siglo XVIII?

2. La llustración francesa —el movimiento intelectual más importante del siglo XVIII— tuvo una gran influencia en España. ¿Sabes algo de ese movimiento o de la influencia de los ilustrados franceses en la vida política o cultural de los EE.UU. durante la misma época?

3. Los reformistas ilustrados españoles del siglo XVIII que querían modernizar el país y limitar los privilegios de la aristocracia y de la Iglesia católica se encontraron con numerosos obstáculos que dificultaron su tarea. Los ilustrados que fundaron los EE.UU. —Thomas Jefferson y George Washington, entre otros— tenían una ideología similar. ¿En qué consistía esa ideología? ¿Qué tipo de nación querían crear? ¿Con qué obstáculos se enfrentaron?

4. Durante el siglo XVIII apareció un movimiento llamado *regalismo* que consideraba al rey como protector y representante máximo de la sociedad civil y que quería concentrar en él todos los poderes y reducir la autoridad y los privilegios de la Iglesia y la nobleza. Muchos nobles y clérigos se oponían a esta idea y a la separación entre la Iglesia y el Estado que defendían los regalistas. En los EE.UU., sin embargo, la existencia de un régimen republicano facilitó esa separación. ¿Por qué crees que fue así?

❶ Los conflictos de la modernización: Los siglos XVIII y XIX

Las diferencias entre la España de 1700 y la de 1899 eran enormes. Los doscientos años que median entre esas dos fechas fueron testigos de grandes transformaciones que tuvieron efectos importantes en la demografía, las técnicas de producción, las modas y las costumbres de cada día. El siglo XVIII —y, en algunas zonas, también parte del XIX— se caracterizó por la persistencia de un sistema de organización social, económica y política que los historiadores conocen con el nombre de *Antiguo Régimen* y que se caracteriza por la relación fija y estática entre individuos y medios de producción y por la división de la sociedad en *estamentos*. El siglo XIX, en cambio, fue un periodo durante el que las estructuras heredadas del feudalismo y la sociedad estamental se fueron transformando —unas veces pacíficamente y otras de manera traumática— en una *sociedad de clases* constituida por la burguesía, las clases medias y la clase obrera, y organizada de acuerdo con los principios del capitalismo.

Este periodo tan largo, tan heterogéneo y tan lleno de cambios históricos aparece unificado por un fenómeno que marcó la evolución de la vida pública y privada de los españoles durante estos dos siglos. Nos estamos refiriendo al accidentado proceso de modernización del país y a la sucesión de avances y retrocesos determinados por las tensiones entre dos modelos de España: uno de carácter progresista —el las fuerzas de la racionalización y el progreso— y otro declaradamente conservador —el de los defensores del tradicionalismo y del Antiguo Régimen. Los conflictos sociales y las guerras civiles que se vivieron en España hasta bien entrado el siglo XX tuvieron su causa última en la dinámica social de enfrentamiento creada por las tensiones entre esas dos concepciones de España. Esta dinámica estuvo presente incluso en periodos de paz y estabilidad.

Cada una de las *dos Españas* mencionadas defendía un modelo distinto de país en los terrenos político, cultural y económico. En lo político, los mayores desacuerdos estuvieron en los diferentes modelos de estado defendidos por progresistas y conservadores. Estos desacuerdos se referían principalmente a los procesos de centralización política y de división y delimitación de competencias entre los poderes legislativo, ejecutivo y judicial. En el plano cultural, el conflicto se centró en el debate entre quienes defendían la unión Iglesia-Estado y quienes se oponían al poder excesivo que aquélla ejercía en el gobierno, la educación, las artes, el pensamiento y la vida cotidiana. Finalmente, en el plano económico las tensiones se produjeron en torno a la unificación de los mercados nacionales, la racionalización de las estructuras económicas y financieras y el reparto de la riqueza entre las diferentes clases sociales.

Los protagonistas de este conflicto —y también los partidarios de cada bando— cambiaron de acuerdo con las ideas y las modas teóricas de cada época y con la coyuntura política, pero la raíz del enfrentamiento fue siempre la misma: la España del reformismo o la revolución contra la del tradicionalismo y los valores conservadores. La tensión entre las *dos Españas* se encarnó, durante el siglo XVIII, en el debate entre *Ilustración* y *tradicionalismo*; a comienzos y mediados del siglo XIX, en las luchas entre *liberales* y *absolutistas* (y *carlistas*) y, a finales del siglo XIX, en los conflictos entre el frente *socialista* y *republicano* y el *monárquico* y *conservador*. En el siglo XX se produjeron la última de estas confrontaciones —*fascistas, monárquicos, católicos* y *carlistas* contra *republicanos, socialistas* y *anarquistas*— y la resolución final de este drama histórico tras la muerte del general Franco (1975) y la adopción de una constitución democrática (1978).

Para tener una idea general de la evolución de este enfrentamiento, y siendo conscientes de la simplificación que supone resumir los complicados procesos políticos, sociales y económicos que se produjeron en estos dos siglos, se podría decir que el frente conservador estuvo formado desde el principio por la Iglesia, la aristocracia y algunos sectores del ejército. A ellos se unieron después la alta burguesía, los industriales y financieros y algunos grupos sociales que habían pertenecido en épocas anteriores al otro bando. Al frente progresista, en cambio, pertenecieron la burguesía —aunque parte de ella pasó, con el tiempo, al bando conservador— algunos oficiales del ejército, los campesinos y los trabajadores industriales. Pero la realidad de los hechos fue más compleja y existieron múltiples excepciones al comentario general que acabamos de ofrecer, ya que la pequeña burguesía y algunos sectores del ejército estuvieron frecuentemente divididos entre ambos bandos y hubo clérigos y aristócratas que fueron progresistas, así como campesinos y obreros que se situaron del lado reaccionario.

Los siglos XVIII y XIX están llenos de hechos políticos, económicos, sociales y culturales que resultarán fundamentales para la consolidación de España como nación, y por ello constituyen un periodo histórico esencial para entender el significado de algunos de los logros y problemas de la España de hoy.

¿SABÍAS QUE...?

ANTIGUO RÉGIMEN Y *SOCIEDAD ESTAMENTAL*

El término *Antiguo Régimen* se refiere a la organización social, a las estructuras legales, económicas y culturales y a la mentalidad características de las naciones europeas gobernadas por monarquías absolutas durante el periodo comprendido entre la Edad Media y el capitalismo. Entre sus rasgos fundamentales figuran el poder absoluto del rey, la identificación entre Iglesia y Estado, la división de la sociedad en estamentos y el inmovilismo económico y social.

Durante el Antiguo Régimen el monarca —que era rey "por la gracia de Dios"— no compartía el poder con nadie; las únicas limitaciones a su autoridad provenían de su dependencia financiera y militar de la nobleza y de las presiones ocasionales que ésta ejercía sobre la Corona. El origen divino del poder real determinaba otro de los rasgos fundamentales de este sistema: la unión entre la Iglesia y el Estado. La primera utilizó su enorme poder económico y su extensa presencia social —monopolio casi absoluto de la educación y la vida intelectual— para legitimar el poder y la autoridad de la Corona, lo que la convirtió en una institución esencial para el mantenimiento del orden establecido. El Estado, a su vez, utilizó sus recursos para defender la ortodoxia católica y la posición social del clero. En la *sociedad estamental* —de la que ya se habló en el capítulo dedicado a la Edad Media— los méritos personales no definían a los individuos. Por el contrario, el origen familiar o social eran los que determinaban en qué estamento nacía, vivía y moría una persona.

Económicamente, las sociedades del Antiguo Régimen estaban caracterizadas por su dependencia de una agricultura tradicional de muy baja productividad, por la escasa importancia de la industria —que era artesanal o familiar y estaba ligada a la transformación de los productos del campo— por la inexistencia de un mercado nacional, por el escaso desarrollo del sistema financiero, por la pervivencia del intercambio de mercancías y por el estancamiento económico.

Este sistema, que caracterizó todos los aspectos de la vida española durante los siglos XVI, XVII, XVIII y parte del XIX, perpetuó las relaciones tradicionales entre los trabajadores y los medios de producción, obstaculizó la movilidad social, económica e intelectual de los ciudadanos e impidió el progreso en su sentido más amplio.

La actitud reformista de los ilustrados, la abolición de algunos de los privilegios de la Iglesia y el impulso al comercio, a la industria y al conocimiento científico fueron los primeros pasos en el camino hacia la desaparición del Antiguo Régimen. La transformación de este sistema en una sociedad de clases y en una economía capitalista comenzó alrededor de 1750 y recibió un impulso fundamental a lo largo del siglo XIX, gracias a la formación de mercados nacionales integrados, a la aparición de nuevos medios de transporte, a la expansión de la producción industrial y al desarrollo de las finanzas. Estas transformaciones comenzaron a ser evidentes en muchas regiones de Europa alrededor de 1850; en otras áreas, sin embargo, la desaparición definitiva de algunos aspectos de la sociedad tradicional no se produjo hasta bien entrado el siglo XX.

❷ El siglo ilustrado

El siglo XVIII, que comenzó con la llegada a la Corona española de la nueva dinastía de los Borbones, presentó el primer acto del drama de las *dos Españas*: la lucha entre el reformismo ilustrado —que defendía los valores de lo empírico, lo práctico y la libertad de pensamiento— y el tradicionalismo defensor del Antiguo Régimen —que quería mantener la sociedad estamental y el protagonismo de la Iglesia.

A su llegada a España, Felipe V —el primer rey Borbón— se encontró con un país poco poblado en el que pervivían estructuras sociales, políticas y económicas arcaicas e ineficaces, y que estaba sumergido en un estado de crisis generalizada. El desarrollo del comercio interior, por ejemplo, estaba limitado por el uso local de diferentes monedas y unidades de pesos y medidas y por el mantenimiento de una ineficaz red de aduanas que dificultaba el tráfico de bienes y capital entre los antiguos reinos peninsulares. La inexistencia de un banco central hacía imposible regular las actividades económicas y financieras. La recaudación de impuestos, privatizada por los Austrias, estaba en manos de unos pocos financieros extranjeros, y la presión fiscal seguía recayendo sobre los antiguos territorios de la Corona de Castilla, que todavía eran los que más contribuían a los impuestos generales del Estado. Existían, además, importantes diferencias de desarrollo y nivel de vida entre las regiones, agravadas por un injusto sistema de distribución de la riqueza que dificultaba la

¿SABÍAS QUE...?

LA ILUSTRACIÓN EUROPEA

El siglo XVIII fue en Europa —y parcialmente en Norteamérica— el siglo de la Ilustración, un movimiento intelectual multidisciplinar que se caracterizó por su actitud empírica y relativista. Esta actitud tuvo su origen en los nuevos descubrimientos de las ciencias naturales y en el intenso contacto de los europeos con el resto del mundo, y pronto se extendió a las ciencias sociales, a la teoría política y a las humanidades. Sus figuras más destacadas fueron Newton y Locke en Inglaterra y Voltaire, Montesquieu y Rousseau en Francia. En este último país se publicó una de las obras clave de la Ilustración: *La Enciclopedia* editada por Diderot y D'Alambert.

En los ilustrados se unían la curiosidad intelectual, el amor por la naturaleza y la fe en la capacidad humana, el optimismo y el amor por lo práctico. La filosofía ilustrada enfatizaba la crítica y la prueba racional, y rechazaba el principio de autoridad, las verdades reveladas, las supersticiones y el canon escolástico de la tradición medieval. Creía, además, en la bondad natural del individuo y en la capacidad de éste para administrar su propia libertad y para alcanzar la felicidad personal a través del esfuerzo y la honestidad. Por ello algunos autores han considerado a los ilustrados como los continuadores lógicos de la Reforma protestante. La importancia que dieron a lo práctico y a lo útil se tradujo, además de en los avances científicos, en sus contribuciones a la teoría política, especialmente en lo relativo a la racionalización de la administración pública, la separación de poderes y los derechos individuales.

La Ilustración preparó las bases de la cultura moderna en Occidente. La ya mencionada división de poderes, el énfasis en la razón y en la ciencia y hasta la *Declaración Universal de los Derechos Humanos* son productos de la filosofía ilustrada.

transformación y modernización de los medios de producción y, con ello, el progreso económico. Para tener una idea de la situación, baste mencionar que la mitad de las tierras productivas de Andalucía estaban concentradas en grandes propiedades (los *latifundios*) pertenecientes a unas pocas familias que representaban el 0,2% de la población. El desinterés (o *absentismo*) de los grandes propietarios hacía que una parte importante de estos latifundios permaneciera sin explotar, mientras muchas familias campesinas no tenían acceso a tierra o propiedad alguna y se veían condenadas a la miseria. En Galicia, por el contrario, el sistema de propiedad de la tierra estaba basado en el *minifundio*, o división de las tierras arables en propiedades muy pequeñas, cuya poca productividad apenas garantizaba la subsistencia de sus propietarios. La pervivencia de estructuras sociales anticuadas que ligaban al individuo a su lugar de nacimiento limitaba la movilidad geográfica y social de la población. La vida cultural e intelectual estaba controlada por la censura de la Inquisición; la política interior era incoherente y la exterior estaba pasando por una etapa de transición. Las colonias americanas sufrían constantemente el acoso de la piratería protegida por Inglaterra, y algunas de ellas se encontraban en un preocupante estado de indefensión.

A la vista de todos estos problemas —que afectaban, en mayor o menor medida, a todos los países europeos de la época— y con el objetivo de adaptar las estructuras del país a los nuevos tiempos, los sucesivos reyes pusieron en marcha —con más o menos énfasis y éxito— programas de reformas y modernización. Felipe V, que cuando asumió el trono de España a los diecisiete años sólo hablaba francés y carecía de experiencia política, no tenía un proyecto ilustrado de nación; por ello el proceso reformista sólo comenzó a desarrollarse a partir de 1726 y no recibió su máximo impulso hasta el reinado de Carlos III (1759–1788). El espíritu de estas reformas descansaba en la ideología del llamado *Despotismo Ilustrado*, cuyo principio fundamental "todo por el pueblo, pero sin el pueblo", acabó por crear un nuevo sentido del Estado y de la monarquía basado en la centralización política, la eliminación de privilegios y Cortes regionales, la unificación de los códigos legales y de los mercados interiores, la racionalización de la administración, el reforzamiento de la autoridad de la monarquía, el fomento de la productividad y la mejora de la enseñanza. El poder administrativo concentrado en el rey absoluto era, para el pensamiento ilustrado, el fundamento del Estado, porque gracias a él la monarquía podía cumplir su objetivo de lograr el bienestar de sus súbditos. Esta actitud de supremacía del Estado convirtió al rey en el máximo inspirador e impulsor de las reformas, y por ello se denominó *regalismo*.

El reformismo borbónico se manifestó en todos los campos de la vida, y por ello tuvo que superar innumerables obstáculos internos y externos. Los obstáculos internos estuvieron determinados por los límites ideológicos del propio despotismo ilustrado. Aunque los Borbones intentaron en ocasiones crear un consenso social que facilitara la aceptación de las reformas, la importancia excesiva de la Corona en el diseño y ejecución de ese consenso convirtió a éstas en un instrumento para el reforzamiento y la consolidación del absolutismo y el mantenimiento del orden. En otras palabras, las reformas nunca estuvieron dirigidas a generar cambios radicales que pudieran alterar las relaciones entre las clases sociales. El mayor de los obstáculos externos fue la oposición de la Iglesia y, en menor medida, de las clases privilegiadas. Los constantes ataques de los sectores eclesiásticos a cualquier tipo de reforma acabaron provocando una lucha abierta entre quienes querían mantener el enorme poder de la Iglesia y quienes pretendían limitarlo. Al no existir una clase media lo suficientemente extensa y poderosa como para servir de contrapeso al poder de la Corona y a la Iglesia, la lucha entre ésta y el Estado se planteó en España en términos de la supremacía del segundo —personalizado en el rey— sobre la primera. Así pues, el rey se convirtió en el gran defensor de la sociedad civil, promoviendo cambios y reformas y enfrentándose en ocasiones a la jerarquía católica, a la Inquisición y al Vaticano.

A pesar de los obstáculos, los Borbones consiguieron implantar algunas reformas que tuvieron efectos muy positivos para el progreso del país. Como se verá en la sección siguiente, durante todo el siglo XVIII hubo un proceso de centralización y racionalización de la administración pública, se articuló una política económica basada en el *mercantilismo*, se promovieron actitudes sociales favorables a la inversión, al comercio y al trabajo, se regeneraron los instrumentos de la política exterior —ejército, marina y diplomacia— y se recuperó parte del prestigio internacional de España. Según algunos historiadores, la labor de construcción del Estado que se llevó a cabo en este periodo generó, además, una conciencia de nacionalidad española que, por primera vez, comenzó a unir a castellanos, aragoneses, valencianos, catalanes, navarros y vascos en un proyecto común que iba más allá de los localismos. Paradójicamente, un siglo caracterizado por su cosmopolitismo y marcado por las influencias extranjeras consiguió lo que no habían logrado ni Castilla, ni la Contrarreforma, ni la Inquisición: la articulación de España como nación.

❸ Reformas y reacciones

Las primeras dos grandes reformas promovidas por la nueva monarquía fueron de naturaleza administrativa y política, y tuvieron una importancia esencial en el proceso de transformación del Estado. La primera de ellas fue la mejora de la administración central y la unificación de las estructuras de gobierno mediante la sustitución de los viejos *consejos* de los Austrias por cinco *secretarías* (Estado, Gracia y Justicia, Hacienda, Marina, Indias y Guerra), precedentes de los ministerios modernos. Las finanzas de la Corona mejoraron considerablemente gracias a varias medidas de racionalización de la hacienda pública entre las que destacaron el control del cobro y la administración de los impuestos por funcionarios, la fundación de un banco central —el *Banco de San Carlos* (1782)— la contratación de expertos en finanzas para gestionar los asuntos económicos del Estado y la creación de nuevas fuentes de ingresos, como la *Real Lotería* (1763).

En el plano estrictamente político, los *Decretos de Nueva Planta* (1715) promulgados por Felipe V tuvieron como objetivo la unificación efectiva de los distintos reinos que integraban la monarquía en un régimen político común. Estos decretos eliminaron los *fueros*, las Cortes y los privilegios especiales de las regiones que habían sido hostiles a Felipe V durante la Guerra de Sucesión —Aragón, Cataluña, Valencia y Baleares— e impusieron en ellas el modelo castellano de fiscalidad. La unificación, sin embargo, no fue total, ya que los fueros y privilegios especiales de Navarra y el País Vasco se mantuvieron en vigor en recompensa por el apoyo que estos territorios habían dado al nuevo rey durante la mencionada guerra. Galicia y Asturias, por su parte, siguieron contando con sus *Juntas* o gobiernos locales, y Cataluña, Aragón y Baleares conservaron sus códigos de derecho e incluso —en el caso de Cataluña— su moneda. Con la unificación llegó la reforma de la administración territorial, que incluyó la creación de los puestos de *Capitán General* —un

¿SABÍAS QUE...?

LOS REYES REFORMISTAS DEL SIGLO XVIII

Desde el punto de vista estrictamente dinástico, el siglo XVIII estuvo caracterizado por su estabilidad. Solamente cuatro reyes reinaron durante toda la centuria: Felipe V, el primer Borbón (1700–1746); Fernando VI (1746–1759); Carlos III (1759–1788) y Carlos IV (1788–1808). Todos ellos excepto el último se pueden considerar reyes de talante reformista.

Felipe V gobernó durante casi medio siglo con una breve interrupción en 1724, cuando abdicó en su hijo Luis, pero volvió a tomar la Corona a la muerte de éste. Felipe V inició reformas muy importantes que reorganizaron el ejército y la administración y promulgó los *Decretos de Nueva Planta* de los que ya se habló.

Su sucesor **Fernando VI** trabajó por conseguir la neutralidad española en una Europa dividida por los conflictos entre Francia e Inglaterra. Este monarca fue el máximo impulsor del *regalismo*, doctrina que buscaba aumentar el poder del gobierno —es decir, del rey— y disminuir el de la Iglesia. Fernando VI firmó dos acuerdos —o *concordatos*— con el papa. Con el primero la Corona consiguió el control de las diócesis de Sevilla y Toledo, las más ricas del país; con el segundo (1753) el Estado asumió todos los poderes legales sobre la Iglesia española, que quedaba así sin jurisdicción propia.

Carlos III fue el rey más *ilustrado* de todos los Borbones del siglo XVIII. Fundó muchas instituciones educativas, urbanizó gran parte de Madrid, repobló zonas del sur con colonos europeos y contribuyó a la modernización del comercio y del ejército. Creó también el ya mencionado *Banco de San Carlos*. En política exterior tuvo que enfrentarse al expansionismo de Inglaterra en América, perdió La Florida a manos de los ingleses y ayudó a los patriotas americanos en sus esfuerzos por independizarse de Inglaterra.

Carlos III (Francisco de Goya)

Carlos IV, que gobernó durante los difíciles años de la *Revolución Francesa* y se unió a la coalición internacional contra la Francia revolucionaria, no puede ser considerado un rey reformista. Este monarca tuvo un reinado lleno de conflictos internos y externos, y acabó abdicando en su hijo por las presiones del emperador Napoleón.

A excepción de Carlos IV, los Borbones del siglo XVIII no fueron manipulados, como los últimos Austrias, por sus favoritos o *validos*, pero sí delegaron una cantidad importante de poder en sus ministros, la mayoría de los cuales tenía auténtica vocación administradora y de servicio público.

gobernador militar que tenía el control de las *Audiencias* o tribunales de justicia— y de *Intendente*, o gobernador civil, que se ocupaba de los asuntos económicos y administrativos. Estas reformas reforzaron el poder absoluto de los monarcas, que sólo convocaban al parlamento (*Cortes*) para funciones de protocolo.

El ejército pasó también por una época de transformaciones profundas que afectaron a todas sus estructuras. A principios del siglo XVIII se sustituyeron los Tercios por regimientos de infantería, caballería, artillería e ingenieros; se modificaron los uniformes y la estructura de los mandos y se abrieron escuelas militares para la formación de oficiales. También se creó la *Armada Real*, y se establecieron el himno y la bandera nacionales.

En el plano cultural —como se verá más adelante— los cambios fueron también muy importantes, y las reacciones contra ellos muy intensas. El *regalismo* avanzó considerablemente gracias a la firma (en 1737 y 1753) de los *Concordatos* con el Vaticano, que reconocieron el derecho del rey a nombrar algunos cargos eclesiásticos y a poner límites al número de clérigos y monjas y establecieron el deber de la Iglesia de pagar algunos impuestos. Los reyes del siglo XVIII simpatizaron muy poco con el Tribunal de la Inquisición, con el que mantuvieron una relación entre fría y abiertamente conflictiva. Aunque la Inquisición perdió gran parte de su poder, todavía tenía bajo su autoridad la censura de libros y llegó a procesar a individuos de la talla de Macanaz (1714) —ministro de Felipe V que había propuesto la reducción del clero y la secularización de la monarquía— y Olavide (1775) —uno de los mayores representantes del movimiento reformista. No obstante, la vida cotidiana de los españoles siguió girando alrededor de los valores católicos y de las devociones y festividades religiosas.

La monarquía, como se verá en la sección 5, impulsó la educación y la creación de instituciones académicas de carácter técnico y científico. El impulso a la educación y la adopción del castellano como lengua de la administración contribuyeron a la extensión de su uso por toda la península, aunque se siguieron utilizando las otras lenguas.

El terreno económico fue, con todo, el que generó los proyectos de reforma más ambiciosos durante este siglo *ilustrado*. Algunos de estos proyectos tuvieron consecuencias importantes, otros fueron neutralizados por la alta nobleza o por la Iglesia, y otros más ni siquiera pudieron aplicarse. Las nuevas leyes destinadas a reformar la economía se basaron en el *mercantilismo* —la filosofía económica de moda en la época— que se fijó como objetivos aumentar las actividades comerciales, facilitar el comercio interior y exterior y fomentar algunos sectores productivos mediante la aplicación de políticas *proteccionistas*. Siguiendo esta doctrina, los dos primeros Borbones (Felipe V y Fernando VI) suprimieron (en 1715 y 1757 respectivamente) todas las aduanas interiores —a excepción de las vascas— con lo que eliminaron uno de los obstáculos que tradicionalmente habían impedido el desarrollo del comercio dentro de la península. El proteccionismo económico del *mercantilismo* se manifestó en medidas como el cierre de las fronteras a productos exteriores con los que industria nacional no podía competir, y en los programas de ayuda estatal a los sectores productivos que se encontraban en crisis, que tenían más posibilidades de crecimiento o que contaban con más mercados exteriores. Entre las actuaciones concretas de los diferentes gobiernos mercantilistas destacan la creación de astilleros y fábricas de armas, la prohibición de importar tejidos extranjeros y el establecimiento de una red de *Reales Fábricas* —textiles, tapices, tabaco, vidrios o porcelana. Estas fábricas fueron las precursoras de las modernas empresas nacionalizadas, e introdujeron sectores de producción nuevos o salvaron de la crisis a algunos ya existentes. El comercio con América —que continuó siendo uno de los principales motores del progreso económico— se fue liberalizando progresivamente durante todo el siglo. Sevilla fue perdiendo su monopolio del comercio con las colonias a medida que otros puertos de la península recibían autorización real para intercambiar productos con América. Este proceso liberalizador se completó en 1778, año en el que se autorizó la entrada del comercio americano en cualquier puerto español.

La agricultura, que seguía siendo el principal sector económico del país, se benefició de reformas como el recorte de privilegios a la Mesta, la mejora de los regadíos y los programas de información a los campesinos sobre las nuevas técnicas de cultivo. Los nuevos productos agrícolas de origen americano —maíz, tabaco, tomate, patatas, etc.— se fueron extendiendo por la geografía española. En Cataluña aumentó la producción de vino y algodón, dos productos que serían importantes para la futura prosperidad de esta región; en Valencia se extendió la industria de la seda y la cerámica, así como la explotación del arroz y del naranjo.

Conscientes de que la mejora del sector agrícola era imposible sin una distribución más justa de la propiedad, los ilustrados diseñaron un programa de *reforma agraria* con objeto de poner en manos de los campesinos una parte de las tierras no cultivadas que pertenecían principalmente a la Iglesia —y, de paso, limitar el poder social y económico de ésta. En 1765 se decretó el *Tratado de la Regalía de la Amortización*, que regulaba la venta mediante subasta de las tierras que la Iglesia conservaba sin cultivar y el préstamo de dinero a los campesinos para que pudieran acceder a su compra. Durante el reinado de Carlos III se procedió también a la división entre los jornaleros de las tierras de propiedad comunal. Estas medidas tuvieron un éxito limitado en algunas áreas de Extremadura y La Mancha pero, por lo general, resultaron insuficientes para resolver los problemas del campo español. Otras reformas más progresistas que contemplaban cambios estructurales en el sistema de propiedad y cultivo de la tierra nunca llegaron a ponerse en práctica por la oposición de los privilegiados. A pesar de que la situación de la agricultura mejoró considerablemente, el retraso técnico, la pervivencia de los derechos señoriales en muchas zonas rurales y el deficiente sistema de comercialización de los productos del campo mantuvieron la productividad de este sector a niveles bajos durante casi todo el siglo. La escasez esporádica de alimentos ocasionó subidas de precios muy graves que provocaron el descontento popular, e incluso la violencia.

El Estado también invirtió en la mejora de infraestructuras y en la repoblación y colonización de tierras. Durante esta época se mejoró la red de caminos y carreteras, se construyeron numerosos puentes y se creó un servicio público de *Correos y Postas*. A pesar de ello —y como ocurrió en toda Europa— la dificultad y la lentitud de las comunicaciones del centro con la periferia no se superarían hasta la llegada del ferrocarril y el telégrafo en el siglo XIX. Se construyeron también varios canales de riego —obras públicas muy costosas y difíciles técnicamente— que aún hoy continúan en servicio, como el *Canal de Aragón*, el *Canal de Castilla* y el del río Júcar en Levante. En 1760, y también por decreto real, se repoblaron zonas de Andalucía para estimular el crecimiento demográfico de la región y la explotación de la minería de sus montañas. Esta repoblación creó treinta nuevos pueblos que fueron ocupados por más de diez mil colonos procedentes del sur de Alemania, de Flandes, de Galicia y de Asturias.

En resumen, las reformas fueron muchas y muy variadas —reorganización de las estructuras administrativas del Estado, unificación fiscal, reestructuración del ejército, creación de un mercado nacional, reformas agrarias, intentos de desamortización, repoblación de algunas zonas de la península y liberalización del comercio con América— y afectaron a todas las áreas del país y a todos los aspectos de la vida. El alcance social de cada una de ellas fue, como ya se ha indicado, muy variado, debido a la resistencia sistemática de los defensores del Antiguo Régimen que toleraron los cambios siempre y cuando mejoraran la economía y mantuvieran la paz social, pero se opusieron a ellos cuando ponían en peligro la pervivencia de sus privilegios. El triunfo de la *Revolución Francesa* (1789) asustó al alto clero y a la nobleza españolas, que reaccionaron adoptando posiciones más defensivas en favor del orden social del Antiguo Régimen.

El último y mejor ejemplo de los intentos de los grupos más conservadores por retrasar las reformas borbónicas fue el llamado *Motín de Esquilache* (1766), que se produjo durante el reinado de Carlos III. El motín tenía como objetivo la destitución del marqués de Esquilache, un napolitano consejero del rey que había promovido cambios —como la profesionalización del ejército y la creación de un sistema educativo menos controlado por la Iglesia— que no gustaron a los privilegiados. Manipulados por algunos sectores de la aristocracia que supieron explotar la subida del precio del pan para provocar el descontento popular, los amotinados se lanzaron a la calle al grito de "muera Esquilache y viva el rey". El conflicto terminó con la destitución y el destierro del marqués y la paralización de muchas de sus reformas. Poco después un fiscal culpó directamente a los jesuitas de haber sido los máximos provocadores de la crisis, lo que llevó al rey —siguiendo el ejemplo de Francia— a expulsarlos del país en 1767.

❹ La sociedad en el siglo XVIII

El siglo XVIII fue para España un periodo de crecimiento demográfico, ya que la población pasó de unos ocho millones de habitantes en 1714 a alrededor de once millones en 1799. La distribución geográfica de este crecimiento fue irregular: hubo regiones —como las zonas costeras del País Vasco, Cataluña, Andalucía y Valencia— que crecieron de forma espectacular, mientras que otras —La Mancha, Extremadura y Castilla— se estancaron o retrocedieron. La gran mayoría de la población del siglo XVIII vivía en pueblos pequeños; Madrid y Barcelona —las ciudades más grandes— no pasaban, al final de la centuria, de los 120.000 habitantes; otros núcleos urbanos importantes, como Valencia y Sevilla, no llegaban a los 80.000. La aparición de las primeras fábricas hizo posible el desarrollo y el crecimiento de las ciudades, aunque la mayor parte de la población continuó empleada en los sectores agrícola o ganadero y se benefició de las mejoras económicas sólo parcialmente. Para los más pobres, la emigración a las colonias americanas seguía siendo la única promesa de una vida mejor.

A pesar de las reformas borbónicas, la mayoría de los españoles seguía viviendo bajo las estructuras y los valores sociales del Antiguo Régimen, que continuaban limitando seriamente su movilidad social y geográfica. En 1740 más de la mitad de la población campesina seguía sometida al régimen del *señorío*, y la Iglesia y la nobleza todavía eran dueñas de la mayoría de las tierras cultivables. Esta situación fue cambiando con el siglo, a medida que se iba creando una nueva clase social de propietarios agrícolas sin título nobiliario. Existía, además, un importante número de propietarios de pequeñas parcelas de tierra (los *minifundios*) que vivía en condiciones económicas precarias. El reformismo ilustrado no supo ver las causas sociales de la pobreza que seguía afectando a miles de ciudadanos y siguió considerando a las víctimas del desempleo, el subempleo o las injusticias sociales como pertenecientes a la misma categoría que los vagos y delincuentes, por lo que siguieron recibiendo el mismo tratamiento que en siglos anteriores: encierro en centros de caridad o en cárceles, trabajos forzados o reclutamiento forzoso en el ejército.

La nobleza fue perdiendo poder jurídico sobre sus siervos e influencia política sobre la Corona, pero mantuvo intactos sus privilegios económicos y su poder social, así como sus propiedades y el derecho al cobro de algunos servicios públicos —el uso de molinos y puentes, por ejemplo. Durante este siglo hubo también un crecimiento moderado de los títulos nobiliarios y una disminución en la cantidad e importancia social de los hidalgos, desprestigiados por su escasa contribución al progreso. No hay que olvidar, sin embargo, que la mayoría de los reformistas e ilustrados procedían del estamento nobiliario y que eran conscientes de que los cambios que defendían ponían en peligro los privilegios de sus propias familias.

El clero mantuvo su enorme poder y, a pesar de las reformas, continuó siendo la institución más influyente del Estado. En el antiguo reino de Castilla gran parte de las tierras agrícolas más productivas —aproximadamente el 15% del total— eran todavía propiedad de la Iglesia a mediados del siglo. Esta institución, además, recibía abundantes ingresos de la ganadería, de rentas hipotecarias y de diezmos y limosnas, y poseía un enorme patrimonio inmobiliario y artístico. El número de clérigos y monjas siguió aumentando, y llegó a alcanzar los 260.000 —una cantidad excesiva para la población del país— antes de comenzar a disminuir a finales de siglo. Su abundante presencia en todos los sectores socioeconómicos constituyó un poderoso instrumento de control social que contribuyó a mantener entre las masas los valores del Antiguo Régimen y del catolicismo más conservador. A pesar de que algunos destacados reformistas fueron miembros del clero, la Iglesia como institución se opuso sistemática y activamente a la modernización del país, de la educación y de las estructuras de producción, y contribuyó al mantenimiento del atraso social, económico y cultural.

Fuera de los estamentos del Antiguo Régimen empezó a cobrar importancia la *burguesía*, un grupo de población urbano y todavía no muy extenso que constituyó, en España y en toda Europa, la vanguardia de los fuertes cambios sociales del siguiente siglo y que acabó siendo el núcleo de la futura clase media. La burguesía no encajaba en la sociedad estamental porque su identidad estaba basada en la función social de sus miembros —trabajo manual, comercio, finanzas, administración pública, enseñanza, medicina, industria— y no en su origen social. Poco a poco, la posición y prestigio sociales de esta clase fueron creciendo, gracias a la incidencia de factores como el nuevo estímulo al comercio, el final del monopolio que la Casa de Contratación tenía con el comercio americano y la contratación libre y profesionalizada de trabajadores posibilitada por la desaparición de los *gremios* —asociaciones laborales de origen medieval.

La importancia social de la burguesía, su dinamismo, su contribución al progreso económico e industrial del país y su mentalidad favorable al trabajo a la producción y a las medidas reformistas de los reyes ilustrados llevaron a Carlos III a promulgar una ley (1782) que reconocía las profesiones desempeñadas por los burgueses como "honradas" —frente a la actitud despectiva que los Austrias y la Iglesia habían tenido con ellas— y las declaraba compatibles con la nobleza. A pesar de ello, la presión de la mentalidad aristocrática en la cultura española continuó siendo muy fuerte y llevó a muchos burgueses ricos a "aristocratizarse", es decir, a comprar títulos nobiliarios y en ocasiones a abandonar las actividades productivas, con lo que se frenó el desarrollo socio-económico de España.

En resumen, las muchas reformas políticas y económicas emprendidas desde el gobierno lograron mejoras importantes en la economía y en la administración, pero no consiguieron transformar radicalmente ni la vida diaria ni la mentalidad de la mayoría de los españoles; sí contribuyeron, sin embargo, a preparar los cambios sociales que se iban a producir durante el siglo siguiente.

¿SABÍAS QUE...?

EL BANDOLERISMO

La palabra *bandolero* procede de *bando*, que era el llamamiento que la justicia hacía contra los criminales. Los bandoleros o *forajidos*, conocidos también en Cataluña como *trabucaires* —porque usaban el *trabuco*, una escopeta típica de la época— y en Andalucía como *caballistas*, eran ladrones que asaltaban a viajeros y diligencias en los caminos. Su objetivo era, por lo general, el robo de dinero u objetos de valor, aunque en algunos casos llegaron a matar o a secuestrar a sus víctimas.

El bandolerismo es un fenómeno muy antiguo cuya aparición y desaparición estuvo siempre unida a factores socioeconómicos como la pobreza y las crisis sociales. En el caso de la España de los siglos XVIII y XIX, a esos factores hay que añadir la inestabilidad causada por las guerras, la debilidad de la justicia y del Estado y la geografía montañosa de la península. En algunas ocasiones el bandolerismo alcanzó unas proporciones alarmantes —especialmente en Andalucía, Murcia y Cataluña— y convirtió la red de caminos españoles en una de las más peligrosas de Europa.

Los bandoleros —simples criminales— compartieron a veces las montañas con los guerrilleros, idealistas políticos que luchaban por una causa. Durante las épocas de crisis políticas graves muchos bandoleros se unieron a los grupos de guerrilleros, lo que les dio más poder e hizo crecer su prestigio entre las gentes menos informadas. Ello contribuyó a que la literatura popular española y los mitos románticos europeos sobre una España "exótica" y peligrosa crearan una imagen del bandolero como personaje amante de la libertad, valeroso, generoso, idealista y defensor de los débiles. Esta imagen no se corresponde con la realidad, ya que la mayoría de los bandoleros eran personajes crueles y analfabetos, víctimas de la pobreza y las estructuras sociales.

La creación de la policía rural española en 1844 —la *Guardia Civil*— contribuyó enormemente a la disminución del bandolerismo y también excitó la imaginación popular sobre la nueva "guerra" entre la ley y el crimen.

5 El cambio de siglo

El reinado de Carlos IV —que comenzó en 1788— constituyó la bisagra política entre los siglos XVIII y XIX. España era, en ese año, una nación estable, católica, moderadamente ilustrada y dueña todavía de un importante imperio colonial. El país estaba pasando por una etapa de crecimiento demográfico y económico, de regeneración social y de recuperación de su prestigio internacional. Esta situación cambió radicalmente tras el final de la *Revolución Francesa* (1789). El triunfo en París de la Ilustración radical, republicana y atea, la ejecución de la familia real en la guillotina y la llegada al poder de Napoleón provocaron un cambio político en toda Europa que se manifestó en el resurgimiento de las ideas del Antiguo Régimen, en la reacción conservadora de las monarquías y en la formación de una alianza internacional antifrancesa. En España, la reacción al triunfo de la Revolución Francesa supuso la vuelta a la alianza entre la Iglesia y la Corona, la paralización de las reformas, el endurecimiento de la censura y la represión de las ideas reformistas. El gobierno de Manuel Godoy —valido de Carlos IV desde 1792— participó, junto a Inglaterra, Prusia, Austria y Holanda, en una guerra contra Francia (1793–1795) que acabó en un tratado de amistad franco-española (*Tratado de Basilea*, 1795). Este tratado convirtió España en un satélite de la Francia de Napoleón, lo que, como veremos después, tuvo consecuencias muy negativas para el país: guerras con Portugal (1801) y con Inglaterra, derrota de la marina española en Trafalgar (1805), pérdida de control del Atlántico, recesión económica, crecimiento del déficit público y presencia de tropas francesas en España.

6 Las letras y las artes: Ilustración y Neoclasicismo

La aceptación de los valores filosóficos, estéticos y culturales de la Ilustración europea en España fue lenta, problemática y limitada debido principalmente al peso de las tradiciones autóctonas, a la resistencia de las estructuras sociales del Antiguo Régimen y a la influencia de la tradición. A pesar de ello, las letras españolas se sumaron a las corrientes literarias y artísticas del resto del continente y participaron en ellas activamente, aunque los ilustrados españoles nunca llegaron a defender posturas tan radicales como las de Rousseau o Voltaire. La influencia de la Ilustración francesa en la vida intelectual fue lo suficientemente significativa como para que se acuñara el término *afrancesados* con el que el pueblo y los tradicionalistas se refirieron despectivamente a los ilustrados españoles.

Las creaciones culturales más típicas de la Ilustración francesa fueron las *Academias*, instituciones financiadas con dinero público y dedicadas al cultivo y a la difusión de un área determinada del conocimiento. Siguiendo el modelo francés, pronto se crearon en España las Academias *de la Lengua* (1713), *de la Historia* (1735), *de Jurisprudencia* (1739) y *de Bellas artes* (1744), todas ellas establecidas en Madrid. La Academia de la Lengua se marcó el objetivo de fijar el uso correcto del español, y publicó un *Diccionario*, una *Gramática*

El Palacio Real (Madrid)

Fachada del Museo del Prado (Madrid)

y una *Ortografía*. En esta época comenzaron también a publicarse muchos periódicos y revistas literarias que, junto con las *tertulias* (reuniones informales de amigos para hablar de asuntos literarios y políticos), animaron la vida intelectual de las ciudades. La prensa se convirtió en el principal medio de difusión de noticias y de novedades culturales. Muchos periódicos de crítica social —como *El Pensador* y *El Censor*, por ejemplo— alcanzaron un gran éxito, a pesar de que todavía una importante parte de la población era analfabeta. Las tertulias más importantes fueron las *Sociedades de Amigos del País*, compuestas por intelectuales locales y dedicadas a la discusión de temas científicos, culturales o económicos y al apoyo y a la difusión de los proyectos reformadores de los sucesivos gobiernos.

En el terreno educativo España mantenía un importante atraso con respecto a Francia —el país entonces considerado como modelo— y por ello los intelectuales criticaban sistemáticamente el lamentable estado de las universidades españolas, que permanecían estancadas en los viejos modelos escolásticos. Los progresos en este campo fueron muy lentos y limitados porque la reforma de la universidad nunca fue un objetivo prioritario para los Borbones. La expulsión de los jesuitas, sin embargo, dejó vacías muchas cátedras y obligó a tomar una serie de medidas que se materializaron en la reforma radical de instituciones como la Universidad de Valladolid y en la fundación de centros de formación superior altamente especializados e innovadores. Entre estos centros destacaron el *Seminario de los Nobles* de Madrid, las *Academias de Matemáticas* de Barcelona —especializada en la formación de ingenieros militares— *de Artillería* de Segovia y *de Guardias Marinas* de Cádiz, las *Escuelas de Veterinaria* y *Mineralogía* de Madrid, las *Escuelas de Minas* de Almadén y Gijón, varios colegios de cirugía y medicina y el *Instituto Jovellanos* de Asturias.

La Puerta de Alcalá (Madrid), construida por encargo de Carlos III

Durante la segunda mitad del siglo, el Estado y la Inquisición chocaron continuamente sobre cuestiones de censura y libertad intelectual. El triunfo de la Revolución Francesa dio argumentos a la Inquisición para limitar aún más la libertad de imprenta, pero la lentitud con la que operaban los censores daba tiempo a los libreros a vender numerosos ejemplares de la *Enciclopedia* francesa, de los ensayos de Locke o de las obras más polémicas de Montesquieu, Voltaire y Rousseau. A pesar de todo, el debate intelectual que provocaron esos libros quedó limitado a las grandes ciudades y a los miembros de las élites liberales.

ILUSTRACIÓN Y CENSURA

El reformismo y el espíritu crítico e ilustrado de algunos de los reyes españoles del siglo XVIII tuvieron que convivir con la actitud conservadora de las fuerzas de la tradición católica y del Antiguo Régimen. Estas fuerzas utilizaron todos los medios a su alcance para mantener al país "a salvo" de las "peligrosas" ideas de la Ilustración francesa, y contaron con la colaboración de una Inquisición que, aunque debilitada, conservaba el control sobre la censura de libros. Los gobiernos reformistas, a su vez, mantuvieron una red de censores independiente de la Inquisición cuya misión era proteger las instituciones estatales y religiosas de la influencia de ideas potencialmente revolucionarias. A medida que avanzaba el siglo XVIII, la aplicación práctica de las decisiones de esta censura se fue haciendo más difícil, ya que el antiguo objetivo de defender la ortodoxia tenía que mantener ahora un difícil equilibrio con el nuevo interés del Estado por el desarrollo de una filosofía y de unas ciencias cuyo discurso crítico y racional era ya, de por sí, "heterodoxo".

Las censuras inquisitorial y gubernamental lograron que no se publicasen en España libros ilustrados europeos de contenido político y religioso, pero no consiguieron parar la circulación clandestina de ediciones extranjeras de esos trabajos, ni la discusión de los temas que contenían. Los escritos de la época están llenos de testimonios de personajes que, como el obispo de Plasencia, se quejan de la facilidad con la que se podían adquirir ediciones en francés de las obras más subversivas e irreligiosas de Voltaire, en las que se dudaba de la inmortalidad del alma o de la autoridad real. También existen numerosas anécdotas que revelan la popularidad de que gozaban los mencionados libros en algunos círculos culturales de la época. Se dice, por ejemplo, que incluso algunos miembros de la jerarquía eclesiástica distribuían entre sus párrocos ejemplares de esas obras, y que su discusión era frecuente en las tertulias y en los cafés frecuentados por la alta sociedad.

El énfasis ilustrado en la *razón*, las ciencias y lo práctico tuvo también consecuencias importantes en la literatura. Los escritores del XVIII rechazaron los "excesos" retóricos y formales del Barroco —estilo que consideraban oscuro y excesivamente complicado— y lo sustituyeron por una estética centrada en la claridad y la elegancia, tanto en la prosa como en el verso, e inspirada en la naturaleza como fuente de sentido común. La obra que mejor resume los gustos literarios de la Ilustración española es la *Poética* de Ignacio de Luzán (1737), que recomendaba a los escritores mantener el "buen gusto" y evitar exageraciones y apasionamientos irracionales. Siguiendo las corrientes estéticas europeas, la *Poética* defendía el equilibrio entre el placer estético y la utilidad social. Por ello, las producciones literarias más interesantes de este período se dieron en el género del ensayo que, por estar a mitad de camino entre la literatura y la filosofía, se consideraba el más adecuado para "enseñar deleitando". La novela, en cambio, fue un género muy poco cultivado, la poesía simplificó sus formas y contenidos y el teatro adoptó una temática popular y de mensaje social.

Los escritores más representativos del siglo ilustrado fueron Melchor Gaspar de Jovellanos, José Cadalso y el padre Benito J. Feijoo. Jovellanos fue un auténtico ilustrado por sus ideas, su actitud vital y su actividad reformista. Pasó varias veces de ministro del gobierno a intelectual exiliado y a comienzos del siglo XIX —ya en su vejez— fue miembro de la *Junta* que preparó la primera constitución democrática del país. Entre sus numerosos escritos destacan el *Informe sobre el expediente de la Ley Agraria* —que expone los cambios necesarios para una mejora radical de la agricultura española— y el *Plan para la Mejora de la Instrucción Pública* —donde se insiste en la importancia de la cultura y la enseñanza para el progreso de la nación. Aunque su obra propiamente literaria no fue brillante, tuvo el mérito de anticiparse a la estética del romanticismo con *El delincuente honrado*, una obra dramática en prosa que establecía un equilibrio entre el racionalismo ilustrado y el sentimentalismo romántico.

Cadalso fue un escritor también de carácter prerromántico (*Noches lúgubres*) y un ensayista muy agudo. En sus *Cartas marruecas* presentó una visión crítica y perspectivista de la vida española a través del intercambio de correspondencia entre un árabe residente en Madrid y su amigo español.

El padre Feijoo fue un reformista moderado que, en su largo ensayo *Teatro crítico universal*, presentó las causas de la situación histórica, económica, cultural y social de España y revisó temas muy diversos, siempre manteniendo el equilibrio entre una actitud crítica y progresista y una defensa de las tradiciones españolas.

Dos de las obras más interesantes de este periodo fueron la *Vida* de Diego de Torres y Villarroel y *Fray Gerundio de Campazas* del sacerdote José Francisco Isla. El primero es un libro de carácter autobiográfico lleno de elementos picarescos y fiel reflejo histórico de su época; sus páginas presentan una combinación original de la tradición picaresca española y de la elegante ironía ilustrada. En *Fray Gerundio de Campazas* nos encontramos una divertida sátira contra los predicadores apasionados de la tradición barroca.

¿SABÍAS QUE...?

LAS *CARTAS MARRUECAS*

El escritor Cadalso escribió —siguiendo la moda de la época— un libro de correspondencia ficticia entre dos extranjeros marroquíes y un español que ofrecía una perspectiva "desde fuera" de las virtudes y vicios de su país. En esta divertida Carta XII, el moro Gazel escribe a su primo Ben-Ley para contarle una anécdota sobre la absurda obsesión española con la nobleza.

En Marruecos no tenemos idea de lo que por acá se llama nobleza hereditaria, con lo que no me entenderías si te dijera que en España no sólo hay familias nobles sino provincias. Yo mismo, que lo estoy presenciando, no lo comprendo. Te pondré un ejemplo práctico y lo entenderás menos, y si no, lee:

Hace unos pocos días, pregunté si estaba el coche preparado, pues mi amigo Nuño estaba enfermo y yo quería visitarle. Me dijeron que no. Al cabo de media hora, hice igual pregunta y hallé igual respuesta. Pasada otra media hora pregunté y me respondieron lo mismo, y de allí a poco tiempo me dijeron que el coche estaba preparado, pero que el cochero estaba ocupado. Indagué su ocupación al bajar las escaleras y él mismo me dijo:

—Aunque soy cochero, soy noble. Han venido unos vasallos míos y han querido besarme la mano para llevar este consuelo a sus casas; por eso me he detenido, pero ya terminé ¿Adónde vamos?

Y al decir esto montó en la mula y arrimó el coche.

La mejor pieza del teatro dieciochesco es *El sí de las niñas*, una obra de naturaleza pedagógica escrita por Leandro Fernández de Moratín que une con éxito la trama dramática, el estilo elegante del lenguaje y el mensaje social. En ella se ridiculiza la vieja costumbre de concertar matrimonios de interés entre chicas adolescentes y viejos ricos; al final, triunfa el amor de los jóvenes, la libertad de las mujeres y el "sentido común". Otro destacado dramaturgo fue Ramón de la Cruz, quien contribuyó a la nueva estética simple, realista y popular con sus *sainetes*, obras cortas de tema costumbrista.

El estilo dominante en las artes plásticas del siglo XVIII fue el *neoclásico*, especialmente en lo que respecta a la escultura y la arquitectura. El estilo neoclásico surgió en Roma en la segunda mitad del siglo XVIII y oponía a los excesos del Barroco su defensa de la tradición clásica greco-latina. Su arquitectura se caracterizó por ser una imitación de los monumentos clásicos y por la utilización de técnicas de construcción de origen romano, griego o egipcio. Este nuevo estilo se introdujo en España alrededor de 1735, y alcanzó su mayor desarrollo durante el reinado de Carlos III, época en la que se produjo una importante reforma urbanística de Madrid. Por ello esta ciudad cuenta con algunas de las más importantes construcciones neoclásicas de España, como los *Jardines del Palacio Real*, el *Museo del Prado*, la *Puerta de Alcalá* y la *Academia de la Historia*. En la decoración de interiores, los muebles y los tapices, sin embargo, triunfó el *Rococó*, un estilo de origen francés que contradecía el ideal neoclásico de simplicidad, al utilizar una gran profusión ornamental.

La pintura neoclásica estuvo representada en España por Vicente López y José de Madrazo, autor este último de cuadros de temas históricos como *La muerte de Viriato*. Pero la figura más importante del arte español de este periodo, sin duda alguna, fue el pintor aragonés Francisco de Goya (1746–1828), considerado uno de los fundadores de la pintura moderna. Su evolución artística pasó por cuatro etapas. La primera (1762–1775) abarca los años que el pintor pasó en Madrid y en Italia, y está caracterizada por la tendencia al realismo popular y caricaturesco y por la producción de obras de carácter religioso, como la bóveda de la Basílica del Pilar de Zaragoza. La segunda etapa (1775–1792) se desarrolló mientras Goya trabajaba en la Real Fábrica de Tapices de Madrid, y en ella produjo obras de encargo de carácter costumbrista y decorativo que, aunque no le permitieron desarrollar su propia personalidad, le ofrecieron la oportunidad de perfeccionar su técnica. Los cuadros de este periodo —de entre los que destacan *La Gallina Ciega* y *el Parasol*— son amables y equilibrados, y presentan en colores vivos una visión agradable y sonriente de la vida popular. De estas fechas son también la serie de tapices *Juegos de niños* y varios retratos de personajes ilustres, como el del *Conde de Floridablanca* o los *Duques de Osuna*. El tercer periodo (1792–1808) comenzó con una enfermedad que acabaría provocándole la sordera y que le convertirá en un hombre introvertido y visionario. Por estos años se hizo evidente su simpatía hacia las ideas liberales y su actitud progresista y de crítica social. Estéticamente, durante esta etapa Goya comenzó a

Estanque del Parque del Retiro, siglo XVIII

Saturno devorando a sus hijos
(Francisco de Goya)

romper las reglas y convenciones de la pintura de su tiempo. En esta época comenzó *Los Caprichos* —una serie de grabados en los que se representan algunas miserias sociales y se refleja la personalidad atormentada del pintor— y otras obras de gran dramatismo en las que los protagonistas son las masas anónimas, como *La casa de los locos, El incendio* y *El naufragio.* Al mismo tiempo, continuó retratando personajes famosos, como *Moratín, Jovellanos* y *La familia de Carlos IV,* cuadro este último en el que revela con aguda ironía y sentido realista la vulgaridad de los retratados. De estos años son también sus dos *Majas* (la desnuda y la vestida), pintadas por encargo de Godoy.

Su cuarta etapa (1808–1828) estuvo marcada por la crueldad de la guerra hispano-francesa de principios del siglo XIX —que se estudiará en el capítulo siguiente. Bajo esa luz deben entenderse la serie de grabados *Los desastres de la guerra* y los cuadros *La carga de los mamelucos* y *Los fusilamientos de la Moncloa,* que presentan escenas de la guerra contra los franceses y muestran los efectos de ésta sobre un pueblo hambriento, maltratado, atemorizado y desesperado. La sencillez técnica de este último cuadro, el patetismo expresivo de sus personajes y los contrastes de luces y sombras han hecho de él una de las obras maestras de la pintura europea. Los grabados llamados *Los Caprichos* —inspirados en el pueblo y en la magia— y *Los Disparates* —representaciones de un mundo ilógico y de sueños— constituyen un auténtico precedente del surrealismo moderno. Esta estética tuvo su continuación en las llamadas *Pinturas negras* —como *Saturno devorando a sus hijos, El aquelarre, Lucha a garrotazos*— unas obras de ambiente denso, colores oscuros, rasgos exagerados, tensión psicológica y contenido claramente expresionista.

Los acontecimientos políticos que se produjeron al final de su vida obligaron a Goya a exiliarse en el sur de Francia, donde residió hasta su muerte (1828). En estos últimos años pintó *La lechera de Burdeos,* obra que anticipa la estética del impresionismo.

Goya fue un artista de evolución lenta cuya poderosa originalidad le convirtió no sólo en un pintor moderno y un maestro universal sino también en un precursor de cuatro de los grandes estilos de la pintura posterior: el romanticismo —por sus temas sociales y populares— el expresionismo —por su visión de la violencia y la miseria humana— el surrealismo —por sus representaciones del mundo de los sueños y las visiones— y el impresionismo —por las técnicas empleadas en sus últimos cuadros.

¡Atención! Ve a **De la Red** de este capítulo en *www.prenhall.com/espanaayeryhoy.* Allí encontrarás sitios de información muy interesante y de fácil acceso.

El siglo XIX

6

Temas de introducción

1. Durante todo el siglo XIX, la Iglesia católica y los militares tuvieron una enorme influencia en los asuntos de estado en España. ¿Cuál fue la importancia y el papel de la religión y el ejército en la vida política norteamericana durante las primeras décadas de la existencia de los EE.UU.?

2. En las próximas páginas se habla de los *carlistas* españoles, que defendían la monarquía absoluta —es decir, la concentración de todos los poderes del Estado en la persona del rey— y se oponían al liberalismo, a las constituciones y a cualquier forma de control del poder del monarca. En sus intentos por crear un estado absoluto, los carlistas llegaron a provocar tres guerras civiles. ¿Existe algún movimiento similar en la historia política o militar estadounidense del siglo XIX?

3. ¿Qué te sugiere el término *bipartidismo*? ¿Cuáles son para ti las ventajas y desventajas del bipartidismo respecto al multipartidismo?

4. ¿Qué ideas relacionas con los términos *Revolución Industrial* e *industrialización*? ¿Sabes algo de la influencia de la industrialización en la población y sus movimientos, en los transportes, en la relación entre las clases sociales, en el papel de la mujer y en los derechos de los trabajadores en los EE.UU. durante el siglo XIX?

5. A finales del siglo XIX, y como consecuencia de la industrialización, comenzaron a organizarse en España sindicatos y partidos de izquierda que defendían los intereses de los trabajadores. ¿Sabes si hubo un movimiento obrero en los EE.UU. durante la misma época?

6. ¿Podrías nombrar algún escritor, intelectual o artista estadounidense del siglo XIX? ¿Qué ideología, estética o estilo se manifiesta en sus obras?

1 Introducción: Un siglo conflictivo

El siglo XIX fue un periodo de gran complejidad política y social. A pesar de las reformas del siglo XVIII, el país comenzó la nueva centuria casi completamente inmerso en el Antiguo Régimen y la terminó dividido social y económicamente entre unas áreas que mostraban ya las estructuras propias de una sociedad industrial en rápido progreso y otras que seguían todavía dominadas por la vida tradicional basada en una agricultura poco desarrollada. El retraso de ciertos sectores de la nación siguió siendo resultado de la fuerte implantación de los privilegios tradicionales de la nobleza y la Iglesia, de la debilidad del poder civil y de la crónica ausencia de una clase media fuerte.

Las *dos Españas* de comienzos de siglo —la de los *liberales* y la de los *absolutistas*— adoptaron otros nombres a medida que cambiaban las circunstancias históricas y los programas políticos. A mediados de la centuria estaban representadas por *progresistas* contra *moderados*, o *liberales* contra *carlistas*. Más adelante, los liberales más radicales se transformaron en *republicanos*, y los moderados en *conservadores*. Al final del siglo la lucha correspondía ya a la dinámica de la sociedad de clases y enfrentaba a los obreros socialistas y anarquistas contra los burgueses conservadores o monárquicos.

A pesar de su complejidad, el siglo XIX puede dividirse en cuatro grandes periodos caracterizados por el dominio de diferentes tendencias políticas que casi siempre se correspondían —aunque con algún retraso— a las ideologías imperantes en el continente europeo. Estos cuatro periodos son 1) gran impulso de las revoluciones liberales (1810–1823), que tuvo su máxima expresión en la Constitución de 1812; 2) reacción antiliberal, intensos conflictos entre liberales y absolutistas (1823–1868) y aparición de dos corrientes políticas reaccionarias diferentes, una interna al sistema —la *moderada* o *moderantista*— y otra externa y más violenta —el absolutismo *carlista*; 3) período revolucionario (1868–1873) de graves crisis sociales que coincidió con la Revolución Industrial, y 4) restauración monárquica (1873–1902), época de relativa estabilidad caracterizada por el ascenso al poder de la burguesía y la nueva clase media.

Para comprender la historia de España durante este periodo es imprescindible tener una idea general de las bases sociales e ideológicas de los diferentes partidos que aparecerán en las próximas páginas y de cómo estas bases se fueron transformando y adaptando a los cambios históricos que tuvieron lugar a lo largo del siglo. Así, los liberales de las primeras dos décadas representaban a una pequeña élite intelectual y progresista muy influida por las revoluciones románticas europeas. Los liberales de mediados de siglo, en cambio, eran un grupo más numeroso que acabó dividiéndose en *progresistas* de centro-izquierda y *radicales* o *exaltados,* mucho más hostiles al tradicionalismo y a la religión. Como ya hemos mencionado, a mediados de siglo los absolutistas o reaccionarios se habían partido, a su vez, en dos grupos: los *moderados* de centro-derecha, que hacían política dentro de los parámetros del sistema y que, a pesar de su conservadurismo, habían aceptado la realidad

¿SABÍAS QUE...?

EL LABERINTO DEL SIGLO XIX

La complicada historia de la España del siglo XIX presenta un capítulo de una larga, accidentada y conflictiva marcha hacia la revolución liberal y la implantación de la modernidad. La tensión entre las Españas *liberal* —llamada después *progresista* y más tarde *republicana*— y *absolutista* —luego *moderada* y, al final del siglo, *conservadora*—

marcó todos los aspectos de la vida política y social del país. La lista que sigue presenta de manera esquemática los periodos dominados por una u otra de las Españas, los hechos más significativos que se produjeron en cada una de ellas y las constituciones que estuvieron en vigor durante cada etapa.

continúa en la página siguiente

PERIODOS	FECHAS	HECHOS	CONSTITUCIONES
Liberal	1811–1814	Vuelta de Fernando VII	Constitución de 1812
Absolutista	1814–1820	Restauración del absolutismo	
Liberal	1820–1823	1820: Pronunciamiento de Riego	Constitución de 1812
Absolutista	1823–1836	1823: Intervención extranjera Restauración del absolutismo 1833: Muerte de Fernando VII Regencia de María Cristina 1833–1839: Primera guerra carlista	Estatuto Real (1834)
Liberal	1836–1843	1836: Pronunciamiento militar 1840: Pronunciamiento militar Exilio de María Cristina 1840–1843: Regencia de Espartero	Constitución de 1812 Constitución liberal (1837)
Moderado	1843–1853	1843: Pronunciamiento militar Dimisión y exilio de Espartero Isabel II reina de España 1847–1860: Segunda guerra carlista 1853: Pronunciamiento de O'Donnell	Constitución moderada (1845)
Progresista	1854–1856	Gobierno de Espartero	
Moderado	1856–1868	1856–1863: Gobierno de O'Donnell 1863–1868: Gobiernos personalistas	Constitución de 1845
Progresista	1868–1873	1868: Pronunciamiento de Prim Exilio de Isabel II Gobierno provisional de Prim Amadeo de Saboya rey de España 1870: Asesinato de Prim 1872–1876: Tercera guerra carlista 1873: Dimisión de Amadeo de Saboya	Constitución de 1869
Progresista	1873–1874	Primera República 1874: Pronunciamiento militar del general Pavía	
Conservador	1874–1902	1874: Pronunciamiento de Martínez Campos Restauración de la Monarquía 1874–1885: Alfonso XII rey de España 1885–1902: Regencia de María Cristina de Habsburgo Sistema bipartidista Turno en el poder de conservadores y liberales	Constitución de 1876

constitucional, y los *carlistas*, absolutistas que se oponían a la división de poderes y a las libertades democráticas y que acabaron provocando tres guerras civiles. Después de los años sesenta, la aparición de una nueva clase social —la de los obreros de las fábricas y del campo— estimuló la formación de grupos políticos claramente izquierdistas, especialmente *socialistas* y *anarquistas*. Los primeros aceptaron las reglas del sistema político; los segundos, en cambio, fueron abiertamente revolucionarios. La base sociológica de los partidarios del Antiguo Régimen —antes constituida casi exclusivamente por los absolutistas— cambió con la incorporación a este bloque —en parte como reacción a las transformaciones provocadas por la *Revolución industrial*— de algunos sectores de las clases medias, que pasaron ahora a formar parte del núcleo *conservador.*

❷ La invasión francesa y la Constitución liberal

La *Guerra de la independencia*

De todas las consecuencias del *Tratado de Basilea* (1795) —mencionado en el capítulo anterior— la más grave fue, sin duda, la entrada de tropas francesas en España que Godoy autorizó tras la firma del *Tratado de Fontainebleau* (1807). Aunque el objetivo teórico de estas tropas era controlar Portugal y bloquear así el acceso de Inglaterra al continente, muy pronto comenzaron a extenderse por todo el país. Ello provocó reacciones populares contra la invasión francesa y contra el propio gobierno que acabaron en una crisis de grandes proporciones. La crisis de gobierno comenzó en marzo de 1808 en el palacio real de Aranjuez, donde un amotinamiento acabó con la destitución de Godoy, a quien se hacía responsable de los problemas que afectaban a la nación. Este motín precipitó la abdicación de Carlos IV en favor de su hijo Fernando VII, que se convertía así en el nuevo rey de España. Napoleón vio en estos sucesos la oportunidad de terminar con la monarquía española. Tras reunir a toda la familia real en la ciudad francesa de Bayona, el emperador francés obligó a Fernando VII a devolver la corona a Carlos IV, y luego forzó a éste a cederle los derechos al trono de España, donde colocó a su hermano José Bonaparte (José I). Mientras tanto, en España la crisis política se transformó en crisis nacional cuando la población de Madrid se levantó contra el ejército francés (2 de mayo de 1808). Pronto la rebelión se extendió por todo el territorio, y acabó transformándose en una guerra abierta de carácter al mismo tiempo nacional y popular —*Guerra de Independencia*— e internacional —*Guerra Peninsular*— tras la intervención directa de Inglaterra en el conflicto.

En una primera fase de la guerra el objetivo de las tropas francesas fue la represión de las rebeliones populares y la consolidación de José en el trono español. Para ello entraron por los Pirineos, avanzaron por Vitoria, Burgos, Madrid y Toledo, y desde estas ciudades se extendieron hacia el sur y el levante y hacia Castilla la Vieja, León y Galicia. Aunque derrotaron al ejército español de Castilla y Galicia, los franceses encontraron numerosas dificultades para controlar la península: tuvieron que hacer frente a una continua guerra de guerrillas, no pudieron tomar ciudades clave como Zaragoza, Gerona y Valencia, su paso a Andalucía fue cortado por la victoria española en Bailén y tuvieron que abandonar Portugal —donde fueron vencidos por el ejército inglés de Wellington. Por ello se vieron obligados a retirarse al norte del río Ebro. Tras estos sucesos comenzó una segunda fase en la que Napoleón asumió personalmente la dirección de la campaña, desplazó un numeroso ejército a la península y logró entrar en Madrid y restaurar a José como rey. Sólo el desembarco de tropas inglesas en Galicia —y el desvío de parte del ejército francés a esa región para hacerlas frente— impidió a Napoleón terminar allí la guerra. A fines de 1809 los ejércitos españoles estaban gravemente dañados y el dominio y la conquista total de España parecían sólo cuestión de tiempo. Para 1810 los franceses sólo habían fracasado en Portugal y en la toma de Cádiz, ciudad que permaneció sitiada hasta el final de la guerra. Esta situación convirtió a las tropas anglo-portuguesas de Wellington, a lo que quedaba de los ejércitos españoles y a la guerrilla en las únicas oposiciones contra Napoleón. Wellington contraatacó desde Portugal, y, tras varias batallas, las tropas anglo-españolas entraron victoriosas en Madrid en agosto de 1812. Napoleón liberó a Fernando VII (diciembre de 1813), lo restableció en el trono de España y firmó con él un acuerdo de amistad. Tras varios años de guerra y más de 350.000 víctimas españolas y unas 200.000 francesas, la situación política volvía a estar como en 1808.

España durante la guerra: Las Cortes de Cádiz y la Constitución de 1812

La crisis dinástica, las rebeliones populares y la guerra tuvieron como resultados el colapso del Estado y la división del territorio español. La zona controlada por los franceses (el País Vasco, Navarra, Aragón y Cataluña) quedó, en teoría, bajo la autoridad de José Bonaparte, quien quiso crear un régimen reformista e ilustrado basado en una constitución escrita en la ciudad francesa de Bayona. Aunque José contó con el apoyo de los afrancesados españoles, no consiguió extender su autoridad a muchas áreas —que quedaron bajo el control de mandos militares españoles— y la mencionada constitución nunca llegó a aplicarse. La zona española quedó en una situación de vacío de poder hasta que se formaron las llamadas *Juntas provinciales*, órganos de gobierno provisional que presentaban una curiosa mezcla de ideales revolucionarios —asumieron la soberanía en nombre del pueblo— y continuistas —se identificaban con Fernando VII y con la monarquía de los Borbones— y carecían de programas de gobierno específicos. Todas ellas estaban coordinadas por la *Junta Central Suprema*, que se estableció primero en Sevilla y después —tras la toma de esta ciudad por los franceses— en Cádiz. Su disolución a principios de 1810 dejó a la *Junta de Cádiz* y a un consejo de cinco regentes como único órgano de gobierno español.

Esta regencia decidió convocar una reunión de las Cortes, integradas entonces por un grupo de nobles, burgueses intelectuales y sacerdotes ilustrados y reformistas. Estas lla-

¿SABÍAS QUE...?

JOSÉ BONAPARTE, "PEPE BOTELLA" (1768–1844)

José Bonaparte, hermano mayor del emperador Francés, había participado en la Revolución Francesa y había sido embajador de Francia en Roma. Cuando el emperador Napoleón secuestró a la familia real española en el sur de Francia, José —que contaba con el apoyo de muchos reformistas y afrancesados españoles— fue nombrado rey de España, cargo que aceptó con optimismo. La resistencia a los ejércitos franceses durante la *Guerra de la Independencia* y la oposición popular a un rey extranjero convirtieron su reinado en una pesadilla. Fue precisamente el pueblo quien le dio el apodo de "Pepe Botella" atribuyéndole una afición al vino que, en realidad, él no tenía.

José Bonaparte (Jose I) nunca pudo establecer un poder estable en Madrid. Durante su breve reinado (1808–1813) tuvo que concentrar sus esfuerzos en tareas militares, y estuvo muy ocupado entrando y saliendo de Madrid según las circunstancias —y el general británico Wellington— lo permitían. En 1813 dejó definitivamente España y, tras la caída del imperio francés en Waterloo (1815), escapó a los Estados Unidos. En 1841 decidió regresar a Europa, y pasó los últimos años de su vida con relativa tranquilidad; murió en Florencia en 1844.

madas *Cortes de Cádiz* redactaron una Constitución en 1812 —la primera que se escribió en España— que, irónicamente, estaba inspirada por la misma ideología ilustrada y "liberal" que las tropas de Napoleón estaban imponiendo con las armas en toda Europa. Las Cortes de Cádiz nacieron con un triple problema de legitimidad —sus diputados no tenían autoridad constituyente— de representación —la situación de guerra hizo que sus miembros fueran elegidos de manera irregular— y de autoridad —el poder político de unas Cortes encerradas en una cuidad sitiada era sólo teórico. A pesar de todo, la contribución de las Cortes de Cádiz a la historia de España fue enorme porque definieron los principios éticos y políticos del liberalismo español y, en algunos aspectos, se adelantaron a su tiempo.

La Constitución de 1812 introdujo importantes reformas en muchos aspectos de la vida española y en la organización y la naturaleza misma del Estado, entre las que destacaron: la proclamación de la soberanía nacional, la definición de España como una monarquía hereditaria, liberal y parlamentaria, la separación de poderes, la libertad de imprenta y de asociación, la abolición de la Inquisición, la igualdad de derechos entre españoles e hispanoamericanos, la elección democrática del parlamento, la abolición de los latifundios y la liberalización de las actividades económicas. Al mismo tiempo, y para tranquilizar a la Iglesia, se proclamó a España como una nación "permanentemente" católica. La constitución contenía, además, algunos elementos esenciales de lo hoy consideramos un estado democrático, donde la soberanía residía en la nación —no en la persona del monarca— y donde los españoles eran primero *ciudadanos* y después *súbditos*. Su publicación significó el comienzo histórico de un impulso progresista interrumpido en numerosas ocasiones durante todo el siglo XIX y parte del siglo XX por el enfrentamiento entre dos concepciones de España que ahora ya no iban a ser las representadas por los *ilustrados* y los *tradicionalistas*, sino —como veremos— las defendidas por los *liberales* y los *absolutistas*.

¿SABÍAS QUE...?

LA CONSTITUCIÓN DE 1812: LA PRIMERA CONSTITUCIÓN

La Constitución de 1812 —la primera de la historia española— fue muy progresista para su época. Como vemos en la siguiente cita, sus creadores establecieron muy claramente que la soberanía nacional correspondía al pueblo, y no a los monarcas.

Capítulo 1. *De la Nación española*

Artículo 1. La Nación española es la reunión de todos los españoles de ambos hemisferios.

Artículo 2. La Nación española es libre e independiente, y no es ni puede ser patrimonio de ninguna familia ni persona.

Artículo 3. La soberanía reside esencialmente en la Nación, y por lo mismo pertenece a ésta exclusivamente el derecho de establecer sus leyes fundamentales.

Artículo 4. La Nación está obligada a conservar y proteger por leyes sabias y justas la libertad civil, la propiedad y los demás derechos legítimos de todos los individuos que la componen.

❸ La vuelta de Fernando VII y la reacción absolutista

Tras la salida del ejército francés Fernando VII regresó a Madrid, donde fue recibido con entusiasmo por el pueblo. Una vez confirmado el apoyo de los mandos militares y de un importante número de diputados, el nuevo rey procedió a restaurar el orden político absolutista y las instituciones del Antiguo Régimen. En mayo de 1814 anuló la constitución, disolvió las Cortes y encarceló o desterró a los principales políticos liberales. La labor de gobierno que siguió a estas medidas fue desastrosa. El absolutismo fue incapaz de sacar al país de la devastación y la ruina en que lo habían dejado los años de guerra, y el déficit público continuó creciendo. Entre 1810 y 1825 España perdió la mayor parte de sus colonias y se convirtió en una potencia de segundo orden en Europa.

Ante la gravedad de la situación y el obvio fracaso del absolutismo, un sector liberal del ejército dio un *pronunciamiento* (o *golpe de Estado*) en 1820, y el monarca se vio obligado a aceptar la constitución.

La independencia de las colonias americanas

Los sucesos que ocurrieron en España a principios del siglo XIX tuvieron importantísimas consecuencias en la América española. Al principio de la *Guerra de la Independencia* las colonias americanas permanecieron leales a Fernando VII; tras la caída de la *Junta Central*, sin embargo, la soberanía fue asumida por las *Juntas locales*. Aunque algunas de ellas llegaron a proclamar la independencia, la mayoría buscaba al principio sólo una mayor autonomía y justificaba su legalidad en nombre de Fernando VII. A pesar de ello, la creación de las *Juntas* era la manifestación de un nuevo sentimiento nacional que se había ido desarrollando desde la segunda mitad del siglo XVIII entre unas élites criollas deseosas de controlar los destinos de sus tierras y que veían a Madrid sólo como un obstáculo fiscal y burocrático al comercio con Europa. La crisis del concepto mismo de *soberanía* que estaba viviendo la metrópoli, el ejemplo de la independencia de los Estados Unidos y la simpatía de las potencias europeas —que veían la emancipación de las colonias como una oportunidad para extender su influencia por la América hispanohablante— pronto convirtieron el autonomismo en separatismo. Entre 1811 y 1826 se precipitaron los procesos de separación de los diferentes *virreinatos*, que se fueron convirtiendo en naciones soberanas. Los grandes líderes americanistas —Simón Bolívar en Colombia y Venezuela y San Martín en Argentina y Chile— fueron superando paulatinamente la resistencia de las pocas tropas españolas y de sus aliados americanos "españolistas". Pocos años después el imperio ultramarino español quedaría limitado a las islas de Cuba, Puerto Rico, las Filipinas y Guam, que se mantuvieron como parte de la Corona hasta 1898.

❹ Absolutistas y progresistas (1820–1874)

Si toda la historia política del siglo XIX constituyó un laberinto de intrigas, exilios y pronunciamientos, el período comprendido entre 1820 y 1874 fue particularmente complicado porque en él se intensificó la dialéctica entre las *dos Españas*, representadas ahora por los liberales constitucionalistas y los absolutistas. Durante este periodo los absolutistas se dividieron en *radicales* o *carlistas* —los absolutistas más puros— y *moderados*

—conservadores que, comprendiendo que el avance del liberalismo en toda Europa era imparable, aceptaban algunos elementos constitucionales— y los liberales se escindieron también en *moderados* y *exaltados*.

La vuelta a la Constitución de 1812

Tras el pronunciamiento liberal de 1820, como ya se mencionó, Fernando VII se vio obligado a respetar la Constitución de 1812 y a aceptar las limitaciones de poder que ésta le imponía. Los cuatro años que estuvo en vigor la constitución fueron la segunda etapa de la revolución liberal española que, como la primera —las Cortes de Cádiz— acabó fracasando. Las principales razones de este fracaso fueron las limitaciones de la propia constitución, la existencia de poderes paralelos dentro del Estado, la falta de apoyo de la sociedad al liberalismo y la intervención militar extranjera.

La Constitución de 1812 definía un sistema de distribución del poder político complejo cuya aplicación práctica era difícil. De acuerdo con ella, el poder ejecutivo recaía en el rey, quien estaba ayudado por un gobierno formado por ministros. Ni el rey ni el gobierno, sin embargo, podían ejercer ese poder de manera libre y plena, puesto que la constitución convertía a ambos en ejecutores de las decisiones de las Cortes, institución que en teoría debía ser depositaria únicamente del poder legislativo. Esta situación provocó constantes conflictos de competencias entre el rey, las Cortes y el gobierno, los cuales paralizaron muchas veces la vida política.

¿SABÍAS QUE...?

EL LIBERALISMO

El liberalismo es, a la vez, una doctrina política y económica. Su política está basada en la afirmación y defensa de tres derechos individuales fundamentales —igualdad, libertad y propiedad— y en el rechazo del intervencionismo estatal en la vida privada y en la economía. Los liberales creen en la necesidad de contar con estados y gobiernos sólidos, pero limitan las competencias de éstos a las de garantizar el libre ejercicio de los mencionados derechos y regular su uso. Dado que el absolutismo no reconocía la igualdad de los hombres, no respetaba la libertad de los ciudadanos y no permitía el libre acceso a la propiedad, era necesario sustituirlo por otro sistema político. Este sistema, de acuerdo con el liberalismo decimonónico, debía tener un carácter representativo y estar regido por una constitución, una especie de contrato que especifica las reglas del juego político, la distribución de poderes entre las diferentes ramas del gobierno y los derechos y deberes de los ciudadanos. El liberalismo político, por ello, tuvo un papel fundamental en el desarrollo del constitucionalismo moderno.

La doctrina económica del liberalismo gira también en torno a la defensa de la libertad que debe existir en los mercados nacionales e internacionales, en la contratación libre de trabajadores y en la búsqueda de beneficios y la acumulación de capitales, factores que, según los liberales más puros, constituyen el motor de la sociedad. El papel del gobierno queda reducido al de garantizar la libertad de la actividad económica por encima de fronteras o intereses políticos. El liberalismo económico favoreció el proceso de industrialización, pero acabó olvidándose de los problemas sociales causados por ella.

Los liberales debieron enfrentarse durante todo este periodo a la oposición abierta de Fernando VII y de los enemigos de la constitución. Para contrarrestar el peligro que suponían los defensores del Antiguo Régimen, los liberales convirtieron al ejército y a las llamadas *sociedades patrióticas* en los defensores de la legitimidad revolucionaria, creando así un poder paralelo al del gobierno y enfrentado a él. La decisión de disolver el ejército de Riego (el militar responsable del pronunciamiento liberal de 1820) y de prohibir algunas de las sociedades patrióticas más radicales produjo la ya mencionada división del bloque liberal entre *moderados* y *exaltados*. Las revueltas de los exaltados en algunas ciudades españolas provocaron la reacción de los absolutistas, que también se sublevaron en numerosas zonas de la península. A pesar de que el ejército logró contener ambas insurrecciones, los gobiernos de los liberales moderados perdieron popularidad y legitimidad.

El proyecto liberal, por otro lado, no contó en esta época con el apoyo mayoritario de las clases populares. La escasa incidencia que las medidas reformistas tuvieron en el nivel de vida de los campesinos —que seguían constituyendo la mayoría de la población— y el enorme poder que aún tenían sobre ellos la Iglesia y los señores rurales hicieron que el pueblo mostrara una actitud de desconfianza hacia el liberalismo.

El fin de esta segunda etapa de la revolución liberal en España, por último, estuvo relacionado con la situación política de la Europa de la época. Tras la derrota de Napoleón, las potencias vencedoras firmaron pactos para garantizar la supresión de los excesos revolucionarios y el restablecimiento del absolutismo en todo el continente. En abril de 1823 tropas extranjeras apoyadas por voluntarios españoles entraron en España sin encontrar apenas resistencia y anularon la Constitución liberal. Por segunda vez, Fernando VII se convertía en monarca absoluto.

A pesar de su fracaso, esta segunda etapa de la revolución liberal (1820–1823) logró extender entre los españoles (especialmente entre las clases dirigentes) los conceptos de soberanía nacional y de representación popular y la necesidad de articular ambas en el marco de una constitución.

Diez años de absolutismo

La década absolutista (1823–1833) comenzó con una campaña durísima de represión antiliberal cuyas principales víctimas fueron los miembros de las clases política e intelectual, algunos oficiales del ejército, funcionarios públicos y clérigos reformistas, que fueron destituidos, encarcelados, ejecutados o enviados al exilio.

A pesar de que el gobierno absolutista no tuvo una verdadera visión de estado ni una agenda política definida, algunos ministros de Fernando VII consiguieron reorganizar aspectos de la administración como el sistema de impuestos, el pago de la deuda externa o las obras públicas. De esa época data también la creación de instituciones tan significativas como la *Bolsa* de Madrid y el *Tribunal Mayor de Cuentas*. Aunque esta reorganización no acabó con los problemas estructurales del país ni mejoró la situación en el exterior —entre 1824 y 1825 se perdió el imperio americano— sí logró impulsar la recuperación económica y mejorar modestamente el nivel de vida de las masas.

Fernando VII tuvo que hacer frente, además, a las rebeliones que los liberales organizaron desde el exilio, así como a la división interna entre los sectores moderados y radicales del absolutismo. Los intentos de rebelión y las conspiraciones liberales (1824, 1826, 1830 y 1831) acabaron generalmente con la ejecución de sus líderes, y nunca pusieron en peligro el régimen absolutista. La oposición más seria con la que tuvo que enfrentarse el rey fue la de los absolutistas radicales, que veían con desconfianza las tímidas reformas de algunos equipos de gobierno y que llegaron a provocar varias sublevaciones. Poco a poco estos *ultra conservadores* se fueron identificando con Carlos María Isidro de Borbón, hermano y supuesto sucesor de Fernando VII —que no tuvo hijos hasta 1830— y con la defensa de la religión católica y de la monarquía absoluta como fundamento de España. Al mismo tiempo, la regeneración cultural que estaba experimentando el país y el triunfo en Francia de la revolución liberal de 1830 comenzaron un proceso de legitimación social del liberalismo.

El aparente orden social impuesto por el absolutismo fernandino ocultaba, pues, la división entre dos concepciones bien diferentes de España que acabaría desembocando en un enfrentamiento abierto y en una guerra civil pocos años después. Este enfrentamiento tuvo su raíz política y legal en el problema planteado por la sucesión de Fernando VII. Con el nacimiento de Isabel —su única descendiente— en 1830, el rey decidió anular la ley que impedía el acceso de las mujeres al trono, declarando heredera a su hija y anulando los derechos de su hermano Carlos a la Corona. Los ultra-conservadores —ahora llamados *carlistas*— interpretaron estos hechos como un ataque a sus intereses y sus valores, y aprovecharon una enfermedad del rey para forzar la restitución a Carlos de los derechos al trono. Tras su recuperación, Fernando VII confirmó a Isabel como heredera y expulsó a los carlistas del gobierno.

La Regencia de María Cristina: La Primera Guerra Carlista y la resistencia liberal

Tras la muerte de Fernando VII (septiembre de 1833) accedió al trono su viuda la reina María Cristina, que se convirtió en Regente hasta la mayoría de edad de Isabel. En el frente político, la Regente comenzó un proceso de liberalización del país que tuvo como eje el llamado *Estatuto Real*. Este estatuto creaba un sistema parlamentario de dos cámaras, una elegida por el rey y compuesta de nobles y altos cargos de la Iglesia y la administración y otra elegida por sufragio censatario (sólo podía votar una minoría de privilegiados). Este estatuto no reconocía la soberanía popular y continuaba otorgando a la Corona la totalidad del poder ejecutivo y la autoridad de nombrar y destituir ministros. Las moderadas e insuficientes reformas de María Cristina fueron un paso importante hacia el desarrollo de un gobierno constitucional, pero decepcionaron a los liberales radicales, que esperaban que la muerte de Fernando VII trajera cambios sustanciales en la nación. Estos liberales reaccionaron pidiendo la vuelta a la Constitución de 1812 y creando juntas revolucionarias en varias ciudades. La situación política hizo que la Regente encargara el gobierno a Juan Álvarez Mendizábal, un ministro progresista que inició algunos cambios en el sistema político y reformas como la *desamortización* de los bienes de la Iglesia (confiscación y venta por subasta pública de las propiedades de algunos conventos y monasterios) que disgustaron —por su timidez o por su radicalismo— a los liberales más extremistas —ya autodenominados *progresistas* en aquel tiempo— y a los partidarios del Antiguo Régimen. La sustitución de Mendizábal por un moderado provocó la insurrección popular de los progresistas. En 1836 un pronunciamiento militar obligó a la reina-regente a reinstaurar la Constitución de 1812 y a formar un nuevo gobierno. Otra vez, el ejército irrumpía en la vida pública y se convertía en árbitro de la situación política y, en este caso, en defensor del liberalismo. Este nuevo gobierno redactó la Constitución de 1837, más moderna y práctica que la de 1812, que significó un avance importante en el camino hacia un gobierno realmente parlamentario. El texto de 1837 tenía además un carácter conciliatorio, ya que declaraba la soberanía nacional, convertía a España en una monarquía parlamentaria bicameral y sometía al rey al control de las Cortes al mismo tiempo que reconocía la legitimidad de la Corona y otorgaba al monarca el control del poder ejecutivo.

Mientras tanto, la rebelión carlista —que había comenzado unas pocas semanas después de la muerte de Fernando VII— se fue consolidando y extendiendo por el País Vasco, Navarra y Cataluña durante los primeros años treinta. Para entonces el carlismo ya contaba con el apoyo de una parte importante de la población rural, del clero, de la nobleza e incluso de sectores de las clases medias urbanas. Carlos María Isidro de Borbón regresó de su exilio en Portugal en 1834 y comenzó a crear un gobierno paralelo en las zonas de España dominadas por sus simpatizantes. Aunque las fuerzas carlistas siempre fueron muy inferiores a las del gobierno y no consiguieron hacerse con ninguna capital de provincia, la victoria de los liberales no comenzó a ser clara hasta principios de 1838. La guerra terminó al año siguiente con el llamado *Convenio de Vergara*, firmado entre los generales Espartero (realista) y Maroto (carlista). De acuerdo con tal convenio, Maroto se comprometía a rendir las tropas carlistas y Espartero a recomendar al gobierno el mantenimiento de los fueros del País Vasco y los empleos y grados de los militares carlistas que reconocieran como legítimo el gobierno de Isabel II.

El fin de la guerra civil no consiguió estabilizar la situación política, y el gobierno continuó mediatizado por las amenazas de los militares de uno u otro signo. Las exigencias del general Espartero —un liberal radical que había dirigido las últimas fases de la guerra contra el carlismo y que ahora tenía ambiciones de gobierno— provocaron la dimisión y el exilio de la Regente María Cristina (octubre de 1840). Puesto que la heredera al trono (Isabel) no había alcanzado todavía la mayoría de edad, la regencia —y, por lo tanto, la jefatura del Estado— pasaron a Espartero.

La regencia de Espartero empezó con grandes esperanzas, pero resultó también decepcionante. Este general, buen militar pero carente de la flexibilidad necesaria para ser un hombre de estado, gobernó durante tres años rodeándose de un equipo de colaboradores cuya virtud no era la competencia en temas políticos o económicos, sino la fidelidad al jefe del Estado. Las actuaciones agresivas de su gobierno respecto a la Iglesia o los aranceles y la violenta represión de algunas insurrecciones de carácter republicano y obrero le ganaron la enemistad del clero, de los industriales catalanes e incluso de los miembros de su propio partido, que no aprobaban el despotismo personal del Regente. La sublevación de Narváez, O'Donnell y otros militares de prestigio a mediados de 1843 provocó la dimisión de Espartero, que acabó exiliándose. El 10 de noviembre del mismo año se declaró la mayoría de edad de Isabel, que pasó así a ser la nueva reina de España bajo el nombre de Isabel II.

¿SABÍAS QUE...?

LAS TRES GUERRAS CARLISTAS

Las guerras carlistas fueron guerras civiles que enfrentaron a dos ramas de la monarquía borbónica pero, sobre todo, a dos concepciones opuestas del estado y la sociedad. Los carlistas tenían un concepto tradicionalista y católico de la sociedad y defendían el poder absoluto de la Corona contra el liberalismo que, impulsado por las constituciones, limitaba el poder de los reyes. Esta corriente política reaccionaria tuvo sus principales apoyos en zonas de España como Cataluña, Navarra, La Rioja, el País Vasco y Aragón, caracterizadas por su próspera agricultura y su sistema de pequeña propiedad rural.

La Primera Guerra Carlista (1833–1839) comenzó, como se ha mencionado en el texto, al no reconocer Carlos Isidro de Borbón —el hermano del rey Fernando VII— los derechos de sucesión de Isabel, la hija de Fernando. Durante esta guerra los carlistas conquistaron amplias zonas del norte —desde Cataluña hasta Galicia— y del sur —en Andalucía occidental— aunque nunca consiguieron controlar ciudades importantes. El fin de este conflicto fue precipitado por discordias internas dentro del carlismo.

La segunda Guerra Carlista (1847–1860) fue provocada por otro miembro de la dinastía Borbón, Carlos Luis, y consistió en un sistemático acoso guerrillero a las instituciones del Estado en Cataluña, Aragón y Guipúzcoa. Durante este periodo los carlistas prepararon una alternativa a la constitución, una especie de "carta otorgada" que intentaba restablecer los poderes absolutos del rey.

La tercera y última de estas guerras (1872–1876) fue motivada por la crisis política y dinástica que precipitó la llegada de la Primera República. El fin de esta revuelta coincidió con la restauración de la monarquía. El propio rey Alfonso XII marchó al norte para enfrentarse a los guerrilleros carlistas que, en esta ocasión, no contaron con un gran apoyo popular. Durante esta guerra se cercó la ciudad liberal de Bilbao, que resistió completamente aislada durante más de cuatro meses.

El reinado de Isabel II

Después de la caída de Espartero subió al poder el Partido Moderado (1844). Los moderados se fijaron como principales objetivos los de reorientar la política española hacia el conservadurismo, defender la ley y el orden y reforzar el papel del catolicismo en la identidad nacional. Para ello redactaron y promulgaron la Constitución de 1845 que, a pesar de mantener el carácter parlamentario del gobierno, introducía elementos tradicionalistas como la confesionalidad católica del Estado y la soberanía compartida entre las Cortes y la Corona, y reducía el número de ciudadanos con derecho al voto. Durante los primeros años, además, lanzaron una dura represión contra la oposición liberal y contra los movimientos revolucionarios que surgieron en 1848 en las grandes ciudades. Al mismo tiempo, los sucesivos gobiernos moderados concedieron a la Iglesia la competencia casi exclusiva en todo lo relacionado con la educación y le garantizaron la ayuda económica del Estado.

Los diez años de gobierno *moderantista* contribuyeron al desarrollo de la administración creando instituciones de gobierno, reorganizando áreas de la administración y redactando leyes que fueron decisivas para la modernización del país. De esta época datan la fundación de la Guardia Civil, la reconstrucción de la Marina y la reforma de las academias militares, la promulgación de leyes que regulaban las competencias de los ayuntamientos y de los gobiernos provinciales, el diseño de un sistema nacional de educación secundaria y universitaria y la regularización de la justicia.

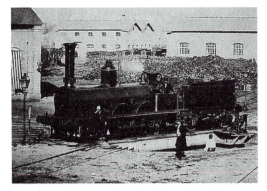

Primer ferrocarril español

Los moderados acabaron ejerciendo el poder de manera arbitraria y excluyente, manipularon las elecciones e incluso llegaron a cerrar las Cortes, a gobernar por decreto y a apartar de casi toda la vida política a los liberales del Partido Progresista. El descontento derivado de estas actitudes llevó a otro militar —O'Donnell— a levantarse en 1853 y a provocar el cambio de gobierno.

El nuevo régimen surgido tras el pronunciamiento de O'Donnell estuvo dirigido por Espartero —que había vuelto de su exilio en Londres— y apoyado por militares moderados liberales y movimientos populares progresistas y radicales, por lo que resultó extremadamente frágil. Durante los dos años que estuvo en el poder (1854–1856), el gobierno progresista fue incapaz de mantener el orden público, ya que se produjeron protestas obreras en muchas ciudades —como la primera huelga general de la historia española— y aparecieron de nuevo guerrillas carlistas por distintos puntos del país. Espartero volvió a aplicar políticas radicales que le valieron —una vez más— la enemistad de la Iglesia y de muchos sectores sociales. A la vista de la situación, O'Donnell se hizo cargo del poder —que mantuvo desde 1858 hasta 1863— restableció el orden y la Constitución de 1845 y gobernó con el apoyo de la llamada *Unión Liberal*, un partido centrista que sintetizaba las ideas conservadoras y progresistas. Su gobierno fue un periodo de estabilidad, flexibilidad y tolerancia que relanzó la desamortización, impulsó las obras públicas y reactivó la política exterior. Con el tiempo, la unidad interna de este partido desapareció y O'Donnell acabó por dimitir. La Corona se opuso a todo proyecto de conciliación adoptando una actitud que acabaría convirtiendo a la reina en un obstáculo para el progreso y marcaría el fin de la monarquía misma.

La revolución de 1868 y la Primera República española

Durante los últimos años del reinado de Isabel II los partidos *progresista* —del que ya se habló— y *democrático* —de ideología republicana, federalista e izquierdista— habían ido formando un frente de oposición a la reina. En los años 1865 y 1866 se produjeron varias circunstancias que contribuyeron al desprestigio de la monarquía y al fortalecimiento de la oposición, en la que se integraron los mismos unionistas, que llegaron a pedir abiertamente la abdicación de Isabel II. La dura represión de una manifestación de estudiantes madrileños en contra de la destitución del profesor Castelar por sus opiniones antimonárquicas (1865), el fusilamiento de casi setenta militares implicados en un intento de insurrección, el destierro de los presidentes del Congreso y el Senado y de varios políticos unionistas (1866) y la crisis económica acabaron con los pocos apoyos que le quedaban a la monarca. Al mismo tiempo, el carlismo —dirigido ahora por Carlos de Borbón— comenzaba a reorganizarse y a presentar de nuevo un serio peligro para la estabilidad del Estado.

Ante el descontento del pueblo y de la clase política y el peligro carlista, el ejército decidió —una vez más— intervenir. El levantamiento militar, liderado esta vez por el general Prim, forzó el exilio de la reina (1868) y formó un gobierno provisional compuesto por unionistas y progresistas. La Constitución de 1869 redactada por este gobierno tenía ya, como la *Revolución de 1868*, un carácter plenamente democrático, puesto que contenía los principios fundamentales sobre los que debe asentarse cualquier democracia: soberanía popular, libertad de prensa, de religión, de asociación y de enseñanza, garantía de derechos y separación de poderes. La nueva constitución, además, definía España como una monarquía constitucional, garantizaba el sufragio universal masculino y concedía representación en las Cortes a Cuba y Puerto Rico. Económicamente, el nuevo régimen apoyó el librecambismo, abrió los mercados españoles a los inversores extranjeros, implantó el sistema métrico decimal y estableció la *peseta* como moneda única y común en toda la nación.

Las esperanzas que había traído la revolución, sin embargo, duraron muy poco. La proclamación de España como monarquía disgustó a la izquierda, que se mantuvo al margen del proceso constitucional y defendió la conversión del país en una república federal. La designación de Amadeo de Saboya (Amadeo I) —miembro de la familia real italiana que había arrebatado a la Iglesia los estados papales— como nuevo rey de España dividió aún más a las fuerzas políticas constitucionales, aseguró la oposición de una jerarquía católica ya descontenta con las medidas laicistas del nuevo gobierno y reforzó los movimientos de oposición de la izquierda (republicanos) y de la derecha (carlistas). El asesinato de Prim en 1870 dejó a la monarquía sin liderazgo y dividió aún más a los partidos políticos constitucionales.

En febrero de 1873 Amadeo de Saboya abdicó y, ante el vacío de poder, las Cortes proclamaron la Primera República. La urgencia con la que se proclamó esta república hizo que ninguno de sus cuatro presidentes —Figueras, Pi y Margall, Salmerón y Castelar— tuviera un programa claro de gobierno ni una idea coherente del tipo de régimen que se quería crear, lo que llevó al colapso casi total del Estado. Los carlistas, que ya se habían levantado en 1872 y habían puesto al país en una situación de guerra civil, aprovecharon la situación de crisis para extender su dominio por el País Vasco, Navarra, La Rioja y Cataluña y llegaron a crear un estado paralelo. Las necesidades de la guerra contra los carlistas, la represión de varias insurrecciones cantonales y la crisis política convirtieron al ejército en una institución imprescindible para la defensa y el mantenimiento del Estado. Los gobiernos republicanos dependieron cada vez más, entonces, de un ejército que ya no era tan proclive como en 1868 a las ideas revolucionarias.

Ante la continua situación de inestabilidad política, el general Pavía ocupó el Congreso en enero de 1874 y acabó con la República Federal. El golpe de Estado de Pavía no derivó, sin embargo, en una dictadura militar, sino en un gobierno de transición que concentró sus esfuerzos en la guerra contra los carlistas —a quienes derrotó en 1876— y que acabó restaurando la monarquía como forma de gobierno.

En pocas palabras, el fracaso político de la Primera República española se debió a la falta de un proyecto de Estado común a los distintos grupos políticos que la crearon y a la continua situación de crisis, confusión e inestabilidad política provocada por esta falta de acuerdo.

5 De la *Restauración* al *desastre del 98*

La Constitución de 1876 y el sistema bipartidista

Poco después del golpe militar de enero de 1874 el político *moderado* Cánovas del Castillo, que había convencido a los militares de que la vuelta de la monarquía borbónica era la mejor manera de evitar la dictadura y acabar con la inestabilidad, organizó el regreso al país del joven Alfonso XII, el hijo de Isabel II. En diciembre de 1874, un pronunciamiento del general Martínez Campos formalizó la proclamación de Alfonso XII como rey de España y abrió el periodo histórico conocido como *Restauración* (1875–1902).

Derrotados los carlistas definitivamente y suprimidos los *fueros* vascos, Cánovas reorganizó la vida política alrededor de los partidos *conservador* y *liberal*, de un modelo de nación centralizada y bien estructurada y de una nueva constitución. La Constitución de 1876 reflejaba la ideología conservadora de Cánovas —establecía un sistema de soberanía compartida entre la Corona y las Cortes y reconocía el catolicismo como la religión oficial— pero también era lo suficientemente flexible como para permitir la incorporación de algunos de los principios democráticos de 1868. El *bipartidismo* creado por Cánovas contribuyó a la estabilidad política, pero dejó fuera del sistema a la izquierda republicana, a los federalistas, a los fueristas vascos y a los nuevos partidos obreros de carácter socialista. A finales de la década de los ochenta algunas de estas fuerzas políticas, que formaban la auténtica oposición, comenzaron a participar en las elecciones municipales y generales, pero su representación en las Cortes fue siempre minoritaria —el Partido Socialista Obrero Español, por ejemplo, no obtuvo ningún escaño hasta 1903.

Los partidos liberal y conservador crearon una clientela estable y, con ello, una corrupción también estable. Durante veinticinco años se turnaron en el ejercicio del poder y gobernaron prestando una especial atención a los intereses de sus *caciques*. Estos personajes influyentes de las provincias poseían gran poder económico y político, y su apoyo a uno u otro partido garantizaba la estabilidad política, aun a costa de irregularidades en los procesos electorales y falsificaciones de los censos. Este sistema de turnos sobrevivió durante unos años a su fundador (Cánovas), que en 1897 murió en San Sebastián a consecuencia de los disparos de un anarquista.

El sistema de la Restauración contribuyó a dar a España cierta tranquilidad institucional que permitió la modernización del país y posibilitó el desarrollo económico. El comportamiento de Alfonso XII y de su viuda María Cristina de Habsburgo —que fue Regente de 1885 a 1902— prestigió a la monarquía como institución y desacreditó la ideología republicana. El ejército continuó siendo un grupo de presión importante, aunque dejó de ser el instrumento esencial del cambio político. Pronto, sin embargo, el país tuvo que afrontar graves crisis exteriores —la rebelión de las últimas colonias (Cuba, Puerto Rico y las Filipinas)— e interiores —el crecimiento y de los regionalismos y de los partidos socialistas y revolucionarios de izquierda.

Alfonso XII (Eduardo Balaca)

Antonio Cánovas del Castillo (José Casado)

La independencia de Cuba, las Filipinas y Puerto Rico y el fin del imperio colonial

Los independentistas de las Filipinas, Cuba y Puerto Rico, que habían sometido al ejército español a un sistemático acoso desde los años setenta, comenzaron a contar con la simpatía de los Estados Unidos, país que se estaba convirtiendo en una potencia internacional y que no veía con buenos ojos la presencia europea en América. En 1898 se produjo una brevísima guerra entre España y los EE.UU. La anticuada Armada española poco pudo hacer contra los potentes barcos norteamericanos, y España se vio obligada a conceder la independencia a Cuba y a permitir la ocupación de Puerto Rico y las Filipinas por los norteamericanos. Después del llamado *desastre del 98* las posesiones coloniales españolas quedaron reducidas a una parte de Marruecos y a la Guinea española, con lo que el imperio desapareció definitivamente. Los sucesos del 98 provocaron una auténtica conmoción nacional. Los intelectuales cuestionaron el futuro de España y su función misma como nación en el presente y comenzaron un debate que condicionó la vida cultural durante buena parte del siglo XX. Poco a poco emergió una nueva generación de políticos e intelectuales *regeneracionistas* —como Joaquín Costa— que querían mirar hacia al futuro y modernizar y "europeizar" el país, al mismo tiempo que una serie de movimientos nacionalistas comenzaba a poner en cuestión su unidad.

El movimiento obrero

Las condiciones sociales y laborales del período de la *Restauración* estimularon, como en toda Europa, la aparición del *movimiento obrero*. Varias décadas después de la creación de las primeras *trade-unions* inglesas, los trabajadores españoles —que ya habían protagonizado revueltas espontáneas durante casi todo el siglo— comenzaron a organizarse en movimientos políticos. En esta época se crearon nuevos y poderosos partidos políticos y asociaciones de izquierda, como el *Partido Socialista Obrero Español* (PSOE) y el sindicato —también socialista— *Unión General de Trabajadores* (UGT). Los anarquistas, que habían sido activos políticamente desde hacía treinta años, se organizaron en la nueva *Federación de Trabajadores*. Hubo también un pequeño núcleo de militantes católicos que llegó a organizar algunos sindicatos y a tener cierta influencia dentro del movimiento obrero, sobre todo en Castilla y en Madrid.

Durante los últimos quince años del siglo XIX y la primera década del XX el movimiento obrero fue ganando presencia social e importancia política. Los obreros aumentaron la presión sobre los capitalistas y comenzaron a utilizar la huelga como medio para reivindicar sus derechos. La sociedad española se familiarizó pronto con el lenguaje y el espíritu de la lucha de clases. Los años 1888–1892, 1899–1902 y 1910–1913 fueron periodos de gran conflictividad por las huelgas y las diferentes movilizaciones que protagonizaron los trabajadores industriales y agrícolas en diversas zonas del país.

LOS PADRES DE LA NACIÓN FILIPINA: RIZAL Y AGUINALDO

La pérdida de las islas Filipinas —ocurrida en 1898 como la de Cuba y Puerto Rico— fue el resultado de un doble hecho histórico: la debilidad militar de España y la ascensión de una nueva potencia internacional, los Estados Unidos. Durante gran parte del siglo XIX los misioneros controlaron —con la ayuda de un pequeño cuerpo del ejército español— a una población de más de veinte etnias diferentes y a veces enfrentadas entre sí.

Entre los líderes e inspiradores de la separación de las Filipinas de España destacan, por sus valores humanos y su coraje político, dos mestizos: José Rizal y Emilio Aguinaldo. José Rizal (1861–1896) estudió en la Universidad colonial de Manila y en la de Madrid, donde se ganó las simpatías de los intelectuales españoles. Rizal no era, en realidad, un anti-español, ya que propugnaba la alianza cultural con el mundo hispánico. Fundador de la organización cultural *Liga Filipina*, fue relacionado por el ejército español con otra organización menos

pacífica, la sociedad secreta *Katipunan,* por lo que fue fusilado en 1896. Muchos españoles protestaron contra esta ejecución en las manifestaciones que se organizaron en varias ciudades.

Emilio Aguinaldo (1859–1946) fue un líder independentista extremadamente hábil. Tras organizar una guerrilla contra las tropas españolas recibió dinero del gobierno español a cambio de parar la rebelión, pero lo usó para continuar la lucha y para aliarse con los Estados Unidos. Una vez conquistada la isla por las tropas del presidente McKinley (1899), Aguinaldo se rebeló contra los *marines,* siendo pronto capturado por éstos y forzado a aceptar la presencia americana. Aguinaldo fue reconocido por la monarquía española como un "hombre de honor" por el trato que dio a los prisioneros españoles durante la rebelión independentista. Las Filipinas no consiguieron la independencia hasta que el Congreso de los Estados Unidos se la reconoció en 1934.

La influencia del anarquismo del teórico ruso Bakunin, que había sido muy fuerte desde principios de la década de los años sesenta, aumentó extraordinariamente a partir de la revolución de 1868 y de la Primera República porque sus ideas individualistas y enemigas del Estado encajaban bien con la idiosincrasia de los españoles. Los sindicatos anarquistas fueron las organizaciones obreras más poderosas hasta principios del siglo XX, sobre todo en Cataluña y en el sur. La otra gran corriente sindicalista —inspirada por las doctrinas de Karl Marx y del *Manifiesto Comunista*— fue la del socialismo (PSOE y UGT). El poder político de los socialistas, especialmente de su sindicato UGT, creció muy rápidamente a partir de los años ochenta, sobre todo en Vizcaya, Madrid y Asturias.

A pesar de la vitalidad del movimiento obrero, la división entre socialistas —partidarios de un Estado controlado por las clases trabajadoras— y anarquistas —enemigos de cualquier forma de estado— limitó mucho su poder político. Las condiciones de trabajo en las fábricas y en los campos eran terribles, pero las reivindicaciones de los trabajadores —sobre todo las de los anarquistas— tenían muchas veces, con las excepciones de las huelgas generales, un carácter espontáneo que contribuyó a la ineficacia de sus acciones. Las demandas impulsivas —y a veces violentas— a favor de una idea abstracta de "libertad" se mezclaban con otras más realistas de reforma social y política. Pistoleros anarquistas, actuando de forma más o menos individual, asesinaron a algunos políticos de la Restauración —incluido Cánovas— e intentaron matar al propio rey. Esto provocó una fuerte acción represiva del gobierno y obligó a una parte importante del movimiento anarquista a vivir en la ilegalidad, perjudicando así los intereses generales de la clase trabajadora. El trabajo puramente político que el Partido Socialista (PSOE) realizó dentro de la legalidad resultó mucho más efectivo. A finales de siglo este partido llegó a participar con cierto éxito en la vida parlamentaria y municipal.

El nacimiento del nacionalismo

La época de la Restauración marcó también el comienzo del movimiento nacionalista moderno, que pronto acabaría siendo parte de la dialéctica de las *dos Españas*. La decadencia del poder colonial y la llegada a España —con cierto retraso histórico— del nacionalismo europeo localista contribuyeron a que amplias capas de las clases medias vasca y catalana —que se sentían económicamente superiores al resto del país— se identificaran cada vez menos como "españoles".

El regionalismo, sin embargo, no fue un fenómeno creado por los sucesos de 1898. En Cataluña se habían publicado libros y revistas de corte nacionalista ya desde 1876 —el primer periódico en lengua catalana data del año siguiente— y en 1881 ya se hablaba abiertamente de nacionalismo y nacionalidad catalanes, e incluso de la "patria catalana".

El sentimiento regionalista vasco apareció tras la abolición de los Fueros (1876) y en sus primeros momentos tuvo un carácter eminentemente cultural. En la última década del siglo Sabino Arana fundó el Partido Nacionalista Vasco (PNV), que alineó su regionalismo con la defensa del viejo orden rural y de los valores vascos tradicionales frente a los cambios que estaba trayendo la industrialización acelerada de Vizcaya y la llegada de obreros de otras zonas de España. Este partido y su fundador, además, transformaron el fuerismo en nacionalismo al convertir a *Euskadi* —palabra creada por Arana para referirse a la patria de los vascos— en nación y reclamar su soberanía.

Los nacionalismos vasco y catalán no eran idénticos; se diferenciaban tanto por el origen sociológico de sus defensores como por sus programas políticos. El nacionalismo catalán, menos radical, tenía el carácter de un autonomismo federalista y defensor de la lengua catalana, y estaba formado por un sector de la burguesía barcelonesa que tenía nostalgia de las viejas libertades del reino de Cataluña. El nacionalismo vasco, sin embargo, no era autonomista sino separatista, y tenía un carácter más étnico y ultra-católico que el catalán. Procedía sociológicamente de las élites rurales simpatizantes del carlismo que habían perdido, con la derrota de éste, sus viejos derechos autonómicos —los fueros— y parte de sus privilegios económicos.

El centralismo intransigente de los gobiernos de Madrid hizo que, poco a poco, los nacionalistas vascos y catalanes se fueran situando al lado de la España republicana y "de izquierdas", aunque cultural y sociológicamente tenían muchos elementos en común con la España conservadora y católica.

⑥ El protagonismo del ejército en la vida política y la debilidad del poder civil

Aunque el pronunciamiento de Espartero en 1840 no fue el primero de los golpes de Estado —recuérdese que en 1820 ya hubo un levantamiento liberal— sí fue el más importante, porque confirmó la presencia del ejército en la vida pública española y legitimó e institucionalizó su papel de árbitro del cambio político. En esos tiempos la larga guerra contra los carlistas había acabado por desprestigiar el poder civil y por crear la sensación de que únicamente el ejército podía asegurar el orden y la estabilidad. El reinado de Isabel II, como ya hemos visto, estuvo caracterizado por los pronunciamientos militares, que marcaron su principio (1843), su final (1868) y los diferentes proyectos políticos que se sucedieron entre esas dos fechas (1854, 1856). El exilio de la reina, la caída de la Primera República (1874) y la restauración de la Monarquía se produjeron, también, mediante la intervención directa o la aprobación del ejército. Ninguno de estos golpes, sin embargo, acabó con la imposición de una dictadura militar, porque la intervención del ejército en la política no tuvo en la España de esta época un carácter militarista sino partidista. Los militares no pretendían instalar al ejército en el poder, sino apoyar a uno u otro partido político: Espartero fue progresista y Narváez, conservador; O'Donnell buscó un compromiso entre ambas posiciones, y Prim, el líder de la revolución de 1868, fue liberal y progresista, ya que implantó una monarquía democrática. En ocasiones, además, los pronunciamientos fueron clave para impedir la dictadura. Las constantes intervenciones militares acabaron creando una mentalidad que hacía del ejército el intérprete de la voluntad nacional y el defensor de la unidad del Estado y que continuó presente en la vida nacional hasta bien entrado el siglo XX, época en la que sirvió como justificación de los golpes de Estado de los generales Primo de Rivera (1923) y Franco (1936) los cuales sí acabaron en dictaduras militares.

La importancia que el ejército tuvo durante este periodo se debió, en gran parte, a la debilidad del poder civil, a la fragilidad del sistema de partidos y a la inestabilidad política. La debilidad del poder civil tuvo su causa última en la creciente distancia que separaba la política de la sociedad, y acabó con la pérdida de prestigio de los gobiernos locales y de otras instituciones públicas —como la policía, la administración de justicia y la universidad— con las que el pueblo cada vez se sentía menos identificado. Ello, a su vez, convirtió a la ciudad, la provincia o la región, en la referencia de la vida social y de la identidad de los españoles, en detrimento de la nación.

Los dos partidos políticos de la España isabelina defendían, como ya hemos visto, conceptos de estado, principios éticos y programas políticos bien diferenciados: el partido progresista abogaba por la soberanía nacional, la monarquía parlamentaria, la desamortización y el librecambismo; el moderado, en cambio apoyaba la autoridad de la Corona, la soberanía compartida y el mantenimiento de la religión y del orden social. En la época de la Restauración, liberales y conservadores tenían también agendas políticas bien diferenciadas. La fragilidad del bipartidismo no vino determinada, entonces, por la falta de ideas y programas sino por la debilidad de los propios partidos —que siempre fueron instituciones en las que el clientelismo se valoraba más que la competencia— y por el alto nivel de fraude electoral. La inestabilidad política se debió, durante la época isabelina, a la constante intervención de la reina —que llegó a disolver las Cámaras quince veces y nombró treinta y dos gobiernos entre 1840 y 1868— y durante el periodo republicano por la ausencia de un proyecto de Estado coherente. La estabilidad lograda por el sistema bipartidista de la Restauración y las mejoras en la administración produjeron una recuperación del prestigio perdido por el poder civil y una disminución del poder político y del papel social del ejército. A pesar de ello, y como se verá en el capítulo siguiente, el fantasma de la intervención militar sólo desapareció de la vida española temporalmente.

7 La economía del siglo XIX: Del Antiguo Régimen al Capitalismo

Las transformaciones socio-económicas que se produjeron en el siglo XIX —sobre todo en su segunda mitad— prepararon las bases de la España contemporánea y permitieron la sustitución de las estructuras económicas, legales y políticas del Antiguo Régimen por las nuevas creadas por el capitalismo y la *sociedad de clases*.

La sociedad española de comienzos del siglo XIX mantenía todavía muchos de los rasgos de una *sociedad estamental* —carencia de dinamismo social, ruralismo— y así lo reflejaba una economía en la que la prosperidad y el hambre dependían excesivamente de factores como las sequías o las guerras. Hasta la revolución industrial de los años sesenta, las crisis políticas estaban unidas a las crisis agrícolas causadas por las malas cosechas o por conflictos sociales como las guerras carlistas. Las estructuras del Antiguo Régimen, entonces, continuaban vigentes en aspectos económicamente tan importantes como el sistema de propiedad agrícola —téngase en cuenta que el sector primario continuaba empleando en 1900 a dos tercios de los trabajadores españoles. La nobleza y la Iglesia seguían teniendo en sus manos grandes extensiones de tierra que, aunque ya no eran jurídicamente *señoríos*, no se podían desvincular de su propietario, incluso si éste así lo deseaba. La transmisión de patrimonio, además, seguía regulada por el sistema de *mayorazgo*, que impedía la división de las propiedades familiares y determinaba que, tras la muerte del dueño, todas sus posesiones debían pasar al hijo mayor de la familia. Este sistema suponía un obstáculo para la mejora de la agricultura, la distribución de la riqueza y el crecimiento económico.

La sustitución del sistema estamental por una *sociedad de clases* se produjo en dos fases. La primera coincidió con la revolución política liberal de las décadas de los años treinta y cuarenta y con las *desamortizaciones*, y la segunda —durante los años cincuenta y sesenta— con la llegada del ferrocarril y el aumento de las industrias de manufacturas —es decir, con la llegada del capitalismo.

Las primeras tres décadas del siglo fueron tiempos de profunda depresión económica, tanto en España como en el resto de los países europeos afectados por las guerras napoleónicas. Sólo Inglaterra —que no sufrió directamente estas guerras— se vio libre de los desastres provocados por ellas. Al efecto negativo de las guerras se unieron en España otras circunstancias adversas que agravaron la crisis de la economía. La independencia de las colonias americanas supuso el fin de los envíos de oro y plata —y el consiguiente aumento del déficit público— y la pérdida de los mercados de ultramar. La vuelta del absolutismo ocasionó la salida al exilio de muchos intelectuales y profesionales liberales —que hubieran podido contribuir a la recuperación económica con su talento y conocimientos— e instaló en el poder un régimen basado en los privilegios que mantuvo a los más ricos exentos del pago de impuestos. La falta de competitividad redujo la demanda exterior de algunos productos tradicionales, con lo que la exportación y los beneficios derivados de ella disminuyeron considerablemente. La crisis, además, produjo un importante aumento del bandolerismo, y en algunas zonas las autoridades llegaron a cerrar o a controlar militarmente los caminos para combatirlo. La inseguridad de los caminos encareció el transporte de mercancías y, por lo tanto, los precios.

Desde finales de los años treinta la economía agraria creció de manera importante, a pesar de las ocasionales sequías y de las guerras carlistas. Este crecimiento fue posible por la incidencia de varios factores como las desamortizaciones de 1836 y 1855, la abolición definitiva de los privilegios de la *Mesta*, el desarrollo del ferrocarril y la especialización de los cultivos.

Con las desamortizaciones —como hemos visto antes— se nacionalizaron parte de las tierras de la nobleza y de la Iglesia y después se subastaron públicamente, con lo que el Estado consiguió capitales para remediar su déficit. Aunque muchos propietarios volvieron a comprar en estas subastas las tierras que el gobierno les había expropiado, otros no disponían del capital necesario para hacerlo, lo que facilitó el acceso a la propiedad de muchos comerciantes, empresarios medios y financieros. Al mismo tiempo se eliminó el sistema de *mayorazgo*, lo que convirtió las tierras en propiedades individuales que se podían comprar, vender o transferir libremente. Estas medidas, además de favorecer el crecimiento económico, aumentaron el número de propietarios, y muchos de éstos acabaron siendo simpatizantes de los gobiernos liberales que habían impulsado las reformas que los habían beneficiado. La desamortización también transformó radicalmente las relaciones entre la Iglesia y el Estado —uno de los pilares del Antiguo Régimen— y la economía agrícola —el sector más importante de la economía española hasta bien entrado el siglo XX— e impulsó el proceso urbanizador.

Con la desaparición de los privilegios de los ganaderos y de la *Mesta* los agricultores pudieron acceder a tierras antes vedadas para la agricultura y cercar sus cultivos para protegerlos del ganado. Aunque la lana de las dos Castillas seguía siendo —a principios y mediados de siglo— muy importante para la economía del centro de España, su presencia en el mercado europeo iba perdiendo fuerza a medida que otros países comenzaban a explotar ese producto y que se popularizaban otros tipos de tejidos.

A partir de los años cincuenta el ferrocarril contribuyó de una manera muy importante a los cambios económicos del siglo XIX. Además de ser, como en toda Europa y en Norteamérica, uno de los vehículos principales de la *Revolución Industrial*, en España estuvo muy relacionado con la economía agrícola. Los trenes permitían el transporte rápido, barato y seguro de los productos del campo por toda la península, lo que hacía posible abrir nuevos mercados e introducir en las ciudades productos perecederos como la leche, las frutas y las verduras. Para 1870 todos los días salían trenes que transportaban grandes cantidades de cereales desde Castilla y la Mancha hacia Madrid y las zonas industriales de Cataluña. El tren tuvo, además de los fines económicos que acabamos de comentar, objetivos políticos concretos. La voluntad centralista de los gobiernos de la época se

Mapa de los ferrocarriles españoles en 1890

reflejó en la estructura radial de la red de ferrocarriles, que incluía principalmente rutas que partían de Madrid hacia las diferentes regiones españolas.

A mediados de siglo comenzó un proceso de especialización regional de cultivos posibilitado por la nueva economía de mercado y las mejoras en el transporte, la distribución y la comercialización de los productos. Esta especialización resultó en un aumento de la explotación de productos no autóctonos en todo el norte de España, sobre todo del maíz y la patata. Cataluña, Valencia y Murcia se concentraron en la explotación de la uva para la elaboración de vino, de la naranja y de las verduras; el sur incrementó su producción de aceite de oliva y de vino para los mercados europeos. Las epidemias de filoxera que castigaron el viñedo de Francia a finales de siglo contribuyeron a la riqueza de amplias zonas vinícolas de la Rioja y la Mancha.

Estrictamente hablando, el éxito del capitalismo industrial en la España de mediados del siglo XIX fue solamente parcial. La nueva situación de la economía europea motivó la especialización de las actividades productivas, no sólo en la península, sino en todas las regiones de Europa. Algunas áreas del continente, como Inglaterra, Alemania y Bélgica, se concentraron pronto en el desarrollo de la industria, mientras que las regiones del sur —como Italia, España, Portugal y Grecia— siguieron siendo economías principalmente agrícolas. Estas últimas regiones se convirtieron, por ello, en las productoras de los alimentos que las primeras necesitaban, al mismo tiempo que se quedaban descolgadas de la vanguardia de la Revolución Industrial.

En España —como en otros países— el crecimiento de la industria y la minería no comenzó hasta el último tercio del siglo, y casi exclusivamente en las regiones del norte. Vizcaya, Asturias y Cataluña ya tenían una tradición industrial y minera, y el crecimiento de la población —y, con ello, el aumento de la demanda interior y exterior— que se produjo durante las últimas décadas del siglo contribuyó a la plena industrialización de estas regiones y a la implantación de las nuevas tecnologías traídas del norte de Europa. En el norte del país, la burguesía supo armonizar sus intereses industriales con los financieros, lo que permitió la creación de una infraestructura bancaria importante (*Banco de Santander, Banco de Bilbao*). En Madrid se estableció una poderosa clase burocrática, y en el sur los beneficios de la explotación del vino y el olivo crearon nuevas fortunas. La aparición del capitalismo fue posible, entonces, por la coincidencia de una serie de factores interrelacionados: el aumento de la producción agraria y de la población crearon nuevos mercados y más consumidores, lo que, a su vez, hizo posible el abaratamiento de los productos industriales, la acumulación de capitales y la creación de bancos y de *bolsas* de comercio.

8 Panorama social del fin de siglo

La España de 1890 no se parecía mucho a la de 1812. Los avances científicos, tecnológicos y económicos y los acontecimientos políticos de este periodo cambiaron las costumbres de amplias capas de la población y transformaron y modernizaron buena parte de las estructuras sociales tradicionales. Las mayores transformaciones se produjeron durante la *Restauración* (1875–1902), época que, entre otras cosas, vivió el triunfo de la *burguesía*, una nueva clase social que pronto iba a tomar el protagonismo de la historia. Durante estos años la sociedad estamental finalmente dio paso, en amplias zonas del país, a la *sociedad de clases* y, con ella, a una nueva dialéctica social y política definida por el enfrentamiento entre la burguesía y la clase trabajadora.

Durante el siglo XIX España experimentó un crecimiento demográfico importante, pasando de once millones de habitantes en 1800 a diecinueve millones en 1890. La demografía española estuvo caracterizada durante casi todo el siglo por las elevadas tasas de natalidad y de mortalidad características de las sociedades tradicionales. El descenso significativo de ambas tasas que se produjo al final de la centuria puso de manifiesto que el país estaba experimentando la transición demográfica típica de las sociedades que habían logrado la modernización de su estructura económica y social. A pesar de ello, a finales de siglo el 5% de la sociedad española poseía aún el 80% de la riqueza nacional y todavía en 1885 una epidemia de cólera acabó con la vida de unas 190.000 personas, entre las que se encontraba el propio rey Alfonso XII.

Aunque la mayor parte de los españoles seguía viviendo en el campo, a lo largo del siglo se produjo una importante transferencia de población de las zonas rurales a las urbanas que elevó la población de ciudades como Madrid o Barcelona a los casi 600.000 habitantes. Esta emigración interior desplazó a una gran cantidad de agricultores pobres procedentes del norte y centro de España hacia las minas del País Vasco, y a muchos campesinos aragoneses, andaluces y murcianos hacia las fábricas de Cataluña. El crecimiento de la emigración al exterior fue también importante para el desarrollo económico. El sector agrícola no fue capaz de dar empleo a todos los que, como consecuencia de la explosión demográfica, se incorporaban al mercado de trabajo. Por ello muchos —no sólo en España, sino también Italia, Alemania, Irlanda y Polonia— tuvieron que recurrir a la emigración. En solamente treinta años —de 1874 a 1903— abandonaron España un millón de personas o, en términos relativos, un 6% de la población. Las zonas más afectadas por la emigración fueron Asturias y Galicia, desde donde salieron importantes contingentes humanos rumbo a Argentina, Cuba y Venezuela.

La aparición del capitalismo agrícola e industrial en los últimos años del siglo XIX transformó radicalmente la dialéctica entre las *dos Españas*. La defensa de los ideales de la España conservadora, representada por los tradicionalistas en el siglo XVIII y los carlistas durante parte del XIX, cayó en manos de *la derecha* política, aglutinada ahora en torno a la burguesía monárquica tradicionalista y católica. El relevo de la España progresista —ideal de los ilustrados y de los liberales— iba a ser recogido, desde estas fechas, por las ideas republicanas, laicas y obreras que definieron *la izquierda* política. Con esta transformación, las relaciones entre ambas *Españas* se hicieron más complejas y violentas.

Arquitectura industrial, puente colgante (Bilbao)

En un sentido histórico global, la llegada del capitalismo y de la revolución industrial puso al país en sintonía con los cambios generales experimentados por el resto de Europa. A Madrid y Barcelona llegaron las modas culturales europeas y las clases altas de las ciudades adoptaron pronto los gustos *victorianos,* cuya estricta moral conservadora coincidía con los valores del catolicismo. Las élites financieras miraban a Londres, y las culturales a París; los intelectuales más sagaces comenzaron a interesarse en la creciente importancia de Alemania y de los Estados Unidos en la economía, la política y la cultura mundiales.

En la nueva sociedad de clases las diferencias entre la alta burguesía y la nobleza fueron desapareciendo; ahora todos eran miembros de las clases altas, medias o trabajadoras. Mientras tanto, en algunas zonas del país (Andalucía, La Mancha y Extremadura) los terratenientes seguían obteniendo ventajas de un régimen de propiedad prácticamente estamental. El impulso empresarial de las burguesías vasca y catalana no alcanzó a las élites rurales, todavía inmersas en sus viejas obsesiones aristocráticas. Estas obsesiones se extendieron a muchos miembros de la burguesía, al mismo tiempo que muchos aristócratas adquirían gustos burgueses. La vida de las clases altas —aristócratas o burgueses— se igualó en sus gustos y modas: comenzaban todos a jugar al tenis, a ir a la ópera, a pasar sus vacaciones de verano en el norte y a visitar las tiendas de moda de París.

La Iglesia fue recuperando parte de la influencia que había perdido con los gobiernos liberales y las desamortizaciones. A finales de siglo la alta burguesía había "firmado la paz" con la Iglesia, que ya no consideraba moralmente peligroso el liberalismo económico (es decir, el capitalismo). Si el liberalismo "era pecado" —como había declarado el papa unas décadas antes— ahora sólo lo era en su aspecto cultural. La creación de un sistema educativo universal y nacional se vio obstaculizada por el monopolio católico de la enseñanza. La burguesía, entonces, siguió enviando a sus hijos a colegios católicos y ofreciendo generosas donaciones a las órdenes religiosas.

Las condiciones de vida de los trabajadores de las fábricas vascas o de los jornaleros andaluces no eran mucho peores que las de los obreros de los barrios industriales de Londres o Manchester. Había, sin embargo, una diferencia importante entre ambas clases obreras: en España, la debilidad de la clase media y de la administración habían impedido el desarrollo de un sentimiento patriótico de orgullo cívico-nacional y la solidaridad entre las clases sociales era casi inexistente. Un buen ejemplo de esta falta de solidaridad era el reclutamiento de soldados en caso de guerra que, aunque en teoría afectaba a todos, en la realidad sólo se aplicaba a los que no podían pagar un impuesto especial de exención. La fragilidad del patriotismo nacional y la falta de solidaridad entre las clases sociales serán algunas de las causas de las graves crisis del siglo siguiente. España, como indicó años después el filósofo Ortega y Gasset, seguía siendo un país *invertebrado.*

9 La cultura y las artes en el siglo XIX

La mayoría de la población española vivía, durante los siglos XVIII y XIX, inmersa en la cultura tradicional del país. Las celebraciones populares —toros, procesiones y festividades— tenían como referencia el calendario católico, con sus correspondientes variaciones locales y regionales. La mayoría de los bailes y fiestas celebraban al santo o al patrón del pueblo o de la ciudad. Las festividades de carácter religioso —Navidad, Epifanía, Semana Santa— se acompañaban de otras de carácter profano o laico —fiestas de la cosecha o la vendimia, competiciones folklóricas o deportivas entre pueblos, etc. El vino, de creciente importancia económica durante este siglo, estaba cada vez más presente en el ocio popular. A finales del siglo XIX se generalizaron las fiestas urbanas o de barrio —las llamadas *verbenas*— en las que se bailaban piezas musicales autóctonas y polcas y valses llegados de Centroeuropa.

Una novedad cultural característica de la época de la Restauración fue la *zarzuela*, una versión española de la ópera que se popularizó a partir de 1880. Este llamado *género chico* era más narrativo y menos cantado que la ópera —el *género grande*— así como más ligero en su temática. La calidad de sus composiciones musicales y de sus cantantes, combinada con la sencillez y el sentimentalismo de sus temas dramáticos, convirtieron este género musical en el preferido por las clases bajas y medias. La zarzuela se adaptó, además, a los gustos regionales, y creó obras de ambiente costumbrista madrileño, vasco, catalán, gallego, etc., que tuvieron un éxito enorme en España y en Hispanoamérica. La afición al *género chico* ha sobrevivido hasta el siglo XXI.

Una forma de socialización peculiar de la cultura española y practicada durante esta época tanto por las clases altas como por las masas populares fue la *tertulia*. Algunas de ellas reunían a las élites sociales y profesionales de los pueblos y aldeas —el cura, el médico, el maestro, el veterinario y unos pocos más— que se juntaban a tomar un café o un vaso de vino y, sobre todo, a charlar de los sucesos nacionales o internacionales del momento o a comentar las noticias de los periódicos de Madrid o Barcelona. El amor de los españoles por este tipo de socialización se materializó en muchas ciudades en la creación de los *casinos*, especie de clubes al estilo británico donde se organizaban las tertulias, los juegos de cartas o ajedrez y el *cotilleo* diario.

La alta cultura del siglo XIX estuvo muy vinculada a las tres grandes ideologías de la época —*liberalismo, nacionalismo* y *socialismo*— que tuvieron sus equivalentes creativos en las artes y la literatura. Así, el impulso a la autonomía individual y a la emancipación contenido en las constituciones y manifiestos liberales de toda Europa se reflejó en la estética del *Romanticismo*. El nacionalismo español contribuyó a una literatura costumbrista que elevaba lo tradicional, popular y folklórico a una categoría estética superior. En esta estética —que influyó también en la zarzuela— se presentaban las virtudes de personajes simples y populares en contraste con la corrupción de la vida urbana y cosmopolita. La ideología socialista, por su parte, estimuló la aparición de la gran novela realista y naturalista de finales de siglo.

Las constantes salidas y regresos de los exiliados liberales a Londres y a París contribuyeron enormemente al desarrollo del romanticismo español. Durante el periodo

1825–1860 se escribieron algunas de las mejores poesías líricas de la literatura española, así como un tipo de teatro —el *drama romántico*— que transformó los temas y la estética del género dramático. Aunque el romanticismo español no fue tan rebelde y radical como el inglés (Lord Byron) o el alemán (Holderling), sí trató, en general, los temas y motivos del europeo: el destino, la libertad, lo heroico, el amor imposible, el final trágico. En poesía destacaron José de Espronceda (*Canción del Pirata, El verdugo*) y Gustavo Adolfo Bécquer (*Rimas*); en teatro, el Duque de Rivas (*Don Álvaro o la fuerza del sino*) y José Zorrilla (*Don Juan Tenorio*). Quizás el escritor más brillante del romanticismo español fue Mariano José de Larra, un prosista que acabó su vida —de una manera muy romántica— suicidándose a los veintinueve años. Larra, ensayista crítico y analista agudo de los problemas y vicios de su época, fue el primer gran periodista español, y nos ha dejado ensayos (*Artículos*) de una modernidad extraordinaria. Otro ensayista brillante fue Ramón Mesonero Romanos que escribió las *Escenas matritenses*, un conjunto de textos cortos que representan una síntesis de las estéticas romántica y costumbrista.

Los gustos artísticos del nacionalismo que, como hemos dicho, derivaron en *costumbrismo* y exaltación del *volksgeist* —el genio de lo propio y lo nacional— no se pueden separar completamente del romanticismo, pues fueron una tendencia más dentro de éste. La literatura nacionalista abrazó una temática centrada alrededor de ambientes medievales, "nacionales" o regionalistas. Algunos autores interesantes que cultivaron esta tendencia fueron el mencionado Duque de Rivas y Juan Eugenio Hartzenbusch (*Los amantes de Teruel*). En Cataluña, el nacionalismo local produjo un movimiento intelectual —la *Renaixença*, de la que se hablará en otro lugar— que tenía una doble vertiente ideológica y lingüístico-literaria. Dentro de este movimiento destacaron los teóricos Milà i Fontanals y Guimerà y el poeta Verdaguer.

El realismo apareció en España —como el romanticismo— algo más tarde que en Francia o Inglaterra y se manifestó preferentemente en la novela. El realismo literario buscaba reflejar la realidad social y los conflictos del individuo en el contexto de su pertenencia a una determinada clase social, familia o religión. Las novelas intentaban ser "retratos" del lugar y momento en los que ocurría la acción, y los conflictos humanos eran vistos siempre con el trasfondo social del que son inseparables. Los realistas españoles estuvieron influidos por la obra de los grandes novelistas franceses Gustave Flaubert, Honoré de Balzac y Émile Zola. Sin embargo, y con la excepción de algunas obras de Pérez Galdós, nunca llegaron a los extremos del pesimismo psicológico y social de sus modelos. La narrativa realista española contó con autores extraordinarios que, aunque sin la proyección mundial de Dickens o Balzac, se pueden comparar en calidad con éstos. Entre ellos destacaron Juan Valera (*Pepita Jiménez, Juanita la Larga*), Leopoldo Alas, "Clarín" (*La Regenta*) y Benito Pérez Galdós (*Doña Perfecta, Fortunata y Jacinta, Misericordia*), siendo este último el más representativo y el más prolífico de todos ellos. En Galdós se unen la conciencia social —fue un hombre de izquierdas, muy crítico con la hipocresía y la intolerancia religiosa— y la habilidad narrativa —era un maestro en la presentación de los dramas psicológicos y las pasiones humanas que afectan a individuos de todas las clases sociales. Sus novelas —como ocurre en toda la narrativa realista— están presididas por un narrador omnisciente que comparte el espacio narrativo con diálogos de gran riqueza. Muchos de sus personajes son burgueses —la emergente clase media de la *Restauración*— que viven en contacto diario con los trabajadores. *Fortunata y Jacinta*, quizá su mejor obra, constituye el mejor ejemplo de esta interacción entre las clases sociales, reflejada especialmente en el contraste entre la rica esposa del protagonista (Jacinta) y la amante de éste, una mujer del pueblo bajo (Fortunata). El protagonista masculino (Juanito Santa Cruz) encarna los privilegios de la alta burguesía y un sistema de valores patriarcal e hipócrita. Juanito, enamorado de ambas mujeres, tiene descendencia con la amante, mientras que su fiel y pasiva esposa sufre en silencio la infidelidad de su esposo y su incapacidad para procrear, e incluso adopta al hijo de Juanito y Fortunata tras la muerte de ésta. Los diálogos y descripciones ponen en acción, a lo largo de toda la novela, a una enorme cantidad de personajes y situaciones que presentan un auténtico retablo social de la España de la segunda mitad de siglo.

Dentro del *naturalismo* —una forma de realismo más extremo de carácter pesimista y determinista— se incluye la narrativa de dos novelistas de gran éxito en su tiempo: la gallega Emilia Pardo Bazán y el valenciano Vicente Blasco Ibáñez. Aunque ambos publicaron parte de su obra ya en el siglo XX, por su estilo y su ideología pueden ser considerados escritores característicos de la literatura de finales del XIX.

Emilia Pardo Bazán (*Los Pazos de Ulloa, La madre Naturaleza*) muestra en sus novelas el ambiente regional gallego y la decadencia de una clase social privilegiada y provinciana. Su detallismo descriptivo es más psicológico que sociológico, recogiendo la influencia del determinismo de la época. En sus obras muestra, también, una gran sensibilidad para pintar la belleza colorista de los campos de su tierra.

Vicente Blasco Ibañez (*La Barraca, Arroz y Tartana, Cañas y Barro*) comparte con la escritora gallega el análisis psicológico de sus personajes y la recreación de los ambientes localistas, aunque se distingue de ella por su mayor énfasis en la crítica social y política contra la opresión. El carácter crítico de sus obras y su profundo anticlericalismo contribuyeron a su popularidad e incitaron grandes pasiones políticas en su favor o en su contra.

En las *artes plásticas* los dos artistas españoles más universales del siglo fueron el pintor Goya —ya estudiado en el capítulo anterior— y el arquitecto Antonio Gaudí, de quien se hablará en el capítulo siguiente. Los temas y estilos arquitectónicos siguieron una evolución paralela a la literatura y el pensamiento. Así, los primeros años de la centuria estuvieron caracterizados por la continuación del *neoclásico* del siglo anterior (*Teatro Real* de Madrid), que fue reemplazado después por el *romanticismo*. Con este último estilo se desarrolló un gusto por lo "nacional" y por un pasado idealizado, que acabó generando los estilos *neo-gótico, neo-renacentista* y *neo-mudéjar*. Más adelante, y coincidiendo con el auge de la burguesía y la Revolución Industrial, se prestó una especial atención al urbanismo, cuyas manifestaciones fueron los *ensanches* de expansión y modernización de las ciudades, entre los que destacan el *Barrio de Salamanca* de Madrid y el *Eixample* de Barcelona, de los que se hablará más adelante.

La pintura pasó por periodos románticos y realistas. La pintura romántica cultivó el historicismo y sus dos máximos representantes fueron Eduardo Rosales (*El testamento de Isabel la Católica*) y Federico Madrazo, gran retratista de las clases altas. Ya en la segunda mitad del siglo, la obra de Mariano Fortuny (*La Vicaría*) marcó la evolución de la pintura española hacia el realismo naturalista. En los últimos años de la centuria Darío de Regoyos introdujo en España la estética impresionista, al mismo tiempo que se extendía la moda de idealizar los temas y tipos regionales. Esta estética regionalista contó con algunos pintores muy originales como Joaquín Sorolla, Alfonso Castelao e Ignacio Zuloaga, que se dedicaron a representar personajes y escenas típicas de Valencia, el País Vasco, Galicia y Castilla, respectivamente.

También a finales del siglo —tras la celebración de la *Exposición Universal* de Barcelona en 1888— llegó a España la estética *modernista*. Este estilo elegante y altamente imaginativo afectó, sobre todo, a la arquitectura y al diseño de objetos cotidianos —muebles, decoración— y será estudiado en el capítulo siguiente.

¡Atención! Ve a **De la Red** de este capítulo en *www.prenhall.com/espanaayeryhoy*. Allí encontrarás sitios de información muy interesante y de fácil acceso.

De 1900 a 2004: El fin de las *dos Españas* y la consolidación de la democracia

Temas de introducción

1. ¿Podrías hacer una lista de los hechos históricos más importantes que se produjeron en los EE.UU. y en el mundo durante el siglo XX?

2. ¿Cuáles son, a tu juicio, las transformaciones económicas sociales y culturales más importantes que experimentaron los EE.UU. durante el siglo XX? ¿Cómo afectaron éstas a sus ciudadanos? ¿Qué avances hubo en el terreno de los derechos civiles —libertad de prensa, de asociación, igualdad ante la ley, derecho al voto, etc.?

3. La crisis económica mundial de los años treinta comenzó con la caída de Wall Street en octubre de 1929 y pronto se extendió por todo el mundo. ¿Crees que se puede producir hoy una crisis financiera de las mismas proporciones? ¿Por qué?

4. Desde 1939 hasta 1975 España estuvo gobernada por la dictadura del general Franco, un militar que había simpatizado con los fascismos europeos y que tuvo estrechas relaciones de amistad con Alemania e Italia durante la Segunda Guerra Mundial. Al final de esta guerra España sufrió las consecuencias de un bloqueo internacional liderado por los EE.UU. En las décadas de la *guerra fría*, sin embargo, el gobierno estadounidense ofreció ayuda diplomática y militar a Franco. ¿Cuál fue la relación entre el gobierno de los EE.UU. y las diferentes dictaduras que existieron en la segunda parte del siglo XX? ¿Qué otros bloqueos económicos conoces?

5. En las siguientes páginas verás que la clase media resultó fundamental para la consolidación de la democracia en España. ¿Crees que una clase media fuerte es importante para el mantenimiento de un sistema democrático estable? ¿Por qué?

6. Hemos visto que a finales del siglo XIX se organizaron en España diversos movimientos nacionalistas que exaltaban lo propio de una determinada región o localidad en contraste con lo "español" común a toda la nación. Hoy en día, el sentimiento local es tan fuerte que muchos ciudadanos se sienten por igual —o mucho más— vascos, catalanes o gallegos que españoles. ¿Existen movimientos similares en los EE.UU.? ¿Se identifican sus ciudadanos más con la nación y la bandera o con su lugar de origen, su estado, su etnia o su estilo de vida? ¿Por qué crees que esto es así?

❶ Introducción

Durante el siglo XX los españoles vivieron cambios históricos espectaculares. De la monarquía de principios de siglo se pasó a la Segunda República y ésta condujo a la guerra civil y a la dictadura de Franco. El desarrollo económico y social de los años sesenta y setenta, el crecimiento de la clase media y la voluntad de reconciliación hicieron posible el final de la división histórica de las *dos Españas* y fueron la base fundamental para el establecimiento de una democracia estable.

El siglo XX vio también una explosión intelectual y artística sólo comparable a la que se produjo durante el *Siglo de Oro*, y fue testigo de otros fenómenos sociales y culturales de gran importancia, tales como el nuevo papel de la mujer, la secularización del Estado y la sociedad, la consolidación de la democracia, la integración en la *Unión Europea* y en la OTAN, la recepción de emigrantes procedentes del Tercer Mundo y Europa Oriental y las nuevas relaciones con Latinoamérica.

Durante los últimos años se recrudeció también el llamado "problema vasco", agravado por las acciones violentas de la organización terrorista ETA (Euskadi ta Askatasuna, *Patria vasca y libertad*) que persigue la separación del País Vasco del Estado español. El nacionalismo radical y el terrorismo se han convertido en las principales amenazas para la democracia española.

❷ El reinado de Alfonso XIII (1902–1930): Del *desastre del 98* a la dictadura de Primo de Rivera

El reinado de Alfonso XIII —que se extendió desde su acceso al trono en 1902 hasta la proclamación de la Segunda República en 1931— fue un periodo de gran conflictividad política y social que tuvo dos partes bien diferenciadas. La primera (1902–1923) se caracterizó por la continuación del sistema bipartidista de turnos en el poder; la segunda (1923–1930), que comenzó con el golpe militar de Primo de Rivera, implantó en España una dictadura. A pesar del atentado contra la vida del rey (1906), de la creación de nuevos partidos de ideología republicana (el Partido Radical y el Partido Reformista) y del giro republicano del PSOE, durante los primeros años del siglo la Corona consolidó su prestigio y su legitimidad, lo que hizo que el cambio de régimen no estuviera presente en el debate político español hasta bien entrados los años veinte.

La crisis del bipartidismo

Como se ha mencionado, el sistema bipartidista establecido por Cánovas a finales del siglo XIX continuó funcionando durante la primera fase del reinado de Alfonso XIII. Tras los sucesos de 1898, conservadores y liberales aceptaron los ideales *regeneracionistas* que se reflejaron en las acciones de gobierno de ambos partidos. Los gobiernos conservadores de Silvela (1899 y 1900) y —sobre todo— de Antonio Maura (1904, 1907–1909) tomaron medidas para mejorar la educación —creación de la Junta para la Ampliación de Estudios y de la

Residencia de Estudiantes— aprobaron leyes sociales —Ley electoral, Ley de huelga— y reactivaron la política exterior. Maura, además, inició un ambicioso proyecto de consolidación del Estado —reforma de la administración local, sensibilidad hacia los regionalismos y lucha contra el caciquismo y el fraude electoral— que no pudo concluir. La extrema dureza con la que su gobierno reprimió las protestas que se produjeron durante la llamada *Semana trágica* de Barcelona —de la que se hablará más tarde— hizo que Maura perdiera la confianza del rey y forzó su dimisión.

José Canalejas, nuevo líder del Partido Liberal que sucedió a Maura en el gobierno, fue responsable de reformas como la introducción del servicio militar obligatorio, la regulación de las condiciones de trabajo, la autorización del culto protestante y el apoyo a la creación de la Mancomunidad de Cataluña. Su gobierno se enfrentó a numerosas huelgas entre 1910 y 1913, lo que le valió la oposición de la izquierda.

El bipartidismo acabó haciendo crisis en 1913, tras la negativa de Maura a seguir el sistema de turnos y suceder en el poder al Partido Liberal. Desde 1914 hasta 1923 ninguno de los dos partidos logró —a pesar del fraude electoral— reunir la mayoría necesaria para gobernar, lo que dejó al país en un estado casi permanente de crisis política. El sistema bipartidista de la Restauración fue incapaz de evolucionar —como lo hicieron otros regímenes europeos— hacia la creación de un verdadero sistema democrático.

El auge del movimiento obrero

Mientras la vida política oficial seguía dominada por la inercia del *bipartidismo* y el *caciquismo*, en las calles, las fábricas y las minas aumentaba la fuerza de un movimiento obrero cuya ideología antimonárquica, revolucionaria y anticapitalista estaba alimentada por la extrema desconexión entre la España oficial y la real y por las crecientes diferencias entre el nivel de vida de la burguesía y el de los trabajadores urbanos y rurales.

El descontento popular con el gobierno se manifestó en las numerosas huelgas y protestas que ocurrieron entre los años 1909 y 1913. La más sangrienta de todas ellas fue la mencionada *Semana trágica* de Barcelona (1909), que se produjo cuando una huelga convocada para protestar contra la recluta de jóvenes para la guerra colonial de Marruecos acabó en una confrontación abierta entre anarquistas y pistoleros al servicio de los empresarios, y entre los sindicatos y el ejército.

Aunque la neutralidad española en la *Primera Guerra Mundial* (1914–1917) benefició al sector industrial —que incrementó sus beneficios por el aumento de la demanda— su impacto en la economía nacional fue negativo porque provocó una fuerte subida de la inflación que duplicó el precio de los productos de primera necesidad entre 1914 y 1920. La ola de huelgas que se desencadenó durante estos años —212 en 1914, 460 en 1918 y más de 1.000 en 1920— puso la economía en una situación cada vez más precaria y deterioró la unidad social del país.

Sucesos como éstos hicieron que la Corona española —como las otras monarquías de un continente sacudido por los movimientos revolucionarios— fuera perdiendo prestigio y viabilidad.

Los nacionalismos

El crecimiento de los nacionalismos periféricos añadió complejidad a una situación política ya de por sí difícil. En Cataluña, la *Lliga Regionalista* —fundada en 1901— se convirtió en el centro de un catalanismo político con el que simpatizaban muchos sectores de una burguesía industrial que había sintonizado progresivamente con el movimiento cultural de la *Renaixença*. Esta burguesía sentía una profunda irritación por la pérdida de los mercados coloniales y consideraba al aparato administrativo de Madrid culpable del retraso general de España. En el País Vasco —sobre todo en Vizcaya— fue creciendo el resentimiento del sector católico y antiliberal de la clase media rural hacia la alta burguesía "españolista" partidaria de la industrialización y del desarrollo urbano, y hacia los trabajadores industriales procedentes de otras regiones del país. Alrededor de 1920 apareció también un movimiento nacionalista gallego, aunque fue mucho más débil que el vasco o el catalán.

A pesar de que estos movimientos estaban cada vez más presentes en la vida política nacional y de que lograron triunfos electorales relativamente importantes, la comisión que se creó en 1919 para estudiar el problema regional no satisfizo sus demandas descentralizadoras, con lo que el nacionalismo se radicalizó y se fue separando del orden constitucional.

La dictadura de primo de Rivera (1923–1930)

La inestabilidad social, los constantes disturbios callejeros, la derrota de las tropas españolas en Marruecos en 1921, el asesinato del Jefe del Gobierno (Eduardo Dato) en el mismo año y la incapacidad de la clase política para resolver los problemas del país hicieron que algunos mandos militares se plantearan la intervención del ejército como la única manera de sacar a la nación de la crisis. En septiembre de 1923 el general Miguel Primo de Rivera se sublevó en Barcelona y terminó con el sistema constitucional que el propio ejército

¿SABÍAS QUE...?

EL DESASTRE DE ANNUAL

El moro Abd-el-Krim, empleado en el gobierno militar del Rif español —norte de Marruecos— fue a protestar ante el general Silvestre de los abusos de los oficiales españoles contra los civiles de la región. Según los rumores de la época, Silvestre humilló y abofeteó a Abd-el-Krim, y éste juró venganza. Tras estudiar la situación de las tropas españolas, Abd-el-Krim organizó una guerrilla de treinta mil hombres y preparó una trampa que atrajo a las tropas coloniales a un lugar desprotegido, donde las atacó por sorpresa y les causó miles de bajas. El gobierno se vio obligado a pedir ayuda a Francia —país que controlaba parte de Marruecos— para hacer frente a la sublevación. En Madrid, mientras tanto, los partidos políticos de izquierda pidieron una investigación inmediata sobre el desastre. Esta investigación fue encargada al coronel Picasso, quien encontró muchos indicios de incompetencia en las actuaciones de varios políticos y militares. La defensa del honor del ejército fue una de las causas del golpe de Estado de Primo de Rivera, quien ordenó parar la investigación tras tomar el poder.

había instaurado en 1874. Alfonso XIII —que seguía siendo el jefe del Estado— reconoció el golpe y encargó a Primo de Rivera la formación de gobierno.

A diferencia de los pronunciamientos del siglo anterior, el golpe de 1923 no fue protagonizado por unos pocos militares con inquietudes políticas, sino por el ejército, una institución que se consideraba a sí misma por encima y al margen de la política. De acuerdo con esta mentalidad, el ejército definía la esencia de lo español y constituía la única garantía para la estabilidad y la unidad del país. La dictadura de Primo de Rivera tuvo consecuencias muy importantes para la historia de España no sólo porque trajo un régimen republicano sino —y principalmente— porque su concepción del ejército y de la patria inspiró a los militares que se rebelaron contra la República en la década siguiente.

Primo de Rivera, que era considerado un hombre honrado y enemigo de la corrupción, no encontró apenas oposición en un país asustado por el radicalismo anarquista y cansado de las crisis políticas. La dictadura estableció un régimen antiparlamentario, burocrático y estatalista apoyado en la fuerza del ejército y marcado por la preocupación por la unidad nacional, la lucha contra la influencia de los caciques, el intervencionismo en la economía y el acercamiento a las antiguas colonias. Las primeras medidas del nuevo gobierno fueron claramente represivas: supresión de la constitución y las Cortes, sustitución de los gobernadores civiles por militares, disolución de la Mancomunidad de Cataluña, censura de prensa e ilegalización de los sindicatos anarquistas. Además, Primo de Rivera cerró instituciones culturales como el *Ateneo* de Madrid y se enfrentó a los intelectuales, quienes lo criticaron constantemente desde la prensa y la universidad.

A pesar de que la dictadura consiguió éxitos importantes —el fin de la violencia en las calles, la victoria sobre los rebeldes de Marruecos (1925), la recuperación económica (hasta la crisis de 1929) y el aumento de las exportaciones industriales— no pudo acabar con el descontento de muchos sectores sociales, que continuaron enfrentándose a ella. Pronto —como veremos más adelante— la dictadura entraría en crisis y desembocaría en la Segunda República.

➌ La economía y la sociedad de principios del siglo XX

Las primeras tres décadas del siglo XX fueron testigos de un rápido crecimiento de la población española —que pasó de 18,3 millones de habitantes en 1900 a 24,5 millones en 1930— acompañado de una disminución significativa de la emigración al exterior y de la mortalidad infantil. Al mismo tiempo, la demanda de mano de obra de las industrias instaladas en las grandes ciudades aumentó la movilidad geográfica de los trabajadores, que se desplazaron desde sus lugares de origen a otras regiones más desarrolladas.

La mayoría de la población activa seguía trabajando en la agricultura, sector que experimentó cierta mejoría por la expansión de los regadíos y del uso de abonos y por el aumento momentáneo de la demanda europea debido a la Primera Guerra Mundial (1914–1917). El crecimiento de la población, sin embargo, impidió establecer excedentes alimentarios de forma estable. La agricultura española continuó siendo esencialmente latifundista, y los trabajadores del campo —sobre todo los del sur— seguían clamando por una *reforma*

LOS *REGENERACIONISTAS*

Se llama *regeneracionistas* a un conjunto de intelectuales españoles de finales del siglo XIX y principios del XX que pretendían "regenerar" o reformar el país analizando sus problemas y proponiendo soluciones "desde arriba". Así expresaba los ideales de cambio Joaquín Costa —uno de los principales representantes de esta corriente intelectual— en un discurso de 1901:

> En una cosa estamos de acuerdo los españoles [...] para que [España] se redima y resurja a la vida de la civilización y de la historia necesita una revolución, o lo que es igual, tiene que mudar de piel, romper los moldes viejos que Europa rompió ya hace más de medio siglo; sufrir una transformación honda y radical de todo su modo de ser, político, social y administrativo; acomodar el tipo de su organización a su estado de atraso económico e intelectual y tomarlo nada más como punto de partida, con la mira puesta en el ideal, el tipo europeo.
>
> [...] La revolución que España necesita tiene que ser, en parte, exterior, obrada por representantes de poderes sociales; en parte, interior, obrada dentro de cada español, de cada familia de cada localidad, y estimulada, provocada o favorecida por el Poder público también. En este sentido hablamos de una revolución hecha desde arriba, desde el poder.

Muchos de los escritores de la generación del 98 compartieron con los regeneracionistas —en palabras de Azorín, uno de los miembros de la mencionada generación— "un espíritu de protesta, de rebeldía" que "comenzaba a inquietar a la generación anterior". No todos los intelectuales, sin embargo, mostraban entusiasmo por las ideas de cambio o por los logros alcanzados. Miguel de Unamuno, uno de los más importantes intelectuales españoles, veía así el regeneracionismo en su ensayo de 1898 "La vida es sueño":

> Todos estamos mintiendo al hablar de regeneracionismo, puesto que nadie piensa en serio en regenerarse a sí mismo [...] ¡Regenerarnos! ¿y de qué, si de nada nos hemos arrepentido? [...]
>
> En rigor no somos más que los llamados, con más o menos justicia, intelectuales y algunos hombres públicos los que hablamos de la regeneración de España [...].
>
> El pueblo, por su parte [...] Oye hablar de todo eso como quien oye llover, porque no entiende lo de la regeneración. [...] Mira con soberana indiferencia la pérdida de las colonias nacionales, cuya posesión no influía lo más mínimo en la felicidad o en la desgracia de la vida de sus hijos [...]. ¿Qué se le da con que recobre o no España su puesto entre las naciones? ¿Qué gana con eso? ¿Qué le importa la gloria nacional? [...] ¡Cosas de libros!

Y el novelista Pío Baroja tenía en 1926 la siguiente idea de la intelectualidad de la época:

> La generación nacida hacia 1870 [...] Fue una generación excesivamente literaria. Creyó encontrarlo todo en los libros. No supo vivir. [...] La gente idealista se lanzó al intelectualismo y se atracó de teorías, de utopías, que fueron alejándola de la realidad inmediata. [...] A pesar de esto, fue una generación más consciente que la anterior y más digna; pretendió conocer lo que era España, lo que era Europa, y pretendió sanear al país. Si al intento hubiera podido unir un comienzo de realización, hubiera sido de esas generaciones salvadoras de una patria.

agraria —distribución equitativa de la tierra y mejoras en su explotación y productividad— que nunca llegaba.

El primer cuarto de siglo fue también muy beneficioso para los sectores industrial, financiero y de servicios. Las transformaciones más intensas en la vida económica de este periodo, sin embargo, giraron alrededor de la mejora de las infraestructuras. Los gobiernos dieron un impulso decidido a la construcción de carreteras, ferrocarriles y pantanos y a la renovación urbana. Los planes de urbanización —los *ensanches* de las ciudades promovidos a finales del siglo XIX— modernizaron gran parte de los espacios urbanos, preparándolos para el automóvil y dotándolos de servicios más adecuados al nuevo modo de vida, tales como mercados, mataderos, agua corriente, alcantarillado, luz eléctrica y transportes públicos. El intervencionismo económico de Primo de Rivera se manifestó en la creación de algunas grandes empresas nacionales como la *Compañía Telefónica* (1924), que contribuyó a la popularización del uso del teléfono —de 60.292 teléfonos en servicio en 1922 se pasó a unos 212.360 aparatos en 1930. Otras empresas importantes fueron la CAMPSA (1927), que tuvo el monopolio de la distribución de gasolina, y la línea aérea Iberia (1927). El desarrollo del automóvil fue tardío pero relativamente exitoso. España llegó a fabricar un coche de lujo —el *Hispano-Suiza*— que tuvo un gran prestigio internacional. Durante los primeros veinte años del siglo se fundaron en Madrid tres grandes bancos —*Hispanoamericano, Central* y *Español de Crédito*— que permanecieron activos hasta finales del siglo XX y que todavía hoy existen, aunque fusionados con otros o entre sí.

El aumento de la demanda estimuló el crecimiento de las industrias metalúrgicas (Vizcaya, Valencia) y textiles (Cataluña) y de la explotación del carbón (Asturias, Vizcaya). En el breve espacio de ocho años —entre 1910 y 1918— el número de obreros de la industria del metal se multiplicó por tres. Las condiciones de trabajo de estos obreros eran muy duras: sólo se les pagaba por día trabajado, la jornada laboral era de diez a doce horas para hombres, mujeres o niños y los salarios eran tan bajos que a veces era difícil sobrevivir durante los periodos de carestía de alimentos. Estas condiciones empujaron a los trabajadores a afiliarse a sindicatos como el anarquista Confederación Nacional de Trabajadores (CNT) y el socialista Unión General de Trabajadores (UGT). Gracias a los sindicatos, los obreros españoles llegaron a crear cientos de *cooperativas obreras* de crédito y de consumo que sustituyeron el papel protector del Estado.

La vida española de principios de siglo siguió caracterizada por la tensión entre la tradición y la renovación. Hacia 1920 algunos aspectos de la estructura social de la nación habían experimentado cambios fundamentales y otros continuaban como en 1875. A pesar del importante crecimiento —en tamaño e influencia— de las clases medias durante este periodo, las diferencias entre los niveles de vida y los valores de los burgueses adinerados y "modernos" y los trabajadores eran cada vez más pronunciadas. Además, la clase media urbana, profesional y liberal estaba dividida entre los deseos de *regeneración* y la desconfianza ante las formas más radicales del movimiento obrero. El triunfo de la revolución rusa agravó la ansiedad de las clases medias europeas, lo que resultó en una obsesión por el orden y acabó contribuyendo a la aparición de los fascismos. La Iglesia, por su parte, fue incapaz de comprender los cambios que se estaban produciendo en el país, y reaccionó a ellos encerrándose en sí misma, adoptando posturas radicales contra enemigos reales o imaginarios —librepensadores, ateos, socialistas, anarquistas— culpando a la secularización y a la modernización de los problemas de la nación y pidiendo desde los púlpitos y los confesionarios el voto para los partidos opuestos a las reformas.

La vida privada de los individuos, y especialmente la de las mujeres, también estuvo marcada por el conflicto entre tradición y renovación. A comienzos del siglo XX el hogar y el matrimonio continuaban siendo el marco de la vida social de la mujer española, cuya vida estaba marcada por las etapas tradicionales de hija, esposa y madre. La todavía escasa presencia femenina en el mercado laboral estaba limitada al servicio doméstico o a trabajos agrícolas e industriales poco especializados. Durante las tres primeras décadas del siglo se produjeron cambios fundamentales que permitieron la incorporación de un número creciente —aunque todavía modesto— de mujeres a algunas profesiones liberales —maestras y enfermeras principalmente— al comercio, a los transportes y a la administración pública. El acceso femenino al mundo laboral fue limitado tanto por la mentalidad tradicional como por la discriminación. Para contrarrestar esta última, diversos gobiernos promulgaron leyes que regulaban los derechos de la mujer trabajadora y crearon centros de educación y formación. Los sindicatos, por su parte, lanzaron campañas de captación y afiliación, e incluyeron a las mujeres en sus reivindicaciones laborales. Al mismo tiempo que se producían estos cambios en el mundo laboral, la prensa comenzó a publicar anuncios de productos destinados al uso femenino cuyas modelos atléticas, activas y vestidas a la última moda indicaban el nacimiento de una nueva manera de entender el cuerpo y la estética femeninos y el papel social de la mujer. En esta época apareció un movimiento feminista muy heterogéneo —había grupos católicos, laicos y radicales— heredero del trabajo de base de muchas mujeres del siglo XIX que luchó por la igualdad de derechos y obtuvo algunos éxitos.

El aumento de la población urbana provocado por el desarrollo industrial concentró en las ciudades una parte importante de los votos, y las convirtió en el centro de la vida política del país. Esta población urbana fue creando, durante las tres primeras décadas del siglo, el embrión de una nueva cultura del ocio basada en los espectáculos de masas. Algunos de estos espectáculos ya existían en el siglo XIX (fiestas populares, toros, zarzuela, teatro); otros alcanzaron una nueva dimensión (especialmente los viajes y el deporte) y otros (como el cine) fueron novedades posibilitadas por los nuevos adelantos tecnológicos. La canción y el baile se separaron del teatro y adquirieron importancia en sí mismos, dando origen a los cabarets o a los "cafés cantantes". La nueva importancia adquirida por el deporte —fútbol, automovilismo, ciclismo, golf, tenis— revelaba una nueva concepción del cuerpo humano y un mayor énfasis en la salud y la higiene, características ambas del proceso de modernización de la sociedad. Con el desarrollo de los medios de transporte los veraneos comenzaron a adquirir una gran importancia entre la clase alta, y poco a poco se fueron generalizando entre las clases medias. Las clases populares, en cambio, seguían viajando únicamente para desplazarse a trabajos estacionales como la siega o la vendimia.

4 La Segunda República (1931–1936)

La caída de la dictadura de Primo de Rivera y el fin de la monarquía

A partir de 1928 la situación política y económica de España volvió a empeorar. La crisis política vino determinada por la convocatoria —sin consulta popular— de una Asamblea Nacional Consultiva para redactar una constitución destinada a legitimizar el régimen autoritario y conservador de Primo de Rivera. Esta acción fue rechazada por los sectores sociales ya descontentos con la dictadura —los intelectuales, los estudiantes, los catalanistas y el movimiento obrero— que comenzaron ahora a oponerse abiertamente a ella y a expresar su descontento en las calles. A la crisis política se unieron pronto los problemas económicos, provocados por la retirada de las inversiones que la banca extranjera tenía en España —a consecuencia del desastre de Wall Street (1929)— y por la pérdida de valor de la moneda nacional —la peseta. El dictador ni pudo ni quiso continuar al frente del país y presentó su dimisión en 1930.

AUTOMÓVILES DE LUJO: LOS *HISPANO-SUIZA*

En 1901 el empresario español Emilio de la Cuesta contrató los servicios del ingeniero suizo Mark Birkigt para construir el primer automóvil nacional. En 1903 apareció el primer modelo que ya presentaba interesantes novedades técnicas respecto a los coches de la época, como la bomba de agua y la caja de cuatro velocidades. Pero la empresa de automóviles *La Cuadra* no prosperó, y fue comprada por Damián Mateu, que decidió mantener a Birkigt como director técnico y cambió su nombre al de *Sociedad Anónima Hispano-Suiza.*

En 1905 los directivos de la compañía se informaron de que el rey iba a viajar en automóvil a Valencia, le siguieron en un modelo Hispano-Suiza y en una cuesta le adelantaron a gran velocidad. El rey quedó impresionado por la potencia de ese coche y encargó uno para su uso personal. A partir de entonces el monarca se convirtió en un entusiasta de la marca, llegó a poseer varios de sus modelos e incluso dio nombre a uno de ellos en 1908.

En 1911 la empresa construyó una sociedad filial en Francia. En 1912 el modelo "Sardina" ganó varias competiciones, lo que aumentó el prestigio deportivo de los Hispano-Suiza. A comienzos de la Primera Guerra Mundial, la sección francesa de la compañía fabricó motores de avión que tuvieron una gran aceptación internacional, y en 1917 se fundó otra fábrica en Guadalajara (España) para construir camiones para el ejército español.

Los años veinte fueron una época dorada para la marca Hispano-Suiza, que tuvo en el mercado varios modelos de lujo y deportivos y llegó a vender un sistema de frenos a la prestigiosa Rolls Royce británica. La compañía superó la crisis económica de los años treinta, pero no pudo sobrevivir a la Guerra Civil española y acabó cerrando sus puertas. Después de la guerra el gobierno utilizó las instalaciones que Hispano-Suiza tenía en Barcelona para construir otro automóvil genuinamente español, el *Pegaso*, que, aunque de buena calidad, no tuvo mercado ni capital suficiente para sobrevivir más de quince años. A finales de los años cincuenta la marca *Pegaso* pasó a fabricar exclusivamente camiones y tractores para el mercado nacional.

La proclamación de la Segunda República

Tras un año de confusión institucional, el 12 de abril de 1931 se celebraron unas elecciones cuyos resultados manifestaron de nuevo la existencia de *dos España*s: la progresista de las ciudades grandes, los núcleos industriales y mineros y muchos pueblos del sur, que había votado a candidatos socialistas y republicanos, y la conservadora del norte y el centro rural, donde ganó la derecha monárquica. Dos días después (el 14 de abril) se proclamó la Segunda República Española y el ejército, que contaba en sus filas con muchos oficiales republicanos, aceptó la voluntad popular y se retiró de la arena política. El rey Alfonso XIII abandonó definitivamente España y partió al exilio. La caída de la dictadura había supuesto, entonces, el fin de la monarquía que la había legitimado.

La República no recibió el apoyo unánime de los españoles. Fue recibida con esperanza y entusiasmo por los sectores de tradicional inclinación republicana —la mayoría de clase media liberal y urbana, los movimientos obreros— e incluso por algunos conservadores y católicos que veían en el nuevo régimen una oportunidad única para reformar el país y para afrontar los enormes retos de la modernización. España necesitaba con urgencia fortalecer el poder civil y librarlo de la excesiva influencia del ejército y de la Iglesia, reformar la estructura de la propiedad agraria, el sistema de enseñanza y la administración pública, reconocer los nacionalismos periféricos y atraer inversiones extranjeras en un momento en el que la depresión castigaba a toda Europa y a Norteamérica. Hubo también quienes la detestaron abiertamente, como los militantes de la *Falange* —un movimiento de carácter fascista y antiburgués— y la derecha monárquica más reaccionaria —que veía con recelo los avances del movimiento obrero. Otros grupos la consideraron como un simple medio para el logro de sus fines particulares. Tal fue el caso de las facciones más radicales del movimiento obrero —que vieron en ella una oportunidad para impulsar sus planes revolucionarios— los anarquistas —que buscaban la destrucción total del Estado— y el *Partido Comunista* —que tenía como objetivo el establecimiento de una *dictadura del proletariado*. Las propias fuerzas republicanas no llegaron a alcanzar un acuerdo básico sobre el modelo de estado que tendría que surgir con el nuevo régimen. Los socialistas estaban divididos entre los *socialdemócratas* —que creían en el cambio desde dentro del sistema— y los partidarios de una revolución al estilo soviético. La derecha moderada, por su parte, quería una república basada en el orden y la tradición, y los catalanistas buscaban una república federal que garantizara la autonomía de las regiones.

El profundo desacuerdo social y la falta de cohesión del movimiento republicano hicieron muy difíciles las tareas de gobierno. Las reformas y las leyes introducidas por los distintos presidentes fueron consideradas radicales por la derecha y tímidas por la izquierda, y acabaron por no satisfacer a nadie. En este ambiente, el enfrentamiento entre las *dos Españas* era inevitable.

Los gobiernos republicanos

La Segunda República se puede dividir políticamente en tres fases, que coinciden con los periodos de gobierno de los tres presidentes elegidos en las votaciones de 1931, 1933 y 1936. La primera fase (1931–1933) comenzó tras la victoria de la coalición republicana-socialista (dirigida por Manuel Azaña) en las elecciones de junio de 1931, y tuvo un carácter fuertemente *reformador*. El nuevo gobierno redactó una Constitución izquierdista, laica y progresista —que se aprobó el 9 de diciembre del mismo año— y comenzó inmediatamente a tomar medidas para solucionar los que, a su juicio, eran los principales problemas del país. Azaña afrontó la *reforma agraria* mediante una ley de expropiación de latifundios y de reparto de las tierras entre los campesinos, decretó varias leyes laborales que regulaban y mejoraban las condiciones de trabajo de los obreros urbanos y rurales, se ocupó de la reforma y democratización del ejército y dio un impulso importantísimo a la cultura y a su difusión entre todas las capas de la población. Además, hizo efectiva la separación entre la Iglesia y el Estado, tomó medidas para limitar la influencia social de la primera, aprobó la libertad de culto, legalizó el divorcio, estableció —por primera vez en España— el matrimonio civil y creó un sistema de enseñanza público y laico (entre 1931 y 1933 se fundaron unas 10.000 nuevas escuelas). En los terrenos administrativo y político, Azaña abrió la puerta a la descentralización y a la concesión de autonomía a ciertas regiones y extendió el derecho de voto a las mujeres.

La naturaleza de las reformas del gobierno y la agresividad con la que se implantaron acabaron polarizando la vida política nacional y creando un amplio descontento, tanto entre los sectores conservadores —que veían estas reformas como excesivamente radicales— como entre la izquierda —que consideraba que los cambios no eran suficientes. Así pues, el gobierno de Azaña irritó a la Iglesia —que estaba descontenta por la pérdida de su poder social— al ejército —que veía desaparecer algunos de sus privilegios— a los terratenientes —que no querían perder sus propiedades— y a organizaciones como la CNT —que esperaban que el gobierno encabezara una revolución.

La segunda fase de la República (1933–1936) tuvo un carácter *conservador*, y comenzó tras la victoria de la *Confederación Española de Derechas Autónomas* (CEDA), un partido de la derecha que quería romper con el sistema democrático de 1931 y crear un estado conservador y católico. A pesar de su victoria electoral, la CEDA no obtuvo los votos suficientes para gobernar en solitario, por lo cual tuvo que aliarse con otros partidos en coaliciones frágiles —hubo siete gobiernos en unos dos años— que diluyeron los programas políticos del presidente. Los gobiernos de la derecha pararon el impulso reformador del periodo azañista devolviendo las tierras expropiadas a la aristocracia, paralizando el proceso autonómico, concediendo subsidios públicos al clero y reprimiendo el movimiento obrero. El descontento de la izquierda, de los sindicatos y de los obreros ante las actuaciones del gobierno conservador se manifestó de nuevo en numerosas revueltas sociales, la más importante de las cuales fue la que estalló en las zonas mineras de Asturias en 1934, y que fue reprimida con dureza. Organizaciones como la UGT y los sindicatos de izquierda radical consideraron terminada la etapa de colaboración con lo que llamaban la "democracia burguesa" y adoptaron posturas abiertamente revolucionarias. Al mismo tiempo, la desconfianza mutua y la crispación entre la derecha —que no quería la república— y la izquierda —que no aceptaba a la CEDA como parte de ésta— se tradujo en una ola de violencia que convirtió las calles españolas en escenarios de continuos asesinatos de políticos y militantes de uno u otro signo cometidos por pistoleros falangistas, anarquistas y comunistas.

En este ambiente de tensión se celebraron las elecciones de febrero de 1936, que dieron la victoria —con poco más de un tercio de los votos— al *Frente Popular*, una coalición de partidos republicanos e izquierdistas. Daba comienzo así la etapa *revolucionaria*, el tercer y último periodo de la Segunda República. El triunfo de la izquierda marcó el principio de un movimiento revolucionario espontáneo que afectó a muchas zonas del país y que se manifestó en la ocupación de tierras, en las huelgas, en los asesinatos políticos y en el asalto a edificios religiosos. Durante esta época se hizo más obvio que nunca el desacuerdo existente entre las diversas fuerzas de la izquierda republicana y la tensión entre las Españas conservadora y progresista. Los socialistas aspiraban a cambiar el sistema gradualmente, los comunistas querían su propia revolución al estilo ruso y desconfiaban de los excesos de la izquierda más extremista y los anarquistas no respetaban propiedad o institución alguna y buscaban la abolición del propio Estado. Por su parte, los fascistas de las *Juntas de Ofensiva Nacional Sindicalista* (JONS) y —sobre todo— de la *Falange Española* añoraban una España unida y orgullosa de su pasado imperial, y la derecha radical abandonó el proyecto republicano y comenzó a apoyar a importantes sectores del ejército que preparaban en secreto un golpe de Estado. El gobierno, mientras tanto, se veía incapaz de mantener la estabilidad y el orden público. Tras siglos de resentimiento, las *dos Españas* se encontraban ahora más enfrentadas que nunca.

MANUEL AZAÑA (1880–1940)

Manuel Azaña fue el presidente más brillante que tuvo la Segunda República Española (1931–1933 y 1936). Abogado y experto en temas jurídicos y en ciencias políticas y gran orador, publicó también gran cantidad de artículos académicos y varias novelas cortas y piezas de teatro y llegó a recibir el *Premio Nacional de Literatura* en 1926. En 1925 fundó Acción Republicana, un partido de centro-izquierda comprometido con las reformas y la modernización de España.

Azaña fue más radical por su temperamento que por su ideología, lo que le ganó muchos enemigos, sobre todo en las filas de la Iglesia católica, institución a la que culpaba del retraso social y cultural del país. Su personalidad combativa le valió también la enemistad de la derecha, que le consideró culpable de todos los problemas de la república y de sucesos como las revueltas obreras de Barcelona y la rebelión de Asturias. Después de la guerra Azaña se exilió en Francia, donde murió.

Odiado por muchos pero respetado por casi todos, la figura de Manuel Azaña ha quedado en la historia de España como la de un intelectual que se adelantó a su tiempo, un auténtico demócrata enamorado de las ideas republicanas que pagó un alto precio político y personal por ser consecuente con sus ideales.

Manuel Azaña en su despacho (1936)

El golpe de Estado de 1936

El ejército español se encontraba en 1936 casi tan dividido como la sociedad. La victoria del Frente Popular hizo que algunos de los militares más conservadores, que no habían ocultado nunca su disgusto con la República y sus reformas, comenzaran a plantearse la posibilidad de una intervención que restaurara la unidad de la patria y garantizara el orden social. Estos militares, como antes Primo de Rivera, veían al ejército como la esencia de "lo español" y la única institución capaz de salvar a la nación de los peligros republicanos.

Tras varios meses de conspiraciones secretas, el 18 de julio de 1936 el general Franco —entonces capitán general de Canarias— voló a Marruecos para ponerse al frente de las tropas de élite españolas estacionadas en el norte de África y levantarse contra la República. Al día siguiente se le unieron los generales Sanjurjo, Mola, Queipo de Llano y otros, así como un importante sector del ejército. Los sublevados contaban con el triunfo inmediato del golpe de Estado, pero se equivocaron. La rebelión acabó dividiendo al ejército y al propio país entre los defensores del orden constitucional republicano —los *republicanos*— y los partidarios del levantamiento militar —los *nacionales*. En estas condiciones, la guerra civil resultó inevitable.

⑤ La Guerra Civil española (1936–1939)

Las dimensiones del conflicto

La Guerra Civil española fue un fenómeno de gran complejidad histórica, porque en ella se unieron factores legales, religiosos y de clase social y conflictos de carácter nacional e internacional. Desde un punto de vista puramente legal, fue una lucha entre un gobierno republicano, legitimado por unas elecciones democráticas, y un grupo de rebeldes antidemócratas que quería romper el marco político legal y sustituirlo por un régimen autoritario. El apoyo oficial de la Iglesia católica a los golpistas y la calificación de la contienda como *cruzada de liberación nacional* —con la oposición de tan sólo un obispo— pusieron al lado de Franco a millones de católicos, y dieron a la guerra un carácter marcadamente confesional. Aunque republicanos y nacionales contaron con el apoyo de individuos procedentes de todas las capas sociales, la pertenencia a uno u otro bando estuvo definida tanto por la clase social como por la ideología, y por ello constituyó un ejemplo del enfrentamiento entre capital y trabajo característico de la *lucha de clases*. La antigua aristocracia, la alta burguesía y los grandes propietarios y financieros se situaron mayoritariamente con los sublevados. El avión que trasladó al general Franco de las islas Canarias a Marruecos fue alquilado por Juan March, uno de los financieros más ricos del país, que además ofreció apoyo económico al general en caso de que el golpe no triunfara. Un gran número de obreros y sindicatos defendieron la república, y los más radicales de ellos, la revolución comunista o anarquista.

La internacionalización de la Guerra Civil se debió a que en España se estaban enfrentando, en un escenario limitado, las fuerzas políticas e ideológicas que competían por el dominio político en Europa, y que ahora esperaban impacientemente el resultado de una guerra que podría determinar su futuro en el continente. Estas fuerzas contendían en un triple nivel marcado por las dialécticas siguientes: 1) de capital contra trabajo (o capitalismo contra comunismo), 2) de fascismo contra comunismo (o totalitarismos de derecha contra totalitarismos de izquierda) y 3) de los sistemas democráticos contra los autoritarismos. Aunque las potencias del continente se mantuvieron oficialmente neutrales, la presencia internacional en la Guerra Civil sería importante, como veremos a continuación.

Las Españas nacional y republicana

Pero volvamos al golpe de Estado del 18 de julio de 1936. El fracaso inicial del levantamiento militar dividió al país en dos zonas geográficas. La parte controlada por las guarniciones del ejército fieles al gobierno —Madrid, Cataluña, Levante, Bilbao, Asturias, Cantabria y partes de Andalucía y de Aragón— incluía las áreas industriales y las grandes ciudades y los territorios donde tenían más fuerza los partidos de izquierda, el movimiento obrero y los nacionalismos

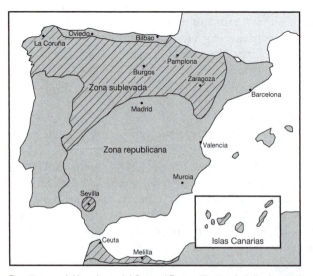

España tras el Alzamiento del General Franco (finales de julio de 1936)

vasco y catalán. La zona sublevada o *nacional* —Castilla la Vieja, Navarra, Baleares, Galicia, Canarias, Zaragoza, Sevilla y los territorios del norte de África— correspondía casi exclusivamente a las provincias donde habían ganado las elecciones los partidos de derechas y representaba la España más católica y tradicional. En julio de 1936 la *zona nacional* contaba con sólo un tercio de la población del país, pero con las tres cuartas partes de su producción agrícola. En cuanto al ejército, los dos bandos contaron con un número similar de soldados, aunque gran parte de la marina y la aviación se mantuvo leal a la República, mientras que las tropas de élite africanas quedaron bajo el control de los sublevados.

¿SABÍAS QUE...?

HIMNOS Y CANCIONES DE LA GUERRA

El fascismo de la *Falange Española* no se puede identificar completamente con el alemán o el italiano. Aunque tuvo muchos elementos comunes con ellos, la fuerte tradición católica y la profunda base multiétnica del pueblo español impidieron que los fascistas españoles adoptaran posturas abiertamente racistas. Aunque sus principales líderes —José Antonio Primo de Rivera y Onésimo Redondo— hicieron comentarios ocasionales contra los judíos, los objetivos de sus ataques fueron principalmente los miembros de esta etnia fundadores del marxismo (Marx y Engels), y nunca cayeron en la paranoia racista de otros fascistas europeos.

El "Cara al sol" —himno de la Falange, que pasó después a ser utilizado por Francisco Franco en la dictadura— es un poema en el que el joven héroe le habla a su amada de su desprecio a la muerte y su ilusión por una nueva España de "vino y rosas":

Cara al sol con la camisa nueva
que tú bordaste en rojo ayer
me hallará la muerte si me llega
y no te vuelvo a ver.
Formaré junto a mis compañeros
que hacen guardia sobre los luceros.
Impasible el ademán,
y están presentes en nuestro afán.
Si te dicen que caí
me fui al puesto que tengo allí.
Volverán banderas victoriosas
al paso alegre de la paz,
y traerán prendidas cinco rosas,
las flechas de mi haz.

Volverá a reír la primavera,
que por cielo, tierra y mar espera.
¡Arriba escuadras a vencer,
que en España empieza a amanecer!

El bando republicano no contó con un himno propio y único, sino que sus combatientes y simpatizantes utilizaron varias canciones para simbolizar su ideología y su lucha contra el fascismo. De entre todas ellas reproducimos aquí la letra de la titulada "Si me quieres escribir":

Los moros que trajo Franco
en Madrid quieren entrar
mientras queden milicianos
los moros no pasarán
Si me quieres escribir
ya sabes mi paradero.
Si me quieres escribir
ya sabes mi paradero,
Tercera Brigada Mixta
primera línea de fuego.

Aunque me tiren el puente
y también la pasarela,
me verás pasar el Ebro
en un barquito de vela.

En el Ebro se han hundido
las brigadas italianas,
y en los puentes sólo quedan
las que son republicanas.

Al comienzo de la contienda, la diferencia fundamental entre ambos bandos radicaba en su nivel de organización. Ante la perspectiva de un enfrentamiento largo y generalizado con el gobierno, los líderes rebeldes confiaron la dirección del *Alzamiento nacional* —así llamaron a la rebelión— al general Francisco Franco, un militar prestigioso que se había distinguido en varias acciones bélicas y que era conocido por sus ideas católicas y conservadoras. Ayudado por algunas circunstancias —el asesinato del fundador de la Falange (José Antonio Primo de Rivera) en noviembre de 1936 y la crisis interna de carlistas y tradicionalistas— Franco consiguió unir a su alrededor a todas las fuerzas de la derecha.

Las fuerzas republicanas, en cambio, carecieron de una organización político-militar única durante los primeros meses de la contienda, en parte porque algunos dirigentes republicanos confiaban en el fracaso del levantamiento. Pero las causas principales de esta desorganización fueron el desacuerdo entre las diferentes facciones políticas republicanas y la reacción radical de los partidos obreros y sindicatos al golpe de Estado. La heterogeneidad de ideologías, intenciones y agendas políticas de los grupos que componían el Frente Popular se hizo aún más patente cuando algunas organizaciones de izquierda radical utilizaron el levantamiento como excusa para desencadenar procesos revolucionarios, confiscar propiedades o liquidar buena parte de las instituciones públicas, mientras que los intelectuales liberales y la clase media veían con horror el extremismo y la desorganización.

Con la intención declarada de resistir a las fuerzas franquistas, los distintos movimientos obreros tomaron las calles y formaron milicias que no sólo eran independientes del ejército republicano sino que a veces estaban enfrentadas a él. Estas milicias tenían un carácter ideológico —estaban formadas alrededor de partidos o sindicatos— y carecían de una organización y una dirección eficaces. Muchos de sus oficiales no contaban con experiencia militar alguna, y sus soldados no habían recibido el entrenamiento necesario para enfrentarse a un ejército regular.

El desacuerdo ideológico de las fuerzas republicanas, el movimiento revolucionario que se inició en la zona controlada por el gobierno tras el golpe militar y la ineficacia de las milicias fueron responsables, en parte, de la derrota republicana.

La internacionalización del conflicto

Como ya se mencionó anteriormente, las principales potencias declararon su neutralidad en la Guerra Civil, e incluso algunas de ellas llegaron a firmar un convenio comprometiéndose a respetarla. Francia e Inglaterra, asustadas tanto por la posibilidad de triunfo del fascismo como por la perspectiva de que una victoria del movimiento obrero convirtiera el país en una dictadura del proletariado al estilo soviético, decidieron no apoyar abiertamente a la república española. La Italia de Mussolini, la Alemania de Hitler, el Portugal fascista y algunas corporaciones norteamericanas (GMC, TEXACO) acabaron ayudando a los rebeldes con hombres, materiales o dinero. A esta ayuda se sumaron contingentes de voluntarios idealistas del fascismo internacional que combatieron junto a las tropas franquistas. La República, por su parte, contó con el apoyo de la Unión Soviética y de las llamadas *Brigadas Internacionales*. La URSS contribuyó a la causa republicana con el envío de armas, dinero y comida y con los llamados *comisa-*

LAS OPERACIONES MILITARES DE LA GUERRA CIVIL ESPAÑOLA

La campaña militar se desarrolló en tres etapas. Inicialmente, los nacionales se fijaron como objetivo la toma de Madrid. Para ello, Franco avanzó con sus tropas africanas por el sur y el oeste de España, mientras Mola ocupaba San Sebastián y la frontera vasco francesa. Los nacionales consiguieron en unos pocos meses acercarse a las puertas de la capital por el norte y por el sur, pero fueron detenidos en el río Jarama por la resistencia republicana. El estancamiento del avance militar de los nacionales hizo patente que la guerra iba a ser larga, y por ello ambos bandos comenzaron a pedir ayuda exterior. A partir de este momento la guerra se internacionalizó, y las tropas y el armamento extranjeros hicieron acto de presencia en los campos de batalla. El bando nacional organizó muy pronto un estado paralelo. En octubre de 1936 Franco fue nombrado Jefe del Gobierno y del Estado español, y un mes después recibió el reconocimiento oficial de Alemania e Italia.

Tras el estancamiento de la campaña sobre Madrid, las tropas franquistas llevaron la guerra al norte, desencadenando una gran ofensiva en el País Vasco. Después de contener dos contraofensivas republicanas, en 1937 tomaron Bilbao (junio), Santander (agosto) y Asturias (octubre). Con ello los nacionales ganaron el control de la costa cantábrica y de los centros industriales y mineros y dieron un golpe importante a la República.

La tercera etapa de la guerra estuvo marcada por el comienzo de la ofensiva nacional (octubre de 1937) por el valle del Ebro hacia el Mediterráneo, cuya costa alcanzaron en abril de 1938. El resultado de esta campaña fue la división en dos de la zona republicana, que aún abarcaba, además de Madrid, Cataluña, Valencia y partes de La Mancha y del sudeste. La República reaccionó con una contraofensiva liderada por el general Rojo (julio de 1938) quien consiguió cruzar de nuevo el Ebro y penetrar en los territorios nacionales. Las tropas de Franco detuvieron este avance y comenzaron una cruenta guerra de desgaste que destrozó la moral del ejército de la República. En diciembre de 1938 se inició una ofensiva nacional contra Cataluña que culminó un mes después con la caída de Barcelona, la toma de la frontera francesa y el exilio de medio millón de personas, entre las que se encontraban el presidente de la República y el general Rojo. En marzo de 1939 las tropas de Franco entraron en Madrid y ocuparon Alicante —la última ciudad republicana— donde tomaron como prisioneros a unos 14.000 republicanos militares y civiles.

rios políticos, consejeros del *Partido Comunista de España* (PCE) que pretendían reconducir el movimiento obrero español a la órbita prosoviética. Las Brigadas Internacionales eran grupos de voluntarios extranjeros —principalmente franceses, alemanes y norteamericanos— formados por simpatizantes de la izquierda y de los movimientos sindicalistas o por idealistas atraídos por la épica de la resistencia popular contra el fascismo. Entre estas tropas se encontraba la Brigada Lincoln, compuesta por unos dos mil norteamericanos.

La vida en la retaguardia

La vida en la retaguardia de ambos bandos estuvo caracterizada, aparte de por la escasez de alimentos y las penurias propias de una situación de guerra, por una cruel represión de los individuos y organizaciones sospechosos de simpatizar o colaborar con el enemigo. A medida que avanzaba la guerra, nacionales y republicanos iban extremando sus posiciones

Joven española en los años treinta

ideológicas y endureciendo sus actuaciones políticas. Los republicanos confiscaron las propiedades de los "burgueses" y de los que habían huido a la zona nacional, que pasaron a ser controladas por los grupos revolucionarios. En algunas zonas de España se llegaron a organizar experiencias revolucionarias y utópicas de carácter colectivista y anarquista, contrarias a la propiedad privada, al uso del dinero y a prácticas sociales como el matrimonio. Los elementos más radicales del republicanismo —comunistas y anarquistas— lanzaron una campaña de represión que se tradujo en el asesinato de muchos miembros del clero, de la burguesía industrial y de la aristocracia. Esta campaña tuvo su paralelo en el bando nacional, donde los rebeldes fusilaron a muchos maestros, a intelectuales —como García Lorca— a militantes izquierdistas o sindicalistas y a simpatizantes de la República. La represión causó decenas de miles de víctimas en ambos bandos y produjo heridas que continuaron abiertas en la conciencia colectiva de los españoles durante varias generaciones.

Consecuencias de la guerra

El 1 de abril de 1939, Franco proclamó oficialmente el fin de la guerra y la victoria de los nacionales. El triunfo de los franquistas acabó con el esfuerzo democratizador y modernizador más importante y más serio de toda la historia de España, y dejó el país en manos de una dictadura que lo gobernaría durante los próximos cuarenta años. La guerra tuvo consecuencias muy negativas para la demografía, la economía, la sociedad y la cultura. La población activa disminuyó como consecuencia de las muertes producidas por los enfrentamientos bélicos —unas trescientas mil, cuarenta mil en el frente y el resto en las retaguardias— y del exilio —unas trescientas mil personas aproximadamente— o del encarcelamiento —más de un cuarto de millón— de muchos simpatizantes de la República. La economía del país estaba literalmente destrozada. Los constantes bombardeos de uno y otro bando habían destruido o dañado seriamente una parte importante de las infraestructuras del país —carreteras, ferrocarriles, redes eléctricas, puentes, etc.— de los campos de cultivo y de los complejos industriales. El estallido de la Segunda Guerra Mundial y el aislamiento internacional del régimen de Franco —de los que se hablará en la próxima sección— impidieron la rápida recuperación de la economía, y convirtieron la siguiente década en un periodo de racionamientos y hambre. La sociedad española quedó dividida entre ganadores y perdedores que años después de la guerra todavía continuaban mirándose con resentimiento. Muchos simpatizantes o antiguos funcionarios republicanos pagaron con la pérdida de sus trabajos su apoyo al gobierno democrático y fueron relegados a los márgenes de la sociedad. El exilio de gran parte de los intelectuales y la implantación de la censura dieron un grave golpe a la cultura y a la educación, que quedaron ahora controladas por los ideólogos del franquismo y por la Iglesia.

6 La dictadura de Francisco Franco (1939–1975)

Características fundamentales del franquismo

El régimen establecido en España tras la victoria de las tropas *nacionales* tuvo un carácter autoritario y personalista similar al de los fascismos europeos, aunque la personalidad y las creencias religiosas de Franco le dieron un perfil único que lo distinguía de aquellos fascismos en muchos aspectos. Además de su gusto por la retórica nacionalista y de la falta de libertades políticas y culturales, la dictadura franquista tuvo las siguientes características fundamentales: 1) creación de un Estado fuerte y centralizado y concentración del poder político y militar en un solo hombre: el *generalísimo;* 2) sistema cooperativista, siguiendo el modelo fascista de organización del Estado; 3) desmovilización política de la sociedad; 4) control cultural y educativo de la Iglesia en un Estado declarado oficialmente católico y 5) pobreza intelectual y creativa causada por la censura y el exilio de muchos de los mejores intelectuales. Los siguientes párrafos se ocupan brevemente de los primeros cuatro aspectos; el otro será tratado en el capítulo siguiente.

Desde el primer momento Franco asumió personalmente la jefatura del Estado, la presidencia del gobierno (que ocupó hasta que en 1973 nombró un jefe de Gobierno), el mando supremo del ejército y el liderazgo de la Falange Española Tradicionalista y de las JONS, el partido único del régimen que reunía a militantes y elementos ideológicos falangistas, carlistas y monárquicos conservadores. En el autoritarismo del general Franco se unieron simbologías procedentes de diferentes retóricas que idealizaban el pasado nacional: la falangista —que consideraba el Imperio Español como un bien supremo, un modelo de "unidad de destino en lo universal"— la carlista y tradicionalista —profundamente anti-extranjera y anti-liberal— y la militarista que enfatizaba el orden y la unidad sagrada de la patria. La religión católica constituía el punto de unión de todas estas retóricas, y por ello se convirtió en el principal elemento de legitimación moral de la ideología del nuevo régimen. Franco —que se consideraba responsable, como a él mismo le gustaba repetir, "únicamente ante Dios y ante la historia"— supo dar protagonismo político a diversos sectores del Régimen según le convenía para adaptarse a los cambios históricos o a las necesidades de la política interior o exterior.

El franquismo colocó al ejército como base fundamental de la nación y lo convirtió en defensor de su esencia y de su unidad. El nuevo Estado se construyó en torno a algunos elementos de la ideología falangista, y su organización se concibió de manera jerarquizada y *cooperativista*. La "democracia orgánica" o "democracia vertical" franquista articuló la representación popular en las Cortes (creadas en 1942), un órgano legislativo cuyos miembros eran designados por el partido para representar los "cuerpos naturales" de la sociedad —la familia, el municipio y el sindicato— y que estaba subordinado a la voluntad del dictador. Con la policía y el ejército a su lado, la autoridad del generalísimo no fue nunca cuestionada dentro del sistema.

Público asistente a una corrida de toros en la década de 1940

El franquismo buscó activamente la despolitización de la sociedad a través de la sustitución de las ideologías políticas —especialmente las izquierdistas— por valores sociales tradicionales como la familia, el orden y el trabajo. El éxito de este proceso despolitizador hizo posible que la dictadura contara, durante décadas, con el apoyo de amplios sectores sociales.

Las etapas de la dictadura

El franquista no fue, sin embargo, un régimen estático, y a lo largo de sus cuarenta años de existencia evolucionó para adaptarse a las circunstancias políticas y económicas nacionales e internacionales. Desde el punto de vista económico, la dictadura de Franco se puede dividir en dos etapas claramente diferenciadas. La primera de ellas abarca los años cuarenta y cincuenta y está definida por la *autarquía*, un modelo económico de supervivencia autónoma que consistía en evitar la dependencia de los mercados internacionales mediante el impulso —dirigido desde el Estado— a la producción interna de todos los bienes y servicios necesarios para el funcionamiento del país. Con ese objeto se fundó (1941) el Instituto Nacional de Industria (INI) —un organismo público responsable de la creación de numerosas fábricas y empresas— y se crearon monopolios para la distribución de las gasolinas, la telefonía, la explotación de ciertos minerales y el transporte aéreo. A la vez, el gobierno impulsó las obras públicas y estableció controles sobre los salarios y los precios. En la segunda etapa —la década de los sesenta y los primeros años setenta— en cambio, el énfasis se desplazó al *desarrollismo* que, como su propio nombre indica, consistía en favorecer el crecimiento comercial e industrial. En estos años se produjo una auténtica revolución industrial y una apertura económica que permitieron a España entrar en los mercados internacionales.

Desde un punto de vista político, la dictadura de Franco puede dividirse en tres etapas: 1) posguerra y aislamiento internacional (1939–1951); 2) primera apertura al exterior (1951–1958) y 3) tecnocracia (1959–1975).

El primer periodo político de la dictadura (1939–1951) —el de *posguerra y aislamiento internacional*— estuvo caracterizado por el hambre y el racionamiento de alimentos y por una represión sistemática contra la oposición política y contra los nacionalismos. Como ya se mencionó, la destrucción de infraestructuras y cultivos durante la guerra y la situación política mundial impidieron la recuperación de la economía, que en 1950 tenía una tasa de producción inferior a la de 1936; el racionamiento, por su parte, continuó hasta 1951.

Durante estos años, los elementos falangistas del gobierno tuvieron un gran poder político, y controlaron la prensa, la propaganda y los sindicatos. A través de sus *sindicatos verticales* —de los que eran miembros obligatoriamente los empresarios y los trabajadores— los falangistas organizaron asociaciones de jóvenes (*Sindicato de Estudiantes Universitarios, Frente de Juventudes*) y de mujeres (*Sección Femenina*) que garantizaron y extendieron la presencia de la ideología falangista en la sociedad. Los falangistas fueron los inspiradores de una ley laboral (*Fuero del Trabajo*) que definía a España como un estado nacionalsindicalista —un concepto falangista— y contenía beneficios importantes para los trabajadores —como el derecho a las vacaciones y la jornada laboral de ocho horas— a cambio de la prohibición de las huelgas, de los sindicatos libres y de la negociación colectiva. En esta época también se eliminaron las reformas de la República: se devolvieron los bienes expropiados a sus antiguos propietarios, se paralizó la reforma agraria, se prohibieron la libertad de culto, el matrimonio civil y el divorcio y se otorgó a la Iglesia el monopolio ideológico de la educación. España se convirtió en un país oficial y jurídicamente católico, y el régimen participó en actos tan peculiares como la consagración de toda la nación a la Virgen María.

A pesar de que España no participó en la Segunda Guerra Mundial, la política exterior de la primera parte de este periodo estuvo marcada por la amistad con las potencias del Eje, especialmente con Alemania e Italia. Prueba de esta amistad fue el envío de la llamada *División Azul* —un contingente de tropas formadas por voluntarios en su mayoría falangistas— para luchar al lado de Alemania en el frente ruso. Para octubre de 1942, y en vista de las derrotas militares que estaba sufriendo el Eje, Franco inició una tímida aproximación a los aliados, aunque la cooperación con Alemania se mantuvo hasta el final de la guerra. Tras la derrota del fascismo en 1945, la posición internacional del régimen franquista se debilitó, ya que el nuevo orden mundial centrado alrededor de la recién creada Organización de las Naciones Unidas (ONU) no dejaba lugar para dictaduras. La ONU no sólo se negó a admitir a España sino que condenó al régimen español y recomendó a sus miembros la ruptura de relaciones diplomáticas y económicas con él. Desde 1946 hasta 1950 Franco sufrió un bloqueo internacional sólo roto por el Vaticano, Argentina, Portugal y Suiza, que mantuvieron representantes diplomáticos en España.

Las consecuencias del aislamiento llevaron al dictador a reconsiderar la naturaleza del régimen y la posición de la Falange en el mismo. Comenzó así una operación destinada a eliminar los rasgos más fascistas del Estado y a sustituirlos por otros de apariencia más democrática. Esta operación terminó con la separación de los falangistas de los puestos de gobierno, el ascenso al poder de los sectores tradicionalistas y católicos y con la promulgación de nuevas leyes como el *Fuero de los españoles* (una declaración de los derechos de los ciudadanos), la *Ley del Referéndum* (que contemplaba la aprobación por votación popular de algunas leyes) y la *Ley de Sucesión* (que definía a España como reino). Aunque prácticamente vacías de contenido democrático, estas leyes significaban un alejamiento de la retórica fascista de los primeros años y una redefinición del franquismo como una democracia católica y orgánica.

Franco con dirigentes del régimen en 1951

El segundo periodo estuvo caracterizado por la *apertura al exterior* (1951–1958) y debe entenderse en el contexto de la *guerra fría* entre los aliados y la Unión Soviética. En estos años EE.UU., Inglaterra y Francia comprendieron que la dictadura de Franco era un mal menor, e incluso una posible aliada, en un mundo preocupado por el avance comunista. En 1951 los embajadores aliados volvieron a Madrid y España fue admitida en varios organismos de las *Naciones Unidas*. Dos años después España y los EE.UU. firmaron unos convenios de amistad por los que se creaban bases militares de utilización conjunta en territorio español a cambio de una pequeña ayuda económica y de apoyo internacional al régimen de Franco. En el mismo año, España fue admitida en la ONU como miembro de pleno derecho. Aunque los años de aislamiento habían excluido al país del Plan Marshall (1948), cuando el presidente Eisenhower visitó Madrid en 1959 España ya se había integrado en la comunidad internacional. A pesar de la apertura política y el reconocimiento oficial del régimen, España no fue admitida en la Comunidad Económica Europea cuando ésta fue creada en 1956.

En el interior del país, los cambios doctrinales e institucionales experimentados por el régimen durante estos años provocaron fricciones entre los sectores católicos y falangistas, que fueron zanjados por Franco con la promulgación de la *Ley de Principios Fundamentales del Movimiento* (1958). Esta ley unificó a todas las familias políticas del régimen y marcó la derrota política de los falangistas.

Mientras tanto, la represión de la oposición se había hecho más selectiva. La tímida relajación de la dictadura, sin embargo, no pudo evitar la aparición de algunas manifestaciones de protesta que eran reacciones a las crisis social, política y económica que se produjeron a mediados de los cincuenta. La crisis social se debió a la rebelión de los estudiantes de Madrid (1956), que el gobierno se apresuró a reprimir. A pesar de ello, el descontento de los universitarios revelaba la creciente separación entre las generaciones jóvenes y el régimen. La crisis política —que ocurrió en el mismo año— fue resultado de la concesión de la independencia al Marruecos francés, lo que obligó a Franco a hacer lo mismo con el Marruecos español y a librar una pequeña guerra en Ifni, otra colonia española del norte de África. La crisis económica se debió a la subida de la inflación y a las huelgas que se produjeron en el País Vasco, Cataluña y Asturias entre los años 1956 y 1957. Aunque Franco logró resolver estas crisis sin mayores problemas, los sucesos de mediados de los cincuenta pusieron de manifiesto las debilidades y contradicciones del franquismo y sus limitaciones en las esferas social, económica e internacional y marcaron el comienzo de un periodo en el que muchos sectores reclamaron al régimen cambios sustanciales.

La intensificación de la *guerra fría* y la recuperación económica de Europa Occidental marcaron el comienzo de la tercera etapa de la dictadura de Franco. De 1940 a 1960 España ya había experimentado cambios económicos y demográficos muy importantes: en este periodo la renta nacional se había duplicado, el país había pasado de 26 a 31 millones de habitantes, el porcentaje de población rural había disminuido notablemente y cientos de miles de personas se habían instalado en los núcleos urbanos e industriales de Madrid, Cataluña y el País Vasco tras abandonar las zonas agrícolas de Castilla, Extremadura y Andalucía. A pesar de todo ello, el nivel de vida de los españoles todavía se encontraba muy por debajo del de los ciudadanos de otros países europeos como Francia, Inglaterra y Alemania. Para aproximar el país al resto del continente, el franquismo realizó otra serie de cambios e inició su etapa tecnocrática.

Francisco Franco con el presidente Eisenhower, 1959

Los años de la *tecnocracia* (1959–1975) trajeron transformaciones sociológicas, políticas y económicas aún más profundas a un país que estaba saliendo rápidamente de la pobreza y la autarquía económica. Estos cambios fueron una consecuencia del abandono de los ideales económicos de inspiración falangista característicos de los primeros años del franquismo y de la incorporación al gobierno de una serie de tecnócratas, muchos relacionados con la organización integrista católica *Opus Dei*, que llegó a constituir un importante grupo de poder dentro del Estado. Dichos tecnócratas estabilizaron y liberalizaron la economía mediante una política de *Planes de Desarrollo* encaminados a transformar España en un país industrial y urbano. Estos planes consiguieron reforzar la importancia de las zonas tradicionalmente industriales y promovieron la construcción de infraestructuras y el desarrollo de algunas áreas del país en las que no existía tradición industrial (Burgos, Zaragoza, Cádiz, etc.). Los Planes de Desarrollo tuvieron un éxito desigual. Por un lado, contribuyeron a la mejoría del mercado nacional y al desarrollo de algunas zonas atrasadas, al crecimiento de las ciudades y de la economía —en 1970, el 75% de la población trabajaba ya en la industria o en los servicios— y al establecimiento de una nueva clase media robusta que, por fin, se convirtió en la capa social más importante de la política española. También mejoraron sustancialmente el nivel de vida de los españoles: en 1975 el 40% de las familias españolas tenía automóvil y el 85% televisión, en contraste con el 4 % y el 1% de 1960; la renta per cápita, que en 1960 era de tan sólo 300 dólares, ascendió a 2.486 dólares en 1975 (hoy es de unos 23.000). Por otro lado, el desarrollismo creó desequilibrios importantes entre las regiones más desarrolladas y las más atrasadas, permitió un desarrollo urbano improvisado y desorganizado, sacrificó la agricultura y obligó a muchos españoles a emigrar a Europa en busca de trabajo.

Los cambios sociales que se produjeron en este periodo fueron tan importantes como los económicos. Los emigrantes españoles que regresaban del extranjero y los turistas que comenzaban a visitar España traían, además de divisas para la economía, las ideas y los valores de los países democráticos de donde venían. Estos valores se fueron extendiendo poco a poco por la creciente clase media española y contribuyeron a la progresiva secularización de la vida pública y al deseo de progreso y de mayores libertades públicas. La Ley de Prensa de 1966 trajo consigo una tímida apertura y una mayor tolerancia con las publicaciones y los espectáculos —que ya no estaban sujetos a una censura tan estricta— e incluso permitió la publicación de algunas revistas de ideas opositoras (*Cuadernos para el diálogo*, *Triunfo*) y de libros escritos en las otras lenguas del Estado. El aumento del número de estudiantes universitarios y la inevitable influencia de las modas y los valores europeos y norteamericanos modernizaron sociológica y culturalmente un país que todavía vivía en una "minoría de edad" política. En el terreno religioso, a la ya mencionada secularización hay que añadir la influencia del *Concilio Vaticano II*, que trajo desde Roma aires renovadores a la Iglesia católica española, un sector de la cual —los *curas progresistas*— comenzaba a ver a la dictadura con franca hostilidad. El nombramiento en 1969 de Enrique y Tarancón —un liberal partidario de la ruptura con el franquismo— como obispo de Madrid fue un duro golpe para el régimen, que comenzaba a perder el apoyo incondicional de la Iglesia y, con él, uno de sus argumentos legitimadores.

Los cambios políticos fueron también significativos, pero no tuvieron tanto alcance como los culturales y los sociológicos. Como ya se ha mencionado, desde 1959 la mayoría de los ministerios pasaron a manos de los católicos "tecnócratas", quienes modernizaron la administración del Estado e hicieron de la economía el factor prioritario de las acciones de gobierno. Durante este periodo se promulgó Ley Orgánica del Estado (1967), una especie de constitución franquista que separaba los cargos de *presidente del gobierno* y *jefe de Estado*, reconocía la libertad religiosa y definía España como monarquía. En 1969, Franco designó sucesor al príncipe Juan Carlos, nieto de Alfonso XIII y nacido en el exilio italiano, pero educado en España desde 1948.

El fin del franquismo

En los años sesenta se fueron definiendo dentro del franquismo y del país diferentes corrientes ideológicas —la demócrata-cristiana, la liberal y la socialdemócrata— que buscaban la *apertura* del régimen para sentar las bases de un sistema democrático en la España posfranquista. Estas corrientes comenzaron a utilizar poco a poco las cátedras universitarias, las revistas e incluso los púlpitos de las iglesias para crear sus órganos de opinión. Los *aperturistas* —casi todos franquistas jóvenes moderados— comenzaron a chocar con los *inmovilistas* de la vieja guardia representada por los falangistas, los tradicionalistas y los elementos más radicales del ejército. Una vez más, Franco supo mantener el equilibrio entre estas tendencias internas del franquismo sin dañar su autoridad sobre ambas.

A mediados de la década de los sesenta, la contradicción entre una sociedad industrial, urbana y moderna y un gobierno autoritario y antidemocrático era ya muy obvia. La oposición al régimen se había hecho más fuerte y más variada y, después de años de operar en el exilio, comenzaba extender sus acciones —de manera ilegal o semi-ilegal— al interior del país. Las huelgas obreras organizadas por los nuevos sindicatos ilegales —entre los que figuraba el comunista *Comisiones Obreras*— en favor de las libertades públicas y sindicales eran cada vez más difíciles de reprimir. A pesar de la represión, los conflictos laborales fueron muy numerosos durante todo este periodo, especialmente en Madrid y en las regiones industriales. Los estudiantes universitarios, por su parte, comenzaron a protestar de manera sistemática contra el régimen; la policía llegó a ocupar y cerrar algunas universidades y a expulsar a alumnos y a conocidos profesores. Al mismo tiempo, el problema regional afloró de nuevo con fuerza en muchas regiones —especialmente en Cataluña y el País Vasco— y amenazó la propia unidad de España. Especialmente importante fue el nacimiento de ETA (Euskadi ta Askatasuna, o Euskadi y Libertad), una organización de ideología nacionalista que defendía el uso de la violencia para conseguir la independencia del País Vasco y que acabaría convirtiéndose en uno de los más graves problemas del Estado. La conflictividad laboral y las revueltas estudiantiles amenazaban el mantenimiento de la paz social, y el resurgimiento de los nacionalismos ponía en cuestión la unidad misma de la nación. Dos de los pilares fundamentales de la ideología y la propaganda franquistas —el orden social y la unidad de la patria— comenzaban a debilitarse.

Tras una crisis interna por un asunto de corrupción industrial, Franco nombró vicepresidente del gobierno al almirante Carrero Blanco, un militar conservador que se enfrentó a la escalada de huelgas y a los ataques de ETA que se produjeron entre 1971 y 1973 con una mezcla de políticas represivas y de fomento del desarrollo económico —la economía creció muy rápidamente durante estos mismos años. Después de su asesinato a manos de ETA (1973), accedió a la vicepresidencia Carlos Arias Navarro, quien acabó con la tecnocracia

Los reyes de España, Don Juan Carlos I
y Doña Sofía (1988)

del Opus Dei y prometió una auténtica apertura del régimen y una nueva actitud conocida en la época como el *espíritu del 12 de febrero*. Las tímidas reformas de Arias Navarro decepcionaron tanto a los que defendían una ruptura democrática con el régimen —las fuerzas políticas anti franquistas radicales como el Partido Comunista, Comisiones Obreras y el Partido Socialista Obrero Español— como a los propios *aperturistas* que pedían un cambio desde dentro. A pesar del fracaso de estas medidas, el espíritu del 12 de febrero contribuyó a revitalizar la vida política y a conformar la conciencia democrática de un país que cada vez veía más evidentes las contradicciones internas del franquismo: un régimen católico criticado por la Iglesia, una monarquía sin rey, una dictadura que pretendía mantenerse en el poder mediante cambios democratizadores y un régimen que no había conseguido legitimarse ni consolidar su continuidad. Cuando Franco murió el 20 de noviembre de 1975, se hizo evidente que la dictadura era un régimen inviable que había muerto con su fundador. El debate entre la reforma y la ruptura pasó entonces al primer plano de la vida española.

⑦ La transición a la monarquía democrática

Desde 1975 hasta 1982 España pasó por un periodo histórico conocido con el nombre de *transición* que consistió en la liquidación del Estado autoritario franquista y su sustitución por un régimen monárquico, parlamentario y democrático. El sentido de responsabilidad de los protagonistas de esa transición —el rey Juan Carlos I, los partidos de izquierda (PCE, PSOE), los sectores franquistas moderados, la Iglesia, el ejército, los sindicatos, los universitarios y los intelectuales— hizo posible que, a pesar de las incertidumbres y la confusión, este proceso de cambio tuviera éxito y terminara, de una vez por todas, con la confrontación entre las *dos Españas*.

La subida al trono de Juan Carlos I

En la ley que regulaba su sucesión, Franco había dispuesto la restauración de una monarquía continuista en la persona del entonces príncipe Juan Carlos —nieto de Alfonso XIII— que seguiría gobernando España respetando los principios básicos y las instituciones del franquismo. Muy pronto Juan Carlos I dejó muy claro que no tenía la intención de respetar los deseos del fallecido dictador y que llegaban tiempos de cambio. En su primer discurso ante las Cortes (el 22 de noviembre de 1975), el nuevo rey declaró que su proclamación como rey abría una "nueva etapa en la historia de España" centrada en lograr la "concordia nacional" y en crear una sociedad "libre y moderna" integrada en Europa y gobernada por un sistema político que reconociera los derechos y las libertades de los españoles y las "peculiaridades regionales" y que garantizara "la participación de todos" en la vida política.

La transformación de España en un Estado de derecho no podía ser instantánea. Las instituciones, los órganos de poder y el ejército estaban todavía en manos de los franquistas y eran leales a los principios del Movimiento Nacional que Juan Carlos quería transformar. Por ello el primer gobierno de la monarquía —que duró seis meses— estuvo presidido por Arias Navarro —el último jefe de gobierno de Franco— y formado por políticos franquistas. Este gobierno se apresuró a decretar varias reformas —indultos, libertad de prensa, reconocimiento de los partidos políticos— pero carecía de la legitimidad necesaria para cambiar el sistema político de raíz. El propio Arias era un franquista convencido que sólo aspiraba a transformar el Movimiento Nacional en una especie de democracia controlada que permitiera la continuidad del régimen. En protesta por la timidez de las reformas del gobierno, a principios de 1976 se produjo una oleada de huelgas y manifestaciones en favor de la libertad sindical, la amnistía para todos los presos políticos, la autonomía regional y la convocatoria de elecciones libres. El rey aceptó la dimisión de Arias —a quien sólo había considerado como una solución temporal para contentar a los franquistas más radicales— y nombró jefe del gobierno a Adolfo Suárez, un político joven que provenía de las filas del franquismo reformador.

El nombramiento de Suárez fue recibido con desconfianza por la oposición, que veía en él otro continuista al estilo de Arias. Para contrarrestar estas reticencias, Suárez anunció de inmediato su intención de convocar elecciones generales y de redactar una nueva constitución democrática; decretó una primera amnistía, legalizó los derechos de reunión, asociación y propaganda y estableció contactos con los dirigentes del PSOE y del Partido Comunista, todavía ilegales en aquellos años. En octubre de 1976, y tras obtener la aprobación del ejército, Suárez preparó la Ley para la Reforma Política, que sentaba las bases de la transición a un Estado democrático y que fue aprobada primero por las Cortes franquistas y luego por los españoles en votación popular. El camino hacia la democracia, sin embargo, continuó lleno de obstáculos. A los peligros derivados de la creciente conflictividad social —terrorismo, manifestaciones violentas— se unió el delicado equilibrio que Suárez y el rey tuvieron que mantener con la vieja guardia franquista —a la que había que convencer de que las reformas eran lo suficientemente moderadas como para mantener el espíritu del Movimiento Nacional— y con la oposición democrática —que todavía desconfiaba del gobierno y de su programa de "reformas desde dentro". El apoyo que Suárez recibió de amplios sectores de la oposición a finales de 1976 supuso un voto de confianza a las intenciones reformadoras del rey y del gobierno y una garantía de estabilidad.

A partir de la aprobación de la Ley para la Reforma Política, las reformas se sucedieron a velocidad vertiginosa. A mediados de 1977 ya se habían legalizado todos los partidos políticos, incluidos los nacionalistas y el Partido Comunista de España (PCE). La legalización del PCE —el mayor partido de la izquierda en aquel tiempo— fue particularmente problemática, ya que contó con la oposición de muchos sectores de la derecha franquista y del ejército y fue rechazada por el Tribunal Supremo. La decisión de Suárez de autorizar las actividades políticas del PCE por decreto-ley fue duramente criticada por los militares y estuvo a punto de provocar un golpe de Estado. Al final, el ejército acabó acatando la decisión del presidente, aunque dejando claro que lo hacía por patriotismo y respeto al rey, y no por obediencia al gobierno. La aceptación de la monarquía y la bandera españolas y la responsabilidad y visión de Estado de los dirigentes comunistas fueron sin duda un factor clave para estabilizar la situación.

Las elecciones democráticas de 1977 y la Constitución de 1978

En junio de 1977 se celebraron las primeras elecciones democráticas desde 1936, que dieron la victoria a la Unión de Centro Democrático (UCD), un partido de centro-derecha

DON JUAN CARLOS I (1938–)

El rey de España, Don Juan Carlos I de Borbón, rige con éxito una nación en la que un porcentaje importante de los ciudadanos era, hace unas pocas décadas, indiferente a la monarquía. Cuando tomó posesión de la Corona en 1975 pocos esperaban que pudiera mantenerse como rey, pues veían su legitimidad "contaminada" por la protección que había recibido del general Franco. Sin embargo, su activo papel en la defensa de la democracia durante el intento de golpe de Estado del coronel Tejero (1981), su personalidad amable y tranquila, su sentido del humor populista y su frugal estilo de vida le han ido ganado la simpatía de los españoles y han hecho que incluso los políticos de izquierdas y los nacionalistas hayan mostrado siempre respeto hacia su persona.

Los más de veinticinco años de reinado de Juan Carlos I han cambiado radicalmente la valoración popular de la monarquía. Según una encuesta publicada por el diario *El País* en el año 2000, el 84% de los españoles tenía una valoración del monarca "buena" o "muy buena", en contraste con el 4% que la califica de "mala" o "muy mala". La Corona es además considerada como la institución que mejor ha desarrollado sus funciones en los últimos veinticinco años, por delante de los medios de comunicación, las Cortes y los gobiernos autonómicos. El 78% de los encuestados reconocía que el rey había sabido adaptarse muy bien a los difíciles momentos históricos de las últimas tres décadas, y el 91% creía que la monarquía parlamentaria iba a continuar siendo la forma de gobierno de España en el futuro inmediato.

fundado por el propio Suárez y apoyado por los reformistas moderados que, aunque carecía de ideología propia, cumplió a la perfección el papel de llevar al país del franquismo a la democracia de manera gradual y pacífica. En estas elecciones se consolidaron también las fuerzas que protagonizarían la vida política de los próximos años. Junto a la UCD —que obtuvo el 34,5% de los votos— surgieron el Partido Socialista Obrero Español (PSOE), el Partido Comunista de España (PCE) y Alianza Popular (AP) —el partido heredero de la derecha franquista— que contaron con el 29, 3%; el 9, 4% y el 8,3% de los votos respectivamente. Además, los partidos nacionalistas contaron con victorias importantes, como la del PNV en el País Vasco y la de Convergència i Unió en Cataluña.

Las Cortes que salieron de estas elecciones se dieron la tarea de redactar una nueva constitución y prestaron una atención prioritaria al problema de las regiones. Durante esta época se restableció la Generalitat catalana, se creó el Consejo General Vasco y se formaron instituciones preautonómicas en otras regiones.

La Constitución de 1978, que fue aprobada en votación popular por el 88% de los españoles, convirtió a España en una Monarquía Parlamentaria democrática y en un Estado de Derecho aconfesional, garantizó las libertades de los ciudadanos, abolió la pena de muerte, reconoció la libertad de pensamiento, prensa, asociación, enseñanza y empresa y estableció el sufragio universal para todos los españoles mayores de dieciocho años. En el terreno institucional, creó un sistema parlamentario de dos cámaras (el Congreso y el Senado) y limitó el papel del rey a ser moderador del sistema. Una vez aprobada la Constitución, se pusieron en marcha las reformas necesarias para su aplicación.

La crisis de UCD, el intento de golpe de Estado y el triunfo del PSOE

Mientras el proceso democratizador avanzaba en los planos político e institucional, la recién creada democracia continuaba enfrentándose a numerosos problemas en la calle. De entre éstos destacó el creado por la organización terrorista ETA, que incrementó sus atentados —asesinó a 236 personas entre 1975 y 1980, muchas de ellas militares y policías— con la intención de incitar al ejército al golpe de Estado y así hacer fracasar la transición y legitimar su lucha por la independencia del País Vasco. Los terroristas estuvieron a punto de conseguir sus objetivos, ya que el 23 de febrero de 1981, el teniente coronel de la Guardia Civil Antonio Tejero ocupó el Congreso y anunció un golpe de Estado militar. Afortunadamente, el rey pudo controlar la situación y asegurarse el apoyo y la lealtad de la policía, la Guardia Civil y todos los mandos militares con excepción de Jaime Milans del Bosch —entonces Capitán General de Valencia— que secundó el golpe y sacó las tropas a la calle. La misma madrugada del día 24 Juan Carlos I anunció en televisión el fracaso del golpe, y pocas horas después Tejero, Milans y otros conspiradores se rindieron y fueron detenidos.

Tras el intento golpista asumió la presidencia del gobierno Leopoldo Calvo Sotelo, un político de la UCD que en sus años al frente del gobierno —y a pesar de la crisis interna de su propio partido— supo mantener la autoridad civil, aprobó la Ley del Divorcio y la Ley Orgánica para la Armonización del Proceso Autonómico y convirtió a España en miembro de la OTAN.

Las elecciones de 1982 dieron la victoria al PSOE y marcaron la desaparición de la UCD, que no pudo resistir las tensiones entre sus diferentes facciones ideológicas y acabó descomponiéndose en varios partidos más pequeños. Estas elecciones marcaron asimismo el retroceso del Partido Comunista y la moderada subida electoral de Alianza Popular, el partido de la derecha conservadora liderado por el ex franquista reformador Manuel Fraga. Con el fracaso del golpe de Estado, la victoria socialista y la transferencia pacífica del poder a la izquierda se liquidó definitivamente el Estado franquista y se completó la transición al sistema democrático.

⑧ España en democracia: 1982–2004

Los veintidós años que median entre la victoria del PSOE en 1982 y el año 2004 se pueden dividir políticamente en dos etapas que corresponden a los años de gobierno socialista (1982–1996) y al periodo de gobierno conservador (1996–2004). Los cambios que experimentó España durante ambas etapas fueron importantísimos, y acabaron transformando todos los aspectos de la vida nacional de manera radical. Las líneas que siguen presentan un panorama de los hechos más significativos ocurridos durante esos años. El resto del libro estudia con más detalle diferentes aspectos de la nueva sociedad española que emergió de los cambios mencionados.

Los gobiernos socialistas (1982–1996)

El Partido Socialista (PSOE) presentó a los españoles un programa político que combinaba el progresismo político y la justicia social con la confianza en la economía de libre mercado y el pragmatismo, y que hacía de la integración en Europa un objetivo prioritario. Con este programa básico el PSOE triunfó por mayoría absoluta en las elecciones de 1982, 1986 y 1989, y por mayoría simple en las de 1993. La labor de los diferentes gobiernos socialistas —todos ellos presididos por Felipe González— afectó y transformó profundamente todos los aspectos de la sociedad española.

En el terreno económico, se modernizaron algunas de las industrias más anticuadas —metalurgia, construcción naval— al mismo tiempo que se liberalizaba y se desregulaba la economía y se privatizaban algunas de las grandes empresas públicas. La *reconversión industrial* y la liberalización resultaron en un incremento de la actividad económica y en un rápido crecimiento del producto interior bruto y de la renta per cápita y, con ello, del nivel de vida. A pesar de ello, el gobierno tuvo que enfrentarse al descontento de los obreros con los duros programas de ajuste y con las altas tasas de desempleo. El rápido crecimiento económico, además, creó en el país una cultura del enriquecimiento y del culto al dinero que elevó a la popularidad a empresarios y banqueros y llevó a los sindicatos a exigir al gobierno un giro social en su política económica y una distribución de la riqueza más equitativa. El gobierno reaccionó a estas exigencias con actuaciones sociales como la mejora de las pensiones de retiro y desempleo y el diseño de planes para facilitar el acceso de los jóvenes al empleo. Estas medidas no convencieron a los sindicatos, que en 1988 convocaron una huelga general que paralizó el país durante veinticuatro horas pero que sorprendentemente no dañó el prestigio del presidente.

La actividad política de los primeros gobiernos socialistas estuvo centrada en el desarrollo del Estado de las Autonomías —la aprobación en 1983 de los Estatutos de Autonomía de Madrid, Castilla-León, Extremadura y Baleares completó el mapa autonómico nacional— así como en la consolidación de la democracia y la reforma de la administración y de la educación.

En política interior, la atención de los sucesivos gobiernos se centró en la lucha contra ETA y en la reforma del ejército. La lucha contra ETA se hizo más eficaz, y durante estos años las autoridades españolas contaron, por primera vez, con el apoyo de Francia, país en el que muchos terroristas habían encontrado refugio hasta entonces. La reforma del ejército, por su parte, resultó fundamental para la consolidación de la democracia. El Ministro de Defensa Narcís Serra —un civil que no había prestado el servicio militar— llevó a cabo una profunda reestructuración de las Fuerzas Armadas mediante la racionalización, profesionalización y modernización de sus tropas y equipamiento y la redefinición de sus funciones —la defensa occidental dentro de la OTAN y la protección del territorio nacional. En apenas diez años el ejército pasó de ser una fuerza casi policial al servicio del franquismo a convertirse en una institución profesionalizada y moderna, subordinada al poder civil y alejada de las tentaciones del intervencionismo político.

Felipe González (1997)

La política exterior se orientó hacia la integración en Europa, la amistad con el Magreb (especialmente con Marruecos y Argelia), con Israel —estado al que se reconoció diplomáticamente— y con Latinoamérica, y a la normalización de relaciones con los EE.UU. El éxito más importante de la diplomacia socialista fue la entrada de España en la Comunidad Europea como miembro de pleno derecho (1986). La integración en la CE y la permanencia en la OTAN —decidida por referéndum en 1986— definirían las líneas maestras de la política exterior española en los próximos años.

Los años de mayoría socialista fueron una época de crisis para el Partido Comunista, que había visto disminuir su base electoral con cada elección. En un esfuerzo por adaptar el partido a la España del momento y por recuperar la confianza de los electores, Santiago Carrillo —el líder histórico del comunismo antifranquista— dimitió y el partido pasó a manos de Julio Anguita. La retórica anticapitalista y antioccidental de este político y la caída del comunismo convirtieron al PCE —y a Izquierda Unida, la coalición que le sucedió— en partidos menores. Los partidos nacionalistas, por el contrario, vieron aumentar su importancia y su base electoral. El Partido Nacionalista Vasco y la coalición catalanista Convergència i Unió controlaron los gobiernos de sus respectivas regiones durante este periodo, y se convirtieron en importantes fuerzas políticas al nivel nacional. La derecha, representada por la Alianza Popular (AP) de Manuel Fraga, se dio cuenta de que para superar su techo electoral necesitaba una profunda renovación que le permitiera lavar su pasado franquista. Tras varios intentos de reforma fracasados, en 1989 AP cambió su nombre por el de Partido Popular (PP) y eligió como líder a José María Aznar, un político joven que se propuso como objetivos fundamentales la renovación ideológica del partido y la apertura de éste hacia el centro.

La primera etapa del socialismo terminó en 1992, año emblemático en el que se celebraron el V Centenario del descubrimiento de América, los Juegos Olímpicos de Barcelona y la Exposición Universal de Sevilla. Estos eventos contribuyeron al prestigio internacional de España al tiempo que suscitaron críticas importantes contra la ostentosidad de las políticas socialistas. A partir de entonces comenzó la crisis del socialismo, causada por el desgaste de los años en el poder y por los numerosos escándalos económicos —tráfico de influencias, ventas ilegales de terrenos, apropiaciones de dinero público— y políticos —acusaciones de guerra sucia contra el terrorismo— que salieron a la luz pública entre 1992 y 1996. Estos escándalos acabaron con el ambiente de consenso en el que se venía desarrollando la vida política desde el comienzo de la transición y trajeron tensión y enfrentamiento entre los diferentes partidos. Felipe González, atrapado entre los escándalos y las presiones de los nacionalistas catalanes —cuyo apoyo en el Congreso mantenía a los socialistas en el poder— se concentró cada vez más en la política exterior mientras contemplaba casi impotente el agotamiento de su programa en el interior del país. La retirada del apoyo parlamentario de los nacionalistas catalanes precipitó el adelanto de las elecciones, que se celebraron en 1996 y dieron la victoria a los conservadores del Partido Popular.

Los gobiernos del partido popular (1996–2004)

El triunfo del Partido Popular en las elecciones de 1996 fue un síntoma más de la consolidación definitiva del régimen democrático y supuso la legitimación de este partido como organización democrática. La victoria electoral del PP fue posible no sólo por la crisis del PSOE sino también porque la derecha había realizado en los últimos años una profunda reforma interna. La llegada de José María Aznar y su equipo de colaboradores a los puestos de dirección del PP supuso a la vez un relevo generacional e ideológico del partido. La derecha ahora estaba dirigida por individuos que no habían participado en la dictadura y que, por ello, no podían ser acusados de haber colaborado con el franquismo. Para subrayar aún más la ruptura con la vieja guardia de la derecha española, los dirigentes populares impulsaron —a partir de 1990— una renovación ideológica inspirada en la tradición liberal, en la política de la Restauración e incluso en algunas ideas de Manuel Azaña y desplazaron el partido hacia el centro del espectro político. Al mismo tiempo, y como reacción a las urgencias y excesos autonomistas del periodo de la transición, la nueva dirección del PP enfatizaba la definición de España como una única nación integrada por diferentes pueblos con distintas lenguas y culturas.

En el periodo 1996–2004, el PP ganó dos elecciones: la de 1996 por mayoría simple y la de 2000 por mayoría absoluta —en estas últimas los populares obtuvieron 184 diputados, frente a 125 del PSOE y 8 de IU y fueron el partido más votado en todas las capas demográficas y en casi todas las regiones— por lo que se ha mantenido en el gobierno durante dos legislaturas. Los resultados de las elecciones de 1996 obligaron a José María Aznar —presidente del Gobierno durante todos los gobiernos del PP hasta las elecciones de marzo de 2004— a contar con la colaboración de los nacionalistas catalanes y vascos para poder gobernar. Este pacto entre la derecha y los nacionalistas contribuyó a mitigar los recelos que habían caracterizado las relaciones entre ellos en el pasado y a extender la imagen de una nueva derecha centrista, moderada y tolerante.

Durante el primer gobierno del PP, la política económica de Aznar se centró en el cumplimiento de los requisitos para la entrada de España en la moneda única europea —el *euro*— y en la aceleración del proceso de liberalización y privatización de la economía iniciado ya por los gobiernos del PSOE. La economía pasó por una fase de crecimiento —la renta per cápita creció a 20.000 dólares— de apertura al exterior y de aumento de las exportaciones. El crecimiento de la economía y el aumento del nivel de vida transformaron el papel de España en la UE, ya que redujeron los fondos de cohesión aportados por ésta para ayudar al desarrollo de las regiones más desfavorecidas.

En el interior, Aznar enfatizó su compromiso con el Estado del bienestar y consolidó el Estado de las Autonomías; a finales de la década de los noventa se había producido un acercamiento significativo entre los niveles de competencias de todas las comunidades autónomas. Durante esta época las relaciones entre el PP y el PNV comenzaron a deteriorarse, al mismo tiempo que los políticos populares endurecían sus políticas antiterroristas y sufrían la violencia de ETA.

Los gobiernos populares han acelerado también la completa incorporación a la estructura militar de la OTAN. Desde 1996, contingentes de soldados españoles han participado en las operaciones militares del conflicto de Kosovo y en numerosas misiones de paz en la antigua Yugoslavia y en Afganistán, y un español —el socialista Javier Solana— llegó a desempeñar el cargo de Secretario General de esa organización. El progresivo alineamiento con los EE.UU. se ha manifestado en actuaciones como el apoyo de Aznar —contra la opinión pública española— a la política estadounidense en Irak o en las críticas a la Cuba de Fidel Castro.

Las elecciones de marzo de 2004

El 14 de Marzo del año 2004 se celebraron unas nuevas elecciones generales en España. A pesar de que todos los sondeos pronosticaron una nueva victoria del Partido Popular, el Partido Socialista Obrero Español obtuvo una mayoría relativa de votos: el 42,6%, frente al 37,6% de los conservadores. Otros resultados interesantes fueron la subida de los independentistas catalanes de ERC —15,9% de votos en Cataluña— y el descenso del nacionalismo gallego —cuyo apoyo bajó del 18,6% del año 2000 al 11,7%— y de los comunistas de Izquierda Unida —a quienes sólo votó el 5% de los electores.

El brutal atentado cometido en Madrid por terroristas islámicos el 11 de marzo —y que causó cerca de doscientos muertos y unos mil quinientos heridos— la insistencia del gobierno en atribuir a ETA los ataques cuando todo apuntaba a una conexión islámica y las sospechas de manipulación informativa, cambiaron en sólo tres días la intención de voto de unos dos millones de electores. Los españoles —ya mayoritariamente opuestos a la guerra de Iraq y a la estrecha colaboración entre José María Aznar y George W. Bush— dieron su apoyo al socialista José Luis Rodríguez Zapatero, quien había prometido retirar las tropas españolas de Iraq (aunque no de Afganistán) y acercar la política internacional a las posiciones de Alemania y Francia.

¡Atención! Ve a **De la Red** de este capítulo en *www.prenhall.com/espanaayeryhoy*. Allí encontrarás sitios de información muy interesante y de fácil acceso.

La vida cultural e intelectual: Las artes, las letras y el cine (1900–2000)

8

Temas de introducción

1. ¿Sabes por qué etapas ha pasado la cultura estadounidense durante el siglo XX? ¿Podrías nombrar algún escritor, intelectual o artista perteneciente a cada una de esas etapas?

2. ¿Qué entiendes por *cultura de masas*? ¿Cuáles son las manifestaciones de esta cultura en tu país? ¿Cuándo surgieron?

3. La primera mitad del siglo XX fue una época brillante de las artes y las letras en España. ¿Crees que lo fue también en tu país? ¿Qué artistas y creadores estadounidenses de esa época han contribuido más a la cultura universal?

4. Después de la Guerra Civil (1936–1939) algunos intelectuales españoles se exiliaron en los EE.UU. y trabajaron como profesores en diferentes universidades. ¿Por qué crees que las universidades americanas se encontraron entre los destinos preferidos de estos exiliados?

5. ¿Crees que los intelectuales tienen influencia en la vida social, política y cultural de tu país? ¿Por qué crees que esto es así?

6. Durante los últimos veinte años los directores y productores de cine españoles y europeos se han sentido amenazados cultural y económicamente por la industria cinematográfica de Hollywood. ¿Por qué crees que existe este sentimiento? ¿Piensas que hay una amenaza cultural o económica real?

➊ La *Edad de Plata* de la cultura española: De principios del siglo XX a la República

El último tercio del siglo XIX y las dos primeras décadas del XX fueron en España un período caracterizado por el progreso social y económico y por la emergencia de nuevas ideas intelectuales y artísticas. El desarrollo industrial, el crecimiento urbano y la implantación progresiva de los nuevos adelantos técnicos coincidieron con la crisis del 98, la llegada del modernismo, los conflictos generacionales y el espíritu de fin de siglo, creando un ambiente y una mentalidad de modernización y renovación que se reflejaron en la vida cultural e intelectual de la época. Los frutos de esta nueva actitud comenzaron a florecer en la década de 1890, se manifestaron ya plenamente durante el primer tercio del siglo XX y durante la República y continuaron hasta después de la Guerra Civil en la obra de los mejores artistas e intelectuales del país exiliados en Francia, Argentina, Méjico y los EE.UU. Estos años forman un periodo que en las artes y las letras se conoce con el nombre de *Edad de Plata*, una época de creatividad colectiva en todos los campos de la vida cultural sin paralelo desde el *Siglo de Oro*. Los intelectuales y artistas de este periodo cambiaron para siempre la visión de España y de su significado histórico y la mentalidad de los españoles.

Con el cambio de siglo se produjeron en España una serie de fenómenos que fueron a la vez causa y consecuencia del cambio cultural del que estamos hablando. El primero de ellos fue la fuerte reducción de la tasa de analfabetismo, que del 71% de 1870 bajó al 51% en 1910. A pesar del todavía elevado analfabetismo —y aunque, en términos absolutos, se publicaban y leían pocos libros— el número de lectores la demanda de publicaciones aumentaron significativamente. Así lo prueban la creciente popularidad de las novelas cortas que se vendían por entregas semanales y la fundación de numerosos diarios y semanarios que tuvieron gran influencia en la opinión pública, la cultura y la política. En estos años aparecieron periódicos como *La Vanguardia* (1881), *ABC* (1905) —ambos siguen hoy en circulación— *El Liberal* (1901) y *El Sol* (1917). Por estas fechas aparecieron también la editorial Calpe (1918) —que publicó los libros fundamentales del pensamiento europeo y se convirtió en una de la editoras más importantes en lengua española— y la Casa del Libro (1923), durante muchos años la principal librería del país, y aún hoy una de las más importantes. El Estado comenzó también a intervenir más activamente en la cultura y en la educación con la creación —a principios del siglo XX— del Ministerio de Instrucción Pública, de la Residencia de Estudiantes y de la Junta para la Ampliación de Estudios e Investigaciones Científicas (1906). Esta Junta continuó los esfuerzos individuales de investigadores como Santiago Ramón y Cajal (Premio Nobel de Medicina en 1906) y contribuyó de manera importante a la mejora de la cantidad y la calidad de la ciencia española. Al mismo tiempo, desde principios de siglo hasta 1930 se triplicó el número de estudiantes universitarios, educados ahora por profesores de la talla de Ramón Menéndez Pidal, Ortega y Gasset, Giner de los Ríos, Unamuno, Ramón y Cajal, Américo Castro o el matemático Rey Pastor.

Los aires de renovación cultural se manifestaron en Cataluña, Galicia y el País Vasco con un matriz regionalista y nacionalista de revalorización de las culturas propias. Sobre este tema se habla en el capítulo dedicado a los nacionalismos.

Las artes

El arte de las tres primeras décadas de la centuria vivió una rápida sucesión de modas e "ismos", que fueron desde el *modernismo* y el *Art Decó* hasta los vanguardismos.

El *modernismo* —término que no debe confundirse con el de *modernism* utilizado por la crítica anglo-americana para referirse a la literatura producida en Inglaterra y EE.UU. durante los años veinte y treinta— era un estilo artístico y literario que comenzó en la década de 1880 y se manifestó principalmente en la arquitectura y las artes decorativas. La estética modernista quiso acabar con las diferencias que separaban las bellas artes tradicionales de las artes aplicadas, y por ello se utilizó profusamente en el diseño de carteles, muebles, joyas y objetos de decoración y de uso cotidiano. Este estilo quiso también romper con los modelos clásicos basados en la simetría y las líneas rectas. Inspirados por la naturaleza, los creadores modernistas reprodujeron en sus obras aspectos de ésta —ta-

Palacio de Comunicaciones (Madrid)

llos, árboles, flores, formas animales— estiliza-dos en líneas curvas, formas redondeadas y volúmenes asimétricos. El modernismo —tam-bién llamado *Art Nouveau* en Francia— entró en España por Barcelona, ciudad en la que existía una burguesía con los medios y la sensibilidad necesarios para financiar proyectos arquitectóni-cos y artísticos importantes. Este movimiento tuvo su máxima expresión en los edificios diseña-dos por Lluís Doménech (*Palau de la Música* de Barcelona) y Antoni Gaudí.

La obra de Gaudí —sin duda el más genial de los arquitectos europeos de su época— pasó por tres etapas bien diferenciadas, pero llenas de originalidad. La primera (1878–1892) se caracterizó por el uso de formas y materiales neomudéjares —líneas rectas, decoración vegetal, uso del ladrillo y el azulejo— y por la influencia de las estéticas medievales árabe y cristiana, que conviven con una concepción del espacio y de la luz totalmente nuevas en su época. A esta etapa pertenecen la *Casa Vicens* y el *Palacio Güell*, ambos en Barcelona. La segunda etapa (1892–1914), más típicamente modernista, es considerada como la más importante de su carrera. En ella las fachadas y los interiores de los edificios sustituyeron las líneas rectas por las curvas, creando espacios irregulares y asimétricos iluminados por ventanas de formas retorcidas y sostenidos por columnas irregulares que imitan formas vegetales o esqueletos de animales. De este periodo son la *Casa Milá*, la *Capilla* de la colonia Güell y el *Parque Güell*, todos ellos en Barcelona. La tercera etapa (1914–1926) quedó marcada por el diseño de la inacabada catedral de Barcelona (*La Sagrada Familia*), un edificio de inspiración neogótica y de formas circulares al que Gaudí dedicó los últimos doce años de su vida.

Torres de la Sagrada Familia
(Barcelona)

En la escultura de principios de siglo coexistieron modernis-tas como José María Clará (*Diosa*) y realistas como Mariano Benlliure (*Monumento a Joselito, Monumento a Cristóbal Colón* en Granada). Con la segunda década del siglo llegaron los estilos de vanguardia, que trajeron representaciones menos realistas y más abstractas, como la de *El Profeta*, de Pablo Gargallo.

Los representantes más destacados de la pintura de finales del siglo XIX y comienzos del siglo XX fueron Joaquín Sorolla e Ignacio Zuloaga —a los que ya se mencionó en el capítulo ante-rior— que gozaron de fama internacional y que, aunque no parti-ciparon en las vanguardias, contribuyeron a su manera a moder-nizar la pintura española. El estilo de Sorolla evolucionó desde el realismo de temática social (*Aún dicen que el pescado es caro*) a un impresionismo muy personal que celebra la luz y el color de las playas valencianas con un colorido brillante y un tono opti-mista (*Pescadoras*). Zuloaga fue un maestro en mezclar tradición y modernidad y transmitió en sus obras una visión crítica y más pesimista de España (*El enano, El Cristo de la sangre*).

Torres de la Sagrada Familia (detalle)

El pintor español más importante de este periodo fue Pablo Ruiz Picasso (1881–1973), considerado como el artista más revolucionario de las vanguardias europeas. Aunque Picasso siguió pintando hasta su muerte, fue durante los primeros cuarenta años del siglo cuando tuvo mayor impacto en el arte occidental. Su obra pasó por una serie de etapas claramente diferenciadas. En un primer momento —la llamada *época azul*— pintó cuadros de estética modernista y figuras alargadas *(Madre y niño)* que representaban el hambre, el frío o la soledad *(La Planchadora, La comida frugal)*. Después comenzó su *época rosa*, en la que sus obras se llenaron de bailarines, payasos, arlequines y temas lúdicos, representados todavía en clave realista. Entre 1906 y 1911 se desarrolló su *época negra*, periodo en el que pintó —ya dentro del vanguardismo pleno— los primeros grandes cuadros del *cubismo* europeo *(Las señoritas de Avignon, Cabeza de mujer, Muchacha con mandolina)* donde la realidad aparecía descompuesta en múltiples elementos geométricos. Posteriormente, su arte evolucionó hacia la utilización de los *collages* y la concepción del cuadro como una construcción en la que la pintura convivía con otros elementos *(El jugador de cartas, Naturaleza muerta verde)* y hacia la combinación de cubismo y surrealismo. Al comienzo de la Primera Guerra Mundial, Picasso ya había aportado sus mayores contribuciones al mundo del arte. Su producción artística, sin embargo, continuó siendo de una calidad excepcional a lo largo de toda su vida, y no sólo en la pintura, sino también en la escultura y en proyectos especiales como decorados para ballet.

En música, el siglo comenzó con el final de las carreras de Isaac Albéniz y Enrique Granados, dos grandes compositores y pianistas enamorados de la cultura popular del sur. Los nuevos compositores continuaron las líneas abiertas por éstos y tomaron como reto la internacionalización de las formas musicales de la tradición española a través de la integración en la música clásica de los elementos más seductores del folklore. El mejor compositor español de este periodo —y, posiblemente, de todo el siglo XX— fue Manuel de Falla, un andaluz que compartía las inquietudes reformistas de los intelectuales de la *generación del 98* —de los que se hablará enseguida. Con composiciones como *El amor brujo* (1915) o *Noches en los jardines de España* (1917) Falla consiguió internacionalizar la música española y mostrar al mundo las profundidades de la sensibilidad del folklore andaluz.

Las letras

La cultura española de las primeras décadas del siglo XX tiene tres referentes fundamentales: la *generación del 98* —cuyos miembros extendieron su actividad entre principios de siglo y la Guerra Civil— la *generación del 27* —algunos de cuyos representantes continuaron publicando durante la época franquista y aún después— y una serie de intelectuales situados entre ambas, a los que algunos han agrupado en la llamada *generación del 14*.

La *generación del 98* estuvo formada por un grupo de intelectuales que cultivaron todos los géneros literarios. Su punto de contacto fue la reflexión sobre la esencia de lo español y el pesimismo nacional e individual. En una Europa de rápidas transformaciones sociales y tecnológicas, y en una España que acababa de perder sus últimas colonias —y, con ellas, el prestigio internacional que le quedaba— los escritores de esta generación buscaron una referencia filosófica, moral y estética que les ayudara a entender la identidad y el destino de lo hispano. Con su concepción de España como problema y como fracaso histórico y con su búsqueda de lo español, los noventaiochistas comenzaron un debate que ha marcado como ningún otro la vida cultural del país durante una gran parte del siglo XX, e introdujeron en escena la figura del intelectual como crítico de la vida política y social y conciencia moral de la sociedad. Para estos intelectuales, Castilla —la región que "había hecho" a España históricamente— era el punto de referencia de lo español. En el contraste entre la situación de abandono de esta región y la dignidad y severidad de sus campesinos y sus paisajes se reflejaba el espíritu de la nación; la europeización —entendida como modernización, educación, ciencia, progreso— se consideraba la única solución a sus males.

Dadas las preocupaciones de esta generación, sus miembros cultivaron con gran profusión el ensayo, una de sus grandes contribuciones a la cultura española. Escaparon también de los temas de la literatura modernista —presentes en algunas obras, pero ya agotados hacia 1910— aunque adoptaron algunas de sus innovaciones formales. Su afán de europeización hizo que huyeran del costumbrismo local y folklorista y que detestaran algunas de las formas de la cultura popular, como, por ejemplo, los toros. La influencia de los hombres del 98 fue más allá del campo literario y se extendió a lo político y lo social, donde inspiró múltiples proyectos de reforma. Su reflexión sobre el carácter de lo hispano revalorizó la idea de comunidad con los países de la América de habla española, revitalizó los vínculos culturales entre éstos y la península e incrementó la presencia de Latinoamérica en la cultura y la política españolas.

Los representantes más destacados de esta generación fueron Miguel de Unamuno, Antonio Machado y Ramón M. del Valle-Inclán. Unamuno (*Paz en la guerra, La agonía del cristianismo, Del sentimiento trágico de la vida*), un hombre apasionado y contradictorio de pensamiento incisivo y de hondas preocupaciones religiosas, puede considerarse como uno de los autores más universales de las letras españolas. Sus preocupaciones filosóficas se centraron en la fe religiosa, la definición del *yo*, la concepción de la vida como búsqueda de la identidad y como angustia. El sevillano Antonio Machado (*Soledades, Campos de Castilla*) es considerado como uno de los mejores poetas de habla española de todos los tiempos. Su poesía evolucionó desde el bello simbolismo modernista de sus primeros poemas hacia un existencialismo de preocupación social caracterizado por una elegancia simple y emotiva.

Edificio de la Biblioteca Nacional (Madrid)

Valle-Inclán, autor teatral y novelista bohemio y excéntrico, y quizá el más individual de los escritores del 98, evolucionó también desde la estética elegante del modernismo (*Sonata de otoño*) a la crítica social y a lo grotesco (*Tirano Banderas*). Otros destacados intelectuales de la *generación del 98* fueron el ensayista Ramiro de Maeztu, el ensayista y novelista José Martínez Ruiz, "Azorín" y el novelista Pío Baroja.

En la segunda década del siglo comenzó a publicar una nueva generación de intelectuales —la llamada *generación del 14*— cuyas obras introdujeron en la literatura española algunas de las innovaciones de las vanguardias europeas. Además de un nuevo sentido de la estética, estos autores trajeron un ideario diferente al de la generación del 98 que, aunque continuó centrado en una reflexión marcadamente pesimista sobre lo español, vio la situación del país como algo temporal y no como el resultado de una crisis existencial. Un ejemplo de este cambio de actitud estética y personal fue Ramón Gómez de la Serna, un escritor polifacético que cultivó con éxito prácticamente todos los géneros literarios, abrazó el vanguardismo e incluso creó un género particular: las *greguerías*, o metáforas breves e ingeniosas. Pero el máximo representante de esta nueva mentalidad —y el que ejerció una mayor influencia en la vida cultural española— fue sin duda el filósofo y ensayista José Ortega y Gasset. Su pensamiento, su proyecto de España y sus iniciativas culturales —como la creación de la influyente *Revista de Occidente* en 1923— ofrecieron a la cultura española de una visión filosófica rigurosa y la ayudaron a superar el ensayismo asistemático e individual propio de la generación del 98. Ortega esbozó las líneas maestras de su filosofía en obras como *Meditaciones del Quijote* (1914) y *La España invertebrada* (1921), donde retomó el tema de la preocupación por España dándole un nuevo sentido. Según este autor, la situación por la que estaba pasando el país se debía no al carácter de los españoles como pueblo sino a los particularismos regionalistas, a la ausencia histórica de minorías rectoras y, ya en su época, al fracaso político de la Restauración. La solución a los problemas nacionales requería la europeización, entendida como desarrollo científico, reforma universitaria, educación de calidad, democracia, modernidad, liberalismo y nacionalización o "vertebración" del país. Este filósofo también analizó con agudeza los cambios que estaba experimentando la mentalidad del ciudadano europeo en la nueva sociedad de masas (*La rebelión de las masas*). Aunque adoptó una posición política reformista y democrática, defendió una forma de elitismo —el dominio social y cultural de una minoría de líderes— que le valió la crítica de muchos pensadores de izquierda. Por sus temas y por el rigor de su pensamiento, Ortega (1883–1955) tuvo —y aún tiene— una influencia importante en la cultura española e hispano-americana.

La dictadura del general Primo de Rivera (1923–1930) no alteró radicalmente la evolución de la vida intelectual española. Aunque hubo algunos intentos de elaborar una ideología oficial basada en la monarquía y el catolicismo, el desinterés del régimen por la cultura permitió que ésta pudiera vivir de espaldas a la política y que continuara desarrollándose dentro de un paradigma claramente liberal, como lo demuestra el nacimiento de las nuevas ideas de la llamada *generación del 27*. Con esta generación apareció en las letras españolas un decidido carácter de renovación que encontró su máxima expresión en la poesía, género que alcanzó el nivel de creatividad y universalidad más alto desde el *Siglo de Oro*. Entre los poetas del *27* destacaron Federico García Lorca, Jorge Guillén, Pedro Salinas, Vicente Aleixandre (Premio Nobel de Literatura en 1977), Rafael Alberti, Luis Cernuda y Dámaso Alonso. Estos poetas poseían temperamentos, estilos y estéticas distintos, y sus intereses iban desde la recuperación de lo popular —el García Lorca de *Romancero gitano* o el Alberti de *Marinero en tierra*— a la poetización elegante e intelectualizada de las cosas comunes de cada día —Jorge Guillén (*Cántico*) o Pedro Salinas (*La voz a ti debida*). Pero independientemente de sus temáticas y estilos, todos ellos compartían una nueva pasión por la libertad creativa y el experimentalismo formal característicos del ambiente cultural de la Europa de los *ismos*. Del mismo modo que la pintura experimentó, durante los mismos años, un gradual proceso de abstracción que la alejó progresivamente del realismo, la poesía de las vanguardias se "liberó" de las convenciones, de las rimas y las formas tradicionales para abrirse a la búsqueda de la experiencia inmediata, de la emoción más pura o de lo inconsciente. El creador debía ahora dejar que su poema tomara vida propia, que reflejara las nuevas profundidades del deseo, del sueño, de la psique freudiana.

Mención aparte entre todos los poetas que publicaron en esta época merece Juan Ramón Jiménez (Premio Nobel de Literatura en 1956) quien, sin participar de las preocupaciones vanguardistas de la *generación del 27*, logró elaborar una poesía de una sensibilidad exquisita y tierna, expresada en un estilo de elegancia y pureza extraordinarias y llegó a tener una influencia notable en casi todos los miembros de la mencionada generación.

La cultura popular

A pesar de los importantes cambios que la sociedad española experimentó durante las primeras décadas del siglo XX, España continuó siendo, en palabras de Ortega y Gasset, "puro pueblo", y la mentalidad popular seguía siendo esencialmente católica. El poder social de la Iglesia y el importante papel desempeñado por ésta en el pasado hicieron que la religión ocupara un lugar central no sólo en el debate intelectual de la época —la

LA FIGURA DEL INTELECTUAL A PRINCIPIOS DEL SIGLO XX

En la última década del siglo XIX comenzó a aparecer en publicaciones de todo tipo la palabra *intelectual*, un neologismo prestado del francés que se refería a todo pensador —cualquiera que fuese su especialidad— crítico con el sistema sociopolítico del país y dedicado a proponer soluciones a los problemas de la España de la época. Las respuestas de estos intelectuales a los problemas del país no constituyeron nunca un cuerpo unificado y coherente, sino que se caracterizaron por una diversidad y una pluralidad derivadas tanto del carácter individual de estos pensadores como de los múltiples puntos de vista desde los que analizaron la realidad nacional. Muchos de ellos reflexionaron sobre la relación entre las distintas clases sociales; otros, en cambio, discutieron las ventajas y desventajas del casticismo —la defensa de un cierto concepto de lo tradicional español— y el europeísmo; otros más plantearon la renovación de España desde las diferentes regiones y culturas periféricas. La mayor parte de ellos, además, quiso involucrar al pueblo en la búsqueda y la aplicación de soluciones y en la regeneración del país. Las propuestas reformistas de estos primeros intelectuales fracasaron tanto desde el punto de vista popular —el pueblo nunca las sintió como suyas—

como político —la falta de un proyecto reformador unitario dificultó su puesta en práctica.

Los intelectuales de la siguiente generación —la de Ortega— se alejaron del pueblo y crearon un nuevo tipo de intelectual de carácter más elitista, generalmente de formación universitaria —algunos de los pensadores de la generación anterior habían sido autodidactas— cuya misión era formar minorías de dirigentes capaces de aplicar los cambios necesarios para resolver los problemas de la nación. Por primera vez, además, esta generación consideró la intervención colectiva de los intelectuales en la vida política como una obligación moral y como una necesidad social. Esta fue una generación de vocación decididamente europeísta y científica que se fijó como objetivo último la transformación del pensamiento, de la sociedad, de la cultura, de la política y de la ciencia españolas. Por ello algunos historiadores han considerado a ésta como la primera generación intelectual española caracterizada por el compromiso político. El proyecto político y social de la Segunda República —a la que algunos han llamado *la república de los profesores*— fue, en parte, un resultado de las ideas y actitudes de estos intelectuales.

enorme influencia de los ensayos de Unamuno sobre la fe son un buen ejemplo de ello—sino tambien en la vida cultural del pueblo. Por ello, las fiestas populares siguieron girando principalmente en torno a celebraciones religiosas (bautizos, comuniones, bodas, celebraciones de santos, o de la Semana Santa), aunque ya convivían con otras más laicas como los toros, la zarzuela y el cine. La Iglesia, consciente de que los cambios por los que estaba atravesando la nación podían poner en peligro su hegemonía social y cultural, reaccionó a ellos de diferentes maneras. El sector más progresista del clero quiso preservar la presencia de la religión en la vida pública y contrarrestar la influencia de la izquierda en estudiantes y obreros con la fundación de grupos como la Confederación Nacional de Estudiantes Católicos (1920) y los Sindicatos y Círculos Católicos de Obreros. Los sectores más conservadores —que seguían siendo mayoritarios— continuaron preocupándose del control de las morales pública y privada y del cumplimiento del culto. Muchos de ellos acabaron adoptando posturas integristas y antiliberales y participaron activamente en la redacción de los diferentes documentos que el Vaticano publicó condenando la modernización. De esta época data también la fundación del Opus Dei (1928), una organización católica conservadora que tuvo gran influencia en la vida pública española hasta los años setenta.

No obstante, y como ya se ha dicho, las celebraciones religiosas comenzaron a convivir con festejos puramente laicos heredados de épocas pasadas o creados o potenciados a comienzos de siglo. Así, las dos primeras décadas del siglo XX fueron una auténtica época dorada para el toreo, que contó con figuras míticas —como Joselito y Belmonte— y con un público que llenaba las casi cuatrocientas plazas de toros existentes en el territorio nacional y que compraba las numerosas publicaciones taurinas que circulaban en la época.

En música, el gusto popular consagró el éxito de la zarzuela, género que contó con una masiva asistencia de público y que produjo en esta época algunas de sus obras más elaboradas y populares, como *La corte de Faraón* (1910), *Doña Francisquita* (1923) y *La del manojo de rosas* (1934). En la primera década del siglo XX aumentó también la popularidad de la llamada *canción española* y del *cuplé* —canciones cortas y ligeras, generalmente de tono pícaro— que se escuchaban en todo el país y que aún hoy siguen siendo populares. El flamenco, por su parte, continuó siendo hasta bien entrados los años veinte una forma artística desconocida para el gran público y despreciada por los intelectuales.

Los años veinte fueron testigos también de la expansión de los deportes y el cine, dos nuevas formas de entretenimiento popular. La popularización del deporte fue posible por la confluencia de algunos factores económicos —el aumento del tiempo libre gracias a la implantación de la jornada de ocho horas— sociales —adopción de hábitos propios de las clases altas por parte de las demás— culturales —asociación de la educación física con cultivo de la higiene personal y de la salud— y políticos —exaltación de los logros nacionales y creación de un tipo de patriotismo popular. A los deportes practicados tradicionalmente por la aristocracia —la equitación o la caza, por ejemplo— se sumaron pronto otros como la gimnasia —materia obligatoria en la enseñanza secundaria— el montañismo, el excursionismo, el frontón, el ciclismo —que contaba con campeonatos organizados ya hacia 1880— el tenis y el fútbol. Pronto se organizaron campeonatos diversos, se construyeron estadios, se profesionalizó a los atletas y se comenzaron a publicar varios diarios deportivos, el primero de los cuales apareció en 1924, el mismo año en el que se creó el Comité Olímpico Español. En 1903 se celebró la primera Copa de España de fútbol, y en 1928 se estableció el Campeonato de Liga, disputado ya por equipos que contaban con jugadores profesionales.

El cine se popularizó todavía más rápidamente. La primera productora nacional de películas se creó en 1901 —sólo unos pocos años después de que en 1896 se abriera la primera sala comercial del país— y entre 1911 y 1918 se crearon 28 productoras y se rodaron unas 400 películas. A pesar de ello, la industria cinematográfica nacional era débil, por lo que la mayoría de los largometrajes proyectados en los cines procedían del extranjero —principalmente EE.UU.— y sus protagonistas eran actores como Chaplin y Valentino, que llegaron a gozar de gran popularidad. Las películas nacionales, por su parte, se concentraron en el tratamiento de temas taurinos, populares y regionales y en adaptar zarzuelas. Algunas de ellas llegaron a tener gran éxito, como *La Verbena de la Paloma* (1921), *La Violetera* (1919) y *Nobleza baturra* (1925).

❷ La Segunda República y la Guerra Civil

La llegada de la Segunda República trajo consigo un cambio importante en el papel de la cultura y la educación en la vida pública. Este cambio fue posible gracias a la nueva actitud de los gobiernos republicanos, que intervinieron activamente en la mejora y la difusión de la cultura y la educación porque consideraron que ambas eran esenciales para la modernización del país y para la proyección de la imagen de la nueva España surgida en 1931. Así, entre 1931 y 1933 se elevaron los presupuestos dedicados a la educación en un 50%, se reformó la universidad, se construyeron unas diez mil escuelas, se contrató a miles de nuevos maestros y se fundaron unas cinco mil bibliotecas populares —muchas de ellas en medios rurales— y varias compañías teatrales —como *La Barraca*, dirigida por García Lorca— que llevaron el teatro clásico español a los pueblos.

Los años de la República vieron aparecer obras importantes de los hombres de las generaciones del 98, del 14 y del 27. Ortega, Marañón, Machado, Baroja Unamuno (*San Manuel Bueno, mártir*, 1931) y Juan Ramón Jiménez continuaron en activo. Los poetas de la generación del 27 publicaron libros como *Espadas como labios* (Vicente Aleixandre, 1932), *La voz a ti debida* (Pedro Salinas, 1933) y la elegía *Llanto por la muerte de Ignacio Sánchez Mejías* (García Lorca, 1934). Junto al teatro más comercial de Benavente, Arniches, los hermanos Quintero y Muñoz Seca y las comedias amables de Jardiel Poncela apareció un arte dramático más experimental y vanguardista que tuvo su máxima representación en Max Aub (*La jácara del avaro*), Valle-Inclán (*Divinas palabras,* que se estrenó en 1932) y García Lorca —*Bodas de sangre* (1933) y *Yerma* (1934).

Durante la República se produjo una politización importante del debate intelectual. Esta politización se materializó en dos ejes: el de derecha-izquierda —que dividió en un primer lugar a los defensores de ambas tendencias políticas y, después, separó a los partidarios de la República de los golpistas— y el de centralismo-regionalismo. Esta politización cambió el papel social de intelectuales y artistas, que comenzaron a abandonar el esteticismo de las vanguardias para manifestar su compromiso político en una temática y estética de carácter social y testimonial. El grado de politización varió con cada individuo, ya que algunos optaron por militar abiertamente en formaciones políticas de diversos signos, mientras que otros prefirieron mantener su independencia y defender sus ideas particulares. Los intelectuales de la izquierda se agruparon en torno a revistas como *Octubre* o *Leviatán*. Algunos de ellos militaron en partidos políticos (Rafael Alberti y Emilio Prados fueron miembros del Partido Comunista) y otros —como Ramón J. Sender, que en 1934 publicó *Madrid-Moscú, narraciones de un viaje*— hicieron pública su admiración por la Unión Soviética. Hasta el comienzo de la guerra, muchos de ellos dudaron entre apoyar el proyecto político de la República o luchar por una auténtica revolución socialista. Al otro lado del espectro político, aparecieron revistas como *Acción Española* —en la que publicaron intelectuales conservadores partidarios de la monarquía autoritaria como Ramiro de Maeztu, José María Pemán o Calvo Sotelo— y *La Conquista del Estado*, que comenzó a editarse en 1931 y aglutinó a los partidarios de la derecha fascista. Tras el comienzo de la guerra, personalidades como Antonio Machado, Juan Ramón Jiménez, Américo Castro, Salvador de Madariaga, Pedro Salinas, Rafael Alberti, Federico García Lorca, Luis Buñuel, Pablo Picasso, Miguel Hernández y María Zambrano fueron fieles a la República, mientras que otros —entre los que se encontraban Ramiro de Maeztu, Gerardo Diego, Salvador Dalí, Luis Rosales, José María Pemán y Gonzalo Torrente Ballester— apoyaron a los golpistas. Unos pocos —entre ellos Ortega y Gasset, Menéndez Pidal, Azorín y Pío Baroja— optaron por el exilio en las primeras fases del conflicto.

El segundo eje sobre el que se articuló la politización de la cultura fue, como se mencionó, el de centralismo-regionalismo. El concepto de España y del Estado que se defendió desde las esferas oficiales de la República fue eminentemente unificador, heredero de las ideas de la generación del 98, y coincidió con la explicación historiográfica de Menéndez Pidal, Sánchez Albornoz y otros historiadores ligados al Centro de Estudios Históricos. Según esta concepción, la unidad de España estaba basada en la continuidad de una línea histórica compartida por todos sus pueblos y sus gentes desde el final del Imperio Romano y la etapa de dominio visigodo, y reforzada tras la reconquista y la implantación del castellano como lengua común. Aunque historiadores como Américo Castro retrasaran la aparición de la identidad española hasta el siglo XV y enfatizaran la aportación de las culturas judía y árabe a su desarrollo, su visión del pasado atribuía también un sentido de unidad a todos los españoles y a su historia. Todas estas interpretaciones entraron en conflicto con otras corrientes de la historiografía —defendidas principalmente desde Cataluña en las obras de Pompeu Fabra y Pere Bosch Gimpera— que negaban esa continuidad, interpretaban el pasado de España como confluencia de una pluralidad de pueblos y veían su presente como una suma de regiones con identidad propia. La consecuencia política de esta visión del pasado y presente nacionales se materializó en los movimientos nacionalistas y autonomistas de los que se habla en otros capítulos. El resultado de la guerra alejó la discusión de estos temas de la vida intelectual durante muchos años.

Los esfuerzos de los gobiernos republicanos y la situación política no cambiaron, sin embargo, muchos aspectos de la cultura popular, que siguió centrada en las mismas formas de entretenimiento que en la década anterior. Junto con la zarzuela —que seguía atrayendo a un numeroso público y produciendo obras de calidad, como *La del manojo de rosas* y *Luisa Fernanda*— la revista musical —con espectáculos de gran éxito como *Las leandras* (1931)— el fútbol, el ciclismo, los toros —que ahora contaban con matadores como

Chicuelo o Domingo Ortega— y el flamenco seguían acaparando la atención del gran público. La novedad de estos años fue el cambio de actitud de los intelectuales respecto a los toros y al flamenco, espectáculos que comenzaron a interpretarse como manifestaciones estéticas de honda significación cultural. La popularidad del cine —ahora ya sonoro— aumentó de manera importante, aunque el número de producciones nacionales siguió siendo modesto en comparación con el de las películas de procedencia extranjera, que seguían dominando las carteleras. De las 381películas que se estrenaron en Madrid en 1934, sólo 21 eran españolas, mientras que 214 se habían rodado en los EE.UU., y las demás en el resto de Europa. La cinematografía española continuó explotando los mismos temas de las décadas anteriores —comedias ligeras, temas taurinos, folklóricos y regionales— a los que añadió versiones sonoras de éxitos del cine mudo, como *La verbena de la paloma* (1935) y las películas de Florián Rey *Nobleza baturra* (1935) y *Morena Clara* (1936). Como excepción a la tendencia populista cabe mencionar el documental de contenido social *Las Hurdes*, dirigido por Luis Buñuel en 1932.

¿SABÍAS QUE...?

PICASSO, MIRÓ Y DALÍ

Picasso, Miró y Dalí fueron, sin ninguna duda, los pintores españoles más prestigiosos del siglo XX. Pablo Ruiz Picasso, de cuyos primeros años ya hemos hablado a comienzos de este capítulo, continuó siendo una figura central de la pintura incluso después de su etapa más innovadora y vanguardista. Durante la Segunda República Picasso regresó a España y apoyó el proyecto político republicano. De estos años es su famoso *Guernica* (1937), una obra de un expresionismo muy intenso que denuncia la violencia y la muerte, y que está poblada por figuras distorsionadas pintadas en tonos blancos y negros. Tras la guerra se exilió en Francia, donde continuó experimentando entre la figuración y la abstracción, la caricatura y el cubismo. De esta época destacan sus interpretaciones de cuadros clásicos, como *Las Meninas* (Velázquez), *Señoritas al borde del Sena* (Courbet) o *Mujeres de Argel* (Delacroix). Siempre imprevisible y genial, tuvo en los ambientes más conservadores muy mala imagen, debido sobre todo a sus simpatías por las ideas de izquierda. La llegada a Madrid en 1981 —ocho años después de la muerte del pintor— del mencionado *Guernica* constituyó todo un símbolo de reconciliación nacional y de normalidad democrática.

El prestigio internacional de Joan Miró (1893–1983) y Salvador Dalí (1904–1986) fue casi tan alto como el de Picasso. Miró trabajó la pintura, la cerámica y los murales y utilizó un estilo único y personal basado en el uso de colores básicos y representaciones geométricas para crear sugerencias infantiles, alegres y poéticas. Sus murales del Hotel Plaza de Cincinnati y del edificio de la UNESCO de París le dieron gran proyección internacional en los años cincuenta.

Salvador Dalí se enamoró de la obra de Freud y del surrealismo en sus viajes de juventud a París, y en los años treinta y cuarenta se convirtió en uno de los líderes de esta tendencia estética. Durante la dictadura franquista —con la que simpatizó en muchos aspectos— comenzó a introducir en sus obras elementos realistas sin alterar el sentido imaginativo y fantástico de sus cuadros y conservando una calidad técnica extraordinaria. Sus composiciones más populares hacen referencia a sueños u obsesiones. Dalí fue un maestro del dibujo y la proporción —admiraba el Renacimiento italiano— y, a pesar de su continuo cultivo de una imagen de artista loco y excéntrico, produjo una pintura religiosa de una gran intensidad estética y espiritual.

❸ La cultura durante el franquismo I: El proyecto cultural franquista

El fin de la guerra civil y la cultura

La victoria de los nacionales en la guerra civil supuso un durísimo golpe para la cultura española, ya que marcó el final del renacimiento cultural que el país vivía desde finales del siglo XIX —la Edad de Plata— y el comienzo de una época de declive que se prolongó durante varias décadas. Muchos de los mejores escritores, artistas e intelectuales (Salinas, Guillén, Aleixandre, Aberti, Luis Cernuda, Francisco Ayala y Ramón J. Sender) se exiliaron en Europa o América y los que se quedaron —por ser partidarios o simpatizantes del nuevo régimen o por preferencia personal— tuvieron que producir sus obras en un clima de censura y falta de libertad. Dentro de los que se quedaron hay que distinguir entre los que estaban comprometidos política e ideológicamente con el régimen —y que contribuyeron activamente a la cultura franquista— y los que estaban de acuerdo con él desde una posición más estética y ausente de compromiso político, como Eugenio D'Ors o Salvador Dalí.

Franco, que nunca ocultó su antipatía y desconfianza por los intelectuales —a pesar de que él mismo llegara a escribir tres libros— hizo todo lo posible para alejarlos de la vida pública y por controlar el debate intelectual, por limpiarlo de las ideas que él considerara peligrosas o antiespañolas y por limitarlo a la difusión de la ideología oficial del franquismo. Así ocurrió desde el fin de la guerra hasta aproximadamente 1945. A partir de esa fecha —y por razones que se verán muy pronto— la cultura franquista comenzó a perder la batalla por el dominio del debate intelectual. Escritores, artistas, poetas y pensadores supieron adaptarse a la dictadura y, dentro de los límites que ésta marcaba, acabaron creando no una cultura oficialista sino otra que conectó —muy a pesar del régimen— con el pensamiento liberal anterior a 1936 y que acabó convirtiéndose en el embrión del movimiento por la democracia que aparecería más tarde. "Cultura franquista" —el proyecto oficial de cultura diseñado por el régimen en sus primeros años— y "cultura española durante el franquismo" —la convivencia de la cultura franquista con la de talante liberal que se desarrolló en el interior y en el exilio desde 1945 hasta el final de la dictadura— son, pues, dos términos que no deben ser confundidos. En las siguientes páginas trataremos de la cultura franquista, de su intento por imponer una visión determinada de España y lo español y de los esfuerzos de muchos intelectuales por mantener la continuidad del pensamiento liberal.

El proyecto cultural franquista

Tras su victoria en la Guerra Civil, el franquismo estableció e impuso una cultura oficial que difundió y popularizó la ideología y los principios del régimen. Según esta cultura oficial, el catolicismo era el elemento esencial de una identidad española presente ya desde la Hispania romana, reforzada con la Reconquista y materializada plenamente en los Reyes Católicos, símbolos supremos de la unidad nacional. De acuerdo con esta interpretación, el imperio —Carlos V y Felipe II— la Contrarreforma y la conquista y evangelización de América habían constituido las mayores aportaciones de España a la historia y habían definido lo español. Las contribuciones de árabes y judíos a civilización española y la tradición liberal de los siglos XVIII y XIX fueron sistemáticamente ignoradas, con excepción de la Guerra de la Independencia, que se presentaba ahora como una lucha heroica contra el dominio francés. Puesto que la manifestación suprema de lo español era el pasado imperial, éste debía de ser exaltado y restaurado mediante la vuelta al pensamiento tradicional, al arte del Siglo de Oro y a la glorificación de la estética y los valores militares de disciplina, entrega a la patria, virilidad y heroísmo.

Para establecer esta nueva cultura oficial, el régimen procedió a desmantelar la cultura heredada de la República y a crear instituciones y organismos para diseñar y difundir la nueva visión de lo español y para despolitizar la sociedad. La labor de desmantelamiento se manifestó en un riguroso sistema de censura y control político —en manos de la Falange en un primer momento— y moral —del que se encargó la Iglesia. La censura controló el contenido de noticias, espectáculos y publicaciones, cerró periódicos, emisoras de radio y editoriales y depuró a los intelectuales que no colaboraban con el régimen. La institucionalización de la nueva cultura se llevó a cabo mediante la reforma de la enseñanza, el control estatal de los medios de comunicación y la creación de revistas y editoriales para la difusión del pensamiento católico-franquista.

El sistema de enseñanza quedó bajo el control de la jerarquía eclesiástica, que reintrodujo la religión en las escuelas y reemplazó la filosofía de Ortega por el pensamiento católico tradicional en las universidades. Esta institución también mantuvo el control del Consejo Superior de Investigaciones Científicas, organismo que había sustituido a la Junta para la Ampliación de Estudios y donde hubo en esa época una fuerte presencia del *Opus Dei*.

El control de los medios de comunicación se llevó a cabo mediante la creación de la llamada *Prensa del Movimiento*, un conglomerado estatal de más de 40 periódicos, unas ochenta emisoras agrupadas en torno a la poderosa Radio Nacional —creada en 1937— las agencias de noticias EFE y Pyresa y el famoso NO-DO, una mezcla de noticiero y documental de carácter propagandístico que los cines debían emitir obligatoriamente antes de cada película. Existieron también algunos medios de comunicación independientes —como los periódicos *ABC*, *Ya* y *La Vanguardia* y algunas emisoras de radio— pero afines al régimen y supervisados por éste, que podía nombrar a sus directores y censurar su contenido. Las radios privadas, por ejemplo, estaban obligadas a conectar a ciertas horas con Radio Nacional para retransmitir las noticias elaboradas por ésta.

En un plano más académico, y con objeto de revalorizar y promover el pensamiento tradicional católico, el régimen creó la Editora Nacional y publicaciones culturales —como *Escorial* donde, además de intelectuales falangistas, llegaron a publicar autores como Menéndez Pidal, Baroja y Azorín— políticas —la *Revista de Estudios Políticos*, que quiso ser un vehículo para la justificación del régimen— y literarias —como la revista de poesía *Garcilaso*.

Pronto la cultura oficial empezó a manifestarse en todas las facetas de la vida intelectual. En el arte comenzó a cultivarse el gusto por las formas clásicas grecolatinas y por la estética española del Siglo de Oro. La arquitectura estuvo influida por el estilo herreriano de El Escorial, que se convirtió en el modelo de construcciones como los Nuevos Ministerios, el Ministerio del Aire, el Arco de Triunfo y varios edificios de la Universidad Complutense de Madrid. A ellos hay que sumar además la *Basílica* y la

Cruz del *Valle de los Caídos*, un monumento de grandes dimensiones levantado para honrar a los muertos de la Guerra Civil y construido por prisioneros políticos. La pintura y la escultura produjeron numerosas obras en las que se exaltaban la victoria de los nacionales y la figura del dictador o se rendía homenaje a los héroes de la guerra. De entre ellas destacan las enormes figuras que Juan de Ávalos esculpió para el mencionado Valle de los Caídos. El experimentalismo formal introducido por las vanguardias se abandonó completamente, aunque figuras individuales —como Dalí o Miró— siguieron gozando de popularidad. Durante esta época continuaron sus obras artistas de la generación anterior, como Zuloaga y Solana, y surgió una importante escuela de pintura paisajística representada principalmente por Benjamín Palencia, Ortega Muñoz y Rafael Zabaleta. La poesía de estos años estuvo representada por obras de estética e ideario falangistas como *Poesía en armas* (1940) de Dionisio Ridruejo o la colectiva *Corona de sonetos a José Antonio* (1939), en la que publicaron Luis Rosales, Gerardo Diego y Manuel Machado, entre otros. La narrativa, por su parte, relató historias o experiencias personales de la guerra en clave propagandística, poniendo el énfasis en la glorificación de los vencedores, la denuncia de los vencidos y las virtudes del espíritu bélico. Los autores más representativos de este tipo de novela fueron Rafael García Serrano —*La fiel infantería* (1943)— y Agustín de Foxá —*Madrid, de corte a checa* (1938). Incluso el propio Franco publicó con un seudónimo su novela *Raza* —una exaltación de las virtudes militares— en 1940.

En los primeros años de la posguerra el cine nacional siguió la misma línea que las otras artes, entregándose a la defensa de los valores de los vencedores y del patriotismo —*Raza* (1940) de Sáenz de Heredia y con guión del propio Franco, *A mí la legión* (1942) de Juan de Orduña— del pasado imperial —*Alba de América* (1951)— y a la idealización de heroínas religiosas o madres sacrificadas —*Agustina de Aragón* (1950), *La leona de Castilla* (1951). Luis Buñuel, el director español más aclamado internacionalmente, continuaba rodando y estrenando sus películas en el extranjero.

4 La cultura durante el franquismo II: La recuperación de la tradición liberal

La crisis de la cultura falangista

Durante muchos años la cultura franquista fue la dominante en la sociedad, la universidad y los medios de comunicación españoles, a pesar de la existencia de un pensamiento alternativo y disidente. Esta disidencia se desarrolló primero en el exilio, pero ya a finales de la década de 1940 empezó a manifestarse en la obra de una minoría intelectual que desarrollaba su trabajo en el interior del país. Con el tiempo, estas ideas se extendieron por el mundo académico hasta convertirse, en la década de 1960, en una auténtica alternativa a la ideología oficial.

A partir del año 1945 —y en parte como consecuencia de la derrota del fascismo en Europa y de los cambios políticos que ésta provocó en el régimen— el fracaso del intento por crear una cultura oficial se hizo evidente. Desde ese momento, la cultura real se alejó progresivamente de los parámetros establecidos por el gobierno hasta llegar a convertirse, a mediados de la década de 1960, en incompatible con él. Los primeros síntomas de este alejamiento fueron la desaparición de algunas de las revistas culturales del régimen —en especial *Escorial*, la más liberal de ellas— y el distanciamiento de algunos de los principales intelectuales de la doctrina falangista. Entre estos autores destacaron los escritores Dionisio Ridruejo, Luis Rosales, Luis Felipe Vivanco, Leopoldo Panero y Gonzalo Torrente Ballester —que abandonaron la literatura militante y se refugiaron en temas intimistas o fantásticos— y el ensayista Pedro Laín Entralgo —que intentó integrar las tradiciones intelectuales liberal y católica. La debilidad de la cultura oficial permitió la recuperación del pensamiento anterior a 1939 que el franquismo había tratado de silenciar y que había continuado en los escritos que algunos intelectuales independientes o moderados —Baroja, Azorín, Menéndez Pidal, Ortega, D'Ors, Vicente Aleixandre, José Luis L. Aranguren, Julio Caro Baroja— publicaron en los años cuarenta y cincuenta.

Historia y pensamiento

Al mismo tiempo, una nueva generación de historiadores comenzaba a publicar obras en las que se presentaba una visión del pasado nacional que difería de la visión oficial del franquismo. A los estudios de extranjeros como Gerald Brenan (*El laberinto español*, 1943) y Ferdinand Braudel (*El Mediterráneo y el mundo mediterráneo en tiempos de Felipe II*, 1949) se unieron otros nacionales, como Ramón Carrande, que ofreció en el primer volumen de *Carlos V y sus banqueros* (1942) un análisis realista y nada glorificado de la debilidad económica del imperio. Ya en la década de 1950, los trabajos de Jaume Vicens Vives y Julio Caro Baroja convirtieron la historia económica y social en el centro de interés de la historiografía, reemplazando la historia política propiciada por las instancias oficiales del régimen. Vicens Vives introdujo, además, una versión regionalizada de la historia española que no existía en las obras de investigadores anteriores como Menéndez Pidal, Claudio Sánchez Albornoz o Américo Castro. Estos primeros pasos fueron continuados ya más tarde por José María Maravall, Miguel Artola, José María Jover y Carlos Seco, cuyos estudios cuestionaron algunas de las premisas sobre las que se había basado la interpretación tradicionalista del pasado nacional. Maravall, por ejemplo, fue el primero que situó la historia de España como parte de la historia europea —y no como un caso único y excepcional dentro de ella— y abandonó la visión esencialista de la identidad española que había inspirado a tantos historiadores y ensayistas hasta entonces. Miguel Artola, por su parte, mostró que las claves para comprender la España contemporánea se encontraban en los siglos XVIII y XIX, en la Ilustración y en las tensiones entre el Antiguo Régimen y la revolución liberal, y no en los Reyes Católicos, el imperio y la Contrarreforma.

En filosofía se produjo en estos años una apertura hacia el neopositivismo y la filosofía analítica de origen anglo-sajón, que se convirtieron en modelos alternativos al pensamiento católico. Al mismo tiempo comenzó a tomar cuerpo —especialmente en las obras de José L. López Aranguren— la idea del intelectual como conciencia ética de la sociedad, que se haría muy popular en las próximas décadas.

La aparición del realismo social

La reacción del mundo literario a la cultura oficial del franquismo se manifestó en el surgimiento del *realismo crítico*, una literatura comprometida y de denuncia que se alejaba de la exaltación heroica cultivada por los escritores falangistas. La aparición de esta literatura —que se manifestó en todos los géneros— estuvo marcada por la publicación de *La familia de Pascual Duarte* (Camilo José Cela, 1942) y la creación de la revista de poesía social *Espadaña* (1944).

La publicación de *La familia de Pascual Duarte* sacudió al mundo intelectual con una visión del mundo campesino realista, cruda y radicalmente opuesta a la plácida, inocente y pintoresca que el régimen había tratado de presentar. Esta novela abrió la puerta a una nueva estética de contenido, temática y espíritu social y de protesta que dominó el mundo literario hasta mediados de los años sesenta y que se siguió cultivando hasta mucho después (en 1981 Miguel Delibes —que describió una Castilla real alejada de las idealizaciones de la generación del 98— publicó *Los santos inocentes*, una novela social con algunos rasgos experimentales que fue llevada al cine por Mario Camús y obtuvo gran éxito de público y crítica).

A *Pascual Duarte* siguió *Nada* (Carmen Laforet, 1944), un retrato descarnado de la mediocridad de la vida de la burguesía urbana. La novela de Cela tiene lugar en un mundo rural tremendamente pobre, descrito con una técnica casi naturalista y con atención especial a los detalles más crudos —lo que algunos críticos han llamado *tremendismo*— que recuerda los aspectos más negros de la picaresca castellana. La novela de Laforet, en cambio, cuenta la historia de una muchacha sola en la gran ciudad desde un punto de vista femenino con un realismo intimista y existencial novedoso en la literatura de aquellos años. Aunque ambas novelas son muy diferentes en sus temáticas, sus estilos y sus puntos de vista, comparten el rasgo común de presentar personajes profundamente solos, que se sienten alienados en un país anacrónico y opresivo y en un ambiente social hipócrita y convencional.

Las dos novelas mencionadas abrieron la puerta a otras muchas, entre las que destacan *La Colmena* y *El Jarama. La Colmena,* publicada por el mismo Cela en 1951, ofrece una visión cruda de una sociedad alejada de la oficial y poblada por explotadores, perdedores, fracasados y solitarios. *El Jarama* (1956), de Rafael Sánchez Ferlosio, es una de las mejores novelas del siglo XX y utiliza a la colectividad como protagonista de una historia en la que la acción se reduce al mínimo posible y donde los personajes y diálogos presentan una descripción objetiva de la época. Otras obras de gran calidad fueron *El fulgor y la sangre* y *Gran sol*, de Ignacio Aldecoa; *Entre visillos*, de Carmen Martín Gaite; *La sombra del ciprés es alagada*, de Miguel Delibes y muchas más dedicadas a narrar la vida y las dificultades de los obreros, los trabajadores del campo, las clases populares y la gente normal.

En poesía, la fundación de la autoproclamada revista de "poesía social" *Espadaña* (1944) sirvió de inspiración para una serie de poetas jóvenes que reclamaron el verso como arma de lucha social y de concienciación política, y entre los que destacaron Blas de Otero —*Redoble de conciencia* (1951), *Pido la voz y la palabra* (1955), *Que trata de España* (1964)— Gabriel Celaya —*Las cosas como son* (1949), *Las cartas boca arriba* (1951), *Cantos iberos* (1955) y José Hierro —*Con las piedras, con el viento* (1950). Algunos de los versos de estos poetas fueron popularizados por los cantautores de protesta de los años sesenta y setenta y se convirtieron en verdaderas consignas de lucha política ("la poesía es un arma cargada de futuro", de Celaya, por ejemplo).

El teatro se unió a esta corriente de realismo crítico con las obras de Buero Vallejo *Historia de una escalera* (1949), *En la ardiente oscuridad* (1950) y *El concierto de San Ovidio* (1962), que presentan un claro contraste con el teatro burgués y conservador cultivado por otros dramaturgos del momento. Además de un fuerte realismo, Vallejo supo dar a sus obras una dimensión de crítica social y un toque de existencialismo, acompañados siempre por profundas reflexiones éticas sobre la condición humana. Un poco posterior fue Alfonso Sastre, un autor teatral combativo que escribió obras abiertamente políticas que atacaban la tiranía y los abusos de poder —como *Escuadra hacia la muerte* (1953) y *La cornada* (1960)— y cuyas obras fueron prohibidas por la censura.

Los temas y la estética del realismo crítico llegaron también al cine, produciendo un buen número de películas cuyos contenidos y mensajes eran totalmente opuestos a los de la cinematografía impulsada desde el régimen. La popularidad del cine como medio de entretenimiento hizo que sus productos estuvieran particularmente bien vigilados por la censura. Por ello los directores realistas debieron comunicar sus críticas entre líneas, simuladas tras situaciones de pobreza material o moral, presentando los problemas como situaciones, fotografiando las realidades más duras de la vida española y rechazando el sentimentalismo fácil y los finales felices del cine oficial. La primera de las películas en utilizar esta técnica fue *Surcos* (José Antonio Nieves Conde, 1951), en la que se narra la vida de una familia de pueblo que se ve obligada a emigrar a la ciudad para escapar de la pobreza. A pesar del origen falangista de su director y de que la moraleja de la película tiene un carácter inequívocamente conservador —sólo la vuelta al campo y a los valores patriarcales y tradicionales pueden salvar a la familia de la destrucción— la crudeza de sus escenas y la denuncia de algunas de las lacras sociales de la época —pobreza, prostitución, crimen, explotación— hicieron que *Surcos* acabara teniendo problemas con la censura.

La línea abierta por *Surcos* fue continuada por directores como Juan A. Bardem y Luis García Berlanga, que introdujeron el neorrealismo italiano en España. En sus dos películas de la época —*Muerte de un ciclista* (1955) y *Calle Mayor* (1956)— Bardem presenta a los burgueses españoles como una clase egoísta, aburrida y machista, y les hace objeto de fuertes críticas. Las obras de Berlanga —*Bienvenido Mister Marshall* (1952), *El verdugo* (1963)— por su lado, añaden a la crítica un tono de parodia y un fino humor. En *Bienvenido Mister Marshall* se cuentan los preparativos de un pueblo de Castilla para recibir a un senador norteamericano que —según creían sus habitantes— iba a solucionar los problemas económicos de la región. Los campesinos castellanos de este pequeño pueblo se visten de andaluces para satisfacer el estereotipo que suponen que los visitantes tienen de todos los españoles. Los preparativos y fiestas anunciadas quedan frustrados al comprobar que la caravana de americanos pasa por el centro de pueblo sin pararse y a gran velocidad, y el pueblo tiene que volver a enfrentarse a su difícil realidad. Esta película significó una parodia de la falta de apoyo económico de los EE.UU. a la España de la posguerra y también —y principalmente— un comentario sobre pequeñas miserias personales y egoísmos, con el fondo de una España pobre y sin esperanzas.

Las artes plásticas y la música

En las bellas artes se produjo durante estos años un renacimiento de las tendencias vanguardistas cuya experimentación técnica y temática conectaba con un espíritu de protesta y rebeldía contra las convenciones sociales y artísticas. En pintura destacaron dentro de esta tendencia Álvaro Delgado y Lucio Muñoz —que mezclaron la abstracción con la referencia a figuras— Miguel Viola —que cultivó un arte más abstracto— Antoni Tàpies —que incluyó en sus obras materiales no tradicionales como el yeso y trozos de pintura seca que daban volumen a sus cuadros— y Antonio Saura. Muchos de estos pintores se ganaron la admiración de la crítica internacional y obtuvieron premios en exposiciones importantes.

En la escultura destacaron Ángel Ferrant, Jorge Oteiza y Eduardo Chillida. La obra de Oteiza se caracteriza por la utilización de cubos y formas geométricas como forma de explorar las posibilidades creativas del espacio. A Chillida —ganador de la bienal de Venecia en 1985— en cambio, le interesó la experimentación con materiales y formas diversos.

No todos los artistas, sin embargo, siguieron este camino. Hubo algunos que cultivaron un realismo muy cercano al de la literatura —como Juan Genovés, cuyas pinturas parecían fotografías— y otros que continuaron la tradición de la pintura muralista y el arte revolucionario ruso —como Agustín Ibarrola, que pintó cuadros enormes en los que se representaban la lucha obrera y otros temas sociales.

El desarrollo económico de los años sesenta y principios de los setenta estimuló la demanda de arte dentro de España, lo que posibilitó la apertura de muchas galerías privadas —sobre todo en Madrid, Barcelona y Bilbao— y la creación de nuevos museos. Entre 1963 y 1967 se abrieron el *Museo Picasso* de Barcelona y el *Museo de Arte Abstracto Español* en Cuenca, instituciones que estimularon el interés de los españoles por la pintura moderna. El propio Picasso donó, poco antes de su muerte, docenas de dibujos y grabados al museo que lleva su nombre y que se iba a convertir en una de las mayores atracciones turísticas de Cataluña. Los periódicos y revistas, por su parte, comenzaron a incluir secciones de arte y los críticos que escribían en ellas alcanzaron un gran prestigio, ya que sus opiniones eran tenidas en cuenta por compradores institucionales y privados.

La arquitectura española de los años cincuenta y sesenta recibió la influencia de la estética norteamericana y de sus edificios utilitarios y masivos. Las obras más representativas de la arquitectura de la época son la *Torre de España* y la *Torre de Madrid* —dos edificios altos y de líneas rectas situados al final de la Gran Vía— las iglesias de los dominicos de Valladolid (1952) y Alcobendas (1955), ambas de Manuel Fisac y *Torres Blancas* (1964), construido tambien en Madrid. Todas ellas estuvieron inspiradas en modelos muy alejados de la monumentalidad de la arquitectura oficial del régimen y pusieron en contacto a la arquitectura española con las corrientes constructivas de su tiempo. Mención especial merece el arquitecto Luis Sert, que enseñó en Harvard y diseñó numerosos edificios en Nueva Inglaterra y Massachusetts.

La música clásica de los años cuarenta estuvo marcada por la continuación de la carrera de Manuel de Falla —quien se encontraba exiliado en Argentina— y por el estreno del *Concierto de Aranjuez* (1940), de Joaquín Rodrigo, una pieza para guitarra y orquesta inspirada en la música tradicional española que tuvo un éxito extraordinario dentro y fuera de España. Durante los años cincuenta la música se unió a la corriente experimental principalmente gracias a las obras de compositores como Cristóbal Halffter, Luis de Pablo y Carmelo Bernaola, que introdujeron en España las innovaciones de las vanguardias. A partir de 1956 —y como consecuencia de la celebración del I Concurso de Cante Jondo de Córdoba— comenzó a producirse una recuperación y revalorización del flamenco de calidad; la labor de Antonio Gades durante la década siguiente popularizó el baile flamenco.

5 Los años sesenta y primeros setenta: El mundo universitario y la "liberalización" del régimen

Como ocurrió en el mundo de las artes y las letras, la universidad española se fue alejando poco a poco de la órbita del régimen y de la influencia de sus ideas políticas y estéticas. Este alejamiento ya era palpable en 1956 —año en el que se produjo la primera protesta estudiantil importante— y se hizo más claro en la de 1962; después de este año multitud de revueltas se fueron sucediendo de manera casi continua hasta el final del franquismo. Las protestas universitarias comenzaron pidiendo soluciones a los problemas del sistema educativo, pero pronto se hizo obvio que las soluciones a tales problemas requerían reformas extra-académicas incompatibles con la ideología del régimen, como la libertad de cátedra y de expresión, la apertura al exterior y el fin de la censura de libros. Por ello las reivindicaciones estudiantiles rebasaron el terreno académico y se adentraron en el político, y la universidad acabó convirtiéndose en uno de los pilares de la conciencia crítica de la sociedad.

Paralelamente, el mundo académico comenzó a experimentar un cambio de mentalidad propiciado por la introducción y difusión de nuevas corrientes y líneas de pensamiento cuyas bases ideológicas eran totalmente opuestas a las de la dictadura. De entre estas corrientes cabe destacar el marxismo, que se hizo cada vez más popular en aulas y departamentos y acabó convirtiéndose en la base filosófica común a toda la oposición antifranquista y en una de las herramientas metodológicas más utilizada en los trabajos de economistas, sociólogos e historiadores. Por esta época llegaron también a España —y de la mano de profesores como Enrique Tierno Galván, Gustavo Bueno y Carlos Castilla del Pino, entre otros— las obras de pensadores de izquierda como Lukacs y Althusser y las últimas corrientes de la lógica y del psicoanálisis. La sociología y la economía alcanzaron gran popularidad en esta década impulsadas por algunos intelectuales como Ramón Tamames, cuyas obras —especialmente *Estructura económica de España* y *Los monopolios en España*— ejercieron una influencia enorme en varias generaciones de españoles y acabaron inspirando algunas de las políticas económicas de los gobiernos de la transición y de la democracia. La historiografía, por su parte, continuó poniendo el énfasis en el estudio de la demografía, la sociedad, la economía y las estructuras de poder, y sus análisis siguieron erosionando los mitos de la historia oficial franquista. Trabajos como los de Tuñón de Lara (*La España del siglo XX, Historia y realidad del poder*) demostraron la importancia de factores como el fracaso del liberalismo y de la revolución industrial para entender la situación de la España de los sesenta y relegaron a un segundo plano acontecimientos como las conquistas imperiales y el papel histórico del catolicismo.

Los cambios que se estaban produciendo en el mundo intelectual tuvieron efectos importantes en la vida política. El franquismo ya era en aquellos años una ideología muy debilitada que no poseía ni la fuerza interna ni la credibilidad social para luchar frontalmente contra las nuevas ideas.

Protesta estudiantil en 1966 (Madrid)

Por ello, los sectores más moderados del gobierno decidieron realizar unas reformas que pudieran satisfacer a los elementos más moderados de la oposición —tanto universitaria como social— sin poner en peligro los fundamentos del régimen. Estas reformas se manifestaron en proyectos aperturistas como la *Ley de Prensa* de 1966, que levantó algunos de los límites que habían regulado hasta entonces la libertad de expresión. Aunque insatisfactoria en muchos aspectos, la permisividad de esta ley posibilitó la aparición de nuevas editoriales y publicaciones y el acceso a algunos autores y contenidos hasta entonces ignorados o prohibidos. Las recién creadas revistas *Cuadernos para el diálogo* y *Triunfo* —y, ya en 1971, *Cambio 16*— y la reabierta *Revista de Occidente* se convirtieron en portavoces de la oposición democrática y en instrumentos de la crítica política y del pensamiento liberal. Las nuevas editoriales —Alianza Editorial, Seix Barral, Ariel, Taurus— pusieron en el mercado multitud de libros de autores españoles y extranjeros cuya publicación hubiera sido impensable tan sólo unos años antes. Como consecuencia, el público pudo acceder a las obras de escritores —como Francisco Ayala, Max Aub, Ramón J. Sender y Jorge Semprún— y filósofos —Ferrater Mora— hasta entonces prohibidos o semiprohibidos, que ahora podían publicar en España y, en algunos casos, incluso regresaron al país.

Con el principio de la década de 1970 —y en parte gracias al aperturismo— comenzó a escribir una nueva generación de pensadores como Fernando Savater —*Nihilismo y acción* (1971)— y Eugenio Trías —*Filosofía y carnaval* (1970)— caracterizados por una sensibilidad inconformista y anarquizante. La corriente historiográfica desmitificadora del pasado fue continuada en la década de 1970 por historiadores más jóvenes —Juan Pablo Fusi, José Varela— que revisaron críticamente el pasado nacional y huyeron definitivamente de esencialismos y generalizaciones mitificantes. Buena parte de la producción historiográfica se centró en la recuperación del pensamiento krausista y de la tradición reformista liberal, en el estudio de las razones del fracaso de la democracia en España —cuyas raíces se buscaron en los siglos XVIII, XIX y XX— y en las perspectivas de construcción de un orden democrático estable. En este sentido, la obra de Miguel Artola *Partidos y programas políticos, 1808–1936*, que se publicó cuando los partidos todavía eran ilegales, tuvo una gran influencia en el desarrollo de la democracia española.

Una nueva generación de humoristas —Forges, Mingote, Perich y otros— comenzó a satirizar cruelmente la situación política y el conformismo social desde revistas de marcado carácter irreverente como *Hermano Lobo* y *Por favor*. La tendencia regionalista de la cultura española reapareció también durante estos años y se publicó un número significativo de libros en catalán, vasco, gallego y valenciano, además de estudios que presentaban una imagen novedosa de algunas regiones españolas. A pesar de este aperturismo, el gobierno siguió controlando muy de cerca la libertad de expresión hasta el final de la dictadura, como lo muestra el cierre —en una fecha tan tardía como 1972— del diario *Madrid*, quizá el más liberal del país en aquellos años.

El nuevo ambiente creado tras la publicación de la Ley de Prensa contribuyó al desarrollo de un nuevo cine español surgido alrededor del productor Elías Querejeta y caracterizado por análisis psicológicos más profundos y argumentos más complejos. Los principales directores de este nuevo cine fueron Carlos Saura —*La caza* (1965), *Peppermint frappé* (1967), *El jardín de las delicias* (1970), *La prima Angélica* (1973), *Cría cuervos* (1975)— y José Luis Borau (*Furtivos*, 1975). En *La caza*, Saura explora el tema de la violencia en una historia que ocurre alrededor de un grupo de amigos que se reúnen para ir de cacería. Toda la película está llena de imágenes y recuerdos de la Guerra Civil envueltos en violencia; únicamente el protagonista —que no participa en la caza— representa la esperanza en un futuro alejado del pasado traumático de esa guerra. El éxito popular de algunos de estos largometrajes, especialmente de *La prima Angélica* —una crítica cruel del franquismo— y *Furtivos* —un drama rural que se interpretó como metáfora del régimen— puso de manifiesto el fuerte deseo de cambio de la sociedad española.

Luis Buñuel, el más prestigioso de los directores españoles de la época, regresó a España brevemente desde su exilio mejicano para dirigir *Viridiana* (1961) —una película premiada en el festival de Cannes que después fue prohibida en España y en otros países por sus fuertes críticas contra la religión— *Tristana* (1969), *El fantasma de la libertad* (1974) y *Ese oscuro objeto del deseo* (1977).

El comienzo de la década de 1960 supuso el declive de la literatura social y el surgimiento de estéticas centradas en la exploración de nuevas formas y técnicas. En la novela, este cambio estuvo marcado por la publicación en 1962 de *Tiempo de Silencio*, una obra de Luis Martín Santos que produjo una auténtica revolución en la narrativa española al combinar el realismo social de la década anterior con la incorporación de nuevas técnicas y con una buena dosis de experimentación. A diferencia de las novelas sociales, la obra de Martín Santos rompe el esquema lineal de la narración, mezcla tiempos y acciones e introduce un narrador que no se limita a describir, sino que ofrece comentarios sobre hechos y personajes, inventa palabras e ironiza en un lenguaje siempre rico y original. Por estas mismas fechas algunos de los autores de novela social comenzaron a evolucionar hacia la renovación y experimentación formales. En 1966 fue publicada *Señas de identidad* (1966), novela en la que Juan Goytisolo incorporó elementos narrativos ausentes en sus obras anteriores —como cambios de narrador, recuerdos de juventud, comentarios sobre un álbum de fotos, etc. Un año después apareció *Volverás a Región*, una obra escrita por Juan Benet en la que el argumento sólo existe en episodios cortos y desconectados entre sí que proceden de los recuerdos que unos pocos protagonistas guardan de ciertos hechos. El experimentalismo formal se une en esta obra al carácter político de su contenido, ya que *Región* no es otra cosa que una visión metafórica de la España destruida por la guerra. Por las mismas fechas o un poco más tarde publicaron interesantes novelas de carácter experimental otros autores ya consagrados, como Camilo José Cela —*San Camilo* (1969)— Gonzalo Torrente Ballester —*La saga/fuga de J. B.* (1972)— y Miguel Delibes —*Cinco horas con Mario* (1967). Esta última presentó la novedad de incluir un solo personaje: una mujer que reflexiona durante cinco horas, en forma de monólogo interior, ante el ataúd de su marido muerto. La corriente experimental y esteticista iniciada por estos autores fue continuada por la nueva generación de narradores, que incluía, entre otros, a Terenci Moix, Vicente Molina Fox, Javier Marías y Félix de Azúa. Durante estos años siguieron escribiendo novelas de tono realista Carmen Martín Gaite (*Retahílas*, 1974) Juan Marsé (*Si te dicen que caí*, 1973) y Francisco Umbral (*Travesía de Madrid*, 1969), entre otros.

El mundo del teatro se dividió entre los intentos renovadores de actores como Nuria Espert y Adolfo Marsillach y autores como el ya mencionado Buero Vallejo —que escribió en estos años obras de gran calidad, como *El tragaluz* (1967) y *La fundación* (1974)— y el mediocre mundo de la comedia fácil e inofensiva —y de mayor éxito de público— representado por Alfonso Paso. El teatro de Alfonso Sastre continuó prohibido, y otros autores radicales como Fernando Arrabal tuvieron que representar sus obras en Francia.

En las bellas artes, los años sesenta y los primeros setenta vieron también la incorporación de nuevas tendencias como el realismo de Antonio López García, el informalismo geométrico de Luis Gordillo y la expresividad desgarrada de Antonio Saura. Los compositores Halffter y Luis de Pablo continuaron sus carreras con más reconocimiento fuera de España que dentro de ella.

6 La cultura de masas durante el franquismo

Durante toda su existencia, el régimen franquista potenció una cierta cultura de masas que favorecía los objetivos del régimen de despolitizar la sociedad y de crear un patriotismo popular y políticamente inofensivo.

La literatura consumida por las masas durante la dictadura no fue la novela social o experimental, sino la que se vendía a bajo precio en los quioscos de prensa, principalmente las novelas románticas (Corín Tellado), del Oeste (Marcial Lafuente Estefanía) y las fotonovelas, libros en los que la acción era puesta en boca de los propios personajes que la protagonizaban gracias a la mezcla de fotografía y texto. La radio alcanzó enormes cuotas de popularidad, y con ella tuvieron gran éxito los seriales radiofónicos —historias narradas y representadas que se retransmitían en capítulos diarios— que se convirtieron en un auténtico fenómeno social. En esta época surgió también la prensa del corazón (*¡Hola!*, *Lecturas*, *Diez Minutos*), revistas orientadas a la mujer que hablan de los personajes famosos y de su vida y que aún hoy siguen siendo muy populares.

Junto con la radio, el cine comercial se convirtió en la posguerra en la forma más popular de entretenimiento. Puesto que la producción nacional de películas seguía siendo escasa, las salas cinematográficas exhibían principalmente largometrajes extranjeros —especialmente estadounidenses— que estaban sujetos a doblaje al español y a censura previa, para evitar así la propagación de contenidos contrarios a la ideología oficial. Las películas rodadas durante los primeros años del franquismo que, como ya se dijo, estuvieron dedicadas casi exclusivamente a la exaltación de los valores militares o del nacional-catolicismo, fueron perdiendo popularidad. Por ello el cine comercial se concentró en los temas románticos, taurinos, folkloristas y religiosos, en las *películas con niño* y en las comedias inofensivas.

Un subgénero de cine popular —hoy ya desaparecido— fue el de las *folklóricas*, unos personajes femeninos "genuinamente" españoles, de picaresca sexy, alma pura y valores conservadores representados por actrices-cantantes. Siguiendo la tradición de la zarzuela, la protagonista actuaba, cantaba y bailaba provocando la admiración y el deseo —más o menos controlado— de los guapos protagonistas masculinos, héroes o villanos. A finales de la dictadura, y coincidiendo con un ambiente de mayor tolerancia hacia la sexualidad no explícita, triunfaron las comedias de tema sexual —o *comedias picantes*— protagonizadas por un antihéroe —el "macho ibérico"— de baja estatura y alta libido, obsesionado con las turistas extranjeras y torturado por las minifaldas del momento. Junto a esta cinematografía insinuante y vulgar coexistieron las comedias amables del desarrollismo, que presentaban una nueva clase media optimista y conservadora, aunque exteriormente moderna. Eran éstas películas "para toda la familia" en las que se mostraban los símbolos del desarrollo: el aeropuerto de Madrid, amplias carreteras, apartamentos modernos, familias con coche que iban de vacaciones, etc.

La creación de Televisión Española en 1956 y la popularización del televisor durante la década de los sesenta convirtieron este medio de comunicación en el elemento central de cultura de masas, aunque el cine y la radio siguieron siendo muy populares. La televisión tenía una programación de contenido fácil y conformista que mezclaba los informativos, los concursos, las películas, los programas infantiles o de variedades y las retransmisiones deportivas. También se generó alguna producción propia de calidad, como los documentales sobre la naturaleza de Félix Rodríguez de la Fuente y la serie de tema costumbrista *Crónicas de un pueblo* (1971).

De entre todos los deportes, el fútbol siguió siendo el más popular, tanto entre practicantes como entre espectadores. Algunas de las victorias de la selección española —como la derrota de Inglaterra en 1950 y la victoria ante Rusia en 1964, que convirtió a España en campeona de Europa— y de equipos locales —el Real Madrid fue campeón de la Copa de Europa varias veces durante la década de 1960— fueron utilizadas por el régimen para articular un sentimiento patriótico. De esta época data también la creación de las quinielas, una especie de lotería estatal en la que el jugador trata de adivinar los resultados —*1*, o victoria para el equipo de casa; *X*, o empate; *2*, o victoria para el visitante— de los partidos de fútbol de primera división que se juegan esa semana y en la que se obtienen premios si se aciertan 14, 13 o 12 de los resultados. Los éxitos del fútbol hicieron que los otros deportes quedaran relegados a un plano secundario, como lo muestran las sólo cinco medallas olímpicas obtenidas por el deporte español durante todos los años de la dictadura. A pesar de ello, fueron muy populares el ciclismo y el boxeo —que después comenzó a declinar hasta prácticamente desaparecer de la escena— a los que se unió luego el tenis, gracias a las victorias de Manuel Santana en la Copa Davis.

El teatro popular estuvo dominado por el llamado *astracán*, un tipo de comedia de cierta calidad y cargada de erotismo inofensivo, de intencionalidad moral, de mensajes conservadores y de un ingenioso sentido del humor. Los autores de astracanes más representativos fueron Pedro Muñoz Seca, Enrique Jardiel Poncela y Miguel Mihura. De entre las obras de este último destacaron *El sombrero de tres picos* y *Maribel y la extraña familia*, que caricaturizaban a la clase media y presentaban con gran agudeza y humanidad personajes como las prostitutas de lujo o las viejitas religiosas. Mihura fue, además, uno de los promotores de *La Codorniz*, una revista de humor fundada en 1941 que fue prohibida en varias ocasiones por la censura. Un teatro más cercano ideológicamente al régimen fue el de autores como Joaquín Calvo Sotelo y José Ignacio Luca de Tena, en cuyas obras se exaltaban las virtudes "españolas" de la clase media. Con todo, la atención del público se centró en las llamadas *revistas* —comedias musicales con licencias eróticas que el régimen toleraba— y los espectáculos folklóricos.

En música popular, la *canción española* —con su andalucismo convencional y superficial— y la *copla* —una forma de canción tradicional que presentaba un curioso equilibrio entre el romanticismo de sus versos y la advertencia moralista sobre los peligros de las pasiones— popularizadas por la radio desvirtuaron el flamenco de calidad, que sin embargo contó con intérpretes excepcionales, como Carmen Amaya y Antonio. La canción ligera, por su parte, estuvo dominada por boleros y melodías mejicanas.

Los toros fueron muy bien vistos por el régimen por considerarlos un espectáculo puramente español que reflejaba una virilidad y un juego con la muerte muy en línea con la ideología falangista. No hay que olvidar tampoco que durante esta época —y gracias, en parte, a la labor de escritores como Hemingway— la tauromaquia comenzó a atraer la atención del mundo exterior a una España diferente y "exótica", no muy diferente de la representada en el cine oficialista. El toreo contó por estos años con figuras como Manolete —que murió en 1947 a consecuencia de una cogida— Antonio Ordóñez y Luis Miguel Dominguín y, ya en los sesenta y setenta, con Manuel Benítez, "El Cordobés", Santiago Martín, "El Viti"; y Paco Camino.

❼ La vida intelectual durante la transición y la democracia

La democracia y la cultura

La evolución de la vida cultural española durante la transición y la democracia estuvo marcada por tres hechos que sucedieron muy poco después de la muerte del dictador: la desaparición de la censura, el mecenazgo del Estado y el renacimiento de las culturas regionales. La combinación de estos tres factores hizo que muy pronto se desarrollaran en España una cultura de masas y una vida intelectual caracterizadas por la pluralidad.

Con la llegada de la democracia desaparecieron la censura y el control estatal de la cultura y de los medios de comunicación. El Ministerio de Información —que se ocupaba de la censura de todo tipo de productos culturales y del control de la prensa— fue eliminado inmediatamente, los periódicos que componían la antigua prensa del Movimiento fueron privatizados o cerrados entre 1975 y 1984 y Radio Nacional dejó de tener el monopolio de los programas informativos a partir de 1977. Dos años después se unificaron las radios y televisiones públicas en un organismo (Radio Televisión Española) y, un poco más adelante, se crearon los primeros canales de televisión autonómicos y se autorizaron (1990) las televisiones privadas. Durante estos años tomaron importancia numerosas emisoras de radio privadas —Ser, COPE, Onda Cero— cuyos espacios de debate, información y opinión tuvieron un papel importante en los primeros años de la transición. También surgieron los primeros conglomerados de medios de comunicación, que comenzaron a publicar nuevos diarios como *El País, Diario16* y —ya en los ochenta— *El Mundo* en Madrid, *El Periódico* y *Avui* en Cataluña, *Deia* y *Egin* en el País Vasco y *Navarra hoy* en la región del mismo nombre. La prensa diaria se popularizó y la tirada total de periódicos pasó de los dos millones de ejemplares de 1970 a los cuatro millones de mediados de los noventa. Las actividades editoriales entraron también en una etapa de crecimiento que convirtió a España, desde 1981, en el quinto país del mundo en producción de libros.

La abolición de la censura y la liberalización de los medios de comunicación tuvieron efectos inmediatos en todos los terrenos de la cultura, y artistas e intelectuales se lanzaron pronto a explorar directamente temas que hasta entonces sólo se habían tratado de manera alegórica o metafórica, como la situación política, el pasado nacional, la religión y el sexo. Sin embargo, no todos los efectos de esta nueva libertad fueron positivos; durante unos pocos años el país se inundó de productos culturales de mal gusto que tenían como tema común el llamado "destape", un erotismo vulgar que representaba la reacción popular a muchas décadas de represión sexual.

Además de liberalizar la información, los gobiernos de la transición y de la democracia se interesaron desde un primer momento por la promoción y la popularización de la cultura. Uno de los primeros indicadores de este interés fue la creación —en 1977— del Ministerio de Cultura, un organismo entre cuyas competencias figuraban el apoyo a iniciativas culturales, el mantenimiento de la red pública de bibliotecas y museos y la creación de orquestas y grupos nacionales de ballet y teatro, así como la promoción de la lengua española. Al contrario que el Ministerio de Información franquista, el de Cultura no tenía como misión la creación y la imposición de una cultura oficialista dirigida desde el Estado, sino la gestión programas culturales diversos y plurales. Los diferentes gobiernos de la democracia han mantenido este ministerio —unas veces independiente y otras asociado al de educación— y han tratado de garantizar —aunque no siempre sin polémicas y críticas— la neutralidad y pluralidad cultural del Estado. Gracias a este apoyo público a la cultura se han creado numerosas instituciones culturales y artísticas de gran prestigio, como la Orquesta Nacional, el Centro Dramático Nacional, el Ballet Nacional, la Compañía de Teatro Clásico, el Centro Nacional de Nuevas Tendencias Escénicas y los Festivales de Teatro Clásico de Almagro. También se abrieron nuevos museos como el Centro de Arte Contemporáneo Reina Sofía y el Museo Thyssen en Madrid, el Museo Nacional de Arte Romano en Mérida, el Centro Gallego de Arte Contemporáneo en Santiago, el Museo de Arte Contemporáneo de Barcelona y el Museo Guggenheim en Bilbao. Además, el dinero público ha financiado un buen número de proyectos musicales, teatrales y artísticos, y ha organizado numerosas exposiciones y actividades culturales con las que ha logrado acercar al gran público al mundo del arte y la cultura y crear una especie de moda de lo cultural como espectáculo. Con ello, muchos acontecimientos literarios y artísticos alcanzaron a capas de población más amplias, que ahora asistían masivamente —y por primera vez— a los numerosos festivales, exposiciones y actos culturales. Fue esta mayor presencia de la cultura en la sociedad la que ayudó a crear un ambiente favorable a la creatividad en el que pudieron florecer fenómenos como la *movida* de Madrid de los años ochenta, un conglomerado ecléctico de acontecimientos culturales que celebraba la libre expresión artística.

El Museo Guggenheim de Bilbao

El nuevo ambiente de libertad, la definición de España como un Estado de las Autonomías y el apoyo de los gobiernos de las diferentes comunidades a proyectos e iniciativas culturales de

LOS GRANDES PREMIOS DEL GOBIERNO ESPAÑOL: EL *CERVANTES* Y EL

PRÍNCIPE DE ASTURIAS

Poco después de la muerte del general Franco, el gobierno español estableció el *Premio Cervantes*, destinado a convertirse en un equivalente al Premio Nobel de Literatura para autores en lengua española.

El Premio Cervantes ha alcanzado un prestigio real no sólo en España e Hispanoamérica, sino en todo el mundo occidental. La razón de este prestigio está, sin duda, en que la literatura escrita en español posee hoy una vitalidad extraordinaria y las obras de los escritores más representativos se traducen a muchas lenguas y son leídas por millones de personas en todo el mundo.

El premio se otorga cada año el día 23 de abril —fecha de la muerte de Cervantes— en una ceremonia presidida por el rey de España. El ganador es elegido por un jurado formado por los premiados en convocatorias anteriores, los presidentes de las Academias de la Lengua de España y Latinoamérica y seis personalidades de reconocido prestigio académico o literario.

De los veintiséis premios otorgados hasta ahora la mitad han correspondido a escritores españoles y la otra mitad a hispanoamericanos. De hecho, se ha establecido la costumbre de dar el premio a literatos de ambos lados del atlántico por turno anual. Borges, Carpentier, Guillén, Onetti, Octavio Paz y Torrente Ballester lo ganaron en los años ochenta. Los premios de los últimos cinco años han sido para Álvaro Mutis (Colombia), Francisco Umbral (España), Jorge Edwards (Chile), José Hierro (España) y Gillermo Cabrera Infante (Cuba). Entre todos los ganadores hay dos mujeres: la ensayista y filósofa española María Zambrano (1988) y la poeta cubana Dulce María Loynaz (1992).

Para reconocer el trabajo de artistas, científicos, académicos y políticos que contribuyen al bien común en todo el mundo, el gobierno español creó en 1981 los premios *Príncipe de Asturias*, que tomaron su nombre del título con el que se conoce en España al heredero de la Corona. La Fundación Príncipe de Asturias presenta, organiza y promueve estos premios, que se dividen en ocho categorías —comunicación, letras, artes, ciencias sociales, cooperación internacional, ciencias, deportes y concordia— y son concedidos una vez al año. Entre los ganadores del año 2002 hay dos norteamericanos —Woody Allen (artes) y Arthur Miller (letras)— y un palestino-americano —el ensayista y profesor de Columbia University Edward Said.

carácter regional propiciaron un renacimiento de las culturas autonómicas que ha acabado redefiniendo el propio concepto de cultura española.

Historia y pensamiento en la España democrática

El mundo intelectual fue afectado por los cambios que se produjeron en España tras la llegada de la democracia, y por ello la historiografía, la filosofía, la economía, la sociología y el ensayo pronto comenzaron a reflexionar sobre los temas que más preocupaban a la sociedad —la identidad de la democracia española y el análisis de sus problemas y logros— y a discutir las implicaciones éticas y políticas del Estado de derecho y el papel del individuo en la nueva sociedad.

Desde 1975 hasta nuestros días, la historiografía ha desempeñado un papel más importante que nunca en el debate intelectual. La nueva realidad autonómica surgida con la transición se acompañó de diversas interpretaciones de la historia que proponían una España radicalmente diferente de la basada en la unidad nacional propuesta por el franquismo. Estas "reinvenciones" de la identidad nacional, que a veces alteraron la propia realidad de la historia, provocaron la crisis del concepto de España como nación y su sustitución por el de España como Estado. La cuestión de la identidad española dejó de ser patrimonio del debate académico y penetró en los terrenos político y social, en la medida en que afectaba las agendas de los partidos nacionalistas y no nacionalistas y el modo en que los españoles se veían a sí mismos; así lo demostró la polémica levantada en 1997 por el proyecto del Partido Popular de reforzar el estudio de la historia de España en algunas comunidades autónomas. La pluralidad de definiciones de lo español —cuando no el cuestionamiento mismo de este concepto— hizo que la sociedad volviera los ojos hacia los historiadores en busca de respuestas concretas y objetivas al problema de la identidad nacional y de la naturaleza del Estado y la democracia.

Los historiadores respondieron a estos interrogantes mediante el estudio de los siglos XIX y XX, periodos en los que encontraron las raíces del nacionalismo y del Estado español contemporáneo y los orígenes más inmediatos del problema de la democracia en España. Con ello enfatizaron una tendencia comenzada ya —como se ha visto— por estudiosos de generaciones anteriores, a los que se unieron ahora autores como Fernando García de Cortázar —cuya obra *Breve historia de España* (1995) fue un éxito de ventas— José Varela —quien con *Los amigos políticos: Partidos, elecciones y caciquismo durante la Restauración* (1979) revolucionó el estudio de este periodo histórico— Paul Preston —*La destrucción de la democracia en España* (1978)— Javier Tussell —*Franco* (1992)— Gabriel Tortella —*Historia económica de los siglos XIX y XX* (1994)— y Juan Marichal —*El secreto de España* (1995)— entre muchos otros. Las reflexiones generales sobre la identidad nacional —*España y las Españas* (Luis González Antón, 1997), *España, una angustia nacional* (Javier Tussell, 1999), *España: La evolución de la identidad nacional* (Juan Pablo Fusi, 2000)— o sobre el pasado cercano —*España 1808–1996; El desafío de la modernidad* (J.P. Fusi y Jordi Palafox, 1997) y *España en democracia, 1975–2000* (Charles Powell, 2001)— fueron reseñadas en numerosos medios de comunicación y tuvieron enorme éxito de público. Con estos y otros muchos estudios se consolidó una visión que no buscaba definir lo español de manera predeterminada y eterna, que contemplaba el pasado nacional como una variable dentro de la historia europea —y no como un caso excepcional dentro de ella— y que aceptaba los particularismos de las regiones sin llegar a compartir la definición de España como una simple suma de naciones.

En el terreno de la filosofía y el ensayo, la llegada de la democracia presenció la sustitución de las escuelas filosóficas por un pensamiento individualista, diverso y complejo no sujeto a otras demandas que las convicciones personales de los distintos autores. Durante los setenta tuvo gran prestigio el pensamiento radical de pensadores ya veteranos —como Aranguren y García Calvo— o más jóvenes —Fernando Savater, Eugenio Trías y Sánchez Ferlosio, entre otros— expresado ahora no sólo en libros para minorías sino también en multitud de artículos de periódico, en apariciones en radio y televisión y en conferencias para el gran público.

La pluralidad del pensamiento español de la democracia se manifestó especialmente en la obra de los autores más jóvenes, de entre los cuales el más influyente fue Savater. Las obras de este filósofo y ensayista heterodoxo y polémico fueron bien acogidas por el público, y algunas fueron auténticos éxitos de ventas. Su actitud personal a favor de la democracia y los derechos humanos y en contra del terrorismo y la violencia, así como sus críticas a los nacionalismos y a la coacción de algunos de ellos sobre los ciudadanos —ideas por las que ha sido amenazado de muerte por ETA— le han convertido en un símbolo del compromiso y la ética personales. Además de Savater, ejercieron también gran influencia Eugenio Trías —su compañero de generación— y José Antonio Marina. Trías se ocupó principalmente de dar respuesta al problema de la disolución de la identidad individual en un mundo complejo y uniformizado (*El artista y la cuidad,* 2002). Marina, un autor que comenzó a publicar en la década de 1990, escribió varios libros de gran éxito —*Ética para naúfragos* (1993), *El laberinto sentimental* (1998), etc.— en los que trata de desarrollar una teoría del hombre que fundamente los derechos básicos a la vida, a la libertad de expresión y a la felicidad personal.

El individualismo que caracterizó el pensamiento de esta época —y, como veremos, también la literatura y el arte— la concepción de la democracia como un sistema personal —además de político— en el que el individuo es responsable de sus acciones, las circunstancias de la vida española, la conciencia de pluralidad y la pérdida de influencia de la Iglesia católica hicieron inevitable la reflexión sobre la conducta humana y generaron un interés por la ética. A partir de 1980 comenzaron a aparecer numerosos libros que respondían a la necesidad de establecer un nuevo sistema de valores y morales basado en principios laicos y adaptado a los nuevos tiempos, entre los que destacan *Ética contra política* (Elías Díaz, 1980), *Invitación a la ética* (1982) y *Ética para amador* (1991), ambas de Savater y *La imaginación ética* (Victoria Camps, 1983). Todos ellos ponen el énfasis en éticas y prácticas individuales que adaptan el comportamiento humano de acuerdo al signo de los tiempos y que huyen de verdades absolutas.

El mundo literario y artístico

Con la llegada de la democracia, la literatura —como las demás artes— se vio libre de limitaciones y de compromisos políticos, por lo que pudo por fin desarrollarse con plena libertad de estilos y estéticas. Aunque la desaparición de la censura no tuvo efectos radicales e inmediatos en el mundo literario —puesto que el control oficial de la novela, la poesía y el teatro ya había comenzado a debilitarse en los últimos años de la dictadura— con el tiempo fue surgiendo una nueva actitud caracterizada por la libertad creativa, la expresión individual y la libre elección de estilos.

La narrativa española de la transición y la democracia no ha estado dominada —como ocurrió en generaciones anteriores— por una escuela o estética particulares; al contrario, sus características esenciales son el individualismo, la libertad y la agilidad narrativa, que se manifiestan en una pluralidad de estilos y técnicas y en la recuperación de temas y formas narrativas no cultivadas por la generación anterior como el relato clásico, la intriga, el misterio, el suspense y la aventura. El objeto de la novela, además, se fue desplazando desde el mensaje oculto o la metaficción al puro y simple placer de narrar, de contar algo. Las obras que comenzaron esta tendencia fueron *La verdad sobre el caso Savolta* (Eduardo Mendoza, 1976), *Mortal y Rosa* (Francisco Umbral, 1970) y *Los verdes de mayo hasta el mar* (Luis Goytisolo, 1976). La primera es una divertida novela llena de acción, personajes e intriga en la Barcelona de principios del siglo XX con la que su autor recuperó las formas y temas de la narrativa de misterio que ha continuado empleando en obras posteriores como *El laberinto de las aceitunas* (1982) o *Una comedia ligera* (1996). Durante los años ochenta y noventa Muñoz Molina —*Invierno en Lisboa* (1987) y *Beltenebros* (1989)— revitalizó la novela negra, y Manuel Vázquez Montalbán —el creador del detective Pepe Carvalho, un personaje que goza de gran popularidad en España— y Arturo Pérez Reverte hicieron lo mismo con el género policiaco y el de aventuras, respectivamente.

La utilización de estas formas narrativas no significó, sin embargo, la desaparición de géneros tradicionales, que continuaron cultivándose. La novela experimental contó con las obras de Juan Goytisolo *Paisajes después de la batalla* (1982) —una compleja trasgresión de las convenciones literarias— y *Las semanas del jardín* (1997) —en la que los personajes de la novela acaban inventándose a un escritor llamado Juan Goytisolo y atribuyéndole la autoría de varios libros. Jesús Fernández Santos —*Extramuros* (1978), *El griego* (1985)— y Terenci Moix —*El sueño de Alejandría* (1988)— cultivaron la novela histórica, y Miguel Delibes —*Los Santos Inocentes* (1981)— siguió retratando el mundo rural con maestría. El realismo tuvo sus continuadores en *El cuarto de atrás* (Carmen Martín Gaite, 1978) y *La carta* (Raúl Guerra Garrido, 1990). La revisión del pasado produjo un buen número de obras centradas alrededor de la guerra —*Mazurca para dos muertos* (Camilo José Cela) y *Herrumbrosas lanzas* (Juan Benet,1986)— o de la posguerra —*Luna de lobos* (Julio Llamazares,1985), y la serie escrita por Juan Marsé *Ronda de Guinardó* (1984), *Teniente Bravo* (1987), *El embrujo de Shanghai* (1993) y *Si te dicen que caí* (1989), esta última una magnífica recreación de la Barcelona de los vencidos.

La autobiografía, la narración autobiográfica y las memorias se cultivaron también con profusión; algunas de ellas resultan imprescindibles para entender la literatura o la política de toda una época, como *Los años sin excusa* (Carlos Barral, 1976), en la que se presenta el mundo literario del franquismo desde dentro. A ellas hay que añadir la novela escrita por mujeres —feminista o no— que ha tenido una enorme difusión y ha inspirado a una generación entera a explorar todo tipo de temas desde una perspectiva femenina. Entre las novelistas de las últimas generaciones destacan Montserrat Roig (*Tiempo de cerezas*, 1978), Rosa Montero (*Crónica del desamor*, 1979) y más tarde Esther Tusquets, Adelaida García Morales, Soledad Puértolas y Clara Janés.

En los años noventa aparecieron otros novelistas más jóvenes para los que el franquismo ya era pura historia y que incorporaron a la narrativa la nueva realidad española y, con ella, una nueva mentalidad y una visión de la cultura influida por el ordenador, los cómics, los videojuegos, la música pop y rock, los bares y las drogas. Entre las obras publicadas por estos novelistas figuran *Lo peor de todo* (Ray Loriga, 1985) —que narra la historia de un joven sin trabajo fijo cuyos únicos horizontes son la música pop, el fútbol y su novia— *Historias del Kronen* (José Ángel Mañas, 1994) —que trata el tema de los jóvenes drogadictos y la violencia y de la cual algunos críticos derivaron el nombre de *generación del Kronen* para referirse a estos nuevos escritores— *La ciudad de abajo* (Daniel Múgica, 1996), *Veo, veo* (Gabriela Bustelo, 1996) y *Las máscaras del héroe* (Juan Manuel de Prada, 1997).

El mundo del teatro se mantuvo también muy activo. A pesar de la crisis por la que pasó este género, entre 1982 y 1994 se presentaron casi setecientas producciones, que incluyeron reposiciones y estrenos de obras escritas por Francisco Nieva, Antonio Gala, Buero Vallejo y Alfonso Sastre, así como otras de autores nuevos como Fermín Cabal —*Tú estás loco, Briones* (1978)— Alonso de los Santos —*Bajarse al moro* (1985)— y

Fernando Fernán Gómez (*Las bicicletas son para el verano*, 1982). Surgieron, además, numerosos grupos de teatro públicos —que ya se han mencionado— e independientes —Els Joglars, La Fura dels Baus y Els Comediants— todos ellos de gran calidad.

La literatura española recibió la democracia con el reconocimiento que supuso el Premio Nobel concedido al poeta Vicente Aleixandre en 1977. Doce años después, el mismo premio le fue otorgado al novelista Camilo José Cela. En las últimas dos décadas, novelistas como Eduardo Mendoza, Vázquez Montalbán, Rosa Montero, Soledad Puértolas y Arturo Pérez Reverte han tenido un éxito importante fuera de España y han visto sus obras traducidas a varios idiomas. Mención especial merecen *La literatura o la vida*, de Jorge Semprún (1994), y la narrativa de Javier Marías —culta, hermética, sin apenas acción— que han alcanzado una gran difusión en Europa.

La nueva conciencia de pluralidad política consecuencia del Estado de las Autonomías dejó también sus huellas en el terreno literario, como lo prueba el fuerte aumento de obras publicadas en catalán, vasco, gallego y valenciano. El Estado, por su parte, se hizo eco de esta realidad con la concesión de varios premios nacionales a obras escritas en las otras lenguas españolas —el Premio de las Letras Españolas de 1984 al poeta catalán J.V. Foix; el Premio Nacional de Narrativa de 1989 a *Obabakoak*, escrita en vasco por Bernardo Artxaga; y el de 1996 a *¿Qué me queres, amor?*, obra en gallego de Manuel Rivas.

La misma pluralidad creativa y estética de la literatura caracterizó a las bellas artes. Artistas de generaciones anteriores (Tapies, Chillida, Saura, Antonio López, Gordillo) continuaron siendo la referencia del arte español hasta el final del siglo XX. En la década de 1980, sin embargo, surgió un nuevo grupo de artistas que compartían su afán de renovación, de afirmación individual y de experimentación. Entre ellos destacan los pintores Miquel Barceló —que pintó cuadros de superficies irregulares y rugosas— José María Sicilia —con obras de un estilo abstracto muy complejo— y la escultora Cristina Iglesias. La gran feria de arte ARCO, que agrupa anualmente cientos de galerías y artistas, es el exponente más interesante de la variedad, fuerza y dinamismo de la pintura española, además de ser uno de los mercados de arte de mayor proyección internacional. Los arquitectos Ricardo Bofill, Rafael Moneo y Santiago Calatrava gozaron de tanto prestigio en España como en el extranjero.

8 El cine español durante la transición y la democracia

La muerte de Franco, la desaparición de la censura y la implantación de un régimen democrático influyeron de manera determinante en el cine español, que respondió con entusiasmo a la nueva atmósfera de libertad, como lo prueban las 1.727 películas estrenadas entre 1975 y 1995. En un primer momento, el cine comercial continuó produciendo comedias fáciles y de baja calidad —las "españoladas"— a las que añadió un contenido erótico más explícito para aprovechar el tirón de taquilla del "destape". Los cineastas más serios, por su parte, comenzaron por explorar temas hasta ahora vedados —como la Guerra Civil, la posguerra y el franquismo— o novedosos —la propia transición— en una clave claramente política. Con los años, este cine político fue dando paso a otro —ya evidente alrededor de 1981— más personal, caracterizado por la variedad temática y por la utilización de estéticas, estilos y géneros muy diversos.

El cine político de los primeros años de la transición se manifestó tanto en forma de películas como de documentales. Dentro de las primeras destacaron *Las truchas* (José Luis García Sánchez, 1977), *Asignatura pendiente* (José Luis Garci, 1977) y *La escopeta nacional* (Berlanga, 1977). En la primera se presenta un retrato divertido de la violencia, del inmovilismo y de la falta de lógica de las reformas aperturistas del régimen. La segunda —considerada por muchos críticos como una de las películas clave de la transición— constituye una verdadera crónica del franquismo y de las frustraciones de toda una generación de españoles. *La Escopeta nacional* sitúa la acción a mediados de los años sesenta y relata de forma humorística lo acontecido en una reunión de personajes poderosos transmitiendo un mensaje de cierto desencanto sobre el abuso de poder en cualquier régimen político —tema que Berlanga siguió explorando en obras posteriores, como *Patrimonio Nacional* (1981) y *Nacional III* (1982). La posguerra, además, fue recreada en producciones como *El corazón del bosque* (Manuel Gutiérrez Aragón, 1978), y la Guerra Civil en *Las largas vacaciones del 39* (Jaime Camino, 1976). También en estos años se filmaron algunas películas que trataban el tema de las frustraciones y la tristeza por la libertad perdida de toda una generación, como *Volver a empezar* (José Luis Garci, 1978) —Óscar a la mejor película extranjera en 1983— y *Los días del pasado* (Mario Camús, 1977), que narran en tono fatalista historias de exiliados que vuelven al país y se reencuentran con antiguas relaciones sólo para darse cuenta de que el pasado es irrecuperable y de que es demasiado tarde para recuperar el tiempo que las circunstancias —y la dictadura— les han robado.

Los documentales, por su parte, ofrecieron al público una versión alternativa y no oficial de algunos de los hechos más significativos de esos años. Bardem, por ejemplo, filmó en directo una huelga de trabajadores en la que la policía acabó matando a cinco personas, y Linares y García Sánchez entrevistaron a la mítica dirigente comunista La Pasionaria (*Dolores*, 1980). Otros documentales interesantes fueron *El proceso de Burgos* (Imanol Uribe, 1979) —que recrea el juicio franquista a varios miembros de ETA ocurrido nueve años antes— y *La vieja Memoria* (1978), donde Jaime Camino entrevista a supervivientes de la guerra.

Dentro del cine de finales de los setenta merece atención especial —por su indudable calidad artística y por las circunstancias políticas en las que se produjo su estreno— *El Crimen de Cuenca* (Pilar Miró, 1979). Esta película —cuya acción está basada en un hecho real— cuenta de manera directa y cruda la historia de dos pastores de principios del siglo XX que, tras ser acusados de matar a su compañero, son detenidos e interrogados brutalmente por la Guardia Civil hasta confesar un crimen que no han cometido. A pesar de que hay hechos que indican su inocencia, son condenados a una pena de dieciocho años de cárcel; poco después de ser puestos en libertad el compañero supuestamente asesinado aparece sano y salvo. La película retrata con detalle la hipocresía de algunas de las instituciones sociales intocables durante el franquismo, como la Guardia Civil —o, lo que es lo mismo, el ejército— la Iglesia, el juez local y los poderosos del pueblo, que no dudan en aliarse para esconder pruebas, autorizar y ejecutar la tortura, ocultar lo ocurrido y después negar los hechos. Aunque esta película se presentó en el Festival Internacional de Cine de Berlín en 1980, las copias que permanecieron en España fueron incautadas por el Ministerio del Interior —que actuó bajo presiones del ejército— por lo que no se estrenó hasta un año después. La polémica creada por *El crimen de Cuenca,* el deseo de apoyar a su directora y la necesidad de defender la libertad de expresión atrajeron a las salas de cine a numeroso público y convirtieron esta película en el primer gran éxito del cine de la democracia.

Cartel anunciador de la película *El crimen de Cuenca*

Los primeros años de la década de 1980 trajeron novedades tanto en el terreno estético como en el de la relación entre el cine y el Estado. En el terreno artístico, como ya se dijo, la temática, los estilos y los géneros se diversificaron, y el cine político abrió paso a otro centrado alrededor de la expresión y la creatividad personales. En el político, la intervención de los diferentes gobiernos en el cine a través de programas de ayudas y subvenciones provocó un debate sobre la naturaleza y los objetivos del cine nacional y sobre la relación entre éste y los poderes públicos.

El primer debate comenzó cuando Pilar Miró, tras ser nombrada Directora General de Cinematografía en el primer gobierno socialista, redactó una normativa que establecía la concesión de subvenciones al cine español con el doble objetivo de ayudarle a competir con las producciones extranjeras y de mejorar su valor artístico. Esta normativa establecía una subvención anticipada tras la presentación del proyecto, otra subvención automática equivalente al 15% de la recaudación de taquilla —que podía incrementarse en otro 10% si el largometraje se consideraba de calidad— y ayudas especiales para proyectos de alto presupuesto. Además, las compañías productoras y distribuidoras recibirían cuatro licencias de doblaje de películas extranjeras por cada película española que pusieran en el mercado, y se establecían cuotas de pantalla para las salas de proyección, que debían exhibir una película española por cada tres extranjeras. Esta política intervencionista oficial tuvo consecuencias positivas y negativas. Entre las positivas estuvo el aumento de la calidad media de las películas, pues para recibir las ayudas los directores debían presentar proyectos de valor artístico. Entre las negativas figuraron el peligro del *amiguismo* —la posibilidad de ofrecer subvenciones a directores cercanos ideológicamente a la Dirección General de Cinematografía— la disminución del número de producciones y la manipulación de los presupuestos para obtener una ayuda mayor. En 1985 Pilar Miró pasó a ser Directora General de Televisión, cargo desde donde siguió trabajando por el cine estableciendo programas de co-producción con Televisión Española, cediendo las instalaciones de ésta para los rodajes e incrementando la presencia de largometrajes nacionales en la programación televisiva. Con los sucesivos gobiernos, las políticas de ayudas al cine cambiaron significativamente. Desde 1988, por ejemplo, se puso un mayor énfasis en proteger los aspectos más industriales, premiando el éxito de público más que la calidad. Estas políticas públicas de protección a productos culturales nacionales no son exclusivas de España, sino que son práctica común en Europa Occidental —especialmente en Francia y Alemania— y no sólo por el recelo ante la "invasión cultural" del cine norteamericano sino también para proteger algunos de los principales vehículos sociales de libertad de expresión. En los años noventa, la intención de los EE.UU. de incluir las películas en el paquete de productos considerados de libre circulación por los tratados internacionales de comercio —y, con ello, prohibir la concesión de ayudas públicas a este medio— suscitó una gran polémica entre los partidarios de la intervención del Estado en el mercado cinematográfico y los que defendían que éste debía estar sujeto únicamente a las leyes de la oferta y la demanda. Con ayuda o sin ayuda oficial, el cine español continuó desarrollándose explorando antiguos temas y géneros y añadiendo otros nuevos, y produjo películas de una calidad apreciable y un éxito de público considerable.

A partir de 1980, muchos de los directores más jóvenes comenzaron filmar comedias de gran originalidad —como *Opera prima* (Fernando Trueba, 1980) y *Pepi, Luci Bom y otras chicas del montón* (1981), *Laberinto de pasiones* (1982), *Entre tinieblas* (1983) y *Qué he hecho yo para merecer esto* (1984), de Pedro Almodóvar— que presentaban personajes y mundos marginales y trasgresores en un tono irreverente y humorístico. Este último director, que ha alcanzado gran fama internacional, ha continuado cultivando la comedia y el melodrama en películas posteriores —*Matador* (1986), *La ley del deseo* (1987), *Mujeres al borde de un ataque de nervios* (1988), *Átame* (1989), *Tacones Lejanos* (1991), *Kika* (1993), *Todo sobre mi madre* (1999), *Hable con ella* (2002) y *La mala educación* (2004)— filmadas siempre en un estilo personalísimo. A pesar de que Almodóvar es uno de los directores españoles menos preocupados por los temas históricos o políticos, su obra explora de manera cómica, trágica e irónica la identidad cultural de lo español, y particularmente de las mujeres españolas. Inspirado en la cultura popular y en la época dorada de las películas románticas de Hollywood, Almodóvar encuentra intensidad y drama donde los demás sólo verían "vulgaridad". Sus personajes marginales —toreros sin éxito, locos, travestidos, monjas perturbadas, mujeres desesperadas, amas de casa frustradas— son presentados con cariño y con humor; sus vidas se convierten en canciones románticas o en historias de amor imposible, y sus pasiones —sobre todo las femeninas— son legitimadas con una simpatía especial, todo ello mientras sus historias nos muestren el lado divertido de la estupidez humana. El cine de Almodóvar utiliza magistralmente la música popular y el color, armonizando canciones románticas y boleros famosos —pero pasados de moda— que hablan de amores imposibles con interiores de colores intensos decorados con una estética del mal gusto y unos ambientes *kitsch* que armonizan perfectamente con la marginalidad de sus personajes y con lo absurdo de sus historias.

En el género de la comedia también destacó *Belle époque*, una divertida película dirigida por Fernando Trueba y situada en la época de la II República que obtuvo el Óscar a la mejor película extranjera en 1992.

Otros cineastas derivaron hacia un cine más personal o de *autor* que trataba todo tipo de temas adoptando perspectivas que iban desde lo intimista hasta lo social. Dentro de este tipo de cine destacaron Manuel Gutiérrez Aragón, Víctor Erice, Carlos Saura, Montxo Almendáriz, Julio Médem —*Vacas* (1992)— y Alex de la Iglesia —*El día de la bestia* (1995)— entre otros. Gutiérrez Aragón ha creado en sus películas —*El corazón del bosque* (1978), *Maravillas* (1980), *Demonios en el jardín* (1982), *Cosas que dejé en la Habana* (1997)— un cine exigente y complejo, situado siempre entre el realismo y la magia y entre la reflexión personal y la presentación realista. Víctor Erice es probablemente el mejor estilista de los directores españoles. En *El espíritu de la colmena* (1973) presenta, en un modo a la vez mítico y realista, la interacción entre unos personajes obsesionados por la muerte y marcados por la memoria de la guerra y de la derrota y el mundo mítico de una niña que crea un monstruo en su imaginación. *El Sur* (1983) —quizá su mejor obra— narra la relación entre un padre de pasado republicano y su hija, y es toda una reflexión sobre la pérdida de la infancia —caracterizada por la espontaneidad y la naturalidad— y la llegada de una madurez que nos hace aceptar las convenciones de la sociedad. Mención especial merece *Tasio* (Montxo Almendáriz, 1984), una excelente película ambientada en el País Vasco rural que cuenta la vida de un carbonero y presenta la simbiosis entre hombre y cir-

LA ACADEMIA DEL CINE ESPAÑOL

La industria cinematográfica española estableció en 1985 una gran organización profesional inspirada en la academia de Hollywood. Su nombre oficial, *Academia de las Ciencias y Artes Cinematográficas*, nos recuerda también a la norteamericana. Esta institución se fundó para defender los intereses de los profesionales del cine español y para promover la industria cinematográfica nacional en un momento en el que en España —como en otros países europeos— existe una gran sensibilidad proteccionista ante la invasión cultural y económica de las grandes productoras de cine de los EE.UU. La Academia ha supuesto un importante estímulo al cine español, tanto en España como en Europa e Hispanoamérica.

Como la academia de Hollywood, esta institución organiza una gran gala anual en la que se dan los premios *Goya*, versión española de los Óscars. Los Goya incluyen premios en veintiocho categorías que abarcan todos los aspectos de la producción de películas y documentales, y entre las que se incluyen las de mejor película, mejor director, mejor actriz principal, mejor actor principal, mejor actor secundario, etc. Hay, además, un premio especial para la mejor investigación histórica sobre cine nacional y otro para la mejor contribución cinematográfica a causas sociales.

Además de la gran gala anual de los premios Goya, la Academia —que cuenta ya con 900 miembros— publica la revista *Cuadernos de la Academia*, así como monografías y un boletín profesional.

cunstancias. Los temas sociales contemporáneos, por su parte, encontraron su lugar en largometrajes como *Deprisa, deprisa* (Carlos Saura, 1980) —que trata de la vida de un grupo de delincuentes juveniles— y *La muerte de Mikel* (Imanol Uribe, 1983), una crónica de la muerte de un homosexual *abertzale*.

A pesa de la novedad temática, el cine posterior a los ochenta no olvidó temas más clásicos como la Guerra Civil —*La vaquilla* (Berlanga, 1985), *Las bicicletas son para el verano* (Jaime Chávarri, 1983), *¡Ay Carmela!* (Saura, 1990), *La niña de tus ojos* (Trueba, 1998), *La lengua de las mariposas* (José Luis Cuerda, 1999)— o la posguerra —*La colmena* (Mario Camús, 1982) y las ya citadas *El sur, Demonios en el jardín* y otras que la usaron como trasfondo. Periodos históricos más lejanos fueron recreados en producciones como *Esquilache* (Josefina Molina, 1989) y *Goya* (Saura, 1999) —sobre el motín y el pintor del mismo nombre— y *El Dorado* (Saura, 1987) y *El rey pasmado* (Imanol Uribe, 1981), ambientadas en la época de la conquista de América y en la época de Felipe IV, respectivamente.

En los últimos treinta años el cine español ha producido también películas musicales como *Bodas de sangre* (1981), *El amor brujo* (1986) y *Flamenco* (1995), la tres dirigidas por Carlos Saura. También se han puesto en escena un buen número de adaptaciones de obras literarias de autores tan diversos como Camilo J. Cela, Torrente Ballester y Miguel Delibes (*La colmena, El rey pasmado* y *Los santos incocentes*, respectivamente). Además, se han llevado al cine obras de García Lorca —*La casa de Bernarda Alba* (Mario Camús, 1987)— Juan Marsé —*La muchacha de las bragas de oro* (Vicente Aranda,1980)— Valle

Inclán —*Tirano Banderas* (José Luis García Sánchez, 1993)— Luis Martín Santos —*Tiempo de silencio* (Vicente Aranda, 1986)— Arturo Pérez Reverte —*El maestro de esgrima* (Pedro Olea, 1992)— y muchas más.

El resurgimiento de las culturas regionales ha posibilitado el desarrollo de diferentes cines autonómicos. En las últimas tres décadas se ha producido un buen número de películas filmadas en las diferentes comunidades, tanto en castellano como en las otras lenguas peninsulares, o en versiones bilingües. De entre ellas destacan las catalanas *La ciutat cremada* (Antoni Ribas, 1987) y *La plaça del diamant/La plaza del diamante* (Francesc Beltriu, 1981), las vascas *Akelarre* (Pedro Olea, 1984), *Ke arteko egunak/Días de humo* (Antxón Eiza, 1989) y las ya mencionadas *Vacas* y *Tasio,* y la andaluza *Solas* (Benito Zambrano, 1998).

¿SABÍAS QUE...?

ANTONIO BANDERAS, EL NUEVO *LATIN LOVER* ESPAÑOL

El enorme impacto que hoy tienen los medios de comunicación de masas —cine, televisión, revistas— ha hecho que entre todos los españoles mundialmente conocidos (Picasso, Franco, San Ignacio, Torquemada, etc.) haya un cantante —Julio Iglesias— una actriz —Penélope Cruz— un actor —Antonio Banderas— y un cantante de ópera —Plácido Domingo.

La biografía y las circunstancias personales de Antonio Banderas parecen perfectamente diseñadas para el éxito en todo el mundo, y especialmente en los EE.UU.: atractivo; de familia de clase trabajadora; de personalidad agradable, modesto y simpático y casado con una famosa actriz estadounidense (Melanie Griffith), Banderas tiene todo lo necesario —además de talento— para ser una auténtica estrella de Hollywood.

Nacido en 1960, este actor español ya ha trabajado en cincuenta películas, que se pueden dividir en un "antes" y un "después" de *Philadelphia*

(1993), su primer gran éxito en los EE.UU. Aunque el año anterior ya había actuado en *The Mambo Kings* —su primera película americana— no fue hasta *Philadelphia* cuando Banderas se hizo realmente famoso. Descubierto por el director español Pedro Almodóvar en los años de la *movida* madrileña, Banderas continuó su carrera española con éxitos ascendentes hasta su llegada a Hollywood en 1991.

Entre sus películas más conocidas están *Evita* (1996), que protagonizó con Madonna, y *The Mask of Zorro* (1998), en la que se presenta como un misterioso y típico *latin lover*. Banderas está demostrando una gran versatilidad en sus últimas obras, de las que destacan *Imagining Argentina*, con la actriz británica Emma Thompson, y *Femme Fatale*, dirigida por Brian de Palma. Su matrimonio con Melanie Griffith, con la que tiene dos hijos, y su vida entre Hollywood y España son temas constantes de las revistas más populares de todo el mundo.

¡Atención! Ve a **De la Red** de este capítulo en *www.prenhall.com/espanaayeryhoy*. Allí encontrarás sitios de información muy interesante y de fácil acceso.

La estructura del Estado y la vida política

9

Temas de introducción

1. ¿Qué sabes de la Constitución de los EE.UU.? ¿Qué principios y derechos políticos y socioeconómicos establece? ¿Cómo separa los poderes del Estado entre diferentes instituciones? ¿Crees que da más importancia a los derechos del individuo o a los derechos colectivos? ¿Por qué?

2. ¿Por qué se dice que los EE.UU. son una república federal? ¿Crees que los estados de la nación americana deberían tener mucho poder, o prefieres un gobierno central más fuerte?

3. ¿Ha habido algún intento secesionista en el pasado de los EE.UU.? ¿A qué se ha debido? ¿Crees posible que en el futuro surjan en este país movimientos nacionalistas que busquen la separación de algún estado? ¿Por qué?

4. ¿Estás familiarizado con el sistema judicial de tu país? ¿Crees que es simple o complicado? ¿Por qué? ¿Te parece lógico que las leyes sean diferentes en los distintos estados y condados de la Unión?

5. ¿Qué piensas del proceso electoral estadounidense? ¿Qué partidos políticos participan en él? ¿Cuál es la importancia del dinero y la televisión en ese proceso? ¿Qué cambiarías y mantendrías de él? ¿Has participado en alguna elección política? ¿Crees que tu voto es importante?

6. ¿Cuál es el papel de los sindicatos en los EE.UU.? ¿A quién representan? ¿Qué opinión tienes de ellos? ¿Crees que los sindicatos tienen influencia en la sociedad? ¿Quién determina el salario mínimo? ¿Quién decide los salarios de los trabajadores estadounidenses?

❶ Identidad y orígenes de la democracia española

Los españoles disfrutan hoy de las mismas libertades y derechos básicos que los ciudadanos de los países más democráticos del planeta. El diseño de los derechos y deberes constitucionales de los ciudadanos españoles y de las instituciones del Estado está basado en la filosofía política de la UE y en las tradiciones y cultura propias del pueblo español. Así, la Constitución de 1978 comparte con las constituciones de otras naciones democráticas del continente rasgos como la soberanía popular, el sistema bicameral, el sufragio universal, la igualdad de todos ante la ley y el Estado social, y se distingue de ellas por la incorporación de elementos propios y particulares, como el sistema de las autonomías, que es una versión autóctona del estado federal. La definición del país como Monarquía Parlamentaria sitúa a España, además, en el reducido grupo de naciones —Gran Bretaña, Japón, Holanda, Suecia,

Hospital de la Seguridad Social (servicio sanitario público)

Bélgica, Noruega y algunas más— que compatibilizan el mantenimiento de la Corona con la democracia representativa.

La democracia española de hoy es el resultado de un largo proceso histórico en cuyo desarrollo han influido tres factores fundamentales del pasado nacional: el constitucionalismo liberal del siglo XIX, la larga tradición monárquica y las tendencias nacionalistas y regionalistas. Como ya vimos, durante los siglos XIX y XX España vivió una larga lucha entre la inercia de la tradición y el empuje de las fuerzas de la renovación y la modernidad. En ese periodo se escribieron ocho constituciones —liberales o conservadoras— se consolidaron la separación de los poderes ejecutivo, legislativo y judicial, la independencia del sistema de justicia del poder político, la distinción entre la Iglesia y el Estado y la limitación de los poderes de la Corona. Los nuevos colectivos sociales nacidos durante este periodo —el proletariado industrial y su movimiento obrero, las clases medias urbanas y sus partidos liberales y progresistas, los intelectuales— fueron presionando para lograr la reducción o la eliminación de los privilegios de la Iglesia y la aristocracia, para consolidar la libertad de trabajo, de comercio y de conciencia, y para crear un Estado de todos y para todos. A pesar de que la tensión entre las *dos Españas* causó varias guerras y numerosos conflictos sociales, el *desafío de la modernidad* —como llaman a este proceso algunos historiadores— con el que la sociedad española tuvo que enfrentarse durante alrededor de ciento cincuenta años quedó finalmente resuelto en el último tercio del siglo XX, tras la liquidación del estado franquista. Por fin, la modernización y secularización de la sociedad española, el desarrollo económico, la apertura cultural al mundo, la integración en Europa, la formación de una amplia clase media y —sobre todo— el consenso de las fuerzas políticas y fácticas —ejército, Iglesia, prensa, partidos, sindicatos— posibilitaron una democracia fuerte y estable y un proyecto de Estado por encima de enfrentamientos ideológicos y de clase.

❷ La Constitución de 1978

Principios, deberes y derechos

La Constitución española —como todas las constituciones democráticas— establece los derechos y deberes de los ciudadanos y define la estructura político-administrativa de la nación.

Al proclamar que *España es un Estado social y democrático de Derecho*, el primer artículo de la Constitución utiliza dos términos que especifican características fundamentales del régimen democrático español. La expresión *de Derecho* garantiza el respeto de lo que se conoce en el mundo democrático con el nombre de *derechos políticos o civiles* de los ciudadanos: la libertad individual, el derecho a participar en la vida política, el derecho a la vida, a la nacionalidad, al uso de la lengua, a la propiedad privada y a la libertad de expresión, de prensa, de conciencia, de residencia, etc. La igualdad de los españoles ante la ley está garantizada por el Artículo 14, que se reproduce a continuación:

Los españoles son iguales ante la ley, sin que pueda prevalecer discriminación alguna por razón de nacimiento, raza, sexo, religión o cualquier otra condición o circunstancia personal o social.

El adjetivo *social* compromete al Estado con una filosofía política claramente europea de apoyo activo a la calidad de vida y de respeto a los *derechos económicos y sociales* de los individuos que lo componen: el derecho a la educación, a la vivienda, a un trabajo y un retiro dignos y al cuidado sanitario. Para que los ciudadanos puedan defender sus derechos económicos y sociales, se garantizan también el derecho de reunión y asociación, de manifestación, de cierre patronal, de libertad sindical y de huelga. Aunque la mayoría de estos derechos políticos y sociales está reconocida por todas las constituciones democráticas del mundo, es interesante observar que algunos de ellos —como los de huelga y libertad sindical y los de carácter social— responden a la existencia histórica de una conciencia obrera y solidaria no tan presente en otras democracias, como la de los EE.UU.

Para garantizar la defensa de los derechos de los ciudadanos y la transparencia administrativa, la Constitución creó también dos órganos independientes de los poderes del Estado —la llamada *Oficina del Defensor del Pueblo* y el *Tribunal de Cuentas*— y una entidad de carácter consultivo (el *Consejo de Estado*). La Oficina del Defensor del Pueblo se ocupa de defender a los ciudadanos de los abusos que contra ellos pudiera cometer el Estado. Esta oficina está dirigida por un ciudadano nombrado por el parlamento, que ocupa su cargo por un período de cinco años. El Defensor del Pueblo opera con absoluta independencia jurídica y política, y a él puede reclamar cualquier español que crea haber sido perjudicado por la administración. El Tribunal de Cuentas, por su parte, tiene como función la "fiscalización desde fuera y de manera permanente de la actividad económica del sector público", es decir, el control del dinero público y la prevención o investigación de irregularidades contables por parte de la administración. Este organismo está formado por un presidente nombrado por el rey, un fiscal designado por el gobierno y doce consejeros elegidos por las Cortes.

Congreso de los Diputados (Madrid)

El Consejo de Estado es un organismo también autónomo e independiente que asesora a los gobiernos central y autonómicos en temas legales, que cuida de que las disposiciones oficiales cumplan las leyes del país y que aclara las dudas que pudieran surgir respecto a la interpretación de las leyes nacionales o de los tratados o convenios internacionales.

La organización del Estado

De acuerdo con la Constitución española, los poderes legislativo, ejecutivo y judicial del Estado quedan distribuidos entre las siguientes instituciones: la Corona, las Cortes Generales (Parlamento bicameral que consiste de Congreso y Senado), el Gobierno (al frente del cual se sitúa un presidente del Gobierno, equivalente al *primer ministro* de otros países), los Tribunales Regulares de Justicia, el Tribunal Supremo, el Tribunal Constitucional y los Gobiernos Autonómicos.

La Constitución atribuye al rey las funciones de Jefe del Estado y de las Fuerzas Armadas y de representante del Estado y de la soberanía y la unidad nacionales. Su poder, sin embargo, es bastante limitado. Es él quien nombra al Presidente del Gobierno y a los presidentes del Congreso y el Senado y quien firma los decretos aprobados por el gobierno, pero siempre respetando decisiones previas tomadas democráticamente —los resultados electorales— o institucionalmente —leyes ya aprobadas por las Cortes— sin su activa participación. En caso de guerra o crisis de la seguridad nacional, su cargo de Jefe de las Fuerzas Armadas sí le concede un protagonismo importante.

El centro de la soberanía popular reside en las *Cortes Generales*, que son un parlamento compuesto de dos cámaras: la *Cámara de los Diputados* (o *Congreso*) y el *Senado*. Los diputados y senadores —que pueden pertenecer a un partido político o ser independientes— son elegidos por los españoles democráticamente. Como en cualquier otra democracia, el parlamento puede proponer leyes, derogar o aprobar las que le son presentadas por el presidente del Gobierno, por un partido político con representación en la Cámara de Diputados o por iniciativa popular (cuando estén respaldadas por al menos medio millón de ciudadanos).

El gobierno está formado por un presidente y varios ministros. El presidente es nombrado por el Congreso, siguiendo un procedimiento que se explica en la sección 5. Una vez que el presidente es confirmado en su cargo, procede a nombrar a los miembros de su gobierno —los ministros— a quienes puede cambiar libremente. En situaciones de crisis, los miembros de la Cámara de Diputados pueden plantear una *Moción de censura* para obligar a dimitir al presidente del Gobierno. Este voto de censura no tiene que responder —como ocurre en los EE.UU.— a situaciones de escándalo personal o actuación criminal, sino que es un acto puramente político que significa que el presidente ha perdido la confianza de la Cámara, o que ya no cuenta con el número de votos suficiente para conseguir la aprobación de las leyes presentadas por su gabinete. Algunas mociones resultan en la dimisión del presidente del Gobierno y la convocatoria de nuevas elecciones; otras, en el nombramiento de un nuevo presidente que cuente con el apoyo de la mayoría de los diputados, y otras más en la derrota de los partidarios de la moción y la victoria del presidente, que entonces se mantiene en su cargo.

Además de la administración central existen las administraciones locales, que tienen sus propios gobiernos e instituciones legislativas y que se estudian en la siguiente sección.

El poder judicial está, como el político, dividido entre los órganos centrales —el *Consejo General del Poder Judicial* y el *Tribunal Supremo*— y los territoriales. El Consejo General del Poder Judicial es el órgano de gobierno de los jueces, y está compuesto por un presidente y veinte miembros jueces o abogados que son nombrados por el rey y sirven durante un periodo de cinco años. Este Consejo propone, además, el candidato para su presidencia y para la del Tribunal Constitucional. El Tribunal Supremo es la corte suprema de justicia en todo el territorio nacional, y tiene competencias en todas las materias legales, excepto en la constitucional. A estos dos órganos centrales se añade el *Ministerio Fiscal*, un organismo que técnicamente no forma parte del poder judicial, pero que tiene competencias en toda la nación y que se ocupa de promover la acción de la justicia para proteger la legalidad y el bien común. Al frente de este Ministerio Fiscal se sitúa el Fiscal General del Estado —equivalente al *Attorney General* de los EE.UU.— que es nombrado por el rey a propuesta del gobierno y tras consultar al Consejo General del Poder Judicial. De la administración territorial de la justicia se ocupan las Audiencias Provinciales de cada capital de provincia y los juzgados de primera instancia o instrucción, que se sitúan en localidades más pequeñas.

La administración de justicia se completa con el *Tribunal Constitucional*, al que se recurre en caso de dudas o conflictos en la interpretación de la Constitución. Este tribunal es independiente de los demás órganos y poderes, está sometido sólo a la Constitución y tiene jurisdicción en toda la nación. Está compuesto por doce miembros —juristas con más de quince años de experiencia— nombrados por el rey, pero propuestos por el Congreso y el Senado —cuatro por cada cámara— por el Gobierno y por el Consejo General del Poder Judicial —dos por cada uno— y sus decisiones son inapelables.

❸ El Estado de las Autonomías

Situación de los regionalismos y nacionalismos tras la muerte de Franco

Los cuarenta años de dictadura centralista no sólo fracasaron en resolver el viejo problema planteado por los nacionalismos catalán y vasco sino que crearon un clima propicio para el surgimiento o la consolidación, en distintos puntos de la geografía española, de otros movimientos regionalistas que no existían o que no contaban con una fuerza importante

¿SABÍAS QUE...?

LOS PODERES DEL SENADO

En el sistema político español el Senado tiene competencias en los campos de la legislación general y autonómica y de la política exterior. Respecto a su capacidad legislativa general, los senadores se encargan de aprobar o vetar las decisiones del Congreso. El poder de veto de la Cámara Alta es limitado, puesto que una ley no aprobada por ella puede volver a tramitarse en el Congreso. El veto del Senado queda anulado si en esta segunda tramitación la ley obtiene el apoyo de la mayoría absoluta de los diputados. A diferencia de lo que ocurre en otros países —como los EE.UU.— el Senado español muy raramente veta las decisiones del Congreso, pues los diputados y los senadores de un mismo partido político suelen hacer frente común en las decisiones parlamentarias.

El papel más importante y característico del Senado español es el de controlar las leyes que se aprueban en las comunidades autónomas, asegurándose de que éstas no van contra los intereses generales de la nación o contra la Constitución, y cuidando de que sus contenidos sean coherentes con las decisiones de las otras autonomías. En este campo, el Senado puede tomar la iniciativa y actuar sin esperar la decisión del Congreso.

La tercera función de la Cámara Alta es la de supervisar —en colaboración con el Congreso— los contenidos de los tratados internacionales que aprueba el gobierno. Cuando el Congreso y el Senado no pueden alcanzar un acuerdo sobre alguna cuestión relativa a la política exterior se forma una comisión mixta compuesta por un número igual de miembros de ambas cámaras. Si esta comisión no puede llegar a una solución, la decisión última recae en el Congreso, que debe aprobarla por mayoría absoluta.

antes de 1936. En Galicia, por ejemplo, se fortaleció —a partir de 1975— un sentimiento nacionalista ya existente desde hacía tiempo que, aunque no consiguió tener la influencia del vasco o del catalán, ha hecho posible la creación del Bloque Nacionalista Gallego (1982) y ha conseguido forjar una conciencia de identidad basada en la lengua y las tradiciones populares. Durante los primeros años de la transición, además, comenzaron a ser frecuentes las manifestaciones populares de afirmación regional, y en muchas zonas de España pronto se generalizó la práctica de celebrar el llamado "Día de la región", una serie de festividades y eventos que tenían por objeto exaltar lo propio y peculiar y presentar al gobierno central diversas reivindicaciones.

La situación del País Vasco y Cataluña tras la muerte de Franco —movilizaciones populares en favor del autogobierno y de la amnistía para los presos políticos, terrorismo de ETA— llevaron al presidente Suaréz en 1977 a atender las demandas más inmediatas de estas dos regiones restableciendo el gobierno autónomo que Cataluña había tenido durante la República (la *Generalitat*) y creando el Consejo General Vasco, una institución preautonómica de gobierno. A principios de 1978 —antes de la aprobación de la Constitución— Cataluña y el País Vasco ya tenían, pues, regímenes preautonómicos. A mediados del mismo año, el gobierno tomó la determinación de generalizar al resto de España el modelo aplicado a estas dos regiones, y creó los llamados "entes" preautonómicos de Andalucía Aragón, Asturias, Baleares, Canarias, Castilla-León, Castilla-La Mancha, Extremadura, Galicia, Murcia y el País Valenciano. Aunque al principio este sistema no contentó a muchos políticos —algunos querían limitar el sistema autonómico a Cataluña y al País Vasco, y otros pretendían eliminar completamente la opción autonomista— pronto acabó imponiéndose como el modelo que se adoptaría en la Constitución de 1978.

La Constitución y el desarrollo del Estado de las Autonomías

La Constitución de 1978, al declarar a un mismo tiempo la "unidad de la nación española" como "patria común e indivisible de todos los españoles" y el "derecho a la autonomía de las nacionalidades y regiones", creó un tipo de estado de carácter semifederal —el llamado *Estado de las Autonomías*— que acabó con el centralismo administrativo que había caracterizado a todos los regímenes políticos de los siglos XIX y XX.

Comunidades autónomas de España

Entre 1979 y 1995 se formaron en España 19 comunidades autónomas. Todas estas comunidades tienen hoy un Estatuto de Autonomía —especie de constitución regional— y un presidente, un Gobierno y un Parlamento elegidos por sufragio universal en votaciones regionales. La formación, desarrollo e institucionalización de cada una de ellas, sin embargo, fue muy diferente del de las demás.

Las primeras comunidades autónomas establecidas tras la aprobación de la Constitución fueron las del País Vasco y Cataluña. La autonomía vasca tuvo un proceso accidentado, ya que el principal partido nacionalista (el Partido Nacionalista Vasco) se abstuvo en el referéndum sobre la Constitución de 1978 —lo que equivalía a no aceptarla— descontento con la declaración constitucional de que la única fuente de soberanía era la nación española. A pesar de ello, ese partido cooperó en la redacción del Estatuto de Autonomía (julio de 1979) que establecía la co-oficialidad de la lengua vasca y el español y la autonomía fiscal y otorgaba al gobierno regional competencias en educación, cultura, justicia, seguridad social, policía y obras públicas. El mismo año se firmó también el Estatuto de Cataluña, similar en muchos aspectos al vasco pero con competencias económicas más restringidas. Ambos estatutos fueron aprobados por votación popular unos meses después.

La formación de las demás comunidades autónomas fue mucho más lenta, debido a la falta de tradición regionalista en algunas zonas del país y a las ambigüedades del texto constitucional. Para resolver estos problemas, el gobierno de la UCD redactó la Ley Orgánica para la Armonización del Proceso Autonómico (LOAPA), que encauzó, homogeneizó y ordenó el proceso de formación de las diferentes autonomías. A pesar de las críticas a la artificialidad de algunas de las nuevas comunidades autónomas —como Madrid, que siempre había sido parte de Castilla-La Mancha, o La Rioja y Cantabria, parte hasta entonces de Castilla la Vieja— y al debate sobre la conveniencia de mantener algunas áreas —como Castilla la Vieja y León— juntas o separadas, en pocos años se consiguió completar el mapa autonómico. En 1980 se formó la comunidad autónoma Gallega, en 1981 nacieron las de Andalucía, Asturias y Cantabria. En los próximos años se fueron aprobando los estatutos de La Rioja, Murcia, el País Valenciano, Aragón, Castilla-La Mancha, Navarra y Canarias (1982) y, ya bajo el primer gobierno socialista, los de Baleares, Castilla-León, Extremadura y Madrid (1983). Más adelante (1995) se incorporaron a esta lista las comunidades de Ceuta y Melilla, dos ciudades españolas situadas al norte de Africa.

Los retos del Estado de las Autonomías

El Estado de las Autonomías se convirtió en un instrumento esencial para el desarrollo y la consolidación de la democracia, pero no logró resolver todos los problemas —no pudo, por ejemplo, acabar con el terrorismo de ETA— ni contentar a todas las fuerzas políticas. El mayor debate sobre el desarrollo autonómico se ha centrado, en los últimos años, en el grado relativo de desarrollo de las distintas comunidades, en las competencias de cada una de ellas y en el sistema de financiación de sus administraciones. Desde un principio hubo un acuerdo sobre cuáles debían ser las competencias exclusivas del Estado: la defensa nacional, la política exterior, el control de fronteras y la representación en organismos internacionales —aunque esta última se ha cuestionado en los últimos años, ya que algunos partidos nacionalistas han reclamado el derecho de sus comunidades a tener representación en Europa o a establecer contactos directos con otras naciones. También hubo consenso en el traspaso a las comunidades de las competencias en las áreas administrativas más próximas a la vida diaria de los ciudadanos —el urbanismo, la agricultura y la pesca, el turismo, las obras públicas, los asuntos profesionales, la industria, etc. Más problemática ha sido, sin embargo, la definición clara de las áreas estatal y regional respecto a las competencias compartidas y, sobre todo, el alcance de la autoridad de cada una de las administraciones. El contraste entre el alto nivel de competencias del que disfrutaban las comunidades llamadas

¿SABÍAS QUE...?

NOMBRES OFICIALES DE LAS INSTITUCIONES DE LAS COMUNIDADES AUTÓNOMAS

COMUNIDAD AUTÓNOMA	PODER LEGISLATIVO	PODER EJECUTIVO
Cataluña-Catalunya	Parlament de Cataluña	Consell Executiu
País Vasco-Euskadi	Parlamento Vasco	Gobierno Vasco
Galicia	Parlamento de Galicia	La Xunta
Principado de Asturias	Junta General	Consejo de Gobierno
Diputación Regional de Cantabria	Asamblea Regional	Consejo de Gobierno
La Rioja	Diputación General	Consejo de Gobierno
Región de Murcia	Asamblea Regional	Consejo de Gobierno
Comunidad Valenciana	Corts Valencianas	Consell
Comunidad Foral de Navarra	Cortes de Navarra	Diputación Foral
Canarias	Parlamento Canario	Gobierno de Canarias
Comunidad de Castilla-La Mancha	Cortes	Consejo de Gobierno
Aragón	Cortes de Aragón	Diputación General
Extremadura	Asamblea de Extremadura	La Junta
Baleares	Parlamento Balear	Gobierno Balear
Comunidad de Madrid	Asamblea de Madrid	Consejo de Gobierno
Comunidad de Castilla y León	Cortes de Castilla y León	La Junta
Ciudad Autónoma de Ceuta	Asamblea	Consejo de Gobierno
Ciudad Autónoma de Melilla	Asamblea	Consejo de Gobierno

"históricas" y el autogobierno mínimo otorgado a aquéllas en las que no había una conciencia regionalista fuerte hizo que estas últimas comenzaran a verse como autonomías de "segunda clase", lo que provocó la aparición de un cierto resentimiento contra algunos nacionalismos y contra el gobierno central. Para solucionar este problema, los gobiernos socialistas realizaron, entre 1995 y 1999, un esfuerzo por igualar las competencias de las comunidades *de vía rápida* —Andalucía, Cataluña, el País Vasco y Galicia— con las de las llamadas *de vía lenta*. Por ello este último grupo de autonomías recibió importantes traspasos en los terrenos de la educación, la sanidad, la administración de justicia y el empleo, y vio reforzado el papel de sus parlamentos y la autoridad de sus presidentes. Estas reformas, aunque importantes, no han acabado con algunas desigualdades, y todavía existen diferencias importantes entre muchas de ellas.

A estos conflictos hay que añadir los determinados por la financiación de las administraciones autónomas. Las mayores concesiones económicas de los diferentes gobiernos a las comunidades más reivindicativas y la cesión de impuestos y privilegios especiales a algunas de las *de vía rápida* han provocado el malestar de las demás, que consideran que algunas de estas políticas violan los principios constitucionales de igualdad y solidaridad regional. El establecimiento de un sistema de financiación y corresponsabilidad fiscal que sea definitivo y aceptado por todos es uno de los problemas que España tendrá que resolver en el futuro.

4 Ideologías y partidos políticos

Como en todos los sistemas democráticos del mundo, la vida política española se centra en la tensión legítima y el debate entre ideologías conservadoras y progresistas o, como otros prefieren decir, entre las "derechas" —que ponen el énfasis en el interés nacional y en la defensa de la tradición, la familia y la propiedad— y las "izquierdas" —que defienden los intereses de las clases trabajadoras y buscan un reparto más igualitario de la riqueza. La España del siglo XXI es, afortunadamente, muy distinta de aquélla que durante casi dos siglos permaneció dividida en dos bloques incapaces de establecer una convivencia civilizada dentro de un sistema aceptado por todos.

Las entidades que tienen una participación más relevante y directa en la vida política española son los partidos políticos, a los que siguen los sindicatos y, a gran distancia, las asociaciones de empresarios. Los medios de comunicación, especialmente la radio, la televisión y la prensa escrita, influyen de una manera indirecta, aunque importante, en la política y la sociedad.

De entre todos los partidos políticos activos en España destacan dos que habitualmente se reparten el 80% de los votos emitidos en las elecciones generales: el *Partido Popular* (PP), que tiene una ideología conservadora de centro-derecha, y el *Partido Socialista Obrero Español* (PSOE), que se sitúa en la izquierda moderada. La tercera organización política nacional en orden de importancia es *Izquierda Unida* (IU), una coalición de partidos de izquierda entre los que se encuentran los comunistas y colectivos "progresistas" como los ecologistas, las feministas y otros. En los últimos años, el partido conservador de los nacionalistas catalanes —*Convergència i Unió* (CiU), que suele obtener alrededor del 30% de los votos en Cataluña— ha adquirido un gran protagonismo en las Cortes de Madrid, donde el apoyo o la oposición de sus diputados al gobierno han decidido la suerte de algunas leyes. En la fase final del gobierno socialista y en la primera legislatura popular, *Convergència i Unió* se convirtió en un auténtico "partido bisagra" que primero pactó con el PSOE y mantuvo al socialista Felipe González en el poder, después contribuyó a su caída y más tarde se alió con los conservadores del PP. Por último, el *Partido Nacionalista Vasco* (PNV) —de carácter nacionalista y conservador— es también considerado importante en Madrid por el peso que tiene en Euskadi, región en la que suele obtener casi el 40% de los votos y donde ha gobernado ininterrumpidamente desde las primeras elecciones democráticas.

El PP se autodefine como "una organización reformista, inspirada en la ideología liberal europea y el humanismo cristiano", donde el término *liberal* se opone a *socialista* y no a *conservador*, como en los EE.UU. Excepto por alguna alusión a la defensa del liberalismo económico, el resto del programa teórico del PP incluye referencias a principios generales como la defensa de la libertad, la justicia y los derechos civiles y al europeísmo, conceptos en los que coincide con los planteamientos del PSOE. En general, el PP propone y defiende leyes y actitudes que favorecen la libertad de empresa, la flexibilidad en las prácticas laborales, los derechos de la familia y el control de los impuestos, y tiende a ser algo más restrictivo y riguroso en asuntos diversos, como las leyes sobre emigración o la educación. Como los republicanos norteamericanos, los *populares* del PP ponen más énfasis en cuestiones relacionadas con la seguridad nacional y con la lucha contra la criminalidad y el terrorismo. También intentan ser más cuidadosos con los gastos generales del Estado —aunque sin llegar a cuestionar el "estado social"— y son menos pacientes con las reclamaciones laborales de los sindicatos. En política social, el PP coincide en gran medida con los dos partidos nacionalistas vasco y catalán —PNV y CiU— que proceden de una base sociológicamente similar, la clase media católica.

El PSOE, un partido de gran tradición en el movimiento obrero español, defiende y representa los intereses de los trabajadores y empleados, incluyendo una gran parte de las llamadas "clases pasivas" como los retirados, los estudiantes, las amas de casa y los desempleados. Su posición ideológica ha ido evolucionando en los últimos años para adaptarse a la nueva realidad de un sistema capitalista cada vez menos cuestionado en el mundo. Hoy los socialistas trabajan por la defensa de los derechos civiles, del medio ambiente, del consumidor, de los empleados públicos, de las asociaciones de barrio, etc. El gran reto de la izquierda española, como también de la de cualquier país de Europa Occidental, es hoy mantener el enorme sistema de gastos sociales del llamado "estado del bienestar" —que en Europa incluye las pensiones a retirados, viudas y pobres, el seguro de desempleo, las bajas por maternidad y enfermedad, las ayudas a los inmigrantes y, sobre todo, el sistema público de salud. Esta defensa, sin embargo, no se plantea en España en términos de "todo o nada", ya que los partidos conservadores, como ya se ha mencionado, no cuestionan la necesidad del estado social, ni el derecho a una pensión y un salario dignos, al cuidado sanitario gratuito, o las vacaciones y excedencias por maternidad pagadas. Los desacuerdos entre conservadores y socialistas no son aquí esenciales, sino de matiz.

Las diferencias que separan al PP de los partidos conservadores nacionalistas tienen que ver más con la concepción del Estado defendida por unos y otros que con asuntos ideológicos básicos. En este sentido, se puede decir que la derecha española está más dividida que la izquierda. Los nacionalistas catalanes y vascos utilizan el poder político y social que tienen en sus regiones —donde cuentan con una clientela electoral estable— y los votos de sus diputados en las Cortes para pactar con el gobierno central concesiones económicas o políticas en beneficio de sus regiones. En la actualidad, las relaciones entre el PP y el PNV están bastante deterioradas, ya que los *populares* acusan al PNV de no luchar de manera contundente en el interior del País Vasco contra el terrorismo de ETA. Las relaciones entre los catalanistas de CiU y el PP son menos hostiles, y los segundos han apoyado con frecuencia a los primeros en el Congreso de la nación.

La presencia y la importancia de la coalición *Izquierda Unida* en la vida política se han ido reduciendo en los últimos años, aunque todavía obtiene alrededor del 10% de los votos. La radicalidad de algunos de sus planteamientos programáticos, las crisis y disensiones internas de los partidos que la forman y el declive y desprestigio del comunismo en Europa tras

Protesta laboral de sindicalistas

la desaparición de la Unión Soviética la han ido separando progresivamente de los votantes. En el País Vasco, las relaciones de IU con el PSOE son muy tensas, hasta el extremo de que la coalición izquierdista ha llegado a apoyar al PNV en el gobierno regional para mantener al PSOE fuera del poder.

Un poderoso recurso de la izquierda son los sindicatos obreros, que tienen en España mucha más presencia y poder sociales que en los EE.UU. Los más importantes son *Unión General de Trabajadores* (UGT) y *Comisiones Obreras* (CCOO), dirigidos por líderes socialistas y comunistas, respectivamente. Aunque han perdido algo de su poder en los últimos años, su capacidad para influir en la vida política y económica es todavía enorme. Los sindicatos españoles participan regularmente con los empresarios y el gobierno en las negociaciones de los *convenios colectivos*, o contratos laborales pactados a nivel nacional que fijan los criterios, las condiciones de trabajo y los aumentos mínimos de salario de los empleados de casi todas las empresas grandes y medianas y de los funcionarios públicos. Cuando UGT y CCOO interpretan que los intereses de los trabajadores están seriamente amenazados convocan huelgas parciales o generales que pueden llegar a paralizar ciudades o regiones, sectores enteros de la economía, servicios públicos o medios de transporte, y que normalmente influyen en las decisiones finales del gobierno y de los empresarios. En los últimos años, sin embargo, los efectos de la globalización y el aumento del nivel de vida han limitado el recurso a la huelga por parte de los grandes sindicatos.

5 El proceso electoral

En España se celebran cuatro tipos de elecciones diferentes que se corresponden a los tres niveles administrativos del país y a los órganos europeos de gobierno: las elecciones generales, las autonómicas, las locales y las europeas. Todas ellas se realizan cada cuatro años, aunque no es necesario que coincidan en la misma fecha. Las elecciones autonómicas tienen por objeto la elección de los componentes de los parlamentos regionales y del presidente de cada comunidad autónoma. En las locales, la voluntad popular nombra los alcaldes y los concejales de los ayuntamientos de las ciudades y los pueblos. A diferencia de otros países —como los EE.UU.— los jueces, los jefes de ciertos cuerpos de policía, los fiscales y los interventores no son elegidos por el pueblo sino que son funcionarios profesionales. Las europeas nombran a los representantes de los partidos políticos españoles en el parlamento de la Unión Europea.

Las elecciones generales tienen como objetivo la selección de los miembros del Parlamento o Cortes Generales —el Congreso y el Senado— de la nación. Después de los comicios, el rey, tras consultar a los diferentes partidos políticos, propone al Congreso un candidato a la presidencia del Gobierno. Este candidato es, generalmente, el líder del partido más votado, aunque en ocasiones excepcionales podría ser el de otro partido político

ANTIGLOBALIZACIÓN Y EXTREMA DERECHA

La llegada de emigrantes está estimulando en España —como en el resto de la UE— una reacción xenófoba que favorece a los simpatizantes de extrema derecha. Aunque la presencia de esta ideología en la vida política española es todavía muy reducida —no tiene, por ejemplo, representación parlamentaria— en los últimos años se ha producido una reorganización de sus grupos que se ha materializado en la creación de un nuevo partido denominado *Democracia Nacional.* La agenda política de la extrema derecha española ha cambiado significativamente en los últimos veinte años. De ser una ideología expansionista ha pasado a ser defensiva, contraria a los cambios que está causando la globalización y defensora de un peculiar concepto de lo español. Curiosamente, en esto último coincide con la extrema izquierda, también enemiga declarada de los movimientos globalizadores y de la colonización cultural extranjera.

Los cuatro ejes en los que Nueva Democracia centra su programa político son el severo control de la inmigración, sobre todo de la procedente del Tercer Mundo, el retorno a la moneda española —la peseta— la oposición al excesivo poder político y económico de la Unión Europea y la defensa cultural de lo español contra la invasión de la cultura popular de los EE.UU. Respecto a la inmigración, la extrema derecha propone la aplicación estricta de la vigente ley de extranjería, la devolución a sus países de origen de todos los inmigrantes que estén en situación de ilegalidad o que hayan cometido algún delito y la reducción de los derechos políticos y sociales de los residentes que no sean ciudadanos españoles. Nueva Democracia establece en su programa que para "evitar quedar reducidos a una colonia cultural de los EE.UU." el Estado debe proteger más activamente las "producciones culturales españolas y europeas", especialmente en el cine y la televisión.

que cuente con el suficiente apoyo de los grupos parlamentarios. Este candidato expone al Congreso su programa de gobierno, tras lo cual los diputados realizan el llamado *voto de investidura*. Si en este voto el candidato obtiene el apoyo de la mayoría absoluta de los diputados, el rey le nombra presidente del Gobierno. Si no obtiene ese apoyo, se realiza una nueva votación dos días después en la que la nominación se hace por mayoría simple. Si no se obtuviera la minoría simple, el rey consultaría de nuevo con los partidos y propondría un nuevo candidato, tras lo cual se seguiría el procedimiento ya mencionado. Si a los dos meses de la primera votación no se logra un acuerdo sobre el nombramiento de un presidente, el rey disuelve las cámaras y convoca nuevas elecciones.

El sistema electoral español es representativo en un sentido popular —congresistas y senadores son elegidos por sufragio universal— y proporcional. Los partidos que reciben más de un cierto porcentaje de los votos de los ciudadanos —alrededor del 6%— obtienen representación en las Cortes. Así, grupos políticos con el 8% o el 9% de los votos consiguen poner a su representante o representantes en las Cortes, en los Parlamentos autonómicos o en los ayuntamientos. La ley electoral que regula esta proporcionalidad de representación —la ley D'Hont— establece que el partido ganador reciba un representante más, pero a partir de ahí los votos se reparten matemática y proporcionalmente. Ello asegura la participación en los órganos legislativos de opiniones políticas minoritarias que, de otra manera, no tendrían voz en el Parlamento. En las elecciones del año 2004, por ejemplo, los cuatro representantes de la provincia de Álava al Congreso de los Diputados quedaron distribuidos de la siguiente manera: dos para el PSOE —que obtuvo el 31% de los votos— uno para el PP —al que votó el 27% de los electores— y uno para el PNV —que recibió el apoyo del 25% de los ciudadanos. Este sistema es muy distinto a otros —como el de los EE.UU.— en los que la elección del presidente es independiente de la de congresistas y senadores y los partidos con pocos votos no obtienen escaños en el parlamento.

Como en cualquier democracia, los miembros y simpatizantes de los partidos políticos son esenciales en el desarrollo de las elecciones. Ellos reparten panfletos, envían cartas, ponen carteles en las paredes, organizan los actos electorales, etc. En España, tanto el número de miembros de los partidos políticos como su participación activa en las campañas son factores más significativos que en los EE.UU. Al contrario que en esta última nación, los votantes españoles no tienen que registrar su pertenencia o simpatía por un partido político determinado antes de las elecciones.

Las campañas electorales en España mantienen la tradición —muy común en el sur de Europa, pero cada vez más rara en países como los EE.UU.— de celebrar actos políticos masivos en grandes teatros, estadios de fútbol, plazas de toros y plazas públicas. La constante presencia de los partidos contribuye a generar altos índices de participación electoral, que generalmente se sitúan en torno al 70% o el 75% en las elecciones generales y en torno al 60% en las locales y autonómicas.

La mayoría de los gastos creados por las campañas electorales son pagados por el Estado, a través de las subvenciones públicas que los partidos reciben de acuerdo al número de votos obtenidos en las últimas elecciones. Aunque los partidos utilizan también otras fuentes de financiación privadas, la proporción de éstas está controlada, por lo que los procesos electorales no obligan a los candidatos a invertir grandes fortunas en propaganda. La publicidad electoral en los medios privados —periódicos, revistas, radio y televisión— no es excesivamente cara, y, lo que es aún más importante, los candidatos tienen derecho al acceso gratuito y sistemático a segmentos de tiempo en las televisiones y radios públicas para presentar sus programas de gobierno. El tiempo de que disponen las diferentes fuerzas políticas en los medios públicos de comunicación depende también de los resultados obtenidos por cada una de ellas en las elecciones anteriores. Además, los partidos tienen derecho a una cantidad relativamente grande de anuncios comerciales en periódicos y revistas a un precio moderado. Todo esto contribuye a que todas las ideologías tengan una voz en el proceso electoral y a que los programas de los partidos alcancen todos los rincones del territorio nacional. La propaganda electoral se detiene veinticuatro horas antes del día de las elecciones, en la llamada *jornada de reflexión*. Las elecciones se celebran generalmente en domingo y en meses que no coincidan con los periodos de vacaciones de verano; si tienen lugar en día laboral, los trabajadores disponen de cuatro horas libres para ir a votar.

6 El nuevo ejército español

En los capítulos dedicados a los siglos XIX y XX hemos visto que el ejército ha sido una de las instituciones que más influencia han tenido en la vida política española. Durante largos periodos de tiempo, la debilidad del poder civil convirtió esta institución en motor del cambio político, en garante de la estabilidad o en defensora de uno u otro concepto de

Un soldado español, 1991

lo español. En los años del franquismo, además, su compromiso ideológico con el régimen le convirtió en uno de los pilares de la dictadura. Por ello, el ejército franquista unió a sus deberes fundamentales de proteger la seguridad nacional y las fronteras de ataques externos, otras atribuciones casi policiales que tenían como objetivo el control de la población, la defensa del orden en el interior del país y el adoctrinamiento. Al mismo tiempo —y especialmente los primeros veinticinco años del régimen— en el ejército ofreció a muchos jóvenes españoles la posibilidad de salir del mundo rural, les puso en contacto con la vida urbana e industrial y a veces les ofreció la formación necesaria para integrarse en ellas. Durante la transición, el ejército continuó siendo una institución altamente politizada cuyos mandos en ocasiones despreciaban el poder civil y desconfiaban de las reformas democratizadoras pero que —con excepción de los pocos oficiales que apoyaron el intento de golpe de Estado de 1981— se mantuvieron fieles al rey y acabaron aceptando la Constitución.

Los gobiernos del PSOE y del PP —como ya se ha indicado— han realizado reformas profundas que han despolitizado las instituciones militares, han mejorado su estructura, su capacidad operativa y tecnológica y han redefinido su misión, adaptándola a la nueva realidad mundial. Gracias a estas reformas, el ejército español del siglo XXI es un cuerpo altamente profesionalizado y se encuentra completamente subordinado al poder civil.

El período de cambios más intensos fue el comprendido entre los años 1996 y 2000. Durante estos años se suprimió el servicio militar obligatorio —la *mili*, como se lo conocía popularmente— y se profesionalizó la totalidad de la tropa, se redefinió la misión de las Fuerzas Armadas y se procedió a una modernización de sus estructuras y su equipamiento. Los nuevos compromisos adquiridos por el gobierno español en el marco de organizaciones supranacionales como la OTAN, la UE y la ONU y el alineamiento con los EE.UU. dieron al ejército español, por primera vez en muchos años, responsabilidades más allá de las fronteras nacionales. Desde 1989 soldados y oficiales españoles han participado en misiones de paz en Angola, Centroamérica y la antigua Yugoslavia e Irak y, como ya se mencionó, han intervenido en algunas acciones bélicas en diferentes lugares del mundo. Estas nuevas misiones, la pertenencia a la OTAN y las nuevas necesidades estratégicas han estimulado la moral de los mandos y oficiales, al mismo tiempo que han obligado al Estado a incrementar los gastos para el entrenamiento, la modernización tecnológica y la compra de equipamiento. El nuevo ejército español cuenta con un número de soldados más reducido que nunca, pero también mejor entrenados para el combate.

La eliminación del impopular servicio militar obligatorio y la profesionalización han generado nuevos problemas, como las dificultades para reclutar un número suficiente de soldados profesionales y para retenerlos tras el final de su primer contrato. Este problema se debe principalmente a los bajos salarios de la tropa profesional y a la imagen y el concepto del ejército que tiene buena parte de la sociedad española. Los sueldos que el Estado puede ofrecer a los soldados profesionales no pueden competir hoy con los del resto del sector público, y mucho menos con los del sector privado. En casos de puestos altamente especializados —comunicaciones, ingenieros, pilotos— un soldado profesional podría integrarse en compañías que pagan más del doble de lo que ofrece el ejército, lo que resulta muy tentador para todos aquellos que no tengan una vocación militar fuerte. Al igual que en el resto de la UE, la juventud española posee una baja motivación patriótica, lo cual refleja los valores de una sociedad que, además de estar comprometida con el pacifismo, todavía sigue teniendo una imagen no muy positiva de la carrera militar. Para solucionar el problema planteado por el bajo interés de los españoles en las Fuerzas Armadas, el gobierno ha comenzado a reclutar a jóvenes extranjeros a los que se ofrece la ciudadanía española a cambio de servir en el ejército durante un tiempo determinado. Estos soldados son, hasta ahora, latinoamericanos hijos de españoles, pero el gobierno se está planteando la posibilidad de extender la oferta a ciudadanos de otros países que se encuentran en España como inmigrantes.

España y la Unión Europea

España se incorporó a la Unión Europea como miembro de pleno derecho el 1 de enero de 1986, treinta años después de la fundación de las primeras instituciones supranacionales en el continente —la Organización Europea de Cooperación Económica (1948), el Consejo de Europa (1949), la Comunidad Europea del Carbón y del Acero (1951) y la Comunidad Económica Europea (1956). La razón fundamental de este retraso fue el carácter antidemocrático del régimen de Franco, que llevó a la entonces Comunidad Europea (CE) a rechazar la candidatura española. A pesar de ello, España mantuvo desde 1970 relaciones especiales con la (CE) en virtud del Acuerdo Preferencial de Comercio firmado en ese mismo año. Tras la consolidación de la democracia, la candidatura española fue aceptada por los países miembros.

Desde 1986 hasta hoy, España ha participado en los múltiples e importantes cambios que se han producido en la estructura y las funciones de la antigua CEE. Puesto que tanto la filosofía general de la Unión Europea como la mayoría de sus directrices son vinculantes para los estados miembros, las decisiones tomadas en Europa afectan directamente a las actuaciones políticas de los gobiernos españoles y a las prácticas económicas, sociales y legales de la nación. El destino de España está para siempre unido al de Europa, y por ello entender la España actual pasa por entender la naturaleza y los objetivos de una UE que ya ha superado su etapa de proyecto para convertirse en una realidad.

Desde la integración de España, la antigua Comunidad Económica Europea de 1956 —que nació como una institución principalmente económica con el triple objetivo de unificar los mercados, las monedas y las políticas de los estados miembros— ha sufrido transformaciones importantes que han redefinido y precisado sus funciones y su papel. La primera de estas transformaciones ocurrió en el año 1987, cuando entró en vigor el Acta Única Europea, que sustituyó el nombre de CEE por el de Comunidad Europea, amplió los poderes del Parlamento Europeo, estableció el sistema de sufragio universal para elegir a sus miembros y tomó medidas para hacer realidad un espacio de libre mercado que abarcara todo su territorio. La firma del Tratado de Maastricht (1992) trajo la segunda gran transformación. Este tratado cambió el nombre a Unión Europea, implantó el mercado único, incorporó a los objetivos de la Unión la cooperación en justicia, política exterior y seguridad, reforzó las políticas sociales y creó el *euro* como la moneda única de sus miembros. El Tratado de Amsterdam (1997) definió con más precisión la filosofía política de la UE, convirtió el empleo y los derechos de los ciudadanos en una de sus prioridades, suprimió los obstáculos para la libre circulación de personas dentro de los estados miembros y reforzó la cooperación en seguridad y política exterior. Por fin, el Tratado de Niza (2000) elaboró la llamada *Agenda 2000*, que estableció la apertura hacia los países del este europeo, un calendario para la admisión de éstos en la UE y las medidas necesarias para adaptar las instituciones comunitarias para incluir a unos treinta miembros en el año 2015.

A partir de la integración, España ha tenido que realizar importantes esfuerzos para adecuar sus estructuras a las de la Europa desarrollada. En el terreno económico, estos esfuerzos se han centrado en la reorganización y modernización de los sectores primario —agricultura, pesca, ganadería, minería— secundario —industria— y terciario —comercio, transportes, banca, finanzas, ocio. En el campo administrativo, se han llevado a cabo importantes reformas en la administración, se han mejorado las políticas sociales y fiscales y las leyes de defensa del medio ambiente y se ha aumentado la inversión en educación e investigación científica. Estos esfuerzos han tenido efectos muy positivos para el país, que además de participar activamente en la economía y el gobierno de las instituciones europeas se ha beneficiado de los programas sociales y culturales comunitarios. España es uno de los países de la Unión Europea que, por haber cumplido los criterios económicos de convergencia, han adoptado la moneda común —el *euro*— en la primera fase de su implantación (1 de enero de 2002).

La UE quiere ser algo más que la integración de una serie de estados en una entidad supranacional común, y por ello sus dirigentes han hecho un esfuerzo especial para acercar las instituciones europeas a la vida diaria de los ciudadanos. En este sentido, los españoles también se han beneficiado de logros tan importantes como la ciudadanía común, la posibilidad de trabajar en cualquiera de los estados miembros, las políticas sociales de protección a los individuos o regiones más desfavorecidas, la mejora de las condiciones de trabajo, la regulación de la calidad de productos y servicios, etc. La creación de una política interior común en los campos de la justicia y la seguridad está comenzando a dar sus primeros frutos en las normas generales sobre el asilo, la inmigración y la cooperación policial y judicial en la lucha contra la delincuencia y el terrorismo.

Tras la firma del Tratado de Maastricht, el desarrollo de una política exterior, un sistema de defensa y unas líneas de cooperación internacional comunes a los miembros de la UE ha recibido un impulso fundamental. Los objetivos de la política de defensa común son la protección de los intereses y la independencia de la UE, el mantenimiento de la paz, el refuerzo de la seguridad internacional y el desarrollo de la democracia. Diez de los quince miembros de la UE pertenecen también a la llamada Unión Europea Occidental, que es una alianza de carácter militar. La creación de un ejército común está todavía muy lejana, debido no sólo a los enormes gastos necesarios para su puesta en funcionamiento, sino también a los diferentes intereses y alianzas de muchos de los estados miembros.

El objetivo principal de la política exterior europea es lograr que la UE se exprese en el mundo con una sola voz y que tome acciones conjuntas en algunos conflictos internacionales.

La política exterior común está coordinada hoy por un Alto Representante que da coherencia y visibilidad a tal política, planifica las actuaciones y crea estrategias comunes para cada región del globo. Los principales ejes de la política exterior de la UE son el apoyo a los programas de reforma de los antiguos países comunistas de Europa Central y Oriental, las buenas relaciones con Rusia, la estabilidad del Mediterráneo, la ayuda a las democracias de Latinoamérica y la integración de las economías africanas en el mundo. Gracias a la política de cooperación exterior para el desarrollo y la ayuda humanitaria, la UE ha concedido exenciones en el pago de aduanas a casi todos los productos procedentes de los países de África, el Caribe y el Pacífico sin exigir reciprocidad, y se ha convertido en el mayor donante de ayuda humanitaria del mundo.

⑧ La política exterior y las relaciones internacionales

El final de la dictadura del general Franco y la llegada del régimen democrático representó el comienzo de una nueva era para la política exterior de España, que de ser una nación semiaislada y con poco prestigio internacional pasó a tener una voz en Europa y en el mundo y a participar en las organizaciones internacionales más importantes. Las prioridades de la política exterior española quedaron pronto establecidas en cuatro áreas fundamentales: Europa Occidental, el Mediterráneo, Hispanoamérica y los EE.UU.

¿SABÍAS QUE...?

LAS FRONTERAS DE LA UNIÓN EUROPEA

Los avances en el proceso de unificación europea han cambiado la función de las fronteras entre los estados miembros. Hoy, un ciudadano de cualquier país de la Unión Europea puede viajar en automóvil desde un punto de la UE hasta cualquier otro sin ser parado en las fronteras de ninguno de los países que cruce. Los puestos fronterizos entre los diferentes estados todavía existen, pero los agentes que los vigilan sólo tienen la responsabilidad de controlar a los viajeros que no son ciudadanos de la UE o que sean sospechosos de haber cometido algún crimen.

La nueva realidad multinacional de la Unión Europea ha convertido los límites exteriores de ésta en sus auténticas fronteras, ya que, una vez que se ha accedido al interior de uno de sus estados, existe una gran facilidad para desplazarse libremente por los demás. La admisión en la UE de algunos países de la Europa del Este va a resultar en un aumento considerable de la extensión de las fronteras exteriores, lo que va a dificultar el control de la inmigración ilegal —que ya ahora es uno de los grandes retos comunitarios— y del crimen y el terrorismo internacionales. Para adaptarse a esta nueva realidad, el gobierno europeo de Bruselas ha propuesto la creación de una gran policía comunitaria y ha pedido a sus miembros que modifiquen las leyes nacionales para hacer posible que agentes de cualquier país puedan prestar sus servicios en la vigilancia de fronteras de cualquier estado miembro. El gobierno de Bruselas no dispone de mucho tiempo para poner en funcionamiento este nuevo cuerpo de policía, ya que para el año 2009 la presión de la inmigración ilegal se habrá multiplicado por tres.

El deseo de "entrar" en Europa había estado presente desde hace mucho tiempo en la conciencia histórica de las clases medias educadas, de los empresarios y de los políticos liberales. Los "afrancesados" del siglo XVIII, los liberales y "regeneracionistas" del XIX y la gran mayoría de los españoles del XX habían sentido que "Europa" y "desarrollo" eran conceptos sinónimos, y que el retraso del país durante los últimos siglos tuvo mucha relación con su desconexión con el continente. Con su entrada en la entonces llamada Comunidad Europea, Madrid adquirió una nueva importancia en el continente y desempeñó un papel muy activo en el diseño y mantenimiento de la política exterior común europea. Por su historia y su lengua, pronto se convirtió en puente entre la UE y los países de Latinoamérica, lo que ha sido muy bien recibido en ambos lados del Atlántico. Intelectuales y políticos españoles e hispanoamericanos han visto en la conexión Europa-Latinoamérica una excelente oportunidad para establecer una alternativa a la influencia de los EE.UU., y en la transición española un modelo de consolidación de la democracia. En los últimos veinticinco años se han normalizado las relaciones con todos los países del área, incluidos aquéllos que, como Méjico, rompieron relaciones diplomáticas con la España de Franco. Juan Carlos I ha visitado prácticamente todas estas naciones y ha sido muy bien recibido por el pueblo latinoamericano. También se han establecido programas de ayuda al desarrollo de los gobiernos democráticos y créditos e inversiones especiales para facilitar el progreso económico. Una vez al año, además, se celebran las llamadas *cumbres latinoamericanas*, o reuniones de todos los jefes de Estado o de Gobierno de los países de Latinoamérica —incluido Brasil— más los de España y Portugal. Un mercado de 400 millones de consumidores representa una importante base para la expansión de las grandes empresas españolas, especialmente las de comunicaciones, finanzas, bancos, seguros y transportes, que con sus abundantes inversiones en Latinoamérica han convertido a España en el segundo inversor mundial en la zona.

La otra gran prioridad de la política exterior española es la colaboración con los EE.UU. Esta colaboración empezó en los años cincuenta, década en la que, como ya se dijo, Franco y Eisenhower cooperaron en los terrenos militar y económico. El espíritu del *Tratado de Amistad y Cooperación* firmado en estos años ha sido mantenido hasta el presente, aunque con importantes modificaciones de detalle. Aunque la opinión pública española ha sido —y es— muy crítica con algunas de las actuaciones de la política exterior de Washington, la pervivencia de este tratado de amistad enfatiza la especial conexión que existe entre los gobiernos de ambas naciones, y en las últimas crisis mundiales la posición del ejecutivo español ha coincidido casi por completo con la de Washington. Existe, además, otra vía de conexión con los EE.UU. y con Europa: España es, como se mencionó antes, miembro de la *Organización del Tratado del Atlántico Norte* (OTAN), y soldados españoles han participado, junto a los norteamericanos y a los de otros estados europeos, en misiones encomendadas a dicha organización.

A pesar de los importantes avances en la cohesión de las instituciones europeas durante los últimos años, las recientes crisis internacionales han creado importantes fricciones entre los estados miembros de la UE. Mientras que en 2003 los gobiernos de Gran Bretaña, España e Italia dieron su apoyo incondicional a la intervención estadounidense en Iraq, otros países —como Francia, Alemania y Bélgica— manifestaron claramente su total oposición a ella por considerarla agresiva y peligrosa. La participación de tropas españolas —unos 1.400 soldados— en el proceso de pacificación de ese país árabe significó un acercamiento importante de la política exterior española a la posición anglo-norteamericana, así como un distanciamiento de las posturas de Francia, de Alemania y de la mayoría de los demás miembros de la UE. La actitud de los diferentes gobiernos con respecto a las demandas de los EE.UU. representa un enorme problema para la construcción de una Europa que esté realmente unida más allá de lo puramente administrativo y económico. Las variadas tradiciones, culturas y sensibilidades de los estados miembros —cada uno con sus diferentes fidelidades históricas— están haciendo casi imposible la deseada coordinación en política exterior. Este es, sin duda, uno de los retos más importantes para la UE en un momento en el que se prepara para integrar a una docena de nuevos miembros.

Por razones históricas, geográficas y culturales, el Mediterráneo ha sido siempre una de las áreas prioritarias de la acción exterior española. Hoy España participa regularmente en las *cumbres del Mediterráneo* —a las que asisten los jefes de Estado de los países europeos y africanos situados a las orillas de este mar— y mantiene excelentes relaciones con los estados mediterráneos que pertenecen a la UE. Del resto de países ribereños, destacan los contactos con Argelia —de donde se importa una cantidad significativa de gas natural— y con Marruecos. Con este último país se mantienen relaciones estrechas, pero obstaculizadas a veces por problemas como el futuro de las ciudades africanas que forman parte del Estado español, las cuestiones no resueltas tras la descolonización española del Sahara, los convenios sobre la pesca y la creciente emigración de ciudadanos marroquíes a España.

En cuanto a la participación en organizaciones internacionales, España es miembro, además de las ya mencionadas UE y OTAN, de la Organización de Naciones Unidas (ONU) y los diversos organismos que operan dentro de ella (Banco Mundial, Fondo Monetario Internacional (FMI), Organización Mundial de la Salud (OMS), Organización de las Naciones Unidas para la Educación, la Ciencia y la Cultura (UNESCO) y Cascos Azules). Además, está presente en la Organización de Cooperación y Desarrollo Económico (OCDE) —a la que pertenecen la mayoría de países desarrollados y que tiene por objeto potenciar la economía y el comercio mundiales— y colabora con varias Organizaciones no Gubernamentales (ONG) de ayuda al Tercer Mundo, como Amnistía Internacional, Manos Unidas y Médicos sin Fronteras.

⑨ Contrastes legales y políticos entre España y los EE.UU.

Como señalamos al comienzo del capítulo, las normas, leyes y costumbres de una nación están determinadas siempre por sus valores, su cultura y su tradición. Por ello las diferencias más relevantes que podemos encontrar entre las normas legales y las prácticas políticas de España y de los EE.UU. se originan en sus peculiares tradiciones religiosas, históricas y sociales, e incluso en las características geográficas, étnicas y demográficas de ambos países.

Las culturas estadounidense y española ponen énfasis en valores éticos y filosóficos diferentes. El *American way of life* es percibido desde España como una cultura que enfatiza el individualismo, la iniciativa y la autonomía personal, el dinero y la honestidad; desde América, la cultura mediterránea española se puede percibir como más solidaria, tradicional e impregnada de un importante elemento de control social. Por ello muchos norteamericanos temen que el gobierno federal de Washington adquiera excesivo poder, mientras que en España cualquier crisis económica o social de baja intensidad estimula pronto la búsqueda de una solución "desde Madrid". Al mismo tiempo, y mientras que los ciudadanos de los EE.UU. tienen un profundo sentido de unidad nacional, en ocasiones podemos encontrar un mayor contraste entre las leyes específicas de estados vecinos, como Indiana e Illinois, que entre las de Portugal y Noruega, países situados en los extremos geográficos y étnicos de Europa.

La menor importancia del control social en los EE.UU., la mayor conciencia de los derechos individuales y la riqueza del país contribuyen a que el dinero sea un componente esencial de las condenas judiciales de tipo civil, y que las cantidades otorgadas por los jurados como compensación sean vistas desde Europa como absurdamente elevadas. Más allá de estas diferencias de carácter anecdótico, existen otras de naturaleza más institucional que distinguen los sistemas políticos, sociales, jurídicos y económicos de ambos países. A continuación se comentan dos de ellas: las que tienen que ver con el sistema de justicia y las relacionadas con el proceso electoral.

El sistema de justicia

Las constituciones de España y de los EE.UU. definen dos sistemas judiciales que guardan importantes diferencias entre sí. Las decisiones judiciales españolas son de carácter más *normativo*, ya que deben respetar lo establecido en los distintos códigos de leyes escritas, que se aplican casi automáticamente y que dan menos margen a la interpretación de los tribunales. En el sistema americano, en cambio, esas decisiones se basan más en la *jurisprudencia*, es decir, en los precedentes o en las sentencias pronunciadas por otros jueces en casos similares, que sirven como ejemplo normativo.

En España, el papel del jurado de ciudadanos en los juicios es más limitado que en los EE.UU. De las cuatro instancias o niveles del sistema judicial, el jurado popular sólo se utiliza en el segundo —las *Audiencias Provinciales*— a donde llegan los casos no resueltos en el primer nivel, el de los *Juzgados de Primera Instancia*. El tercer nivel —el de las *Audiencias Autonómicas*— no usa los servicios del jurado popular. La estructura judicial de los EE.UU. es particularmente compleja debido —en gran parte— a la necesidad de mantener separados los ámbitos federal —que se ocupa de delitos que implican a ciudadanos de más de un estado y de crímenes contra la seguridad nacional— y estatal —para todos los demás. A diferencia del sistema norteamericano, como ya hemos visto, España tiene un único sistema de tribunales.

Tribunal Supremo (Madrid)

Siguiendo con los tribunales, existen también diferencias entre las competencias y la composición del órgano jurídico máximo (el *Tribunal Supremo*) en ambos países. El poder que este tribunal tiene en los EE.UU. es mayor que el de su equivalente español, porque contiene atribuciones que en España están repartidas entre los tribunales Supremo y Constitucional. Los magistrados que lo componen en los EE.UU. son nombrados por el presidente, ocupan el cargo de manera vitalicia y no están obligados a retirarse a una determinada edad. Sus colegas españoles, en cambio, son nombrados por el Congreso después de ser propuestos a éste por el *Consejo General del Poder Judicial* —con lo que sus agendas políticas no están tan ligadas a la del presidente o a la del gobierno de turno— y deben retirarse al alcanzar una determinada edad.

La carrera judicial presenta también importantes diferencias en ambos países. Los jueces locales y estatales de los EE.UU. son elegidos por votación popular, por el gobernador o por el Parlamento del estado, mientras que los jueces federales son nombrados por el presidente de los EE.UU. En España, en cambio, son funcionarios públicos que acceden a la judicatura y ascienden de categoría por un sistema de promoción interna basado en el mérito profesional.

Respecto a las leyes de carácter civil, una de las diferencias más significativas reside en el tratamiento del concepto de privacidad. En general, el respeto a la vida privada de los ciudadanos es más importante en la cultura norteamericana, lo que se refleja en la mayor dureza de las leyes contra la invasión de lo privado y en la protección de la información personal contenida en los expedientes académicos, los historiales médicos y financieros, etc. El derecho a la protección de la intimidad en España pone su énfasis más en la defensa de la reputación moral o el honor del individuo que en lo privado como un bien absoluto.

En el aspecto penal, el contraste más extremo entre las culturas y los sistemas legales de España y los EE.UU. lo representa la posición de ambos países respecto a la *pena capital*, que en España es específicamente anticonstitucional y que en toda la UE es considerada una práctica bárbara y cruel. Muchos españoles se extrañan de que un país tan poderoso y moderno como EE.UU. todavía mantenga la pena de muerte, aunque muchos de sus estados no la apliquen o la hayan eliminado. La opinión de que el Estado no debe matar está tan extendida en Europa que ni siquiera los familiares de las víctimas de crímenes violentos esperan o reclaman la ejecución de los culpables.

De entre los derechos constitucionales norteamericanos, el más extraño para la mentalidad española es la posesión de armas de fuego garantizada por el llamado *Second Amendment*. Como en el resto de Europa, en España no se siente un interés especial por poseer armas, que sólo son utilizadas por las fuerzas de orden público y de seguridad y por algunos ciudadanos para la práctica de deportes como la caza. Esta diferencia se debe a los condicionamientos históricos de los EE.UU.: la pervivencia de un sentimiento de independencia relacionado con el "espíritu de frontera", el deseo de protegerse contra posibles abusos del gobierno y el tráfico de influencias de la poderosa Asociación Nacional del Rifle (NRA). Los abusos de poder por parte del Estado se perciben en los EE.UU. como peligros para los derechos civiles y privados de los individuos, mientras que en Europa se han contemplado históricamente como amenazas a colectivos sociales determinados —los obreros, los habitantes de ciertas regiones, los practicantes de una religión, los miembros de un grupo étnico o cultural, etc.— y no se han combatido desde posiciones individuales, sino corporativas —movimiento obrero— o regionales —organizaciones nacionalistas.

El sistema policial español presenta una homogeneidad mayor que el estadounidense. En España existen dos cuerpos policiales con jurisdicción en todo el territorio: la *Policía*

Nacional —que se ocupa de las zonas urbanas y del control de la emigración, los pasaportes y la emisión del Documento Nacional de Identidad— y la *Guardia Civil*, que se encarga de la protección de las zonas rurales, del control del tráfico en las carreteras y de la vigilancia de aeropuertos, costas y fronteras, y que comparte la lucha antiterrorista con la Policía Nacional. En el País Vasco, Navarra y Cataluña, la Policía Nacional y la Guardia Civil comparten —o ceden— sus competencias a la *Ertzaintza*, la *Policía Foral* o los *Mossos D'escuadra*, que son las policías autonómicas de esas regiones. Además de los mencionados cuerpos, en las ciudades y los pueblos que superan un cierto número de habitantes existe una Policía Municipal, cuyas competencias están restringidas al ámbito local. En los EE.UU., en cambio, existen los sistemas policiales federal (FBI), estatal y local, además de los que se ocupan del control del tráfico, de las zonas rurales —los sheriff— o de los *campus* de las universidades y colegios universitarios, de las aduanas o de la inmigración.

El sistema electoral

Como se puede deducir de la lectura de la sección 5, los procesos electorales español y estadounidense son bastante diferentes, tanto en el aspecto ideológico como en el estructural. El sistema electoral norteamericano favorece la existencia de sólo dos partidos políticos, lo que tiene importantes consecuencias. En EE.UU. las elecciones primarias deben decidir qué dirección ideológica va a seguir cada partido y qué candidato va a presentar a las elecciones generales. Después, hay que mantener la unidad de cada uno de los partidos —republicano o demócrata— ya que ambos son, en realidad, un conglomerado de diferentes grupos e intereses. En España, como ya se vio, el sistema proporcional permite la existencia de cinco o seis partidos con poder real, lo que da a éstos una identidad ideológica

¿SABÍAS QUE...?

EL JURADO POPULAR

A mediados de los años noventa el sistema judicial español incorporó a su estructura la figura del jurado popular, que se utiliza en juicios por homicidio, amenazas, omisión del deber de socorro, robos, incendios forestales, cohecho, tráfico de influencias, malversación de dinero público y fraudes.

Por ser una figura jurídica nueva en España, los jurados populares no están todavía muy presentes en la conciencia popular aunque, como ocurre en otros países, cuentan ya con defensores y críticos. Los partidarios de los jurados insisten en el papel fundamental que éstos desempeñan en la popularización, democratización, transparencia y legitimación de la justicia. Sus críticos, por otro lado, ponen en duda la conveniencia de poner delicadas decisiones judiciales en manos de ciudadanos que

ni son expertos en leyes ni están preparados para comprender los aspectos técnicos de éstas ni las implicaciones de sus decisiones. Además, y como ocurre en otros países, muchos ciudadanos no están interesados en participar en un jurado, y hacen todo lo posible por evitar este deber.

La ley que regula el funcionamiento de los jurados ha sido objeto de debate casi desde el comienzo de su aplicación. Algunos partidos políticos —como el Partido Popular— se muestran partidarios de mejorar el proceso de selección de los miembros del jurado, mientras que otros —los de la izquierda— quieren mantenerlo lo más abierto posible. A pesar de ello, no es muy probable que la estructura y funciones del jurado cambien significativamente durante los próximos años.

más clara y definida. El poder de los grupos de presión —los "lobbies"— es esencial en el sistema político norteamericano, mientras que en España los partidos y los poderosos sindicatos asumen ellos mismos la defensa de los intereses de sus afiliados y simpatizantes.

El uso y el papel del dinero separan también los mecanismos electorales de los dos países. Los políticos norteamericanos no tienen garantizada su presencia casi gratuita o muy barata en los medios de comunicación, y por ello los costos electorales —y la autonomía personal de los candidatos respecto a sus partidos— son muy altos. Si lo desean, los candidatos norteamericanos pueden gastar millones de dólares procedentes de donaciones privadas o de su propia fortuna personal. No es una coincidencia que tantos representantes del Congreso y del Senado de Washington sean millonarios, algo que no tiene paralelo en el Parlamento de Madrid.

La televisión desempeña un papel esencial en los procesos electorales a ambos lados del Atlántico, aunque, dadas las dimensiones geográficas de los EE.UU. y la movilidad de su población, resulta aún más determinante en este país. Además, los EE.UU. son el centro mundial del negocio del espectáculo y el entretenimiento, por lo que la existencia de Hollywood como elemento generador de valores en la cultura del país tiene consecuencias políticas que no se pueden ignorar. El periodismo televisivo y las actuaciones públicas de los políticos no alcanzan en España el grado de "espectáculo" estético y retórico que han adquirido en los EE.UU. en los últimos cuarenta años. A pesar de este claro contraste, en las últimas décadas las elecciones españolas se han ido haciendo cada vez más televisivas, y la presentación de los candidatos, de sus ideas y de su estética propagandística se ha americanizado considerablemente.

¡Atención! Ve a **De la Red** de este capítulo en *www.prenhall.com/espanaayeryhoy*. Allí encontrarás sitios de información muy interesante y de fácil acceso.

Las regiones con nacionalismo propio

Temas de introducción

1. ¿Qué te sugiere el término *patriotismo*? ¿Cómo lo definirías? ¿Piensas que este sentimiento es más fuerte en tu país que en otros o que es similar? ¿Crees que los ciudadanos de los EE.UU. se identifican más con su condado o estado o con el país en su totalidad?

2. ¿Qué entiendes por *separatismo* o *secesionismo*? ¿Puedes citar algún país en el que el separatismo sea un problema? ¿Existen o han existido movimientos separatistas en tu país? ¿Por qué razones culturales o históricas es esto así?

3. ¿Existen en tu país zonas geográficas con culturas o personalidades propias? ¿Cuáles son? ¿Qué factores diferenciales caracterizan al sur de los EE.UU. como región?

4. En los EE.UU. se hablan muchas lenguas diferentes del inglés. ¿Podrías mencionar algunas de ellas? ¿Crees que el multilingüismo es un peligro para la unidad nacional?

① Introducción

A los españoles se les ha atribuido siempre una mentalidad *centrífuga* —en contraste con otros pueblos de tendencias muy unitarias o *centrípetas*— por considerar que el patriotismo que les une a su región o su localidad es a menudo más fuerte que el que sienten por la nación. Algunos ven las causas últimas de esta tendencia al individualismo localista y regionalista en hechos históricos o geográficos que han permitido la pervivencia de elementos culturales y lingüísticos distintivos de las diferentes regiones. Complementariamente, la progresiva centralización del gobierno y la generalización del castellano como lengua común han sido vistas como algunas de las causas que provocaron la decadencia de esas otras lenguas y tradiciones culturales.

Las culturas periféricas que han sobrevivido al proceso centralizador de la historia han adquirido gran importancia en la España actual e incluso han comenzado a obtener cierta notoriedad internacional. En capítulos anteriores ya se mencionó el importante papel que los nacionalismos catalán y vasco han desempeñado en la vida española del último siglo y medio. Recordemos que, tras años de reivindicaciones, las demandas autonomistas de estos nacionalismos fueron reconocidas por la Segunda República, eliminadas por la dictadura de Franco y reinstauradas por la constitución democrática.

Los ciudadanos de España no comparten hoy una conciencia de identidad española común y uniforme. Mientras que en algunas comunidades autónomas nadie se cuestiona su españolidad, en otras —como el País Vasco y Cataluña— hay muchos que no se consideran total o únicamente españoles, y una minoría importante desearía la separación de sus regiones del Estado español. La existencia de sentimientos nacionalistas o separatistas fuertes en estas regiones no se debe tanto a la presencia de una lengua o una cultura propias como a la confluencia de circunstancias históricas y sociales y, sobre todo, a una voluntad política de diferenciación. Así lo prueba el hecho de que algunas comunidades donde el uso de la lengua local está muy extendido —como las Islas Baleares, donde la mayoría de la gente habla un dialecto del catalán— no han planteado problemas de separatismo, mientras que en el País Vasco —la región más conflictiva en este sentido— el idioma vasco es hablado sólo por una minoría de la población.

La riqueza de la historia y del mapa lingüístico ibérico han creado, además de tesoros culturales, complejas situaciones políticas que la joven democracia española está intentando solucionar. Para salvar la unidad del Estado español y garantizar el respeto a las minorías es fundamental la articulación democrática de las diferencias lingüísticas y culturales, así como la aceptación responsable de lo que une y de lo que separa. El marco legal definido por la Constitución de 1978 y la redefinición de España como un Estado de las Autonomías han logrado tal articulación de una manera relativamente eficaz. Aunque todavía quedan problemas por resolver, y a pesar de la violencia registrada en el País Vasco en los últimos veinte años, se puede afirmar que las perspectivas de convivencia y paz para el siglo XXI son buenas.

❷ La cultura catalana

Cataluña hoy

La Comunidad Autónoma de Cataluña ocupa el 6% de la superficie del Estado, e incluye cuatro provincias: Barcelona, Tarragona, Lérida y Gerona. Su extensión es pequeña si se la compara con la de los EE.UU. —ocupa un territorio equivalente al de Maine y Delaware juntos— pero no si se la considera en proporción con otros estados europeos, ya que tiene aproximadamente el mismo tamaño que Austria o Bélgica. Viven en ella seis millones de habitantes, y su densidad de población (190 habitantes/km^2) es más del doble del promedio español (79 habitantes/km^2), aunque dista mucho de los 550 habitantes/km^2 de la Comunidad de Madrid. Su clima es mediterráneo suave en las zonas costeras e interiores y montañoso en la zona de los Pirineos. Es, además, una de las tres regiones más ricas de toda la Península Ibérica. Cuenta con la economía más variada del país, ya que su muy productivo sector de servicios —turismo, editoriales, banca, comercio, seguros y otras actividades que suponen el 63% de la economía— está acompañado de una fuerte tradición industrial —otro 28%— y un importante sector primario —el 9%.

En Cataluña, además, existen todos los contrastes normales que se dan entre un núcleo de población de tradición cosmopolita (Barcelona) y las pequeñas capitales de las otras tres provincias, la mayor de las cuales (Tarragona) no pasa de los 150.000 habitantes. Estos contrastes, sin embargo, no afectan al nivel de vida, que es similar en las tres provincias.

La realidad económica, social y política de Cataluña está determinada por Barcelona, ciudad en cuya área metropolitana reside la mitad de la población total de la comunidad y que

¿SABÍAS QUE...?

LOS "PAÍSES CATALANES"

Muchos nacionalistas catalanes sueñan con la creación de una entidad política —a la que denominan *Países Catalanes*— que incluiría todos los territorios de habla catalana. Estos *Países* unirían a las cuatro provincias que forman actualmente la Comunidad, los territorios franceses del Rosellón y la Cerdaña —que pertenecieron históricamente al reino de Aragón y que hablaron catalán durante muchos siglos— el pequeño estado pirenaico independiente de Andorra y las comunidades autónomas de Valencia y Baleares.

Esta idea *pan-catalanista* no tiene, sin embargo, muchos simpatizantes fuera de la propia Cataluña.

En Valencia, por ejemplo, algunos defienden una idea alternativa al catalanismo que hace de la comunidad cristiana mozárabe —anterior a la llegada de los catalanes a la región— el núcleo histórico de una identidad autóctona no-catalana. Aunque el origen catalán de las lenguas valenciana y balear es indudable, estas regiones —de conciencia más claramente "española" que Cataluña— prefieren mantener sus propias autonomías y sienten recelos de la posible interferencia del catalanismo en sus asuntos locales.

tiene un peso sociocultural enorme no sólo en la región sino en todo el Estado. La extraordinaria expansión comercial e industrial que Barcelona experimentó a mediados del siglo XIX la convirtió en líder del desarrollo económico y de la modernización de España, y en lugar de residencia de una próspera burguesía que participó activamente en los movimientos nacionalistas, apoyó los esfuerzos de recuperación de la conciencia catalana y promocionó la lengua y la cultura propias. Durante la segunda mitad del siglo XIX y casi todo el siglo XX, Barcelona fue el núcleo urbano más abierto y europeizante de la península. Su puerto, el más activo de toda España, ha dado a la región un carácter receptivo a las nuevas iniciativas creativas, industriales y comerciales. Por él han entrado, hasta hace muy poco, gran parte de las novedades internacionales en moda, literatura, arte, música y espectáculos, así como muchas innovaciones tecnológicas e industriales.

Sede de la Generalitat (Barcelona)

El resto de la comunidad ha seguido siempre su propia dinámica cultural y social. La pintoresca Cataluña *profunda* y católica de las masías —casas granja rurales típicas de la región— de las ciudades pequeñas y de los pueblos que sirvió como inspiración de los ideales nacionalistas, continúa siendo hoy el principal pilar del nacionalismo, que obtiene en estos lugares un porcentaje importante de sus votos.

La Cataluña de hoy comparte con las otras comunidades del Estado una serie de problemas comunes —la inmigración, la contaminación, etc.— pero no presenta hábitos, actitudes —valores familiares, religión, ocio, costumbres culinarias, vestido— o retos específicamente catalanes. Aunque sigue siendo una de las comunidades más ricas de España, la diferencia entre su nivel de vida y el de las otras regiones ha disminuido de manera importante en los últimos años, y hay muchos lugares —como Madrid, Baleares, Navarra, Aragón, La Rioja y el País Vasco— que tienen una renta per cápita similar a la catalana.

Cataluña es una comunidad plural, aunque más "catalanizada" hoy de lo que lo ha estado en los últimos dos siglos. La lengua catalana nunca se dejó de hablar —incluso durante la dictadura de Franco continuó siendo utilizada por amplios sectores rurales y de la clase media urbana— pero su uso se ha extendido rápidamente durante los ultimos años. La gran mayoría de los ciudadanos de la región habla hoy castellano y catalán, y sólo un porcentaje muy pequeño no entiende esta última lengua. La espectacular recuperación que la lengua catalana ha experimentado en los últimos veinte años se ha debido, en gran parte, a la política lingüística de la *Generalitat* que ha determinado, entre otras cosas, que en las escuelas se enseñe no *el* catalán sino *en* catalán. Ello ha creado algunos conflictos, ya que algunos castellano-parlantes han acusado a los gobiernos locales de falta de sensibilidad cultural con los ciudadanos españoles de otras regiones, que son ahora obligados a aprender una lengua con la que no se identifican.

Cataluña en la historia

Cataluña, como ya vimos, fue uno de los territorios cristianos que surgieron durante el periodo de la Reconquista. Para contrarrestar el poder musulmán y proteger el sur de sus fronteras, los francos —pueblos procedentes de las actuales Francia y Alemania— controlaron gran parte de lo que hoy es la comunidad catalana, crearon allí un reino frontera —al que llamaron *Marca Hispánica*— y protegieron al Condado de Barcelona, que gozó de cierta autonomía del dominio francés. En un principio este Condado perteneció al área de influencia franca, y mantuvo un contacto más estrecho con el sur de Francia que con los otros reinos cristianos de la península. A finales del siglo XII, y como resultado de políticas matrimoniales, el Condado de Barcelona se incorporó al Reino de Aragón y adoptó su nombre. En el siglo siguiente Aragón incluía, además de los territorios unificados, las nuevas tierras de Mallorca y Valencia, recién conquistadas a los moros. La marina de Aragón, casi en su totalidad formada por catalanes, se apropió también de territorios por todo el Mediterráneo, como Cerdeña, Sicilia e incluso algunas partes de Grecia.

Tras la unificación de los reinos de Aragón y Castilla a finales del siglo XV, Cataluña pasó a ser parte de la nueva Corona española, aunque —y como ya sabemos— tanto sus territorios como los del antiguo reino de Aragón conservaron hasta finales del siglo XVIII cierta autonomía política y económica: cortes y consejos tradicionales, derecho a ser consultados en las cuestiones de gobierno y exención del pago de ciertos impuestos. La llegada de los Borbones al trono de España trajo la implantación de un sistema de gobierno basado en el centralismo francés de la época. Felipe V —el primero de los Borbones— disolvió casi todas las instituciones políticas locales que continuaban funcionando en el territorio español y acabó con buena parte de la autonomía de Cataluña. Durante el reinado de Carlos III —a finales del siglo XVIII— la economía catalana creció rápidamente gracias al levantamiento del monopolio del comercio con las colonias, y la región se convirtió en una de las más ricas del país.

Cataluña reaccionó a las guerras napoleónicas de principios del siglo XIX con la fundación de la *Junta Superior del Principat* que, como otras Juntas españolas, asumió el gobierno de la región y organizó la resistencia anti-francesa. La Constitución de 1812, que entró en vigor después de la guerra, definió España como una monarquía parlamentaria y redujo la autoridad del rey, pero continuó utilizando un modelo de gobierno centralista que negó a los catalanes sus derechos autonómicos tradicionales. Con la vuelta del absolutismo, la restitución de estos derechos se convirtió en un ideal imposible.

Durante el resto del siglo XIX algunos sectores de la burguesía y de las clases dirigentes de Cataluña contribuyeron al proyecto de construcción de una patria española moderna, liberal y sin escisiones, y estuvieron dispuestos a sacrificar sus demandas autonomistas. La resistencia que los grandes terratenientes y las oligarquías de otras regiones pusieron a algunas de las reformas modernizadoras y liberalizadoras —la libertad de comercio, por ejemplo— promovidas por la burguesía catalana hizo que ésta se sintiera cada vez más incomprendida por el gobierno de Madrid, por lo que se fue alejando del proyecto de nación común y acercando a los ideales y valores del nacionalismo. Esta vuelta al catalanismo coincidió con el surgimiento de otros nacionalismos —como el italiano, el alemán y el vasco— inspirados en el concepto romántico del *volk* o espíritu eterno del pueblo, concebido como una herencia que otorga a la vez el orgullo de pertenecer a ese pueblo y un sentido de misión histórica. El sentimiento de identidad basado en una lengua, una tradición y una historia comunes, la conciencia de seguridad —y hasta superioridad— económica que sintieron las clases medias de la Cataluña de la revolución industrial y el clima de fracaso que se generalizó en España tras los sucesos de 1898 contribuyeron a popularizar tanto esta ideología como la propia vocación de diferencia respecto al resto de España. Este espíritu cristalizó en *La Renaixença*, un movimiento intelectual y literario de recuperación de la lengua y cultura catalanas que acabó convirtiéndose en un importante impulso político para el catalanismo. La participación de los catalanes en la política nacional siguió siendo importante, como lo muestra el hecho de que los dos presidentes españoles de la Primera República (1872–1873) —Figueras y Pi Margall— fueron catalanes.

En los primeros años del siglo XX las frustraciones de la burguesía catalana con el centralismo del gobierno nacional se hicieron más evidentes, aunque el nacionalismo tuvo algunos éxitos, como la autorización a que los gobiernos provinciales de las provincias catalanas —las diputaciones— se unieran en una Mancomunidad única. Durante esta época se fueron formando también las dos tendencias fundamentales del nacionalismo catalán que han sobrevivido hasta nuestros días. La primera se organizó en torno a una ideología radical, izquierdista, federalista, republicana e incluso a veces independentista (*Esquerra Republicana de Cataluña*); la segunda, de carácter conservador y católico, se articuló alrededor de la *Lliga Regionalista* de Francesc Cambó. Tras la victoria de la primera de estas tendencias en las elecciones de 1931, Francesc Macià —el líder de *Esquerra Republicana*— hizo buenas sus intenciones federalistas proclamando la República Catalana —como una más dentro de la llamada *Federación Ibérica*— el mismo día que se constituyó la Segunda República española. Poco después el gobierno republicano de Madrid aprobó un Estatuto que reconocía a Cataluña el derecho a la autonomía y regulaba este derecho dentro de España, y enseguida se constituyó el primer gobierno catalán —la *Generalitat*— con Lluis Companys como presidente.

La sublevación de parte del ejército en 1936 radicalizó las posturas de las organizaciones de izquierda más extremistas, que aprovecharon la confusión para desencadenar —principalmente en Barcelona— un movimiento revolucionario obrero de carácter anarquista y comunista que simpatizaba muy poco con los ideales catalanistas, a los que se consideraba reaccionarios. Los anarquistas de la FAI y los comunistas y socialistas (PCE, PSOE), que entraron entonces a formar parte del Gobierno de la *Generalitat*, estaban más interesados en hacer la revolución social o en salvar la República que en consolidar las instituciones autonómicas. La victoria del general Franco en 1939 marcó el final del experimento democrático de la Segunda República y de la *Generalitat* y del Estatuto de autonomía catalana, que fueron abolidos inmediatamente. El poder político, administrativo y judicial volvió al gobierno central de Madrid y miles de militantes izquierdistas y muchos políticos catalanistas tuvieron que abandonar el país.

Los cuarenta años de franquismo no disminuyeron los deseos de autogobierno, y poco después de la muerte del dictador —en 1977— un millón de catalanes se manifestaron a favor del Estatuto de Autonomía. Un año después de la aprobación de la Constitución de 1978 los catalanes aprobaron en referéndum la restauración de la *Generalitat*. Tras un breve período de provisionalidad durante el que Josep Tarradellas —un nacionalista histórico que se había exiliado en Francia después de la Guerra Civil— ocupó el cargo de *President* de dicha institución, en 1980 se convocaron elecciones al gobierno autónomo. En estas elecciones fue elegido presidente Jordi Pujol, el candidato de *Convergencia y Unió* que ha ganado todas las elecciones autonómicas desde la restauración democrática hasta noviembre de 2003, año en el que este líder nacionalista decidió retirarse de la política activa. En las elecciones autonómicas que se celebraron en esa fecha *Convergencia y Unió* —liderada ahora por Artur Más— fue superada en votos por los socialistas del PSC-PSOE. La mayoría de los votos perdidos por CiU pasó a *Ezquerra Republicana de Catalunya* (ERC), un partido también nacionalista pero más radical y más de izquierda que CiU. Los otros partidos importantes de la Cataluña actual son el *Partido Popular* (PP) —que defiende los intereses de los castellano-parlantes y de muchos conservadores que ven con recelo el dominio político del nacionalismo— y la coalición ecológico-comunista *Iniciativa per Catalunya* (IC). La Tabla 1 presenta los resultados obtenidos por estos partidos en las elecciones generales y autonómicas de los últimos años.

En las elecciones autonómicas del año 2003 CiU ha perdido el control de la *Generalitat* en favor del socialista Pasqual Maragall, que ha formado una coalición de izquierdas con

Tabla 1. Resultados (%) de las elecciones generales (12 de marzo del año 2000) y autonómicas de 1999 y 2003 en Cataluña

Partidos políticos	G (2000)	A (1999)	A (2003)
Socialistas (PSC-PSOE)	34,1%	37,7%	31,1%
Nacionalistas moderados (CiU)	28,7%	37,6%	30,9%
Conservadores (PP)	22,8%	9,4%	11,9%
Comunistas (IU-IC)	5,7%	1,4%	7,3%
Independentistas (ERC)	5,6%	8,65%	16,4%

¿SABÍAS QUE...?

CONVERGÈNCIA I UNIÓ (CIU)

CiU, la fuerza política nacionalista más importante de Cataluña, es en realidad una coalición de dos partidos más pequeños: *Convergència Democràtica de Catalunya* (CDC) y *Unió Democràtica de Catalunya* (UDC). En términos generales, la diferencia ideológica entre estos dos partidos no es significativa y ambos representan el centro-derecha y la derecha moderada. La UDC es un partido mucho más antiguo que CDC, pues fue fundado durante la Segunda República española; actualmente forma parte del grupo europeo de partidos llamados *demócrata-cristianos* por asumir la doctrina social de la Iglesia católica. *Convergencia* es una formación política más reciente —puesto que apareció después de la dictadura del general Franco— que defiende los principios del liberalismo económico. El éxito del que ha disfrutado esta coalición en los últimos treinta años se debe tanto a que ha sabido articular y defender los intereses culturales y políticos del catalanismo como a su alto nivel de eficacia administrativa. Según algunos analistas, el relativo fracaso electoral de Artur Más en las elecciones de noviembre de 2003 indicaría un cambio en las preferencias políticas de los catalanes; según otros, en cambio, la nueva situación es sólo una consecuencia lógica de los cambios en CiU. Sólo el futuro podrá decir quién tiene razón.

ERC e Iniciativa per Catalunya. Esto representa un cambio importante en la política no sólo de Cataluña, sino de todo el Estado. Previsiblemente los nacionalistas de ERC van a presionar a los representantes de la nueva mayoría socialista para obtener mayores niveles de autonomía.

La *Generalitat*

La *Generalitat* es el conjunto de instituciones administrativas que organizan el autogobierno de Cataluña de acuerdo con los principios de la Constitución española de 1978 y del *Estatuto de Autonomía* de la región. Este documento reparte los poderes entre el Estado español y el gobierno catalán y determina tres clases de atribuciones o competencias: las específicas de la *Generalitat*, las compartidas entre ésta y el gobierno español y las que son exclusivas del gobierno central de Madrid. Entre las atribuciones que competen sólo al gobierno de Cataluña figuran la mayoría del cuerpo legal del derecho civil, la protección de monumentos históricos y artísticos, los gobiernos municipales, los servicios de salud, el mantenimiento y construcción de carreteras, el comercio interior y la educación. La mayoría de las responsabilidades que la *Generalitat* comparte con el Estado se refieren al cumplimiento y la administración de los poderes de éste, y entre ellas destacan el sistema judicial, las leyes sobre la banca, la energía y minería, la protección ambiental, las prisiones, las relaciones laborales y la Seguridad Social. El Estado, por su parte, tiene jurisdicción exclusiva en las siguientes áreas: la protección y defensa de costas y fronteras, la seguridad del Estado, el ejército, la política exterior y el derecho penal.

El *Estatuto* establece, además, que son ciudadanos catalanes todos aquellos españoles que residen legalmente en Cataluña, que se deben celebrar elecciones al *Parlament* catalán cada cuatro años y que es esta institución la que nombra al *President* de la *Generalitat*, así como a los senadores que representan a Cataluña en el Senado de Madrid.

❸ La cultura vasca: Dos versiones de una historia

La Comunidad Autónoma Vasca, también conocida con los nombres de *País Vasco* o *Euskadi*, incluye hoy a tres de las provincias del reino de España —Vizcaya, Álava y Guipúzcoa, con capitales en Bilbao, Vitoria y San Sebastián, respectivamente— y ocupa una extensión de unas 30.000 millas cuadradas. Existen además otros territorios que conservan la lengua y las tradiciones folklóricas vascas, pero que no pertenecen a la comunidad, como partes de Navarra —aproximadamente el tercio norte de esta región— y el llamado País Vasco Francés, un pequeño territorio situado al sur del departamento francés de los Pirineos Atlánticos y al norte de la frontera española. Estas dos últimas áreas son más vascas étnica y lingüísticamente que algunas zonas incluidas en la Comunidad Autónoma, como la provincia de Álava. El País Vasco no tiene antecedentes históricos como reino independiente. Sí posee, sin embargo, una clara voluntad de autogobierno que se funda en la conciencia de una lengua y unas tradiciones propias.

La complejidad de la realidad vasca de hoy y el reto que el independentismo y el terrorismo suponen para la España actual nos obligan a un esfuerzo especial para evitar estereotipos y generalizaciones fáciles acerca de esta región. Esta complejidad empieza por los mismos hechos fundamentales de su historia, que han dado lugar a dos interpretaciones diferentes. Antes de comentar cada una de estas dos interpretaciones vamos a resumir una serie mínima de datos históricos objetivos.

Las primeras menciones de los pueblos vascones se encuentran ya en los documentos historiográficos de la antigüedad, que los describen como unas tribus muy antiguas de origen desconocido que hablaban una lengua propia y que habitaban una zona montañosa situada entre los Pirineos Occidentales y el Mar Cantábrico. Sabemos también que estos pueblos —junto con otros como los cántabros o los astures— ofrecieron resistencia a los invasores romanos, visigodos, francos y musulmanes, y contribuyeron a detener el avance de estos últimos.

Durante los primeros años de la reconquista, los vascos pasaron a formar parte de los reinos cristianos medievales de Navarra o de Castilla. Dentro de este último reino, gran parte de los territorios vascos se conoció con el nombre de *Señorío de Vizcaya*, un título que les fue dado por el noble castellano Diego López de Haro, fundador de dicho señorío. A pesar de su anexión a Castilla, los vascos conservaron un fuerte amor por sus leyes propias y por sus tradiciones —los fueros— que fueron respetadas por los reyes castellanos. Gracias a estos fueros, los vascos del *Señorío* conservaron sus propias asambleas —en las que discutían tanto asuntos de derecho civil como su relación con la Corona— y disfrutaron de privilegios fiscales y militares especiales, como el de no ser reclutados para la guerra sin su permiso previo y el de no pagar impuestos directamente al rey de Castilla. Además, estos vizcaínos estaban exentos del vasallaje, lo que significaba que tenían un rango similar al de los hidalgos y eran *cristianos viejos*, por lo que podían acceder a cargos de responsabilidad en el gobierno sin tener que probar su "limpieza de sangre". Esta situación contribuyó a que muchos vascos del Señorío de Vizcaya formaran parte de las élites militares, políticas y religiosas que extendieron el Imperio Español por las Américas y las islas Filipinas.

Aunque se convirtieron al catolicismo relativamente tarde —entre los siglos VII y IX— los vascos adoptaron esta religión con gran fervor y dieron a la Iglesia algunos misioneros y santos ilustres, entre los que destacan San Francisco Xavier, San Ignacio de Loyola —el fundador de la orden de los jesuitas que tanta importancia tuvo en la lucha teológica contra la Reforma protestante— y Juan de Zumárraga, primer obispo de Méjico, defensor de los indios e introductor de la imprenta en las colonias. Vascos fueron también Juan Sebastián Elcano —que completó la vuelta al mundo iniciada por Magallanes— Lope de Aguirre —el explorador que buscó incesantemente El Dorado— y Diego de Gardoqui, el primer embajador español en los EE.UU.

Durante las guerras carlistas del siglo XIX una gran parte de vascos y navarros de las zonas rurales apoyaron a la rama dinástica rebelde —más conservadora y tradicionalista y también más favorable a respetar los fueros y privilegios locales— mientras que las ciudades de San Sebastián y Bilbao se convirtieron en los centros del liberalismo en el norte de España. El proceso de industrialización iniciado alrededor de 1876 transformó radicalmente la realidad socioeconómica del País Vasco. El auge de la minería y el crecimiento de las industrias del acero, del metal y de la construcción de barcos y la expansión de las finanzas convirtieron a Vizcaya y Guipúzcoa en verdaderos motores de la economía española y en destino de numerosos trabajadores provenientes de otras áreas del país. La población de esta región pasó de los 450.00 habitantes en 1877 a 600.00 en 1900 y a 890.000 en 1930. En parte como reacción a este proceso industrializador, a finales del siglo XIX Sabino Arana creó el Partido Nacionalista Vasco (PNV), que se convirtió de inmediato en un elemento importantísimo en la doble tarea de recuperar la lengua y la conciencia nacional vascas y de articular la acción política autonomista. La modernización de la región resultó en un pluralismo político y cultural que evitó la hegemonía de un único partido en todo el territorio vasco. Durante muchos años el carlismo fue la fuerza dominante en Álava, mientras que Vizcaya aparecía dividida entre la izquierda republicano-socialista, la derecha españolista y el nacionalismo, y en Guipúzcoa competían la derecha católica española y el nacionalismo.

A pesar de que el PNV y sus demandas autonomistas fueron adquiriendo más popularidad con el tiempo, el País Vasco no tuvo un gobierno propio hasta 1934, año en el que la Segunda República aprobó un Estatuto de Autonomía para la región. Al estallar la Guerra Civil en 1936, muchos carlistas navarros —algunos de ellos vasco-parlantes— se alistaron en el bando de Franco, pues por su conservadurismo y ferviente catolicismo rechazaban la amenaza liberal-socialista que para ellos representaba la República. Tras la victoria del general Franco se volvió al centralismo administrativo y, como ocurrió en Cataluña, se disolvió el gobierno regional.

A finales de la época de Franco —ya en la década de los sesenta— un grupo de jóvenes nacionalistas descontentos con la pasividad con la que el PNV defendía en el exilio los ideales vascos fundó el grupo *Euskadi ta Askatasuna* (ETA) (en español *Patria vasca y libertad*). Este grupo se fijó como objetivo la secesión del País Vasco a través de la lucha armada contra la dictadura y el Estado, y

Sede del Partido Nacionalista Vasco en Bilbao

contó en un principio —por su antifranquismo— con cierto apoyo de la izquierda española e internacional. Durante los últimos años de la dictadura, ETA asesinó a varias docenas de personas —la mayoría policías y militares— la más importante de las cuales fue el almirante Carrero Blanco, el segundo hombre más poderoso del gobierno y posible sucesor de Franco. La muerte de Carrero aceleró, según algunos historiadores, el final del régimen.

La restauración democrática que siguió a la muerte del dictador permitió a los vascos obtener un estatuto de autonomía que les ofrecía un nivel de autogobierno más amplio que el que les había concedido la República. Después de la muerte del dictador, el nacionalismo —moderado o radical— se convirtió en la fuerza política dominante en el País Vasco, y el PNV pasó a ser el partido mayoritario por primera vez en su historia, aunque con poco margen sobre otros grupos políticos —como el Partido Socialista de Euskadi y el Partido Popular— que siguen contando con el apoyo de muchos sectores de la sociedad vasca.

La llegada de la democracia y el autogobierno no han supuesto el final de la violencia de ETA. A pesar de las múltiples escisiones de esta organización en grupos más radicales y más moderados, y de que algunos de sus miembros históricos la abandonaron ya hace tiempo por considerar cumplidos sus objetivos o para luchar pacíficamente por ellos, ETA ha seguido cometiendo atentados terroristas. Éstos ya han ocasionado la muerte a más de ochocientas personas hasta nuestros días. La demanda de los *etarras* y del partido que les apoya —que en diferentes años ha tenido los nombres de *Herri Batasuna*, *Euskal Herritarrok* y *Batasuna*— sigue siendo la separación total de Euskadi del Estado español.

Versión I: Los vascos como parte de Castilla y de España

Como ya se mencionó, los hechos básicos que han marcado la historia del pueblo vasco se han interpretado de dos maneras diferentes. De acuerdo con la primera de ellas, el País

¿SABÍAS QUE...?

"GERNIKAKO ARBOLA" (EL ÁRBOL DE GUERNICA)

Ya antes de la Edad Media existía en muchas partes del sur de Europa la costumbre de reunirse en asamblea bajo un árbol para discutir los problemas del gobierno local o tomar decisiones sobre pleitos civiles o problemas militares. En el País Vasco se seguía también esa costumbre, y ya en el siglo XII —y hasta la supresión de los fueros al final de la tercera guerra carlista en 1876— las juntas locales de Vizcaya se reunían bajo un viejo roble de la villa de Guernica para jurar fidelidad al rey y tratar de los asuntos relacionados con sus fueros. En 1937, y en plena Guerra Civil, la división Cóndor de la aviación alemana —aliada de Franco— bombardeó brutalmente esta villa durante un día de mercado, causando cientos de

muertes y destruyendo la mayor parte de la ciudad. El cuadro *Guernica*, pintado por Picasso en solidaridad con las víctimas del bombardeo, convirtió este pueblo en el símbolo de la resistencia antifascista. Al mismo tiempo, su árbol pasó a simbolizar el deseo autonomista de los vascos.

Los significados míticos del árbol y del pueblo de Guernica —que hoy cuenta con unos 16.000 habitantes— continúan vivos en la memoria de los vascos, que a finales de la década de 1970 dieron el nombre de *Estatuto de Guernica* a la ley que regula la autonomía de la región y las relaciones políticas y administrativas entre el País Vasco y Madrid.

Vasco ha sido y es esencialmente español, y el sentimiento actual de diferencia no refleja la realidad histórica. Para la segunda, por el contrario, la de los vascos es una historia de lucha por la defensa de sus tradiciones y de rebeldía ante una situación colonial. En esta sección se presentan los supuestos básicos de la primera de estas interpretaciones; el siguiente apartado tratará de la segunda.

Según la interpretación españolista, la resistencia de las antiguas tribus vascas contra los romanos, los visigodos y los musulmanes debe entenderse no como una prueba de conciencia nacional y espíritu independentista, sino dentro de una lógica histórica de rebeldía contra los invasores extranjeros en la que también participaron otros pueblos peninsulares. Es cierto que esta zona geográfica fue la parte menos romanizada y menos arabizada de la península, pero también lo es que fue la de agricultura más pobre y, por lo tanto, la menos interesante desde el punto de vista económico para los colonizadores. Esta condición de "menos mezclados" favoreció siglos después a los vascos —y también a los cántabros y asturianos— en una época en que las pruebas de "pureza de sangre" tan celosamente elaboradas por los tribunales de la Inquisición podían tener gran influencia en las aspiraciones individuales y colectivas.

En los tiempos de los reinos medievales la distinción entre vascos y castellanos se debilitó, ya que ambos participaron en la fundación del reino de Castilla cuyo embrión —el Condado del mismo nombre— incluía una parte del territorio vasco. Muchos vascones, además, se desplazaron hacia el sur durante la reconquista para repoblar las tierras tomadas a los árabes. Desde esta perspectiva, la concesión de fueros especiales al Señorío de Vizcaya no fue más que una de tantas transacciones entre aristócratas locales y reyes medievales cuya finalidad última era la de intercambiar fidelidad por beneficios fiscales y respeto a las tradiciones locales. Los fueros, además, no estuvieron acompañados de una conciencia nacional específica o de una voluntad secesionista en otros territorios peninsulares, y es lógico pensar que la situación era similar en el territorio vasco.

Después de la unificación de los reinos cristianos, muchos vascos colaboraron con la Corona, ocupando puestos importantes en la Corte y en la jerarquía eclesiástica. Otros participaron en la conquista de América —entre ellos los fundadores de Buenos Aires y Montevideo— y fueron parte de los primeros grupos de aventureros, militares y misioneros que exploraron las Américas, África y las Filipinas. Todos ellos sirvieron bajo las banderas de Castilla o de España junto a personas de otras regiones, y nunca mostraron sentimientos de opresión o diferencia. Siglos después, el apoyo de algunos vascos a los carlistas y al absolutismo monárquico debe entenderse no sólo como una defensa de sus fueros y tradiciones, sino como una manifestación más de la resistencia católica y rural al liberalismo y a los cambios socioeconómicos de la época. No debe olvidarse, además, que los carlistas vascongados lucharon contra el gobierno junto a sus compañeros de ideología castellanos, catalanes y andaluces y sin diferenciarse de ellos.

La aparición de la conciencia nacional vasca es un fenómeno moderno, pues tiene sus raíces en el movimiento nacionalista que Sabino Arana —un ex carlista de ideas racistas— inició a finales del siglo XIX. Aprovechando el auge del nacionalismo romántico europeo, la profunda crisis histórica de la España de su época y los cambios provocados por la industrialización, Arana elaboró una re-lectura nacionalista de la historia del pueblo vasco. Sus ideas políticas y la fundación del Partido Nacionalista Vasco (PNV) han de entenderse no como la manifestación de una conciencia nacional colectiva, sino como una reacción a las circunstancias por las que estaban pasando en esa época el País Vasco y el propio Arana. Hemos de recordar que la industrialización provocó una emigración masiva de castellanos, gallegos y cántabros a las minas y las fábricas vascas, así como una reordenación del poder e influencia de algunos grupos sociales y económicos locales. La presencia de estos trabajadores fue interpretada por algunos como una amenaza a la propia existencia de la cultura popular vasca y al control social que tradicionalmente habían tenido el clero y la aristocracia rural en la región. No hay que olvidar, además, que las transformaciones sociales y económicas de la época llevaron a la ruina a muchas familias —entre ellas la del propio Arana— de cuyo descontento se nutrió el incipiente nacionalismo.

Ya en el siglo XX, la Segunda República concedió a los vascos una autonomía más amplia que la de cualquier fuero tradicional. Durante la dictadura de Franco, el centralismo administrativo y los abusos contra los derechos civiles de la población vasco-parlante —y no únicamente la conciencia nacional de ésta— estimularon la rebeldía nacionalista y antiespañola. Tras la llegada de la democracia y la aplicación del Estatuto de Autonomía, el País Vasco obtuvo el mayor nivel de autogobierno de su historia. La independencia de esta comunidad carece hoy de sentido, no sólo por la existencia de instituciones de gobierno propiamente vascas con amplias competencias en todos los ámbitos, sino también porque las señas de identidad características de un estado independiente —moneda, ejército, fronteras, política exterior, etc.— están perdiendo importancia dentro del contexto de una Europa que tiende a ceder cada vez más áreas de la soberanía a entidades supranacionales. La creación de un estado vasco, además, pondría en peligro los derechos de los habitantes de esta región que se sienten españoles —la mitad— y que son exclusivamente castellano-parlantes —más de las tres cuartas partes.

Versión II: Los vascos como pueblo diferente

Si la primera versión de la historia vasca enfatiza los aspectos "españoles" de Euskadi, la visión nacionalista hace justamente lo contrario. Según ella, los vascos han manifestado a lo largo de la historia su conciencia de nación y su voluntad de independencia, aunque de diferentes maneras y con distinta intensidad en cada época. Desde esta óptica, el pasado vasco debe verse como la lucha de este pueblo contra una continua serie de colonizaciones, la última de las cuales es la del Estado español. Esta lucha comenzó a manifestarse ya en la antigüedad, como lo muestra la resistencia de las tribus vascas a los diferentes invasores de la península, que constituye la primera muestra de la voluntad colectiva de proteger una identidad nacional, unas costumbres y un idioma peculiares. En los siguientes siglos, las manifestaciones naturales de la conciencia nacional vasca, de la resistencia a la asimilación y de la frustración de este pueblo fueron la lucha por el mantenimiento de los fueros —la única expresión de soberanía que habían podido arrancar al Estado español— y el apoyo a los conservadores carlistas.

La conciencia de nación de los vascos, según esta interpretación de la historia, se fue fortaleciendo y extendiendo conforme la colonización española se hacía más evidente. El apoyo que el proceso de industrialización de finales del siglo XIX y principios del XX recibió de la burguesía españolista de la región —a la que pertenecía un buen número de vascos— resultó en una inmigración masiva de trabajadores procedentes del resto de España a las zonas industriales y mineras del País Vasco. Este proceso fue, más que un fenómeno socioeconómico, una verdadera colonización demográfica que destruyó en amplias zonas de Euskadi el equilibrio sociológico, cultural y ecológico de la región. El pueblo vasco respondió a esta destrucción de la cultura, del paisaje, de la lengua y de las estructuras sociales con la creación del Partido Nacionalista Vasco de Sabino Arana que, aunque limitado por las deficiencias de su excesivo conservadurismo, representó un paso decisivo en la defensa de la conciencia nacional.

De acuerdo con las tesis nacionalistas, los estados centralistas y las tradiciones colonialistas de España y Francia continúan hoy oprimiendo al pueblo vasco y negando a Euskadi el derecho a la independencia, lo que justifica la lucha —armada o política— contra los gobiernos de ambas naciones. Por ello, y según los sectores nacionalistas más radicales, no podrá haber paz completa mientras Euskadi no consiga su separación total de España y de Francia.

Euskadi hoy: Una realidad compleja

Hoy en día existen dos criterios de diferenciación entre los habitantes del País Vasco: el étnico-lingüístico —que diferencia a los vascos *euskaldunes*, o vasco-parlantes, de los *eraldunes*, o castellanohablantes— y el político que, a su vez, se articula en los ejes nacionalismo/españolismo y derecha/izquierda representados por los partidos políticos que se incluyen en la Tabla 2.

El principal motivo de enfrentamiento en la sociedad vasca actual reside en el primero de los dos criterios mencionados. A pesar de ello, en esta región no hay —como en Irlanda del Norte, por ejemplo— dos comunidades separadas por barrios, pueblos, o formas de convivencia social, y no existen recelos raciales o religiosos entre diferentes grupos de ciudadanos. En Bilbao, en San Sebastián o en Vitoria la gente no se diferencia ni por su aspecto físico ni por sus costumbres diarias, y elige sus lugares de ocio y de residencia de acuerdo con su situación socioeconómica y sus preferencias personales, y no por razones étnicas o políticas. Los nombres de más de la mitad de los habitantes de esta región presentan una mezcla de apellidos vascos y de otras zonas de España. Dentro del País Vasco existe un área geográfica de mucha más tradición separatista que coincide con la zona más vasco-parlante (algunas áreas de Guipúzcoa y Vizcaya). Paralelamente, hay también otros sectores de mayor tradición castellana —partes de las provincias de Álava y de Vizcaya— en los que el euskera no se habla desde hace muchos siglos. Hay, además, vascos españolistas de etnia vascuence e independentistas radicales de origen no vasco. Una gran parte de la población carece de conciencia política clara, y casi el 35% de los ciudadanos no participa nunca en las elecciones. Las acciones del grupo armado ETA son vistas por la gran mayoría de los vascos como terrorismo y por una minoría no insignificante como "lucha armada". La violencia de ETA ha contribuido a intensificar la agenda nacionalista, al mismo tiempo que ha agravado la

Tabla 2. Ejes de articulación política en el País Vasco

DERECHA	IZQUIERDA
Partido Popular (PP)	Partido Socialista Obrero Español (PSC-PSOE)
Partido Nacionalista Vasco (PNV)	Batasuna
ESPAÑOLISTAS	**NACIONALISTAS**
Partido Popular (PP)	Partido Nacionalista Vasco (PNV)
Partido Socialista Obrero Español (PSC-PSOE)	Batasuna
	ETA

confrontación entre los partidos políticos y ha creado una visión del País Vasco como problema.

Los resultados de las elecciones autonómicas celebradas en el año 2002 —sumarizados en la Tabla 3— revelan la existencia de tres grupos políticos que representan a la mayoría de los vascos. El Partido Popular generalmente recibe los votos de las clases media y media alta urbanas de ideología católica y españolista, mientras que el PNV obtiene los de las clases medias de comerciantes, obreros cualificados y empleados urbanos, además de los de un amplio sector rural y católico. El PSE-PSOE normalmente representa los intereses de los trabajadores urbanos, la clase media baja y los intelectuales. El partido independentista más radical Batasuna —que no se presentó a estas elecciones, y por ello no figura en la Tabla 3— recibe el apoyo de los sectores nacionalistas descontentos con la moderación del PNV, de los jóvenes de pequeñas zonas urbanas de Guipúzcoa y del este de Vizcaya y de muchos desempleados. Dado el panorama social, político y lingüístico del País Vasco, se puede entender la dificultad de articular en esta región políticas de amplio consenso.

Sociedad y economía en el País Vasco

De las tres provincias que componen la Comunidad Autónoma Vasca, Álava es la única que no tiene costa, la menos poblada y la que tiene una renta per cápita mayor que las demás y bastante superior a la media española. Las otras dos tienen una gran tradición industrial y han sufrido dos décadas de crisis, ocasionada por la pérdida de importancia económica del norte y por los cambios que se han producido en la economía mundial.

En los últimos años —y hablando en términos relativos— todo el norte de la península ha ido perdido peso económico en favor del área mediterránea y del Valle del Ebro, zonas favorecidas por la política de la Unión Europea, la enorme demanda de productos agrícolas y el crecimiento de la industria turística. Los cambios que la economía mundial experimentó durante los años sesenta y setenta trajeron como consecuencia la disminución de la demanda de barcos, de minerales y de productos metalúrgicos. Estos cambios también provocaron la crisis de buena parte del sector industrial vasco —y también de los de otras regiones del globo, como el llamado *Rustbelt* de los EE.UU. La pérdida de mercados y el proceso de reestructuración de las viejas industrias vascas resultaron en un periodo de retro-

Tabla 3. Resultados de las elecciones generales (año 2000) y autonómicas (años 1998 y 2001) en el País Vasco

Partidos políticos	G (2000)	A (1998)	A (2001)
Nacionalistas (PNV)	30,0%	36,1%**	42,3%**
Conservadores (PP)	28,2%	19,8%	22,9%
Socialistas (PSE-PSOE)	23,3%	17,3%	17,7%
Batasuna	----*	17,6%	10,4%
Comunistas (IU)	5,3%	5,6%	5,5%

El partido separatista Batasuna decidió no participar en estas elecciones. En las de 1996 obtuvo el 2% de los votos.
*Estos resultados corresponden a una coalición formada por el PNV y Eusko Alkartasuna, otro partido nacionalista de ideología similar.

¿SABÍAS QUE...?

EL PLAN DEL *LEHENDAKARI* IBARRETXE

Para solucionar el bloqueo que sufre la vida política en Euskadi y contribuir a la paz social, el *lehendakari* —presidente del gobierno autónomo vasco— Juan José Ibarretxe presentó en el año 2002 un plan político a la sociedad de esa comunidad y al gobierno central que respondía a la ideología de su partido, el PNV.

Con objeto de completar el proceso autonomista, de eliminar los argumentos políticos que utilizan los terroristas de ETA para justificar la violencia y de crear las condiciones necesarias para una paz social duradera, el *plan Ibattetxe* propone una nueva relación entre Euskadi y el gobierno central de Madrid que incluya el reconocimiento de la independencia total del País Vasco. Aunque la propuesta de Ibarretxe evita utilizar el término *estado* para referirse a la Comunidad Vasca y otorga al rey unos mínimos poderes de tipo simbólico, concede a la Comunidad Autónoma Vasca todas las atribuciones jurídicas propias de un Estado, con excepción de las de defensa nacional, moneda y fronteras, competencias que, en realidad, están pasando a ser propias de la Unión Europea.

El plan Ibarretxe ha creado expectación en los círculos nacionalistas (PNV, EA), pero se ha encontrado con el rechazo radical de los partidos vascos no nacionalistas o *constitucionalistas* (PP, PSOE y UA), que ven en él una violación de la Constitución de 1978 y a quienes preocupa que los vascos no nacionalistas pasen a ser ciudadanos de segunda clase en Euskadi. El plan se ha encontrado también con el rechazo de los empresarios, banqueros y hombres de negocios, que están preocupados por el efecto de tales reformas en las inversiones y en la economía local. La idea del Lehendakari Ibarretxe de someter su propuesta a votación popular cuenta también con el rechazo absoluto del gobierno de Madrid, y con muy serias reservas en la Unión Europea. Si se llegara a aprobar este plan, Euskadi se convertiría en una *nación libre asociada* a España, con un estatuto similar al que tiene Puerto Rico con los EE.UU.

La falta de acuerdo entre nacionalistas y constitucionalistas sobre el futuro del País Vasco es hoy más intensa que nunca. Sólo un cambio sustancial de los resultados de las próximas elecciones podría inclinar la balanza en un sentido u otro.

ceso económico que estuvo acompañado por una profunda crisis social y un aumento del desempleo. En los últimos años, y gracias a la implantación de una nueva economía basada en industrias tecnológicamente avanzadas y a la tradición industrial, marítima y empresarial, esta región ha superado parcialmente la crisis y se ha ido fortaleciendo con un nuevo dinamismo. Con ello se han conseguido evitar las serias consecuencias políticas y sociales que el agravamiento de esa crisis habría podido provocar.

Aparte del reto de la reconversión industrial, el País Vasco comparte con el resto de España otros problemas de carácter socioeconómico, entre los cuales destaca el planteado por la pérdida de población. Esta comunidad posee hoy la tasa de natalidad más baja de España, país que ya tiene uno de los menores crecimientos demográficos del mundo. Si la economía de la región continúa su ritmo de crecimiento, es previsible que en el futuro se produzca un aumento en la demanda de mano de obra, y que ésta haya de provenir de otras regiones de España o del exterior del país. Algunos sectores se sienten preocupados porque una llegada masiva de inmigrantes no vascos podría introducir un factor de desequilibrio en la ya difícil situación socio-política de la región.

Pero con todo, el problema más acuciante con el que se tiene que enfrentar el País Vasco es el de su estructuración política. El futuro de la economía vasca, la expansión del turismo y la inversión nacional y extranjera en la región dependen en gran medida de la estabilidad de la situación política. El mayor reto que tiene hoy Euskadi es encontrar fórmulas que articulen democrática y pacíficamente la pluralidad política y lingüística de la región y que permitan la convivencia pacífica entre los partidos dentro de un contexto español y europeo. Si Euskadi resuelve sus ya viejos problemas políticos, es muy posible que recupere la gran tradición empresarial que durante los años cincuenta y sesenta la convirtió en la región más desarrollada de España.

❹ Galicia

Galicia es una región lluviosa de paisajes verdes y tradición marinera situada en el extremo noroeste de la Península Ibérica que incluye en sus poco más de 11.000 millas cuadradas las provincias de La Coruña, Lugo, Orense y Pontevedra, y tiene su capital en Santiago de Compostela. En la antigüedad esta tierra recibió las invasiones de los celtas, los romanos y los suevos. Los celtas llegaron a extenderse, además de por Galicia, por la actual comunidad de Asturias y por partes de Castilla-León entre los siglos X y XI antes de Cristo, y dejaron su huella en la cultura de los castros —casas de piedra circulares de las que se habló en el capítulo 1— y en el uso de un instrumento de viento muy popular, la gaita gallega. La herencia suevo-germánica se conservó en dos estructuras familiares tradicionales —la patrilínea y la matrilínea— y en las costumbres por las que se rigió hasta muy recientemente la transmisión de las herencias, que pasaban íntegramente, bien al primogénito —en el primer modelo de familia— bien a una de las hijas —en el segundo— y desposeían al resto de los descendientes. La confluencia de este sistema de transmisión de propiedades y riqueza con otros factores históricos y económicos —escasa industrialización, agricultura minifundista y poco productiva— obligaron a muchos gallegos a abandonar su región y a establecerse en otros lugares de España o en otros países. Ello explica que esta región haya sido hasta hace muy poco una tierra de emigrantes.

Plaza del Obradoiro, Santiago de Compostela, Galicia

Aproximadamente a finales del siglo VIII de nuestra era comenzó a extenderse la leyenda de que el apóstol Santiago había predicado el cristianismo en la región, y pronto se construyó una catedral para custodiar lo que se creía que era el cuerpo del santo. A medida que los reinos cristianos se fortalecían en la península, Santiago de Compostela —la ciudad donde estaba dicha catedral— se convirtió en uno de los tres centros más importantes de la cristiandad, llegando incluso a rivalizar en importancia con la misma Roma. Esta ciudad se transformó también en un importantísimo lugar de destino de peregrinaciones de devotos católicos que se acercaban a ella desde toda Europa siguiendo el llamado *Camino de Santiago*. Por él, como ya se mencionó, penetraron en España las grandes corrientes artísticas europeas románica y gótica, y en sus orillas se construyeron numerosos lugares de culto, hospitales y albergues para los peregrinos. Santiago sigue siendo, aún hoy, uno de los principales destinos de las peregrinaciones católicas y uno de los centros turísticos más importantes de Europa.

Galicia comenzó siendo un reino independiente, pero pronto pasó a formar parte primero de León y después de Castilla. Durante la Edad Media la lengua gallega recibió la influencia de los trovadores provenzales y llegó a convertirse en la predilecta de los poetas de toda la España cristiana, que la consideraban más lírica y musical que ninguna otra lengua latina. Esta lengua, que nunca se dejó de hablar —principalmente en los medios rurales— es todavía la seña de identidad más importante de los gallegos.

Como ya se mencionó, la historia de esta región está marcada por sucesivas olas de emigración causadas principalmente por épocas de crisis económica y desempleo. En un principio, los gallegos se desplazaban temporal o permanentemente a Castilla o a otros lugares de España para participar en los trabajos del campo. Después de la conquista de América —y hasta muy recientemente— muchos de ellos se establecieron en ese continente, principalmente en Cuba, Venezuela y Argentina. La emigración gallega al nuevo continente durante el siglo XX fue de tal magnitud que todavía hoy hay casi tantos gallegos viviendo en las Américas como en la propia Galicia. A partir de los años cincuenta, sin embargo, los emigrantes gallegos comenzaron a desplazarse también a los centros industriales de Madrid, Barcelona y el País Vasco y a países europeos como Francia, Suiza y Alemania. Afortunadamente, ese proceso de emigración se ha detenido, y muchos de los que se fueron han regresado a su tierra. A pesar de ello, la población de esta comunidad sigue decreciendo —ha bajado de 2,8 millones en 1986 a 2,7 millones en 1998— debido a la baja tasa de natalidad característica de todo el norte de España (Tabla 4).

Rexurdimento y galleguismo

Aunque sin la intensidad ideológica del País Vasco o Cataluña, Galicia posee una tradición de diferencia e identidad propias basadas en su historia, sus tradiciones y su lengua. Los orígenes del sentimiento nacionalista gallego moderno se remontan también a la segunda mitad del siglo XIX y al movimiento romántico, y guardan más parecido con el catalanismo que con el nacionalismo vasco, ya que están basados más en lo cultural que en lo étnico o racial. En esa época varios artistas y escritores de la región convirtieron a Galicia en el tema central de sus trabajos, y a la lengua y la sensibilidad gallegas en el vehículo de su expresión. Este movimiento cultural de recuperación y exaltación de lo gallego se llamó "renacimiento" o —en gallego— *Rexurdimento*, y su núcleo ideológico fueron los dibujos y ensayos de contenido social de Alfonso Rodríguez Castelao, los escritos del historiador y periodista Benito Vicetto y los poemas de Curros Enríquez. La sensibilidad galleguista se extendió rápidamente a la pintura y a la literatura. Artistas como Pérez Villamil representaron en sus cuadros ambientes nostálgicos que contribuyeron a crear la imagen de un alma gallega triste y poética. En literatura, Rosalía de Castro y Emilia Pardo Bazán presentaron una región misteriosa, nostálgica y bella, pero también pobre y víctima de estructuras sociales casi

Tabla 4. Galicia en números

```
Algunos datos*

Extensión: 29.575 Km² (unas 11,000 millas cuadradas)
Población: 2.745.000 habitantes
Densidad de población: 95 personas  Km²
Densidad de población de España: 75 personas Km²

*Fuente: Instituto Nacional de Estadística, 1998
```

medievales. Los poemas de la primera de estas autoras expresan magistralmente la sensibilidad melancólica de los gallegos, en contraste con el realismo y la "insensibilidad" de los castellanos. Emilia Pardo Bazán, por su parte, presentó en sus novelas las relaciones de poder y explotación a que estaban sometidos muchos gallegos en su propia tierra.

El galleguismo tuvo un componente de crítica social y de denuncia del caciquismo, la pobreza y la explotación, pero siempre en una clave que mezclaba lo político con lo artístico. De este modo construyó y representó una sensibilidad regional en la que resulta a veces difícil distinguir entre los elementos objetivos de la geografía, la historia y la sociedad y los puramente creativos o idealizados —el alma poética, la sensibilidad, el fatalismo. Ya a comienzos del siglo XX, el ensayista Martínez Risco añadió a la imagen de lo gallego el mito de la Galicia celta, que se convirtió en un elemento más de diferencia con el resto de España.

Como sucedió en los casos vasco y catalán, las demandas del galleguismo fueron atendidas por la Segunda República española, que concedió a esta región la autonomía en 1936. El comienzo de la Guerra Civil impidió la puesta en práctica de esa autonomía, que fue abolida después por el general Franco. Tras la Aprobación de la Constitución de 1978, Galicia obtuvo un nuevo Estatuto de Autonomía que le concedió el importante nivel de autogobierno por el que trabajaron los pioneros galleguistas del *Rexurdimento*.

Galicia hoy

Como acabamos de decir, Galicia tiene hoy un Estatuto de Autonomía —aprobado en 1981— un gobierno —la *Xunta*— y un Parlamento autónomos. La *Xunta* administra hoy amplios poderes en materia de impuestos, salud, cultura y educación pública. Contrariamente a los

¿SABÍAS QUE...?

ALFONSO RODRÍGUEZ CASTELAO, PADRE DEL GALLEGUISMO

Alfonso Rodríguez Castelao (1886–1950) es considerado hoy como el gran inspirador del nacionalismo gallego. Tras estudiar en la Universidad de Santiago de Compostela, Castelao trabajó como dibujante y caricaturista en periódicos de Galicia y Madrid. Mejor dibujante que literato, sus novelas y dramas no alcanzaron un gran nivel creativo, pero sus apasionados artículos periodísticos y ensayos en favor de los derechos propios de Galicia tuvieron gran eco en la España de la época.

En 1931 fundó el Partido Galleguista, y llegó a ser diputado en las Cortes de Madrid en dos ocasiones, una en ese mismo año y otra en 1936. Como muchos nacionalistas catalanes, Castelao quería formar una confederación hispánica de naciones libres en la que él incluía también a Portugal. En *Sempre Galiza* (1944) —su libro más conocido— el político gallego nos presenta las líneas principales de su ideario:

> *Queremos ser españoles, pero a condición de que este nombre no nos obligue a ser castellanos. Si todavía somos gallegos, es por la gracia del idioma.*

Su entusiasmo y su energía contribuyeron a que la Segunda República aprobase un Estatuto de Autonomía para Galicia que, como ya sabemos, nunca llegó a aplicarse. Después de la Guerra Civil Castelao se exilió en la Argentina, y allí continuó publicando ensayos a favor de la lengua y la autonomía gallegas hasta su muerte.

casos de Cataluña y el País Vasco, el nacionalismo no es la fuerza política más importante de esta región, y el partido que representa esta ideología —el *Bloque Nacionalista Gallego*, o BNG— suele obtener alrededor del 20% de los votos en las elecciones autonómicas. Los conservadores del Partido Popular —que cuentan con un amplio apoyo tanto en el medio rural como en el urbano— han ganado todas las elecciones autonómicas que se han celebrado en la región, incluidas las del año 2001, en las que obtuvieron —como se muestra en la Tabla 5— el 51, 6% de los votos. La otra fuerza importante es el Partido Socialista Gallego (PSG-PSOE), que en las elecciones generales del 2004 triplicó en votos al BNG. Los comunistas y los grupos nacionalistas más radicales no cuentan con gran apoyo en la sociedad gallega. El político que ha estado al frente del gobierno autonómico de Galicia durante más años ha sido Manuel Fraga, un representante del conservadurismo español que comenzó su carrera durante los años de la dictadura y que se adaptó a las circunstancias de la nueva España democrática.

Aunque sigue siendo una de las regiones menos prósperas de España, su situación ha mejorado significativamente en todos los niveles desde hace treinta años, y en especial desde la constitución de la *Xunta*. Gracias al apoyo de las instituciones autonómicas, la lengua gallega ha recobrado parte del prestigio perdido a través de los siglos, y hoy en día su uso es común tanto en medios rurales como urbanos. La economía y la infraestructura de la región se han beneficiado de la labor de la *Xunta* y de las inversiones del gobierno español y del Fondo de Cohesión de la Unión Europea —un dinero destinado al desarrollo que se reparte entre las regiones menos favorecidas. Las nuevas carreteras y autopistas han roto el viejo aislamiento de muchas zonas montañosas de la región, al mismo tiempo que se ha producido una modernización general de sus industrias más importantes. Esto ha disminuido la dependencia de la agricultura y la pesca y ha parado el proceso de emigración de su población.

El reciente desastre ecológico que en noviembre de año 2002 contaminó sus costas con millones de galones de petróleo ha tenido un impacto negativo en la economía regional; algunos sectores como los de la industria pesquera y el turismo no se han recuperado de esa crisis hasta hace muy poco.

Tabla 5. Resultados de las elecciones generales (años 2000 y 2004) y autonómicas (año 2001) en Galicia

Partidos políticos	G (2000)	A (2001)	G (2004)
Conservadores (PP)	53,2%	51,6%	46,5%
Socialistas (PSG-PSOE)	23,1%	21,8%	37,5%
Nacionalistas (BNG)	18,8%	22,5%	11,7%
Comunistas (IU)	1,2%	0,6%	1%

¡Atención! Ve a **De la Red** de este capítulo en *www.prenhall.com/espanaayeryhoy*. Allí encontrarás sitios de información muy interesante y de fácil acceso.

Las lenguas de España

Temas de introducción

1. Este capítulo trata de las diferentes lenguas que se hablan en España hoy, de su historia y de su situación actual. ¿Cuántas lenguas diferentes se hablan en tu país? ¿Cuál es la mayoritaria y cuáles son las minoritarias?

2. En tu país, ¿hay una lengua oficial o no? Si no la hay, ¿crees que debería haberla? ¿Qué relación tiene la lengua con la identidad nacional?

3. ¿Existen en tu país políticas e instituciones públicas destinadas a proteger y promocionar las lenguas minoritarias? ¿Por qué crees que esto es así? ¿Te parece que la utilización de fondos públicos para la protección o la promoción de estas lenguas es una buena idea? ¿Por qué?

4. Durante las últimas décadas, el uso y la presencia pública del español en los EE.UU. han crecido de manera significativa. ¿Cómo han reaccionado la sociedad y los políticos ante esta novedad? ¿Crees que el bilingüismo es positivo o negativo? ¿Por qué?

1 Introducción

En España se hablan actualmente cuatro lenguas, una común a todo el territorio —el español, al que también se conoce como *castellano*— y otras tres minoritarias —el catalán, el vasco y el gallego— que son propias de algunas de las comunidades autónomas; a ellas algunos añaden el valenciano, lengua que otros consideran un dialecto del catalán. Las lenguas minoritarias poseen en España el rango legal de co-oficialidad con el castellano en los territorios en los que se hablan. Tal rango está reconocido por la propia Constitución de 1978, cuyo artículo 3 dice:

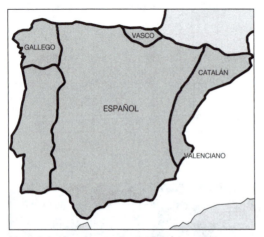

Mapa de las lenguas actuales del Estado español

1. El castellano es la lengua oficial del Estado. Todos los españoles tienen el deber de conocerla y el derecho de usarla.

2. Las demás lenguas españolas serán también oficiales en las respectivas comunidades autónomas de acuerdo con sus Estatutos.

3. La riqueza de las distintas modalidades lingüísticas de España es un patrimonio cultural que será objeto de especial respeto y protección.

De la aplicación práctica de esta co-oficialidad son responsables los gobiernos autónomos, instituciones que han tomado como una de sus misiones la de preservar y promover las lenguas y culturas propias de sus regiones. La concepción

Tabla 1. Comunidades Autónomas con lengua propia y porcentaje de su población respecto a la total de España (censo lingüístico de 1986)

	Lengua propia	%
Conjunto de España	castellano	100,00
Cataluña	catalán	16,39
Islas Baleares	catalán	1,76
Valencia	valenciano	9,70
Galicia	gallego	7,39
País Vasco	vasco (euskera)	5,55
Navarra	vasco (euskera)	1,34

multilingüe de España está, entonces, estrechamente unida a la organización política del Estado en comunidades autónomas y a la propia historia del país.

De las 19 autonomías que forman el Estado español, seis declaran en sus Estatutos una lengua propia, que se habla en la totalidad —el catalán en Cataluña, las Islas Baleares y Valencia, el gallego en Galicia y el vasco en el País Vasco— o en parte —el vasco en Navarra— de su territorio. La Tabla 1 ofrece una lista de las comunidades con lengua propia, el nombre de las lenguas y el porcentaje relativo de habitantes de la región respecto a la población total española. Como se puede observar, más del 42% de los habitantes de España —alrededor del 40% si se descuenta la parte de Navarra donde sólo se habla español— vive en zonas bilingües. La Tabla 2 precisa el porcentaje de hablantes de las lenguas minoritarias y da una idea de la importancia relativa de cada una de ellas dentro de su territorio y en el conjunto nacional.

➋ El español

El español es hoy lengua oficial en veintiún países (véase la Tabla 3), donde cuenta con más de trescientos cincuenta millones de hablantes, y es la segunda lengua materna más hablada en el mundo —después del chino y por delante del inglés— y la cuarta en extensión geográfica —detrás del inglés, el francés y el ruso y por delante del chino. Además de los territorios donde es la lengua principal —y según datos del *Britannica Book of the Year 1998*— el español es la segunda o la tercera lengua de otros como los EE.UU. (unos veinte millones de hablantes), las Antillas Holandesas (cerca de doscientos mil), Belice (unos ciento veinte

Tabla 2. Proporción de hablantes de las lenguas regionales en las comunidades autónomas con lengua propia, según datos de Miquel Siguan

Comunidad Autónoma	Tiene la lengua local como materna	Habla la lengua local	Sólo entiende la lengua local
Cataluña	50%	65%	29%
Islas Baleares	64%	67%	85%
Valencia	40%	48%	74%
País Vasco	20%	23%	38%
Navarra	9%	12%	15%
Galicia	55%	90%	94%
Conjunto de comunidades con lengua propia	43%	58%	78%
Conjunto de España	18%	24%	32%

Tabla 3. Países donde el español es lengua oficial y número de hablantes

Países	Hablantes (1997)	% Población
Argentina	35.300.000	99,7
Bolivia	6.810.000	87,7
Chile	13.100.000	89,7
Colombia	35.300.000	100,0
Costa Rica	3.385.000	97,5
Cuba	11.200.000	100,0
Ecuador	11.100.000	93,0
El Salvador	5.660.000	100,0
España	39.000.000	99,1
Guatemala	7.270.000	64,7
Guinea Ecuatorial	443.000	100,0
Honduras	5.718.000	98,2
México	92.890.000	98,5
Nicaragua	4.112.000	87,4
Panamá	2.088.000	76,8
Paraguay	2.805.000	55,1
Perú	19.440.000	79,8
Puerto Rico	3.740.000	98,2
República Dominicana	7.650.000	98,1
Uruguay	3.050.000	95,8
Venezuela	22.060.000	96,9

mil), Gibraltar (alrededor de diez mil) y el Sahara Occidental (unos diecisiete mil), y cuenta con una presencia significativa en lugares como Canadá (ciento setenta mil) Filipinas (cerca de dos millones) e Israel (cincuenta mil).

El español es además lengua oficial o de trabajo de muchas organizaciones internacionales tanto europeas como mundiales, y es una de las lenguas extranjeras más estudiadas en todo el mundo. Esta lengua cuenta también con una presencia significativa en Internet. Según un estudio realizado por Pedro Maestre —y publicado en la edición de 1999 del *Anuario* del Instituto Cervantes— en el año 1998 el español ocupaba el quinto lugar en número de páginas electrónicas, por detrás del inglés, el japonés, el alemán y el francés. España es el país hispanohablante que más paginas ha puesto en circulación, tanto en números absolutos como por cada mil habitantes. A ese país le siguen en números absolutos Méjico, Argentina y Chile, y en número de páginas por mil habitantes Costa Rica, Uruguay y Chile. Además, existen casi un millón de páginas en español escritas en países donde esta lengua no es oficial.

Los orígenes del español

El español es una de las lenguas romances —derivadas del latín— que se formaron en la Península Ibérica durante la época de la reconquista y los reinos cristianos. El latín llegó a las costas mediterráneas con la invasión romana (218 a.C.), y su uso se extendió por todo el territorio peninsular a medida que avanzaba el control político y administrativo del imperio. Aunque su uso no fue impuesto por los invasores, la magnitud y el alcance del proceso de romanización —del que se habló en el capítulo 1— pronto convirtieron el latín en el vehículo del comercio, la administración, la política y la cultura y, con ello, en la lengua de prestigio. Las necesidades prácticas de la vida diaria hicieron que las diferentes tribus celtibéricas fueran adoptándolo poco a poco —antes en las zonas más romanizadas del Mediterráneo y Andalucía y más tarde en el norte y el noroeste— aunque en una forma ya muy diferente del latín clásico, llena de localismos y fragmentada en múltiples variedades dialectales. Cuando se produjo la invasión visigoda —a comienzos del siglo V— la utilización del latín coloquial o vulgar era ya muy común en toda Hispania. Los visigodos, que eran un pueblo germánico parcialmente romanizado y muy inferior numéricamente a los hispanorromanos, pronto reconocieron el mayor prestigio cultural, social y político de la lengua de los conquistados, y por ello comenzaron a utilizarla. Durante los años de contacto entre la lengua germánica visigoda y el habla hispanorromana esta última se vio enriquecida

Real Academia Española de la Lengua
(Madrid)

con algunos rasgos de la primera que luego pasarían al castellano, como los sufijos *-engo* (*realengo, abadengo,* etc.) *-ez* y *-oz* (*Rodríguez, Muñoz*).

La invasión árabe (711) tuvo consecuencias muy importantes para el futuro lingüístico de la península. Las circunstancias políticas que siguieron a la conquista convirtieron algunos dialectos peninsulares muy alejados de la norma visigótica toledana y marginales o irrelevantes lingüísticamente —los hablados en las tierras que quedaron fuera del control árabe— en el vehículo de comunicación de los futuros reinos cristianos. El contacto de las hablas peninsulares con el árabe, además, hizo que aquéllas recibieran numerosos préstamos léxicos de éste —en el capítulo 1 se ofrecieron algunos ejemplos— e incorporaran algunos de sus recursos morfológicos y sintácticos.

Con el tiempo, los reinos cristianos comenzaron a extenderse hacia el sur con las conquistas militares y las repoblaciones, y así avanzaron también sus lenguas —castellano, gallego, aragonés, leonés, catalán, etc.— y sus literaturas. El castellano —un habla nacida en el norte de Burgos y en áreas de La Rioja— comenzó un proceso de rápida expansión tras la creación del Reino de Castilla (1035) que se aceleró después de la toma de Toledo (1085). A finales del siglo XIII la Corona castellana ya controlaba la mayoría de los territorios peninsulares entre los que se encontraban Córdoba (conquistada en 1236), Murcia (1244), Sevilla (1248) y Cádiz (1250). Las conquistas militares, la magnitud y calidad de su producción literaria, su utilización en la Corte y su proyección internacional, convirtieron al castellano en la lengua peninsular de mayor prestigio. En 1492 —el año de la toma de Granada— el dominio político y cultural de Castilla y de su lengua eran ya indiscutibles. La influencia del castellano pronto se hizo notar en las otras lenguas peninsulares, que comenzaron a adoptar algunos de sus rasgos, especialmente en el lenguaje escrito. Numerosos textos procedentes de León y Aragón ya presentaban abundantes castellanismos antes de la unión de esos reinos con Castilla en 1230 y 1479, respectivamente. A fines del siglo XV, sólo Galicia y las áreas catalano-parlantes —Cataluña, Baleares y partes de Valencia— continuaban produciendo literatura, pensamiento o poesía en sus propias lenguas. En los otros lugares las lenguas locales se mantuvieron en el habla de la calle, pero fueron desapareciendo del terreno literario o, como el vasco, no tuvieron nunca una presencia significativa en la comunicación escrita.

La rápida expansión del castellano durante los años de la reconquista y su contacto con el árabe, el mozárabe y los otros romances peninsulares —de los que tomó prestados un buen número de rasgos léxicos y gramaticales— tuvieron como resultados el enriquecimiento de la lengua y la formación de numerosas variantes locales. Durante mucho tiempo los textos literarios y administrativos escritos en esa lengua mostraban abundantes rasgos dialectales de la zona de origen del autor o del copista, al tiempo que utilizaban normas ortográficas muy diversas. Esta situación cambió a partir del último tercio del siglo XIII, época en la que se llevó a cabo una labor sistemática de estandarización de las lenguas hablada y escrita. Esta labor fue concebida y dirigida por el rey Alfonso X el

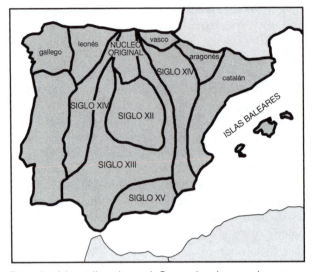

Expansión del castellano durante la Reconquista. Las otras lenguas aparecen en minúsculas.

Sabio (1252–1284), un hombre de letras que escribió numerosas obras literarias, históricas y didácticas y encargó a la Escuela de Traductores de Toledo la traducción de un buen número de obras científicas, literarias y filosóficas a las diversas lenguas de prestigio de la época y al castellano. La utilización de esta lengua en áreas hasta entonces ajenas a ella resultó en el enriquecimiento de su sintaxis y la expansión de su vocabulario, al que se incorporaron en esta época numerosos préstamos procedentes principalmente del latín y del árabe. La labor de Alfonso X fue más allá del terreno científico o literario y se adentró en la utilización diaria de la lengua. Su decisión de abandonar el uso del latín en los documentos oficiales de la Corte y sustituirlo por el castellano convirtió a éste en la lengua oficial de la administración del reino. Ello, a su vez, exigió el establecimiento de una norma escrita común, por lo que las reformas ortográficas alfonsinas y las innovaciones gramaticales de los textos literarios y científicos se extendieron a otros tipos de lenguaje. Durante el Renacimiento el español se vio beneficiado —como otras lenguas romances— por la valoración y la reivindicación

¿SABÍAS QUE...?

ESPAÑOL Y CASTELLANO

Los términos *español* y *castellano* se utilizan hoy como sinónimos en el habla común de España y de muchos países latinoamericanos. Cuando se habla de lingüística, sin embargo, ambos términos no tienen el mismo significado en todos los contextos, y se debe distinguir entre las ocasiones en las que se utilizan como equivalentes y aquéllas en las que se refieren a conceptos diferentes. En los estudios sobre el español contemporáneo, por ejemplo, *castellano* se refiere al dialecto hablado en el norte de España, y en los libros de historia de la lengua, a la lengua romance hablada en el reino de Castilla y en los territorios conquistados por éste durante la Edad Media. El uso de la palabra *español* para nombrar a esta lengua no aparece hasta el siglo XVI, época en la que también apareció *España*, un neologismo referido al nuevo Estado creado tras la unificación de los reinos peninsulares en una Corona. Desde entonces hasta hoy ambos términos se han utilizado de manera intercambiable, aunque en ocasiones han existido razones extralingüísticas que han determinado la preferencia por uno u otro. En España, por ejemplo, el uso de *castellano* es preferido por los que piensan que el término *español* ha de referirse únicamente a lo relativo al conjunto de España, y no a lo particular de una región. Para ellos, llamar español a la lengua común resulta inaceptable porque todas las lenguas del país son españolas y ninguna puede apropiarse el uso exclusivo de ese adjetivo.

del uso de las llamadas *lenguas vulgares* frente al latín. En esta época y en ese espíritu Antonio de Nebrija publicó en 1942 la primera *Gramática* sistemática de la lengua, de la que se habló en el capítulo 3.

Las normas peninsulares y el español de América

La estandarización del castellano llevada a cabo por Alfonso X afectó a la norma escrita pero no tuvo grandes efectos en la lengua hablada, que seguía caracterizándose por la presencia de numerosas variantes locales. La conservación y utilización de estas variantes eran consecuencia tanto de la distancia física que separaba a Toledo de las diferentes regiones como de la voluntad de las élites regionales por distinguir su habla de la utilizada por el centro del poder. En el castellano de esta época ya se distinguían dos variedades principales a las que se conoce con los nombres de *norma de Toledo* —llamada *de Madrid* a partir de 1560 aproximadamente— y *norma de Sevilla*, separadas por diferencias fonéticas y gramaticales que han sobrevivido hasta nuestros días. La norma sevillana estaba caracterizada por el *seseo* —la pronunciación de las grafías *s, c* ante *e* o *i* y *z* como [s]— mientras que en la toledana la letra *s* se pronunciaba [s] y *z* y *c* ante *e* o *i* tenían un sonido similar al representado por *th* en la palabra inglesa *think*. En el norte, además, existía una diferencia —hoy prácticamente perdida— entre la pronunciación de *ll* y *y* en palabras como *pollo* y *poyo*, mientras que la norma del sur era *yeísta*, es decir, pronunciaba ambas como la segunda. En la norma de Sevilla, además, eran comunes la confusión entre los sonidos [r] y [l] y la pérdida o la aspiración de la consonante *s* en posición final de sílaba o de palabra —como en *letras*, pronunciada [létrah] o [létra]— así como la aspiración del sonido [x] —producido por la combinación de *g* con *e* o *i* o de *j* con cualquier vocal. En cuanto a la gramática, la diferencia más sobresaliente era la utilización en el sur de los pronombres *lo* y *le* para objetos directos e indirectos respectivamente, mientras que la norma toledana era *leísta*, es decir usaba *le* como pronombre de objeto directo masculino.

La evolución seguida por estas dos normas fue muy diferente dentro y fuera de la península. Durante el Siglo de Oro el habla de Madrid se convirtió en norma culta peninsular y fue la utilizada en la educación y la adoptada por las clases educadas de las zonas catalano y gallego parlantes. El español que viajó a América, sin embargo, fue el característico de la norma sevillana. Ello se debió en gran parte al papel de puente entre España y las Américas que Sevilla y las Islas Canarias tuvieron desde los primeros momentos de la colonización. Al principio la mayoría de las tripulaciones y de los colonos que partieron hacia las nuevas tierras procedían del sur de España, y llevaron con ellos las peculiaridades de su habla. Sevilla era, además, el centro administrativo del tráfico y el comercio con las Indias, lo que convirtió a esta ciudad en destino obligado de muchos colonos procedentes de todas las regiones españolas. Estos colonos pasaban en ella periodos prolongados de tiempo mientras esperaban el momento de embarcar en una de las naves que cruzaban el océano. Durante este tiempo muchos acababan adoptando el habla local, que se trasladaba con ellos al Nuevo Continente. La comunicación entre América y la península, además, se realizaba siempre a través de las Islas Canarias. La norma lingüística mayoritaria de estas islas —que habían sido conquistadas y colonizadas principalmente por gentes provenientes del sur de la península— era también la sevillana, lo que reforzó la transmisión de los rasgos de ésta a América.

La presencia en las colonias de pequeños grupos de hablantes de la norma peninsular central —muchas veces en altos puestos de la administración y alrededor de los virreyes— no fue

EL ESPAÑOL Y LAS LENGUAS INDÍGENAS DE AMÉRICA

El contacto entre el español y las lenguas indígenas dio lugar a numerosos préstamos léxicos utilizados para nombrar objetos, animales, plantas y actividades antes desconocidas en Europa. Los primeros americanismos introducidos en el español procedían del arahuaco y el caribe, dos lenguas hoy desaparecidas que se hablaban en las primeras zonas colonizadas por los españoles. De ellas proceden, entre otras, *canoa*, *sábana*, *huracán*, *tabaco*, *maíz*, *caníbal* y *tiburón*. De la lengua nahuatl —una lengua que cuenta hoy con casi dos millones de hablantes y que en la época era hablada por los aztecas y se utilizaba desde el sur de los EE.UU. hasta la zona ocupada ahora por Nicaragua— se adoptaron *cacahuete*, *aguacate*, *tomate*, *chocolate* y *cacao*. El quechua —la antigua lengua de los incas hablada hoy en Perú, Ecuador y Bolivia por casi cinco millones de personas— contribuyó vocablos como *pampa*, *cóndor* y *papa*.

muy significativa desde el punto de vista lingüístico, ya que no impidió la generalización de las características de la norma sevillana por toda la geografía y por todas las capas sociales. Esta generalización es fácil de entender si se tienen en cuenta las líneas de comunicación que se establecieron entre España y las diferentes colonias durante la época del imperio. La primera parte de estas líneas unía Sevilla con las Canarias y con el Caribe. El uso de palabras como *carro*, *guagua* y *papas*, la ausencia del pronombre *vosotros* y la nasalización de las vocales, por ejemplo, ponen el habla canaria en una relación más directa con los dialectos del Caribe que con las normas peninsulares. Desde el Caribe la comunicación —y con ella la influencia lingüística de la península— se dividía en dos caminos que llevaban a la ciudad de Méjico y a Lima, los dos centros económicos, culturales y políticos de la América española. La influencia directa de la norma peninsular en los territorios más cercanos a estos dos centros —Méjico y la zona de los Andes centrales del Perú y Bolivia— hizo que se conservaran algunas características de ésta, como la pronunciación de la *s* final de sílaba o palabra y el uso del pronombre *tú*. Las restantes zonas del centro y el sur de América estaban conectadas con Méjico y Lima, pero no tuvieron comunicación directa con la metrópoli durante muchos años. El mayor alejamiento entre estas zonas y la península explicaría la presencia tanto de la pérdida de la *s* final de sílaba o palabra como de rasgos no peninsulares como el uso del pronombre *vos* de manera dominante —Argentina, Uruguay, Paraguay y algunas áreas de Centroamérica— o alternando con *tú* —Ecuador, Chile, Colombia.

La Real Academia y las reformas ortográficas

Como ya se mencionó, el dialecto del norte de la península se convirtió en la norma lingüística culta durante el Siglo de Oro, época en la que se siguieron publicando defensas de la lengua —como el *Diálogo de la lengua* de Valdés— gramáticas y diccionarios —como el de Covarrubias. El español de esa época, sin embargo, era bastante distinto del de hoy. A finales del siglo XV todavía existían sonidos consonánticos que distinguían, por ejemplo, dos diferentes tipos de *s* —la de *siglo* y la de *queso*, pronunciadas sorda [ś] y sonora [ź] respectivamente— y la [ʃ] —la *x* en *xarabe*— de la [dž] de palabras como *hijo* o *general*, ademas de un sonido [ts] representado por *c*, *ç* y *z* —*cielo*, *laço* y *cruz*— y otro [dz]

¿SABÍAS QUE...?

EL ESPAÑOL EN FILIPINAS

Las Islas Filipinas se convirtieron en parte del Imperio Español en 1521, y permanecieron bajo el control de España hasta 1898. A pesar de este largo periodo de dominación, la presencia la lengua española no fue nunca mayoritaria en ellas —a finales del siglo XIX sólo la hablaba un 10% de la población— en parte porque su colonización no fue tan intensiva como la que se produjo en Latinoamérica. Sí se convirtió pronto, sin embargo, en la lengua de las élites locales, de la cultura, del gobierno y de la administración. Puesto que la comunicación entre la metrópoli y las Filipinas se produjo siempre a través de Méjico, estas islas adoptaron la norma hablada en este último país, a la que añadieron características derivadas de las lenguas indígenas, como la sustitución del sonido [f] inexistente en Tagalo —la lengua mayoritaria— por [p].

---

característico de la *z* a principio de palabra. A comienzos del siglo XVII este sistema ya se había simplificado, y de todos estos sonidos sólo sobrevivieron [s] —la *s* pronunciada como en *queso* que sustituyó a [ś] y [ź]— la [θ] interdental —el sonido actual de *c* ante *e* e *i* y *z* en castellano, que pasó a ser la pronunciación de las grafías *c*, *ç* y *z*— y la [x] —que corresponde a la letra *x* y suena [x] como lo hacen hoy las letras *g* ante *e* o *i* y *j*. Además, la *f* inicial de las palabras de origen latino —*fierro*— se sustituyó por la moderna *h* —*hierro*— y dejó de distinguirse entre la pronunciación de la *b* y la *v*.

A pesar de estos cambios, la norma escrita continuaba presentando variaciones gramaticales y ortográficas, ya que los autores de las diferentes gramáticas publicadas durante el periodo siguieron proponiendo sus propias normas de corrección gramatical y de escritura. El uso culto de la lengua no quedó fijado hasta que en el siglo XVIII la Real Academia de la Lengua —una de las instituciones creadas y financiadas por los reyes ilustrados— retomó la tarea de establecer de manera sistemática la norma culta del español. La entonces nueva Academia dio al español unas normas ortográficas unificadas y precisas que se correspondían con la realidad fonética del idioma, ya muy diferente de la propia del Siglo de Oro. Por ello las primeras versiones de la *Ortografía* académica eliminaron grafías que ya no se pronunciaban en el habla —como *ss*— o que procedían del latín —*th*, *ph*, *ch* y *cc*— asignaron a la letra *x* el sonido [ks] en vez de el [x] de *jabón* y acabaron con la confusión entre *v* y *u*, fijando la primera para el sonido consonante y la segunda para la vocal. Fijaron también las normas que establecían en uso de *c* delante de *e* e *i* y *z* delante de *a*, *o* y *u* y a fin de palabra para el sonido [θ] y otras reglas que en muchos casos se mantienen en el español actual. Desde entonces, la Real Academia ha efectuado otras reformas ortográficas menores y ha publicado varias ediciones de su *Diccionario* y de su *Gramática*. La ortografía española está hoy muy cerca de la realidad fonética de la lengua, aunque sigue manteniendo algunos rasgos obsoletos como la letra *h* —que ya no se pronuncia— la diferencia entre *b* y *v* —que suenan igual— y grafías dobles para representar el mismo sonido —*c* ante *e* e *i* y *z* ante *a*, *o* y *u* para [θ], *c* ante *a*, *o* y *u* y *qu* ante *e* e *i* para [k], *g* ante *e* e *i* y *j* ante *a*, *o* y *u* para [x] y *g* ante *a*, *o*, *u* y *gu* ante *e* e *i* para [g].

➌ El catalán

Historia

El catalán es una lengua romance que se originó durante la Edad Media a ambos lados de los Pirineos orientales y que posee unas características lingüísticas que la relacionan a la vez con el castellano y con las modalidades del provenzal habladas en el sur de Francia. Aunque el catalán ya estaba formado en el siglo XI, sus primeros testimonios escritos no aparecen hasta la segunda mitad del siglo XII, época de la que datan también los primeros textos redactados únicamente en esa lengua. Durante el periodo de la reconquista, y debido a las sucesivas campañas militares contra los árabes, su uso se extendió desde la zona pirenaica en la que nació hacia el resto de lo que hoy es Cataluña, y hacia las Islas Baleares y Valencia. En esta época el catalán entró en contacto con el árabe, lengua hablada por los habitantes de los nuevos territorios, y de la que adquirió numerosos préstamos.

Cuando se produjo la unión política entre el Condado de Barcelona y el Reino de Aragón (1151), el catalán y el castellano comenzaron a convivir en lo que anteriormente había sido territorio catalano-parlante. Aunque en Barcelona el catalán era la lengua dominante, la Cancillería Real (el gobierno de la época) comenzó a utilizar también el castellano, y por ello su uso fue generalizándose poco a poco. Durante los siglos XIII y XIV la lengua catalana alcanzó su mayor expansión geográfica tanto en la península —gracias a la conquista de los reinos de Valencia y Murcia— como fuera de ella, con la toma del reino de Mallorca y de Sicilia, Cerdeña, Nápoles y otros territorios.

Después de la unión de los reinos de Aragón y Castilla en el siglo XV, la presencia del castellano se hizo paulatinamente más fuerte en las zonas catalano-parlantes, a la vez que disminuía la producción literaria en lengua catalana. Comenzó así un periodo de decadencia que continuó hasta el siglo XIX, cuando el movimiento intelectual conocido como *Renaixença* revivió el uso de la lengua tanto en la vida cotidiana como en la cultura, la ciencia, el periodismo y, especialmente, la literatura, y sentó las bases para la elaboración de una norma lingüística y de unas reglas ortográficas comunes. De estas dos últimas tareas se encargó —y se sigue encargando hoy— la sección de filología del Institut d'Estudis Catalans, establecida en 1911, cinco años después de la fundación del *Institut*. Poco después se publicaron las *Normes Ortogràfiques*, una *Gramàtica* y un *Diccionari Ortogràfic* y, en 1932, el *Diccionari General de la Llengua Catalana*. El espíritu de la *Renaixença* encontró escaso eco en Mallorca y Valencia, regiones que quedaron aisladas del nuevo entusiasmo por la recuperación del catalán.

Ya en el siglo XX, el catalán recuperó su estatuto de lengua oficial durante la Segunda República, aunque sólo por un breve periodo. Tras la Guerra Civil, su uso oficial y público fue prohibido, quedando su utilización restringida a los ámbitos familiares. Con la llegada de la democracia, la lengua se convirtió en oficial en todos los territorios españoles donde se hablaba. A partir de entonces, su utilización y su presencia en la vida pública fue impulsada activamente por los gobiernos autónomos de Cataluña, Mallorca y Valencia.

Variedades dialectales

En el catalán actual se distinguen dos grupos de dialectos —el oriental y el occidental— diferenciados principalmente por su pronunciación. El grupo oriental incluye el catalán

¿SABÍAS QUE...?

EL CATALÁN Y EL CASTELLANO EN LA EDAD MEDIA

Algunas palabras del catalán son diferentes de sus equivalentes en castellano y en los otros romances peninsulares. Ello es debido a que estas últimas lenguas utilizaron el léxico del latín clásico como base para derivar palabras, mientras que el catalán se inspiró en el latín tardío.

Además, el catalán eliminó el artículo de las palabras que tomó del árabe, mientras que el castellano lo mantuvo.

Castellano	Catalán
alcachofa	carxofa/escarxofa
algodón	cotó
almacén	magatzem
azúcar	sucre

Latín	Latín Tardío	Castellano	Catalán
comedere	manducare	comer	menjar
fabulare	parabolare	hablar	parlar
fervere	bullire	hervir	bullir
mensa	tabula	mesa	taula
metus	pavore	miedo	por

central —hablado en Gerona, Barcelona y Tarragona— el insular —el propio de las Islas Baleares— el septentrional —que se utiliza en la comarca francesa del Rosellón— y el alguerés —el de la cuidad sarda de Alger. La variedad central es la que se habla en la ciudad de Barcelona, la aglomeración urbana donde residen casi la mitad de los habitantes de Cataluña y donde están situadas las principales instituciones políticas y culturales de la comunidad. Por ello es la que tiende a dominar en el conjunto del territorio y la que se está convirtiendo, de hecho, en la norma lingüística común. El catalán occidental incluye el valenciano, al cual la Comunidad Autónoma de Valencia considera como lengua propia. Para algunos, la unidad de la lengua catalana es indiscutible, a pesar de las diferencias léxicas, fonéticas y gramaticales que existen entre sus diferentes dialectos. En la Comunidad Valenciana, sin embargo, hay quienes defienden con argumentos políticos y filológicos que el valenciano es una lengua independiente del catalán.

Situación actual

El catalán se habla actualmente en Cataluña, las Islas Baleares, el País Valenciano y en la Franja de Aragón —la zona limítrofe entre Aragón y Cataluña— y, fuera de España, en algunas zonas del sur de Francia, en Alguer (Cerdeña) y en Andorra, donde es la lengua oficial. La extensión geográfica, el diferente estatuto de la lengua en cada uno de esos territorios y la ausencia, en algunos casos, de encuestas sociolingüísticas fiables, hacen difícil determinar con exactitud el número de catalano-parlantes.

De acuerdo con los cálculos de Miquel Siguan, en 1986 Cataluña, las Islas Baleares y la Comunidad Valenciana contaban con casi seis millones de hablantes de catalán. De todos ellos, unos 4.760.000 tienen esta lengua como materna. A este número habría que añadir —siempre según la misma fuente y en números aproximados— los 20.000 habitantes de

Andorra, los 15.000 catalano-parlantes de la Franja de Aragón, unos 10.000 más en Alguer y otros 150.000 en el Rosellón. La lengua catalana cuenta, pues, con un número importante de hablantes en el contexto europeo, especialmente si se le compara con lenguas como el noruego (3.500.000), el danés (4.500.000) y el finlandés (4.000.000). En los últimos años el catalán ha conseguido cierta proyección internacional, y hoy es posible estudiarlo en unas cincuenta universidades europeas, algunas de las cuales tienen departamentos o secciones de departamentos dedicados a los estudios catalanes.

El catalán ha sido siempre una lengua ampliamente hablada en Cataluña, incluso en circunstancias políticas adversas. En la actualidad, y gracias en parte a la agresiva política de promoción lingüística llevada a cabo por la Generalitat, su conocimiento y uso son muy generalizados en esta comunidad, donde goza de un prestigio social igual al del español (véase la Tabla 4). Las iniciativas de este gobierno autónomo para promover el uso del catalán se han centrado en la creación de organismos de defensa de la lengua y en la redacción de leyes para regular su uso. Entre los organismos creados por la Generalitat destacan la *Direcció General de Política Lingüísitica* (1979) —que establece las líneas maestras del gobierno respecto a la lengua— el *Consorci per a la Normalització Lingüística* (1989) —cuyo objetivo es la extensión del uso del catalán a todos los ámbitos sociales— y el *Consell Social de la Llengua Catalana.* La primera de las leyes relacionadas con el catalán fue la *Llei de Normalitzatió Lingüísitica* (1983), que reconoció el derecho de los catalanes a utilizar la lengua regional en todos los ámbitos públicos y privados, convirtió al catalán en la lengua de la Generalitat y reguló su utilización en los medios públicos de comunicación y en el sistema educativo. A ella siguieron el *Pla General de Normalització Lingüística* (1995) y la *Llei de Política Lingüística* (1997), que adaptaron los objetivos de

Tabla 4. Nivel de conocimiento del catalán en Cataluña

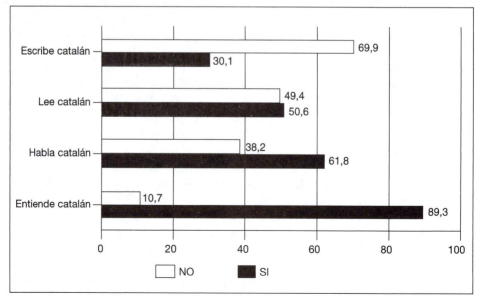

Fuente: INESCAT, censo de población de 1991

EL BILINGÜISMO EN LA PROVINCIA DE BARCELONA

Durante las últimas décadas el uso de la lengua catalana ha aumentado de manera importante en toda Cataluña. Según los datos de una encuesta realizada por la Diputación de Barcelona, el porcentaje de habitantes de esta provincia —la más castellano-parlante de la comunidad— que se considera bilingüe se sitúa ya en el 13,5%, y los que hablan exclusivamente en catalán son el 29%. El español, sin embargo, sigue siendo la lengua más hablada en el área metropolitana de Barcelona, donde es utilizada por el 56% de la población. En otras áreas de Cataluña el número de catalano-hablantes es significativamente mayor que en Barcelona.

Estos datos parecen apuntar en dos direcciones complementarias, ya que revelan que el español sigue gozando de una gran vitalidad, al mismo tiempo que muestran que cada vez hay más ciudadanos que se sienten cómodos usando las dos lenguas.

la primera ley de normalización a la situación del momento. Gracias en parte a esas actuaciones, el catalán es hoy la lengua utilizada por el gobierno autónomo, por los políticos regionales y por muchos medios de comunicación y es la principal lengua en la que se imparte la educación. Todos estos factores han contribuido a que la población originaria de otras zonas de España que hoy reside en Cataluña se haya esforzado por aprenderla.

El catalán tiene, como hemos dicho, una importante presencia en los medios de comunicación. En la actualidad existen varios periódicos —*Avui, Punt Diari* y otros, que suponen el 12% de las ventas de prensa en la región— y revistas —*L'Avenç, Serra D'Or, Revista de Catalunya*— que se publican en esta lengua, además de otros que incluyen textos en catalán y español o que tienen ediciones —y tiradas y ventas similares— en ambas lenguas, como *El Periódico*. El gobierno autónomo gestiona directamente, además, varias

Anuncio en catalán

emisoras de radio que transmiten únicamente en catalán. En cuanto a la televisión, existen dos canales autonómicos exclusivamente cataloparlantes: TV3 y Canal 33. El canal TV2 de la televisión pública y las cadenas privadas emiten principalmente en español, aunque hay en ellas programas ocasionales en la lengua propia de la región. El número de libros publicados en lengua catalana pasó de 362 en 1965 a 4.200 en 1988 y a más de 5.000 en la actualidad, aunque sus tiradas siguen siendo modestas si se las compara con las típicas de los libros escritos en español.

La pervivencia del catalán en las Islas Baleares se debió a su utilización continua como lengua familiar y privada y al aislamiento demográfico del archipiélago, factor éste que hizo posible el mantenimiento de un número de habitantes casi constante entre 1940 y 1960 y la perpetuación de una sociedad tradicional. Ello explica también la existencia de variedades lingüísticas propias de cada isla que presentan localismos muy marcados. Por esta razón, muchos hablantes utilizan los nombres *mallorquín, menorquín* o *ibicenco* cuando se les pide que nombren su lengua aunque, a diferencia de lo que ocurre con el valenciano, no son reticentes a reconocer que sus hablas son dialectos del catalán.

A partir de los años sesenta, y con el auge de la industria turística, las islas atrajeron a numerosos inmigrantes procedentes de la península que acabaron residiendo de manera permanente en ellas, así como a una población flotante de turistas —para tener una idea del impacto demográfico de esta emigración, baste decir que la población de la isla de Ibiza se duplicó entre 1940 y 1986. Ello generalizó el uso del español, aunque el catalán siguió utilizándose regularmente.

La presencia pública y los niveles de conocimiento del catalán en la Comunidad Balear son actualmente muy similares a los de Cataluña, aunque difieren significativamente en el grupo de población que tiene entre veinticinco y cuarenta años. Este es precisamente el grupo de edad al que pertenecen los nuevos inmigrados o los hijos de éstos, que en su mayoría procedían de fuera de los territorios catalano-parlantes y, por lo tanto, no tenían el catalán ni como primera ni como segunda lengua. La política lingüística del gobierno balear —menos agresiva y sistemática que la de la Generalitat— y la inclusión del catalán en el sistema educativo han tenido como resultado el incremento del conocimiento de la lengua propia de la comunidad en los segmentos de población más jóvenes, aunque los avances en el conjunto de la población han sido —como muestra la Tabla 5— mucho más modestos.

La presencia del catalán en los medios de comunicación es menor en la Comunidad Balear que en Cataluña. La única radio no local que emitía totalmente en catalán —*Ràdio 4 a les Isles*, una emisora de Radio Nacional de España— desapareció hace algunos años. Ahora únicamente se retransmiten en esa lengua algunos programas de *Radio 5* —otra emisora pública nacional— de *Radio Jove* y de algunas emisoras locales, además de los que vienen de las emisoras catalano-parlantes o bilingües basadas en Cataluña. La situación es similar en lo que respecta a la televisión, ya que con la excepción de unos pocos programas, la mayor parte del contenido transmitido en catalán proviene de la península. En cuanto a la prensa, el *Diari de Baleares* es el único periódico publicado en catalán en las islas.

La situación del catalán (/valenciano) en Valencia es diferente de la del resto de las comunidades catalano-parlantes por ser la única de ellas que incluye territorios que siempre han sido de habla castellana, aunque en ellos resida hoy sólo el 15% de la población de la región. Además, en las zonas en las que tradicionalmente se hablaba valenciano se produjo un abandono progresivo y generalizado de su uso, especialmente por parte de la población urbana y, a diferencia de Cataluña y Baleares, sólo una minoría la continuó hablando regularmente.

El conocimiento y el uso del catalán en el País Valenciano varían hoy de acuerdo con parámetros demográficos y geográficos, siendo mayores en las provincias del norte (Castellón) que en las del sur (Alicante) y en las poblaciones pequeñas que en las grandes.

Tabla 5. Nivel de conocimiento del catalán en las Islas Baleares

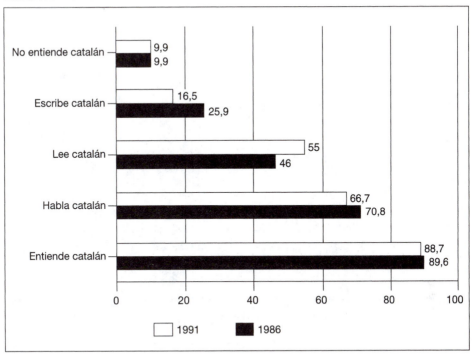

Fuente: Censo de población de las Islas Baleares

Como en el resto de los territorios catalano-parlantes, la política lingüística de la Generalitat Valenciana y la inclusión de la lengua propia en la enseñanza, la administración y los medios de comunicación —*Radio Televisión Valenciana, Canal 9*— están produciendo cambios significativos en la presencia del valenciano en la vida pública cuyo alcance es todavía difícil de evaluar.

4 El vasco

Historia

El vasco —que también se conoce como *euskera, euskara* o *vascuence*— se diferencia de las otras lenguas de la península por ser la única que no deriva del latín. Es, por ello, completamente distinta del castellano, del catalán o del gallego, no sólo en su léxico, sino también en su estructura gramatical. A diferencia de las lenguas neolatinas, por ejemplo, el euskera añade artículos, pronombres relativos y otros marcadores gramaticales al final de la palabra; así, la expresión "el hombre" se dice en vasco *gizon-a* ("hombre-el") y "del hombre", *gizon-a-ren* ("hombre-el-de").

Curiosidades aparte, el vasco es una de las lenguas más antiguas que se hablan en Europa; no se sabe a ciencia cierta su procedencia y se ignora cuándo comenzó a hablarse. En cuanto a su origen, los investigadores están divididos entre los que piensan que procede de

Tabla 6. Conocimiento del catalán/valenciano en la Comunidad Valenciana

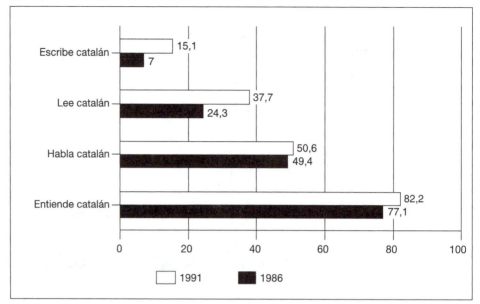

Fuentes: Instituto Valenciano de Estadística y censo de población

las lenguas caucásicas y los que la han relacionado con la antigua lengua ibérica, que se cree provenía de África. Los argumentos utilizados por unos y otros no son concluyentes, por lo que el origen del vasco sigue siendo un enigma. Los estudiosos que han analizado la toponimia han concluido que antes de la invasión romana esta lengua se utilizaba a ambos lados de los Pirineos, en un territorio extenso que llegaba hasta el río Ebro por el sur y

Real Academia de la Lengua Vasca

hasta el Mediterráneo por el este. Es imposible, sin embargo, determinar si esta zona hablaba la misma lengua o una familia de lenguas emparentadas entre sí. La romanización de la península fue, sin duda, una de las principales causas que determinaron la reducción del área geográfica vasco-parlante a las zonas montañosas del norte en las que hoy se utiliza. Prueba de ello es que las regiones donde se hablaba vasco que fueron muy romanizadas —las zonas llanas de Álava y la Ribera navarra— desarrollaron lenguas neolatinas —castellano y variantes del antiguo aragonés— en vez de conservar el habla original. La utilización exclusiva del castellano como lengua de cultura y de gobierno en estos territorios relegó al euskera a la categoría de lengua rústica y de uso casi exclusivamente oral, y redujo su prestigio social. Por ello sólo se han conservado unos pocos restos aislados de textos escritos en vasco anteriores a la edad moderna. Los primeros libros publicados en euskera son una colección de poesías, una traducción del nuevo testamento y un catecismo para difundir la doctrina protestante. En el siglo XVII el número de textos en esta lengua aumentó significativamente, quizá en parte por el mandato contrarreformista de predicar en la lengua del pueblo. La mayor parte de estas publicaciones fueron escritas en el dialecto labortano —el hablado en el sur de Francia— por lo que éste se convirtió en la norma literaria.

En el siglo XIX, el francés Luis Bonaparte encargó el primer estudio científico del vasco —que identificó y estableció los dialectos que hoy se siguen distinguiendo— y subvencionó la publicación de varios libros en esta lengua. Más adelante, la aparición del nacionalismo produjo una recuperación del interés por el vasco, aunque nunca se materializó en un impulso a su enseñanza y codificación.

Variedades dialectales y normativización

La tradición fuertemente oral del euskera ha sido la causa fundamental de una marcada fragmentación dialectal que se ha mantenido hasta nuestros días. Aunque nadie pone en duda la unidad de la lengua, la comprensión mutua entre hablantes de los dialectos más separados geográficamente puede ser dificultosa.

Actualmente se distinguen las siguientes variantes dialectales del euskera: vizcaíno, guipuzcoano, alto-navarrés, labortano, bajo-navarrés, suletino, aezcoano, salacense y roncalés. Esta fragmentación ha impedido que ninguna de las variedades utilizadas en la lengua escrita —labortano, guipuzcoano y vizcaíno— se estableciera como código común. La falta de una norma general de vasco culto se convirtió en una limitación grave a la hora de generalizar la enseñanza y el uso oficial y público de la lengua. Para superar ese obstáculo se fundó, ya antes de la Guerra Civil, la Academia de la Lengua Vasca, institución que elaboró una propuesta de normativización basada en una especie de guipuzcoano ampliado. El poco apoyo que la propuesta académica recibió de los sectores intelectuales, políticos y sociales vascos llevó a su abandono, en la convicción de que el uso progresivo del euskera en más aspectos de la vida acabaría por imponer una norma de manera natural. La situación continuó sin cambios hasta los años sesenta, década en la que se tomó conciencia de la urgente necesidad de elaborar normas lingüísticas que unificaran la gramática

¿SABÍAS QUE...?

EL VASCO Y EL LATÍN

A lo largo de la historia el euskera adoptó numerosas palabras del latín, como por ejemplo:

Euskera	Latín	Español
abotzu	augustum	agosto
gurutz	crux	cruz
kipula	cepulla	cebolla
bake	pacem	paz

El euskera, por su parte, ha dejado huellas en el español, especialmente en la toponimia, en nombres propios (*Íñigo, Javier*) y en palabras como *izquierda, pizarra, boina, aquelarre, cachorro* o *zurdo.*

y la ortografía y actualizaran el léxico para incorporar palabras de carácter técnico y científico que el uso oral del euskera había impedido desarrollar. Así fue como en 1971 la Academia de la Lengua Vasca adoptó unos principios generales de normativización y creó varios grupos de trabajo a los que encargó la presentación de propuestas concretas. A la normativización que estos grupos elaboraron se le dio el nombre de *vasco batúa* (o lengua unificada). Aunque su adopción provocó muchas discusiones —y protestas de los sectores más tradicionalistas, que lo consideraban artificial— en los últimos años el batúa está alcanzando progresivamente el estatuto de norma común, y es el utilizado en los medios de comunicación, los documentos y actos oficiales y la enseñanza.

Situación actual

Euskalerría —así se denomina a la zona geográfica vasco-parlante— se extiende hoy por el País Vasco francés, el País Vasco español y parte de la Comunidad de Navarra. Además, el euskera se habla también en algunas comunidades de emigrantes vascos en otros países, de entre las que destaca la de Nevada (EE.UU.). La situación de la lengua en este conjunto de territorios es muy irregular. En el año 1980 Pedro de Irízar realizó una evaluación sociolingüística del vasco y cifró el número de hablantes de esta lengua en el mundo en unos seiscientos mil, cuyo reparto se especifica en la Tabla 7. Otros cálculos menos optimistas, sin embargo rebajan este número a alrededor de cuatrocientos mil.

En la Tabla 8, ya limitada al País Vasco español y a Navarra, se comparan los datos del censo lingüístico de 1981 con los del de 1986. En este último se invitó a los encuestados a autoclasificarse en una de las tres siguientes categorías, según su conocimiento del vasco:

¿SABÍAS QUE...?

FRASES Y PALABRAS DE LA LENGUA VASCA

Español	Euskera	Español	Euskera
adiós	agur	aparcamiento	aparkalekua
hola	kaixo	casa	etxea
¿qué tal?	zer Moduz?	comida	bizkaria
hasta luego	gero arte	playa	hondartxa
por favor	mezedez	biblioteca	liburutegia
perdón	bartaku	calle	kalea
buenos días	egun on	río	ibai
buenas tardes	arratzalde on	puente	zubi
buenas noches	habon	fuente	iturri
sí	nai	nuevo	berri
no	ez		

Tabla 7. Número de hablantes de vasco en el mundo

PAÍS VASCO ESPAÑOL	418.935
NAVARRA	35.228
PAÍS VASCO FRANCÉS	79.000
RESTO DE ESPAÑA	66.000
RESTO DE FRANCIA	17.000
AMÉRICA	30.000
RESTO DEL MUNDO	15.000
TOTAL	661.163

euskaldunes —si eran capaces de entenderlo y hablarlo— cuasi-euskaldunes —si consideraban poseer una competencia activa o pasiva de la lengua— y erdaldunes —si no la hablaban ni la entendían. Estos datos —que deben ser tomados con cierta reserva dado el carácter subjetivo de la encuesta— revelan que el porcentaje de la población que puede hablar el euskera en el País Vasco pasó del 14% al 21% —unas 70.000 personas más en números absolutos— en sólo cinco años. Estos números se pueden comparar con los de las Tablas 9 y 10 que muestran, respectivamente, los resultados absolutos de encuestas realizadas en 1994 y la distribución geográfica del monolingüismo y el bilingüismo. El aumento del número de ciudadanos que se considera vasco-parlante se debe sin duda al efecto combinado de la agresiva política lingüística del gobierno vasco, la recuperación del prestigio social de la lengua y la presencia de ésta en el sistema educativo y en los medios de comunicación. Actualmente todos los estudiantes de enseñanza primaria y secundaria reciben clases de euskera o en euskera, y cada vez hay más cursos universitarios que se ofrecen en la lengua propia de la región. Respecto a los medios de comunicación, el País Vasco cuenta con dos canales de televisión pública —de los cuales uno emite exclusivamente en vasco— varias emisoras de radio y algunos periódicos bilingües o que utilizan exclusivamente el euskera, así como algunas revistas semanales. La producción de libros también ha aumentado considerablemente, ya que ha pasado de unos 100 en 1974 a unos 700 en 1989, con una tirada media de unos 2.000 ejemplares por edición.

A pesar de ello, el nivel de conocimiento y utilización del euskera sigue siendo bajo —especialmente en Navarra— si se le compara con el de otras lenguas regionales.

Esta diferencia sin duda tiene que ver con la distancia que separa el euskera del castellano, que determina una mayor dificultad de aprendizaje o de conocimiento pasivo de la lengua. Mientras que en otras comunidades se asume que cualquiera que hable castellano puede

Tabla 8. Nivel de conocimiento del euskera en el País Vasco español y en Navarra

TERRITORIO	AÑO	ERDALDUNES	CUASI-EUSK.	EUSKALDUNES
País Vasco español	1981	64,01%	14,45%	21,53%
	1986	57,15%	18,18%	24,65%
Navarra	1981	-----------D A T O S N O D I S P O N I B L E S-------------		
	1986	84,8%	5,23%	9,95%

Tabla 9. Conocimiento del vasco en el País Vasco y Navarra

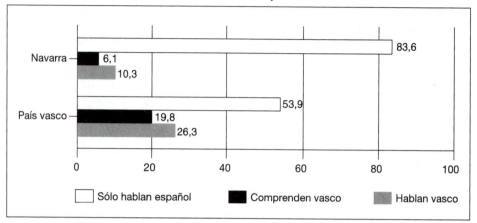

Fuentes: EUSTAT y Gobierno de Navarra, 1994

comprender expresiones como *Institut Català d'Estadistica* o *benvinguts* —en catalán— o *Director Xeral* —en gallego— el gobierno vasco no puede suponer que el conocimiento de una lengua neolatina será suficiente para comprender *Euskal Estatistica Erakundea/ Zuzendari Orokorra* (Instituto Vasco de Estadística/Director General) u *ongi etorri* (bienvenidos). La necesidad práctica de utilizar las dos lenguas conjuntamente en muchos contextos oficiales ha conllevado, sin duda, una disminución de la motivación de algunos ciudadanos para aprender euskera.

Tabla 10. Distribución geográfica de monolingües y bilingües en el País Vasco

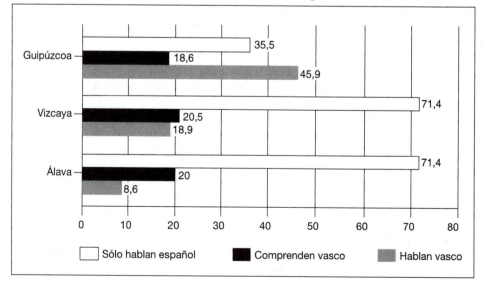

Fuentes: EUSTAT y Gobierno de Navarra, 1994

Libros infantiles en vasco

En resumen, y aunque los niveles de utilización y conocimiento del vasco están aún bastante por debajo de los de las otras comunidades españolas con lengua propia, se puede afirmar ya que la agresiva política lingüística del gobierno autónomo ha roto la tendencia histórica de esta lengua a perder hablantes.

En el exterior de España existen numerosos centros y departamentos o sub-departamentos universitarios dedicados a la enseñanza del euskera, entre los que se incluyen los de las universidades estadounidenses de Iowa, Boise State, Fresno y Nevada.

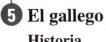 El gallego

Historia

El gallego se formó en las montañas del noroeste de la península alrededor de los siglos IX y X. Muy pronto esta lengua se convirtió en vehículo de una importante literatura, y su prestigio llegó a ser tal que muchos poetas castellanos escribieron sus obras líricas en ella. Igual que sucedió en el caso del castellano y del catalán, el uso del gallego se extendió hacia el sur con las conquistas militares. Puesto que su expansión acabó ocupando parte de lo que actualmente es Portugal, pronto esta lengua empezó a conocerse con el nombre de gallego-portugués. A medida que los nuevos territorios conquistados se repoblaban y se organizaban fueron adquiriendo un peso político mayor, con lo que el centro del poder se desplazó hacia el sur. Al mismo tiempo, la lengua hablada en lo que ya era condado —y más tarde reino— de Portugal fue diferenciándose del gallego progresivamente.

Puesto que la existencia de Galicia como reino fue muy corta —pasó pronto a ser parte de León y, después, de Castilla— la influencia del castellano fue muy temprana y poderosa y limitó los usos oficiales, literarios y sociales del gallego. Se puede afirmar que en el siglo XV esta lengua ya tenía un carácter popular y principalmente rural. Mientras tanto, y más al sur, el antiguo gallego-portugués —ahora ya portugués— se iba convirtiendo en la lengua de un reino independiente primero y de un imperio después.

A mediados del siglo XIX, y simultáneamente a los movimientos nacionalistas que recorrieron Europa, se produjo un renacimiento del uso del gallego en la literatura —especialmente en la poesía— que acabó despertando el interés por la lengua de algunos miembros de las élites culturales de la región. Aunque se dieron algunos pasos importantes, como la fundación de la Academia de la Lengua Gallega (1906) y las *Irmandades de Fala* (hermandades de habla), el renacimiento literario no produjo ni una recuperación del prestigio de la lengua —que se siguió asociando al mundo rural y al retraso económico— ni una toma de conciencia política comparable a las de Cataluña y el País Vasco.

El impulso galleguista no volvió a aparecer hasta la segunda década del siglo XX, cuando un grupo de intelectuales comprometidos con la renovación social y política de Galicia impulsó la recuperación, como ya hemos visto, del gallego como habla de prestigio y de su uso oficial. Como resultado de este movimiento, Galicia consiguió en tiempos de la Segunda República un estatuto de autonomía que el estallido de la guerra impidió aplicar. El exilio que siguió a la victoria fascista trasladó la actividad intelectual galleguista a las ciudades latinoamericanas que contaban con colonias gallegas importantes, en especial Buenos Aires y Caracas. A partir de los años setenta se volvió a publicar en lengua gallega en España. Unos años antes, y en pleno franquismo, se habían creado un departamento universitario de Filología Gallega (1963) y un Instituto de la Lengua Gallega (1971).

Con la llegada de la democracia Galicia obtuvo un Estatuto de Autonomía similar a los de otras regiones españolas, y con él un gobierno propio que ha adoptado el gallego como lengua oficial y ha iniciado un proceso de recuperación y normalización de la lengua. Hoy en día el gallego se utiliza en la administración y la educación, además de en algunos medios de comunicación privados y públicos, como la Televisión Galega.

Variedades dialectales

En gallego se suelen distinguir dos grupos de dialectos, uno que se habla en las comarcas del centro y este de Galicia y otro que se utiliza en la costa atlántica. Las diferencias entre ellos son mínimas y no presentan ninguna dificultad de entendimiento mutuo.

Como en el caso del vasco —y de todas las lenguas no estandarizadas— ha sido necesario someter el gallego a un proceso de *normativización* para establecer la morfología, la gramática y la ortografía consideradas como norma culta de la lengua. Este proceso ha estado marcado por el desacuerdo entre los defensores del *reintegracionismo* y los partidarios del *aislacionismo*. Los primeros consideran que la norma lingüística del gallego actual ha de formularse de manera que se acerque lo más posible a la del portugués, del cual los más radicales lo consideran un dialecto. Los segundos, en cambio, defienden la creación de normas independientes. Este debate, que comenzó como discusión puramente lingüística, pronto adquirió marcadas connotaciones políticas. A principios de los años ochenta, la Xunta de Galicia adoptó como oficiales las normas propuestas por los aislacionistas, y comenzó a utilizarlas en la enseñanza y en las publicaciones y actos oficiales del gobierno regional. La sanción oficial de dichas normas ha extendido su aplicación a todos los ámbitos sociales y ha relegado las otras tesis al rincón ideológico de los sectores nacionalistas radicales.

Situación actual

El gallego se habla actualmente en la Comunidad Autónoma de Galicia y en algunas zonas de Asturias, León (unos 20.000 habitantes de pequeños pueblos de la comarca del Bierzo) y Zamora (unos 2.500) limítrofes con Galicia. A ellos hay que añadir varios miles de gallegos residentes en otros países, aunque es imposible cuantificar cuántos de ellos hablan la lengua.

Según las encuestas lingüísticas disponibles, el porcentaje de gallegos que declara conocer y usar la lengua regional es más alto que el de otras comunidades autónomas con lenguas propias como el País Vasco, Cataluña, las Baleares y Valencia. Algunos estudios recientes sobre los hábitos lingüísticos de los niños en edad escolar muestran que aproximadamente un tercio de los encuestados declara hablar con sus padres en gallego exclusivamente, otro tercio dice hacerlo en castellano y la tercera parte restante afirma usar ambas lenguas indis-

¿SABÍAS QUE...?

ALGUNAS PALABRAS Y EXPRESIONES DEL GALLEGO

Gallego	Español	Gallego	Español
boas noites	buenas noches	hoxe	hoy
adeus	adiós	onte	ayer
se fai o favor	por favor	amanhã	mañana
tenda	tienda	rúa	calle
escola	escuela	praça	plaza
igrexa	iglesia	¿por onde está?	¿dónde está?
¿canto custa?	¿cuánto cuesta?	jantar	almuerzo
perto	cerca	cea	cena

tintamente. La distribución geográfica de los gallego-parlantes dista mucho de ser homogénea, puesto que del tercio que declara utilizar principalmente el gallego en casa, más del 80% vive en áreas rurales, donde la lengua se ha conservado más que en las ciudades y donde algunas personas —especialmente las de edad muy avanzada— todavía hoy no hablan español. Estos hechos quizá puedan explicarse por el aislamiento geográfico de esta región y por la poca incidencia que la inmigración ha tenido en ella, fenómenos que han mantenido a su población aislada de influencias lingüísticas exteriores.

Los primeros gobiernos autónomos de Galicia estuvieron en manos de partidos conservadores que no demostraron excesivo interés por la recuperación y promoción del gallego. Poco a poco, sin embargo, fueron tomando conciencia de que la reivindicación de la

¿SABÍAS QUE...?

NIVELES DE CONOCIMIENTO DE LA LENGUA GALLEGA

De acuerdo con los datos del censo de 1991, el 97,3% de los gallegos declara entender la lengua propia de la región, el 86,4% se considera capaz de hablarla y el 45,9% de leerla; sólo poco más de la cuarta parte (27,1%) de la población, sin embargo, declara poder escribir en ella.

En cuanto al uso habitual de la lengua, el 38,7% manifiesta utilizar sólo el gallego, el 29,9% declara hablar más en gallego que en español y el 20,8% más en español que en gallego; sólo un 10,8% reconoce comunicarse exclusivamente en español. El uso de la lengua regional es más frecuente en las personas mayores —el 84,7% de ellas habla sólo esa lengua— y menor en los jóvenes de dieciséis a veinticinco años, grupo en el que el porcentaje de los que hablan principalmente en gallego baja al 46,5%.

lengua era una aspiración de muchos ciudadanos y pusieron en práctica políticas lingüísticas similares a las de Cataluña y el País Vasco, aunque de carácter más moderado. En los últimos años el prestigio del gallego ha aumentado considerablemente a medida que se ha ido convirtiendo en vehículo de expresión de la conciencia regional y en la lengua de la enseñanza, de los políticos, de los actos de gobierno y de algunos intelectuales. Hoy su aprendizaje y utilización suscitan el interés de sectores cada vez más amplios de la sociedad.

La revalorización del gallego ha repercutido positivamente en la industria editorial de la región, que ha pasado de publicar 31 libros en dicha lengua en 1970 a 187 en 1980 y a 481 en 1988, con una tirada media de dos mil ejemplares. En cuanto los medios de comunicación, existe un canal de televisión —TVG, ya mencionado— y una emisora de radio —*Radio Galega*— públicas y varias emisoras y televisiones privadas de carácter local que emiten la totalidad de su programación en gallego. Además, Radio Nacional de España ofrece algunos programas en esta lengua. Hay también algunas revistas de tiradas pequeñas —como *Nosa Terra*— y un periódico —*O Correo Galego*— que se editan exclusivamente en gallego, y otras muchas publicaciones periódicas que tienen ediciones bilingües.

6 Las lenguas minoritarias y la sociedad española

En la España actual las lenguas minoritarias están en continuo contacto con el castellano, no sólo en las regiones en que se hablan, sino también fuera de ellas. La mayor presencia del plurilingüismo en todo el territorio nacional ha cambiado las actitudes sociales de los españoles hacia las lenguas regionales y ha creado nuevos retos y problemas que pasamos a comentar brevemente.

La primera pregunta que plantean las lenguas regionales es la de su papel institucional y social en el Estado español. Como hemos visto, cada lengua minoritaria disfruta del estatuto de oficial en la comunidad o comunidades donde se habla, y son los gobiernos regionales los encargados de su normalización. Puesto que no son oficiales en toda la nación, el Estado no posee una política lingüística nacional destinada a su promoción. Por ello, su labor se ha limitado a actuaciones simbólicas como la de convocar premios literarios en los que se aceptan originales en cualquiera de las lenguas nacionales o la de promover éstas en las Ferias Internacionales o en los actos culturales de las embajadas españolas. El gobierno central, por otro lado, ha seguido una política de utilización exclusiva del castellano en todos los actos, documentos y declaraciones oficiales, así como en las sesiones del Congreso y el Senado.

El interés de los españoles por aprender las otras lenguas peninsulares es escaso. Sólo unos pocos centros privados de enseñanza de idiomas y algunos públicos ofrecen instrucción en las lenguas regionales, y la gran mayoría de los que optan por aprender otro idioma acaba eligiendo una lengua extranjera. En las universidades y las fundaciones universitarias de las zonas castellano-hablantes las lenguas minoritarias no parecen tampoco despertar excesivo interés, ya que, salvo casos aislados, no se ha generalizado la creación de cátedras, departamentos o programas dedicados a su estudio y enseñanza.

Socialmente, el carácter plurilingüe de España es cada vez más evidente, y la presencia de hablantes de cualquiera de las lenguas minoritarias en cafés, museos, medios de transporte y comunicación y calles de las zonas castellano-parlantes no sorprende ni enfada hoy a casi nadie. El uso público del catalán, el valenciano, el euskera o el gallego es ampliamente aceptado, aunque no necesariamente con simpatía. Esta actitud de rechazo se debe, en parte, a la percepción que tienen muchos ciudadanos de las políticas de normalización lingüística más agresivas —las de Cataluña y el País Vasco— y de los partidos nacionalistas que las han apoyado. Para ellos, la implantación de la enseñanza en la lengua propia de la región y la exigencia de un conocimiento hablado y escrito de ésta como requisito imprescindible para acceder a ciertos puestos de trabajo representan una discriminación contra los ciudadanos españoles —castellano-parlantes o bilingües— no residentes en la comunidad, cuya lengua también tiene el estatuto de oficial en aquellas regiones.

¡Atención! Ve a **De la Red** de este capítulo en *www.prenhall.com/espanaayeryhoy*. Allí encontrarás sitios de información muy interesante y de fácil acceso.

12 | La población y el hábitat: La ciudad como forma de vida

Temas de introducción

1. En este capítulo se habla de la evolución, las características y la distribución geográfica de la población española. Reflexiona un poco sobre la situación demográfica del lugar en el que vives, para que puedas comparar los datos que se ofrecen en las siguientes páginas con los referentes a tu ciudad o país. ¿Sabes cuántos habitantes tiene tu país? ¿Piensas que ese número está creciendo o permanece estable? ¿En qué épocas ha aumentado más? ¿Por qué?

2. ¿Sabes cuál es la esperanza de vida de hombres y mujeres en tu país? ¿Cuáles son las áreas más y menos pobladas? ¿Cuáles crees que son las razones económicas, históricas y culturales de esta distribución geográfica de la población?

3. ¿Dónde vive la mayoría de la población de tu país, en la ciudad o en el campo? ¿Ha sido esto siempre así? Si no lo ha sido, ¿Por qué, y cuándo crees que cambió?

4. ¿Cómo es el mundo rural donde tú vives? ¿Existen pueblos de diferentes tamaños o la gente tiende a vivir en casas aisladas? Si hay pueblos, ¿son antiguos o modernos? ¿Cómo están organizadas sus calles y plazas?

5. ¿Cuáles son las ciudades más importantes de tu país? ¿De qué partes se componen? ¿Cuáles son las características de cada una de ellas? ¿Cuándo y por qué surgieron?

6. ¿Tu ciudad ha crecido o disminuido en los últimos años? ¿Por qué crees que ello ha sido así? ¿En qué áreas de tu ciudad socializa la gente? ¿Cuáles son los principales problemas con los que se enfrenta tu ciudad?

① La población española

Evolución y estado actual

El Estado español contaba en el año 2004 con unos 41.800.000 habitantes y con una densidad de población de 81 habitantes por kilómetro cuadrado, una cifra bastante menor que la media de la Unión Europea —200 habitantes por kilómetro cuadrado— pero mucho más alta que la de países como EE.UU. y Méjico (34 y 21, respectivamente). España forma parte —junto con Suecia y Rusia— del pequeño grupo de países europeos donde todavía existen grandes espacios abiertos, poco urbanizados y ecológicamente equilibrados.

A lo largo de la historia, la demografía española ha pasado —como ya se vio en otros capítulos y se muestra en la Tabla 1— por etapas de crecimiento y estancamiento motivadas tanto por factores generales que afectaron a todos los países europeos —pestes, guerras, revoluciones, épocas de paz y buenas cosechas, etc.— como por motivos particulares y específicos al país, como la emigración a Latinoamérica. En el siglo XX la población española ha mostrado una tendencia constante al crecimiento, que ha sido importante en algunos periodos —como en las primeras décadas del siglo y en los años cincuenta, sesenta y en la primera parte de los setenta— y muy modesto en otros, especialmente desde 1981 hasta la actualidad. En el pasado reciente, las únicas pérdidas de población importantes fueron debidas a la Guerra Civil (1936–1939). La emigración de un número importante de españoles al exterior en las décadas de los cincuenta y sesenta, por otro lado, disminuyó los efectos del importante crecimiento demográfico de esos años.

La pérdida de población causada por la emigración, las epidemias y las guerras fue compensada, hasta mediados del siglo XX, por unos índices de natalidad muy altos que mantenían generalmente el crecimiento del número de habitantes. A mediados de los años setenta, sin embargo, el índice de natalidad y el número de nacimientos —véanse las Tablas 2 y 3— comenzaron a reducirse de manera significativa: de los cinco hijos por mujer de 1900 se pasó a poco más de tres en 1960 a 2,2 en 1980 y a 1,1 en 1998. En el año 2001 España se convirtió en uno de los tres lugares del mundo —los otros dos eran Hong Kong e Italia— donde nacían menos niños, y en muchas zonas del centro y del norte del país se cerraron algunas escuelas rurales por falta de alumnos. A pesar de ello, el número total de habitantes continuó creciendo —aunque en proporciones modestas— y no llegó nunca a estancarse, gracias a la importante reducción de la mortalidad infantil y al aumento de la esperanza de vida de los adultos. Ambos hechos fueron consecuencia de los avances

Tabla 1. Evolución de la población española (en millones)

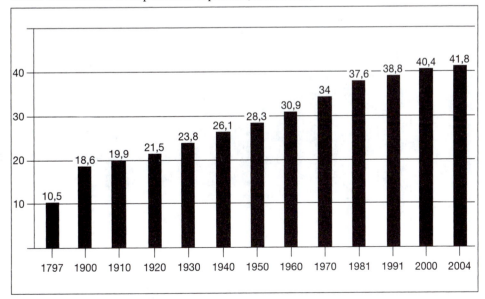

Fuente: Instituto Nacional de Estadística

Tabla 2. Número de nacimientos entre 1970 y 1998

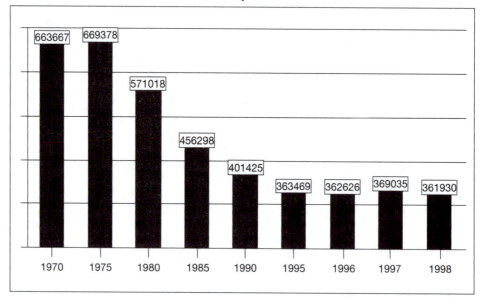

Fuente: Instituto Nacional de Estadística

de la medicina, del mejor cuidado sanitario de las embarazadas y de las mejoras en la nutrición, la higiene y la calidad de vida que se produjeron durante la segunda mitad del siglo XX. Pero estas circunstancias han provocado un envejecimiento de la población al elevarse considerablemente la edad media de los españoles y estabilizarse el porcentaje de

Tabla 3. Número medio de hijos por mujer

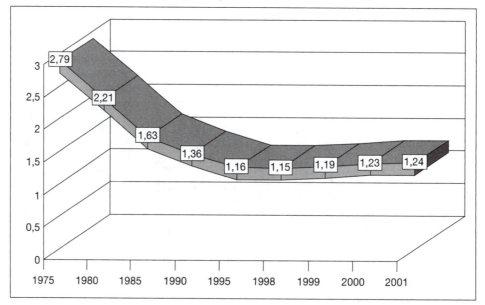

Fuente: Instituto Nacional de Estadística

población activa —individuos en edad de trabajar, es decir, que tienen entre dieciocho y sesenta y cinco años.

Las causas de este descenso de la natalidad son muchas y variadas, y están relacionadas con las circunstancias económicas, sociales y culturales por las que ha pasado el país en los últimos cincuenta años. Los procesos de mecanización rural y de industrialización urbana de comienzos de los años sesenta acabaron produciendo un movimiento migratorio interior de las zonas rurales a las ciudades —principalmente a Madrid, Bilbao y Barcelona— y a las áreas industriales situadas alrededor de ellas. Las necesidades familiares de la vida urbana e industrial diferían mucho de las propias de la vida en el campo: ya no se necesitaban hombres para trabajar las tierras, las niñas accedían —en muchos casos por primera vez— a la enseñanza secundaria y a la universidad, las mujeres comenzaban a trabajar fuera de casa y los hijos empezaban a ser más un gasto que un beneficio económico para la familia. Las circunstancias económicas del país durante los años setenta y ochenta —cifras relativamente altas de desempleo, carestía de la vivienda— contribuyeron a incrementar la edad media de matrimonio y, con ello, a retrasar los nacimientos y a reducir su número. A estos factores socioeconómicos se añadieron otros culturales y religiosos determinados por la rápida transformación de los valores de una sociedad más moderna y abierta en la que la Iglesia católica y los valores morales tradicionales tenían cada vez menos influencia sobre la vida pública y privada de los individuos. Ello resultó en una mayor libertad sexual y social para hombres y mujeres, en un acceso más fácil y generalizado a los métodos anticonceptivos, en un concepto de paternidad más responsable y en una mentalidad de disfrute de la vida y del tiempo libre.

A partir de la década de 1990 España se ha convertido en país de destino para un número importante de inmigrantes procedentes tanto de Europa como del Tercer Mundo. La importancia de este fenómeno demográfico —que se analiza con más detalle en el capítulo 14— se debe tanto a su novedad —tradicionalmente han sido los españoles los que han emigrado a otros países— como a los efectos que tiene en el crecimiento, la composición y la distribución de la población. Sin duda alguna, la inmigración va a contribuir a diversificar la base étnica, racial y cultural de los habitantes de España y va a cambiar su distribución geográfica y su estructura.

Algunos modelos de evolución demográfica diseñados hace tan sólo unos años predecían que la población española iba a entrar en una fase de disminución y envejecimiento progresivos hasta convertirse, en 2050, en una de las más viejas del mundo. Estas predicciones fueron recogidas por algunos economistas, que alertaron sobre la relación causa-efecto entre el envejecimiento de la población, la disminución de los ingresos del Estado, el aumento de los gastos en pensiones de jubilación y en sanidad y la imposibilidad de mantener una Seguridad Social con cada vez más jubilados y menos trabajadores. La política demográfica se convirtió así en un tema importante para los gobiernos, que comenzaron a ofrecer ayudas de todo tipo a las familias que tuvieran más de dos hijos. Pero estas ayudas no han tenido los efectos deseados, y los españoles no han cambiado su actitud respecto al matrimonio y a la maternidad. Los jóvenes siguen casándose muy tarde, a una media de edad de 26 años para las mujeres y de 29,5 para los hombres, según la Tabla 4. Esto tiene consecuencias importantes en un país en el que el matrimonio y la natalidad siguen estando muy conectados, como lo prueba el hecho de que en 1994 la tasa de fecundidad de las solteras en España no llegaba al 0,2% (véase la Tabla 5), mientras que en países como Suecia se situaba en el 40%. Al mismo tiempo, muchos comenzaron a pensar en la inmigración como parte de la solución al problema del envejecimiento de los españoles.

Tabla 4. Edad media de matrimonio y maternidad

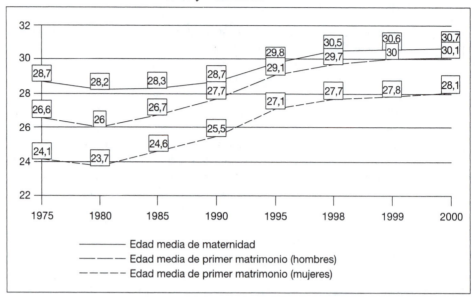

Fuente: Instituto Nacional de Estadística

Tabla 5. Hijos por estado civil

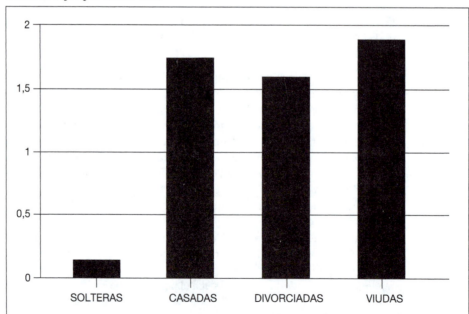

EL ENVEJECIMIENTO DE LA POBLACIÓN

La explosión demográfica que se produjo en España entre los años 1957 y 1976 empezó y terminó casi una década después que en el resto de los países de Europa Occidental. Aunque la población española comenzó a mostrar signos de envejecimiento más tarde que la alemana o la francesa, en los últimos veinte años el aumento del número de personas mayores de sesenta años ha sido espectacular. Según un calculo de la revista británica *The Economist,* en el año 2002 España era ya el quinto país de la Unión Europea en número de ciudadanos pertenecientes a ese grupo de edad —un 22% de la población— después de Italia, Alemania, Grecia y Suecia. Es decir, la población española ya es tan vieja como la de Francia, Holanda o Inglaterra.

Dentro del país existen diferencias regionales significativas respecto al envejecimiento. Las regiones con un porcentaje mayor de personas mayores son Asturias, Navarra, Castilla-León, Aragón y las zonas interiores de Galicia —en la provincia gallega de Orense, por ejemplo, existen tantos retirados como trabajadores. Aunque Cataluña no figura entre las regiones más envejecidas, la ciudad de Barcelona es actualmente el núcleo urbano de más de medio millón de habitantes con mayor número de mayores de sesenta y cinco años (el 22%). Las áreas con población más joven, por otro lado, son Andalucía, Murcia, Madrid y las Islas Canarias, que deben su menor media de edad en parte a su vitalidad económica —servicios, turismo o agricultora— y en parte a ser los lugares preferidos por los nuevos emigrantes extranjeros para establecer su residencia.

Afortunadamente, el paso del tiempo no ha confirmado las predicciones más pesimistas de los demógrafos, ya que a partir del año 2002 aumentaron tanto el número de nacimientos como el índice de natalidad —en gran parte, gracias a los hijos de los inmigrantes— lo que permitió a la población española superar los cuarenta y un millones. No es fácil determinar, sin embargo, si los habitantes del Estado español son muchos o pocos en relación a las circunstancias socioeconómicas y geográficas del país y a sus necesidades; la futura evolución de la población española sigue siendo objeto de debate entre los expertos.

Distribución y estructura

La población española muestra una proporción de hombres y mujeres similar a la de cualquier nación desarrollada. Aunque nacen más niños que niñas, el equilibrio demográfico entre ambos sexos es casi constante hasta los sesenta y cinco años, edad a la cual aumenta el índice de mortalidad entre los hombres y comienzan a predominar las mujeres. Como ocurre también en el resto del mundo desarrollado, la esperanza de vida de las mujeres es más alta —ochenta y tres años en el año 2003— que la de los hombres —setenta y seis años en la misma fecha (Tabla 6). Estos números son actualmente algo inferiores a los del Japón y superiores a los de los EE.UU. y a los de la mayoría de los países de la Unión Europea, y contrastan con los treinta y cuatro y los treinta y seis años de vida media de españoles y españolas en el año 1900.

En cuanto a la distribución por edades, la pirámide de población española (Tablas 7 y 8) presenta una forma de campana ancha por el medio —la zona ocupada por los grupos de entre treinta y cincuenta y cinco años que se corresponden al crecimiento demográfico de los años cincuenta y sesenta— y estrecha por los extremos —el inferior, de jóvenes y niños, y el superior, de personas mayores. Como en otros países, el número de españoles de más de sesenta años ha experimentado un crecimiento importante en los últimos años.

Tabla 6. Esperanza de vida al nacimiento

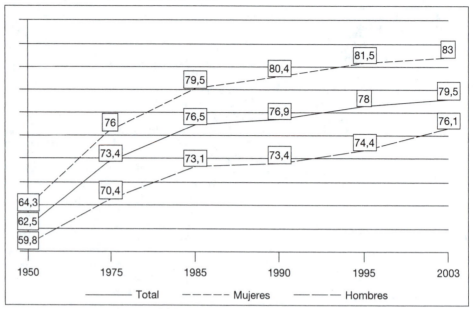

Fuente: Instituto Nacional de Estadística

Tabla 7. Población española agrupada por edades y géneros en números absolutos y porcentajes (año 2000)

	TOTAL	HOMBRES	MUJERES
Total	40.499.790/ 100%	19.821.384/ 48,9%	20.678.407/ 51,0%
0–4 años	1.705.870/ 4,2%	873.230/ 2,1%	832.640/ 2,06%
5–9 años	1.986.754/ 4,9%	1.020.454/ 2,5%	966.300/ 2,39%
10–14 años	2.202.376/ 5,4%	1.130.615/ 2,7%	1.071.760/ 2,6%
15–19 años	2.689.035/ 6,6%	1.378.525/ 3,4%	1.310.510/ 3,2%
20–24 años	3.312.843/ 8,1%	1.691.637/ 4,1%	1.621.207/ 4,0%
25–29 años	3.374.058/ 8,3%	1.716.350/ 4,2%	1.657.708/ 4,0%
30–34 años	3.321.861/ 8,2%	1.678.566/ 4,1%	1.643.294/ 4,0%
35–39 años	3.185.731/ 7,8%	1.599.151/ 3,9%	1.586.580/ 3,92%
40–44 años	2.879.096/ 7,1%	1.438.670/ 3,5%	1.440.426/ 3,56%
45–49 años	2.510.642/ 6,2%	1.253.558/ 3,1%	1.257.084/ 3,1%
50–54 años	2.445.668/ 6,0%	1.209.798/ 2,9%	1.235.869/ 3,0%
55–59 años	2.130.515/ 5,2%	1.045.527/ 2,5%	1.084.987/ 2,6%
60–64 años	1.913.198/ 4,7%	912.297/ 2,2%	1.000.901/ 2,4%
65–69 años	2.113.555/ 5,2%	987.743/ 2,4%	1.125.811/ 2,7%
70–74 años	1.795.404/ 4,4%	799.630/ 1,9%	995.775/ 2,4%
75–79 años	1.387.190/ 3,4%	572.480/ 1,4%	814.710/ 2,0%
80–84 años	827.434/ 2,0%	294.011/ 0,7%	553.422/ 1,3%
85 o más años	718.650/ 1,7%	219.140/ 0,5%	499.420/ 1,2%

Fuente: Instituto Nacional de Estadística

Tabla 8. Pirámide de la población española (porcentajes) en el año 2000

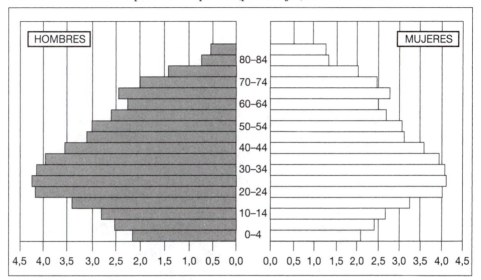

Fuente: Instituto Nacional de Estadística

La distribución geográfica de la población (Tabla 9), que es una de las más irregulares de Europa, se caracteriza por los fuertes contrastes entre zonas de alta densidad —las áreas industriales y la costa— y otras que están perdiendo habitantes o que están poco pobladas, especialmente el medio rural y el interior. Paralelamente al desplazamiento desde el interior hacia las costas, en los últimos cincuenta años se ha venido produciendo un fenómeno de urbanización que ha desplazado a una gran cantidad de gente del campo a la ciudad (Tabla 10). Actualmente España es una sociedad predominantemente urbana en la que más del 70% de la población vive en concentraciones de más de 10.000 habitantes. Existen, sin embargo, excepciones importantes a esta tendencia general. Galicia y Andalucía Occidental son áreas rurales o semi-rurales que cuentan con concentraciones importantes de población, y ciudades del interior como Madrid, Zaragoza y Valladolid son núcleos urbanos muy importantes. El norte industrial cuenta todavía con una densidad de población importante, pero esto ha ido cambiando debido a la crisis de las industrias navales, metalúrgicas y mineras de Asturias y del País Vasco y al creciente peso económico del llamado *arco Mediterráneo* —Cataluña, Valencia y el Levante— y de Madrid, que cuentan con industrias más avanzadas tecnológicamente o con un sector agrícola de alta competitividad. Esto ha hecho que en los últimos años la población se haya desplazado hacia estas áreas. En ellas se han tendido a concentrar también los trabajadores inmigrantes legales e ilegales.

Las diferencias demográficas entre las regiones no sólo tienen que ver con el número de habitantes y la densidad de población sino con la edad media de las personas que residen en ellas. Así, en las autonomías del norte y del centro —con la excepción de Madrid— la población es más vieja y la natalidad más baja, mientras que en el sur y las costas ocurre todo lo contrario. Para hacerse una idea de la magnitud de estos contrastes, baste mencionar que en el año 1998 el 23% de los habitantes de Andalucía tenía menos de 16 años, mientras que este segmento de la población sólo llegaba al 16,6% en el País Vasco.

Tabla 9. Distribución geográfica de la población española (año 2000)

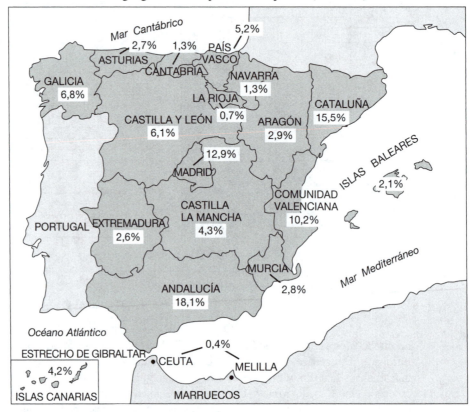

Fuente: Instituto Nacional de Estadística

Actualmente, el 42% de los españoles forma parte de la población activa —o, lo que es lo mismo, del mercado de trabajo— lo que constituye una cifra histórica. La distribución de este segmento de la población en los sectores económicos primario (extracción o la explotación directa de las materias primas), secundario (transformación de esas materias primas en productos manufacturados) y terciario (servicios como la banca, el turismo, la educación, la salud, etc.) determina el grado de desarrollo de un país. Antes de 1965 España presentaba un caso típico de país poco desarrollado, pues una parte todavía importante de su población activa estaba empleada en el sector primario, y el resto se repartía entre el secundario y el terciario. En la última mitad de los años sesenta y durante toda la década de los setenta se produjo un cambio radical que transformó España en un país plenamente desarrollado. En 1975 el sector secundario ya era el mayoritario, y para 1980 una parte muy importante de los trabajadores estaban ocupados en el sector de servicios. Como ocurre en los EE.UU. y en el resto de la Unión Europea, este último sector representa hoy casi dos tercios de la actividad económica nacional.

❷ El hábitat rural: El pueblo

Los economistas y demógrafos españoles consideran hábitat rural a todo núcleo de población que cuente con menos de diez mil habitantes. Existen, sin embargo, excepciones

Tabla 10. Evolución en porcentajes de la población rural y urbana

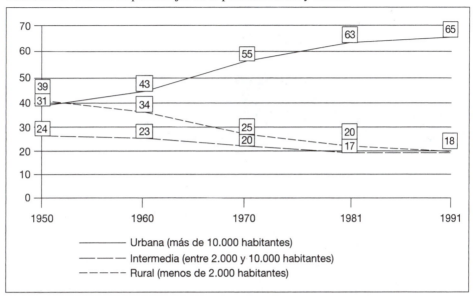

Fuente: Instituto Nacional de Estadística

a esa regla, ya que factores como la proximidad a una ciudad, la actividad económica predominante o los servicios públicos disponibles, hacen que haya casos en los que un pueblo de ocho mil habitantes tenga un carácter más rural que otro que sólo cuente con tres mil.

La España rural presenta dos tipos de hábitats diferentes: el disperso y el concentrado. El hábitat disperso corresponde a explotaciones agrarias y ganaderas de gran extensión, que crean un medio caracterizado por la presencia de casas separadas por una distancia significativa. Este tipo de hábitat es cada vez más escaso, pero fue el predominante en las regiones periféricas del norte —Cataluña, Pirineo aragonés y navarro, País Vasco, Cantabria, Asturias y Galicia— y en las sierras de Andalucía. Las viviendas rurales del hábitat disperso son tan diversas como las zonas geográficas en las que se encuentran. Aunque todas ellas responden a una necesidad funcional —la explotación agrícola y ganadera— sus diseños arquitectónicos varían por razones de clima, ecología o tradición cultural. Las construcciones típicas de la costa mediterránea son la *masía* catalana —similar en estructura a las villas de origen romano— la *barraca* valenciana —diseñada para un clima más suave y seco— y el *cortijo* andaluz, origen arquitectónico de los ranchos del suroeste de los EE.UU. y del norte de Méjico. En el norte y en las montañas de Castilla-León —zonas frías o lluviosas— predomina la casa grande construida en piedra, que recibe el nombre de casa *serrana* en Soria y en la Rioja, y de *caserío* en el País Vasco y Cantabria. En las zonas húmedas de Galicia y Asturias la construcción tradicional es el *hórreo*, una edificación que se utiliza para el almacenaje de alimentos y que está separada de la tierra por varias columnas para evitar la humedad del suelo.

El hábitat rural concentrado está presente en todo el territorio nacional, pero predomina en el Centro —las dos Castillas, el sur de Aragón, La Rioja— y en partes de Levante, Murcia y Andalucía, y en algunos lugares —especialmente en el norte— coexiste con las casas

Casas rurales en Covarrubias (Burgos)

dispersas. Este hábitat concentrado está formado por *pueblos* con casas muy próximas entre sí y agrupadas de acuerdo con dos modelos de diseño urbanístico denominados *apiñado* y *lineal*. La utilización del modelo apiñado —construcciones muy próximas unas a otras, agrupadas en torno a un castillo, una iglesia o una plaza mayor— tiene su origen en la Edad Media y respondía a las necesidades de protección contra los enemigos y los elementos meteorológicos. El diseño lineal, generalmente de origen algo posterior, corresponde a poblaciones que se formaron a los lados de un camino o carretera importante.

El tamaño de los pueblos varía significativamente por áreas geográficas. En Castilla-León, La Rioja y Aragón todavía existen hoy muchos que cuentan tan sólo con cuatrocientos o quinientos habitantes, e incluso unos pocos que tienen menos; en Castilla-La Mancha, Valencia y Andalucía son más comunes los de tres a cuatro mil personas.

Aunque durante toda la historia —y hasta la década de 1960— España fue un país rural, la sociedad de hoy es —como ya se mencionó— predominantemente urbana. La progresiva urbanización de la sociedad española en las últimas cuatro décadas ha resultado en el abandono sistemático de los pueblos más pequeños, algunos de los cuales están hoy completamente deshabitados. A pesar de la decadencia demográfica del campo, la fuerte tradición rural del país ha logrado mantener la importancia sociocultural del pueblo, una entidad que sigue siendo un marco de referencia fundamental de la mentalidad colectiva de los españoles. Ello se debe, en parte, a que muchos de los que hoy habitan en núcleos de población grandes —especialmente los mayores de 45 años— nacieron en pueblos y se trasladaron a las ciudades por motivos de estudio o trabajo. Estas personas —como se verá al tratar de la cultura popular— mantienen un contacto emocional con sus lugares de origen y vuelven a ellos para celebrar reuniones familiares, participar en las fiestas locales o pasar sus vacaciones o su retiro. Además, cada vez son más los españoles que poseen una segunda vivienda en los lugares donde nacieron o vivieron sus padres o sus abuelos y que siguen desplazándose a ellos con frecuencia.

San Vicente de Guadalix (Madrid), ejemplo de pueblo apiñado

Muchos pueblos, además, han logrado mantener su viabilidad económica gracias a la agricultura, la ganadería o las pequeñas industrias. Otros se han adaptado a los nuevos tiempos transformándose en lugares receptores de turismo de playa, rural, cultural o ecológico. Este proceso ha resultado en la restauración de un número importante de viejas casas rurales, cuyos interiores se han modernizado para satisfacer las demandas del visitante de hoy. Los pueblos más próximos a las ciudades han sido absorbidos por el crecimiento urbano, por lo que han acabado transformándose en barrios residenciales o ciudades-dormitorio, o incorporándose a ellas.

❸ La ciudad española: Orígenes y evolución

Como hemos visto antes, la urbanización es un fenómeno relativamente reciente en la historia española que ha transformado todos los aspectos de la vida, desde los económicos hasta los psicológicos. A pesar de la extrema rapidez con la que se produjeron estos cambios, el carácter sociable y extrovertido de los españoles ha hecho que éstos hayan aceptado el proceso urbanizador muy positivamente. A los españoles les gusta la vida de la ciudad.

Aunque la Península Ibérica cuenta con la ciudad más vieja de Europa —Cádiz, fundada por los fenicios hace tres mil años— la forma de vida de sus habitantes fue predominantemente rural hasta mediados del siglo XX. Los procesos de urbanización que se produjeron en la península desde la antigüedad hasta la época de la reconquista coincidieron esencialmente con las invasiones romana y árabe. Es cierto que los celtíberos y los otros pueblos que habitaban en ese territorio antes de la llegada de los romanos llegaron a construir algunas pequeñas ciudades —como Numancia— pero éstas nunca llegaron a crear un modelo de vida urbana. Las colonizaciones de fenicios, griegos y cartagineses resultaron en la fundación de algunos núcleos urbanos en las costas —Cádiz, Ampurias— cuya función era principalmente la de canalizar el comercio entre la metrópoli y las colonias. Este modo de vida, como se mencionó en el capítulo 1, tampoco se extendió al interior, donde la gente siguió viviendo agrupada en pequeñas tribus.

Tras la invasión romana comenzó en Hispania un proceso de urbanización cuidadosamente planificado desde el gobierno imperial cuyo objetivo era el establecimiento de ciudades en lugares militar, geográfica o económicamente importantes. Estas ciudades, conectadas por una extensa red de vías, acabaron convirtiéndose en una de las herramientas centrales de romanización y civilización, puesto que con ellas se extendían no sólo los valores culturales de los conquistadores sino también una economía basada en la moneda y un modo de vida urbano centrado alrededor del comercio, las finanzas, la artesanía, las profesiones liberales, la industria y los servicios. El esfuerzo urbanizador de este imperio fue de tal magnitud que muchas de las ciudades peninsulares actuales —entre ellas Barcelona, León, Valencia, Sevilla, Zaragoza y Mérida— fueron fundadas en la época de la Hispania romana. La decadencia del imperio significó también la desaparición del modo de vida urbano y de la economía y la vida basadas en él. Durante el declive del imperio y el dominio visigodo se acentuó el deterioro de las ciudades y de la infraestructura de comunicaciones que las unía. La península entró entonces en una fase de ruralización tan seria que hasta la invasión musulmana sólo unos pocos núcleos de población relacionados con la administración —Mérida, Tarragona y, ya con los visigodos, Toledo— o con el comercio —Sevilla (Itálica) y Cádiz— podían considerarse ciudades auténticas.

El Islam, una cultura urbana como la de Roma, fundó ciudades nuevas —entre ellas Madrid— y revitalizó otras ya existentes —Córdoba, Granada, Zaragoza, Toledo y Málaga— a las que convirtió en centros de la administración política o de control militar. Hacia el siglo X, y como se dijo en el capítulo 2, Granada y Córdoba eran ya las ciudades más avanzadas de toda Europa Occidental. La vida urbana en los núcleos cristianos del norte fue prácticamente inexistente hasta el siglo X. A partir de esa fecha, y a medida que la reconquista avanzaba, las ciudades musulmanas fueron pasando a manos de los diferentes reinos cristianos, que instalaron allí sus organismos de gobierno y administración y las utilizaron como centros de los procesos de repoblación. La reactivación del comercio a partir del siglo XII revitalizó la vida de las ciudades, impulsó una cierta reurbanización y facilitó el nacimiento de una todavía modesta burguesía que pronto adquirió un grado moderado de poder e influencia.

Con todo, fue durante el Siglo de Oro cuando las ciudades comenzaron a crecer y a cobrar gran importancia, y cuando Madrid, Barcelona y Valencia se fueron perfilando como los principales núcleos de población. En el siglo XVI el crecimiento urbano fue constante, debido a la confluencia de una serie de factores como el aumento de la población, la mejora de la economía y las necesidades administrativas del imperio. Gracias a ellos cobraron importancia lugares como Bilbao y Santander —desde donde se comerciaba con ingleses y holandeses— Burgos —el centro originario de la materia prima de ese comercio— Barcelona —la puerta de los intercambios con el Mediterráneo Occidental— Valencia —zona de una agricultura muy rica— y Sevilla —el núcleo del intercambio de productos con las colonias americanas. Un caso especial fue el de Madrid, que de ser una población pequeña, carente de comercio e industria y alejada de costas, grandes ríos o valles agrícolas fértiles, pasó a convertirse en la capital del imperio de Felipe II. Tras pasar por un periodo de estancamiento en el siglo XVII, el proceso urbanizador recibió un impulso importante en la época de los Borbones, que realizaron numerosas obras de mejora en las principales ciudades.

La revolución industrial de finales del siglo XIX marcó el comienzo de una nueva etapa de urbanización impulsada esta vez por factores administrativos y socioeconómicos. Entre los administrativos el principal fue la división de España en provincias (1833), que propició el crecimiento de las ciudades sobre las que recayó la capitalidad. En el terreno económico, la aparición de las industrias textiles y metalúrgicas moderó parcialmente la dependencia del comercio que había caracterizado la economía urbana hasta entonces y se convirtió en el motor fundamental del crecimiento de las ciudades, al atraer hacia ellas a una gran cantidad de trabajadores del campo. En el resto de España, la mejora de las comunicaciones y la extensión progresiva de la red de ferrocarriles contribuyeron también al proceso urbanizador. Socialmente, surgió una burguesía rica y próspera que quería vivir en las ciudades para controlar de cerca la actividad de sus industrias y para disfrutar de la vida cultural y de las comodidades que ofrecían los nuevos avances técnicos, como el alumbrado, el agua corriente, etc. Esta burguesía popularizó un nuevo modo de vida que asociaba lo urbano con la modernización. La vida urbana, además, se convirtió en un factor esencial en el proceso de expansión y reforzamiento de la administración pública, haciendo posible un control mayor sobre la recaudación de impuestos, el alistamiento en el ejército, las mejoras en la seguridad y la comunicación entre el gobierno y los ciudadanos, aspectos todos ellos esenciales para el funcionamiento del estado. A comienzos del siglo XX, pues, las ciudades españolas debían su existencia a una gran variedad de factores: gobierno y cultura (Madrid), comercio (Zaragoza, Barcelona, Málaga), industria (Bilbao, Barcelona, Gijón), vida universitaria (Santiago, Granada, Salamanca, Valladolid), etc.

A pesar del importante crecimiento de la vida urbana que se produjo durante los primeros años de la industrialización, sólo una tercera parte de los españoles vivía en las ciudades en el año 1900, y el país seguía siendo eminentemente agrícola y rural. Hubo que esperar hasta mediados del siglo —a las décadas de los cincuenta y sesenta— para que otro proceso industrializador acabara convirtiendo España en una sociedad eminentemente urbana. Las nuevas fábricas construidas en el último periodo del franquismo gracias a los *planes de desarrollo* (Zaragoza, Vigo, La Línea, Burgos) aceleraron el crecimiento tanto de algunas ciudades de tipo medio como de las que formaban los tres núcleos industriales tradicionales (Barcelona, Madrid y el eje cantábrico Santander-Bilbao-San Sebastián). Fue en esta época cuando la migración del campo a la ciudad se hizo más intensa y la población urbana creció a un mayor ritmo, pasando del 49% del total en 1940 al 74% en 1980.

La crisis económica de los años setenta y las consecuencias del proceso de reconversión industrial que la siguió marcaron la transición —en España y en todo el mundo industrializado— a otro proceso que dio paso a la llamada *sociedad posindustrial*. Las características fundamentales de este nuevo modelo de desarrollo económico y urbano —la pérdida de importancia de la industria como motor del proceso urbanizador, la desaceleración del crecimiento urbano y el reforzamiento del papel de la ciudad como centro del poder socioeconómico— comenzaron a manifestarse a comienzos de los años ochenta, y se hicieron más obvias con el paso del tiempo.

La sustitución de las industrias y actividades comerciales más anticuadas por otras más competitivas y tecnológicamente avanzadas estimuló también el crecimiento del sector terciario, o de servicios. Este sector se convirtió no sólo en el protagonista de la vida económica del país, sino también en el factor determinante del proceso urbanizador, puesto del que desplazó al sector industrial y manufacturero. Hoy todas las ciudades españolas —especialmente las más grandes y las de las zonas turísticas— deben gran parte de su vitalidad a la existencia del turismo, la cultura, los servicios financieros y los espectáculos.

La sociedad posindustrial llegó también acompañada de una deceleración del ritmo de urbanización —el índice de población urbana descendió del 78% de 1990 al 75,7% de 1998— que resultó en el estancamiento de la población de las ciudades más grandes y en un crecimiento moderado de las de tamaño medio. Las causas de estas tendencias deben buscarse —al menos parcialmente— en el mencionado proceso de reconversión y en la mejora de las comunicaciones, que tuvieron el doble efecto de disminuir y de dispersar la demanda de mano de obra. Los cierres de empresas y las reducciones de plantilla que se produjeron durante el proceso de reconversión industrial frenaron el trasvase de población a los centros industriales tradicionales. Las empresas que sustituyeron a las antiguas industrias, por otro lado, no necesitaban tanta mano de obra como los altos hornos, los astilleros o las minas, por lo que no se produjo un aumento de la demanda de trabajadores. La rentabilidad de las nuevas industrias, además, no dependía ya de su situación geográfica o de su proximidad a las materias primas, lo que dio a las empresas la posibilidad de trasladarse a áreas del país que no habían tenido una tradición industrial fuerte, dispersando así la demanda de mano de obra por zonas más amplias de la geografía nacional. En los últimos años muchas empresas se han establecido en núcleos pequeños —aunque por lo general cercanos a las grandes urbes— y han atraído población hacia ellos.

La deceleración del crecimiento demográfico de las ciudades no ha debilitado la importancia socioeconómica, cultural y política de éstas. En la sociedad posindustrial los núcleos urbanos han reforzado su papel de centros del poder, ya que en ellos se concentran —ahora más que nunca— los órganos de control y decisión de todos los aspectos de la vida del país. En este aspecto, la globalización económica ha favorecido especialmente a las ciudades más grandes —sobre todo Madrid— que cada vez son más importantes nacional e internacionalmente.

4 Estructura típica de la ciudad española

La ciudad española típica está dividida en tres partes: el casco antiguo (o *parte vieja*), el ensanche y los barrios obreros. A ellas hay que añadir la nueva periferia suburbana que ha crecido alrededor de los núcleos de población de más de 300.000 habitantes durante los últimos treinta años. En general, el español considera que el centro de la ciudad —casco antiguo y ensanche— es la zona más deseable como residencia o lugar de ocio, lo que la convierte en la más cara y prestigiosa. La aparición de barrios residenciales modernos, cómodos, silenciosos y bien conectados con el centro de la ciudad no ha conseguido romper la tendencia del español a preferir las zonas céntricas.

El casco antiguo

El casco antiguo es la zona más histórica de la ciudad, la que menos ha cambiado con el paso del tiempo y la que le da su carácter y personalidad. Su origen y diseño pueden ser muy diversos, pero en el pasado casi todos estaban rodeados de una muralla construida en la época romana o en la Edad Media que servía para defender la ciudad de ataques militares, de epidemias —el recinto cerrado hacía más fácil la cuarentena y la exclusión de los indeseables— y de otros peligros. Muchas de estas murallas sobrevivieron hasta finales del siglo XIX, época en la que tuvieron que ser destruidas para facilitar la expansión —o ensanche— de las ciudades, y sólo unas pocas se han conservado hasta hoy en su totalidad (Ávila y Lugo) o en gran parte (Toledo). En el casco antiguo se encuentran, además, las catedrales, las plazas mayores y la gran mayoría de las edificaciones históricas, de las iglesias de mayor valor artístico, de los museos y de los palacios de las viejas familias de la nobleza.

Las calles de los cascos antiguos son, por lo general, estrechas e irregulares. El diseño específico de cada centro histórico guarda relación con el origen de la ciudad. Las de diseño más irregular corresponden a las ciudades construidas por los árabes —Córdoba, Sevilla, Toledo— y las menos desordenadas, a las de origen romano —como Zaragoza, Mérida, Barcelona y León. Durante la alta Edad Media surgieron algunas ciudades cristianas que emplearon un diseño en el que las calles se alineaban en círculos concéntricos (Vitoria) o a lo largo de un camino o carretera. Durante los siglos XVI y XVII —y siguiendo el ejemplo de Valladolid— se añadieron a estos núcleos nuevos barrios de trazados más regulares donde se construyeron mercados, palacios, conventos y plazas mayores. Estas plazas de forma rectangular o cuadrangular y presididas por el ayuntamiento de la ciudad tenían a la vez una función social —punto de reunión de los ciudadanos, zona del mercado semanal— y urbanística —de ellas partían y a ellas llegaban las nuevas calles. Los cascos antiguos de las ciudades españolas están hoy, en general, en buen estado de conservación, ya que durante los últimos treinta años se ha restaurado un gran número de casas, palacios, ayuntamientos e iglesias. En España —como en toda Europa Occidental— existe una fuerte voluntad de preservación del pasado que además de

Edificio de apartamentos diseñado por Gaudí para el Eixample

Vista panorámica del casco antiguo de Toledo

reflejar la conciencia histórica de la gente tiene un claro sentido económico: las partes viejas de la ciudad son las que atraen el turismo, una de las fuentes de ingresos más estables para la economía española.

El diseño urbanístico de los cascos antiguos genera, sin embargo, serios problemas, ya que sus calles no fueron diseñadas para soportar el volumen de comercio y de tráfico de personas y automóviles de la sociedad moderna. Entre las ocho de la mañana y las ocho de la noche —cuando se desarrolla la mayor parte de la actividad comercial y laboral en España— la policía urbana tiene que extremar la vigilancia para evitar la congestión del tráfico y controlar los graves problemas de aparcamiento. Las limitaciones al tráfico rodado contrastan cada vez más con la vitalidad de su tráfico de personas, facilitada por la densidad urbana y por las actuaciones de los ayuntamientos, que en los últimos años han convertido algunas zonas de los cascos antiguos en exclusivamente peatonales. Esta política de peatonalización ha favorecido actividades ya de por sí muy populares entre los españoles —como el paseo, la socialización, las compras o el *tapeo*— en las que ahora pueden participar adultos, viejos, jóvenes y niños sin necesidad de utilizar el automóvil.

Es precisamente esta peculiar combinación de área residencia, de comercio y de ocio —o, como dirían los españoles, su *ambiente*— lo que da a los cascos antiguos una personalidad especial y lo que los hace atractivos. Con todo, la mayoría de la gente no vive en la parte vieja sino en los barrios del ensanche o en otros más modernos construidos en los últimos años. La restauración de muchos edificios o palacios antiguos para su utilización como sedes de la administración o de grandes empresas ha elevado los precios medios de las viviendas situadas en los centros de las ciudades, por lo que éstos se han convertido en lugares de residencia poco accesibles económicamente para las clases trabajadoras.

El ensanche

Como ya se ha dicho, el crecimiento de las ciudades fue lento y estable hasta mediados del siglo XIX, época en la que la industrialización, el ferrocarril y el crecimiento de la burguesía y el proletariado produjeron una auténtica revolución urbanística. El proceso de expansión por el que pasaron las ciudades españolas desde la última mitad del siglo XIX hasta mediados del XX tuvo dos referencias urbanísticas y sociales básicas: el ensanche —nuevo barrio de calles largas, amplias y de trazado recto donde comenzaron a residir la burguesía y las clases medias— y los nuevos barrios obreros donde se instalaron los trabajadores del comercio y de la industria procedentes de la España rural.

Los ensanches españoles empezaron a planificarse en torno a 1860, pero su expansión más intensa se produjo entre 1900 y 1915, cuando el modelo empleado por algunas grandes ciudades europeas —sobre todo Berlín y París— se aplicó con mayor o menor extensión a todos los núcleos urbanos de más de sesenta mil habitantes. En muchos casos este proceso coincidió con la expansión territorial de algunos municipios —especialmente Madrid, Barcelona, Valencia y Bilbao— que se fueron anexionando los pueblos situados en sus

Calle del Eixample de Barcelona

cercanías. Los nuevos edificios tenían por lo general cuatro o cinco plantas en el siglo XIX y seis o siete —ya con ascensor— en el siglo XX. Muchos de ellos incluían un apartamento para el portero y su familia —que cuidaban del mantenimiento, limpieza y seguridad del edificio entero— y buhardillas en el último piso que se alquilaban a familias de menores recursos económicos. Los ensanches de mayor tamaño y de mayor calidad estética fueron los de Madrid —el *Barrio de Salamanca*— y Barcelona —el *Eixample.* Si observamos el plano de cualquier ciudad española, veremos que es muy fácil distinguir entre el trazado geométrico y regular del ensanche y el laberinto de calles pequeñas e irregulares del casco antiguo.

La construcción de los ensanches supuso, en muchos casos, el derribo de las murallas defensivas —que ya no tenían propósito funcional alguno— y de algunos barrios viejos para permitir el trazado de las nuevas calles, que se extendían desde el casco antiguo hasta la periferia y que ya contaban con alcantarillado y alumbrado público. Se hizo un esfuerzo, además, por mantener la presencia de la naturaleza en el medio urbano, y para ello se plantaron árboles a los lados de las nuevas calles y avenidas y se construyeron numerosos parques. Los ayuntamientos de las ciudades asumieron también la limpieza y el mantenimiento de las calles y los servicios públicos instalados en ellas. En los ensanches se ubicaron muchos de los servicios cultu-rales públicos y privados —museos, teatros y bibliotecas— mientras que los cementerios, mataderos y cárceles se dejaban para los barrios obreros y las zonas menos deseables del casco antiguo.

Los ensanches, que permitían una vida más higiénica y una circulación del transporte —bicicletas, carros, automóviles y tranvías— mucho más fluida, se convirtieron pronto en el *otro centro* de la ciudad, el más dinámico y prestigioso y el más preparado para la revolución del automóvil y de las comunicaciones.

Los barrios obreros

La construcción de barrios obreros ha sido una constante urbanística en España durante más de un siglo (1860–1975), y en ella se pueden distinguir dos etapas: la que coincidió con la aparición de los ensanches, y la que se produjo en los años finales de la dictadura franquista (1959–1975). Ambas estuvieron acompañadas de fuertes procesos de industrialización y de importantes movimientos migratorios del campo a la ciudad.

Los primeros barrios obreros se crearon en las afueras de las ciudades, principalmente al lado de las estaciones del ferrocarril o de las fábricas y talleres donde iban a trabajar sus habitantes. La planificación de aquellas zonas de baja calidad de vida, casas bajas y calles ruidosas fue irregular y descuidada, en parte porque muchas de ellas fueron construidas por las propias empresas sin respetar los planes urbanísticos de las ciudades. Poco a poco estos barrios fueron incorporados a la ciudad y dotados de los mismos servicios urbanos que los ensanches. Con el tiempo, las industrias que los rodeaban y que los hicieron posibles entraron en declive y estas zonas se fueron reconvirtiendo en áreas comerciales o en barrios residenciales.

Zona industrial de Bilbao

La intensa industrialización de los años del *desarrollismo* (1959–1974) generó un aumento de la mano de obra y, con ello, un fuerte movimiento migratorio del campo a la ciudad que, como ya se vio, impulsó la transformación definitiva de España en una sociedad urbana. Durante esta época se construyeron numerosos barrios obreros de bloques de edificios más altos y poco separados entre sí que, por su alta densidad de población, pasaron a conocerse como *ciudades colmena*. Estas edificaciones feas e impersonales ocupan hoy una parte importante de espacio urbano en la periferia de todas las ciudades españolas de más de cien mil habitantes, sobre todo de las más industriales —Madrid, Barcelona, Bilbao, Valencia y San Sebastián— a las que rodean formando un cinturón de *barrios* o *ciudades-dormitorio*.

Aunque muchos de estos barrios fueron levantados con una planificación deficiente —la alta demanda de pisos que generó el desarrollismo hizo que muchos constructores no respetaran las normas urbanísticas sobre colocación y altura de los edificios— y con un muy escaso sentido estético, sus casas y calles ofrecían ya los mismos servicios urbanos de los que gozaba el resto de la ciudad. Durante los últimos veinte años los ayuntamientos democráticos han remediado en gran parte el desastre urbanístico de la época del desarrollismo mediante la mejora del transporte público, la construcción de parques y *zonas verdes* y la apertura de instalaciones deportivas para jóvenes y de servicios sociales para ancianos. Además, han sido demolidos casi todos los barrios pobres y marginales de *chabolas* que existieron en el pasado a las afueras de las ciudades.

El nuevo barrio residencial de la clase media: La casa adosada y el chalé individual

Los *chalés* —casas unifamiliares espaciosas de dos o tres pisos y con jardín situadas a cierta distancia del centro urbano— han existido en España desde hace más de cien años como vivienda de alto nivel y asequible tan sólo a un pequeño sector de la burguesía y de la clase alta. Una interesante excepción fueron las llamadas *ciudades-jardín* proyectadas a finales del siglo XIX —como la Ciudad Lineal de Madrid— y diseñadas con la intención de incorporar ciudad y naturaleza en un hábitat más saludable y de diversificar la población mediante la construcción de viviendas de diferentes precios para atraer a familias de todas las clases sociales. En algunos casos, la resistencia de la burguesía y la clase alta a abandonar el centro o los ensanches urbanos convirtió estas ciudades jardín en lugares de residencia de la clase media. El proyecto urbanístico original de la Ciudad Lineal se encuentra hoy muy alterado, ya que la revalorización de los precios del suelo ha hecho que se derriben muchas de las casas unifamiliares para levantar bloques de apartamentos.

En los últimos años ha surgido un fenómeno urbanístico similar en algunos aspectos al de las ciudades-jardín que se ha materializado en la construcción —en las periferias de muchas ciudades o en los pueblos más cercanos a ellas— de numerosos barrios de *chalés adosados*, unas viviendas unifamiliares relativamente espaciosas dotadas de garaje, sótano y jardín y

¿SABÍAS QUE...?

LAS POLÉMICAS SOBRE EL MADRID DEL FUTURO

La población de la ciudad de Madrid ha crecido muy poco en los últimos años. Ello no ha sido así en los núcleos urbanos que la rodean, y que están mostrando cada vez mayor vitalidad demográfica. A pesar de ello, la demanda de viviendas en esa ciudad sigue siendo muy alta, lo que convierte su mercado inmobiliario en uno de los más caros de España.

Para satisfacer la demanda de casas y pisos, el ayuntamiento de Madrid ha propuesto en los últimos años un proyecto urbanístico de recalificación de terrenos que tiene por objeto aumentar el terreno urbanizable y permitir la construcción de más de un cuarto de millón de viviendas en los próximos quince años. Al noreste de la ciudad —una de las zonas más caras— el proyecto está muy avanzado, y cerca de la nueva *Ciudad Deportiva del Real Madrid* ya se ha autorizado la construcción de 37.000 pisos, incluidos varios rascacielos y un gran parque. En el noreste está previsto construir otras 25.000 viviendas y diez o quince rascacielos. En el sur, el Ministerio de Defensa ha cedido terrenos antes ocupados por cuarteles u hospitales militares para las 18.000 futuras viviendas que contribuirán a mejorar el nivel de calidad urbana del distrito de La Latina, uno de los más antiguos de Madrid.

Pero los concejales de los partidos políticos de izquierda no están satisfechos con estos proyectos, ya que no ven necesaria esta gran expansión inmobiliaria en una ciudad cuya población no crece. Además, temen que las zonas de bajo nivel económico del centro de la ciudad se deterioren, creando áreas feas, inseguras y abandonadas, y prefieren mantener lo que ya existe y defender la calidad de vida de los barrios más viejos.

menos costosas que los chalés por estar conectadas unas con otras. Sus propietarios son, por lo general, personas de clase media —sobre todo parejas de jóvenes profesionales con pocos hijos— que prefieren vivir lejos del ruido de la ciudad, que valoran la privacidad, o que no se pueden permitir comprar un apartamento de las mismas dimensiones en los barrios más céntricos. Este tipo de construcciones ofrece la posibilidad de vivir alejado de la calle y dedicado a la casa o a los *hobbies*, sin tener que compartir el edificio, el ascensor, el aparcamiento o el parque con los vecinos. El amor a la socialización de los españoles, sin embargo, ha hecho que surjan en estos barrios residenciales —incluso en las zonas de casas grandes y caras con espaciosos jardines— numerosos bares y cafeterías que favorecen el contacto y la fiesta. La comunicación entre estos barrios y el centro urbano nunca supone un problema, puesto que las excelentes redes de transporte público cubren de manera eficaz las necesidades de transporte de todas las zonas urbanizadas.

❺ La ciudad como *forma de vida española*

A pesar de la aparición de las urbanizaciones de chalés adosados y de zonas residenciales y del desplazamiento de una parte de la población hacia la periferia urbana, la gran mayoría de los españoles de cualquier nivel socioeconómico todavía prefiere vivir lo más cerca posible del centro geográfico de su ciudad. Ello contribuye, como ya vimos, a los problemas de tráfico, de aparcamiento y de ruido, pero también a la vitalidad, la animación y el colorismo que caracterizan la ciudad española y que tanto sorprenden a los visitantes extranjeros.

Calle típica de un casco antiguo

La mezcla de edificios comerciales, residenciales y de entretenimiento, las avenidas y los parques, la distancia razonable entre los diferentes puntos del centro urbano y la conexión de éste con la periferia gracias a los transportes públicos crean un espacio vital en el que conviven gentes de todas las edades y clases sociales a todas las horas del día o la noche, y en el que se reflejan los valores y actitudes que constituyen la forma de vida española. A los españoles les gusta la socialización, el paseo, el mirar y ser visto, el hedonismo de las cosas pequeñas —la tapa en el bar, el vaso de vino o el café, la conversación casual o simplemente sentarse en un banco a leer el periódico— y la visita a los mercados de alimentos o a las tiendas de todo tipo. Salir a la calle todos los días para trabajar, pasear, socializar o divertirse es una forma de vida que implica una atención considerable al aspecto físico, a la moda, al vestido y a la imagen personal. La constante presencia de gente en las calles convierte a éstas en espacios sociales muy seguros para todos.

El horario de los españoles también facilita la vitalidad de las calles. Aunque cada vez es más frecuente encontrar oficinas bancarias y grandes compañías que funcionan de ocho de la mañana a tres de la tarde —un horario común en Europa— la mayoría de los españoles sigue teniendo una jornada laboral partida en un bloque de mañana y otro de tarde —que normalmente van de nueve a una y media y de cuatro a siete, respectivamente. En muchos lugares —sobre todo en las ciudades pequeñas o medianas— estudiantes, empleados y profesionales vuelven a sus casas entre estos dos bloques para comer, descansar y hablar con la familia, y después regresan a la escuela o al trabajo para cumplir con su horario de tarde. Aunque por todo el mundo existe la idea de que los españoles adoran su famosa siesta, esta práctica ha desaparecido casi por completo, ya que nadie tiene tiempo para ella excepto durante las vacaciones de verano. Durante la hora de la comida —es decir, en las horas centrales del día— las ciudades quedan mucho más tranquilas y menos ruidosas, e incluso es más fácil encontrar aparcamiento. Por otra parte, la vida comercial —y con ella la vitalidad urbana— se extienden hasta muy entrada la noche, incluso durante el invierno. A consecuencia de esto, los españoles acostumbran a cenar tarde —entre las nueve y las diez de la noche— y a salir a divertirse aún más tarde, lo que mantiene a la gente en la calle hasta altas horas de la madrugada. Al español, entonces, le gusta la noche; en Europa sólo en Grecia y en el sur de Italia existe un gusto similar por la vida nocturna. Para encontrar ciudades vacías o semi-vacías, parques con pocos paseantes y tiendas y bares cerrados en horas laborales debemos esperar hasta los fines de semana largos —los llamados *puentes*— o hasta las vacaciones de agosto. Durante este último mes, la vitalidad de muchas ciudades se traslada a los centros turísticos de la costa y a algunos pequeños pueblos del interior, cuyas calles están entonces más animadas que nunca.

El punto kilométrico cero, situado en el centro de Madrid

⑥ Retos y problemas de la ciudad española

La alta calidad de vida que ofrecen hoy las ciudades españolas es el resultado del desarrollo económico del país, de la gestión democrática de los ayuntamientos y de la desaceleración del crecimiento demográfico de los últimos quince años. Muchas ciudades se han beneficiado, en las últimas décadas, de planes de remodelación y embellecimiento urbano que se han materializado en el derribo de algunos edificios, la construcción de otros más modernos y estéticos, la apertura de nuevas zonas verdes y de avenidas más amplias, así como en la mejora y la ampliación del transporte público y en la construcción de servicios como guarderías, asilos o centros deportivos. Los ayuntamientos han llevado servicios, cultura, infraestructuras y entretenimiento a todos los barrios, y por ello los españoles no necesitan salir de su vecindario para encontrar lugares de ocio, bares, restaurantes o parques. En algunos casos, acontecimientos como los Juegos Olímpicos y la Exposición Universal —celebrados en 1992 en Barcelona y Sevilla, respectivamente— fueron utilizados para remodelar amplias zonas de las ciudades. En núcleos urbanos como Madrid, Bilbao, Alicante y Zaragoza se han llevado a cabo también proyectos urbanísticos —los *Planes Generales de Ordenación Urbana*— muy ambiciosos impulsados por los gobiernos locales y autonómicos. La preocupación por mejorar los servicios públicos ha sido una constante en los programas de todos los partidos políticos, ya que las elecciones municipales cuentan siempre en España con una alta participación ciudadana, a veces mayor que la de las generales. La relativamente pequeña movilidad geográfica y laboral de la población española contribuye de manera importante a que los ciudadanos se identifiquen con su pueblo, su ciudad o su vecindario, y a que pongan un especial interés en los problemas locales y en su resolución. En todas las ciudades existen las llamadas *asociaciones de barrio*, unas organizaciones sociales muy activas que siguen muy de cerca la gestión de los ayuntamientos y que mantienen a los ciudadanos informados de las acciones del gobierno municipal. La buena gestión ha convertido a algunos alcaldes en personajes muy populares que en ocasiones han logrado personalizar y despolitizar las elecciones municipales, al recibir el voto incluso de personas que apoyan a otros partidos políticos en las elecciones autonómicas o generales.

Gracias a la estabilización del crecimiento demográfico se han podido dedicar cada vez más recursos económicos a la mejora de la calidad de los servicios. Ya no hay que preocuparse de la construcción urgente y masiva de escuelas o infraestructuras —como en los años sesenta o setenta— sino de mejorar lo que ya existe.

A pesar de todas estas mejoras, las ciudades españolas enfrentan una serie de problemas —mayores cuanto más grande es el núcleo urbano— que los ayuntamientos deberán tratar de resolver en los próximos años. De entre todos ellos destacamos aquí tres: el precio de la vivienda, la contaminación ambiental y acústica y el tráfico.

El precio de la vivienda

La compra o el alquiler de una vivienda resultan muy caros en la mayoría de las ciudades españolas. A comienzos del año 2003, por ejemplo, el español medio que no había terminado de pagar su casa o apartamento dedicaba a este gasto el 43% de sus ingresos totales, una proporción mucho mayor que la de cualquier país industrializado. Esta carestía se debe al efecto combinado de la fuerte demanda, los altos precios del suelo y la especulación. La alta demanda de viviendas está determinada tanto por factores culturales como económicos. En la cultura española poseer una vivienda es casi una obsesión; por ello España es uno de los

Coche pequeño diseñado para la circulación urbana

países europeos con un porcentaje más alto de propietarios —casi el 70% de las familias vive en una casa de su propiedad, en contraste con Alemania, donde más de la mitad de la población vive en casas alquiladas. Esta mentalidad hace que los jóvenes vean la compra de un piso como un requisito casi imprescindible para emanciparse de los padres o para contraer matrimonio. Desde el punto de vista económico, el espectacular aumento de precios que la vivienda ha experimentado en las últimas décadas ha hecho que un número importante de españoles considere la inversión inmobiliaria como algo mucho más seguro y rentable que la compra de valores en la *Bolsa*. Por ello mucha gente tiende a comprar un segundo piso que se destina al alquiler, a residencia para las vacaciones o a futuro regalo de bodas para los hijos y que, en algunas ocasiones, permanece vacío durante años. La popularidad de la inversión en vivienda ha dado lugar, en todas las ciudades y en muchos pueblos, a una situación un tanto paradójica en la que muchos jóvenes no pueden permitirse adquirir o alquilar un piso, al mismo tiempo que existe una cantidad importante de casas desocupadas.

Para solucionar el problema de la carestía de la vivienda, el gobierno —ya desde los tiempos de Franco— ha puesto en funcionamiento programas de construcción de *viviendas de protección oficial*, que se venden a un precio menor al del mercado y con unas hipotecas a bajo interés, y a las que pueden acceder los ciudadanos cuyos ingresos anuales se sitúen dentro de un límite fijado por las autoridades. Aunque esas viviendas todavía se ofrecen hoy, su número es más reducido, ya que la gran demanda inmobiliaria no motiva a los constructores a ofrecer casas baratas con cuya venta se obtienen menos beneficios. Los ayuntamientos han participado también en programas para incrementar el número de viviendas disponibles, principalmente a través de las subvenciones para la rehabilitación de edificios antiguos situados muchas veces en el centro histórico de la ciudad. Muchos sindicatos y agrupaciones de vecinos han constituido cooperativas de viviendas en las que un grupo de socios compra el terreno y contrata las obras directamente, evitando así las comisiones de intermediarios y constructoras y pasando estos ahorros al futuro propietario.

La contaminación ambiental y acústica

La presencia de humos, gases y polvo ha disminuido en las ciudades españolas durante los últimos veinte años, debido principalmente a la mejor calidad de los automóviles, a las nuevas regulaciones que limitan la emisión de gases y a la desaparición de las industrias más contaminantes. La polución, sin embargo, sigue siendo un problema importante en algunas áreas. En Madrid, por ejemplo, los automóviles, las calefacciones, las condiciones meteorológicas —escasa lluvia y poco viento— y la situación geográfica de la ciudad —en un valle— hacen que en algunas ocasiones los niveles de contaminación se acerquen a los máximos considerados saludables. Las industrias químicas y de hidrocarburos de ciudades como Huelva o Cartagena continúan presentando serios problemas de contaminación ambiental. La presión de una opinión pública cada vez más preocupada por los problemas derivados de la polución y más comprometida con el medio ambiente está obligando a los ayuntamientos a realizar un esfuerzo para encontrar soluciones a esta situación.

LA VIVIENDA ESTÁ CARA

El precio medio de una vivienda española nueva a comienzos del año 2004 era de 185.000 euros —unos 200.000 dólares— aproximadamente un 75% más que en 1998. Solamente en el año 2003 los precios de pisos y casas subieron una media del 18% en todo el territorio nacional. Entre las ciudades donde las viviendas resultan más caras figuran Barcelona, San Sebastián y Madrid, donde el precio por metro cuadrado se sitúa en torno a los 2.700 dólares. Así, un apartamento de tamaño medio —unos 110 metros cuadrados— cuesta en esta última ciudad alrededor de 300.000 dólares. Las ciudades menos caras son algunas capitales de provincias pequeñas alejadas de la costa y con poca actividad económica, como Badajoz, Jaén, Orense y Teruel.

Como ya se ha dicho, el porcentaje del sueldo que los españoles gastan en vivienda es muy elevado, especialmente si se tiene en cuenta que el nivel medio de ingresos —y también el poder adquisitivo— por habitante es inferior al de los EE.UU. Los españoles pueden permitirse estos gastos en gran parte porque no tienen que preocuparse de pagar seguros médicos ni de ahorrar para enviar a sus hijos a la universidad, para la jubilación o para tener dinero en caso de desempleo, pues estos servicios están cubiertos en su mayoría por el Estado.

La contaminación acústica es, sin duda, uno de los mayores problemas de las ciudades españolas. Según un estudio de la Organización para la Cooperación y el Desarrollo Económico (OCDE), las ciudades españolas son las segundas más ruidosas del mundo, tras las de Japón. Tres de los cuatro núcleos urbanos europeos con mayor índice de contaminación acústica se encuentran en España: Madrid, Barcelona y Valencia; el cuarto es Roma, la capital italiana. Las raíces de este problema hay que buscarlas en la concentración de la población y en el aumento espectacular del tráfico que se han producido en el país en los últimos cuarenta años.

Según los expertos, casi una cuarta parte de la población española está expuesta a un nivel de ruido mayor de sesenta y cinco decibelios, el límite a partir del cual se produce estrés. En la mayoría de las ciudades más ruidosas del mundo el 90% de la contaminación acústica procede del tráfico de automóviles, y sólo un 4% es originado por bares, discotecas y restaurantes. En España se calcula que la contribución de estos locales sociales es sensiblemente mayor, ya que el gusto por la vida nocturna —especialmente en los meses de verano— hace que la actividad en la calle se prolongue más allá del horario comercial y continúe hasta altas horas de la noche. El tráfico es, no obstante, responsable de más del 75% de los ruidos. Las necesidades de la vida urbana hacen indispensable la utilización de coches, autobuses, camiones, furgonetas y motocicletas para transportar viajeros y abastecer tiendas, comercios y restaurantes, lo que dificulta la resolución del problema de la contaminación acústica.

Durante los últimos diez años los gobiernos locales han comenzado a responder a las quejas de muchos vecinos tomando medidas para controlar los ruidos más ofensivos e intensos, regulando los horarios de apertura de bares y discotecas y endureciendo las normas de aislamiento acústico. Dado el gusto de los españoles por la diversión y la vida nocturna y la importancia económica del ocio y el turismo, algunas de estas medidas están encon-

Barrio de la burguesía a orillas de la Ría del Nervión (Bilbao)

trando una fuerte resistencia entre los propietarios de bares y discotecas y entre algunos sectores de la población. En el futuro, las autoridades y los ciudadanos tendrán que encontrar un equilibrio que garantice un nivel de ruidos admisible para todos sin poner en peligro la vitalidad y la sociabilidad tan características de la forma de vida española.

El tráfico y el aparcamiento

Las mejoras en el transporte público no han resultado en una disminución ni del número ni del uso de automóviles privados, que se desplazan incesantemente por unas ciudades que no están diseñadas para absorber el tráfico que tienen que soportar diariamente. La aparición de los nuevos barrios residenciales ha traído consigo —como en otros países industrializados— un intenso movimiento de tráfico entre el centro y la periferia, que durante las *horas punta* —los periodos de mayor circulación de vehículos— congestiona calles, carreteras y autopistas. Para intentar resolver el problema del tráfico, en las últimas décadas se han construido numerosas autopistas que rodean las ciudades y conectan las diferentes áreas urbanas sin necesidad de pasar por el centro.

Los problemas de tráfico están íntimamente conectados con los provocados por la escasez de aparcamiento. A pesar de la construcción de muchos aparcamientos nuevos, dejar el coche *en doble fila* o en donde está prohibido estacionar sigue siendo una práctica común que contribuye al caos circulatorio. Los ayuntamientos han lanzado varias campañas para animar a los ciudadanos a dejar el coche en casa y utilizar el transporte público, a la vez que han mejorado la calidad y la eficacia de éste. A pesar de las obvias ventajas de los autobuses urbanos, de los trenes de cercanías o del *metro* —tren urbano subterráneo— muchos españoles siguen prefiriendo utilizar su automóvil, por lo que este problema está actualmente muy lejos de solucionarse.

¡Atención! Ve a **De la Red** de este capítulo en *www.prenhall.com/espanaayeryhoy*. Allí encontrarás sitios de información muy interesante y de fácil acceso.

La familia, la mujer y los jóvenes

Temas de introducción

1. Uno de los temas de este capítulo es la familia española, su evolución en los últimos cincuenta años y su situación en el presente. ¿Puedes explicar brevemente cómo ha cambiado la familia norteamericana en los últimos cincuenta años? (Piensa en factores como la edad a la que se contrae matrimonio, el número de divorcios, la edad media de maternidad, el porcentaje de hijos nacidos fuera de la familia tradicional, los nuevos modelos familiares, etc.).

2. ¿Cómo ha reaccionado la sociedad americana a la transformación de la estructura y función de la unidad familiar? ¿Crees que la familia está en crisis? ¿Por qué? ¿Cuál crees que es el futuro de la familia en tu país?

3. ¿Qué sabes de las leyes que regulan el divorcio en tu país? ¿Crees que son muy restrictivas? ¿Por qué?

4. En las páginas que siguen encontrarás información sobre el papel de las mujeres en la sociedad española desde principios del siglo XX hasta hoy. ¿Cómo se han transformado la función y la imagen de la mujer en los EE.UU. durante el mismo periodo? ¿Qué efectos han tenido estos cambios en la política, la sociedad, la economía y la cultura del país? ¿Crees que las transformaciones y sus efectos han sido positivos o negativos? ¿Por qué?

5. ¿Con qué edades relacionas la palabra *juventud*? ¿Qué rasgos sociales y gustos culturales se pueden atribuir a las personas incluidas en ese grupo de edad en tu país? ¿Piensas que los jóvenes estadounidenses de hoy se independizan de sus padres más pronto o más tarde que en décadas anteriores? ¿Por qué crees que esto es así?

1 Los cambios del siglo XX

La familia es a la vez la primera institución con la que los individuos entran en contacto —en ella nacen y aprenden las normas de la comunidad— y el marco de referencia de la mayoría de sus actividades: el trabajo, el matrimonio, los ritos y las celebraciones. Este carácter básico no impide que las transformaciones económicas, culturales y políticas que afectan a la sociedad influyan en la estructura y la función de la institución familiar y hagan que ésta y sus miembros se encuentren siempre en un proceso de cambio y adaptación a los nuevos tiempos. Por ello, el estudio de la estructura y del papel social de la familia y de su relación con un periodo histórico particular resultan fundamentales para comprender la cultura de una determinada comunidad.

En España han existido tradicionalmente tanto *familias nucleares* —las constituidas por padres e hijos que viven en la misma casa— como *familias extensas* —un grupo formado

Familia numerosa española a finales de la década de 1950

por individuos de tres o más generaciones que comparten vivienda y están unidos por parentesco. En el pasado, la estructura y la función social de ambos tipos de familias estaban claramente delimitadas por las necesidades económicas, las costumbres, la religión y las leyes. Hasta finales del siglo XIX —e incluso bien entrado el siglo XX en algunas zonas— la familia nuclear coexistía en el mundo rural con la extensa, cuya pervivencia se debía generalmente a la necesidad de abundante mano de obra de las explotaciones agrícolas o ganaderas. En este segundo tipo de familia los padres, los hijos, los esposos o esposas de éstos, los tíos, los primos y los abuelos convivían en la granja familiar o en pequeñas aldeas donde la vida estaba organizada en torno a las cosechas, la cría del ganado o la artesanía rural. El modelo de familia extendida garantizaba la productividad de las explotaciones y la asistencia emocional y económica a sus miembros durante la vejez, la enfermedad o los periodos de crisis. Para mediados del siglo XX este modelo de estructura familiar había desaparecido casi por completo, y fue sustituido por la familia nuclear característica del medio urbano y de las sociedades industriales. Con esta transformación, la expresión *familia extensa* pasó a referirse a la red de individuos unidos por relaciones de parentesco —tíos, primos, abuelos, cuñados— agrupados en familias nucleares independientes económicamente entre sí y residentes en casas e incluso en ciudades diferentes. Los españoles viven ahora en familias nucleares, pero aún conservan una relación muy estrecha con todos sus parientes, que ahora componen ese nuevo modelo de familia extensa.

Los últimos años no solamente han visto un cambio en la definición y estructura de la familia sino también en sus funciones sociales. Tradicionalmente, la unidad familiar era el entorno casi exclusivo de las relaciones sexuales y de la reproducción. La cadena causal *familia-matrimonio-sexo-procreación* fue reforzada a través de la historia por las necesidades económicas —transmisión de herencias, supervivencia del grupo— por las convenciones culturales —rechazo social de la soltería y de las personas (especialmente de las mujeres) que tenían hijos fuera de la familia— y por la religión. Además fue también legitimada por el derecho, en cuyos códigos se incluyeron leyes como la penalización del adulterio o la concesión de derechos jurídicos diferentes a hijos legítimos e ilegítimos. En la sociedad actual, la relación entre los componentes de esa cadena no es tan fija, ya que se aceptan social y legalmente comportamientos como las relaciones sexuales prematrimoniales, la paternidad o maternidad fuera del matrimonio o la soltería. Además, las transformaciones socioeconómicas del último siglo han causado en las últimas décadas unos efectos demográficos —el descenso de la nupcialidad (Tabla 1), el retraso de la edad media de matrimonio y de maternidad, la disminución del número de nacimientos, el aumento de los divorcios— que han afectado a la familia como institución social. A ellos se han unido los resultados de los cambios culturales, que han redefinido las funciones sociales de la mujer y la juventud y han generado modelos de vida familiar no tradicionales —madres solteras,

Tabla 1. Tasa de nupcialidad en España (% por mil)

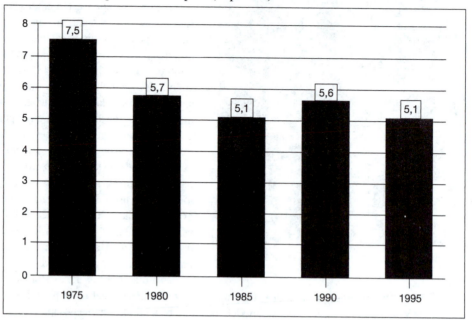

Fuente: Instituto Nacional de Estadística

hogares con padres separados, parejas de homosexuales y heterosexuales no casados—
que hasta hace poco eran muy minoritarios o estaban totalmente rechazados por la comunidad. La sociedad moderna ha acabado con el monopolio que la familia tenía en el pasado
de la educación de los más pequeños y de la transmisión de los valores sociales más básicos; estas tareas las comparte ahora —a veces en competición directa— con el sistema
educativo y con los medios de comunicación. Sin embargo, y a pesar de estos cambios, la
familia sigue siendo responsable de gran parte de la afectividad, de los valores, de las
aspiraciones y de la identidad social de los individuos.

Estos cambios, y su repercusión en la familia y en los individuos, han afectado a todas las
sociedades industrializadas aproximadamente durante los mismos años. Las peculiares circunstancias históricas y sociales de la España del siglo XX, sin embargo, han hecho que
estas transformaciones se hayan producido en este país con una rapidez e intensidad extraordinarias, por lo que sus efectos han resultado, desde el punto de vista histórico, todavía
más dramáticos.

❷ La revolución legal de la democracia

Los cambios legales introducidos por la Constitución de 1978 y por la reforma del Código
Civil de 1981 fueron realmente revolucionarios para la sociedad española, ya que abrieron
espacios de libertad personal y colectiva inexistentes hasta entonces que transformaron de
manera significativa muchas de las costumbres sociales del país.

El primero de los cambios legales contenidos en la constitución democrática —y quizá el que más influencia tuvo en la transformación de la familia— fue el reconocimiento explícito de la igualdad de derechos entre hombres y mujeres. Ello representó la eliminación de algunas leyes franquistas —como las que penalizaban el adulterio— y la reforma de otras, como las que regulaban la mayoría de edad, que pasó a establecerse en los dieciocho años. El principio de igualdad permitió también que las madres solteras o separadas pudieran reclamar legalmente la contribución económica del padre a los gastos generados por la crianza y la educación de los hijos. La reforma del Código Civil de 1981 continuó profundizando en esa igualdad al establecer que la *patria potestad* no era un derecho exclusivo del padre sino un deber compartido por éste y la madre, incluso en casos de separación o divorcio. Las nuevas leyes igualaron también a los hijos nacidos fuera y dentro del matrimonio —con lo que desaparecieron las categorías de hijo *legítimo* e *ilegítimo*— y reconocieron el derecho de los niños mayores de once años a dar su opinión en los juicios de divorcio. A partir de 1981, además, se permitió el cambio de orden de los dos apellidos, acabando así con la obligatoriedad de colocar primero el del padre, que era el nombre familiar que transmitían los varones a sus descendientes. Aunque por motivos de tradición, costumbre o comodidad este cambio de orden no haya sido muy popular entre los españoles, la posibilidad de realizarlo fue todo un símbolo de la igualdad de hombres y mujeres en la estructura familiar.

Otras reformas legales que tuvieron consecuencias importantes para la familia fueron la despenalización del uso de anticonceptivos y las legalizaciones del matrimonio civil, del divorcio —de la que se hablará en otra sección— y del aborto. La primera de ellas, que llegó con la reforma del Código Penal de 1978, puso los diversos métodos de control del embarazo al alcance de todas las españolas, y no sólo —como había sido el caso a partir de los años sesenta— de unas pocas que podían comprarlos en el extranjero o que accedían a ellos a través de médicos sensibles a la nueva situación social. Al mismo tiempo, dio a hombres y mujeres la libertad de elegir cuándo y cómo casarse —en las décadas anteriores muchos lo hacían tras un embarazo no deseado— y permitió a las familias españolas encarar la paternidad como algo planeado y voluntario, y no como una mera consecuencia del matrimonio o una obligación social. A pesar de la oposición de la Iglesia católica —que en su encíclica *Humanae Vitae* de 1968 condenó el uso de cualquier forma no natural de control de la natalidad— el uso de los anticonceptivos se generalizó pronto en todas las capas sociales y en todos los grupos de edades. Ello hizo que a partir de la década de 1970 la sexualidad se fuera separando progresivamente de la procreación, abriendo así nuevas perspectivas para las mujeres respecto a su maternidad y a otros aspectos de la vida, como los estudios superiores o las profesiones tradicionalmente masculinas.

La regulación de la interrupción voluntaria del embarazo que se llevó a cabo en 1985 ofreció a los españoles una alternativa más para la planificación familiar. Aunque el número de abortos ha experimentado un crecimiento sostenido desde 1990 —véase la Tabla 2— su práctica no está muy extendida en la España actual, debido tanto a los valores religiosos y éticos de una gran parte de la población como al carácter restrictivo de la

Distintas generaciones en un parque público

Tabla 2. Número de abortos en España, 1990–2002

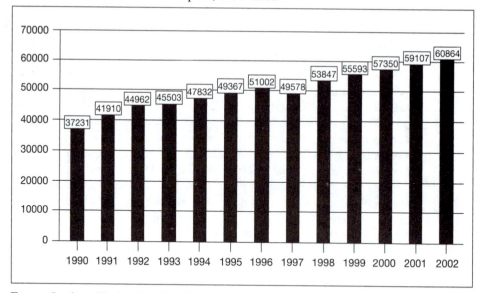

Fuente: Instituto Nacional de Estadística

propia ley, que sólo autoriza este procedimiento en casos de violación, peligro grave para la salud física o mental de la madre o posibilidad de malformaciones congénitas del feto. La distribución de los abortos por edades —Tabla 3— revela que la mayor parte de éstos son solicitados por mujeres de veinte a veintinueve años y en su mayor parte solteras.

③ La evolución del papel social de la mujer

La tradicional estructura patriarcal de la sociedad española se ha ido transformando en los últimos cincuenta años gracias a los cambios introducidos por la industrialización primero, y por la democracia después. Una de las consecuencias de esos cambios ha sido la radical redefinición del papel social de la mujer y de su lugar en la vida pública y privada.

La situación de la mujer de 1900 a 1939

Tradicionalmente en España existían, como en casi todo el mundo, dos esferas sociales separadas por sexos: la pública —el mundo de los negocios, las profesiones liberales, la política y la jerarquía religiosa— que era dominio de los varones, y la privada doméstica, en la que se desarrollaba la vida de la mujer de acuerdo con las etapas ya mencionadas en otro capítulo de hija, esposa y madre. Siempre hubo, sin embargo, unas pocas excepciones a esta regla: algunas mujeres ya eran parte del mercado laboral desde hacía mucho tiempo, pero su presencia se limitaba a servir de ayuda en las actividades o empresas familiares —granjas, pequeñas tiendas, artesanía— al servicio doméstico o a puestos de operarias en ciertas industrias que se veían tradicionalmente como más femeninas. Por lo general, las pocas mujeres que accedían a carreras profesionales limitaban sus actividades a la enseñanza y a ciertas áreas de la medicina.

Tabla 3. Abortos por grupos de edad (por mil mujeres)

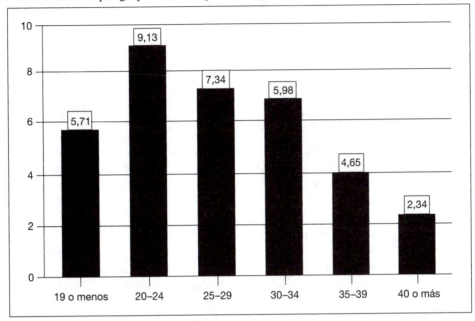

Fuente: Instituto Nacional de Estadística

La reacción ante esta situación y el consiguiente debate sobre la función de la mujer en la sociedad comenzaron a formar parte de la vida pública ya en los últimos años del siglo XIX, aunque al principio las reivindicaciones tenían que ver más con la independencia económica y civil que con la igualdad de derechos políticos. Durante las décadas de 1920 y 1930 España contó con un grupo minoritario pero muy activo de feministas —nacidas todas ellas a finales del siglo XIX o a comienzos del XX— que participaron en actividades políticas, reclamaron la igualdad legal y publicaron numerosos ensayos sobre el papel y los derechos de las mujeres. Su labor pionera, realizada muchas veces en medio de grandes dificultades, se extendió también a la defensa de los niños y al cuidado de los marginados. En los mismos años del siglo XX —recuérdese lo que se dijo al respecto en el capítulo 7— se produjeron los primeros —aunque muy tímidos— pasos en el camino a la igualdad legal de la mujer y a su incorporación al trabajo. Sin embargo, hubo que esperar hasta la Constitución de 1931 para que el Estado —en este caso la Segunda República— igualara oficialmente a los españoles y a las españolas ante la ley. Durante la Guerra Civil aumentó la presencia de las mujeres en la vida pública —incluso en puestos políticos de responsabilidad y en el ejército y en las milicias republicanas— aunque ello se debió a los nuevos principios legales de la República tanto como a las necesidades determinadas por el conflicto bélico.

De entre todas las feministas que desarrollaron su labor desde principios del siglo XX hasta el final de la Segunda República destacan Margarita Nelken, Clara Campoamor, Victoria Kent y Federica Montseny. Nelken publicó en 1919 un libro titulado *La condición social de la mujer en España*, en el que denunciaba la falta de derechos políticos de este colectivo y la situación de discriminación laboral generalizada en la que se encontraban sus miembros. Clara Campoamor fue diputada en las Cortes que redactaron la Constitución republicana y participó activamente en la defensa de la igualdad legal de hombres y mujeres y del derecho al voto de estas últimas; fue, además, una de las principales inspiradoras de la Ley de Divorcio de 1932. Victoria Kent ocupó durante la Segunda República el cargo de Directora General de Prisiones, e inició algunas reformas penales como la mejora del trato a los presos y de la higiene de las cárceles. También adoptó la polémica actitud de oponerse provisionalmente al voto femenino, con el argumento de que la falta de acceso de las mujeres a la educación les hacía votar contra sus propios intereses, es decir, a favor de la derecha conservadora. Federica Montseny, por su parte, llegó a ser Ministra de Salud Pública en un gobierno republicano. La victoria del general Franco determinó el exilio de todas ellas, lo que contribuyó a disminuir la presencia social, el poder y los derechos de la mujer durante la dictadura.

El franquismo y las mujeres

La llegada del franquismo significó un importante retroceso en los derechos de las mujeres. Durante los años cuarenta los valores del tradicionalismo español volvieron a poner el énfasis en la asociación de la mujer a la vida del hogar y a la maternidad. Así, los libros de texto del momento repetían que "el niño debe mirar al mundo y la niña al hogar", e incluso el Fuero del Trabajo decía que "el Estado liberará a la mujer casada del taller y de la fábrica".

Los cambios generados por el desarrollo económico de los años sesenta obligaron al régimen a aprobar varias leyes que ampliaban los derechos de la mujer y le facilitaban el acceso al mundo del trabajo o de los estudios. Una Ley de julio de 1961 estableció la igualdad de ambos sexos y confirmó los derechos políticos de la mujer, al mismo tiempo que le abría las puertas a trabajos en la administración pública y a la mayoría de las profesiones, con excepción de la carrera judicial —que fue terreno exclusivo de los hombres hasta 1966— y de las fuerzas armadas. Esta ley, sin embargo, imponía restricciones sobre las casadas, que todavía necesitaban el permiso del esposo para participar en cualquier actividad no doméstica. A pesar del carácter más abierto de la nueva legislación, el régimen todavía seguía manteniendo una visión de la sociedad que reservaba funciones y ámbitos diferentes a ambos sexos. En el libro *Spain,* publicado sin mención de autor por el Ministerio de Información en 1962, se resumía así la filosofía oficial del gobierno de aquella época, una actitud machista que ya intentaba no parecerlo excesivamente:

> *The Spanish family is an entity in which the man is the head. This status is accorded to the husband, not on account of a fictitious superiority of the male —since natural law states the moral equality of all human beings— but because experience shows that in the traditional and affectioned family the position of the spouses is influenced by the need to maintain the principle of directive unity, which our country's history has always attributed to the husband (p.272).*

Además, la pervivencia en la mentalidad de los individuos de ambos sexos de normas y costumbres tradicionales sobre el papel de la mujer continuaron siendo un obstáculo —a veces más fuerte que las leyes— para la plena incorporación femenina a la sociedad y a la política.

La mujer en la España de hoy

La llegada de la democracia trajo, como ya se dijo, la igualdad efectiva de todos los españoles ante la ley. Las reformas legales, sin embargo, son condiciones necesarias pero no suficientes en sí mismas para lograr la igualdad efectiva entre hombres y mujeres y la integración plena de éstas en la sociedad, objetivos que sólo pueden lograrse a través de un cambio en la mentalidad de los ciudadanos y, muy especialmente, de las ciudadanas. A finales de la década de los sesenta la sociedad española comenzó a dar claras señales de que esta transformación estaba produciéndose y de su irreversibilidad. Así lo muestran algunas encuestas realizadas en la época: a finales de los sesenta, el 76% de las mujeres y el 70% de los hombres se declaraban a favor de la plena igualdad legal, y en 1975 esos números subieron al 92% y al 80%, respectivamente; en el mismo año, ya casi el 90% de las ciudadanas defendía su derecho a trabajar fuera de casa. Desde entonces, el papel de la mujer en las vidas pública y privada se ha transformado radicalmente, y su situación social ha mejorado de manera muy importante. Así lo demuestran, por ejemplo, fenómenos como el acceso de la mujer a la enseñanza superior y a actividades laborales de todo tipo, su importante presencia en la vida política y el cambio en la actitud social respecto a problemas típicamente femeninos como el de la violencia doméstica.

La presencia de la mujer en el mundo universitario —minoritaria hasta los años sesenta— comenzó a crecer en la década de los setenta, y desde entonces ha aumentado cada año. A finales de los ochenta, las universidades españolas ya contaban en casi todas la especializaciones —excepto en las carreras técnicas— con más alumnas que alumnos (un 53% frente a un 47%) tendencia que ha continuado hasta nuestros días. En la enseñanza secundaria, por otro lado, el número de alumnas superó por primera vez al de alumnos en el curso 1976–1977.

La entrada de la mujer en el mercado de trabajo no se ha producido únicamente a través de la universidad y hacia las carreras profesionales, aunque los estudios superiores le han abierto la puerta a profesiones como las de médico, abogado, ingeniero, empresario, y otras que tradicionalmente contaban con muy poca —o con nula— participación femenina. La presencia de las mujeres es también muy visible en todos los niveles de los sectores industriales y de servicios y en otros oficios tradicionalmente masculinos. La mejor preparación académica y profesional de las mujeres les ha permitido ocupar puestos de trabajo de mayor nivel y prestigio —y, por lo tanto, mejor pagados— que han resultado en una mayor independencia económica y en más autonomía personal y poder de decisión. Además, el mundo del trabajo ha creado nuevas formas de socialización —relaciones con compañeros, jefes, sindicatos— que han contribuido a la integración de las mujeres en todos los ámbitos sociales.

El nuevo poder social de la mujer le ha permitido acceder a la vida política en igualdad de condiciones que el hombre. Desde el comienzo de la democracia los diferentes partidos incluyeron un buen número de mujeres en sus listas de candidatos, y España ha contado con numerosas alcaldesas, ministras y parlamentarias. En el año 2003, por ejemplo, el 28% de los escaños del Congreso de los Diputados estaba ocupado por mujeres, una proporción más alta que la de la mayoría de los parlamentos de las democracias occidentales, Europa contaba en el año 2000 con una media del 15,5% de parlamentarias, Suecia tenía la cuota más alta (42,7%) y Grecia la más baja (6.3%). En el año 2000, por otro lado, el 14.2% de los ministros del gobierno central, el 32% de los magistrados y el 51% de los jueces eran mujeres. En el gobierno socialista de Rodriguez Zapatero salido de las elecciones del 2004 la mitad de los ministros del gabinete son mujeres, y una de ellas ocupa, por primera vez en la historia española, el cargo de vicepresidente.

Retos para el futuro

A pesar de todos los avances, a la mujer española le quedan aún importantes obstáculos por superar, ya que tanto en el hogar como en la sociedad sobreviven actitudes y tradiciones que continúan relacionando ciertas actividades con el ámbito femenino y manteniendo otras fuera de él. Las tareas domésticas y el cuidado de los niños, por ejemplo, siguen siendo en gran parte responsabilidad de las mujeres, que tienen ahora que compaginar el trabajo pagado con sus deberes de madre y ama de casa. La alta valoración de la maternidad y de la relación entre la madre y los hijos en la sociedad española hace que la responsabilidad de cuidar a los más pequeños corresponda casi siempre a la esposa, y que las madres que se ven obligadas a dejarlos en guarderías o al cuidado de otras personas sufran sentimientos de culpa. Aunque en los últimos años se ha evolucionado hacia un modelo de familia más democrático y hacia un reparto más equitativo de los quehaceres de la casa y de los deberes de la paternidad, cientos de años de trabajo doméstico exclusivamente femenino representan una inercia muy difícil de superar. Es en las parejas más jóvenes donde los varones están mostrando una mayor disposición a contribuir a los trabajos de la casa y al cuidado de los hijos. Compartir cada vez más tareas y decisiones con las mujeres dentro y fuera de la familia constituye un fenómeno nuevo en la historia de España, y por ello ha creado problemas de adaptación para algunos hombres que nunca tuvieron en sus propios padres modelos apropiados de relación de igualdad entre los sexos.

La mujer —como se dijo— se ha incorporado al mundo del trabajo y su presencia es hoy visible en todos los sectores económicos, pero existen tres áreas del mercado laboral en las que las desigualdades entre los sexos siguen siendo importantes: la distribución del desempleo, los salarios y el acceso a puestos de alta responsabilidad en la empresa privada y en el mundo de los negocios.

Personas de la tercera edad charlando en un banco

Aunque la tasa de actividad de las mujeres españolas —37,1% en 1998— se ha acercado mucho a la media de la Unión Europea —45,9% en el mismo año— todavía sigue siendo la tercera más baja entre los estados miembros —después de las de Luxemburgo e Italia (34,8% en ambos casos)— y está a una distancia importante de las de los hombres españoles (62,4%) y europeos (65,8%). Esta situación, sin embargo, no se debe únicamente a la discriminación o a la desigualdad. El estudio de la distribución de las tasas de actividad de la mujer por edades revela que hasta los treinta años no existen diferencias apreciables entre los sexos, y que a partir de esa edad las tasas femenina y masculina comienzan a separarse. Como muestra la Tabla 4, el desempleo afecta más a las mujeres que a los hombres, aunque las

¿SABÍAS QUE...?

LOS HOMBRES TRABAJAN EN CASA CINCO VECES MENOS QUE LAS MUJERES

Según datos contenidos en el informe *Las mujeres en cifras* (*1996–2000*), publicado por el Instituto de la Mujer en el año 2001, los hombres dedicaban una media de cuarenta y cuatro minutos diarios a las labores del hogar, siete más que en la encuesta anterior realizada en 1996. Ambas cifras son muy pequeñas si se comparan con las de las mujeres, que a pesar de haber reducido su dedicación a estas labores en veintiseis minutos desde la fecha de la anterior encuesta, en el año 2001 todavía dedicaban a ellas una media cuatro horas diarias.

diferencias entre ambos grupos han disminuido en los últimos años. Estos dos fenómenos se deben en parte a la desigualdad, pero también a fluctuaciones naturales del mercado de trabajo o a decisiones propias. Es cierto que algunas empresas no están dispuestas a ofrecer puestos de responsabilidad a sus empleadas por temor a que éstas dediquen más energías a la familia que al trabajo, pero también lo es que muchas mujeres abandonan sus puestos temporal o definitivamente —sea por voluntad propia o por presión social o familiar— para cuidar de los hijos. Muchas de ellas se reincorporan al mercado laboral y a su carrera cuando los hijos alcanzan la edad escolar.

La calidad del empleo y los salarios también continúan marcando diferencias importantes entre trabajadores y trabajadoras. El 32% de los trabajos a tiempo parcial que existen en España son desempeñados por mujeres —frente al 80% en la UE— y sólo el 12,6% de

Tabla 4. Tasas de desempleo por sexos (porcentajes)

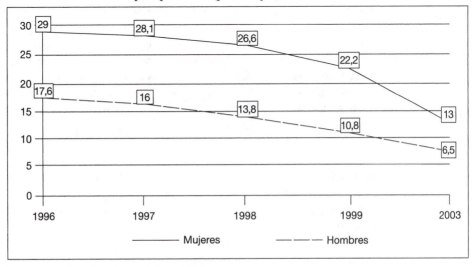

Fuente: Instituto Nacional de Estadística

ellas afirma haber elegido este tipo de relación laboral voluntariamente para dedicar más tiempo a las obligaciones familiares. En las empresas privadas, además, es todavía común que las mujeres cobren menos que los hombres por desempeñar el mismo trabajo.

La desigualdad se manifiesta también en los puestos de decisión de las grandes compañías y en el mundo de los negocios. En el año 1999, por ejemplo, no había ninguna mujer al frente de ninguna de las cien empresas más grandes de España, una dirigía un banco y sólo el 8.3% de los directivos de los medios de comunicación eran mujeres; en 1996, sólo había una rectora en las sesenta universidades del país.

Desde un punto de vista sociocultural, la sociedad española aún tiene pendientes la eliminación de prejuicios derivados de una doble moral mucho más permisiva con los hombres que con las mujeres, y la erradicación de algunos problemas como los abusos sexuales y la violencia doméstica. Aunque este tipo de comportamientos ocurren ahora con menos frecuencia que en el pasado —cuando los valores de una sociedad patriarcal y machista los hacían posibles— todavía, y como veremos más adelante, muchas mujeres siguen siendo víctimas de violencia y abusos por parte del novio o del esposo.

A pesar de todos estos problemas, puede afirmarse que las mujeres españolas actuales disfrutan hoy de los niveles de igualdad, autonomía personal y poder de decisión más altos de toda la historia del país, y que éstos son equiparables a los de otras naciones desarrolladas y enormemente mayores que los que tenían sus madres y sus abuelas. La emancipación de la mujer es, pues, un hecho en la España de hoy.

❹ El matrimonio, la familia y la pareja

Como ya se ha mencionado, con el paso de la sociedad rural a la industrial, y de ésta a la de servicios, se han producido en España —como en casi toda Europa y Norteamérica— una serie de cambios económicos y sociales que han ocasionado una auténtica revolución cultural en las relaciones entre los sexos. El acceso de la mujer al estudio y al mundo laboral, la generalización de los anticonceptivos, la mejora de los servicios sociales y otros muchos factores han hecho posible que la referencia central de las relaciones de pareja se haya desplazado de la procreación y la supervivencia al amor y al respeto mutuo entre el marido y la mujer, considerados ahora como partes iguales de la familia. Las nuevas condiciones de vida, por su parte, han creado modelos de familia nuevos y han generalizado otros que hasta ahora eran minoritarios o marginales, transformando así la estructura y la función social de la unidad familiar.

El matrimonio

La valoración que los españoles hacen del matrimonio como institución ha experimentado cambios muy interesantes desde los últimos años del franquismo y la época de la transición. Durante los años sesenta y setenta la opinión de los jóvenes estaba dividida entre los que lo consideraban una institución opresiva y anacrónica —muchos universitarios, los izquierdistas, las feministas o los "hippies"— y los que lo tenían en alta estima —los más tradicionalistas y los de la clase obrera. En la actualidad la mayoría de los jóvenes españoles tiene un concepto altamente positivo del matrimonio y de la familia, ya que los considera básicos en la búsqueda de la felicidad personal y de la estabilidad emocional. Aunque muchas parejas comparten vivienda antes de casarse —así son hoy el 5% de los hogares, aproximadamente— la mayoría de ellas considera esta convivencia como una etapa provisional y un paso previo al matrimonio —sea éste religioso o civil— al que acceden cuando las circunstancias económicas y personales lo permiten o cuando deciden tener hijos. Esta actitud marca una diferencia importante con otros países de Europa, donde casi la mitad de las parejas —el 41% en Francia y el 38% en Inglaterra, por ejemplo— decide convivir y tener hijos fuera de la institución matrimonial. En España, como ya se mencionó en el capítulo anterior, la idea de paternidad —y especialmente la de maternidad— sigue estando conectada estrechamente con la del matrimonio (véase la Tabla 5 del capítulo 12). Según algunos estudios sociológicos hay dos razones que contribuyen a mantener esta asociación: la percepción que tienen muchas parejas de que sus hijos están más protegidos legalmente dentro del matrimonio y la presión de la familia y la sociedad, instituciones que dan señales aquí de un tradicionalismo más persistente del que muestran las encuestas y difunden los medios de comunicación.

El descenso que han experimentado en España los índices de nupcialidad —casi un 50% entre 1975 y 1995 según la Tabla 1— el aumento de la edad media a la que se contrae matrimonio (véase la Tabla 4 del capítulo 12) y la disminución del número de hijos por familia (Tabla 3 del capítulo 12) no deben interpretarse como un rechazo de la institución matrimonial y de la familia. Estos fenómenos son más bien el resultado de las actuales circunstancias económicas —dificultades para encontrar trabajo estable, alto precio de la vivienda— sociales —importancia de la pareja y la paternidad— y culturales —prolongación de los estudios, valoración de la autonomía personal y profesional, interés por explorar nuevas aventuras vitales y relaciones prematrimoniales. Al mismo tiempo, los hijos son altamente valorados, y se espera que los padres puedan ofrecerles las mejores oportunidades —la mejor educación, la mejor vivienda y una vida lo más agradable posible— y por ello se tienen no ya por obligación social o necesidad económica, sino porque representan una inversión emocional y una parte importante del proyecto común de felicidad conyugal. Esta mentalidad hace que en la actualidad, y por primera vez en la historia española, las familias tengan menos hijos de los deseados (la Tabla 5 especifica algunas de las razones). Los jóvenes españoles son, entonces, muy conscientes de los enormes costos económicos, emocionales y personales del matrimonio y de la paternidad, y prefieren afrontar ambos en condiciones apropiadas: con madurez personal, trabajo y situación económica estables y casa propia, y conociendo lo mejor posible a su pareja.

La forma elegida para acceder al matrimonio ha evolucionado también de una manera determinada por las circunstancias políticas. Durante el franquismo, la única manera legal de constituir una familia era mediante el matrimonio religioso, el cual se celebraba exclusivamente según el rito de la Iglesia católica. Con la democracia llegó la legalización del matrimonio civil, una figura jurídica nueva —con excepción de un breve periodo durante la Segunda República— en la historia española. La utilización de esta nueva forma de casamiento ha ido aumentando progresivamente, y hoy una de cada cuatro bodas se celebra en los juzgados. Ello representa una espectacular transformación social en un país en el que la Iglesia católica ha tenido históricamente una importancia social extraordinaria. El rito religioso ha continuado siendo muy popular, bien debido a las creencias de los contrayentes, bien a la tradición y las celebraciones asociadas a él o a las presiones más o menos sutiles de la familia.

Tabla 5. Razones para tener menos hijos que los deseados (%) (encuesta a mujeres de 15 a 49 años).

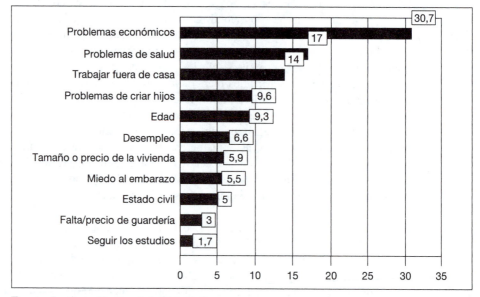

Fuente: Instituto Nacional de Estadística

Otras formas de vida y de pareja

La gran mayoría de los hogares españoles ha estado y está todavía formada por parejas casadas y con hijos. Pero los cambios demográficos y culturales de los últimos años están generando formas no tradicionales de vida familiar que hasta hace poco tiempo se consideraban semiclandestinas o marginales —como las *parejas de hecho*, las familias monoparentales, las personas que optan por vivir solas y las parejas de homosexuales— y que en un periodo de tiempo corto se están convirtiendo en alternativas públicas y legales a la familia tradicional. Es precisamente la aceptación de estas formas de vida alternativas y su generalización a todos los sectores y clases sociales lo que, según algunos sociólogos, caracte-riza las sociedades avanzadas contemporáneas. La tolerancia social de estos modos de vida no se ha reflejado a veces en el estatuto legal del que gozan y, como ha ocurrido con otros cambios, las leyes siguen yendo muy por detrás de la sociedad.

La gran mayoría de las parejas que deciden compartir casa o apartamento sin casarse —las llamadas *parejas de hecho*— lo hacen en España de forma temporal, hasta que deciden tener hijos o hasta alcanzar una situación económica que les permita acceder al matrimonio. Esta actitud —que España comparte con otros países del sur de la Unión Europea, como Italia y Portugal— contrasta con la del norte de Europa —Alemania, Suecia, Dinamarca— o los EE.UU., donde vivir juntos sin casarse es una costumbre muy extendida que se practica antes y después de tener hijos.

Con el término *familias monoparentales* los sociólogos se refieren a aquéllas formadas por uno de los padres y los hijos. Dentro de esta categoría se pueden distinguir varias clases, dependiendo del estado civil del cabeza de familia —padre o madre solteros, viudos o divor-

¿SABÍAS QUE...?

LAS PAREJAS DE HECHO Y LA EUROCÁMARA

El Parlamento Europeo aprobó en enero del año 2003 por un margen de cinco votos —274 a favor, 269 en contra y 14 abstenciones— un controvertido informe sobre la situación de los derechos humanos en la Unión Europea elaborado por la socialista holandesa Joke Swiebel. Este informe reclama a los estados miembros el reconocimiento legal de las parejas de hecho y la equiparación legal y fiscal de éstas a los matrimonios, con independencia de que estén formadas por individuos del mismo o de distinto sexo.

En la votación, la coalición compuesta por los partidos liberales e izquierdistas se impuso a los conservadores del Partido Popular Europeo y consiguió sacar adelante un informe que, además de mencionar a las parejas de hecho, contiene peticiones a favor del derecho al voto de los inmigrantes, censura los excesos policiales y denuncia la concentración de los medios de comunicación en manos de unas pocas compañías.

ciados. Estas familias, tradicionalmente consideradas como incompletas o inviables, están cada vez más presentes en la sociedad española, ya que aumentaron del 6% de todos los hogares en 1980 al 10% hoy. Como en otros países, en la España actual la mayoría de estas unidades familiares —unas ocho de cada diez— están a cargo de mujeres viudas, solteras o separadas. Históricamente, las más numerosas fueron las encabezadas por viudas y viudos, pero tras la aprobación de la Ley del Divorcio (1981) el número de hogares a cargo de padres y madres separados o divorciados ha aumentado constantemente —aunque todavía sigue siendo menor que en la mayoría de los países de la Unión Europea— hasta superar en 1992 a los que tenían a un viudo como cabeza de familia (45% frente al 41%). Como en otros países, la responsabilidad sobre la mayoría de las familias monoparentales creadas después de un divorcio recae principalmente en las madres, que son las que suelen obtener la custodia de los hijos. Dichas madres tienen en su mayoría —seis de cada diez— menos de cuarenta y cinco años, y de cada una de ellas dependen por lo general uno o dos hijos, y más raramente tres o más.

El número de familias reconstituidas o binucleares —aquéllas en las que al menos uno de sus miembros procede de otra familia que se disolvió debido al divorcio o a la muerte de uno de los cónyuges— ha experimentado también un crecimiento en los últimos años, aunque no existen estudios detallados sobre este tipo de unidad familiar. Las familias binucleares constituidas por personas viudas que contraían segundas nupcias eran las únicas existentes antes de la aprobación de la Ley del Divorcio. La imagen que la mentalidad social de los españoles tenía de ellas no era del todo positiva, como lo prueban las connotaciones comunes de palabras como *padrastro* o *madrastra*. La novedad de los hogares reconstituidos después del divorcio determina que no existan modelos que establezcan un sistema de expectativas, derechos y deberes, por lo que los nuevos cónyuges deben crear una dinámica familiar de manera propia y particular. Estas familias, por otro lado, cuentan con redes sociales más extensas que las de las unidades familiares tradicionales, puesto que pueden relacionarse con los parientes creados por el nuevo matrimonio y con los que ya tenían gracias al anterior. Esta situación puede tener efectos positivos, ya que una red familiar más amplia permite contar con un mayor apoyo económico, personal y psicológico. Pero también puede generar tensiones derivadas de los conflictos de lealtades, deberes y obligaciones entre diferentes ramas familiares que acaben dificultando la cohesión del nuevo hogar.

Los hogares unipersonales —constituidos por personas de cualquier edad que viven solas— representan hoy entre el 13 y el 15% de todos los hogares españoles. A pesar del aumento que han experimentado en los últimos años, su número y proporción todavía están alejados de los típicos de países de la Unión Europea como Alemania u Holanda, donde más de un tercio de los hogares está formado por una sola persona. Tradicionalmente, la mayoría de los hogares unipersonales españoles estaba constituido por viudos y viudas —particularmente por estas últimas— mayores de cincuenta años, pero esta situación ha cambiado de manera importante en los últimos años debido al incremento del número de solteros, de separados y de divorciados. El crecimiento de la proporción de hogares unipersonales y las transformaciones en su composición son consecuencias directas de varios factores demográficos y culturales. El primero de ellos tiene que ver con el aumento de la esperanza de vida, que crea un numeroso segmento de población mayor de sesenta y cinco años, muchos de cuyos miembros se quedan viudos y pasan a vivir solos. La generalización del divorcio crea también hogares en los que una persona —generalmente el marido— acaba viviendo separada de la familia. Entre los factores culturales destaca la aceptación social de la soltería voluntaria, que por primera vez en la historia de España se considera un modo de vida aceptable y no está sujeta al rechazo social. Por ello el número de solteros mayores de treinta años —antes llamados despectivamente *solterones* o *solteronas*— va aumentando lenta pero constantemente, especialmente entre los profesionales de las grandes ciudades. La nueva costumbre española de que los hijos de veinticinco o treinta años vivan en la casa paterna y la asociación de *emancipación* con *matrimonio* limita el crecimiento del número de los hogares unipersonales, pues mantiene en la casa familiar a un buen número de jóvenes hasta edades muy avanzadas comparadas con la media europea.

Los hogares formados por parejas de homosexuales se han hecho más comunes —y más públicos— también en los últimos años, aunque su número sigue siendo demográficamente poco significativo y su extensión se concentra sobre todo en Madrid, Barcelona y los centros turísticos de la costa Mediterránea (la Tabla 6 ofrece un perfil básico del homosexual español). Por primera vez estos grupos han comenzado a reclamar públicamente la equiparación de sus derechos —adopción, herencia, beneficios sociales, acceso al matrimonio— con los de las parejas heterosexuales —de hecho o casadas— aunque hasta el momento sus éxitos han sido limitados y sus logros muy diferentes en las varias comunidades autónomas. La diferencia más importante con respecto al pasado es la mayor aceptación social de la homosexualidad y la discusión abierta de los problemas y retos relacionados con ella y de la posibilidad de vivir este estilo de vida de una forma más abierta y sin temor al estigma social.

⑤ El divorcio en España

Como ya se mencionó anteriormente, la disolución del matrimonio es legal en España desde 1981, año en el que se aprobó la Ley del Divorcio. Desde entonces el divorcio se ha convertido en parte de la realidad diaria de los españoles. La gran mayoría de los ciu-

Tabla 6. Perfil del homosexual español

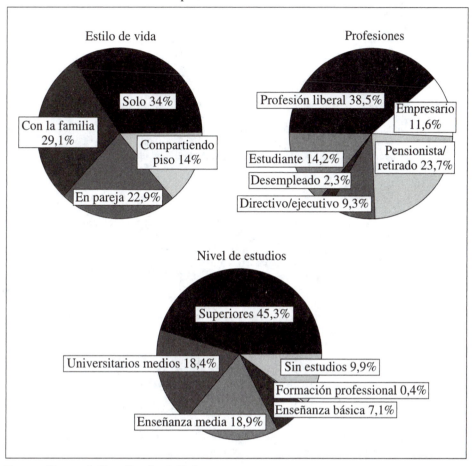

Estilo de vida

Solo 34%
Con la familia 29,1%
Compartiendo piso 14%
En pareja 22,9%

Profesiones

Profesión liberal 38,5%
Empresario 11,6%
Estudiante 14,2%
Pensionista/retirado 23,7%
Desempleado 2,3%
Directivo/ejecutivo 9,3%

Nivel de estudios

Superiores 45,3%
Universitarios medios 18,4%
Sin estudios 9,9%
Formación professional 0,4%
Enseñanza básica 7,1%
Enseñanza media 18,9%

Fuente: Centro de Estudios Sociológicos

dadanos está hoy a su favor, no considera que sea ningún estigma social y piensa que la ruptura matrimonial es preferible a una vida en común llena de conflictos y violencia; al mismo tiempo, lo ve como un último recurso al que se acude después de agotar todas las posibilidades de reconciliación.

Como en los otros países del sur de Europa —Portugal, Italia y Grecia— los españoles han hecho un uso prudente del divorcio. Aunque los datos de la Tabla 7 muestran una tendencia ascendente del número de divorcios y del de separaciones, las cifras siempre son moderadas, especialmente si se considera que durante los primeros años hubo que atender numerosas demandas de disolución presentadas por matrimonios que habían esperado durante años la legalización de este proceso. Esta situación contrasta con la del centro y el norte de Europa y con la de los EE.UU. (véase la Tabla 8): el número de divorcios anuales en la vecina Francia, por ejemplo, casi triplica al de España, y el de los EE.UU. es casi seis veces mayor. Las

¿SABÍAS QUE...?

NAVARRA PERMITE LA ADOPCIÓN A LAS PAREJAS ESTABLES DE HOMOSEXUALES

En los últimos años han sido varias las comunidades autónomas del Estado español que han aprobado leyes y normativas para la regulación jurídica de las parejas de hecho y las uniones estables de homosexuales. Los derechos de las primeras comenzaron a reconocerse durante la década de 1990, y se han ido extendiendo progresivamente a las segundas, aunque todavía existen diferencias importantes entre ambas. A pesar de estos avances, en muchos lugares la tolerancia social continúa siendo mucho más amplia que la legal, principalmente debido a la oposición de los partidos conservadores a equiparar matrimonios a parejas de hecho y —especialmente— a parejas formadas por personas del mismo sexo.

En el año 2000, la Comunidad Autónoma de Navarra aprobó una ley en la que se establecía que "los miembros de una pareja estable podrán adoptar de forma conjunta con iguales derechos y deberes que las parejas unidas por matrimonio", añadiendo que por pareja estable se entiende la "unión libre y pública, en una relación de afectividad análoga a la conyugal, con independencia de la orientación sexual" de sus miembros y que haya estado unida por al menos un año. Esta nueva normativa se sitúa un paso por delante del Código Civil del Estado español, que concede el derecho a la acogida y adopción de niños únicamente a las parejas de hecho formadas por un hombre y una mujer y a los homosexuales, pero sólo como individuos. A partir de ahora, entonces, toda pareja de hecho inscrita como tal en un registro tendrá los mismos derechos que los matrimonios en todas las competencias exclusivas de la Comunidad de Navarra: las herencias, los impuestos y los derechos de los trabajadores del sector público.

Esta normativa no es la primera que aparece en el territorio español para regular las parejas de hecho y los derechos de adopción. Comunidades como Valencia, Castilla-La Mancha, Asturias y Baleares ya contaban con leyes que autorizaban el acogimiento de niños por parte de parejas de hecho homosexuales o heterosexuales —aunque en muchos casos dando prioridad a los matrimo-

nios y a las parejas formadas por hombre y mujer. Estas leyes, sin embargo, siempre se han introducido como modificaciones a las leyes del menor —y no como regulaciones específicas de las parejas de hecho— y nunca han incluido el derecho a la adopción de las parejas homosexuales. Además de Navarra, otras comunidades que cuentan con leyes especiales para regular las parejas de hecho son Cataluña (1998) y Aragón (1999), y ambas niegan el derecho a la adopción conjunta, aunque se lo reconocen a todos los individuos, cualquiera que sea su preferencia sexual.

El alcance de estas normativas es limitado, pues sólo pueden aplicarse a las competencias exclusivas de la comunidad. El caso de Navarra es excepcional porque los fueros especiales de esta comunidad permiten su aplicación a ámbitos más extensos del derecho civil ya mencionados. La extensión de estos derechos al resto de la sociedad requiere la modificación de leyes de carácter nacional.

En el año 2000 los partidos de izquierda (PSOE, IU) presentaron en el Congreso de los Diputados una propuesta de ley para legalizar las parejas de hecho —independientemente del sexo de sus componentes— e igualar sus derechos a los de matrimonios. Los votos en contra de los conservadores del Partido Popular y de los nacionalistas catalanes (CiU) y vascos (PNV) —todos ellos mayoritariamente católicos— impidieron su aprobación. En el año 2001, el Tribunal Supremo reconoció de manera indirecta la igualdad de parejas de hecho y matrimonios al conceder residencia legal en España a un sudamericano que convivía de manera estable con una ciudadana española. En el mismo año, el Ministerio de Justicia autorizó el matrimonio entre un hombre y un transexual nacido varón, tras rectificar judicialmente el sexo de este último de varón a mujer. Esta polémica decisión se basó en el argumento de que no se puede negar a nadie el derecho constitucional que tienen todos los españoles a contraer matrimonio.

Tabla 7. Separaciones y divorcios en España

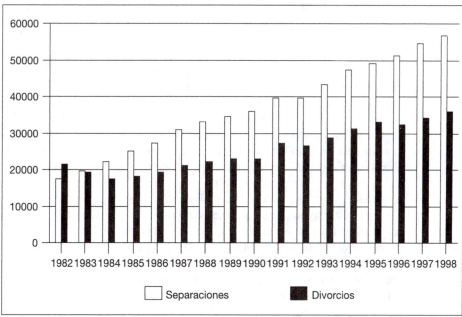

Fuente: Ministerio de Justicia

Tabla 8. Matrimonios y divorcios por 1.000 habitantes (1996)

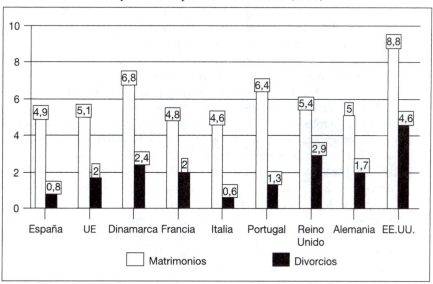

Fuente: Anuario Eurostat 98/99

razones de esta divergencia deben buscarse, además de en la relativa novedad de la ley, en una gran variedad de factores culturales y sociales. La tendencia de los españoles a casarse tarde —y muchas veces tras noviazgos o periodos de convivencia muy largos— la naturaleza de las relaciones familiares y la menor movilidad geográfica de la población contribuyen a la estabilidad del vínculo matrimonial. En países en los que la gente se casa a edades más tempranas, por ejemplo, es muy frecuente la separación de los cónyuges durante los primeros cinco años de matrimonio, fenómeno que no es muy frecuente en España. En otros lugares donde los lazos familiares tienen un carácter más relajado y la movilidad geográfica es mayor —como en los EE.UU.— los índices de divorcio suelen ser mucho más altos que en las sociedades que presentan los rasgos opuestos. La importancia que la infancia tiene en la cultura española, por otro lado, crea una mentalidad de sacrificio por lo que se percibe como *el bien de los hijos*, que hace que muchos padres pospongan o eviten el divorcio.

A diferencia de otros países del sur de Europa, las leyes que regulan el divorcio en España son poco restrictivas, ya que aceptan como causa justificada el consentimiento de ambos cónyuges o la simple declaración conjunta de incompatibilidad psicológica o moral, el llamado *divorcio por mutuo acuerdo*. En los primeros años de aplicación de la ley, sin embargo, la mayoría de los divorcios se producían sin el consenso de la pareja. Además, eran más frecuentes los iniciados por mujeres, sobre todo por aquéllas con estudios superiores y trabajos estables. Con el tiempo, el número de divorcios amistosos comenzó a ascender hasta igualarse con los no amistosos, e incluso superarlos en la última parte de la década de los noventa. Ello puede indicar tanto que las rupturas matrimoniales son en su mayoría poco conflictivas, como que los cónyuges optan por esta vía para acortar y abaratar el proceso.

La presentación de una demanda de disolución matrimonial por mutuo acuerdo no garantiza la concesión automática de ésta, ya que la ley de divorcio española establece un periodo de separación legal de entre dos y cinco años antes de que se produzca una decisión final por parte de los cónyuges y de los tribunales. En los casos muy graves —como por ejemplo en los de violencia doméstica— o muy claros el juez puede eliminar este requisito de separación y conceder el divorcio instantáneamente. Ello explica —junto con el hecho de que no todas las separaciones terminan en divorcio— que el número de las primeras haya sido más alto que el de los segundos en todos los años incluidos en la Tabla 7, a excepción de 1982, el primero en el que la ley estuvo en vigor. En este año, el número de casos excepcionales y la existencia de parejas que ya habían vivido separadas con anterioridad a la aprobación de la ley justifican el menor número de separaciones que de divorcios. La separación sancionada por el juez tiene consecuencias legales similares al divorcio, ya que ofrece la misma autonomía económica y legal que éste, a excepción de la posibilidad de volver a casarse. Este periodo intermedio de separación tiene sus defensores y detractores. Según algunos es legalmente innecesario —ya que encarece y alarga el proceso, porque hay que contratar a un abogado y seguir un proceso burocrático que debe repetirse después para acceder al divorcio definitivo— y psicológicamente doloroso —porque prolonga la espera y la incertidumbre de cónyuges e hijos. Otros lo defienden porque contribuye a dar a las parejas un periodo de reflexión antes de tomar una decisión definitiva y, con ello, a salvar a algunos matrimonios de la ruptura.

En la mayoría de los casos de divorcio que se producen en España la custodia de los hijos pasa a la madre, y sólo en un 15% de las ocasiones se otorga al padre —frente al 44% de los EE.UU. Ello ha generado las protestas de las asociaciones de padres divorciados y separados, que querrían ver un reparto más equitativo de las custodias entre los sexos y un acceso menos restringido a sus hijos después de la disolución del matrimonio.

Puesto que el uso o la propiedad de la residencia familiar pasan automáticamente al cónyuge que obtiene la custodia, son generalmente las mujeres las que se quedan en ella, y los hombres los que deben buscar un nuevo domicilio tras la separación. Esta política se debe no sólo a la importancia de la figura materna en la cultura española y a la imagen tradicional de dedicación de la mujer a la casa y a los hijos, sino también —y principalmente— a factores mucho más objetivos, como la independencia económica o la estabilidad del empleo —sólo un 40% de las mujeres casadas trabajan fuera de casa, frente al 95% de los hombres, y muchas de las que tienen empleos los ejercen a tiempo parcial. Pero esta mayor dedicación —antes o después del divorcio— a los hijos y al hogar pone a la mujer en una situación económica más precaria, ya que por lo general la madre divorciada típica pasa a tener un nivel de vida más bajo que el de su ex marido. Como sucede en otros países, muchos padres divorciados muestran su resentimiento ante la pérdida de la custodia y de la vivienda resistiéndose a cumplir con sus responsabilidades económicas con los hijos, lo que genera numerosos conflictos personales y legales.

Una vez divorciados, muchos hombres y mujeres españolas encuentran otras parejas y se vuelven a casar, aunque son los primeros los que lo hacen más frecuentemente —en una proporción de diez a siete.

⑥ Problemas y perspectivas de futuro de la familia española

A pesar de su fortaleza como institución, la familia española de hoy debe enfrentarse no sólo a los problemas que afectan a la sociedad en general sino también a otros que le son propios y particulares, y a la vez debe adaptarse a los rápidos cambios que se producen en la cultura y en la mentalidad de la sociedad moderna.

Familia y sociedad

Entre los muchos problemas que la familia comparte con la sociedad destacamos aquí cuatro: el desempleo, las necesidades asistenciales de los ancianos, el alto precio de las casas y apartamentos y los relacionados con la drogadicción.

Aunque el nivel de desempleo general ha bajado sustancialmente durante los años noventa —del 18% de 1990 al 9% en el año 2003— todavía constituye un serio problema para los jóvenes que buscan su primer trabajo y para las mujeres. Este problema se debe en parte a la descoordinación entre las necesidades del mercado del trabajo —titulados en carreras técnicas y en las relacionadas con la asistencia social a ancianos y minusválidos— y el tipo de estudios elegidos por muchos universitarios, que se gradúan en campos ya saturados, como humanidades, periodismo, ciencias biológicas, derecho y medicina. El desempleo de los menores de treinta años contribuye a que muchos jóvenes permanezcan en la casa de sus padres quienes, al mismo tiempo, tienen que atender a uno o más de los abuelos que ya no se pueden valer por sí mismos. Aunque por lo general los miembros de la familia tienen buenas relaciones interpersonales, el desempleo y la necesidad de cuidar de las personas

La nueva familia extensa

mayores generan conflictos entre las diferentes generaciones; muchas veces son las mujeres las que tienen que adoptar el papel de intermediarias y pacificadoras.

Los problemas derivados de la drogadicción y del crimen han descendido en los últimos años, y con ello ha disminuido también su incidencia negativa en las familias. La sociedad es hoy mucho menos tolerante con el consumo de drogas "duras" como la cocaína y la heroína —aunque más permisiva con el las "blandas", como el hachís y la marihuana— y los índices de criminalidad son relativamente bajos en comparación con los de países como Gran Bretaña, Italia o los EE.UU. Las asociaciones de barrio y de vecinos son muy sensibles a estos problemas, y es frecuente que se manifiesten públicamente contra ellos y que reclamen una mayor seguridad para que los niños puedan seguir jugando en las calles y plazas sin el temor de ser víctimas de un robo o testigos de transacciones de droga. Como vimos en el capítulo sobre la ciudad, la familia española valora la vida en la calle y es, por lo tanto, muy sensible a cualquier alteración que dificulte este tipo de socialización.

Familia e individuo

Además de a estos problemas sociales generales, la dinámica familiar tradicional ha debido enfrentarse a otros particulares de esta institución, de entre los que destacan el divorcio o separación de los padres —tratados en la sección anterior— los conflictos derivados de ellos, la maternidad de las adolescentes y la violencia doméstica.

Como se ha dicho, el divorcio es una práctica relativamente nueva en la historia española y su incidencia en la sociedad es todavía bastante reducida, y por ello sus consecuencias sociales no han sido muy bien estudiadas. Es muy difícil saber, además, si algunos de los problemas que se consideran asociados a él —depresiones, baja autoestima, descenso del rendimiento académico, etc.— son sus consecuencias directas, si se deben a otros factores o si existían ya de forma más o menos latente antes de la separación familiar.

El embarazo de las adolescentes es un fenómeno infrecuente en España, pues sólo afecta a ocho de cada mil jóvenes, un índice algo mayor de los de Francia e Italia, pero mucho menor que el 30 por mil de Inglaterra y el 60 por mil de los EE.UU. De las 18.000 menores que quedaron embarazadas en el año 2000, unas 7.000 optaron por abortar. El número de este tipo de embarazos, además, se ha reducido ligeramente desde comienzos de los años noventa gracias al uso generalizado de anticonceptivos. La familia española generalmente reacciona ante estos sucesos acogiendo en la casa de los padres a la madre —que, al ser menor, ya vivía en ella— y al hijo de ésta, y cuidando de ambos hasta que su independencia económica y emocional sean posibles. Ello añade, en ocasiones, presiones a muchas familias que ya se estaban ocupando del mantenimiento —en una vivienda de dimensiones reducidas— de hijos desempleados o estudiantes y de abuelos que no pueden vivir solos.

De todos los problemas con los que se enfrenta la familia española hoy, el de la violencia familiar o *malos tratos* —físicos o psicológicos— es el que más preocupa a la opinión pública y el que ésta considera más anacrónico e inaceptable, cualquiera que sea la naturaleza de los abusos y el género del agresor o de la víctima. Aunque no se dispone de datos exactos, se supone que la violencia doméstica es hoy menos frecuente que en el pasado, pero que sigue siendo un problema. Durante la dictadura de Franco, por ejemplo, los casos de malos tratos raramente se denunciaban a las autoridades por el desamparo legal de las mujeres —no había separación legal ni divorcio— o de los hijos —la patria potestad pertenecía legalmente al padre, quien la mayoría de las veces era el maltratador. Además, el estigma social de la ruptura matrimonial —ésta siempre cuestionaba la moralidad de la madre o el honor de la familia— y las dificultades de una vida fuera de del matrimonio —falta de preparación profesional, dificultades legales para obtener apoyo económico del agresor— llevaba a muchas personas a ocultar estos hechos.

También se sabe que las mujeres son las víctimas de la gran mayoría de las agresiones que se producen en el ámbito familiar, aunque no hay que olvidar que la esposa ejerce en ocasiones —uno de cada seis casos— la violencia sobre el marido y que también existen abusos contra los hijos, e incluso de éstos contra los padres (véase la Tabla 9). Los malos tratos contra los padres son, precisamente, el tipo de agresión doméstica que ha experimentado un mayor aumento durante los últimos años, llegando a dar cuenta actualmente de aproximadamente un 12% de las denuncias. En 1998 la violencia doméstica fue la causa de 35 muertes —número que subió a 42 en 1999— y ocasionó más de veinte mil denuncias.

Durante los últimos cinco años los medios de comunicación han mostrado un enorme interés por este tema y han contribuido a sensibilizar a la opinión pública de su gravedad. Al mismo tiempo, la sociedad de hoy no calla, sino que denuncia, condena y exige soluciones. El gobierno ha respondido a estas demandas con el *I Plan de Acción contra la Violencia Doméstica*, aprobado en 1998 y administrado por el Ministerio de Trabajo y Asuntos Sociales. Este plan ha creado unidades especiales de la policía dedicadas exclusivamente a la investigación de los malos tratos, así como oficinas de asistencia legal para las víctimas. Además, se han endurecido las penas contra los que cometen estos crímenes, se ha tipificado el crimen de violencia psíquica y se permite que alguien no implicado directamente en el acto de violencia presente una denuncia contra el agresor.

El futuro de la familia

Los enormes cambios experimentados por las sociedades modernas durante el siglo XX han transformado de manera radical la estructura y el papel social de la unidad familiar. El replanteamiento de las funciones de la familia, a su vez, ha puesto en cuestión algunas de las convenciones sociales más básicas y ha creado una situación de desequilibrio entre las demandas de la vida moderna y la visión tradicional de las relaciones entre individuo, familia y sociedad. Este desequilibrio, por su parte, ha venido acompañado de un ambiente de inseguridad ante el futuro y, en algunos casos, de una fuerte resistencia contra la desaparición de un pasado idealizado en el que el equilibrio entre individuos, familia y sociedad estaba perfectamente garantizado por el respeto a unos principios claramente definidos. En otras palabras, muchos no han visto las transformaciones de los últimos años como proceso de adaptación de la familia a las nuevas realidades del siglo XXI, sino como un ataque sistemático contra ella, y por ello han formado asociaciones —generalmente de

Tabla 9. Perfil del maltratador

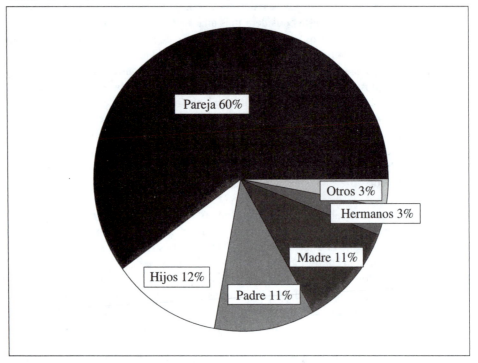

Fuente: Instituto de la Mujer (2000)

ideología conservadora— para su defensa. A pesar de los argumentos de estas voces, los datos sociológicos recogidos durante los últimos años muestran de manera clara que la familia española se ha adaptado y que ha sobrevivido bien a los cambios, que goza de buena salud y que tiene unas excelentes perspectivas de futuro. Los ciudadanos, además, tienen una imagen altamente positiva de esta institución, a la que consideran más importante que la salud, la amistad, el trabajo o el dinero.

La mayoría de los analistas parecen estar de acuerdo en que la familia va a continuar cambiando en los próximos años, pero no de una manera tan radical como lo ha hecho en las últimas décadas. El futuro inmediato probablemente va a estar marcado por la consolidación de las transformaciones que están ocurriendo actualmente y por el efecto que puedan tener factores como la incorporación al trabajo de un mayor número de mujeres, el aumento de la esperanza de vida, la generalización de las formas alternativas de unidad familiar, la evolución del concepto de privacidad y las nuevas técnicas reproductivas.

Cada vez es mayor el número de españolas que ven su futuro profesional como una necesidad de realización personal. A medida que la presencia femenina en el mercado laboral siga aumentando, las mujeres alcanzarán mayores niveles de independencia personal y económica y de poder social y doméstico, y antes desaparecerá la imagen de su trabajo como un simple complemento al masculino. Si el futuro de la fuerza laboral española sigue por ese camino, los hombres van a tener que adaptarse a una nueva distribución del trabajo doméstico y de las responsabilidades de cuidar a niños y ancianos.

El rápido aumento de la esperanza de vida ha traído como consecuencia el crecimiento del segmento de población compuesto por los mayores de ochenta años y, con ello, de la proporción de personas que han visto su autonomía personal disminuida, o que simplemente no se pueden valer por sí mismas. Esta situación, a su vez, ha creado problemas económicos y sociales de difícil solución. De entre los primeros, los más importantes son los derivados de los enormes gastos en sanidad y pensiones. A medida que crece la proporción de personas mayores aumentan también los gastos sanitarios. La longevidad incrementa también los gastos en pensiones, puesto que los españoles viven ahora más que antes, pero siguen jubilándose antes de los sesenta y cinco años —la edad oficial de retiro en España. Un porcentaje mayor de personas de más de sesenta y cinco años significa, además, que hay una proporción menor de ciudadanos en edad de trabajar y, por tanto, de contribuir a los ingresos del Estado con sus impuestos. Como consecuencia de esta situación, el Estado podría, en un futuro no muy lejano, comenzar a tener problemas para financiar los servicios médicos, la Seguridad Social, las pensiones y los seguros de desempleo. Por ello muchos gobiernos de la Unión Europea —entre ellos el español— han comenzado a plantear algunas reformas cuyo objetivo es garantizar la continuidad del sistema público de servicios sociales. Entre estas posibles reformas figuran la elevación de la edad obligatoria de jubilación a los sesenta y ocho años —la edad media de retiro del trabajador español es actualmente cincuenta y nueve años— el endurecimiento de los requisitos para recibir el seguro de desempleo y el control de los gastos médicos y farmacéuticos. La mayor parte de estas medidas están ahora en fase de estudio, y sólo versiones moderadas de unas pocas —como la del control del gasto en medicinas— se han puesto en práctica. Todas ellas, además, cuentan con el rechazo de una opinión pública acostumbrada a los servicios sociales y que no está dispuesta a ceder derechos conseguidos tras muchos años de lucha.

De entre los problemas sociales causados por el aumento de la esperanza de vida, el más importante es el cuidado de los ancianos. Aunque la mayoría de los españoles todavía cree que la familia debe ser la responsable de este cuidado, cada día son más los que piensan que el Estado debería ofrecer más y mejores servicios a este segmento de la población. Ello se debe en buena parte a que los asilos y centros asistenciales públicos no pueden satisfacer el espectacular aumento de la demanda de plazas, y a que los privados resultan demasiado caros, e incluso inasequibles, para la clase trabajadora y para un segmento importante de la clase media. Este aumento de la demanda, a su vez, es un resultado de la incorporación de la mujer al trabajo —madres e hijas ya no pueden quedarse en casa a cuidar de los abuelos en vez de salir a trabajar o estudiar— y de las exigencias de la sociedad moderna. Sólo se puede esperar que estas tendencias aumenten en las próximas décadas.

Todos los indicadores sociológicos apuntan a que durante los próximos años se va a producir un aumento tanto del número de divorcios y separaciones como de la proporción y la presencia social de las unidades familiares no tradicionales. Aunque no se espera que las cifras españolas de divorcio lleguen a equipararse con las de países como Inglaterra o los EE.UU., su crecimiento traerá como consecuencia la formación de más hogares monoparentales y familias reconstituidas, y también hará que más personas vivan solas. A medida que se generalicen las formas de familia no tradicionales, la presión social que fuerza a los jóvenes a casarse y a los homosexuales a mantener privada su vida de pareja irá desapareciendo; esto, a su vez, hará que estas formas de vida alternativas al matrimonio aumenten su presencia en la sociedad y contribuirá a la separación de la paternidad de la institución matrimonial. Al mismo tiempo, se hará más necesario regular legalmente los derechos y obligaciones de las familias no tradicionales respecto a la adopción, la transmisión de herencias, los derechos a pensiones y otros beneficios sociales y la definición de la patria potestad.

Los nuevos retos éticos y legales se van a extender también —en España y en el resto de las naciones desarrolladas— a las técnicas de reproducción asistida —inseminación artificial, *madres de encargo*, clonación, etc.— las cuales tendrán un impacto cada vez mayor en la familia. Algunas de estas técnicas, por ejemplo, han puesto la maternidad al alcance de las mujeres, quienes por primera vez en la historia no deben contar con un hombre para tener descendencia.

No hay manera posible de saber cuáles serán las respuestas de la sociedad a todos estos problemas ni qué efectos tendrán en la estructura y la función social de la familia. Por el momento, los españoles continúan siendo gente extremadamente orientada a la familia, institución en la que la mentalidad colectiva todavía sitúa las bases del éxito y de la felicidad personal, y, a pesar de las voces de alarma de muchos, no parece que esta situación vaya a cambiar de manera radical en el futuro.

7 Los jóvenes en la sociedad española

Según el informe *Juventud en España 2000*, publicado por el Instituto de la Juventud, España cuenta con unos nueve millones de jóvenes, lo que equivale a casi una cuarta parte de la población total. Este número —que incluye a todos los que tienen entre quince y veintinueve años— se encuentra repartido casi por igual entre hombres y mujeres, aunque ellas son unas doscientas mil menos. La distribución de este segmento de la población por el territorio nacional es bastante irregular, ya que tres de cada cinco de ellos residen en las comunidades de Andalucía —una región donde el porcentaje de jóvenes alcanza el 19,9%, el más alto de España— Cataluña (14,7%), Madrid (12,7%) y Valencia (10,2%).

La situación familiar de la juventud española se caracteriza por su homogeneidad. Casi la mitad de los menores de veintinueve años —el 45%— vive dentro de un modelo tradicional de familia en la que conviven el padre, la madre y los hermanos, y sólo el 16% lo hace en una familia monoparental originada por el divorcio o la separación de los padres o por la muerte de uno de ellos.

En cuanto a sus ocupaciones, aproximadamente un tercio de los jóvenes se dedica exclusivamente a sus estudios y unos pocos más (el 36%) sólo trabajan; el 15% hacen ambas cosas a la vez —el 9% de éstos tiene el estudio como ocupación principal y el trabajo como secundaria, y el 6% restante hace lo opuesto— y el 16% ni estudia ni trabaja por estar buscando el primer empleo (3%), por dedicarse a las tareas del hogar (2%) o por otras razones. La mayoría (el 72%) ha realizado uno o más trabajos remunerados, aunque sólo el 29% tiene

Tabla 10. Porcentaje de jóvenes emancipados económicamente por edades

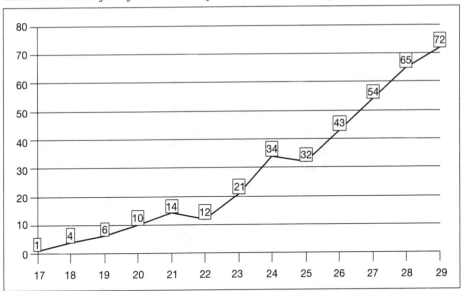

Fuente: Instituto de la Juventud

autonomía económica —un número que es todavía muy bajo, pero es un 7% mayor que en 1995— y el resto sólo puede permitirse pagar parte de sus gastos (el 42%) o es totalmente dependiente de sus padres o de su pareja (véase la Tabla 10). Las mayor parte de las chicas prefiere trabajar fuera de casa —sólo un 10% piensa dedicarse al hogar y a la familia— bien sea a tiempo completo (el 46%) o parcial (el 35%), y el 59% de ellas considera negativo que la madre trabaje si los hijos tienen menos de seis años.

A la mayoría de los jóvenes españoles les gustaría independizarse, pero la dependencia económica, la falta o inestabilidad del trabajo, la carestía de la vivienda y la influencia de algunos valores culturales les llevan a prolongar su residencia en el domicilio familiar, lo que contribuye a retrasar la edad media de emancipación (véase la Tabla 11) hasta casi los veintisiete años, muy por encima de la de otros países de la Unión Europea (Tabla 12). Esta edad es un poco menor en el caso de las mujeres, ya que éstas suelen iniciar la vida de pareja a una edad más temprana. Este retraso, a su vez, pospone la formación de parejas de hecho o matrimonios, lo que resulta en una disminución de las tasas de natalidad.

Las actitudes respecto a la salida de los hijos de la vivienda paterna han cambiado mucho durante las últimas dos décadas. Los últimos años de la dictadura del general Franco coincidieron en todo el mundo occidental con un movimiento de rebeldía general de la gente joven contra los convencionalismos y tradiciones de la estructura familiar, lo que produjo un auténtico conflicto generacional. En España, como en el resto de Europa, la hostilidad y las dificultades de diálogo entre hijos y padres que caracterizaron este periodo han disminuido mucho desde los años ochenta, y los padres de los jóvenes españoles permiten hoy que sus hijos se queden en casa hasta que éstos puedan ser económicamente independientes,

Tabla 11. Porcentaje de jóvenes que viven con sus padres por grupos de edad

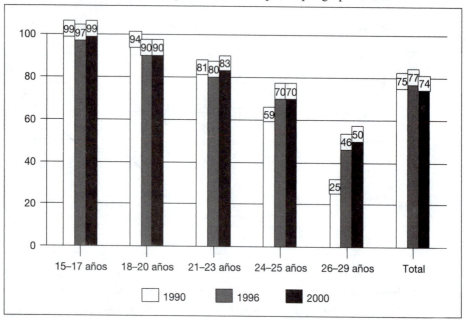

Fuente: Instituto de la Juventud

Tabla 12. Jóvenes entre 25 y 29 años que viven con sus padres en % (1996)

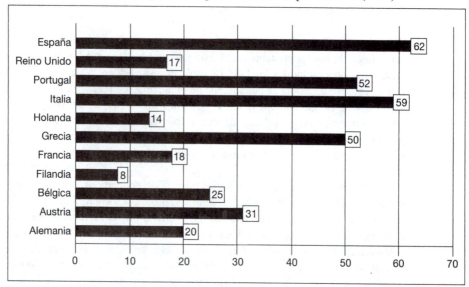

Fuente: Instituto de la Juventud

¿SABÍAS QUE...?

ALCOHOL, CANNABIS, COCAÍNA Y ÉXTASIS ENTRE LOS JÓVENES

El alcohol es más popular que las drogas entre la juventud de todo el mundo occidental. Según un estudio publicado por el Plan Nacional contra las Drogas, la mayoría de los jóvenes españoles comienza a consumir alcohol entre los dieciséis y los diecisiete años, y un 39% de los comprendidos entre los dieciséis y los veintinueve años se había emborrachado al menos una vez durante el año 2001. Este consumo es más intenso durante los fines de semana, cuando más de la mitad de los jóvenes de esas edades bebe más de un combinado (*cuba-libre*, gin-tonic o similares); un 5% de ellos, sin embargo, toma alcohol todos los días. La ingestión juvenil de alcohol descendió ligeramente durante la década de los años noventa, pero volvió a aumentar a partir del año 1999.

La más consumida de todas las drogas ilegales es el hachís, un derivado del *cannabis* que se fuma mezclado con tabaco y que recibe el nombre popular de *porro*. El 31% de los jóvenes españoles declara haber fumado hachís o marihuana alguna vez en su vida, y una importante cantidad —más del 15%— dice consumirlo habitualmente. La proximidad geográfica de España con Marruecos —el primer productor mundial de hachís— hace muy difícil el control policial de esta sustancia. Una cuarta parte de los españoles, además, es partidaria de su legalización.

Dos drogas ilegales altamente peligrosas son la cocaína y el éxtasis. Aunque la cocaína sólo es consumida habitualmente por un 1,4% de los jóvenes, otro 7% la utilizó alguna vez durante el año 2001. Esta droga es la causa del mayor número de entradas en los servicios médicos de urgencia durante los fines de semana (el 4%). La mafia internacional que la distribuye es la más peligrosa y la mejor establecida de cuantas se dedican al tráfico de estupefacientes en España. La droga que ha experimentado un mayor crecimiento en los últimos cuatro años es el éxtasis, aunque el número de jóvenes consumidores todavía no llega al 2%. El uso del éxtasis está relacionado con la música *tecno* bailable y rápida de las discotecas, y por ello aumenta durante el verano y las vacaciones. La distribución de esta droga es relativamente fácil, pues procede en su mayoría de otros países de la Unión Europea, sobre todo de Holanda.

encuentren un trabajo bien pagado o se puedan comprar un piso. Los padres y madres aceptan las dificultades que tienen sus hijos de menos de treinta años para encontrar un buen trabajo o un apartamento asequible, y los hijos aprecian la oportunidad de permanecer en la casa paterna gozando de un buen nivel de vida y de una amplia autonomía personal. En algunos casos son los propios padres los que animan a sus hijos a quedarse, y los que se disgustan cuando éstos deciden vivir solos fuera de la casa familiar.

¡Atención! Ve a **De la Red** de este capítulo en *www.prenhall.com/espanaayeryhoy*. Allí encontrarás sitios de información muy interesante y de fácil acceso.

Viejas y nuevas minorías: Los gitanos y los inmigrantes

Temas de introducción

1. ¿Cómo se define el concepto de *minoría* en los EE.UU.? ¿Qué tipos de minorías puedes identificar? ¿Cuáles de ellas son nuevas y cuáles tradicionales? ¿Cuáles han mejorado su situación en los últimos cuarenta años?

2. ¿Qué sabes de los gitanos? ¿Qué imagen tienes de ellos? ¿Hay gitanos en tu comunidad? ¿De dónde procede la información que los estadounidenses tienen de los gitanos?

3. ¿Qué te sugiere la palabra *inmigración*? ¿Hay muchos o pocos inmigrantes en tu país? ¿De dónde proceden? ¿Por qué crees que se trasladan desde sus países de origen?

4. ¿Qué piensas de las políticas de inmigración de tu gobierno? ¿Crees que son estrictas o tolerantes?

5. ¿Cómo ha reaccionado la sociedad ante la inmigración? ¿Cuáles son los beneficios y los problemas que la inmigración plantea a la sociedad?

❶ Introducción

El término *minoría* no tiene un significado único y universalmente aceptado. El *Diccionario de la Real Academia Española de la Lengua* lo define como la "parte de la población de un estado que difiere de la mayoría de la misma población por la raza, la lengua o la religión". A estos tres factores diferenciales, otras definiciones incorporan otros más como la tradición cultural, la orientación sexual o la discapacidad física o mental de los individuos. En la sociedad estadounidense actual, por ejemplo, el concepto de minoría ha ido creciendo hasta permitir que cualquier grupo que posea una diferencia —por mínima que ésta sea— con lo que se percibe como "lo normal" pueda reclamar su condición de minoritario. Por ello en ese país las minorías abarcan hoy tanto a grupos étnicos y raciales —inmigrantes, nativos americanos, hispanos, descendientes de esclavos africanos— como religiosos —la minoría judía, por ejemplo— o sociales —las mujeres, los homosexuales, las personas con discapacidades, los habitantes de ciertas regiones, etc. En las páginas que siguen, sin embargo, el concepto de minoría no se utiliza de esta manera amplia sino en su sentido estrictamente antropológico. Ello reduce la lista de grupos minoritarios a dos: uno que ha sido parte de la historia española desde hace varios siglos —los gitanos— y otro que ha irrumpido en ella hace sólo unos pocos años y que está formado por un conjunto heterogéneo de individuos procedentes de diferentes países y culturas —los inmigrantes.

Este capítulo comenzará presentando la historia de los gitanos españoles y su situación en la sociedad actual. A continuación —sección 3— ofrecerá un panorama de los movimientos migratorios de españoles al extranjero que se produjeron durante el siglo XIX y gran parte del XX. Por último, se hablará de cómo a finales del siglo pasado España pasó de ser tierra de emigrantes a destino de inmigrantes, del origen de éstos, de los trabajos que desempeñan, de las consecuencias demográficas, socioculturales, económicas y políticas de la inmigración y de la reacción social y la respuesta política a este fenómeno.

❷ Los gitanos

Una minoría poco conocida

La minoría gitana es significativa en términos demográficos, ya que su pone algo más del 1% de la población total. Es también la más antigua y la única que puede considerarse como tal desde el punto de vista étnico. A pesar de ello, las costumbres de los gitanos y las razones por las que algunos de ellos se resisten a la integración social siguen siendo poco conocidas para la gran mayoría de los españoles. Por ello, las ideas que sobre ellos tiene el ciudadano medio varían entre el estereotipo amable —artísticos, apasionados y libres— y el negativo —ladrones, sucios y rebeldes.

Los gitanos españoles se autodenominan *caló* para distinguirse así de los no gitanos, a quienes llaman *payos*. Pertenecen a un pueblo extendido por cinco continentes —los *Roma*— la mayoría de los cuales vive en Europa, especialmente en su parte oriental. No se sabe con seguridad el número de componentes de esta etnia, y las estimaciones oscilan entre los tres a cinco millones que señala la *Enciclopedia Británica* y los nueve a once millones que citan algunos grupos gitanos. En España se cree que viven unos 450.000 —un número similar al de Turquía— lo que la convierte en el cuarto país de Europa en número de habitantes gitanos, por detrás de Rumania (donde viven casi dos millones y medio), la ex Yugoslavia y Bulgaria (que cuentan cada uno con unos 800.000).

Los expertos también parecen coincidir en que España es uno de los países —junto con Gales— donde están más asimilados. Los gitanos que habitan en el Estado español se sienten, en su mayor parte, profundamente españoles, y la mayoría ha abandonado el modo de vida nómada o seminómada de épocas anteriores. Aunque comparten algunos valores y actitudes fundamentales con el resto de los gitanos europeos, no mantienen contactos habituales con grupos de *romas* de países como Serbia o Bulgaria. Los movimientos transnacionales de los pocos que aún practican el nomadismo se limitan al sur de Francia, donde cuentan con gran número de relaciones de parentesco. El idioma de los gitanos españoles es hoy el español. Sólo unos pocos conserva el habla *caló*, una mezcla de español y *romaní*, un idioma indoeuropeo emparentado con el hindi de la India, tierra de donde según muchos historiadores proceden originariamente.

El pueblo gitano ha luchado durante siglos para mantener sus costumbres, su libertad y su derecho a vivir agrupado. Esto ha causado, y sigue causando, gran frustración entre muchos españoles, que quisieran ver a los caló trabajando dentro de los horarios convencionales, pagando impuestos y acudiendo con más frecuencia al fútbol o a la iglesia. La sociedad española olvida a veces que algunos aspectos de la vida cotidiana que la clase media considera importantes —como el trabajo, los viajes, el uso del dinero o la relación con el Estado— nunca fueron para los gitanos prioridades en sí mismas, sino medios para mantener su libertad y su identidad como pueblo. La llegada de la democracia a España ha creado un ambiente social y cultural de sensibilidad y respeto ante la diferencia gitana, aunque no ha resuelto totalmente los problemas de convivencia entre payos y gitanos.

Los gitanos en la historia de España

El origen de los gitanos no puede determinarse con seguridad, aunque parece probable que procedan del norte de la India, de donde huyeron alrededor de los siglos IX y X por no querer someterse al dominio de los pueblos musulmanes que habían invadido el territorio donde habitaban. Según otros historiadores, sin embargo, la salida de los roma de la India tuvo lugar mucho antes, y se produjo porque las castas sociales superiores les consideraban parias. Tras pasar en Persia (hoy Irán) y en Afganistán un periodo también difícil de determinar, se extendieron por Oriente Medio y el antiguo Bizancio. De ahí, ya ampliamente cristianizados, pasaron unos al norte de Egipto y otros —la mayoría— al sureste de Europa, donde aún hoy constituyen minorías importantes. A finales del siglo XIV llegaron a Francia, y poco después cruzaron los Pirineos.

Sea como fuera, los primeros grupos de gitanos llegaron a comienzos del siglo XV a una España que se recuperaba de las pestes y las guerras del siglo XIV. Pronto se extendió el rumor de que eran peregrinos cristianos que estaban pagando un pecado colectivo, y por ello fueron recibidos con hospitalidad por los reyes y grandes señores —que les extendieron pasaportes y cartas de protección— y por una población curiosa y confiada. Con el paso del tiempo, sin embargo, esta población comenzó a comprender que los gitanos no sólo se mantenían fieles a sus tradiciones sino que no hablaban la lengua común —fuera ésta el castellano, el catalán o el gallego— que "no servían a ningún señor" y que no se sometían ni a la Iglesia ni a las normas sociales de la época, y comenzó a surgir un claro sentimiento de rechazo contra ellos.

A finales del siglo XV se convirtieron en objeto del proceso de homogeneización étnico-religiosa al que los Reyes Católicos estaban sometiendo a España. Aunque la *Pragmática Ley* promulgada por éstos en 1499 no decretaba su expulsión del territorio nacional —recordemos que los judíos habían sido expulsados en 1492 y los musulmanes lo serían en 1502— ponía condiciones a su permanencia, entre las que figuraban las exigencias de "tomar un señor" y un oficio estable, asentarse de manera permanente en un lugar y abandonar su forma de vestir, su lengua y sus regulaciones internas. Esta ley establecía, también, el plazo para cumplir las nuevas normas —dos meses— y las consecuencias de no acatar la ley: la condena a la esclavitud o a las galeras. La mayoría se negó a asimilarse, y muchos pagaron con la cárcel o el exilio lo que para ellos era simplemente fidelidad a sus costumbres.

Afortunadamente, el Estado no estaba lo suficientemente organizado para hacer cumplir leyes tan estrictas. Los gitanos se dispersaron y huyeron a las zonas de España donde las autoridades eran menos rigurosas, menos capaces de hacer cumplir la ley o donde los payos se mostraban más tolerantes. Para poder sobrevivir continuaron ejerciendo sus trabajos tradicionales —comercio con caballos y con burros, esquila de animales, venta de cestos y vasijas, práctica de la quiromancia en las ferias y bailes, entretenimiento en las fiestas privadas— a pesar de que la práctica de algunas de estas tareas se les había prohibido repetidamente. En momentos de intensa persecución, algunos gitanos jóvenes se unieron a los grupos de bandoleros que asaltaban los caminos, especialmente en el sur de la península.

En los siglos siguientes el Estado continuó creando sistemáticamente leyes destinadas a forzar la asimilación de los gitanos a la sociedad paya y el abandono de su modo de vida tradicional. De todas ellas, la más severa y traumática fue la promulgada por el rey Felipe V en 1733, que establecía que la comunidad gitana debía abandonar su lengua y sus costumbres, dividirse en grupos más pequeños y vivir con los payos siguiendo los ritos de la Iglesia católica —en especial el bautismo y el matrimonio. Para forzarles a abandonar su seminomadismo se les amenazó con la esclavitud si vivían fuera de su residencia habitual durante más de seis meses.

La nueva ley se promulgó en un periodo en el que España se enfrentaba a un serio problema de despoblamiento derivado, en parte, de las expulsiones de judíos y moriscos y de la emigración a las colonias americanas. Por ello, al mismo tiempo que se forzaba la integración de los gitanos, se les prohibía abandonar el país y se limitaban sus lugares de residencia a zonas rurales de agricultura pobre. Pero ni ellos querían cultivar las tierras más improductivas ni muchos payos les daban la bienvenida como vecinos. En resumen, se les pedía lo imposible: la integración, el abandono de su identidad, el asentamiento en ambientes hostiles y el ejercicio de los trabajos de nivel más bajo. Entre la pobreza sin libertad y sin identidad, y la pobreza con libertad e identidad la mayor parte de ellos ha elegido históricamente la segunda opción.

En 1748 se estableció otra normativa que contribuyó a convertir a los gitanos en seres cada vez más marginales; en ella se les negaba el derecho a buscar protección en las iglesias y se declaraba fuera de la ley a todo aquél que continuara practicando el nomadismo. Pero junto a amenazas y prohibiciones, esta nueva ley introdujo algunos elementos humanistas y paternalistas que les ofrecieron cierta protección legal y que supusieron un cambio de actitud significativo. Así, se obligó a las escuelas a educar a los niños caló y se establecieron penas para aquellos municipios que los rechazaran por motivos raciales. Se ofreció, además, una amnistía a aquellos gitanos acusados de haber cometido robos y pequeños crímenes que, en la mentalidad del rey ilustrado Carlos III, se debían más a la pobreza y a la desesperación que a la condición racial.

La dificultad que ha planteado a lo largo de la historia el cumplimiento de las leyes de integración se ha debido tanto a razones de carácter administrativo y judicial como a motivos económicos y sociales. Desde un punto de vista económico, la sociedad paya siempre ha necesitado los servicios prestados por los gitanos, y por ello les ha seguido comprando caballos, cestos y cuchillos y les ha continuado pagando por entretenerles en las fiestas. Desde un punto de vista social, muchos payos —unas veces por miedo, otras por conveniencia y otras por amistad— no han estado dispuestos a entregar a la justicia a los gitanos que no cumplían con las normas de asimilación. A esa incipiente solidaridad se debe que ya en el siglo XIX España fuera el país europeo que contaba con la mayor proporción de población gitana integrada en la sociedad paya.

A finales del siglo XIX, y como efecto de la revolución industrial, los gitanos menos asimilados se trasladaron a las grandes ciudades —en especial a Madrid, Barcelona y Valencia— donde, además de ejercer sus actividades laborales tradicionales, empezaron a dedicarse a otras más modernas —aunque todavía percibidas como socialmente marginales— como las de traperos, chatarreros y otras labores que hoy consideraríamos "de reciclado", o a la venta ambulante de ropas y objetos del hogar, e incluso al contrabando.

El proceso de asimilación del pueblo gitano a la sociedad española continuó durante la primera mitad del siglo XX, aunque a un ritmo muy lento. Éstos fueron años tristes para la población gitana europea, a la que el nazismo convirtió en víctima de una persecución étnica generalizada con un horrible resultado: más de 300.000 gitanos de Hungría, Alemania, Austria, Rumania y Croacia fueron exterminados en las cámaras de gas de Auschwitz y Treblinka, hecho aún poco conocido por la comunidad internacional. Afortunadamente, los gitanos españoles no sufrieron este tipo de persecución.

Durante la Guerra Civil (1936–1939), la mayoría de los gitanos consiguió mantenerse al margen de un conflicto extremadamente ideológico. En este caso su propia marginalidad se convirtió en un beneficio, al permitirles desplazarse de bando a bando y de zona a zona y sobrevivir en una España radicalmente enfrentada. Tras la guerra, la policía rural española —la Guardia Civil— recibió el encargo de vigilar de cerca a la población gitana. En un país profundamente empobrecido por la guerra y el aislamiento internacional, ejercer la venta ambulante se relacionaba automáticamente con el estraperlo —contrabando a pequeña escala de bienes de subsistencia cuya venta y distribución estaba controlada por el gobierno— y robar una gallina era considerado un crimen de gran importancia.

Los gitanos españoles de hoy

Aunque la población gitana de la España actual sigue siendo objeto de estereotipos muy negativos —similares a los que se les aplican en otros países— su situación general y sus condiciones de vida han mejorado ostensiblemente, y las políticas gitanas de los gobiernos de la democracia han sido más sensibles a sus tradiciones y a sus valores.

No existen estadísticas fiables sobre qué porcentaje de la población gitana sigue viviendo fiel a sus costumbres y tradiciones, pero se puede afirmar que hoy son muchos los que han conseguido la integración y el éxito socioeconómico. El crecimiento espectacular del turismo a partir de la década de los sesenta y el renacimiento de la música flamenca han ayudado a muchos a triunfar en labores que siempre les fueron agradables. Otros simplemente se han acostumbrado a trabajos más convencionales, como los de comerciante, funcionario, obrero, etc. Sigue existiendo, sin embargo, una proporción importante de gitanos que no está dispuesta a abandonar sus costumbres y valores o a comprometer la pureza de éstos y que sigue pagando cada día el precio de ser diferente.

Teresa San Román —una antropóloga que ha estudiado en profundidad al pueblo gitano— resume en este párrafo de su libro *La diferencia inquietante* algunas de las características más importantes de la cultura tradicional gitana:

> *La autoridad masculina, la preferencia por casarse con parientes de la propia comunidad o fuera de ella, el reanudamiento de la alianza entre dos o tres grupos en distintas generaciones, la marcada tendencia a que fueran las mujeres las que abandonaran su hogar al contraer matrimonio y marcharan a reunirse con su marido, cerca de sus suegros y cuñados, el interés por la virginidad de la moza y la fidelidad de la casada, la aceptación del divorcio y segundas*

nupcias, el logro de la madurez a partir del nacimiento del primer hijo, el recurso a los consejos de familia para asentar disputas internas [...]. Son rasgos culturales informados consistentemente para el primer periodo del siglo XX, que [...] aparecen también en la escasa información de que disponemos para el siglo XIX (p. 73).

La autoridad masculina a la que se refiere la cita anterior tiene que ver con el carácter extenso y patrilineal de la familia gitana, distinto al nuclear típico de la concepción familiar paya. La familia caló se define tomando como referencia al padre o al abuelo, y sus conexiones se extienden a través del parentesco de los primos varones. Un grupo de primos varones, todos ellos descendientes del mismo abuelo, constituyen una familia amplia o *clan* que socializa regularmente, se ayuda y se mantiene siempre en contacto, incluso si parte de esa familia vive en ciudades distantes. Los gitanos siguen con su costumbre de contraer matrimonio a edades muy tempranas. Aunque cada vez son menos comunes las bodas entre adolescentes de trece o catorce años, es aún normal que se casen a los dieciséis o diecisiete, sobre todo las chicas. El índice de natalidad es mayor en la población gitana que en la paya. Esto tiene que ver, en parte, con el hecho de que a la mujer gitana no se le considera madura hasta que se convierte en madre.

Cuando una mujer gitana se casa, va a vivir a casa de la familia de su marido, o lo más cerca posible de la familia de éste. Cuando un varón contrae matrimonio, en cambio, se queda en la casa del padre o en el ámbito de la casa paterna. En este esquema familiar, la fidelidad sexual de la mujer adquiere un valor esencial, pues representa la garantía de continuidad del linaje masculino. Aunque la mujer casada pasa a depender de la autoridad del marido y de la familia de éste, continúa también gozando de cierta protección de sus padres y "tíos". Si el esposo maltrata a la esposa, o si es borracho y perezoso, la mujer puede volver a la casa del padre. Los gitanos siempre han aceptado el divorcio y los segundos matrimonios, lo que en la España democrática del presente no es nada extraordinario, pero en la tradición estricta del catolicismo sur-europeo constituyó un gran escándalo social y una constante irritación para la Iglesia. Otra fuente de rechazo fue que los gitanos prefirieran tradicionalmente casarse dentro de la familia, con primos o primos segundos o terceros.

Mujeres gitanas junto al río Guadalquivir

Los niveles de socialización que la familia extensa —lo que Teresa San Román llama *patrigrupo*— ofrecen a un gitano son muchos. Además de garantizarle protección social, económica y apoyo moral, el clan ofrece trabajo, diversión y asistencia. Enviar a los viejos a un asilo o residencia es impensable para un gitano. Las tías y tíos viudos o solteros viven con sus sobrinos, y los niños huérfanos siempre son recogidos por un primo o un tío. El pueblo gitano aborrece la soledad, y el patrigrupo garantiza una vida de comunidad y un sentido de pertenencia tan fuerte que incluso los gitanos más asimilados a la vida paya de clase media continúan en relación con los miembros de su clan. Aunque haya alcanzado el estatus de payo

¿SABÍAS QUE...?

EL MATRIMONIO GITANO

Según cálculos oficiales, en el año 2000 casi el 90% de los gitanos seguía contrayendo matrimonio fuera de juzgados o iglesias y de acuerdo con un rito propio que se ha utilizado durante cientos de años. Este rito, sin embargo, no estaba reconocido por las leyes españolas como uno de los medios válidos de acceso al matrimonio, lo que dejaba a algunos miembros de la comunidad gitana en una situación de vacío e indefensión legales, al impedirles el acceso a ciertos beneficios sociales —pensiones, becas y otros— reservados a las parejas casadas o de hecho. En el mes de marzo del mencionado año, un juez denegó la pensión de viudedad a una mujer gitana basándose en que ésta sólo había contraído matrimonio de acuerdo con el rito caló, y en que éste no era uno de los reconocidos por el Estado como válidos a efectos legales. Inmediatamente después la asociación de mujeres gitanas *Kamira* presentó a las Cortes de Aragón un proyecto —con el apoyo del Partido Socialista (PSOE) y del Partido Aragonés Regionalista (PAR)— de legalización de este rito. Tras su aprobación, la nueva normativa fue remitida al Congreso de los Diputados con el objetivo de que éste la convirtiera en una ley aplicable en todo el Estado. Los responsables de la propuesta equiparaban el rito gitano a otras formas de unión no civiles reconocidas legalmente, como las bodas católicas, judías, mahometanas y de otras religiones no cristianas. Aunque los gitanos no tienen una religión propia, su rito podría reconocerse por razones de etnia y tradición, y como un símbolo de respeto a una cultura que ha convivido con los españoles desde hace cientos de años. Existen, sin embargo, algunos aspectos problemáticos desde el punto de vista legal —los matrimonios de adolescentes o de personas que pertenecen a la misma familia— o cultural —la ceremonia incluye una prueba de virginidad que consiste en romper el virgo de la novia con un pañuelo que luego se muestra a una asamblea de hombres.

Como en los casos de matrimonios religiosos, el único requisito que los nuevos esposos gitanos deben cumplir para validar su unión ante las autoridades es el de inscribirse como matrimonio en el registro civil después de la celebración de la ceremonia, firmar los documentos, presentar los testigos y —algo único y particular a esta comunidad— recoger la declaración de la *ajuntadora*, o mujer gitana que avala la veracidad de las uniones.

Poco más de un año después del suceso que originó la presentación de este proyecto de ley, varios juzgados de lo Social de distintas regiones españolas reconocieron la legalidad del matrimonio gitano al asumir que las mujeres de esta etnia casadas mediante el rito caló tenían derecho a la percepción de pensiones de viudedad, a pesar de no contar con la correspondiente inscripción en el registro civil.

rico, el gitano sigue visitando a sus primos, primas, tíos y tías y, por muy lejos que esté, acude a bodas, fiestas y funerales. Si un gitano triunfa económicamente no es raro que comparta su dinero con sus parientes.

La práctica extendida del pequeño comercio nómada o de la mendicidad genera la necesidad de establecer territorios que son repartidos entre los clanes o patrigrupos locales. Si dichos territorios no son respetados se pueden producir serios conflictos, incluso enfrentamientos violentos que sólo terminan cuando los viejos más respetados de los clanes llegan a un acuerdo. Para solucionar estas y otras disputas se consulta con el abuelo si éste es considerado un hombre justo, y si no lo es, con un tío o tío-abuelo que goce de alta consideración en el clan. A los hombres respetados que poseen el poder social de mediar en conflictos se les llama *tíos*. La insistencia de los gitanos en conservar su propio sistema de resolución de conflictos y de impartir justicia al margen de los códigos de leyes civiles

LA MUJER GITANA HOY

Aunque una parte importante de las mujeres gitanas sigue viviendo de acuerdo con el papel tradicional de sometimiento al varón, cada vez son más las que rompen con este modelo e intentan compaginar los valores culturales de su comunidad con la vida moderna y con la igualdad entre los sexos. Esta ruptura, sin embargo, no se ha planteado de manera radical, ya que la mayoría de las mujeres gitanas se muestra partidaria de mantener intactos algunos rasgos básicos de su cultura —como la importancia de la familia— y simplemente aspira a una redefinición de los papeles del hombre y de la mujer y a un reparto más equitativo de los deberes y derechos. El cambio de actitud de las nuevas generaciones se ha notado principalmente en el retraso de la edad de matrimonio —cada vez son menos las que se casan muy jóvenes— y el acceso a la educación —la mayoría de los miembros de esta etnia que cursan estudios secundarios o universitarios son mujeres. En una comunidad en la que las profesiones tradicionales ejercidas por los hombres han ido perdiendo importancia —e incluso extinguiéndose— en las últimas décadas, las mujeres están demostrando una mayor capacidad de adaptación.

y criminales del Estado es particularmente difícil de entender para los payos, quienes siempre han considerado esta práctica como inaceptable.

La ignorancia que la sociedad paya tiene del sistema de valores gitano ha contribuido a crear malentendidos y falsos estereotipos que han acabado causando problemas, cuando se pretendían aportar soluciones. La administración, por ejemplo, intentó repetidamente —hasta los años setenta— mejorar las condiciones de vida de los gitanos mediante un programa de viviendas cuya construcción y asignación no tenía en cuenta su organización social, su sentido del territorio o sus prioridades laborales. Dicho programa ignoraba el hecho de que al asignar a una familia nuclear gitana un apartamento en un barrio obrero se separaba a ésta de su clan y de los parientes que constituían el centro de su vida diaria. Esto les hacía infelices, y en muchos casos les llevaba a malvender o abandonar sus pisos para volver a los barrios o chabolas —casas miserables— donde vivían antes. Estos comportamientos, a su vez, acentuaron los estereotipos que los payos tenían de los gitanos, de los que se llegó a pensar que preferían la pobreza y la marginalidad. Afortunadamente, el número de chabolas existentes hoy en los alrededores de las ciudades españolas es muy pequeño, y la gran mayoría de los gitanos vive hoy en casas o apartamentos. Aunque algunos sigan practicando formas estacionales de seminomadismo y se desplacen muchos kilómetros para vender sus mercancías o recoger fruta o chatarra, una vez terminadas las tareas regresan a sus casas. El seminomadismo, la aceptación del trabajo infantil y la costumbre de que los niños se desplacen con sus familias como consecuencia del trabajo estacional o de la venta ambulante continúan afectando negativamente el nivel de escolarización de los niños caló, que es hoy, a pesar de todo, más alto que nunca.

Las ocupaciones más frecuentes de los gitanos en la España actual son el trabajo agrícola, la compra-venta de ropa, de artículos de cocina y de pequeños aparatos electrónicos, la chatarrería, el trabajo en la construcción, el espectáculo, la mendicidad y la quiromancia.

Los gitanos han participado también en actividades criminales, aunque en menor escala de lo que el estereotipo les atribuye. Durante los años setenta y ochenta, coincidiendo con una profunda crisis laboral, aumentó el número de jóvenes —gitanos o no— que se dedicaban a pequeños robos o al tráfico de drogas. La propensión de los medios de comunicación a mencionar la pertenencia de algunos de estos delincuentes a la raza gitana incrementó la mala reputación de ésta en algunos sectores de la sociedad. Durante los años noventa, y coincidiendo con una mejor marcha de la economía, este tipo de actividades criminales disminuyó significativamente.

La mejoría de la situación de los gitanos en España se observa, además de en el aumento de su nivel de vida, en el cambio de sensibilidad de la población general hacia sus problemas. En las últimas décadas se han creado varias asociaciones públicas y privadas en las que trabajan conjuntamente gitanos y payos y que se han fijado como misión la mejora de las condiciones de vida del pueblo caló y la lucha contra el racismo y el rechazo social. Cada vez son más numerosos los congresos y debates sobre la cultura gitana y los trabajos sociológicos y antropológicos dedicados a la problemática caló. Por primera vez en la historia, muchos jóvenes gitanos tienen la oportunidad de completar sus estudios secundarios y asistir a la universidad, y algunas mujeres están expresando públicamente su preocupación por el machismo de su cultura. Los gitanos españoles, en resumen, no han perdido el orgullo de ser gitanos, a la vez que se sienten cada vez más españoles.

❸ España: De nación de emigrantes a destino de inmigrantes

La historia de España ha sido testigo de numerosos procesos migratorios. Como ya vimos, durante la prehistoria, la antigüedad y parte de la Edad Media las conquistas y reconquistas militares, la presión demográfica o los procesos de colonización y repoblación convirtieron la Península Ibérica en punto de llegada de migraciones —en algunos casos masivas— de pueblos procedentes de todo el Mediterráneo, de África, del Oriente Medio y de Europa. Con la conquista de América la situación cambió radicalmente, y fueron los propios habitantes de la península los que comenzaron a desplazarse a las nuevas colonias en busca de tierras y oportunidades. La emigración a América se convirtió, desde entonces y hasta bien entrado el siglo XX, en una constante en la vida española que en algunas ocasiones llegó a constituir una auténtica hemorragia demográfica. Así sucedió, por ejemplo, en la segunda mitad del siglo XIX, época en la que el fuerte crecimiento de la población y la falta de empleo hicieron que muchos asturianos, gallegos, canarios y vascos emigraran hacia el Nuevo Mundo. En algunas ocasiones la salida de población de la península no estuvo motivada por razones económicas. Tal es el caso de la emigración forzosa de muchos miles de musulmanes, protestantes y judíos españoles durante los siglos XV, XVI y XVII, que se debió a la intransigencia religiosa. La inmigración que España recibió entre los siglos XVI y XIX fue poco significativa, con la excepción de los colonos holandeses y alemanes que repoblaron algunos pueblos de la provincia de Granada durante el siglo XVIII.

Los primeros tres cuartos del siglo XX fueron también un periodo de emigración para la población española, que se desplazó principalmente hacia la América hispana y Europa. Ya desde mediados del siglo XIX el sistema minifundista de propiedad de la tierra y la escasez de trabajo contribuyeron a aumentar el flujo de emigrantes —principalmente de Asturias,

Galicia y Canarias— a Latinoamérica. Tras la Guerra Civil —y a excepción de los desplazamientos causados por el exilio— la emigración a América prácticamente se interrumpió hasta finales de la década de 1940. En estas fechas, el levantamiento de las restricciones para salir libremente del país (1946) y el fin del aislamiento (1949) restituyeron el flujo migratorio especialmente hacia países como Venezuela, Argentina, Uruguay y Brasil. Durante la década de los sesenta comenzó a crecer el número de trabajadores que elegían como punto de destino algunos países de Europa —Francia, Bélgica, Alemania, Suiza— que estaban necesitados de mano de obra para sus procesos de reconstrucción o reindustrialización. La crisis económica mundial de principios de los setenta y el consiguiente aumento del desempleo en Europa hicieron que disminuyera la necesidad de trabajadores en estos países y que se paralizara la contratación de extranjeros. A finales de los setenta el movimiento migratorio de los españoles hacia el exterior prácticamente se interrumpió; desde la década de 1990 España se convirtió, de manera casi repentina, en lugar de destino de un buen número de inmigrantes procedentes de multitud de países. A pesar de ello, unos dos millones de españoles siguen residiendo en el extranjero, y países como Argentina, Venezuela, Francia y Alemania continúan albergando colonias de españoles que emigraron a esas tierras en las décadas de 1950 y 1960.

La emigración tuvo muchas e importantes repercusiones demográficas, económicas y sociales para la sociedad española durante diferentes épocas y circunstancias históricas. En la segunda mitad del siglo XX, por ejemplo, la emigración exterior —junto con el desplazamiento a lugares del interior más industrializados— tuvo como consecuencia el despoblamiento de las regiones de origen de los emigrantes (Castilla, Galicia, Extremadura, Andalucía) y el crecimiento demográfico de otras (Madrid, Cataluña, País Vasco) de las que o no salía la gente o recibían a los desplazados de las zonas más pobres. Desde el punto de vista económico, el movimiento de trabajadores al exterior alivió la situación de un mercado de trabajo donde el desempleo comenzaba a ser un grave problema. Las cantidades de dinero en moneda extranjera que los emigrantes enviaban a sus familias ayudaron al país a equilibrar el mercado de divisas, y los pequeños negocios e industrias creados por algunos de los que volvieron contribuyeron al desarrollo económico de España. El retorno repentino de muchos emigrantes —que perdieron su empleo por la crisis de los setenta o que volvieron atraídos por los cambios políticos— tuvo consecuencias sociales muy importantes. Muchos regresaron sin haber mejorado su condición socioeconómica y se encontraron con un país política y económicamente inestable y con un mercado de trabajo sobrado de mano de obra, factores que dificultaron su reintegración en la sociedad. Al mismo tiempo, su estancia en países democráticos europeos les había expuesto a otras sociedades, costumbres y modos de vida, y por ello volvieron con una mentalidad modernizadora y democrática que encajó bien con el clima de cambio político y social y con la mentalidad reformista que se desarrolló en España a partir de mediados de los sesenta.

❹ La inmigración en la España de hoy

Introducción

Durante la mayor parte del siglo XX la inmigración recibida por España fue muy poco importante. Los jubilados procedentes del centro y del norte de Europa —que se instalaron principalmente en las costas mediterráneas— y los refugiados políticos de algunos países latinoamericanos constituyeron, hasta la década de 1980, los únicos contingentes significativos de extranjeros que establecieron su residencia en el país. En 1989 el número de ciudadanos de otros países con permiso de residencia en España no llegaba a los 400.000, lo que equivalía aproximadamente al 1% de la población total. La gran mayoría de estos extranjeros residentes procedía de la actual Unión Europea, y sólo unos pocos eran originarios de África, Latinoamérica, Asia o Europa Oriental. Esta situación cambió dramáticamente durante la década de 1990, especialmente a partir de 1995. Desde 1989 hasta hoy el número de extranjeros legales se ha multiplicado por cinco —son actualmente casi dos millones— y el de ilegales o *sin papeles* —unos 600.000, según las cifras oficiales— ha crecido exponencialmente.

El problema de la inmigración no es exclusivo de España sino que afecta también a los demás miembros de la Unión Europea. Existen, sin embargo, circunstancias especiales que agravan el problema en el caso español. La llegada de contingentes significativos de extranjeros es una situación nueva para un país en el que tradicionalmente la emigración ha tenido mucho mayor peso que la inmigración, y en el que esta última se ha producido en magnitudes muy pequeñas y moviendo una población que por lo general pertenecía a la clase media y no presentaba retos ni necesidades especiales. Además, la inmigración ha irrumpido en España en un periodo de tiempo muy corto —unos catorce años— lo que contrasta con otros países europeos, que llevan décadas recibiendo trabajadores extranjeros. La novedad

Tabla 1. Extranjeros residentes legales (2000)

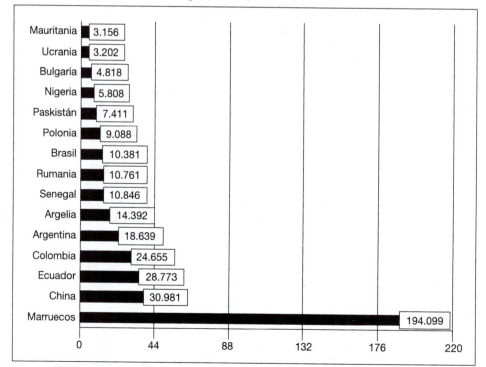

Fuente: Ministerio del Interior

del fenómeno y la rapidez con la que se ha producido han acabado causando en España problemas particulares y planteando retos sociales y políticos peculiares. Las consecuencias sociales, culturales, económicas y políticas han sido también enormes en un país que, a pesar de las diferencias que presentan sus gentes, estaba acostumbrado a la homogeneidad étnica y cultural.

Origen y perfil de los nuevos inmigrantes

El crecimiento de la inmigración ha traído consigo un cambio en el perfil sociológico y étnico del colectivo de extranjeros residentes legal o ilegalmente en España. A finales de la década de los ochenta, como ya se ha mencionado, la mayoría de los inmigrantes eran originarios de otros países de la Unión Europea y pertenecían a la clase media. Hoy, en cambio, los ciudadanos comunitarios son minoría frente a los procedentes de África, Latinoamérica, Asia y Europa Oriental que han abandonado sus países principalmente por motivos económicos o por huir de situaciones de guerra o de persecuciones políticas, étnicas o religiosas (Tabla 1).

Entre los inmigrantes africanos se pueden distinguir dos grupos: el de magrebíes —marroquíes y argelinos principalmente— y el de subsaharianos —Nigeria, Senegal, Camerún, las Guineas y Ghana.

El colectivo magrebí suele estar compuesto exclusivamente por hombres que intentan llegar a España, encontrar trabajo y estabilizar su situación legal para después pedir la entrada de sus familias. Los marroquíes representan en la actualidad la cuarta parte de todos los inmigrantes legales, y forman el mayor colectivo de extranjeros residentes en España. Entre los subsaharianos, sin embargo, hay una mayor —aunque no mayoritaria— presencia de mujeres y niños. Algunas de estas mujeres emprenden el viaje embarazadas con objeto de que sus hijos nazcan en España y adquieran automáticamente la nacionalidad española, y así ellas puedan obtener el permiso de residencia. Los menores de edad —que, según la ley española, no están sujetos a expulsión inmediata— llegan a veces solos e indocumentados, por lo que son enviados a centros especiales hasta que cumplen los dieciocho años.

Grupo de emigrantes ecuatorianos

Los inmigrantes africanos suelen entrar en España cruzando el estrecho de Gibraltar hacia las costas del sur de España o de las Islas Canarias por medios convencionales —barcos de pasajeros, avión— en *pateras* —barquitos mal preparados para cruzar el estrecho que casi siempre viajan en pésimas condiciones de seguridad— o escondidos en camiones, contenedores de carga o en barcos de pesca o de mercancías. Algunos prefieren intentar introducirse en Ceuta y Melilla —las ciudades españoles del norte de África— o en las Islas Canarias —situadas al oeste de ese mismo continente— con la esperanza de poder alcanzar desde allí la península. Otros subsaharianos vuelan a Ámsterdam o París, y desde estas ciudades se distribuyen por toda Europa.

La proximidad geográfica entre Marruecos y España ha convertido el estrecho de Gibraltar en la vía principal de la inmigración clandestina, y la patera en el medio de viajar por ella. Sólo en el año 2000 la policía española interceptó a cerca de quince mil pasajeros de pateras —a los que generalmente se devuelve a sus países de origen— ayudó en más de 55 naufragios, rescató a más de mil náufragos y recuperó en las playas del sur unos 55 cadáveres de personas que se ahogaron intentando cruzar el estrecho. A pesar de los peligros, la fuerte demanda de plazas en las pateras ha permitido el florecimiento de organizaciones criminales dedicadas al tráfico de inmigrantes que cobran fuertes cantidades de dinero por proporcionar transporte hacia la península y que no dudan en abandonar a sus pasajeros en alta mar si las embarcaciones son descubiertas por la policía española.

Los latinoamericanos, por su parte, entran en España volando a Madrid o a cualquier otro aeropuerto de la Unión Europea en el que obtienen un visado de turista y, una vez agotados los tres meses de validez de éste, permanecen en el país ilegalmente. Los inmigrantes procedentes de Latinoamérica representaban en el año 2000 casi un 20% del número total de extranjeros. El grupo más numeroso de residentes legales —y el tercero en importancia tras marroquíes y chinos— lo formaban los ecuatorianos seguidos de los colombianos, los argentinos, los peruanos, los dominicanos y los brasileños (véase la Tabla 1).

Los inmigrantes asiáticos son originarios de muchos países distintos, aunque los más numerosos son los chinos, que ocupan el segundo lugar en número de residentes legales. Muchos de ellos obtienen pasaportes falsos en Tailandia o Singapur, desde donde vuelan a Londres o a París para distribuirse luego por toda Europa, incluida España.

Finalmente, los extranjeros procedentes de la antigua Europa del Este vienen principalmente de Rumania, Polonia, Bulgaria y Ucrania. Generalmente se desplazan a España en autobús hasta Madrid o Barcelona, donde se reúnen con amigos y familiares que han llegado antes y que les ayudan a establecerse.

Además de estas cifras de residentes legales, existe un número indeterminado pero muy importante de ilegales. Según las autoridades de inmigración, este colectivo de inmigrantes irregulares o *sin papeles* está formado principalmente por marroquíes (un 38%), latinoamericanos (25%), subsaharianos (12%), chinos (8%) y europeos del Este (8%).

Destino y ocupación

La gran mayoría de la población inmigrante vive en las siete comunidades autónomas que concentran los sectores económicos que les proporcionan trabajo: las cinco de la costa mediterránea —Cataluña, Baleares, Valencia, Murcia y Andalucía— Madrid y las Islas Canarias. Sólo Madrid y Barcelona —y sus cinturones industriales— albergan a casi el 40% de todos los extranjeros residentes en el país, y en regiones como Andalucía el 14% de la población es originaria de otros países (Tabla 2). Las islas Baleares y las provincias de Málaga y Almería cuentan con una mayor presencia de ciudadanos de la Unión Europea, mientras que en las zonas agrícolas y portuarias abundan los marroquíes y latinoamericanos, y las islas Canarias cuentan con una fuerte representación de subsaharianos. A pesar de esta tendencia a la concentración, un paseo por la mayoría de las poblaciones españolas es suficiente para constatar que la presencia de inmigrantes de todas las procedencias es ya notable por toda la geografía peninsular, tanto en el medio urbano como en el rural.

ARGENTINA, PAÍS DE ORIGEN DE LOS "NUEVOS ESPAÑOLES"

En el año 2000 el gobierno de España aprobó una ley que permite el acceso a la nacionalidad española a cualquier argentino hijo de padre o madre originarios de España. Así, los aproximadamente 350.000 argentinos que podrían acogerse a esa nueva ley se añadirían a los miles que ya cuentan con la ciudadanía española y que todavía residen en Argentina, pero que podrían trasladarse legalmente a España en cualquier momento.

Esta nueva ley, sin embargo, impone limitaciones a los argentinos nietos de españoles —que sólo pueden pedir la nacionalidad si demuestran que llevan viviendo legalmente en el Estado español durante al menos un año— y excluye a los hijos de los nacidos en Argentina nacionalizados españoles. Estos dos aspectos han provocado las protestas de las organizaciones de argentinos residentes en España, que comparan desfavorablemente esta ley con su equivalente italiana, la cual permite otorgar la nacionalidad a todos aquéllos que puedan demostrar el origen italiano de uno de sus abuelos sin exclusiones o requisitos de residencia.

La distribución por sectores económicos de la mano de obra inmigrante presenta diferencias importantes según se trate de trabajadores legales o ilegales. Los inmigrantes legales trabajan principalmente en el sector agropecuario (33,25%), en la construcción (14,91%), en el servicio doméstico (14,99%), la hostelería (11.37%) y el comercio al por menor o la venta ambulante (5,92%) (Tabla 3). Estos sectores, tradicionalmente necesitados de mano de obra porque sus condiciones y sueldos no resultaban atractivos para muchos españoles, han abierto sus puertas a los trabajadores extranjeros, aunque no siempre sin problemas laborales o de adaptación. Los *sin papeles* —que, según algunos cálculos, suponen el 60% de todos los inmigrantes— en cambio, trabajan principalmente en la venta ambulante o el comercio (27%), el sector doméstico (23%)—limpieza, jardinería y cuidado de niños y ancianos— la hostelería (16%) o la construcción (15%); se calcula, además que algunos viven de la delincuencia, del tráfico de drogas o de la prostitución. Muchos de ellos —y algunos legales— han encontrado empleo en de la llamada *economía sumergida* formada por negocios y empresas ilegales que no declaran sus actividades y ganancias al fisco y que no ofrecen contratos regulares a sus trabajadores. La concentración de inmigrantes —especialmente ilegales— en estos sectores se debe a una multitud de causas, entre las que destacan la fuerte demanda de mano de obra y la propia inestabilidad de muchos de estos empleos —contratos temporales en la agricultura, pago por hora trabajada en vez de salario mensual, ausencia de contratos formales. La carencia de permisos de trabajo, el desamparo legal, la ignorancia del idioma y de los derechos laborales así como el miedo a denunciar los abusos por temor a la deportación han convertido a muchos *sin papeles* en víctimas de la explotación de empresarios sin escrúpulos.

Consecuencias de la inmigración

La masiva llegada de extranjeros a España ha tenido consecuencias muy importantes que se han dejado sentir en todos los planos de la vida social. Vamos a considerar a continuación sus efectos en los terrenos demográfico, sociocultural, económico y político.

Tabla 2. Residentes extranjeros legales por comunidades autónomas (2000)

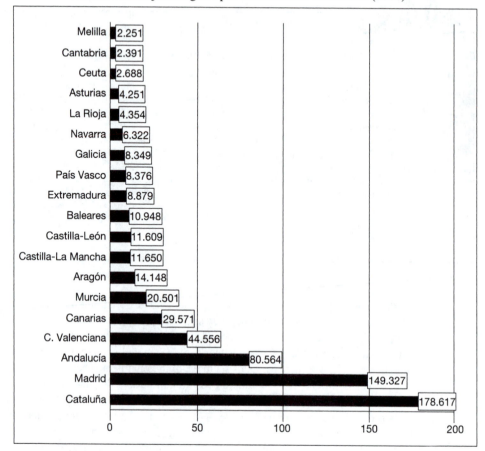

Fuente: Ministerio del Interior

Los efectos de la inmigración sobre la demografía española son ya importantes, a pesar de la corta historia del fenómeno. En los últimos años, y gracias a la alta tasa de natalidad de las familias inmigrantes, el crecimiento de la población española —que se obtiene restando el número de defunciones del de nacimientos— ha presentado un saldo positivo, acabando así con una etapa caracterizada por crecimientos casi nulos. Ello ha hecho que la cifra total de población supere en la actualidad los cuarenta y un millones de habitantes, de los cuales el 6% era de origen extranjero en el año 2004. La distribución geográfica de este crecimiento demográfico ha sido irregular, ya que ha afectado más a las comunidades autónomas que cuentan con un mayor número de inmigrantes (Cataluña, Andalucía, Valencia, Murcia, Baleares, Canarias y Madrid) que a aquellas otras en las que su presencia es menor (Galicia, Castilla-León, Castilla-La Mancha, Asturias, Aragón, País Vasco, Cantabria, Extremadura y La Rioja), donde la población sigue estancada o ha decrecido.

Casi todos los analistas coinciden en señalar que la llegada de extranjeros puede tener consecuencias positivas para el país a largo plazo, ya que va a contribuir a resolver los problemas derivados del envejecimiento de la población y de la disminución de la población activa. Estos

Emigrantes marroquíes reivindicando sus derechos

problemas, que afectan no sólo a España sino a todos los países de la Unión Europea, tienen su raíz en el efecto combinado de unas tasas de nacimiento muy bajas —es decir, un número muy pequeño de hijos por cada mujer en edad fértil— y una alta esperanza de vida, las cuales, como se vio en el capítulo 12, producen una pirámide de población con un número cada vez más grande de personas de edad avanzada y otro cada vez más pequeño de jóvenes. En otras palabras, sin la emigración la población se estancaría, crecería muy despacio o no crecería en absoluto, al mismo tiempo que su media de edad aumentaría. Las consecuencias que esta situación podría tener para la economía de un país serían devastadoras, ya que el envejecimiento disminuiría el porcentaje de población activa y, con ello, reduciría la mano de obra y las posibilidades de crecimiento y pondría en peligro el estado del bienestar sobre el que se funda el modo de vida europeo. La inmigración, pues, está contribuyendo al sostenimiento de los niveles de población y de desarrollo económico y al mantenimiento de los sistemas de pensiones y del estado social en España y en el resto de la UE. Los críticos de la inmigración han sostenido que los hijos de padres extranjeros que nacen en España van a suponer al Estado un coste adicional en sanidad y educación. Su miopía les impide ver que, en el futuro, serán esos niños los que, con su contribución a las arcas públicas, les paguen la pensión, el asilo, el seguro médico o el transporte público y les garanticen el mantenimiento de su nivel de vida.

Desde el punto de vista sociocultural, los efectos de la inmigración han sido los típicos en una situación de convivencia entre gentes pertenecientes a culturas a veces radicalmente diferentes. Cierto es que España ha sido y es un país caracterizado por las diferencias entre sus regiones, sus gentes y hasta sus lenguas, pero estas distinciones se presentan como insignificantes cuando se comparan con las que les separan de los recién llegados. Todos los españoles, además, comparten una historia, una lengua, una mentalidad y unos usos y costumbres comunes. Los nuevos inmigrantes, sin embargo, presentan unas diferencias radicales: distintas razas, religiones, horarios, comidas, entretenimientos, modos de entender las relaciones interpersonales, la familia o el papel de los hombres y mujeres en la sociedad, etc.

La Unión Europea ha propuesto una filosofía común de integración basada en un contrato moral entre europeos e inmigrantes que comprometa a los primeros a respetar las tradiciones culturales de los recién llegados, y a éstos a intentar integrarse en las sociedades que los reciben respetando valores como los derechos humanos, el pluralismo, el sistema democrático y la igualdad entre hombres y mujeres. Esta filosofía está llena de buenas intenciones, pero está también vacía de contenido práctico, por lo que en muchas ocasiones resulta difícil o imposible de aplicar. El propio principio del respeto mutuo elude una definición precisa, ya que no puede establecer líneas definidas entre la tolerancia de los valores propios del inmigrante y la presión integradora que ejerce la sociedad que lo acoge. De los muchos problemas socioculturales que la inmigración ha planteado a la sociedad española vamos a discutir dos —la integración educativa y la situación de los menores de edad— que, aunque afectan principalmente a los más jóvenes, tienen repercusiones que van mucho más allá del mundo infantil.

La integración educativa de los hijos de los inmigrantes ha ocupado un lugar preferente en las agendas de políticos y educadores, debido a las repercusiones que el éxito o el fracaso escolares de estos niños tendrán en su vida y en el conjunto de la sociedad. La actuación de las autoridades se ha encaminado en dos direcciones: la lucha contra el fracaso escolar y la integración de este segmento de la población. El fracaso académico de muchos de estos niños se debe a dos razones principales. La primera de ellas es la deficiente —y en algunos casos nula— escolarización que recibieron en sus países de origen, que hace que no tengan el nivel de conocimientos suficiente para integrarse en los cursos adecuados a su edad. La segunda —que no afecta a los latinoamericanos— tiene que ver con la falta de dominio de la lengua española, que les impide comprender a profesores y compañeros y dificulta el aprendizaje de los contenidos académicos. Este problema de competencia lingüística se deriva del poco contacto que estos niños han tenido con el español, bien porque llevan poco tiempo residiendo en el país, bien porque viven con familias que no usan esa lengua en las conversaciones cotidianas, o bien por una combinación de ambos factores. Junto a estas razones principales deben mencionarse otras que también contribuyen al fracaso escolar, pero que no son estrictamente académicas. Entre estas razones figuran la dificultad de entender y adaptarse a una nueva cultura —actitudes y valores, formas de socializar, protocolos de cortesía, etc.— que les considera —y en la que se sienten— diferentes, y los problemas económicos de algunas de sus familias, que les impiden el acceso al material escolar adecuado.

Para reducir el índice de fracaso escolar de estos niños, el gobierno ha diseñado diferentes programas que varían de acuerdo con las necesidades de cada escuela y cada comunidad autónoma, y que van desde cursos de formación del profesorado y clases especiales para los hijos de inmigrantes de lengua no española hasta seminarios y sesiones informativas para los padres.

El segundo efecto sociocultural de la inmigración que vamos a comentar aquí es el de la situación de los inmigrantes ilegales menores de edad, colectivo que plantea problemas especiales tanto por sus características demográficas como por el aumento en número que ha experimentado en los últimos años. De acuerdo con la ley española de inmigración, estos menores ilegales no pueden ser expulsados inmediatamente del país —como ocurre con los adultos— sino que sólo pueden ser devueltos a sus lugares de origen después de que sus padres hayan sido localizados y puedan ser puestos bajo la custodia de éstos. Como muchos de estos menores viajan sin documento alguno, muchas veces es imposible localizar a la familia, con lo que su custodia pasa a ser responsabilidad del Estado. Normalmente estos menores son asignados a instituciones de acogida y educación en un régimen de puertas abiertas —es decir, no de detención o internado— de las que casi la mitad escapa para acabar malviviendo en las calles o dedicándose a la delincuencia. De todas las regiones españolas, Andalucía es la más afectada por este problema, pues ya en 1999 acogió en dichas instituciones al 40% de los inmigrantes menores de edad que hay registrados en toda España.

En el terreno puramente económico, la inmigración ha tenido más efectos positivos que negativos. La llegada de trabajadores a la construcción, la agricultura, la hostelería y el servicio doméstico ha sido positiva para estos sectores, que en los últimos años se han visto necesitados de mano de obra. En algunas zonas del sur y del levante, por ejemplo, el trabajo de marroquíes, ecuatorianos y africanos ha permitido la expansión de los cultivos de

LOS PROBLEMAS ESCOLARES DE LOS NIÑOS GITANOS Y MUSULMANES

Los problemas académicos más comunes de la enseñanza primaria y secundaria —malas calificaciones y falta de asistencia a clase— afectan más a los niños y niñas gitanos y a las niñas de religión islámica que al resto de la población infantil y adolescente. Aunque la presencia de estos dos grupos de estudiantes en la enseñanza media y en la universidad ha aumentado en los últimos años, se calcula que casi dos tercios de ellos abandonan la escuela a los trece años, es decir, antes de completar la educación secundaria.

Esta situación se debe, más que a razones económicas o de rechazo social, a circunstancias que tienen que ver con las peculiaridades culturales de las minorías gitana y musulmana. El absentismo escolar de los niños y niñas gitanas puede explicarse, en parte, por el miedo que algunos padres tienen a la integración excesiva de sus hijos en la sociedad paya y a la consiguiente pérdida de identidad étnica. A estas razones se añaden otras de tipo práctico —las actividades de la familia tienen muchas veces un carácter nómada, lo que impide dar a los hijos una estabilidad geográfica— o social —la frecuencia con la que los jóvenes gitanos contraen matrimonios durante la adolescencia. En el caso de las niñas gitanas y musulmanas, el problema se agrava porque en sus culturas no existe una tradición de formación académica o de independencia para las mujeres, al considerar que el papel fundamental de éstas es el cuidado de la casa y de la familia. Además, muchas veces el padre decide que las niñas musulmanas dejen de asistir a la escuela después de una cierta edad, y se queden en casa para ayudar a la madre con las tareas domésticas. Esta actitud, que viola las leyes españolas sobre el derecho a la educación, ha provocado conflictos entre padres y autoridades que, afortunadamente, se suelen resolver con la vuelta de las niñas al colegio.

verduras y frutas y de la agricultura de alta productividad. Los efectos negativos se han dejado ver en el surgimiento de mafias dedicadas al transporte de inmigrantes, en la explotación de la mano de obra extranjera por parte de empresarios sin escrúpulos y en el aumento de la llamada "economía sumergida".

El incremento del flujo de inmigrantes a España ha dado origen a la creación de numerosas redes clandestinas que se encargan del transporte de esta nueva "mercancía humana" a cambio de importantes cantidades de dinero. Estas *mafias* son muchas veces las mismas que anteriormente se dedicaban al contrabando o al tráfico de drogas, y que han visto en la inmigración una manera de diversificar sus actividades y de aumentar sus beneficios. En algunas ocasiones llegan a prestar dinero a los inmigrantes, que pagan una parte de los gastos antes de comenzar el viaje y la otra en mensualidades que se abonan después de encontrar trabajo en España. En caso de que estos pagos no se efectúen, las mafias utilizan diversos modos de chantaje, como amenazas a los miembros de la familia que se quedaron en el país de origen, secuestros, asesinatos, explotación sexual, etc. La crueldad de estas organizaciones se ha hecho evidente muchas veces a través de hechos de una inhumanidad difícil de comprender. En el verano de 2002, por ejemplo, una lancha de la policía española descubrió una patera cargada de inmigrantes clandestinos que navegaba en dirección a la península. Cuando los patrones de la patera se dieron cuenta de que habían sido descubiertos obligaron a sus pasajeros a saltar al agua, sabiendo que los agentes se detendrían para rescatar a éstos e

Tabla 3. Mano de obra extranjera por sectores económicos (2000)

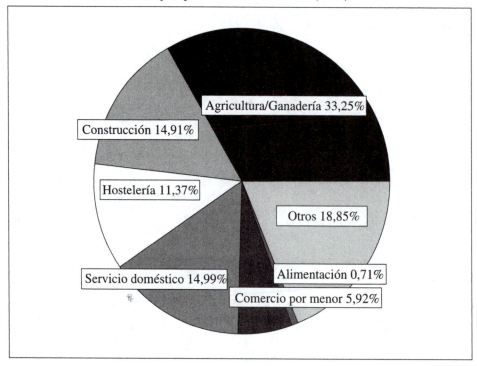

Agricultura/Ganadería 33,25%

Construcción 14,91%

Hostelería 11,37%

Otros 18,85%

Servicio doméstico 14,99%

Alimentación 0,71%

Comercio por menor 5,92%

Fuente: Ministerio de Trabajo y Seguridad Social

interrumpirían así su persecución. Cuando la policía alcanzó el lugar algunos de los inmigrantes —entre los que se encontraba un niño— ya habían muerto ahogados.

Sólo entre 1998 y 2001 las autoridades españolas desarticularon 622 redes de transporte ilegal de inmigrantes y detuvieron a más de tres mil de sus miembros, a los que se considera responsables de mover unas seiscientas mil personas y de falsificar documentos y permisos de trabajo (Tabla 4). Muchas de estas denuncias se han originado por la intervención de Organizaciones No Gubernamentales (ONG), de las asociaciones de ayuda al inmigrante y de los consulados, o por iniciativa de los propios inmigrantes. A pesar de ello, estas redes continúan operando hoy.

El vacío legal respecto a los derechos sociales de los inmigrantes ilegales y la situación de miedo e indefensión en la que muchos de ellos se encuentran han resultado en la contratación de trabajadores extranjeros que no tienen permiso de trabajo y en la expansión de prácticas de trabajo irregulares, fenómenos ambos que han aumentado considerablemente durante los últimos años. En el año 2000, por ejemplo, las autoridades españolas descubrieron 4.229 casos de contratación ilegal, la mayor parte de ellas en el sector de la hostelería, seguido de la construcción y la agricultura. La contratación irregular de mano de obra —nacional o extranjera— es perjudicial, no sólo para los trabajadores afectados, sino también para la economía nacional, ya que la riqueza generada por este trabajo pasa a formar parte de una *economía sumergida* que, al no estar gravada con impuestos, no contribuye a los ingresos del Estado o al bienestar general de los ciudadanos. Para atajar estos

Tabla 4. Redes desarticuladas de explotación de inmigrantes

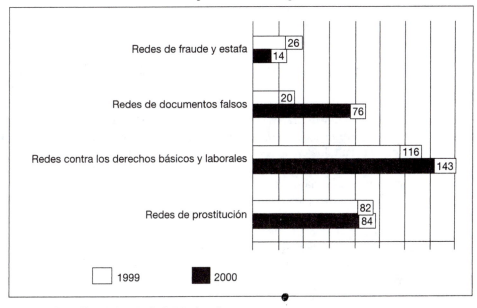

Fuente: Guardia Civil y Policía Nacional

problemas, la nueva ley de extranjería que entró en vigor en el año 2001 ha endurecido las penas contra los empresarios y las empresas responsables de la contratación o la explotación de mano de obra ilegal, que ahora se arriesgan a pagar cuantiosas multas, a periodos de cárcel e incluso a la clausura de sus actividades. A pesar de ello, la codicia de algunos hace que la explotación de los *sin papeles* siga siendo una realidad.

Los efectos que la inmigración ha tenido en la vida política del país han sido también importantísimos. La llegada de extranjeros, los derechos de éstos, el proceso de legalización y regularización, la conveniencia o inconveniencia de establecer cuotas, la vigilancia de fronteras, los problemas planteados por la integración y los gastos en servicios sociales han sido temas que han ocupado multitud de páginas en periódicos y revistas y muchos espacios de debate en radio y televisión. El carácter estructural y no coyuntural de la inmigración y la sensibilidad y la preocupación de la opinión pública por sus consecuencias han obligado a los partidos políticos a definir sus posiciones ante estos temas. Por ello, durante la última década la política de inmigración ha ido adquiriendo cada vez mayor importancia en las agendas y programas electorales. La inmigración, que era un tema prácticamente ausente del debate público antes de la década de 1990, ha pasado a ser una de las principales preocupaciones del electorado y, por lo tanto, del debate público y de la vida política.

Respuesta política a la inmigración: Las Leyes de Extranjería y los procesos de regularización

La principal respuesta política al problema de la inmigración ha sido la regulación legal de la entrada legal de extranjeros, de los derechos, libertades y obligaciones de éstos, de los diferentes tipos de permanencia en España, de los procesos de regularización, de las condiciones para la adquisición de ciudadanía y de los mecanismos de expulsión.

España no contó con un texto legal específicamente dedicado a la inmigración hasta el año 1985, en gran medida debido a que antes de ese año la llegada de extranjeros no planteaba ningún problema significativo. Las restricciones que esta primera ley imponía a los inmigrantes fueron consideradas demasiado duras por el Defensor del Pueblo, quien la recurrió ante el Tribunal Constitucional. Como resultado de este recurso, la ley se modificó al año siguiente, y de nuevo en 1994, en esta ocasión para redefinir la figura del refugiado político. En abril de 1996 entró en vigor un nuevo *Reglamento de Extranjería* que por primera vez declaraba la igualdad legal de nacionales y extranjeros y otorgaba los mismos derechos fundamentales a ambos grupos. Este reglamento fue sustituido en diciembre del año 1999 por una nueva *Ley de Extranjería* que fue aprobada con los votos de todos los partidos políticos excepto el Partido Popular, partidario de un texto más restrictivo. En enero del año 2000, y tras la entrada en vigor de dicha ley, se puso en marcha un proceso de regularización de inmigrantes. Dos meses más tarde el Partido Popular ganó las elecciones, y el nuevo gobierno se planteó como prioridad la reforma de la *Ley de Extranjería* con objeto de adaptarla a las de otros países europeos. Tras casi otro año de debates, en diciembre del mismo año 2000 se aprobó una nueva versión, que entró en vigor en enero del año 2001. Esta ley, que es la que se aplica actualmente, establece diferencias entre los extranjeros legales —que tienen los mismos derechos legales y sociales que los españoles— y los *sin papeles* o ilegales, a quienes no se conceden los derechos sociales de asociación, sindicación y huelga. Sí se les otorgan, en cambio, los derechos a la educación, a la asistencia sanitaria y a la asistencia legal gratuita, siempre que se encuentren en territorio español cuando los soliciten. Para los legales se garantiza el derecho al reagrupamiento familiar y se establece que para pedir la residencia se debe acreditar un mínimo de cinco años de estancia en España.

La nueva ley es más restrictiva que las anteriores en algunos aspectos, al establecer que la solicitud de asilo político no impide —sino sólo suspende— el proceso de expulsión, y que se puede deportar a todos aquellos extranjeros que no tengan permiso de trabajo o que se encuentren en el país ilegalmente. La administración se reserva, además, el derecho a denegar visados sin tener que justificar motivos para ello, excepto en los casos de reagrupamiento familiar y de personas que vengan al país con un contrato de trabajo. Asimismo, la ley especifica las sanciones económicas y penales contra todos aquellos que la incumplan.

Para solucionar el problema de la inmigración ilegal y facilitar la integración de los extranjeros ya presentes en suelo español, las leyes de extranjería contienen también normas sobre la adquisición de ciudadanía y sobre los procesos extraordinarios de regulación. Estos procesos son periodos en los cuales los inmigrantes sin papeles que cumplan con una serie de requisitos pueden solicitar la residencia y legalizar así su situación. El último de ellos, que tuvo lugar en el año 2000, resultó en la regularización de ciento cuarenta mil extranjeros de los casi doscientos cincuenta mil —el doble del número previsto por el gobierno— que la solicitaron. La mayor parte de las denegaciones se produjeron porque los solicitantes no pudieron demostrar que se encontraban en el país desde antes de junio de 1999, o porque presentaron sus documentos fuera de plazo. Tras este proceso, el número de extranjeros residentes de manera legal en España pasó de poco más de ochocientos mil a los casi novecientos cincuenta mil.

El proceso de regularización del año 2000 dejó a unos treinta mil inmigrantes —ahora son muchos más— en situación de expulsión inmediata. Su repatriación, sin embargo, es un problema complicado, tanto por los trámites administrativos como por sus costes económicos. Los trámites burocráticos requeridos por los expedientes de expulsión hacen que sólo sea posible devolver a sus países a unos cinco mil extranjeros al año, por lo que la repatriación de los treinta mil extranjeros a los que este proceso de regularización dejó en situación ilegal llevaría seis años, y eso sin contar los cientos que se han venido añadiendo a esa lista cada mes. Muchas veces, además, los países de origen no aceptan la vuelta de los expulsados, con lo que éstos deben permanecer en España en una situación legal no muy clara —ni están detenidos ni pueden tener una vida normal. En otras ocasiones los extranjeros carecen totalmente de documentos, por lo que resulta imposible conocer su nacionalidad y, con ello, devolverlos a su país de origen. El coste de cada expulsión es también enorme, ya que a los gastos puramente administrativos hay que añadir el transporte y los salarios de los funcionarios que deben acompañar al repatriado en su viaje de vuelta. Por ejemplo, sólo el transporte y custodia de un ciudadano chino pueden costar más de doce mil euros. Ante estos problemas, el gobierno ha optado por la solución práctica de expulsar únicamente a aquéllos que sean arrestados por cometer crímenes o por no tener los papeles en regla.

Respuesta social a la inmigración: Entre la inquietud, la tolerancia y el rechazo

La rapidez con la que España ha pasado de ser tierra de emigrantes a destino de inmigrantes, el aislamiento internacional que el país tuvo que sufrir durante el franquismo y la homogeneidad étnica y cultural que la sociedad española ha mantenido durante siglos han convertido a la inmigración en un fenómeno social, cultural y político de primer orden. Este fenómeno ha alterado en muchos aspectos el equilibrio de un país demasiado encerrado en sí mismo, y sin duda va a provocar cambios importantes en todos los aspectos de la vida. La sociedad española ha reaccionado a estos cambios de la misma manera que lo hicieron antes otras de su entorno en situaciones similares de contacto entre culturas radicalmente diferentes, es decir, con una mezcla de inquietud, tolerancia y rechazo, y con una actitud que va desde la aceptación generosa hasta el rechazo racista, pasando por reacciones intermedias de indiferencia.

Para hacernos una idea de qué piensa la sociedad española del fenómeno de la inmigración y cómo se ven los españoles ante tal fenómeno vamos a presentar unos datos extraídos de un estudio de opinión que el Centro de Estudios Sociológicos realizó en el año 2000. Los resultados de este estudio revelan que el 54,2% de los encuestados piensa que la llegada de extranjeros es un problema social importante y que lo será aún más con el tiempo, y a un alto número le parece preocupante el efecto que tendrá a largo plazo sobre las costumbres y los valores españoles.

A pesar de la inquietud, el 43, 4% de los encuestados afirma que la inmigración es positiva para el país, y el 80% opina que no representa un peligro para la estabilidad de los empleos o los salarios porque los extranjeros están llenando los huecos que dejan los españoles en algunos de los trabajos menos atractivos y en los sectores con escasez de mano de obra. El 94,8%, además, piensa que todos tienen derecho a vivir y trabajar en un país que no sea el suyo y de disfrutar de igualdad de derechos legales y sociales con los nacionales. Una mayoría importante (el 64,7%), sin embargo, defiende que sólo se debería permitir la entrada el país a aquéllos que lo hagan en condiciones legales o con contratos de trabajo, y un 36% considera que las leyes de extranjería son muy generosas. Los españoles, además, se dan una puntuación muy baja en lo que respecta a la tolerancia hacia las costumbres de los recién llegados, ya que sólo el 6,8% se considera muy tolerante, frente al 36,1% y el 38,5% que se declara bastante tolerante o poco tolerante, respectivamente.

Muchos de los encuestados (un 46%), además, piensan que la sociedad española reacciona con desconfianza ante la inmigración. Las manifestaciones más radicales de esta desconfianza son el rechazo abierto y violento, las intimidaciones y las agresiones. Los episodios de violencia xenófoba han sido muy pocos en relación al número de extranjeros y a su presencia por todo el país, aunque no por ello han dejado de ser trágicos, como lo demuestran los veintitrés inmigrantes que perdieron la vida entre 1992 y 2001, víctimas de ataques racistas. De todos estos ataques, dos han tenido una importancia especial, porque concienciaron a la opinión pública del problema y la movilizaron contra la violencia racial: el asesinato de Lucrecia Pérez y los sucesos de El Ejido. La muerte en 1992 de la dominicana Lucrecia Pérez a manos de un grupo de *cabezas rapadas* conmocionó a la opinión pública por ser el primer incidente en el cual un extranjero perdía la vida como consecuencia de una agresión racista, y colocó el problema de la inmigración en las primeras páginas de los periódicos y en la primera línea del debate público. Los sucesos del El Ejido ocurrieron en el año 2000 en el pueblo del mismo nombre. Los asesinatos de una joven y dos agricultores por inmigrantes procedentes del Magreb desembocaron en varios días de amenazas y ataques contra el colectivo magrebí que vivía en el mencionado pueblo, y el gobierno sólo logró controlar la situación después de desplazar más de quinientos agentes de policía a la zona. Junto a la violencia, sin embargo, existen muchas muestras de solidaridad representadas por los colectivos de ciudadanos que se ocupan de ayudar a los inmigrantes ofreciendo ayuda económica, comida, alojamiento, asesoría legal o cultural y cuidado sanitario. La opinión pública, además, se ha manifestado mayoritariamente y en multitud de ocasiones a favor de la igualdad de derechos, la regularización de los *sin papeles* y el trato humanitario a los detenidos en las costas o fronteras.

No todos los grupos de extranjeros son recibidos con la misma actitud de aceptación o rechazo. Los colectivos de hispanoamericanos y eslavos suelen ser mejor aceptados, porque su integración en la sociedad española se ve facilitada por semejanzas raciales, culturales o —en el caso de los primeros— lingüísticas. Las mayores reservas las suscitan los musulmanes, ya que sus fuertes convicciones religiosas y su modo de concebir la familia y la sociedad son percibidas como una fuente de conflictos. En cualquier caso, los españoles están comenzando a apreciar un nuevo aire multicultural que está afectando a una sociedad caracterizada durante tantos años por la homogeneidad. En el nuevo contexto multicultural de ciudades como Madrid, Barcelona o Valencia, las diferencias entre vascos, catalanes, andaluces y castellanos son cada vez más insignificantes.

¡Atención! Ve a **De la Red** de este capítulo en *www.prenhall.com/espanaayeryhoy.* Allí encontrarás sitios de información muy interesante y de fácil acceso.

15 El ocio y la cultura popular

Temas de introducción

1. Este capítulo trata del gusto español por la vida social, la amistad y el disfrute del tiempo libre en compañía. ¿Crees que los ciudadanos de tu país tienen las mismas preferencias? ¿Cuáles son las actividades favoritas de tus compatriotas en su tiempo de diversión y ocio?

2. ¿Se celebran fiestas en tu ciudad o comunidad? ¿Qué tipo de fiestas son? ¿Qué grupos sociales participan en ellas? ¿Qué otros tipos de fiestas se celebran en tu país? ¿Cuándo fue la última vez que asististe a una fiesta pública?

3. ¿Qué te sugieren las palabras *bar*, *tertulia* y *paseo*?

4. ¿Has oído hablar de las corridas de toros? ¿Qué sabes de ellas? ¿Tienes alguna opinión sobre sus aspectos éticos o culturales?

5. ¿Cuáles son los tipos de música más populares en tu país? ¿Existe algún estilo de música que se haya inventado allí? ¿Cuál?

6. ¿Son importantes los deportes donde tú vives? ¿Qué deportes? ¿Por qué? ¿Crees que a la gente le gusta más practicar o presenciar deportes?

7. ¿Cuáles son los medios de comunicación más importantes en tu país? ¿Qué ideología tienen?

8. ¿Qué es más popular, la radio, la prensa o la televisión? ¿Por qué crees que esto es así?

❶ El ocio como arte de vivir: Paseo, tertulia y tapas

El viejo proverbio "no se vive para trabajar, se trabaja para vivir" tiene un significado muy profundo para la mayoría de los españoles. De hecho, esta antigua actitud filosófica frente a la vida se ha extendido en los últimos años a algunos pueblos del centro de Europa tradicionalmente caracterizados por su valoración del trabajo frente al ocio. Los trabajadores alemanes, por ejemplo, disfrutan hoy de más tiempo de vacaciones que los españoles. El ocio es un componente tan importante de la mentalidad española que su promoción y protección aparecen citadas en la propia Constitución de 1978 —artículo 43, apartado 3— como uno de los deberes del Estado: "los poderes públicos fomentarán la educación sanitaria, la educación física y el deporte. Asimismo facilitarán la adecuada utilización del ocio".

Históricamente, este gusto por la vida y el tiempo libre ha sido interpretado en otros países —desde los tiempos de la "leyenda negra" antiespañola— como simple pereza. El "modo de vida español", sin embargo, no debe confundirse con la falta de ética profesional o el

Bar de tapas en Murcia

desinterés por las actividades productivas. El trabajo ocupa —como en cualquier otro país industrializado— una parte central de la vida diaria de los españoles, y el amor por el ocio, la socialización, la familia o la amistad no afecta significativamente la productividad, la calidad del trabajo o las responsabilidades profesionales de los individuos. España es hoy la novena potencia industrial y económica del planeta, y cuenta con una renta nacional superior a la de países con mucha más población. Los españoles, además, han sabido integrar ocio y economía, al utilizar el primero como generador de riqueza y empleo. Hoteles, bares, tiendas de moda, restaurantes, transportes y otros servicios necesarios para mantener la formidable máquina del ocio y de la fiesta han convertido a España en la tercera potencia turística del planeta, después de Francia y de los EE.UU. La alta valoración del tiempo libre responde, pues, no a una falta de interés por el trabajo sino a toda una mentalidad que considera la conversación con la familia y los amigos, la lealtad al pueblo o a la ciudad, las tradiciones y la gastronomía, el gusto estético por las modas, por pasear y por ver y ser visto como componentes esenciales de la vida. La renuncia a estos pequeños placeres de cada día sería vista en España como la condena a una vida triste y deshumanizada.

La familia y la amistad —por delante del dinero o de la religión— constituyen los valores centrales de la mentalidad española y, por ello, ocupan una buena parte del tiempo dedicado al ocio. A pesar de las prisas y el estrés de la vida moderna, la mayoría de la gente tiene tiempo para interrumpir su trabajo durante unos minutos y salir a la calle a tomar unas tapas y un vaso de vino con colegas o familiares. La compra diaria de las amas de casa es frecuentemente interrumpida por la charla con las amigas en la tienda o en la calle. Al recoger a los niños en el colegio por la tarde o al salir del trabajo, siempre hay tiempo para un café con leche o una cerveza y un poco de conversación.

La cultura popular española presenta un equilibrio entre formas de entretenimiento modernas —propias sobre todo de los más jóvenes— y tradicionales. Las manifestaciones más modernas se producen en el terreno de lo que podría denominarse cultura "pop", que comparte el gusto anglo-sajón por la música rock, los *comics* y los videojuegos. Las formas más tradicionales y folklóricas siguen siendo los toros, las procesiones, los bailes regionales y las verbenas, siempre organizadas en torno a las fiestas del pueblo, del barrio o de la ciudad; a ellas se unen otras como la lotería, el paseo, la tertulia y la visita al bar.

Playa de Alicante, lugar de vacación de la clase media

El paseo, la tertulia y el bar constituyen los tres ejes de socialización más importantes de los españoles que, aunque posean casas cómodas, prefieren el espacio exterior —la calle, el café,

¿SABÍAS QUE...?

EL CENTRO COMERCIAL, VERSIÓN ESPAÑOLA DEL "MALL"

Uno de los elementos fundamentales de "la forma de vida española" es la presencia en la calle de un elevado número de pequeños comercios de todo tipo que facilitan el paseo y la compra diaria. Aunque esta forma de "hacer compras" no está en peligro, durante las últimas dos décadas ha comenzado a popularizarse una alternativa a ella: el "centro comercial".

Los centros comerciales responden a una forma más anglosajona de utilizar el fin de semana, ya que mezclan, como el *mall* norteamericano, dos actividades que en España han sido hasta ahora muy distintas: las compras y el ocio. Como en los EE.UU., muchas familias españolas empiezan a ir de compras juntas durante el fin de semana, en vez de pasar el tiempo paseando o socializando. En los centros comerciales todo está estructurado en función de gastar dinero en compras u ocio, y por ello

incluyen supermercados, salas de videojuegos, quioscos de revistas, pequeños restaurantes, tiendas de ropa, cines, etc. A diferencia de lo que ocurre en los EE.UU., el principal establecimiento del centro comercial suele ser un gran supermercado de alimentación —llamado en España *hipermercado*— en torno al cual se van construyendo las demás tiendas.

La expansión de estos nuevos mega-comercios ha sido favorecida por factores como la competitividad de sus precios, la expansión urbanística de los nuevos barrios residenciales, su flexibilidad horaria —están abiertos durante los fines de semana y a horas en las que las pequeñas tiendas de las calles cierran para comer— y la menor disponibilidad de tiempo para ir de compras consecuencia de la incorporación de la mujer al mundo laboral.

el paseo, el parque— al interior —la sala de estar y la televisión. Pocos pueblos aman el paseo —una costumbre que sólo existe en el sur de Italia (la *passeggiata*), en Grecia y en algunos países de Latinoamérica— como los españoles, que han convertido esta actividad en un verdadero arte. Básicamente, pasear consiste en caminar por el gusto de caminar, sin un destino específico, generalmente en compañía de familiares o amigos y a una velocidad algo inferior a la que normalmente se usa para ir a algún sitio. Se trata de ver y ser visto, de lucir ropa elegante los domingos y días de fiesta —aunque esto no es un requisito— de mirar escaparates y hacer paradas para charlar con los conocidos o tomar algo.

La tertulia entendida como reunión organizada y regular en un sitio específico —una tradición que, como ya vimos, comenzó en el siglo XVIII— es cada vez menos común. Pero esto no significa que la gente haya abandonado el placer de charlar y "cotillear" con vecinos, compañeros y amigos. En cualquier rincón de cualquier calle, plaza o parque público, los españoles, jóvenes y viejos, siempre están dispuestos a la tertulia informal. A los españoles y a las españolas les gusta hablar con todos y a todos y, en muchas ocasiones, en voz muy alta. Las conversaciones animadas unidas a la afición al fútbol y otros deportes, los juegos de azar y la política pueden convertir los bares y cafés en lugares ruidosos donde la conversación con los amigos coexiste con el partido de fútbol en la televisión y con las máquinas de juego. Quizá el gran éxito de la radio —del que hablaremos más adelante— tenga que ver con la capacidad de este medio para crear los ambientes de tertulia y de conversación ociosa y relajada que tanto gustan a la gente.

Escaparate de una pastelería española

El bar español es una auténtica institución. Si los ingleses de las clases altas tienen el *club* y los de las clases medias y bajas el *pub*, los españoles tienen *el bar de la esquina*. Los bares españoles no se parecen casi nada a los de Estados Unidos o del norte de Europa. El bar es, en España, una institución casi familiar donde se une el gusto por la conversación con el placer por la buena bebida y la buena comida, y donde todos —sin diferencia de sexo, edad o posición socioeconómica— socializan de una manera correcta y familiar. El español se relaja desde el momento en que entra a un bar, especialmente si es su bar favorito. Entonces es muy fácil establecer conversaciones abiertas hasta con personas completamente desconocidas. La conversación se puede convertir pronto en discusión que, para una persona no familiarizada con el carácter español, puede parecer más una pelea que una charla amigable. El gusto y la pasión por discutir contribuye a que los españoles hablen, demasiadas veces, al mismo tiempo, creando discusiones largas y apasionadas que no generan consensos o acuerdos generales. El bar, además, no se identifica necesariamente con el consumo de alcohol. Las tapas, el café expreso, los refrescos y la conversación son tan importantes como el vino, la cerveza y las otras bebidas alcohólicas, y contribuyen a crear buen ambiente en estos establecimientos. Esto permite que los niños puedan frecuentar los bares con sus padres y relacionarse con otros adultos mientras beben sus refrescos o juegan una partida en su máquina favorita. Los españoles,

LOS ESPAÑOLES, LOS QUE MÁS GASTAN EN BARES Y CAFÉS EN EL MUNDO

Según un estudio publicado por la revista británica *The Economist* en el año 2002, los españoles son los ciudadanos del mundo que más gastan en bares y cafeterías. En las siguientes columnas se toma el total del gasto generado por comer y beber fuera de casa en diferentes países y se desglosa en tres categorías: los restaurantes, las comidas rápidas y los bares y cafés.

	RESTAURANTES	COMIDA RÁPIDA	BARES
Méjico	83%	13%	4%
Japón	63%	14%	2%
Italia	60%	18%	23%
Alemania	48%	43%	9%
Estados Unidos	47%	50%	2 %
España	47%	13%	40%
Gran Bretaña	27%	4%	31%

aunque muy bebedores de vino y cerveza, detestan la borrachera y las manifestaciones externas de intoxicación etílica; la persona que tiene "mal beber" no es bien recibida en sociedad, no es considerada "seria". Del mismo modo que las discusiones sólo son violentas en apariencia, la abundante ingestión de bebida no contribuye a la destrucción de la sociedad o la familia. Aunque el alcoholismo es un serio problema —como lo es en todo el mundo occidental— la sociedad española es extremadamente cohesiva. La fortaleza de la institución familiar y la importancia de la amistad dentro de los valores éticos y culturales hacen que los excesos etílicos o económicos de las muchas fiestas y celebraciones no tengan consecuencias negativas para la sociedad en general.

El paseo, uno de los pasatiempos favoritos de los españoles

Al español, entonces, le gusta la calle, la buena comida y la fiesta, y le encanta disfrutar de todo ello "tarde". Muchos espectáculos —incluso los deportivos— se celebran de noche, y la gente sale tarde, cena tarde, ve la televisión hasta muy entrada la noche y se va a la cama también muy tarde. Sin embargo —y esto es un misterio para los extranjeros que visitan el país— industrias, escuelas, tiendas y transportes se ponen en marcha por la mañana temprano como si nada hubiese sucedido la noche anterior.

❷ La fiesta popular

Las fiestas populares españolas están caracterizadas por su gran variedad, su rico colorismo y su carácter tradicional. Son, además, los referentes centrales de casi todo lo que aman los españoles —la conversación, el espectáculo, la buena comida y el pueblo o la ciudad natal— y tienen un carácter abierto y democrático. Aunque en ocasiones el ritual

¿SABÍAS QUE...?

ESPAÑA ES EL PAÍS MÁS BARATO DE LA UE PARA COMER, BEBER Y FUMAR

España es el país menos caro de la Unión Europea para comer, beber y fumar, según un estudio realizado por Eurostat con datos facilitados por los institutos nacionales de estadística de 31 países europeos, incluyendo los de la UE.

En el capítulo dedicado a los precios de la comida, la bebida y el tabaco, España muestra un nivel de precios inferior en un 22% a la media europea. Eso le sitúa incluso por debajo de Grecia y Portugal,

países con una renta per cápita menor a la española. El estado comunitario donde más hay que gastar para comer, beber y fumar es Dinamarca, donde estos placeres resultan un 31% más caros que el promedio de la UE. La diferencia es más importante en lo referente al tabaco —cuyo precio en España es un 38% menor que la media de la UE— y a las bebidas, tanto alcohólicas —inferior en un 35% a la misma media— como no alcohólicas —que son un 32% más baratas.

Mercado tradicional típico (Barcelona)

tradicional especifica que ciertas actividades están reservadas para hombres, mujeres, solteros, casados u otro tipo determinado de personas, las actividades que se celebran alrededor de ese ritual siempre están abiertas a hombres, mujeres y niños, creyentes y no creyentes, viejos y jóvenes, ricos y pobres.

Todo pueblo, ciudad y barrio tiene su fiesta o fiestas propias. La mayoría se celebra en primavera o verano, aunque las que tienen lugar en el otoño —de vendimia y cosecha— y el invierno —Navidades y carnaval— son también importantes. Casi todas las fiestas son, a la vez, religiosas y seculares; en algunas —como la *Semana Santa*— el primero de estos aspectos es esencial, y otras —los carnavales— son laicas. Todas son, además, tradicionales y modernas a la vez, ya que en ellas conviven ritos y celebraciones de gran antigüedad con formas de espectáculo y entretenimiento más modernos.

En los pueblos y ciudades, las celebraciones más importantes son las fiestas patronales, denominadas así por estar dedicadas al patrón de la localidad, que es normalmente un santo, una santa o una de las múltiples encarnaciones de la Virgen María. Durante su celebración, los nacidos en la localidad que viven en otras partes vuelven con sus familias a disfrutar de los tres o cuatro días de fiesta y transforman por completo la rutina de muchos pueblos pequeños, que pasan de estar casi despoblados a tener sus calles llenas de gente.

Las fiestas son para divertirse y pasarlo bien, pero su preparación se toma muy en serio. Municipios, instituciones e individuos invierten mucho dinero y esfuerzo en asegurar que las celebraciones sean del agrado de todos y que incluyan actividades para todos los gustos. Todas las fiestas populares poseen ritos y celebraciones que las distinguen de las demás, pero comparten también algunos elementos comunes como la presencia de bailes folklóricos y modernos, los conciertos de música tradicional o clásica ofrecidos por la banda municipal, las procesiones y los juegos para niños. Las fiestas incluyen a menudo espectáculos de *gigantes y cabezudos* —unas marionetas de gran tamaño y sofisticada elaboración que se pasean por las calles— competiciones deportivas, corridas o encierros de toros, fuegos artificiales y *verbenas* —bailes populares que se celebran por la noche en plazas o parques públicos. La mayoría de las fiestas continúa tradiciones muy antiguas de origen pagano y precristiano sacralizadas después por la Iglesia católica. Otras proceden de los siglos medievales o barrocos, y celebran victorias militares, ritos religiosos o acontecimientos locales. De acuerdo a su énfasis y a su tema central, estas fiestas pueden clasificarse en cuatro categorías: las religiosas, las tradicionalistas, las estacionales y las carnavalescas.

Entre las religiosas destacan las de Semana Santa —sobre todo en el sur y en Castilla— las de Navidad, las dedicadas a la Virgen María y las del Corpus Cristi. Las fiestas de Semana Santa pueden ser de gran devoción religiosa, aunque en muchos casos —sobre todo en el sur— están acompañadas de aspectos muy mundanos, como el vino y la danza. Se celebran durante la semana anterior a la Pascua de Resurrección, y su principal manifestación son las *procesiones*, unos desfiles de músicos, penitentes y esculturas o *pasos* que representan la agonía y la muerte de Cristo y el dolor de la Virgen María. Los pasos se mueven lentamente y con gran solemnidad por las calles acompañados de música funeraria y redobles de tambor o de canciones populares espontáneas —*saetas*— que expresan homenaje o piedad.

Las tradiciones navideñas españolas son muy variadas, y aunque tienen un fuerte carácter familiar, son también una excusa para salir de casa y visitar los *belenes* —representaciones escultóricas del nacimiento de Jesús— o celebrar al aire libre la llegada del nuevo año —el día de Nochevieja. España ha conservado la tradición de los *Reyes Magos*, que son quienes traen los regalos de Navidad a los niños la noche del 5 al 6 de enero. La llegada de estos personajes se celebra con paradas festivas —*cabalgatas*— en pueblos y ciudades de todo el país. Las fiestas de Navidad inspiran también los llamados *villancicos*, unas canciones de origen muy antiguo y de carácter alegre e ingenuo que tratan de temas navideños.

La mayoría de las fiestas en honor de la Virgen y los santos van más allá del contenido religioso para convertirse en grandes celebraciones de baile, vino y música alegre. La más impresionante es la andaluza *Romería del Rocío*, dedicada a la Virgen del mismo nombre. Esta *romería* —peregrinación de corta duración— es un espectáculo de luz y color, de caballos, trajes flamencos, bailes regionales y abundante vino y comida. Los peregrinos —o *romeros*— salen en carretas, a caballo o caminando, desde seis puntos diferentes y se dirigen a la ermita de la Virgen. Una vez allá, sacan su imagen de la iglesia y la transportan hasta el pueblo rodeados de miles de personas que siguen el ritual. En el Rocío —un pequeño valle cercano al pueblo— se llegan a juntar muchos miles de personas —un número importante de ellas vestidas con los trajes regionales de Andalucía— que esperan la llegada de la imagen para tocarla o rezarle sus oraciones en un ambiente de gran alegría y de cantes y bailes flamencos.

Las fiestas que aquí denominamos tradicionalistas son las que tienen por tema central el recuerdo de un suceso histórico, como una victoria militar, el final de una peste medieval o la recreación de los sucesos de la reconquista. Entre éstas, las más famosas son las de *moros y cristianos* que se celebran en la provincia de Alicante. Allí se organizan *comparsas* —grupos de amigos— que se disfrazan de moros o de cristianos medievales. El primer día de la fiesta las comparsas se pasean por el pueblo, cada una identificada por sus colores y animada por su propia banda de música. El segundo, los "cristianos" celebran su misa y una procesión religiosa. El tercer día moros y cristianos se pelean con espadas y ruidosos arcabuces, hasta que la batalla concluye con la victoria de los cristianos. Toda esta fiesta —como sucede con otras muchas del Levante español— se acompaña de una sonora sesión de fuegos artificiales.

Entre las muchas celebraciones estacionales, las más importantes son las de primavera o los solsticios, sobre todo los llamados *mayos*, que se celebran por toda la península y que tienen su origen en ritos paganos de culto a la fertilidad cristianizados después por la Iglesia católica tras la dedicación del mes de mayo a la Virgen María. Durante los *mayos* se decora un árbol o poste alto con flores y papeles en la plaza central del pueblo, se dan *serenatas* —canciones de amor cantadas por la noche bajo un balcón o una ventana— a las chicas solteras y se elige a la más guapa del pueblo como *reina de las fiestas*. La figura de la reina de las fiestas ha acabado extendiéndose a muchas otras fiestas populares.

Las fiestas de San Juan —el solsticio de verano— se celebran la noche del 23 de junio, la víspera del día del santo. El protagonista de esta celebración es el fuego. Por toda la geografía española se encienden grandes hogueras y se salta o se corre cerca de las llamas. Es costumbre también pasar la noche sin dormir, bebiendo con los amigos o mirando las estrellas; donde hay mar, la fiesta termina normalmente con un baño a la salida del sol. Entre todas las fiestas de San Juan, las más bellas y espectaculares son las de Alicante —donde el tema central son las hogueras— y las de Soria —en las que tienen gran importancia los toros.

También alrededor del fuego se celebra el final del invierno —19 de marzo, día de San José— en las famosas *fallas* de Valencia. Durante todo el año, cada barrio de la ciudad construye enormes muñecos que representan temas de la actualidad y personajes famosos, y que se pasean por la ciudad durante los días de fiesta. El último día se procede a la quema de todas esas construcciones excepto una —la que más ha gustado a la gente— que se libra del fuego. La ofrenda de flores a la patrona de la ciudad —la Virgen de los Desamparados— es un acontecimiento de gran colorido, adornado por los trajes y bailes regionales. Cada uno de los cuatro días de *fallas* comienza y termina con un impresionante espectáculo de fuegos artificiales, por lo que estas fiestas no son para quien quiera tranquilidad y silencio.

Los carnavales tienen su origen en las antiguas celebraciones báquicas y dionisíacas precristianas que representaban el deseo popular de burla hacia instituciones, costumbres y leyes y el juego de transgredirlas y de romper los límites de lo aceptado socialmente. Como hizo con otras muchas celebraciones paganas, el cristianismo adaptó los carnavales a su calendario, convirtiéndolos en un rito que celebraba los excesos y las transgresiones y marcaba la transición a la cuaresma, un tiempo de penitencia y ayuno opuesto al espíritu carnavalesco. Actualmente el carnaval conserva su carácter lúdico y transgresor, y su celebración sigue siendo una excusa para disfrazarse, jugar, cantar, bailar y olvidarse de las convenciones sociales. Durante siglos, las fiestas de carnaval —que se celebran también en muchos lugares de Europa, Latinoamérica (Río de Janeiro) y los EE.UU. (el *Mardi Gras*)— fueron muy populares en España. La dictadura del general Franco prohibió la mayoría de ellas por no considerar apropiado su carácter libertino y pagano, pero el pueblo recuperó su celebración tras la desaparición del régimen. Hoy en día, los carnavales más importantes son los de Cádiz (Andalucía) y Santa Cruz de Tenerife (Islas Canarias). En muchos pueblos de la península se repiten, además, los rituales del *pelele* o *Peropalo* y del llamado *entierro de la sardina*. El pelele es un muñeco que simboliza el mal y la explotación y que se ata a un palo alto para que pueda recibir el castigo del pueblo. El entierro de la sardina es una parodia de una procesión religiosa que anuncia la llegada de la cuaresma.

Mención aparte de todos los grupos anteriores merecen la *Feria de Abril* de Sevilla y los *Sanfermines* de Pamplona, dos fiestas que son, sin duda, las más grandes y espectaculares de todas las que se celebran en la Península Ibérica. La Feria de Abril de Sevilla se caracteriza por su despliegue de trajes folklóricos, caballos de pura sangre y carretas decoradas que, por su ambiente y color, no tiene rival en toda Europa. El lugar central de la fiesta es una larga avenida donde se sitúan las *casetas* —lugares con comida, bebida y entretenimiento— donde varias veces al día se organizan bailes y cantes flamencos y se sirven vinos del sur y abundantes tapas. Durante los días de la feria se celebra también una de las series de corridas de toros más prestigiosas de España. Famosos y famosas del cine, la literatura, las artes, los negocios y la política participan cada año en esta feria y contribuyen a su popularidad.

La fiesta de San Fermín —que se celebra en Pamplona del 7 al 13 de julio— es sin duda la más conocida fuera de España, especialmente después de que Ernest Hemingway escribiera sobre ella y la popularizara en Europa y los EE.UU. Se calcula que Pamplona —una ciudad de unos doscientos mil habitantes— acoge a más de seiscientas mil personas durante los Sanfermines. El elemento central de la fiesta es el *encierro* de los toros bravos, que comienza cada mañana a las ocho en punto. Los mozos se reúnen en una calle y cantan la invocación tradicional de San Fermín, pidiendo su protección. Tras la canción se lanza el *chupinazo*, un cohete cargado de pólvora que explota en el aire y marca el momento en el que se abre la puerta del corral donde los toros están encerrados. Los animales salen de ese corral, y los jóvenes corren delante de ellos y los conducen por calles estrechas y curvas hasta la plaza de toros de la ciudad. Una vez allí, los animales son encerrados en otro corral, donde esperan hasta ser toreados por los matadores en una corrida que se celebra a las cinco de la tarde. El encierro —que suele durar entre tres y cuatro minutos— es una carrera muy peligrosa, y es frecuente que acabe con varios heridos; en ocasiones, algunos mozos han encontrado la muerte. A pesar de los riesgos, el peligro y la excitación de correr delante de los toros bravos han dado a esta fiesta un atractivo romántico y exótico que sigue atrayendo a personas de todo el mundo. Los *encierros* de San Fermín son hoy la única fiesta popular europea transmitida en directo por las cadenas de televisión de los EE.UU.

¿SABÍAS QUE...?

LA TOMATINA DE BUÑOL

Una de las fiestas más divertidas de España es la que se celebra en Buñol —una pequeña localidad a 50 kilómetros de Valencia— el último miércoles del mes de agosto. Se trata de una auténtica batalla en la que miles de personas se tiran tomates unas a otras durante más de una hora.

La fiesta se originó en una pelea de jóvenes durante una procesión de gigantes y cabezudos que se celebró en 1945. Varios jóvenes, molestos porque no podían participar en la fiesta, cogieron unos tomates de un puesto de verduras y los lanzaron contra los muñecos y contra las autoridades. Al año siguiente, algunas "víctimas" llevaron sus propios tomates para vengarse de la agresión del año anterior. El número de participantes en estas batallas fue creciendo con los años, hasta que el Ayuntamiento de Buñol las prohibió en 1950. Pero ya era demasiado tarde: a la gente le gustaba la *tomatina*, y el Ayuntamiento se vio obligado a autorizarla de nuevo en 1951. En los años siguientes los jóvenes comenzaron a lanzar los tomates contra el público que presenciaba la batalla, lo que levantó numerosas protestas y llevó de nuevo a su prohibición en 1956. La acción popular hizo que se autorizara de nuevo en 1959, aunque con la condición de que los participantes siguieran una serie de normas que todavía se aplican en la actualidad. Entre estas normas figuran las de respetar las señales de comienzo y fin de la batalla, abrir los tomates antes de lanzarlos para no causar heridas, no romper la ropa de los adversarios y no introducir ninguna clase de botellas u objetos de vidrio en el lugar de la celebración.

❸ El toro como espectáculo

Quizá el elemento más distintivo de la cultura popular española sea el interés por los toros bravos y la utilización de éstos como espectáculo y entretenimiento. España es el único país de Europa en el que se ha conservado este impresionante animal, que hasta la Edad Media vivía esparcido por todo el continente. También se ha preservado la simbología mítica —poderes casi mágicos, símbolo de la fuerza masculina— que le atribuían los pueblos primitivos y algunas culturas mediterráneas antiguas como la cretense y la romana, donde también se le utilizaba en fiestas y juegos.

Los toros han sido los protagonistas de numerosas fiestas populares en toda España desde hace muchos siglos, y han dado lugar a varias formas de espectáculo taurino, como los encierros, las corridas, las novilladas, las vaquillas, los toros de fuego y otros. El coste que supone criar un toro bravo propiamente dicho —un macho adulto de más de cinco años— y su agresividad y peligrosidad hacen que este animal participe en sólo dos de los espectáculos mencionados: los encierros de San Fermín —de los que ya se ha hablado— y las corridas de toros. A pesar de ser la forma de espectáculo taurino más famosa dentro y fuera de España, las corridas de toros bravos sólo representan un 5% de todos los actos taurinos, y sólo los matadores que han alcanzado la cima de sus carreras —la *alternativa*— pueden participar en ellas. Otro 15% corresponde a las *novilladas*, o corridas en las que se torean animales de tres o cuatro años —los novillos— que son más pequeños y menos peligrosos que los toros bravos. Las corridas y las novilladas son espectáculos que se celebran en las *plazas de toros*, unos recintos cerrados dedicados exclusivamente al toreo.

El 80% restante de los espectáculos taurinos lo componen las *vaquillas* y los *encierros*, que tienen un carácter más popular que las corridas y novilladas porque la gente puede participar directamente en ellos, en vez de tener que conformarse con ser parte del público. Los espectáculos de vaquillas utilizan animales de menos de tres años que se sueltan en plazas de toros u otros recintos cerrados —en pueblos pequeños, una plaza pública rodeada de barreras puede servir— para que la gente de todas las edades —excepto los niños— salte y corra delante de ellos. Una vez terminado el espectáculo, las vaquillas son encerradas en camiones y llevadas al campo o a otras fiestas. Los encierros, como ya se vio, son carreras más o menos largas en las que los animales —generalmente novillos— son conducidos de un punto a otro de la población por mozos o por jinetes y caballos que corren a su lado.

En algunas ocasiones, los novillos y las vaquillas son objeto de verdaderos abusos por parte del público que se divierte a su costa. La presión ejercida por los grupos defensores de los derechos de los animales ha hecho que algunas fiestas particularmente crueles —como los *toros de fuego*, que utilizan los cuernos del animal como antorchas— estén siendo más controladas, o incluso se prohíban.

Escena de una corrida de toros

La corrida de toros

La corrida de toros es el más importante y serio de todos los festejos que tienen al toro como protagonista. Este espectáculo taurino es, al mismo tiempo, la representación del drama de la vida y la muerte y de la lucha de hombre y naturaleza, la tensión entre el miedo, la valentía y la emoción, la estética del movimiento, la belleza de la danza, el control técnico de la espada, la capa y la muleta, y la serenidad frente al peligro, el sentido de lo ritual y la superstición. Como espectáculo, como ritual y como simbología, la corrida ocupa un lugar especial y propio en el universo de la cultura popular de los españoles, muy distinto de los demás espectáculos de masas, como los deportes. Esta es la razón por la que defensores y detractores del toreo —tanto en España como en otros lugares con tradición taurina como el sur de Francia, Méjico, Colombia o Perú— reaccionan con indignación cuando escuchan a algún extranjero mal informado igualar las corridas o los encierros con las prácticas deportivas.

En una corrida siempre se lidian seis toros. Lo más común es que participen tres toreros, que lidian dos toros cada uno; algunas veces —como en los llamados *mano a mano*— hay únicamente dos matadores que lidian tres toros cada uno. Cada matador recibe la ayuda de su *cuadrilla*, un grupo compuesto por varios *subalternos* y *banderilleros* y un *picador*. Cada *faena* —lidia de un toro— está compuesta por tres *tercios*. En el primero, el toro sale al ruedo y el matador lo recibe y lo torea con el *capote*, una tela grande en forma de capa que se maneja con las dos manos. Después de unos minutos de toreo de capote sale al ruedo el *picador*, un hombre montado a caballo y equipado con una lanza larga. Los miembros de la cuadrilla o el propio matador colocan al toro enfrente del caballo para que lo embista. Cuando el toro golpea al caballo con los cuernos, el jinete "pica" con la lanza la espalda del animal —hasta hacer brotar la sangre— para probar su bravura y disminuir su energía. A veces el toro embiste con tanta fuerza que derriba al caballo y al picador. Cuando esto sucede, la rápida intervención de la cuadrilla y las protecciones que lleva el caballo alrededor del cuerpo suelen evitar daños mayores. Cuando el matador considera que el castigo ha sido suficiente solicita al presidente de la corrida el cambio de tercio. Si el público cree que el castigo al animal es excesivo protesta ruidosamente para presionar al matador a cambiar de tercio.

El segundo *tercio* está protagonizado por los banderilleros —y, a veces, también por el propio matador— que corren delante del toro y se acercan a él sin ninguna protección y armados únicamente con dos *banderillas* —unos palos cortos adornados con guirnaldas de colores y rematados por una punta metálica en forma de flecha. Cuando el toro los embiste, saltan para esquivarlo y tratan de clavar las banderillas en la parte más alta de la espalda del animal. Una vez que el toro ha recibido tres pares de banderillas, el tercio se termina.

En el último tercio —el más peligroso de la corrida— el protagonismo vuelve al matador, que regresa al ruedo para brindar el toro y enfrentarse a él con la *muleta*, una tela de color rojo mucho más pequeña que el capote que se maneja con una sola mano. La faena de muleta suele durar alrededor de diez minutos, tras los cuales el torero debe matar al toro de la manera más limpia y rápida posible usando una espada o *estoque*. Cuando el diestro se dispone a *entrar a matar* se para la música y el público guarda un absoluto silencio. Con la ayuda de la muleta, el matador coloca al toro en una cierta posición —manos juntas y paralelas, cabeza baja— lo llama, esquiva su embestida y clava el estoque en la parte alta de la espalda. Si el torero demuestra valor y gracia y mata al toro con rapidez se considera que su faena ha sido un éxito, y el público agita pañuelos blancos para pedir para él los trofeos simbólicos de la vuelta al ruedo y las orejas y el rabo del animal. Si, por el contrario, necesita varios intentos para acabar con la vida del animal, el público muestra su descontento silbando.

No todas las faenas, sin embargo, terminan con la muerte del toro. En algunas ocasiones, la nobleza y la bravura de éste hace que el presidente de la corrida —siguiendo los deseos del público— lo indulte. Algunas veces —aproximadamente en un 5% de las corridas— uno de los matadores resulta *cogido* por un toro. Afortunadamente, la mayoría de estos incidentes terminan con sólo un susto y un buen golpe; en otras ocasiones, sin embargo, las cornadas causan heridas graves que pueden provocar incluso la muerte (lo que sucede una vez cada cinco o seis años). Si un torero no puede continuar la faena a causa de sus heridas, otro de los diestros participantes en la corrida se encarga de matar al toro en su lugar.

El debate sobre el toreo

Los toros fueron una de las formas más importantes de entretenimiento popular durante los siglos XIX y XX, y continúan siéndolo en la actualidad; por ello algunos autores los han considerado la *fiesta nacional* por excelencia. La afición del gran público por las corridas se ha mantenido por encima de regímenes políticos, modas estéticas e ideologías, y a pesar de la interferencia de éstos. Algunos políticos, intelectuales y artistas han considerado este espectáculo bárbaro y cruel, carente de sentido estético o antropológico e imagen de una España atrasada e inculta. Estas críticas contrastan con la admiración expresada por otros intelectuales, y no han disminuido de manera significativa el interés popular por la tauromaquia. El intento franquista de identificar el mundo taurino con una cierta concepción de España alejó de los ruedos durante algunos años a una buena parte de la oposición y de las generaciones más jóvenes. Ello trajo consigo una cierta disminución del número de corridas —de 565 celebradas en 1976 se pasó a sólo 390 en 1981— y del público que asistía a ellas. Con la llegada de la democracia, la tauromaquia volvió a encontrar su lugar en la sociedad española. En 1995 se llegaron a celebrar 800 corridas, y por las mismas fechas las distintas ferias recibían amplia cobertura en radio y televisión, y las secciones de crónica y crítica taurina eran partes integrales de periódicos de ideología liberal como *El País*. La afición a los toros, sin embargo, sigue siendo desigual en las diferentes regiones de España. En algunas comunidades autónomas —como Cataluña, Asturias, Galicia y Canarias— se celebran pocas corridas porque en ellas apenas existe afición, mientras que en otras —Andalucía, Madrid, Navarra, algunas ciudades castellanas— se concentra la mayoría de las ferias. La ciudad de Barcelona ha llegado a proponer —en abril del 2004— que no se celebren mas corridas de toros en ese municipio.

La aceptación del toreo por los sectores sociales más liberales no ha acabado, sin embargo, con un viejo debate sobre la llamada fiesta nacional. El aumento relativo del interés por los toros ha ido acompañado también de una mayor sensibilización contra ellos, y en las últimas décadas la oposición a los espectáculos taurinos —corridas, encierros y novilladas— ha aumentado considerablemente. Los detractores del toreo siguen considerando que el sacrificio público de un animal para entretenimiento de las masas es un espectáculo cruel y moralmente inaceptable, y que debería ser prohibido. Sus defensores argumentan que el número de toros matados en las plazas es insignificante comparado con los millones de animales que mueren para servir de alimento, especialmente si se considera que se sacrifican muchos más de los que realmente necesitamos para comer. Además, sostienen que los toros bravos viven una vida larga, digna y libre en su ambiente natural y comiendo pastos de la mejor calidad, en contraste con la existencia miserable de los pollos, cerdos y vacas que nos comemos todos los días: cinco años de libertad y buena comida contra diez minutos de sufrimiento. Cualquiera que sea el debate, la tauromaquia está tan arraigada en España que parece seguro que esta tradición no va a desaparecer en las próximas décadas.

❹ La música popular

En España se considera música "popular" a toda aquella que no sea clásica o jazz, lo que incluye en esa categoría a una gran variedad de estilos y tendencias que se pueden dividir en cuatro categorías: la tradicional, la folklórica, la moderna o "pop" y el flamenco.

Música tradicional y música folklórica

Llamamos aquí *tradicional* a la música de mucha antigüedad que sigue viva más allá de los usos rituales y festivos y por encima de la simple lealtad a las tradiciones. Las principales manifestaciones de la música tradicional poseen, entonces, una vitalidad propia, por lo que no necesitan ser "conservadas" como el folklore. Tal es el caso de la llamada música "española" o de *tonadillas*, una versión estilizada de las viejas canciones andaluzas y castellanas que tuvo su época dorada durante la primera mitad del siglo XX. Sus principales estrellas eran y son artistas que cantan canciones de temas románticos o que cuentan historias de amores más o menos imposibles. Hasta la Guerra Civil, muchas de estas cantantes trabajaban en cabarets y sus baladas tenían un contenido claramente erótico, como se puede ver en la siguiente estrofa:

> *Echa... té, echa... té*
> *a la cama... rera le dice: echa... té*

Con la censura del período franquista, este género se hizo menos sensual y concentró su mensaje en la alabanza de lo que el régimen consideraba la esencia de lo "español", en especial de un patriotismo ingenuo y de las virtudes de la mujer española de la posguerra, presentada ahora como romántica y apasionada, pero "pura" y sincera, como en la siguiente canción:

> *La española cuando besa, es que besa de verdad,*
> *que a ninguna le interesa, besar por frivolidad.*
> *Te pueden dar un beso de hermano, te pueden dar un beso en la mano,*
> *pero un beso de amor, no se lo dan a cualquiera.*

Aunque su momento de mayor gloria ha pasado, todavía hoy las divas de este tipo de canción siguen gozando de gran popularidad.

Otras manifestaciones de música popular tradicional son la *tuna*, los *pasodobles* y las canciones de la zarzuela. Las canciones de la tuna son baladas de amor y cortejo —serenatas— cantadas por estudiantes universitarios varones vestidos con ropas al estilo del siglo XVII y acompañados de guitarras, bandurria y pandereta. El pasodoble es una melodía compuesta para ser bailada en parejas, aunque también forma parte del espectáculo taurino.

La música folklórica española es tan variada que mejor habría que hablar del folklore de las diferentes regiones. Este tipo de música —sea instrumental, cantada o bailada— se conserva, en gran parte, gracias al gusto por los ritos y al tradicionalismo de los españoles, y —como otras formas del folklore en el resto del mundo— ni evoluciona hacia formas más complejas y estilos diferentes, ni se espera que lo haga. Con la excepción del flamenco —que se sitúa en una categoría aparte y que sí sigue evolucionando— no se puede decir que la música folklórica sea una forma artística de gran vitalidad; su aspecto más interesante está en el baile, que incluye una gran variedad de motivos y técnicas. Hay danzas de origen guerrero, de celebración de la cosecha, de cortejo a la mujer soltera y de homenaje a santos y vírgenes. Los contrastes entre la instrumentación utilizada por los folklores regionales son también muy grandes. En Galicia y Asturias son típicas unas gaitas similares a las de Escocia; en el norte de Castilla y el País Vasco se usa una flauta rústica —dulzaina o txistu— generalmente acompañada de tambor, y en el sur son comunes la guitarra y la pandereta. En cuanto a las formas, en Cataluña se baila la *sardana* —una daza de amistad y compañerismo lenta y de pasos contados que se ejecuta en círculo— en Galicia la *muñeira*, en Aragón y Castilla las *jotas* y en Andalucía las *sevillanas*, los *fandangos* y otros muchos estilos. De todos los bailes regionales, el más extendido es la jota, que nació en Navarra y Aragón y durante la Edad Media se extendió por Castilla, Extremadura y Murcia. La jota es una danza de parejas, que se baila a gran velocidad y sin contacto entre los participantes. La jota también es cantada; su letra —a veces muy antigua— se agrupa generalmente en cuartetos de versos octosílabos.

La música moderna

Llamamos música moderna a aquella que a partir de finales de los años sesenta se extendió a las masas —especialmente a los jóvenes— a través de la industria del disco. A pesar de su gran variedad, la música moderna en general posee tres características claras que la distinguen de otros tipos de música: su gran presencia mediática, su popularidad entre el público joven y la influencia que en ella ejercen las modas anglosajonas.

Durante los últimos años del régimen franquista —y coincidiendo con la expansión de la industria turística— surgieron dos clases de música moderna o "pop" claramente diferenciadas: una de *protesta* o de contenido social, de buen nivel creativo y poético, y otra entonces llamada música "ligera" manifestada en baladas románticas, rock and roll y listas de éxitos. Entre los cantantes de baladas románticas y suaves tuvieron un éxito enorme Julio Iglesias, Rafael y Nino Bravo. Por estos años, y estimulado por el éxito de los *Beatles* y los *Rolling Stones*, apareció el rock español y se formaron muchos grupos de irregular calidad cuyo estilo se conoció como música *ye-yé*. Estos grupos, generalmente formados por chicos, solían ser cuartetos —los *Bravos, Fórmula Quinta*— o dúos —*El Dúo Dinámico*. Durante los años sesenta se produjo una repentina expansión de la música pop, que hizo posible el desarrollo de una industria del disco y la extensión de ésta al cine y las revistas. En esta época se formaron los primeros *clubs de fans* y se editaron numerosas revistas que contenían la letra y la música de las canciones de los nuevos ídolos, así como abundante información sobre su vida. La industria cinematográfica intentó aprovechar el éxito de la música joven y produjo películas de calidad cuestionable en las que los músicos eran los protagonistas. Durante las décadas de los sesenta y setenta los otros géneros musicales —la zarzuela, la música española tradicional y el flamenco— quedaron relegados a un segundo plano.

Los intérpretes de música de contenido social escribían su propia letra o ponían música a poemas de grandes autores clásicos o de la primera mitad del siglo. Además de las canciones de contenido social y político, esta generación de artistas —generalmente de formación universitaria y de alto nivel intelectual— compuso también excelentes canciones de amor, tanto en castellano como en las otras lenguas de España. En Cataluña este movimiento musical se llamó *Nova Cançó* y contó con representantes como Juan Manuel Serrat, Raimon, Lluis Llach y María del Mar Bonet. En El País Vasco (Benito Lertxundi), Galicia (Andrés do Barro) y Aragón (José A. Labordeta) hubo también cantantes de similar sensibilidad política que reivindicaron las lenguas y culturas propias. El mencionado Juan Manuel Serrat —que cantó en catalán y en español— Paco Ibáñez, Víctor Manuel y Luis Eduardo Aute tuvieron una importante proyección entre las minorías izquierdistas de España e Hispanoamérica. Este momento de creatividad poética y musical participó, además, de toda una sensibilidad europea y norteamericana que tuvo sus principales representantes en cantantes como Pete Seeger, Bob Dylan o Joan Baez en los EE.UU., y Jacques Brel, George Moustaki o Georges Brassens en Francia. El principal representante de este movimiento en la actualidad es Joaquín Sabina quien, además de ser un poeta de indudable calidad y uno de los mejores letristas del momento, ha sabido conectar con la sensibilidad y los gustos de varias generaciones de españoles.

En los años ochenta, y siguiendo las tendencias internacionales de la industria musical, llegaron al país las modas de la música *punk*, los *new romantics*, el disco-pop, etc. Coincidiendo con la *movida* madrileña aparecieron numerosos grupos como *Loquillo y los Trogloditas*, *Gabinete Caligari* y *Mecano*, que alcanzaron gran popularidad. En la década de los noventa la música bailable de discoteca se ha enriquecido con aportaciones de la *salsa* latinoamericana, sobre todo de Cuba y la república Dominicana, así como del *hiphop* de los EE.UU. A la juventud española le gustan, además, los ritmos del llamado *bakalao*, una versión rápida y repetitiva del euro-disco.

❺ El fútbol y los demás deportes

Los deportes en España se pueden dividir en dos categorías, de acuerdo con su importancia mediática y social: el fútbol y todos los demás. El fútbol es, sin ninguna duda, el "deporte rey", un fenómeno social que genera mucho más interés y afición que los toros y que ninguna otra forma de entretenimiento. La liga española de primera división está entre las tres mejores del mundo —con la inglesa y la italiana— y casi la mitad de los mejores jugadores del planeta juegan en España. Es, además, la segunda del mundo por la cantidad de dinero en inversiones y gastos —sólo superada por la inglesa— y la primera por los salarios que paga a sus estrellas. Los equipos españoles son ganadores habituales de las competiciones europeas, y el Real Madrid ha sido nombrado recientemente mejor equipo del siglo XX por la FIFA (Asociación Internacional de Fútbol). Los estadios del Real Madrid —*Santiago Bernabeu*— y Barcelona —*Nou Camp*— son referentes importantes para todos los aficionados al fútbol en el mundo entero.

Los aficionados a este deporte muestran una extraordinaria fidelidad al equipo de su ciudad o su región que, a diferencia de lo que ocurre en los EE.UU., nunca cambia de localidad. Tradicionalmente, los dos mejores equipos de la liga España han sido el Barcelona y el Real Madrid, que sostienen una intensa rivalidad deportiva. Esta rivalidad ha trascendido a veces lo deportivo para adentrase en el terreno político; para algunos, por ejemplo, el Real Madrid y el Barcelona representan el centralismo y el anti-centralismo catalanista, respectivamente. Otros dos equipos, el Valencia y el Deportivo de la Coruña, han disputado en los últimos años la supremacía de la liga a los dos grandes clásicos.

Los clubes de fútbol tienen miembros o *socios* que pagan por un asiento en el estadio para casi todos los partidos que su equipo juega en casa. Los clubes más grandes —Real Madrid y F.C. Barcelona— tienen unos cien mil cada uno, y todavía hay mucha gente que querría asociarse pero tiene que esperar, pues el número de miembros es limitado. Todos los clubes tienen además sus *peñas*, unos grupos de simpatizantes que organizan viajes para seguir y animar a su equipo y que pueden ser locales, nacionales o internacionales. Los grandes equipos como el Real Madrid tienen peñas en lugares tan distantes como Japón, Argentina o el África Central.

El interés y la pasión por este deporte entre los españoles pueden verse y sentirse en aquellos días en los que la final o semifinal de una competición importante es televisada para todo el país. Durante más de dos horas las calles de las grandes ciudades quedan casi vacías, y el tráfico disminuye considerablemente. Ningún deporte de los EE.UU. llega a provocar este fenómeno. En septiembre del año 2002, por ejemplo, los canales de televisión interrumpieron sus programas habituales para informar que el gran jugador brasileño Ronaldo había sido incorporado al Real Madrid.

Hasta los años ochenta el fútbol era considerado por muchos artistas e intelectuales como una forma de entretenimiento de masas de bajo nivel, pero en las últimas décadas —como ha ocurrido con las corridas de toros— es habitual encontrar artículos y comentarios de escritores prestigiosos en revistas y periódicos donde se habla de partidos y asuntos futbolísticos con gran interés.

Un deporte genuinamente autóctono que ha sobrevivido el paso del tiempo es la *pelota vasca*. Muy popular en las zonas rurales del País Vasco, Navarra y el norte de Castilla, el juego de la pelota ha sido practicado por los jóvenes varones de estas regiones desde hace varios siglos. Sus modalidades más importantes son la *pelota-mano*, la *pala* y la *cestapunta* —en vasco *jai-alai*, que significa juego rápido. A la pelota-mano se puede jugar individualmente o en parejas. El juego consiste en golpear una bola de madera recubierta de piel con la palma de la mano semiabierta y lanzarla contra una pared alta, tratando de colocarla lo más lejos posible de los oponentes. El equipo contrario debe devolver la pelota hacia la pared antes de que ésta toque el suelo más de una vez. La modalidad de pala sigue las mismas reglas, pero en este caso en vez de la mano se utiliza una pequeña raqueta de madera maciza. La modalidad de cesta punta se juega con una cesta estrecha y alargada atada al brazo, que recoge la bola y la lanza contra la pared a una gran velocidad. Esta modalidad es mucho más espectacular que las otras dos, y ha alcanzado cierta popularidad en el sur de Florida y en Méjico, donde muchos espectadores acuden al *frontón* para ver los partidos y apostar importantes cantidades de dinero.

En los últimos treinta años ha aumentado también el interés por otros deportes, sobre todo por el baloncesto, el tenis, el ciclismo, el golf, el motociclismo y el atletismo. El equipo nacional de baloncesto se encuentra ahora entre los cuatro o cinco mejores del mundo, y el tenis español, tanto masculino como femenino, sigue contando con excelentes jugadores. El ciclismo, muy popular ya desde la década de 1950, se ha convertido en uno de los deportes más seguidos por el público en los últimos años, gracias a los buenos resultados de los corredores españoles y a la creciente importancia de la Vuelta a España en el calendario internacional, que es ahora —junto al *Tour* de Francia y al *Giro* de Italia— una de las tres principales carreras por etapas del mundo. Los ciclistas españoles han ganado varios campeonatos del mundo y medallas olímpicas, así como importantes carreras por etapas. El más famoso de ellos es Miguel Induráin, que ha ganado cinco veces consecutivas el *Tour* de Francia y dos *Giros* de Italia, y al que se considera uno de los mejores ciclistas de todos los tiempos.

Los Juegos Olímpicos celebrados en Barcelona en el año 1992, y las 22 medallas conseguidas por el equipo español supusieron la consagración de España como potencia en algunos deportes minoritarios como el water-polo, el hockey sobre hierba, el balonmano, la gimnasia y algunas especialidades del atletismo. Al mismo tiempo, los jóvenes españoles cada vez practican más deporte, y el número, la calidad y la variedad de los clubes deportivos han aumentado considerablemente. La propia familia real practica deportes asiduamente, y algunos de sus miembros han llegado a participar en competiciones deportivas de alto nivel, e incluso en los Juegos Olímpicos.

¿SABÍAS QUE...?

LOS JUEGOS DE AZAR: LOTERÍAS Y VIDEOJUEGOS, UNA PASIÓN NACIONAL

España es uno de los países del mundo con mayor oferta de juegos de azar. Las formas más comunes de estos juegos son cinco: la lotería nacional, las quinielas deportivas, los videojuegos, los bingos y casinos.

Todas estas modalidades atraen una importantísima cantidad de dinero, y se puede decir que prácticamente todos los españoles participan en alguna de ellas. La más extendida es probablemente la lotería nacional, a la que se puede jugar durante todo el año. Sus sorteos de Navidad y "del Niño" —el cinco de enero, día anterior a la Epifanía— son tan populares que se transmiten por televisión. Mucha gente participa en ellos comprando boletos y siguiendo la tradición de dividir lo apostado en pequeñas cantidades —las llamadas *participaciones*— y repartirlas entre familiares y amigos para compartir con ellos la suerte.

Además de las loterías son muy populares las quinielas —en las que se apuesta sobre los resultados de los partidos de fútbol de la semana— los bingos —aunque éstos han experimentado una cierta decadencia durante los últimos años— y los casinos. Las máquinas electrónicas de lotería están muy extendidas, y muchas veces pueden encontrarse en bares y restaurantes al alcance de los menores. Esta modalidad de lotería es la que está generando más problemas de adicción, particularmente entre los hombres de veinte a cuarenta años.

La afición de los españoles por el juego no está exenta de problemas. Los expertos estiman que más de medio millón de personas sufren ludopatías, o cuadros patológicos de dependencia que originan problemas económicos y familiares. Los psicólogos españoles llevan ya varios años pidiendo a las autoridades que limiten el acceso de los más jóvenes a estos juegos.

❻ Los medios de comunicación de masas: La prensa, la radio y la televisión

En los últimos años se ha producido en España una redefinición del concepto de cultura. Si a principios del siglo XX ésta era esencialmente la producción escrita y artística de una minoría intelectual, ahora lo cultural es, en buena medida, lo que llega al gran público a través de los medios de comunicación de masas. La prensa, la radio y la televisión han reducido el papel de los intelectuales como guías de la opinión pública y como conciencia ética y política de la sociedad. Por ello, ningún panorama de la España actual estaría completo si no hablara de los medios de comunicación.

La prensa escrita

Con la llegada de la democracia se produjo un aumento importante del número de lectores de periódicos y revistas, y de la cantidad y calidad de la prensa diaria y semanal. Los españoles, sin embargo, siguen leyendo menos prensa que otros europeos como los franceses y alemanes, y ello a pesar de la excelente calidad de ésta. Este fenómeno se puede explicar, al menos en parte, por la inexistencia en España de periódicos de carácter sensacionalista —la llamada *prensa amarilla,* representada por publicaciones como *The Sun* (Inglaterra), *Bild* (Alemania) o *The New York Post* (EE.UU.)— o de lectura fácil y noticias simplificadas, al estilo de *USA Today.*

A pesar de ello, los seis periódicos de mayor venta —*El País, ABC* y *El Mundo* de Madrid, *La Vanguardia* y *El Periódico de Cataluña* de Barcelona y *El Correo* de Bilbao— ejercen una importante influencia en la sociedad y en la vida política e intelectual de la nación. De estos periódicos, el más leído es *El País*, que tiene una tirada de unos 450.000 ejemplares; le siguen el *ABC* (con 295.000), *El Mundo* (285.000), *La Vanguardia* (205.000), *El Periódico de Cataluña* (194.000) y *El Correo* (132.000). Entre ellos se sitúan los deportivos *Marca* (el segundo en tirada, con 396.000 ejemplares) y *As* (143.000), que cubren principalmente sucesos relacionados con el fútbol. Aunque en los últimos años la prensa escrita se ha hecho más comercial y menos política, los mejores periódicos españoles no ocultan sus simpatías o antipatías hacia los diferentes partidos. Entre los periódicos que simpatizan con las ideas de centro-izquierda representadas por el PSOE el más importante es *el País*; *ABC* y *La Vanguardia* son periódicos conservadores de tradición monárquica, *El Correo* es centrista y católico y *El Mundo* es liberal.

Quiosco de prensa en una calle española

Existen también numerosas revistas semanales, mensuales o bimensuales de los más variados temas. De entre ellas destacan, por su éxito comercial, las llamadas *revistas del corazón*, unas publicaciones de nivel cultural muy limitado que se dedican a comentar la vida de los famosos. La más vendida de esta clase (*Hola*) cuenta con una difusión de unos 590.000 ejemplares y con una versión en inglés (*Hello!*) que se vende muy bien en las Islas Británicas y en los EE.UU.

Además de los periódicos y revistas, España tiene varias agencias de noticias —EFE, PRISA y Europa Press— de gran proyección en Europa e Hispanoamérica. Asimismo, las escuelas de periodismo de las universidades de Madrid, Barcelona y Pamplona son famosas internacionalmente y atraen a una importante cantidad de estudiantes extranjeros, sobre todo de Latinoamérica y África. En los últimos años algunos periódicos prestigiosos, como *El País* y *ABC*, han creado sus propias escuelas de periodismo, siguiendo una tradición de principios del siglo XX.

La prensa española ha vivido en las últimas décadas —como la de todo el mundo— una época de concentración de medios de comunicación en manos de un número cada vez más pequeño de grandes grupos empresariales que poseen periódicos, revistas, editoriales y productoras cinematográficas. El posible control de la información por un número relativamente pequeño de empresas preocupa a los defensores de la libertad y la independencia de la prensa, que ven en la concentración de medios un peligro potencial para la difusión de una pluralidad de voces y puntos de vista.

La radio

La radio es un medio de información y entretenimiento que goza de una gran popularidad en España, ya que cuenta con unos veintitrés millones de oyentes cada día. En Europa sólo Polonia y Rusia superan a España en número de radioyentes. El éxito de la radio debe atribuirse tanto a la excelente calidad de sus programas como al gusto español por la tertulia y la conversación informal, ambiente éste que en la radio puede reproducirse con mayor libertad y espontaneidad que en otros medios de comunicación. El público se siente atraído, además, por la posibilidad de llamar a sus programas favoritos y participar en directo de las discusiones que allí tienen lugar. Los programas que concentran mayor audiencia son los que se transmiten a toda la nación, lo que contribuye a aumentar la fama de los periodistas y a convertir este medio en un poderoso instrumento de opinión.

Como ya se mencionó, entre 1939 y los años setenta el gobierno controlaba los contenidos de los programas radiofónicos emitidos tanto por su propia red —*Radio Nacional de España*— como por las pocas emisoras privadas que seguían funcionando. Desde finales de los años sesenta las cadenas *COPE* —propiedad de la Iglesia católica— y *SER* (Sociedad Española de Radiodifusion) comenzaron a operar con un cierto nivel de autonomía, que fue aumentando a medida que pasaban los años. Cuando se produjo la muerte de Franco ya había un contraste ideológico claro entre la Radio Nacional y las demás estaciones.

Actualmente existen cuatro grandes cadenas de emisoras que cubren todo el país: *Radio Nacional de España* (la cadena de radio pública), *COPE, SER* (formada por emisoras que llevan el nombre de la ciudad desde donde transmiten, como *Radio Madrid, Radio Sevilla*, etc.) y *Onda Cero*. También hay otras de ámbito autonómico como *Catalunya Radio, Radio Euskadi* y *Radio Galega*. En las comunidades con lengua propia muchos de los programas radiofónicos se emiten en la lengua de la región.

La televisión

España cuenta ahora con cadenas públicas y privadas de televisión que transmiten sus programas gratuitamente mediante repetidores y antenas o que cobran a sus abonados una cuota mensual por acceder a una multitud de canales por medio del cable o del satélite. La historia de la televisión privada es, sin embargo, bastante corta, ya que comenzó en 1989. Antes de ese año, la oferta televisiva se reducía a las cadenas que dependían de *Televisión Española* (TVE), un organismo público. Desde los años sesenta, TVE contaba con dos canales, uno de información, espectáculo y entretenimiento (TVE-1) y otro de contenido más cultural (TVE-2). En 1983 se crearon algunas televisiones regionales públicas, como ETB en el País Vasco —que emite dos canales, uno en castellano y otro en euskera— TV-3 en Cataluña, la Televisión Andaluza, Tele-Madrid y otras.

En el año 1989 el gobierno del PSOE elaboró una ley que abría las puertas a la televisión privada, y se crearon las cadenas nacionales *Telecinco, Antena 3* y *Canal Plus*, además de otras menores de carácter local. La privatización de la televisión fue bien recibida por los españoles, que pensaban que la competitividad derivada de una mayor oferta resultaría en una mejor calidad de la programación. Ello, sin embargo, no resultó así. Durante los primeros años, los canales privados —con la excepción de Canal Plus, que codificaba parte de su programación para poder cobrar por ella— no poseían los medios humanos y económicos para ofrecer una auténtica alternativa a las televisiones estatales, y se dedicaron a comprar series norteamericanas antiguas y a producir programas de entretenimiento popular de corte vulgar. Durante los últimos diez años han mejorado sensiblemente la oferta y la calidad de los programas, especialmente en lo que respecta a los informativos y a las transmisiones deportivas. Con todo, el canal de libre acceso que mantiene una mayor calidad de programación sigue siendo TVE-2, que emite más documentales, películas de calidad, conciertos de todo tipo de música y programas culturales y literarios que ningún otro.

A pesar de ofrecer los programas de mayor calidad, la televisión pública ha sido objeto de numerosas críticas por parte de políticos, ciudadanos e intelectuales. Algunos piensan que sus canales deberían planificar su programación atendiendo más al servicio público que a los niveles de audiencia. Otros no ven con buenos ojos que, a pesar de recibir financiación del gobierno, TVE recurra a la publicidad como fuente de ingresos casi tanto como los medios privados. Otros más la acusan, con cierta razón, de parcialidad en el tratamiento de la información y de favorecer al partido que esté en el gobierno en ese determinado momento. Para minimizar esta tendencia existe una comisión formada por políticos de distintos partidos que se encarga de garantizar la imparcialidad de Televisión Española. En época de elecciones, sin embargo, las acusaciones de parcialidad por parte de unos y otros son casi constantes.

Las retransmisiones deportivas y las noticias diarias de la sobremesa —alrededor de las tres de la tarde— y de la noche —entre las ocho y las diez, según los canales— siguen constituyendo los elementos esenciales de la programación televisiva. A ellos se les une una multitud de espacios de entretenimiento, concursos, documentales, telenovelas, series nacionales y extranjeras y programas de variedades. Hay una gran presencia de series de televisión importadas de los EE.UU., que se ofrecen dobladas al español, así como de telenovelas de dudosa calidad artística producidas en países latinoamericanos. Entre las series españolas de los últimos años, las que más éxito han tenido han sido algunas adaptaciones de clásicos de la literatura —como *Fortunata y Jacinta* o *Cañas y Barro*— biografías —*Ramón y Cajal*— y series de ficción —*Juncal* y *Cuéntame cómo pasó*. Existen también —sobre todo durante el verano— numerosos programas de "cotilleo" de nulo interés en los que se habla de la vida de los famosos nacionales e internacionales. Los españoles pasan una media de dos horas diarias en frente del televisor, lo que no es mucho si se compara con las cuatro horas que se dedica a esta actividad en los EE.UU.

¡Atención! Ve a **De la Red** de este capítulo en *www.prenhall.com/espanaayeryhoy*. Allí encontrarás sitios de información muy interesante y de fácil acceso.

Glosario

The translations included here refer to the meaning of the concept within the text, even if it is not the most common meaning of the word.

The following types of words are not included here: common cognates, feminine forms of adjectives and nouns, and most conjugated verbs. Regular forms of present and past participles are identified by the name of the verb. A few idioms and common expressions consisting of more than one word are also included in this list.

A

a cargo de   in charge of
a partir de   since, from
a la larga   in the long run, in the long term
a través de   through
abad   abbot
abaratar   to reduce prices
abastecer   to supply
abastecimiento   provision, supply
abofetear   to slap
abogado   lawyer
abogar   to advocate
abolir   to abolish
abonado   member
aborrecer   to abhor
abrazar   to embrace
acá   here
acabar   to finish
acantilado   cliff
acatar   to respect, to comply with
acceder   to agree to, to gain access to
accidentado   stormy, uneven
aceituna   olive
acequia   irrigation ditch
acerca de   about
acercamiento   approach
acercarse   to approach
acero   steel
acertar   to get right, to hit the mark
acoger   to host
acogida   reception
aconfesional   secular
acontecimiento   event
acoso   harassment
acto de presencia   being present
actualidad   present time
acuífero   body of water
acuñar   to coin
adalid   leader
adelanto   advancement
ademán   gesture
adentrar (se)   to go into, to introduce, to enter
adherir (se)   to follow, to agree with
adinerado   wealthy
aduana   customs
afán   zeal, dedication
afiliación   affiliation
afrontar   to face up to
agilizar   to improve, to speed up

aglutinar   to draw together
agotamiento   exhaustion
agrado   liking
agravar   to make worse
agro-ganadero   farming-stock breeding
agrupar (se)   to gather, to get together
agudeza   sharpness
agudo   sharp
aislar   to isolate
ajedrez   chess
ajeno   alien
ajuste   adjustment
al alcance   within reach
alabanza   praise
alargado   extended, elongated
albañil   bricklayer
alberca   pond, pool
albergar   to shelter
albergue   inn
alcachofa   artichoke
alcalde   mayor
alcance   reach, scope
alcanfor   camphor
alcantarilla   sewer
alcantarillado   sewer system
alcanzar   to reach
alcoba   bedroom
alcornoques   cork oak
aldea   village
alejarse   to move away from
Alemania   Germany
alférez   second lieutenant
alfiler   pin
alfombra   rug
algodón   cotton
algoritmo   algorithm
alguacil   constable
aliado   allied
alianza   alliance
alienar   to alienate
alimentario   food industry
alimento   food
alistar   to enlist
alivio   relief
almacén   warehouse
alquimia   alchemy
alrededor   around
alternativa   option
alterar   to alter, to change

alubia   bean
alusión   reference
amamantar   to nurture
amante   lover
ambiente   atmosphere, ambiance
ámbito   field
ambos   both
amenaza   threat
amistad   friendship
amnistía   amnesty
amo   owner
amotinado   rioter
amotinamiento   riot
amparar   to protect
amplio   wide
amurallado   walled
analfabeto   illiterate
anchura   width
anexión   annexation
animar   to stimulate, to animate
ansia   desire
ansiedad   anxiety
antepasado   ancestor
anterior   prior, previous
anticonceptivos   contraceptives
anticuado   antiquated
antigüedad   antiquity
antorcha   torch
anular   to cancel
añadir   to add
añorar   to miss
aparato   apparatus
apartado   section, pushed aside
apellido   last name
apenas   barely
apertura   opening
aplicar   to apply
aportar   to contribute
apoyar   to support
apoyo   support
aprendizaje   training, learning
apresurarse   to hurry
aprovechar   to take advantage of
arable   arable
arado   plough
arancel   tariff
árbitro   referee
arcabuz   harquebus, shotgun
arcas públicas   public funds
archivo   archive
arco apuntado   pointed arch

arco de herradura   horseshoe arch
arco de medio punto   round arch
arco lobulado   lobed arch
armas   weapons
arrabal   slum
arrebatar   to take away from
arrepentirse   to regret
arroz   rice
asalariado   wage-earning
asaltar   to attack
ascensión   ascent
asedio   siege
asegurar (se)   to assure, to make sure
asentamiento   township
asentarse   to settle
aseo   cleanliness
asequible   at reach, affordable
asesorar   to advise
asiduamente   regularly
asiento   seat
asignar   to assign
aspirar   to aspire to
astillero   shipyard
astrolabio   astrolabe, navigation instrument
asumir   to take on, to assume
asustar   to scare
atalaya   watchtower
atar   to tie
atascarse   to get stuck
atender   to pay attention
atentado   attack, aggression
atentar   to attempt, to attack
atormentado   tormented
atraer   to attract
atrapar   to trap
atrasado   backward
atraso   backwardness
atravesar   to cross
atrio   atrium
auge   increase
aula   classroom
aumento   increase
ausencia   absence
austero   austere, frugal
autarquía   autarchy, self-sufficiency
autoabastecerse   to supply oneself
autocrático   dictatorial
autodidactismo   self-education
autogobierno   self-government
autopista   freeway, highway
avance   advancement
aventurero   adventurer
averiguar   to ascertain, to find out
aviación   aviation
avistamiento   sight
ayuda   help
ayuno   fasting
azafrán   saffron
azufre   sulphur
azulejo   tile

B

bahía   bay
baloncesto   basketball
balonmano   handball
bancarrota   bankruptcy
bandera   flag
bandidaje   banditry
bandido   bandit
bando   faction, edict
bandolerismo   banditry
bandurria   string instrument
báquicas   related to the god of drinking (Bacchus)
barbarie   savagery
bárbaro   barbarian
barro   mud
baste mencionar   suffice it to say
batalla   battle
beca   scholarship
bélico   warlike
belleza   beauty
beneficiarse   to benefit from
bienes   goods
bienestar   well-being
bisagra   hinge
bisontes   bisons
bodegón   still life
bolsa de comercio   stock exchange
bombardeo   bombing
bondad   goodness
bordar   to embroider
borrachera   drunkenness
borrar   erase
bosque   forest
botín   booty
bóveda   vault, dome
brillar   to shine
brindar   to toast, to offer
brotar   to sprout
brote   bud
brújula   compass
burgués   bourgeois
burguesía   bourgeoisie
burla   mockery
búsqueda   search

C

cabecera   head, upper end
cabecilla   ringleader
cabezudos   big head dolls (as disguise)
cacería   hunting
cacique   local ruler
cadena   chain
caducifolios   deciduous
caído   fallen
caja   box
cala,   small beach, cove
calificaciones   school grades
cámara   parliament
camión   truck
campaña   campaign
canal   channel
canal de riego   irrigation ditch

canónigo   canon, high priest
cantante   singer
cantautor   singer-songwriter
cantero   stonemason
cantonal   regional
caótico   chaotic
capa   layer; bullfighting cloth (capelike)
capaz   capable
capilla   chapel
capitel   top of a column
captación   attraction
carabela   caravel
carbón   coal
cárcel   prison
carecer   to lack
carencia   lack of
carente   lacking
carestía   scarcity, high prices
cargar   to charge
cargo   job, position
cargos   charges, accusations; positions
carne   meat
carpintero   carpenter
carrera   race
carreta   wagon
carretera   road, highway
cartel   poster
cartelera   billboard
casamiento   wedding, matrimony
casarse   to get married
casta   caste, social class
casticismo   traditionalism, populism
castigo   punishment
castillo   castle
catalogación   cataloging
cátedra   tenure, professorship
caudaloso   large, fast-flowing (river)
caudillo   strong military leader
caza   hunting
cazador   hunter
ceder   to yield
celibato   celibacy
celo   zeal
cementerio   cemetery
censo   census
censura   censorship
centinela   guard
centrífuga   centrifugal, toward the outside
centrípeta   centripetal, toward the center
cercanías   vicinity
cercano   close
cercar   to fence in
cesta   basket
chatarrero   scrap metal business
chiste   joke
chocar   to crash
cielo   sky, heaven
cierre   closing
cierta   certain

cima summit
cimborrio base of a dome
cirugía surgery
clandestinidad illegal underground movement
clase obrera working class
clavar to nail
clave key, code
clero clergy
coacción coercion
cobertura coverage
cobrar importancia to achieve importance
cobro charge
coche car
código code
cogida (toros) goring
cohecho bribe
cohete rocket
colina hill
colocar to place
colonizador colonizer
colono settler
comarca region
compartir to share
complejidad complexity
comportamiento behavior
comprometer to commit
compromiso commitment
con todo all in all
concejo council
concertar to coordinate
concha shell
concordato agreement between Church and State
concordia concord
condado county
conde count
condicionamiento limitation
conducir a to lead to
confianza trust
confirmar to confirm
conformar to form, shape
conformarse to resign oneself
conjunto ensemble, group
conllevar to convey, carry
consagración consecration
conseguir to obtain, to get
consejo council; advise
conservar to conserve, preserve
conservarse to conserve oneself
consigna motto
consiguiente consequent
constatar to show
construir to build
contador accountant (official)
contar con to count on
contienda conflict, war
contingentes groups
contrafuertes buttress
contraofensiva counteroffensive
contrapeso counterweight
contrarrestar to counter

contratación contracting
convenio agreement
convivir to live together
convocar to summon
convocatoria summons
cónyuge spouse
cornada goring
corona crown
corregidor chief magistrate
correspondencia correspondence
corriente common, current
cortejo courtship
cortes parliament
cosecha crop
costar to cost
costumbrista related to customs and manners
cotidiana daily
cotillear to gossip
cotilleo gossip
coyuntura juncture, situation
crecer to grow
creciente growing
crecimiento growth
creencia belief
cretense from Crete
creyente believer
cría de ganado cattle raising
criado servant
criadores de ovejas sheep ranchers
criollo Spanish-American of Spanish ancestry
crispación extreme nervousness
cristalera stained-glass window
cronista chronicler
cruce cross
crudo raw
cruento bloody, gory
cruzar to cross
cuadruplicar to multiply by four
cuarteto composition of four verses; band with four members
cuatrero horse thief
cuello neck
cuestionamiento questioning
cueva cave
cuidado care
culminar to culminate, to finish
culpable guilty
culpar to blame
cultivable arable
cultivo cultivation, crop
cumplimiento execution
cumplir to execute
cúmulo accumulation

D

dama lady
dañar to harm
dañino harmful
dar de sí to give, to stretch
dar en el blanco to hit the mark
dar paso to yield, to cause

datar to date, to put a date on
de repente suddenly
debajo under, below
debidamente duly
debido a due to
débil weak
debilidad weakness
decepcionar to disappoint
décimo tenth
decimonónico from the nineteenth century
declive decline
decorado scenery
decretar to decree
decreto decree
definir to define
delimitar to delimit
delito crime
demanda demand
demás, los (the) others
denuncia accusation, lawsuit
deporte sport
derecho right, law
derribar to knock down, overthrow
derrocamiento overthrow
derrota defeat
derrumbarse to crumble
desafío defiance
desalentar discourage
desaparecer to disappear
desarrollar (se) to develop
desarrollo development
desarticulación dislocation, destruction
desbordar to overflow
descansar to rest
descarnado harsh, raw
descendencia descent, origin
descolgar disconnect
desconfianza distrust
descontento unhappy
descuidar to neglect
desembarcar to land, to put ashore
desembarco landing
desembocadura delta, outlet
desempeñar to perform
desempeño performance, execution
desempleo unemployment
desencadenar unleash
desenterrar to unearth
desequilibrio unbalance
desfavorecido unfortunate
desfile parade
desgaste wear
desheredado poor, disinherited
desigual unequal
desmantelamiento dismantling
desmembramiento dismemberment
despectivamente contemptuously
despedir to fire
desplazamiento displacement
desplazar to displace
desplazarse to move

despliegue display
despoblar to depopulate
desprecio scorn
despreocupado unconcerned
desprestigiado discredited
destacado outstanding
destacar (se) to excel, to stand out
destape exposing a naked body
destierro exile
destitución removal (from office)
destituir to remove (from office)
destrozar to destroy, to cut to pieces
desventaja disadvantage
desviar to deflect
desvincular to release from an agreement, to dissociate, to disconnect
detenido arrested
deterioro damage
detrimento harm
deuda debt
devoto devotee
diaria daily
dibujo drawing
diestro bullfighter
diezmo tithe
diferir to defer
difundir to spread
difusión dissemination
digno worthy
dilación delay
diligencia diligence, proceeding
diluir to dilute
dimisión resignation
dionisíaca related to the god Dionysus
dirigente leader
dirimir to resolve
discapacidad physical or mental handicap
discípulo pupil
discurso speech
diseñar to design
diseño design
disfrazarse to disguise oneself
disfrute enjoyment
disgregador disintegrator
disgustar to upset
disminuir to diminish
disparar to shoot
disponible available
dispuesto willing
disputa dispute
disputar to argue, to dispute
distar to be far from
disuadir to dissuade
divertido funny
documental documentary
dominico Dominican monk
donar to donate, give
dorado golden
dotado endowed
dueño owner
duque duke

duquesa duchess
durar to last
dureza toughness

E

eclesiástica ecclesiastic, Church-related
economía de subsistencia subsistence economy
eficaz effective, efficacious
eje axis
ejecutar to execute, to kill
ejemplar book; exemplary
ejercer to exert, to use
ejército army
elegir to choose
eludir to avoid
embajada embassy
embarcación boat, floating device
embestir to attack
emblemática emblematic
emparentar to become related
empeorar to worsen
empobrecido impoverished
emprendedor enterprising
emprender to undertake
empresa enterprise, company
empujar to push
en directo live
en sintonía in sync
en torno a about, around
en vigor in use, operative
enano dwarf
encajar to insert, to fit
encaminado destined to
encarcelamiento imprisonment
encarcelar to imprison
encarecer to make more expensive
encargado in charge
encarnar to embody
encenderse to light up
encerrar to shut in
encierro corralling
endeudamiento getting in debt
endurecer to harden
endurecimiento hardening
enfatizar to emphasize
enfermedad illness
enfermo sick person
enfrentamiento confrontation
enfrentar to confront
engañar to deceive
enlace link, connection
enlazar to tie, to bind
enmarcar to frame
enriquecimiento enrichment
ensanche widening, urban expansion
ensayo essay
ente being, institution
enterarse to find out
enterrar to bury
entidad entity
entierro burial

entrar en vigor to become operative
entrenamiento training
enviar to send
época epoch
equipamiento equipment
equipar to equip, to fit
equiparar to equate
equipo team
equitativo equitable
erigir to raise, to build
ermita small sanctuary
erudito scholar
escalada escalation
escaleras steps
escaparate window display
escapismo escapism, avoidance
escasez scarcity
escaso scarce
escisión split
esclavitud slavery
esclavo slave
escoger to choose
escolarización schooling
escondido hidden
escopeta shotgun
escuadra squad
escudo shield
esfuerzo effort
espada sword
esparcir spread
especie de type of
espectro spectrum
espía spy
espuela spur
esquivar to avoid
establecer to establish
estacional seasonal
estacionar to park
estado de derecho democratic state
estado del bienestar welfare state
estallido outburst
estamento class, stratum
estancado stagnant
estancamiento stagnation
estancar(se) to stagnate
estancia stay, dwelling
estatalista authoritarian
estilo de vida lifestyle
estoque bulfighter's sword
estrechar to narrow
estrecho narrow
estrella star
estreno premiere, opening
estuco plaster
etapa step, period
euskera Basque language
evitar to avoid
evolucionar to evolve
excedente surplus
excluyente exclusive
exento exempt
exigente demanding
exigir to demand

exilio exile
éxito success
experimentar to experiment
explotar to exploit
expropiar to expropriate, to repossess
extracto extract
extranjero foreign, foreigner

F
fábrica factory
fabricar to manufacture
fachada façade (of a building)
fallecido dead
fallecimiento death
fallido unsuccessful
falsedad falseness, deceit
falsificación forging
falta de lack of
faltar to be missing, lack
favorecer to favor
férreo ironlike
ferrocarril train, railways
fiable reliable, credible
fidelidad loyalty
fiel loyal
fijar(se) to establish; to pay attention
fijo stable, fixed
filas lines, troops, members of a group
fin end, goal
firmar to sign
fiscalidad taxation
flamenco Flemish; type of Andalusian music
flecha arrow
florecimiento blossoming
flota fleet
fomentar to promote, to foster
fomento fostering
fondos funds, money
forjar to forge
forma métrica metric form
fortalecer to strengthen
fortalecimiento strengthening
fortificación fortification
fortuito by chance
forzoso necessary
fracasar to fail
fracaso failure
franco frank
frenar to brake, to slow down, to stop
frenos brakes
frente front
frontón handball court
fruto fruit, result
fuegos artificiales fireworks
fuerista in favor of the *fueros*
fueros traditional law, privilege
fundar to found
funeraria funeral, funerary
fusilamiento shooting, execution
fusionarse to merge

fuste middle shaft of a column
fútbol soccer

G
gaita bagpipe
gallego Galician language
gallina hen
ganadería cattle
ganadería trashumante migrating livestock
ganadero cattle rancher
ganador winner
Génova Genoa
girar en torno a to deal with a subject
gobernador governor
golpe blow, hit
golpear to hit
golpista executer of a coup d'état
goma rubber
gozar to enjoy
grabado engraving
grado degree, rank
granja farm
gremio trade union
grueso thick
guardería day care center
guardia guard
guarnición garrison
guerra fría cold war
guerrero warrior
guirnaldas garland

H
hábil handy
hacer frente to face, confront
hacer guardia to be on guard
hacer patente to make clear
hacienda (pública) institution equivalent to the IRS
hallar to find
hallazgo discovery, finding
haya beech
haz bundle, sheaf
heredar to inherit
heredero heir
hereje heretic
herencia inheritance
herético heretical
herida wound
herradura apuntada horseshoe arch
herramienta tool
herreriano Herrerian (architecture)
herrero blacksmith
hielo ice
hierba grass
hierro iron
himno hymn
hipotecaria related to mortgage
hito milestone
hogar home
hoguera bonfire
hombre de negocios businessman
homenaje homage, tribute

honda sling
honrado honest
honrar to honor
hospedaje lodging
hospicio orphanage
hostelería hotel and restaurant industry
hueco hollow
huelga strike
huestes armed followers
huida flight, escape
huir to escape
humilde humble
humillar to humiliate
hundir to sink

I
idolatría idolatry
igualarse to make equal, to equate
iluminismo a form of Christian mysticism
imparable unstoppable
impartir to impart, to convey
impedir to hinder, to impede
imperante dominant
imponer to impose
imprescindible essential
impuestos taxes
impulsar to promote
incapacidad incapacity
incapaz unable
incentivar to encourage
incertidumbre uncertainty
incidencia incidence
incipiente incipient
indicio indication, trace
indudable certain
indulgencias indulgences (Catholic pardon of minor sins)
indultar to pardon
indulto amnesty
inédito new
ineficaz ineffective
influir to influence
informática data processing, computer science
ingenuo naïve
ingresos income
iniciativa initiative, enterprise
inmovilismo resistance to change
inquietar to disturb
inquietud anxiety
insinuante insinuating
instalado installed
instaurar to set up, to establish
integrista fundamentalist
intento intent, attempt
intercambiar to exchange
intercambio exchange
interrogante question
inundar to inundate, to flood
inversión investment
invertebrado invertebrate

invertir to invest
inviable impossible
invocar to ask for
involucrar to involve
Irlanda Ireland
irrumpir to appear suddenly
isla island

J

jabalina javelin
jabón soap
jarabe syrup
jardín garden
jardinero gardener
jefatura leadership
jefe boss
jinete horseman
jornada day
jornada laboral workday
jornalero laborer
joyería jewelry
judería Jewish quarter
juego de cartas card game
juegos de azar gambling
juez judge
jugador player
jugar en casa to play at home
juicio judgment, trial
juntar to join
juntarse to get together
jurar to swear
jurídicamente by law
juzgar to judge

L

ladrillo brick
ladrón thief
laicista secularist
laico secular
lana wool
lancha boat
lanza spear
lanzar to throw
lanzar una campaña to launch a
  campaign
largo plazo long term
latifundio large estate
latigazo lash
leal loyal
lealtad loyalty
legado legacy
legislar to legislate, make laws
legislatura parliamentary term
lejanía remoteness
lentitud slowness
lento slow
levantamiento rebellion, revolt
levantarse contra to rebel against
libertad de cátedra academic
  freedom
libre mercado free market
librecambismo free commerce
liderazgo leadership

lidiar to fight a bull
liga league
ligar to connect
ligera light
limosna alms, charity
liquidar to liquidate, to eliminate
llamamiento call
llevar a cabo to do, to execute
lluvioso rainy
localidad place, location
locura madness
logro achievement
longitud length
lonja market, exchange
lucero bright star
lucha fight
lucir to show off, to display
lúdico playful
ludopatía gambling addiction
lugar place
lujo luxury
Lusitania ancient Portugal
luto mourning

M

macizo solid; moutain range
madera wood
madrugada dawn
madurez maturity
maestro teacher
magia magic
malestar discomfort, uneasiness
malformaciones birth defects
maltratador abuser
maltrato abuse
malvender to sell at a loss
malversación embezzlement
manada herd
mancha spot
mandato mandate, order
mando command
manejar to manage
mano de obra manpower, workforce
manteca lard
mantener to keep
manzana city block
marca brand
marina navy
marinero sailor
marino seaman
marionetas puppets
Marruecos Morocco
matar to kill
materias primas raw materials
matiz nuance
matorrales bushes
matrilínea matriarchal line
mayoría simple simple majority
mecenazgo patronage
media average
mediador mediator
mediante by means of, through
mediar to mediate

medida measurement
medio half
mejora improvement
mejorar to improve
mendicidad begging
mendigo beggar
mensual monthly
mentir to lie
mera convivencia mere coexistence
mercancía merchandise
meseta plateau
mesura moderation
metalúrgica metallurgic
mezcla mix
mezclar to mix
miel honey
minas mines
minería mining
minifundio small agricultural
  property
minifundista related to *minifundio*
mira sight
mitad half
moda fashion
modos de vida lifestyles
molde mold
moldura molding
molesto bothersome
molino mill
moneda coin, currency
monja nun
monje monk
monoparental one parent
montañosa mountainous
moraleja moral
moriscos descendants of Moors
mostrar to show
motín revolt
motor de avión airplane engine
movilización mobilization
mozos young males
mudar to change
muebles furniture
muleta small bullfighting cloth
muñeco doll
muro wall

N

natación swimming
nave church bay
nivel level
nivel de vida standard of living
nobleza nobility, aristocracy
nombramiento designation
noria chain pump, waterwheel
notable remarkable
novedad novelty
noviazgo courtship

O

obispado bishopric
obispo bishop
obligar to force

obligatoriamente by obligation
obrar to act, to do
obras públicas public works
obrero worker
ocio leisure
ocultar to hide
odiar to hate
ofensiva offensive
oferta supply, offer
oficio trade, job
ofrenda offering
ojiva pointed arch
ola wave
oleada surge, big wave
olvido oblivion
onírico dream related
opaco opaque, dark
opio opium
oponer to set up an opposition
oponerse to oppose
opositor opponent
optar to choose
opuesto opposite
orador orator, speaker
orden mendicante religious order
ordenador computer
orgullo pride
oro gold
osado daring
oscuridad darkness
otorgar to give
ovino related to sheep
oyente listener

P

pacificación pacification
pacífico peaceful
padecer to suffer
pájaro bird
palaciego related to royal palace
palos sticks
pandereta tambourine
panfleto pamphlet
pantalla screen
pantano reservoir, dam
paños cloths
pañuelo handkerchief
papado papacy
papel role
paquete package
par pair
parar to stop
parecer to seem
parecerse to resemble
pariente relative
parón sudden halt
parroquia parish
partida game
partidario partisan, follower
partir (irse) to leave
partir de to start
parto childbirth
pascua Easter

pasear to take a stroll
paseo stroll; boulevard
pastor shepherd
pastos pastures, grazing
patata potato
patera raft
paterno paternal, related to parents
patria potestad custody
patriciado patricians
patrilínea patriarchal line
patrón patron, pattern
patronal employer's union
patronímico patronymic
patrono employer
paulatinamente gradually
paz peace
pecado sin
pelea fight
peletero furrier
peligro danger
pena de muerte capital punishment
penitente pennant, penitent
penuria shortage, poverty
perdedor loser
pérdida loss
peregrino pilgrim
perenne perennial
pereza laziness
perfil profile
perjudicar to damage
permanecer to remain
permitir to allow
perseguir to pursue
pertenecer to belong
pertenencia possession
pertrechar to supply
perturbado unbalanced, disturbed
pervivencia survival
pervivir to survive
pesadilla nightmare
pesado heavy
pesquero fishing boat
peste bubonic plague
pícaro rogue
pictórico pictorial
piedra stone
piel skin, leather
pietista member of a religion that practices asceticism, pious
piezas pieces
pilar pillar
pincelada brush-stroke
pintura painting
piso apartment
pistolero gunman, gangster
placer pleasure
plagado full, infested
plano flat
plantear to set up, to pose
plasmar to form, to represent
plata silver
plateresco Plateresque (architecture)
plazo period

plegado de paños cloth's folding
plenamente fully
pleno complete
poblado village, populated
poblador settler
poder absoluto absolute power
policromado polychrome
pólvora gunpowder
poner empeño to have a commitment, to make an effort
pontífice pope
por el contrario on the contrary
porcentaje percentage
portuario of, from the harbor
posibilitar to make possible
prado meadow
precio price
precipitadamente hurriedly
precursor predecessor
predicador preacher
prejuicio prejudice
premio reward
prensa press, media
preso inmate
préstamo loan
prestar to lend
prestar atención to pay attention
presumir to brag
prevalecer to prevail
primogénito firstborn
princesa princess
príncipe prince
principio principle
principio beginning; *al ~*: at the beginning
prisa hurry
privar to deprive
probar to test, try
procedente coming from
proceder to come from
proclive inclined to
procrear to breed
procurarse to obtain for oneself
producto interior bruto gross national product
proletariado proletariat, working class
promedio average
promotor promoter, pioneer
promover to promote
promulgar to proclaim, to promulgate
pronto soon
pronunciado pronounced
pronunciamiento coup d'état
propiciar to cause
propicio favorable
propietario owner
propuesta proposal
propugnar to advocate
prosista prose writer
proveer to provide
proveniente coming from
provenir to come from

publicar   to publish
publicitario   advertising
puente   bridge
puerto   harbor
puesto que   since
pugna   fight, competition
pujante   vigorous
pulsar   to explore, to pulsate
punta   point
puntuación   rating, score

Q
quedar   to stay
quedar a salvo   to stay out of danger
queja   complain
quejarse   to complain
quema   burning
quiromancia   palm reading, fortune
telling
quitar   to take away

R
racionamiento   rationing
radicar   to lie in
raíz   root
rama   branch
rango   rank
rapada (cabeza)   skinhead
rasgo   feature
rastrear   to track
razones   reasons
rebaño   herd, flock
rebasar   to exceed
recaer   to fall on
recaudación   collection (money)
recelar   to suspect, to fear
recelo   suspicion
rechazar   to reject
recién   recently
recinto   locale, enclosure, place
reclamante   reclaiming
recluta   recruit
reclutado   recruited
reclutamiento   recruitment
reclutar   to recruit
recoger (tomar)   to take, to collect
recompensa   reward
reconducir   to bring back
recorrer   to go over, to go through
recorte   cutting
recrudecer   to break down, to worsen
recto   straight
recubrir   to cover
recurrir   to recourse, to appeal
against
recurso   recourse, resource
red   net
redactar   to write
redimir   to redeem
redoble   redoubling
reducir   to reduce
reemplazar   to replace
referir   to tell, to refer

reflejar   to reflect
reflexionar   to reflect on
reforzamiento   reinforcement
reforzar   to reinforce
refuerzo   reinforcement
regadío   irrigation
regencia   regency
regente   regent
regimiento   regiment
regir   to rule
regresar   to return
reino   kingdom
reivindicar   to claim
relanzar   to relaunch
relevo   change
relleno   stuffed
rendir culto   to revere, to worship
rendirse   to give up
renta per cápita   per capita income
rentable   profitable
reparto   distribution
repentino   sudden
repercutir   to have repercussions
repetidor   transmitter
repoblación   repopulation
reportar   to bring, to carry
reposición   replacement
reprobable   blameworthy
requerir   to require
requisito   requirement
reseñar   to describe, to review
resolver   to solve
respuesta   answer
restablecer   to reestablish
restante   rest
restaurar   to restore
resto   rest, remainder
restringir   to restrict
resurgimiento   resurgence, revival
resurgir   to revive
retablista   altarpiece maker
retablo   tableau
retaguardia   rearguard (in a war)
retirar   to move away, to take away
retiro   retirement
reto   challenge
retomar   to retake
retrasar   to delay
retraso   delay
retratista   portrait maker
retrato   portrait
retroceder   to move back
retroceso   backward movement
reunir   to reunite, to join
revalorar   to reassess
revelar   to reveal
rey consorte   spouse of the queen,
consort
rezar   to pray
ría   estuary, mouth of a river
riego   irrigation
riendas   reins, control
riesgo   risk

rincón   corner
riqueza   wealth
rito   ritual, rite
roble   oak
rodear   to surround
romper   to break
roturación   ploughing
ruedo   bullfight ring
ruidoso   noisy
ruina   ruin
rumbo a   direction to
ruptura   rupture
ruta   route

S
sabiduría   wisdom
sabio   wise person
sacar de   to take out, to extract from
sacerdote   priest
sacudir   to shake
sagaz   clever, shrewd
sagrado   holy, sacred
salinas   salt mines
salvaje   savage
saneado   financially healthy
sanear   to remedy
sastre   tailor
satisfacer   to satisfy
seco   dry
sector primario   agriculture, ranch-
ing and mining
secuestrar   to kidnap
seda   silk
sede   headquarters
seguidor   follower
seguro de desempleo   unemployment
insurance
semanal   weekly
sencillez   simplicity
sentar las bases   to lay the foundations
señorito   rich young man
sequía   drought
servidumbre   servitude
siega   harvest of grains
siervo   serf
sindicato   trade union
siniestro   sinister
sintetizar   to synthesize
sitiar   to besiege
soberana (enorme)   enormous
soborno   bribe
sobremesa   after-dinner conversation
sobrenombre   nickname
sobrevivir   to survive
sobrio   sober
soldado   soldier
soledad   solitude
sólo   only
soltar   to set free
soltería   bachelorhood
soltero   single
someterse   to yield, to submit
sometido   submitted

sonoro noisy
soportar to bear
soporte support
sordera deafness
sordo deaf
sospecha suspicion
sostener to hold up
suave smooth
suavizar to smooth
subasta auction
subastar to auction
subdesarrollo underdevelopment
súbdito subject
subempleo underemployment
subida raise, climb
sublevar(se) to revolt
subrayar to underline
subsistencia subsistence
subvención grant, subsidy
suceder to happen, to succeed
suceso happening, event
sucio dirty
suegros parents in law
sueldo salary
sufragio suffrage, vote
sufragio censatario vote restricted
   to property owners
suicidarse to commit suicide
sumamente extremely
sumar to add
sumarse to join
sumergir to submerge
sumir to plunge into
suntuoso luxurious
supeditar to subordinate
superar to exceed
superponer to superimpose
suprimir to abolish
supuesto supposed to be
surgir to arise
suscitar to stir up
susto scare
sustrato substratum

T

tabique wall, partition
talante attitude, disposition
taller workshop
tallo stem
tamaño such
tambor drum
tapiz tapestry
tardío late
tasa tax, fee
tasa de natalidad birthrate
techo ceiling
tejido fabric, cloth, texture
tela cloth
telenovela soap opera
temer to fear
temprano early
tender a to tend to
tener en cuenta to take into account

teniente lieutenant
tentador tempting
teñir to dye
teología theology
tercio third, elite infantry
terco stubborn
terreno terrain, land; ~ *abonado*:
   fertile ground
tertulia social gathering
testigo witness
tinte morado purple dye
tirada printing, edition
tirón attraction
tomar medidas to take action
tomar partido to take sides
toro bull
torre de marfil ivory tower
tosco rough, coarse
trabajos forzados forced labor
traición betrayal
tramitar to transact, to handle
   paperwork
tras behind, after
trasfondo background
trasgredir to transgress
trashumante migrating
trasladarse to move
traspaso transfer
trastorno disruption
trasvase pouring, diversion of water
tratado treaty
trato deal, treatment
trazado plan, design
trazo line, stroke
tregua truce
tribu tribe
tributo tax, tribute
trigo wheat
tripulación crew
trono throne
tumba tomb
túnica tunic
turco Turkish
turnarse to take turns

U

ubicación location
ultramar overseas
ultramarino imported from overseas
unir to unite
unitario unitary
usurpar to seize, to usurp
utilidad usefulness
uva grape

V

vacío empty, vacuum
vago lazy
valentía courage
valer (la enemistad) to cause
valeroso brave
valles valleys
valoración assessment

valores values
varón male
vecino neighbor
vedar to prohibit
vejez old age
vencedor victor
vencer to defeat
vencido defeated
vendimia grape harvest
Venecia Venice
venganza retaliation
venir a la cabeza to come to mind
venta sale, selling
ventaja advantage
veraneo summer vacation
verse obligado to be forced to
verso verse (poetry)
vertebración structuring
vertiente slope
vertiginoso dizzy, vertiginous
vestir to dress
vestirse to get dressed
vez time
viajero traveler
vicario curate
vicio vice
vidriera stained-glass window
vidrio glass
vientos ideológicos ideological
   fashions
vigente in force, prevailing
vigilar to watch over
villa town
vinculante binding
vincular to link
vinícola related to wine making,
   wine industry
viñedo vineyard
virilidad manliness
virrey viceroy
virtud virtue
virulencia violence, virulence
viuda widow
vivienda lodging
voluntad will
volverse to turn
voz voice
vuelta (al ruedo) go around the
   (bullfighting) ring

Y

yacimiento deposit of mineral
yeso plaster

Z

zaga rear
zanahoria carrot
zapatero shoemaker
zumo juice

Bibliografía

Abellán, José Luis. *Historia del pensamiento español de Séneca a nuestros días.* Madrid: Espasa-Calpe, 1996.

Agüero, Felipe. *Militares, civiles y democracia: la España posfranquista en perspectiva comparada.* Madrid: Alianza Editorial, 1995.

Aja, Eliseo. *El estado autonómico: federalismo y hechos diferenciales.* Madrid: Alianza Editorial, 1999.

Alberdi, I. *La nueva familia española.* Madrid: Taurus, 1999.

Álvarez Junco, José M. *Mater Amatissima. La idea de España en el siglo XIX.* Madrid: Taurus, 2001.

Amell, Samuel (coord.). *Literature, the Arts and Democracy: Spain in the Eighties.* Rutherford, NJ: Farleigh Dickinson University Press, 1990.

———. *The Contemporary Spanish Novel: An Annotated, Critical Bibliography.* Westport, CT: Greenwood Press, 1996.

Anes, Gonzalo. *El antiguo régimen: los Borbones.* Madrid: Alfaguara, 1975.

———. *La economía española al final del antiguo régimen.* Madrid: Alianza Editorial, 1982.

Anuario del Instituto Cervantes. *El español en el mundo.* Madrid: Instituto Cervantes, 1999.

———. *El español en el mundo.* Madrid: Instituto Cervantes, 2000.

Arce, Javier. *España entre el mundo antiguo y el mundo medieval. Madrid:* Taurus, 1998.

Arias Anglés, Enrique. *Historia del arte español: del neoclasicismo al impresionismo.* Madrid: Akal Ediciones, 1993.

Arribas, Antonio. *The Iberians.* New York: Praeger, 1964.

Artola, M. *Antiguo Régimen y revolución liberal.* Barcelona: Ariel, 1983.

———. *Los orígenes de la España contemporánea.* Madrid: Instituto de Estudios Políticos, 1976.

Atienza, Juan de. *Fiestas populares e insólitas.* Barcelona: Martínez Roca, 1997.

Aulestia, Salvador. *La fiesta de los toros.* Barcelona: Scholz, 1967.

Balcells, A. *Historia del nacionalismo catalán.* Madrid: Historia 16, 1991.

Barbé, Esther. *La política europea de España.* Barcelona: Ariel, 1998.

Barral, Xavier. *Art and Architecture of Spain.* Boston: Little Brown, 1998.

Beriain, J., y R. Fernández Ubieta (coords). *La cuestión vasca. Claves de un conflicto cultural y político.* Barcelona: Proyecto A ediciones, 1999.

Bozal, Valeriano. *Historia del arte en España.* Madrid: Itsmo, 1972.

———. *Pintura y escultura españolas en el siglo XX.* Madrid: Espasa-Calpe, 1992.

Carr, Raymond. *España 1808–1939.* Barcelona: Ariel, 1968.

———. *The Spanish Tragedy: The Civil War in Perspective.* London: Weidenfeld, 1986.

Carr, Raymond, y Juan Pablo Fusi. *España de la dictadura a la democracia.* Barcelona: Planeta, 1979.

Castro, Américo. *La realidad histórica de España.* México D.F.: Porrúa, 1966.

———. *The Spaniards: An Introduction to Their History.* Berkeley: University of California Press, 1971.

Conversi, Daniele. *The Basques, the Catalans and Spain.* Reno: University of Nevada Press, 1997.

Curchin, Leonard, y J. Calonge Ruiz. *España romana: conquista y asimilación.* Madrid: Gredos, 1996.

De Miguel, Jesús M. *Estructura y cambio social en España.* Madrid: Alianza Editorial, 1998.

De Mora, Santiago. *El peso de la lengua española en el mundo.* Valladolid: Universidad de Valladolid, 1985.

Díaz Gijón, J. R., y otros. *Historia de la España actual: autoritarismo y democracia, 1939–2000.* Madrid: Marcial Pons, 1999.

Díaz González, Soledad, y María Jesús Palop. *Estructura del Estado español.* Madrid: Acento, 1998.

Domínguez-Ortiz, Antonio. *Instituciones y sociedad en la España de los Austrias.* Barcelona: Ariel, 1985.

———. *Sociedad y Estado en el siglo XVIII español.* Barcelona: Ariel, 1976.

Elliot, J. H. (ed.). *The Spanish World.* New York: Harry N. Abrams, 1991.

——— (ed.). *España y su mundo, 1500–1700.* Madrid: Alianza Editorial, 1991.

Elorza, Antonio. *La ideología liberal en la Ilustración española.* Madrid: Tecnos, 1970.

Etxebarría, Maitena. *La diversidad de lenguas en España.* Madrid: Espasa-Calpe, 2002.

Fernández Álvarez, M. *La sociedad española del Siglo de Oro.* Madrid: Gredos, 1984.

Fusi, Juan Pablo, y Jordi Palafox. *España 1806–1996: el desafío de la modernidad.* Madrid: Espasa Calpe, 1997.

Fusi, Juan Pablo. *Autonomías.* Madrid: Espasa-Calpe, 1989.

———. *España. La evolución de la identidad nacional.* Madrid: Temas de Hoy, 2000.

———. *Un siglo de España. La cultura.* Madrid: Marcial Pons, 1999.

García, Jordi. *La España de Franco (1939–1975). Cultura y vida cotidiana.* Madrid: Síntesis, 2001.

García, José Luis, y Juan Carlos Jiménez. *Un siglo de España: la economía.* Barcelona: Marcial Pons, 1999.

García de Cortázar, Fernando, y José María González Vesga. *Breve Historia de España.* Madrid: Alianza Editorial, 1994.

Gerber, Jane S. *The Jews of Spain: A History of the Sephardic Experience.* New York: Macmillan, 1992.

González Antón, Luis. *España y las Españas.* Madrid: Alianza Editorial, 1997.

Graham, H, y Jo Labanyi (coords.). *Spanish Cultural Studies: An Introduction.* Oxford: Oxford University Press, 1995.

Gubern, Román, y otros. *Historia del cine español.* Madrid: Cátedra, 2000.

Hopewell, John. *Out of the Past: Spanish Cinema after Franco.* London: BFI Books, 1986.

Iglesias de Ussel, J. *La familia y el cambio político en España.* Madrid: Tecnos, 1998.

Jordá, Francisco, y José María Blázquez. *Historia del arte hispánico.* Madrid: Alhambra, 1978.

Jover Zamora, José María, González-Ferrer, Guadalupe, y Juan Pablo Fusi Aizpurúa. *España: sociedad, política y civilización (siglos XIX y XX).* Madrid: Debate, 2001.

Juliá, Santos. *Un siglo de España. Política y sociedad.* Madrid: Marcial Pons, 1999.

Kamen, Henry. *The Spanish Inquisition.* New Haven, CT: Yale University Press, 1998.

Kinder, Hermann, y Wernar Hilgemann. *Atlas histórico mundial.* Madrid: Itsmo, 1991.

Lafuente, Isaías. *Agrupémonos todas. La lucha de las españolas por la igualdad.* Madrid: Aguilar, 2003.

Lapesa, Rafael. *Historia de la lengua española.* Madrid: Gredos, 1980.

Lodares, Juan Ramón. *El paraíso políglota.* Madrid: Taurus, 2000.

Mainer, José Carlos. *La Edad de Plata (1902–1939).* Madrid: Cátedra, 1983.

Mainer, José Carlos, y Santos Juliá. *El aprendizaje de la libertad, 1973–1986: la cultura de la transición.* Madrid: Alianza Editorial, 2000.

Maravall, José Antonio. *El concepto de España en la Edad Media.* Madrid: Centro de Estudios Constitucionales, 1997.

———. *La cultura del Barroco.* Barcelona: Ariel, 1975.

Marichal, Juan. *El secreto de España.* Madrid: Taurus, 1995.

Martín, José Luis, Martinez-Shaw, Carlos, y Javier Tusell. *Historia de España.* Madrid: Taurus, 1998.

Miguel, Amando de. *40 millones de españoles, 40 años después.* Barcelona: Grijalbo, 1976.

Ministerio de Educación, Cultura y Deporte. *Claves de la España del Siglo XX. Estudios.* Madrid: Ministerio de Educación y Generalidad de Valencia, 2001.

Montenegro, Angel, Blázquez, José María, y José María Solana Sainz. *España Romana.* Madrid: Gredos, 1986.

Nadal, Jordi. *La población española: siglos XVI a XX.* Barcelona: Ariel, 1973.

Orizo, F. A. *Los valores de los españoles.* Madrid: SM, 1992.

Payne, Stanley. *El régimen de Franco, 1936–1975.* Madrid: Alianza Editorial, 1987.

———. *La primera democracia española. La Segunda República, 1931–1936.* Barcelona: Paidós, 1995.

Penny, Ralph. *A History of the Spanish Language.* Cambridge: Cambridge University Press, 1991.

Place, Robin. *The Celts.* London: Mcdonald Educational, 1977.

Powell, Charles. *España en democracia; 1975–2000.* Barcelona: Plaza y Janés, 2001.

Prior, Juan (coord.). *La sociedad española.* Granada: Pomares, 2001.

Ramos, Antonio (coord.). *España hoy.* Madrid: Cátedra, 1991.

Richardson, Bill. *Spanish Studies, an Introduction.* Dublin: Arnold, 2001.

San Román, Teresa. *La diferencia inquietante: nuevas y viejas estrategias culturales de los gitanos.* Madrid: Siglo XXI, 1997.

Seidman, Michael. *A ras de suelo. Historia social de la República durante la Guerra Civil.* Madrid: Alianza Editorial, 2003.

Sieburth, Stephanie A. *Inventing High and Low: Literature, Mass Culture and Uneven Modernity in Spain.* Durham, NC: Duke University Press, 1994.

Siguan, Miguel. *España plurilingüe.* Madrid: Alianza, 1992.

Solé Tura, Jordi. *Nacionalidades y nacionalismos en España. Autonomías. Federalismo. Autodeterminación.* Madrid: Alianza Editorial, 1985.

Stranton, Edward. *Handbook of Spanish Popular Culture.* Westport, CT: Greenwood Press, 1999.

Thomas, Hugh. *The Spanish Civil War.* New York: Touchstone Books, 1986 (1961).

Tortella, Gabriel. *El desarrollo de la España contemporánea.* Madrid: Alianza Editorial, 1994.

Tranche, Rafael, y Vicente Sánchez. *NO-DO. El tiempo y la memoria.* Madrid: Cátedra, 2002.

Tuñón de Lara, Manuel. *Medio siglo de cultura española, 1885–1936.* Madrid: Tecnos, 1977.

Turell, María Teresa (ed.). *Multilingualism in Spain.* Clevedon, Buffalo: Multilingual Matters, 2001.

Tusell, Javier. *España, una angustia nacional.* Madrid: Espasa-Calpe, 1999.

Tussell, Javier, y Soto, A. *Historia de la transición, 1975–1986.* Madrid: Alianza Editorial, 1996.

Varela, José. *Los amigos políticos. Partidos, elecciones y caciquismo en la Restauración (1875–1900).* Madrid: Alianza Editorial, 1977.

Vicens Vives, Jaime. *Historia de España y América.* Barcelona: Editorial Vicens-Vives, 1961.

Villalonga, José Luis de. *Fiesta.* Barcelona: Plaza y Janés, 1994.

Índice